BACK TO THE BIBLE

EZEKIEL

에스겔

장종길 지음

김의원 박사 추천

Back to the Bible

EZEKIEL

by

JANG Jong-Gil

Grisim Publishing Co.
Seoul, Korea

Ezekiel 37:12
Therefore prophesy, and say to them, ‘Thus says the Lord GOD, “Behold, I will open your graves and cause you to come up out of your graves, My people; and I will bring you into the land of Israel.”

לָכֵן הִנָּבֵא וְאָמַרְתָּ אֲלֵיהֶם כֹּה־אָמַר אֲדֹנָי יְהוִה
הִנֵּה אֲנִי פֹתֵחַ אֶת־קִבְרוֹתֵיכֶם וְהַעֲלֵיתִי אֶתְכֶם
עַמִּי וְהֵבֵאתִי אֶתְכֶם אֶל־אַדְמַת יִשְׂרָאֵל

“

내가 공을 세우나
은혜 갚지 못하네

”

추천사

현재 우리는 범세계적인 정보 시대에 살고 있습니다. 정보의 부재 시대는 이미 갔습니다. 원하는 분야에 대해 조회만 하면 얼마든지 많은 정보를 확보할 수 있습니다. 그래서 정보 홍수라는 말에 우리는 익숙해져 있습니다. 그런데 막상 접수한 정보를 대하면 정보의 빈곤을 느끼지 않을 수 없습니다. 질적 수준에 문제가 있는 정보들 때문입니다. 사회가 이런 문제를 안고 속앓이를 하고 있음을 우리는 익히 알고 있습니다.

이른바 초고속 정보화 시대에 있는 교회도 풍부한 목회 자료와 이들 자료들의 질적 난해성 사이에서 많은 고민을 하고 있습니다. 현재 우리 한국 교회는 컴퓨터에 의한 자료보다는 출판물에 의한 자료 의존도가 아직은 높은 상태입니다. 그러므로 질적으로 우수한 자료의 출판이 시급하다 할 수 있습니다. 질적인 우수성의 기준 중 하나는 정보를 사용하는 현장 사역자들의 필요를 정확하게 이해하고 있는지의 여부입니다. 그 자료를 수집한 현장 사역자들이 친근성을 가지고 쉽게 사용할 수 있게 해야 합니다. 많은 번역서들이 이 문제를 안고 있음을 우리는 알아야 합니다. 단순한 소개 정도로 정보를 전달하는 것은 또 다른 문제, 즉 현장화라는 과정을 요구하기 때문입니다. 다른 하나는 자료의 신뢰성입니다. 정확한 정보를 적절하게 인용한 자료를 간직하는 것은 필수적인 도리입니다. 이것이 부족할 경우 선의의 피해자를 계속해서 낳을 수 있습니다.

추천자는 새로운 출판물, 새로운 정보를 접할 때마다 이런 염려로부터 해방될 수 있기를 늘 바라고 있는 사람 중의 한 사람입니다. 그런데 본서는 이런 점으로부터 필자를 안심시키는 책이라고 봅니다. 우리 한국의 목회자들은 굵게 잘라 놓은 정보보다는 잘게 정리된 정보에 익숙합니다. 한국적인 상황이 특수하기 때문입니다. 확신하건대 이 책을 접하는 분들은 이런 면에서 공감할 것입니다. 또한 본서의 필자는 많은 출판 경험을 통해 인용되는 정보를 어떻게 사용해야 한국의 사역자들이 잘 활용할 수 있는지를 잘 알고 있는 분이라고 봅니다. 다른 책들이 외국의 좋은 내용을 단순히 알려주고 있는 반면에, 본서의 필자는 내용을 잘 요리해서 일정한 분야의 독자들이 효과적으로 사용할 수 있게 배려했다는 점이 본서의 장점이라 할 수 있습니다. 앞으로 출판 매체를 통해 정보를 제공하려는 분들이 참고하여 따라야 할 모델이라 생각하여 자신 있게 추천합니다.

김 의 원 박사 (전 총신대학교 총장)

金義援

이 책의 주된 목적은

신학자들의 연구를 한 단계 낮추고,
일반 성도의 수준을 한 단계 끌어올려
누구나 쉽게 접근할 수 있도록
인도하려는 데 그 목적이 있습니다.

신앙생활을 오래하셨는데도
성경이 여전히 수학문제같이 어렵게만 느껴지는
분들에게 도움을 줄 것입니다.

특히 일반 성도들에게는
성경에 대한 지식이 풍부하더라도
성경 전체를 조망할 수 있는 훈련이 부족합니다.

따라서 이 교재는
성경 본문에 충실하면서도
성경의 통일성을 견지하고 구속사적 해석의 원리를
적용하여 설명하려고 노력하였습니다.
그것은 곧 하나님의 위대하신 섭리를 이해하는
빠른 길이기도 하기 때문입니다.

무엇보다도, 이 교재는
누구나 성경에 친근해질 수 있도록
쉽게 접근했다는 것입니다.
그러므로
아주 자세한 해설과 자료보다는
전체적인 흐름을 잡으려
강해식으로 설명했습니다.

지금, 곧 연필을 들고 시작하십시오.
여러분의 가장 친한 친구가
옆에서 설명해 주는 느낌을 받을 수 있을 것입니다.

저자 장 종 길

이 교재의 특징

본 교재는 무엇보다 성경 본문에 충실하려고 노력했습니다. 그러면서도 자칫 성경의 통일성을 놓치기가 쉬운 것을 감안, 언약 개념이 성경을 이해하는 데 중요한 요소라고 여겨, 성경 전체를 관통하는 언약의 흐름을 파악할 수 있도록 안내했습니다. 아래에 안내한 교재의 특징들을 잘 활용하면서 성경을 읽어나가면 성경을 보는 재미가 생겨날 것입니다. 이 교재의 최선의 목표는 성경을 혼자 공부할 수 있는 수준까지 끌어올리는 것입니다. 그것은 끊임없는 노력이 필요함은 두말할 나위가 없습니다. 너무

장별 제목

중심내용 : 본문의 내용이 무엇인가를 간단하게 숙지할 수 있도록 요약해 놓았습니다. 이 요약은 본 과에서 배울 내용을 한눈에 볼 수 있게 해줍니다.

애굽으로 당분간 피난했던 요셉은 꿈을 통해 헤롯의 죽음을 알게 되었고 주의 사자의 지시대로 다시 이스라엘 땅으로 돌아왔다(마 2:19).

도입 부분 : 본과에 들어가기 전에 지난 과에서 배운 내용을 간단히 이야기하고 이번 과에서 어떤 내용을 공부할 것인가를 안내했습니다. 이 부분은 음악에서 서곡(序曲)에 해당하는 부분으로 대단히 중요하므로 꼭 읽어야 합니다. 그래야 전체의 흐름을 이해할 수 있기 때문입니다.

본문개관 : 매장마다 본문의 내용을 간단하게 요약, 정리했습니다. 이 부분은 각 장을 정리하는데 도움을 줍니다. 필요에 따라 추가 설명도 했습니다. (Outline)

Close-up: 본문에서 신학적인 정리 및 자세한 설명이 필요할 때는 확대 설명해 놓았습니다. 내용이 그리 쉽지 않기 때문에 깊이 있게 공부하지 않을 분은 그냥 지나가도 됩니다. 만약 리더자가 있다면 안내를 받으십시오. 그러나 Close-up란은 본문의 이해를 위해 꼭 필요한 신학적 내용의 요약 정리입니다. 이 부분을 더욱 확대하여 교회에서 특강으로 해결하는 것도 좋은 방법입니다.

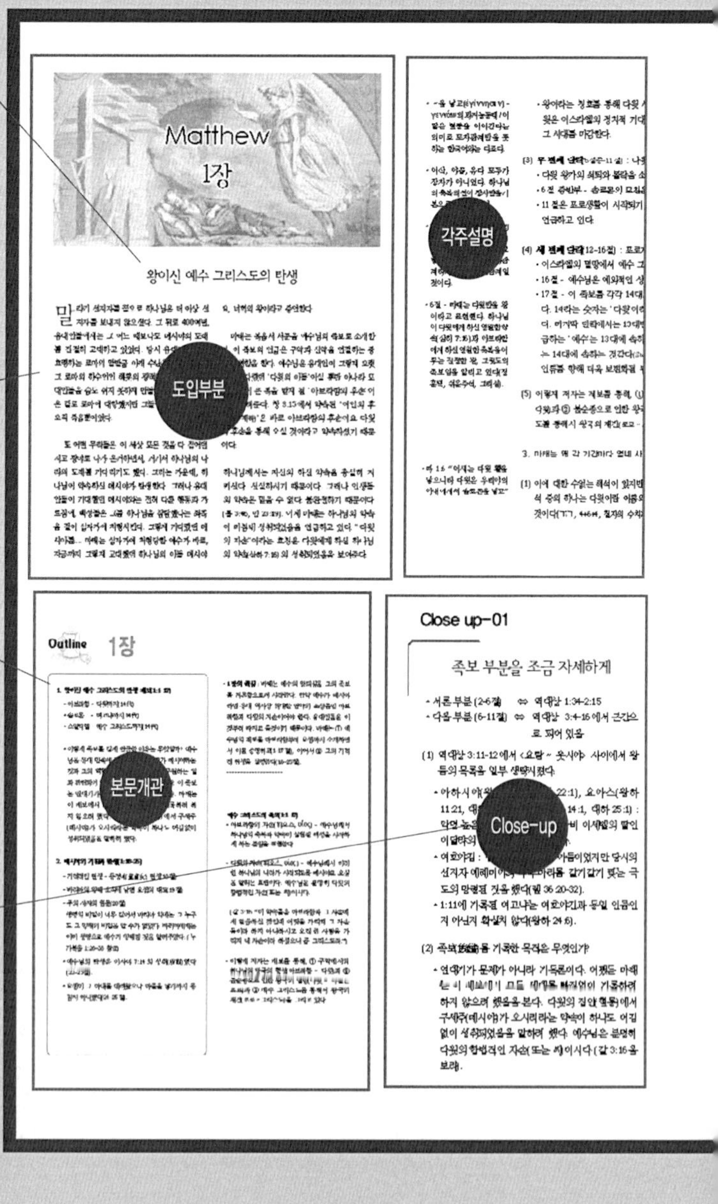

쉬운 것만 찾다 보면 우리의 믿음이 성장할 수 없습니다. 어려운 내용을 쉽게 설명하려고 노력했으나 한계가 있었습니다. 다만 성경(말씀) 동산에는 무궁무진한 보화가 있다는 사실을 알려주려고 애를 썼을 뿐입니다. 말할 수 없는 보화를 캐내는 작업은 여러분 스스로가 해야 합니다. 안내자는 안내자일 뿐입니다.

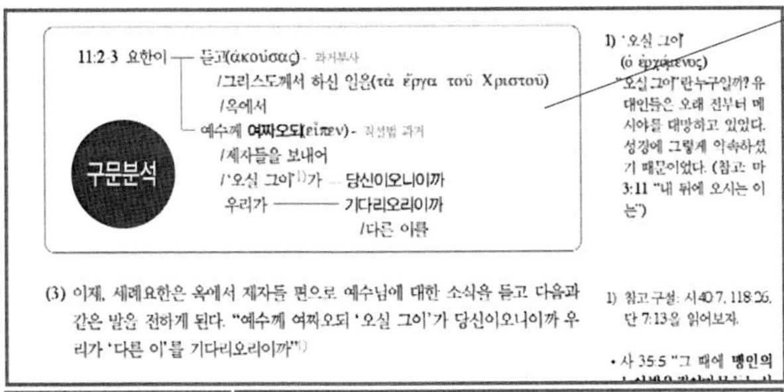

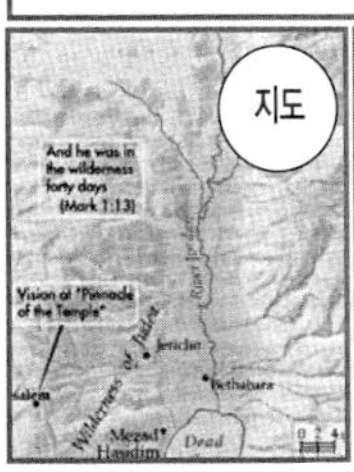

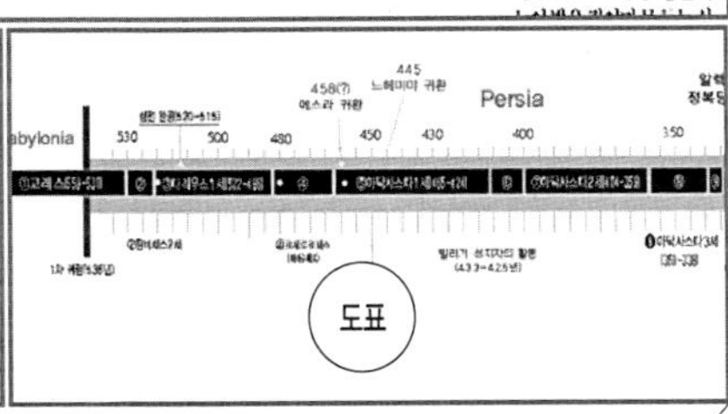

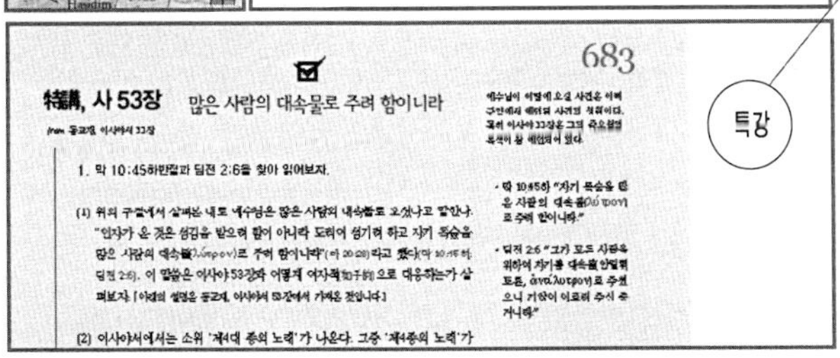

성경을 공부할 때 도움이 될 만한 책들을 소개했습니다.

적용을 위한 묵상

질문식 해설: 본 교재는 먼저 질문을 하고 그 질문에 해설을 하는 식으로 정리하되 전체의 흐름을 강해식으로 설명했습니다. 따라서 차례대로 탐구해 간다면 성경 본문의 내용을 아주 쉽게 이해할 수 있을 것입니다. 물론 (색)연필은 꼭 준비하세요. 다음에 읽을 때 쉽게 정리할 수 있으니까요.

구문분석 : 본문에서 조금 자세히 설명이 필요한 경우에는 구문분석을 활용했으나 너무 많은 지면이 필요하고, 또 이 책의 목적이 분석보다는 쉬운 강해이기에 본문 이해의 차원에서 변형 적용했습니다. 구문분석은 「도서출판 그리심」에서 발간한 「문맥성경」을 사용했습니다. 문맥성경에 대한 더 깊은 이해를 원하시는 분은 서울성경연구원에 연락하시면 도움을 받을 수 있습니다.

(연락처 010-5495-3335) / 배동한 목사

특강 :

조금 깊이 다루어야 할 주제는 '특강'으로 설명했습니다. 내용이 너무 전문적이기에 일반 성도는 그대로 넘어가도 됩니다. 주로 동교재(백투더바이블)에서 그대로 사용한 경우가 많습니다.

적용 : 말씀이 우리의 삶에서 적용되지 못한다면 지식만을 자랑하는 공부가 되기 쉽습니다. 가끔 삶의 적용을 위한 묵상을 실었습니다. 그러나 그 적용은 개인에 따라 달라질 수 있습니다. 본문에 대한 정확한 이해가 먼저 선행되어야 하고, 또한 그 말씀이 우리 삶에 적용되어야 합니다. 각자가 더 추가적인 적용을 해보세요. 그렇다고 억지로(?) 적용을 이끌어내려고 하지 마십시오. 적용이 필요없는 곳도 많으니까요. 우리는 본문이 의미하는 정확한 내용보다는 대입식 적용에 익숙해져 있습니다.

이 교재를 사용하시는 분들을 위하여

혼자 공부하시는 분에게

첫　째 물론, 성경공부를 하기 전에 기도하셔야지요! 본문을 잘 이해하게 해달라고 성령님께 지혜를 부탁하세요.

둘　째 오늘 배울 본문을 정독하면서 여러 번 읽으십시오. 혹시 영어 성경을 보신다면 함께 읽으십시오. 그리고 필요한 부분에는 구문분석을 소개했습니다. 내용의 흐름을 이해하는 데 도움을 줄 것입니다.

셋　째 이 교재는 문제를 먼저 던지고, 그에 대한 해설을 소개했습니다. 그런데 그 해설을 먼저 읽어보려는 유혹에서 벗어나야 성공합니다. 반드시 본인의 말로 답을 쓰십시오. 그리고 설명을 참고하세요.

넷　째 이 교재의 설명이 부족하신 분은 간단한 주석 또는 강해서를 참고하십시오. 그러나 이 교재의 주 목적이 전체의 흐름을 잡는 것이고, 또 너무 자세한 주석은 진도에 방해를 가져오기 때문에 많이 생략했습니다.

다섯째 혼자 공부하시다 이해가 잘 안 가는 문제는 여백에다 기록했다가 나중에 교역자의 안내를 받으십시오.

여섯째 꼭 한 번에 한 과씩 진도를 나갈 필요는 없습니다. 맛있는 뷔페에 가서는 정량보다 더 많이 먹는 것처럼 여러 과를 하셔도 됩니다. 따라서 이 교재가 어떤 사람에게는 몇 주나 몇 달이 걸릴 수 있고 어떤 사람에게는 더 걸릴 수도 있습니다.

일곱째 그 날 배운 내용을 주위 사람들에게 교재를 보지 않고 설명해 보십시오. 물론 완전히 자기 것으로 소화해서 자신의 말로 전달하셔야 합니다. 정 그럴 상대가 없다면, 자녀나 친구에게, 그래도 없으면 이불 속에서라도 혼자 중얼거려보세요. 그 효과가 배로 나타날 것입니다.

여덟째 소개된 성경 구절을 다 찾아 적으신다면 그보다 더 좋은 효과는 없겠지요. 그렇지 못하더라도 소개된 성경 구절은 꼭 찾아보아야 합니다. 아주 반드시.

아홉째 Close up은 어떤 사람에게는 너무 어렵겠지만, 어떤 사람에게는 도움이 될 것입니다. 잘 활용하시면 이해에 큰 도움이 될 것입니다. 책 소개는 필요하신 분을 위해 안내했습니다.

열　째 분명한 것은 이 교재가 반드시 완전하다는 것은 아닙니다. 성경에서 보다 풍성한 꼴을 얻게 하기 위한 기초과정일 것입니다. 보다 깊은 연구는 자기 스스로 하셔야 합니다. 꼭 부탁드리는 것은 잘 성장하셔서 교회에서 성경을 지도하는 교사가 되기를 바랄 뿐입니다. 노력하십시오.

구역공부 교재로 사용하시는 분들께

첫 째 구역의 활성화가 교회부흥의 첩경임은 누구나 다 아는 사실입니다. 그러나 말씀 중심으로 모이는 모임이 아니면, 그 모임이 계속 불타오를 수 없습니다. 인위적인 열심은 곧 시들해지기 때문이니까요.

먼저, 교재를 나누어 주시고 집에서 숙제를 해오게 하십시오. 성경 구절을 적어 오게 하되 바쁜 사람은 성경을 찾아보았다는 증거로 성경 페이지 숫자라도 적어 오게 하세요. 물론 안 해 오는 분에게는 벌금을 물리세요. 집에서 이 교재를 사용하시는 방법은 앞의 내용을 참고하십시오.

둘 째 만약 당신이 인도자라면, 앞에서 '혼자서 공부하는 사람에게' 말했던 내용대로 하십시오. 철저히 준비하셔서 속이 후련하게 해주셔야 합니다. 자세한 설명보다는 그 본문이 의미하는 내용을 아주 간단하고 알기 쉽게 설명해 주셔야 합니다.

셋 째 구역 모임은 시간을 그리 길게 잡을 수는 없을 테니까, 짧은 시간 내에 그 내용을 소화할 수 있도록 지도자나 지도를 받는 분들이 미리 준비를 잘 해오셔야 합니다. 그래서 구역 모임에서는 중요 내용을 토론, 요약해 주는 방법이 나을 것입니다. 물론 잘 이해가 안 되는 부분은 지도자가 설명해 주셔야 합니다.

넷 째 나머지 재미나는 프로그램은 지도자가 안내하십시오. 이 교재에 나와 있는 삽화를 예쁘게 색칠해 오게 하는 방법도 그 하나일 것입니다. 또는 좋은 책을 선정, 그 내용을 서로 소개하는 방법도 있을 것입니다.

성경공부 모임의 교재로 사용하시는 분들께

첫 째 우선 앞의 내용을 참고하십시오. 성경공부 시간이 얼마나 되는지 잘 모르겠지만, 물론 집에서 각자 충분히 공부를 해오게 하시는 것이 효과적입니다. 주로 교역자나 전문 성경공부 지도자가 인도하게 되겠기에 보다 깊은 토론을 할 수 있을 것입니다.

둘 째 그러나 어느 한 주제를 가지고 너무 깊은 토론을 하는 것은 유익하지 못합니다. 더욱이 교역자가 없는 성경공부 모임에서는 너무 깊은 토론을 하지 않는 것이 좋습니다. 이런 문제는 교인 전체를 대상으로 강사를 모시거나 본 교회 교역자의 특강으로 해결하는 것이 좋습니다.

셋 째 그보다는 성경 전체의 맥을 잡아 가는 것이 효과적입니다. 우리의 논쟁거리는 신학자들 사이에서도 논쟁이 되는 것이 대부분입니다. 만약, 성경공부 모임에 처음 참석하는 분이 있다면 더더욱 비효과적입니다. 많은 지식의 습득보다 성경 본문이 전하려는 핵심 메시지가 무엇인지를 알려고 노력하십시오.

BACK TO THE BIBLE

CONTENTS

The Books The Old Testament

EZEKIEL

BACK TO THE BIBLE

서 론

에스겔은
포로생활 하고 있는 중에
하나님으로부터 소명을 받았다.
그는 마치 아직 멸망 당하지 않은
예루살렘에 있는 것 같은 기분으로
예언의 말씀을 전한다.

에스겔은
그의 사역 처음 7년간(주전 593-586년)은
예루살렘의 멸망을 선포했다(1-24장).
이스라엘은 하나님이 언약 백성이며,
또한 성전이 소재하고 있는 곳이라고 할지라도
예루살렘의 멸망을
막을 수 없다고 선포한다(렘 29, 30장 참조).

선지자는 그의 말씀을 듣는 유대인들에게
그들의 포로 기간 중
서로서로 평화롭게 공존하는 것이었고,
하나님과 더불어 화평한 가운데 살라는 것이었다.

Close-up 조금 자세하게 들여다보기

BACK TO THE BIBLE 본 문

BACK TO THE BIBLE **본 문**

히브리인의 사상에 있어서 성전에 대한 기본 개념은
'하나님의 집'이란 뜻이다.
'여호와의 집'이란 사람의 손으로 만든 어떤 물건이 아니라는 말이다.
그렇다면 성전은 하나님의 자기 계획 속에 무엇을 의미하는가?

그 성전은 그의 백성과 함께 하시는
하나님의 임재의 "실체"(實體)를 상징한다.
하나님은 그의 영광의 얼굴을 보여주시기 위해
그의 백성 가운데 임재하신다.

광야 생활 속에서 하나님은 친히 그들을 인도하셨고,
백성들은 그들과 함께 거하시는 하나님께 예배를 드렸다.
광야에서의 장막,
솔로몬 성전,
그리고 솔로몬 성전이 파괴된 후
에스겔 선지자는 회복된 성전의 내부 장식에 대한
환상을 본다(겔 40-44장).

성전의 역사를 간단하게 살펴보기로 하자.

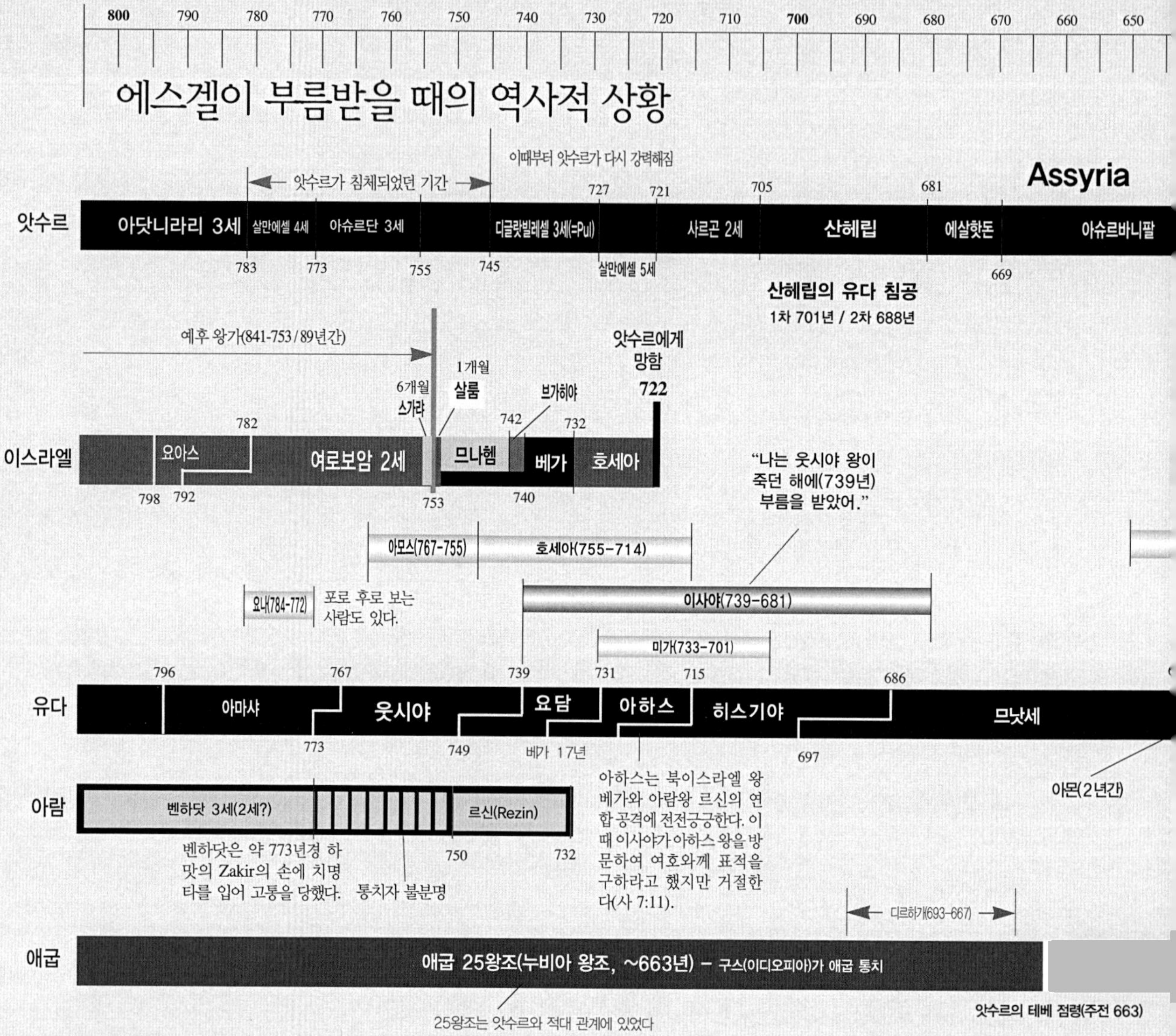

(1) 여호야김이 통치하던 유다 말기는 정말 어려운 시기였다. 여호야김의 악정(惡政)은 그러지 않아도 므낫세로 인해 곤두박칠치고 있는 유다를 더욱 만신창이의 국가로 전락시키고 있었다. 전능하신 여호와가 계셨지만 이들은 인간의 지혜에 의존해서 난국을 타개하려 했다. 결국 그는 바벨론의 느부갓네살을 배반한다(왕하 24:1). 이 소식을 들은 느부갓네살은 갈대아 부대와 그 예하에 있던 모압, 암몬의 부대들을 급파하여 여호야김을 공격했다(왕하 24:2, 렘 35:11). 끝내는 바벨론이 예루살렘에 주둔하게 되었다(598 B.C.). 결국 여호야김은 쇠사슬로 묶여 바벨론으로 끌려 갔다.

(2) 여호야김이 죽고 뒤를 이어 그의 아들 **여호야긴**이 18세의 나이로 왕위에 올랐으나(왕하 24:6) 그 역시도 여호와 보시기에 악했다. 여호야긴이 즉위한 지 3개월 뒤 느부갓네살이 다시 예루살렘을 점령했다(왕하 24:10-17). 이때 느부갓네살은 여호야긴을 비롯하여 나라의 유력한 자들을 많이 끌고 갔다. 그 중에는 용사 7천과 기술자 1천 명이 포함되었다(왕하 24:15). 에스겔도 이때 끌려간 포로 출신이다. 포로로 끌려간 백성들은 닙불(Nippur)과 그발 강가의 여러 동리에 정착했다. 소망이 절망으로 바뀔즈음 하나님은 에스겔을 선지자로 부르신다. 난민촌 백성에게 특별히 전할 말씀이 있었기 때문이다.

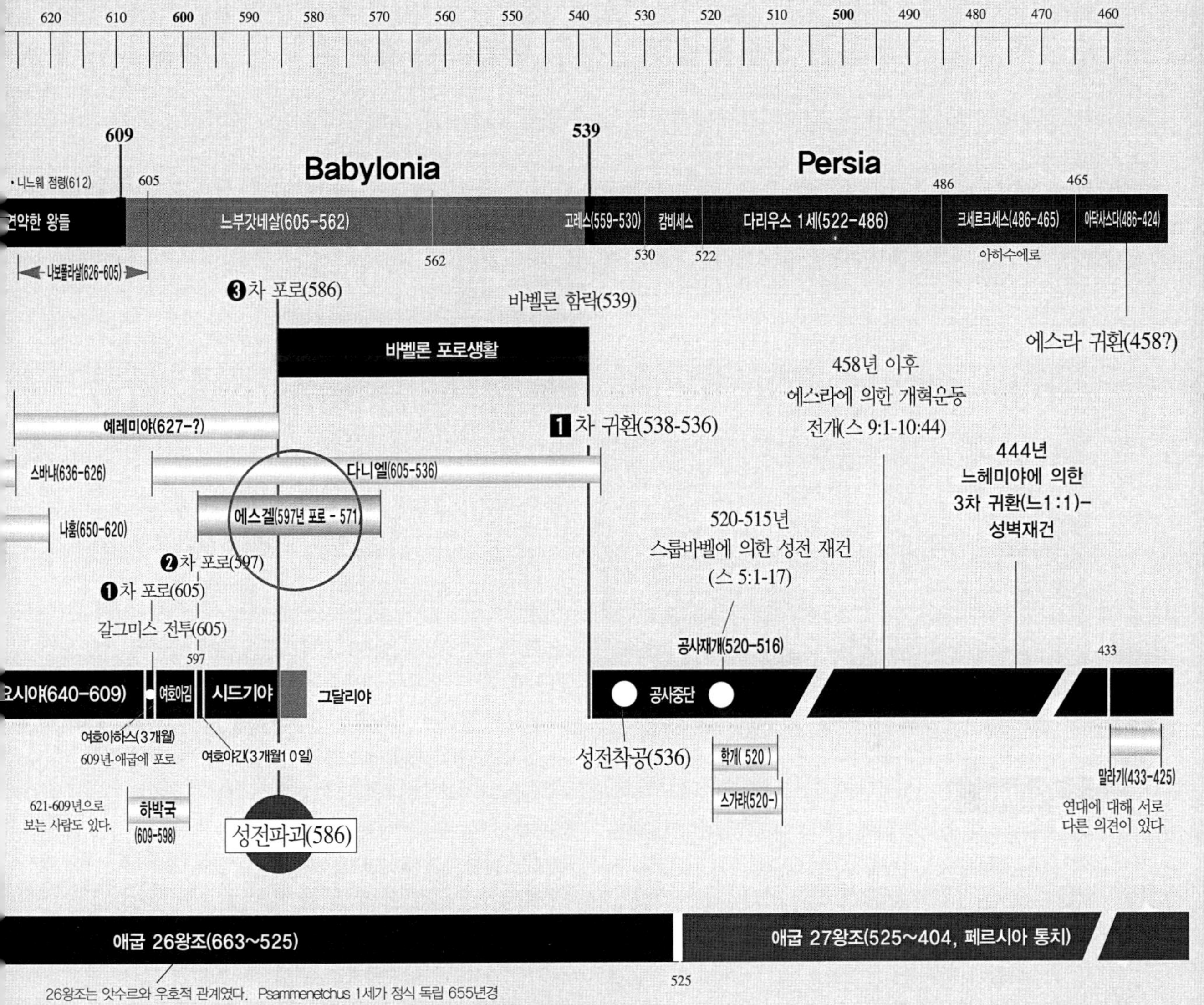

620 610 600 590 580 570 560 550 540 530 520 510 500 490 480 470 460
609
539
Babylonia
Persia
• 니느웨 점령(612)
605
486
465
연약한 왕들
느부갓네살(605-562)
고레스(559-530)
캄비세스
다리우스 1세(522-486)
크세르크세스(486-465)
아닥사스다(486-424)
530
522
562
아하수에로
나보폴라살(626-605)
❸차 포로(586)
바벨론 함락(539)
에스라 귀환(458?)
바벨론 포로생활
458년 이후
에스라에 의한 개혁운동
전개(스 9:1-10:44)
예레미야(627-?)
1 차 귀환(538-536)
444년
느헤미야에 의한
3차 귀환(느1:1)-
성벽재건
스바냐(636-626)
다니엘(605-536)
에스겔(597년 포로 - 571)
나훔(650-620)
520-515년
스룹바벨에 의한 성전 재건
(스 5:1-17)
❷차 포로(597)
❶차 포로(605)
갈그미스 전투(605)
597
공사재개(520-516)
433
요시야(640-609)
여호아김
시드기야
그달리야
공사중단
여호아하스(3개월)
609년-애굽에 포로
여호야긴(3개월10일)
성전착공(536)
학개(520)
스가랴(520-)
말라기(433-425)
621-609년으로
보는 사람도 있다.
하박국
(609-598)
성전파괴(586)
연대에 대해 서로
다른 의견이 있다
애굽 26왕조(663~525)
애굽 27왕조(525~404, 페르시아 통치)
525
26왕조는 앗수르와 우호적 관계였다. Psammenetchus 1세가 정식 독립 655년경

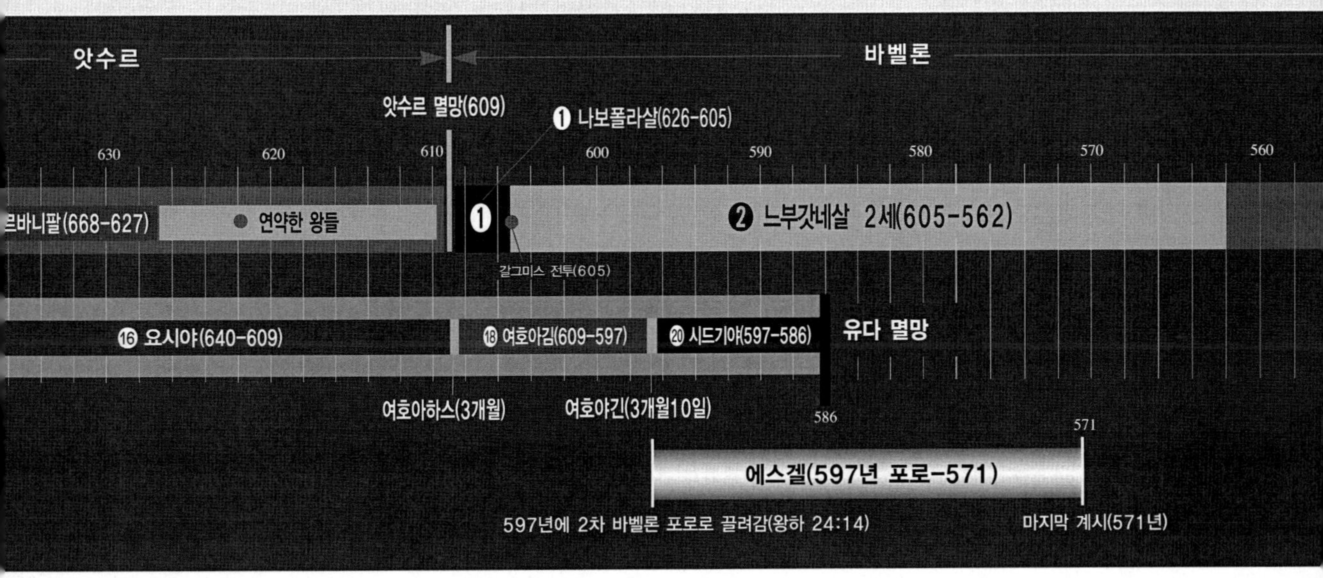

앗수르
바벨론
앗수르 멸망(609)
❶ 나보폴라살(626-605)
630 620 610 600 590 580 570 560
르바니팔(668-627)
연약한 왕들
❶
❷ 느부갓네살 2세(605-562)
갈그미스 전투(605)
⑯ 요시야(640-609)
⑱ 여호아김(609-597)
⑳ 시드기야(597-586)
유다 멸망
여호아하스(3개월)
여호야긴(3개월10일)
586
571
에스겔(597년 포로-571)
597년에 2차 바벨론 포로로 끌려감(왕하 24:14)
마지막 계시(571년)

[에스겔서 간단하게 훑어보기]

• 에스겔은 현존하시는 하나님과 대면하게 된다(1-3장). 그리고 언약을 어긴 백성에 대한 심판, 그 이스라엘을 괴롭혔던 열방에 대한 심판 그리고 이스라엘의 회복에 대해 언급하고 있다. 에스겔서는 이해하기가 쉽지 않다.

"여호와는 온 우주를 통치하시는 분임"을 보여준 선지자

에스겔

• 에스겔서를 간단하게 살펴볼 때 이용하세요.

이 그림이 무엇인지 모르는 사람은 에스겔서 1장을 읽자.

Profile

❖ 바벨론 포로(597년 여호야긴의 반란 사건으로 포로민과 함께 바벨론으로 끌려감) / 그는 제사장이기도 했다(겔 1:1-2) / 결혼했으며(24:16) / 환상을 볼 때 의식을 잃어버린 환상가였다. 환상을 설명하기 위해 상징적 행동을 취했다. / 포로로 끌려가 바벨론과 닙풀 사이에 있는 그발강(운하)가 텔아빕에 있는 난민촌에서 살았다(겔 3:15). 처음 소명을 받은 것은 593년(1:2, 3), 마지막으로 말씀을 받은 때는 571년이다(겔 29:17). / 아내의 죽음에 대해 슬퍼하는 것을 금하셨다. 그의 아내의 죽음이 예루살렘의 멸망의 유비요, 예고였기 때문이다(겔 24:15-27).

1-3장 에스겔의 소명(593 B.C.)

❖ **인자[1]야 네 발로 일어서라** / 하나님은 에스겔을 부르신다. 소명을 주시기 위해서다. 이 때가 33살.

1) 여호와는 에스겔을 '인자'(Son of man, בֶּן־אָדָם)로 부르신다. 이 서신에서 92회나 사용되었다. 이 칭호는 에스겔을 신적인 존재로부터 구별시킬 뿐만 아니라 에스겔이 권능의 하나님과 그의 영에 의존해야 함을 가리킨다.

❖ **여호와의 영광의 형상의 모양 앞에 선 에스겔** / 그는 엎드린다. / 에스겔은 하나님의 영광을 보게 된다(1장).

❖ **에스겔이 소명을 받는다.** 에스겔은 이방 나라의 선교사가 되는 것이 아니었다. 오히려 배반하고, 완악하며, 마음이 굳은 이스라엘의 아들들에게 전파하도록 부름을 받았다(2:3-8). 에스겔은 이 히브리 난민에게 전하라는 메시지를 받는다(2:4, 7; 3:4, 11).

❖ **에스겔아, 이 두리마리를 먹어라**(겔 2:9-3:3). 하나님의 영이 그에게 임하였다. 파수꾼으로서 에스겔은 오직 여호와로부터만 지시를 받아야 한다. 그의 직무는 무엇일까? 그는 사랑하고, 위로하며 희망의 메시지만을 전하는 것이 아니라 이스라엘의 죄악을 폭로해야 하며(1-11장), 하나님의 심판의 이유들을 선포해야 한다(12-24장). 물론 회복에 대한 말씀도 선포하게 된다(40-48장).

❖ **사로잡힌 네 민족에게 예언하라**(겔 3:11). 에스겔은 자신이 함께 살고 있는 난민촌 유다인들에게 예언하라고 부름을 받는다. 그는 예루살렘이 포위될 것과 예루살렘의 성의 고난(겔 4:9-17)에 어떻게 묘사할 것인가에 대해 분명한 지시를 받았다(겔 3:24-26).

❖ **예루살렘이 어떻게 포위될 것인가?**(4:1-6). 왕의 도성 예루살렘은 포위될 것이다. 따라서 기근이 발생할 것이다(4:9-17).

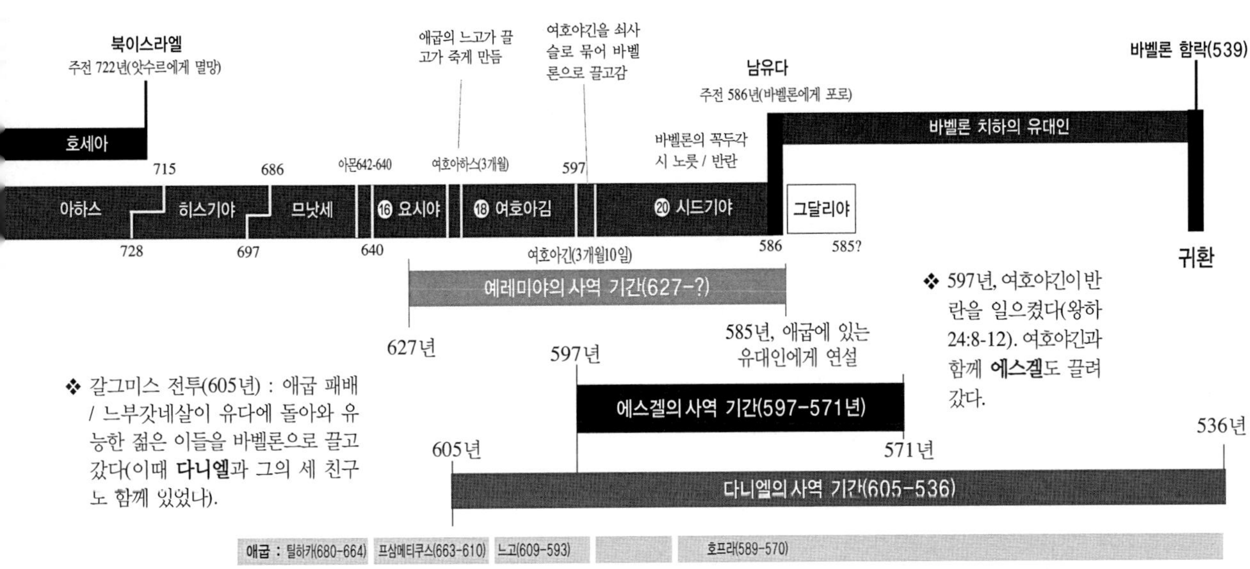

4-24장 유다에 대한 심판 예언

❖ **예루살렘의 종말에 대해 선포하라** (5-6장). 기근에 이어 전투가 발생할 것이다(5:1-17). 이를 상징적인 행동으로 보여주고 있다(머리카락과 수염을 깎는 상징 행위, 5:1-5). 이제 예루살렘 주변의 산지들은 시체로 가득차게 될 것이라고 예언한다. 거주하는 성읍마다 황무지로 변하고, 산당들도 황폐화 될 것이다. 너희가 섬기는 우상들도 산산조각날 것이다(6:1-7).

❖ **결국 이스라엘이 종말이 올 것이다**(7장) : 백성들의 가증스런 행위로 말미암아 모든 악인들은 처참한 지경에 이를 것이다. 더이상 견딜 수 없는 여호와께서는 이들을 떠나실 것이다(7:22-26).

- 겔 7:21 "외인의 손에 붙여 노략하게 하며 **세상 악인에게 붙여 그들로 약탈하여 더럽히게 하고** 22 내가 또 내 얼굴을 그들에게서 돌이키리니 그들이 내 은밀한 처소를 더럽히고 강포한 자도 거기 들어와서 더럽히리라…24 내가 **극히 악한 이방인으로 이르러 그 집들을 점령하게 하고** 악한 자의 교만을 그치게 하리니 그 성소가 더럽힘을 당하리라 25 패망이 이르리니 그들이 평강을 구하여도 없을 것이라."

- 겔 6:8 "그러나 너희가 열방에 흩어질 때에 내가 너희 중에서 칼을 피하여 **이방 중에 남아 있는 자가 있게 할지라.**"

❖ **"그 때에야 그들이 나를 여호와인 줄 알리라" (6:10)**
위의 구절은 74회나 등장한다. 이런 엄청난 일을 당하고나서야 여호와의 존재에 대한 참지식을 깨닫게 될 것이다.

❖ **백성이 왜 이런 상태까지 되었단 말인가?(8장)**
주전 592년경 에스겔은 환상을 통해 예루살렘으로 인도된다. 거기서 다시 에스겔은 하나님의 영광을 본다(8:1-4) 여기서 하나님은 백성들의 한심한 작태를 보여주신다.

- 우상이 성전의 안뜰을 자치했다(8:5). 거기서 70명의 장로들이 그들의 우상을 섬기고 있다. 제단 문 어귀와 성전 안에 있는 우상들을 보여주신다(8:5-13).

- 백성의 장로들은 하나님이 그들을 버리고 떠나셨기에 자신들을 살피시지 못한다고 생각했다. (8:12 "또 내게 이르시되 인자야 이스라엘 족속의 장로들이 각각 그 우상의 방안 어두운 가운데서 행하는 것을 네가 보았느냐 그들이 이르기를 **여호와께서 우리를 보지 아니하시며 이 땅을 버리셨다 하느니라.**"

• 여인들은 성전 뜰에서 바벨론 여신 담무스를 위해 애곡하고 있다(8:14-15). 그리고 24명으 지도자들이 성전을 뒤로하고 태양을 숭배하고 있다(8:16-17). 이런 엄청난 죄악들이 제사장 감독 하에서 성전에서 범해지고 있다.

❖ **남은 자들만이 재난에서 살아남을 것이다(9장).**

이제 하나님은 우상 숭배자들을 처단할 집행인들을 호출하신다(9:1-2). 왜 하나님은 그 은혜를 철회하시는 걸까? 백성들은 하나님이 그들의 행위를 감찰하신다는 것을 믿지 않은 채 죄악을 자행했기 때문이다(9:9-11). 이 백성들은 민족들이 속박당할 때 그 민족의 신도 속박당한다는 다신론적 세계관을 받아들였다.

이제 하나님은 성전으로부터 나와 동문으로 향하신다(10:18-19). 하나님은 장차 일어날 일을 바라보시며 그것을 떠나신다. 그렇다면 백성들의 가장 큰 잘못은 무엇인가? 그것은 이웃 족속의 우상 숭배에 빠져 모세 언약을 거절했다는 점이다(11:11-12). 하나님은 이제 이들을 철저하게 심판하실 것이다.

❖ **그러나 이스라엘을 회복시켜 주실 것이다 (11:16-17)**

하나님은 남은 자들이 약속의 땅을 물려받을 수 있도록 이방 가운데 쫓아버린 그들을 보호하실 것이다(11:16-17). 그 남은 자들이 우상을 척결할 것이다(11:18). 유다, 예루살렘, 그리고 성전과 아무런 관련이 없는 것으로 생각되는 남은 자들을 모으실 것이다. 그리고 이들을 이스라엘 땅으로 돌리실 것이다.

❖ "그리고 그들이 그곳으로 돌아갈 것이다" (11:18-21)

• **겔 11:18-20**의 말씀은 **렘 31:31-34(새언약)**의 말씀과 조화를 이룬다. 어떻게 '참 이스라엘'이 그와 같은 일을 성취해 낼 수 있는가를 언급한다. 하나님은 이들에게 "하나님의 뜻에 순종하는 마음"을 주실 것이다. 이들에게 새로운 영을 부어주실 것이다 이 일은 오직 여호와께서만 하실 수 있는 일이다.

(1) 이 부분은 귀환이 이루어질 상황과 그 백성이 기대하는 바에 대해서 말하고 있다.

• 겔 11:18 "그들이 그리로 가서 그 가운데 모든 미운 물건과 가증한 것을 제하여 버릴지라."

(2) '모든 미운 물건' - 음식, 해충, 더러운 것들과 같은 생활의 불결한 측면들을 가리킨다(레 7:21). '가증스러운 생물들(혐오스러운 희생 제물들)이 영적 지도자들이 경외하는 성전 안에 있었다. 여호와는 성별된 삶과 제사를 원하신다.

• 겔 11:19 "내가 그들에게 ① 일치한 마음을 주고 ② 그 속에 새로워진 영을 주며 ③ 그 몸에서 굳은 마음을 제하고 ④ 부드러운 마음을 주어서"

(3) 하나님은 인간의 내면을 바꾸기 위해 4가지 일을 행하실 것이다. 여기서 '영'(신)은 한 사람의 영적 생활, 마음 자세, 바람들, 충동들을 가리킨다. 새로운 방향이 설정되고, 새로운 관계가 형성될 것이다. 여호와와 그의 백성이 완전한 생활, 사랑이 넘치는 교제로 들어갈 것이다. 그럼으로써 조화와 평화가 회복될 것이다.

• 겔 11:20 "내 율례를 좇으며 내 규례를 지켜 행하게 하리니 그들은 내 백성이 되고 나는 그들의 하나님이 되리라."

(4) 변화된 자들로서 돌아와 순종하는 백성들이 될 것이다. 언약 조항들(율법과 규례들)이 기억되고 지켜질 것이다. 모세가 시내산에서 말하던(출 20:1-2, 신 29:1) 그 율법을 가리킨다. 하나님은 이전보다 더 많은 것을 요구하시는 것이 아니다. 이전과 똑같은 것을 요구하신다. "그들이 나의 백성이 되고, 나는 그들의 하나님이 될 것이다"(11:20하). 여호와(남

▶겔 21 : 21 "바벨론 왕이 갈랫길 곧 두 길 머리에 서서 점을 치되 살들을 흔들어 우상에게 묻고 희생의 간을 살펴서 22 오른손에 예루살렘으로 갈 점괘를 얻었으므로 공성퇴를 베풀며 입을 벌리고 살륙하며 소리를 높여 외치며 성문을 향하여 공성퇴를 베풀고 토성을 쌓고 운제를 세우게 되었나니 23 전에 그들에게 맹약한 자들은 그것을 헛점으로 여길 것이나 바벨론 왕은 그 죄악을 기억하고 그 무리를 잡으리라 24 그러므로 나 주 여호와가 말하노라 너희의 악이 기억을 일으키며 너희의 건과가 드러나며 너희 모든 행위의 죄가 나타났도다 너희가 기억한 바 되었은즉 그 손에 잡히리라 25 너 극악하여 중상을 당할 이스라엘 왕아 네 날이 이르렀나니 곧 죄악의 끝 때니라."

편)와 그의 백성(신부) 사이에 혼인이 실현될 것이다(겔 20:5-6, 23:1-4 참조).

- 겔 11:21 "그러나 미운 것과 가증한 것을 마음으로 좇는 자는 내가 그 행위대로 그 머리에 갚으리라 나 주 여호와의 말이니라."

(5) 만약, 여호와를 대적하는 모든 자들에게와 포로 생활 여러 세대들이 생했던 악한 길을 계속 좇는 자는 저주가 임할 것이다(21절).

❖ 그리고 하나님은 예루살렘을 떠나셨다(11 : 23)

하나님의 영광이 성읍 동쪽 있는 산 꼭대기에 머무셨다. 주의 영이 에스겔을 높이 들어 올려 하나님의 영으로 환상 가운데, 바벨론의 포로 가운데로 데리고 오셨다.

❖ 포로가 될 것을 나타내는 상징행위를 하다(12장)

(1) 에스겔은 포로를 암시하는 상징적 행동을 한다(12:7-20, 예레미야 21-24장과 비교). 백성들은 선지자들의 예언이 대부분 성취되지 않는다고 떠들어댄다(12:21-25). 그러나 하나님은 무엇이라고 말씀하시는가? (12:25, 28) 하나님은 다만 침묵하고 계실 뿐이다. 그러나 백성들은 현재 여호와가 아무것도 말씀하시지 않는다고 믿고 있다. 그러나 이들이 믿지 못하는 이유는 거짓 선지자들과 우상을 숭배하기 때문에 영적인 눈이 가려 있을 뿐이다.

(2) 문제는 거짓 선지자들이다. 어떤 선지자들은 미래의 지식을 얻기 위해 점술을 의지하기도 했다(13:17-23). "새 잡듯이 사람의 영혼을 사냥하는데 사용하는 너희 의 부적을 네 팔에서 떼어버리시겠나"고 말씀하신다(13: 20). 장로들은 선지자에게도 묻고 우상 숭배에게도 묻기도 했다(혼합주의). 이들 역시 하나님 앞에 동일한 죄악을 범하기는 마찬가지였다(14:1-5).

(3) 이런 우상 숭배를 심판하시는 방법은 자연의 재난과 군사적 재난을 통해서 해결하신다. 언약을 어긴 백성에게 이제는 여호와께서 대적이 되어 나타나신다는 말이다. 여기서 벗어나는 길은 오직 한 가지, 회개뿐이다(14:6).

20

❖ 예루살렘은 타버린 포도나무다(15장)

하나님은 에스겔에게 이렇게 물으신다. "인자야, 포도나무로 무엇을 만들겠느냐?"(15:2) 하나님은 포도나무는 땔감밖에 달리 사용할 곳이 없다고 말씀하신다. 주님은 불에 타 버린 포도나뭇가지는 아무 곳에도 쓸 수 없으니 베어 땔감으로 불에 던져 넣듯이 예루살렘에 사는 백성들도 그렇게 하시겠다고 선언하신다. 혹시 그들이 불을 피하더라도 불이 그들을 쫓아가 태워버릴 것이라고 말씀하시면서 진노의 철저함을 전하신다.

❖ 너는 들판에 버려진 아기였었다(16장).

(1) 하나님은 이스라엘의 어렸을 적을 이렇게 표현했다. "이스라엘은 길가에 버려진 아기였었다. 피투성이가 된 채로 버둥거리고 있는 것을 보고 하나님은 이를 데려다가 밭의 식물처럼 키웠더니 잘 자라서 이제는 아름다운 보석처럼 되었다. 점점 더 자라 성숙한 처녀가 되어 있었다. 그래서 너와 엄숙히 맹세하고 너와 언약을 맺어서 너는 내 것이 되었다. 아름다운 신부처럼 은과 금으로 치장하고 고운 모시옷과 비단옷과 수놓은 옷을 입히고, 왕비처럼 되었다."(쉬운 성경 참조)

"그런데 지금은 창녀가 되었구나. 세상에 너 같은 창녀가 어디 있겠느냐? 돈을 받기는커녕, 오히려 돈을 주어 가며 몸을 파는 구나"(34절).

(2) 이렇게 에스겔 선지자는 이스라엘을 불타버린 포도나무(15장)요, 간음한 배우자(16장)로 비유하여 하나님의 심판의 필연성을 강조한다.

(3) 소돔이 타락했으나 유다의 타락은 더 심하다고 탄식하고 있다(16:47-48). 유다는 북이스라엘의 멸망을 직접 목격하지 않았는가? 그럼에도 불구하고 더욱 더 부패하다니!(16:51-52). 하나님은 에스겔에게 심판 때에는 유다 보다 소돔이 먼저 회복될

것이라고 말씀하신다. 그런 주제에 유다는 아람과 불레셋을 업신여기고 있지 아니한가! (16:57-58) 이렇게 유다는 여호와의 '언약을 깨뜨렸으므로' (לְהָפֵר בְּרִית) 바벨론 유수는 필연적이다.

❖ 그러나 내 언약을 기억할 것이다(16:60-63)

네가 한 맹세를 하찮게 여겨, 그 언약을 깼으니, 나 여호와도 네가 한 것과 똑같이 너에게 하겠다(16:59). 그러나 하나님은 "너희와의 내 언약(=출 19-24장의 사건)을 기억할 것이라고 말씀하신다(16:60). 자신의 언약을 기억하고, 갱신하며, 영원히 세우시겠다고 말씀하신다. 이 과정에서 이들의 죄악을 덮으심으로써 해결하신다.

❖ 이스라엘은 두 마리 큰 독수리가 취할 나뭇 가지와 같다(17장).

에스겔은 동료 유다인들에게 분명한 메시지를 전하기 위해 그림 같은 알레고리(수수께끼, 우화)를 사용한다(17장). 이 알레고리의 기본 의미는 다윗 왕가와 국제적 정세 속에서 그 왕가가 처한 상황을 다루고 있다. 17장의 비유를 자세히 읽어보자. 그 내용은 이렇다 :

- 다윗의 집 : 레바논에 심어진 한 그루 나무로 언급한다.
- 바벨론 왕(독수리 - 색깔이 화려하고 날개가 크고 깃이 길고 털이 숱한 큰 독수리)이 나무의 꼭대기 부분(여호야긴)을 바벨론에 옮겨가고 한 씨(=시드기야)를 가나안에 심었다. 이 나무는 잘 자라지 못하여 잠시 동안 바벨론을 의지하다가 후에 애굽(=새로 심기워진 두번 째 독수리, 7절)을 의지한다. 이런 비유에 대한 해석이 17:11-21에 나온다.

❖ 얼마간 왕국을 폐할 것이나 다시 세우실 것이다(17:22-24).

역사를 주관하시는 하나님이 얼마간 왕국을 폐하실 것이지만 다시 심으실 것이다(17:24). 여기 나오는 나무들(22-24절) 곧 온 민족들을 여호와의 행시를 알게 될 것이다(24절).

❖ 멸망의 원인은 각 개인의 죄 때문이다(18-20장).

(1) 에스겔 당시의 백성들은 자신들은 멸망당할 일은 결코 행하지 않았다고 투덜거렸다. 이들은 부모들 때문에 지금 이런 고통을 당한다고 생각했다(렘 31:29-30 참조). 에스겔은 출애굽에도 불구하고 여호와를 섬기지 못한 이스라엘의 실패를 언급하면서 결국 이런 멸망당한 일은 각 개인의 죄에 기인함을 설명한다. 에스겔은 3대 자손의 영적 상태를 예를 들어 설명하면서, 하나님이 행하실 심판이 각 개인의 행위에 달려 있음을 증명한다(19:5-24). 따라서 각 개인은 회개하여야 하며, 새 마음과 새 영을 받아들여야 할 것임을 말씀하신다(18:30-31).

(2) 이스라엘의 파멸은 너무 고통스러운 것이기에 에스겔은 애가(哀歌)를 부르지 않을 수 없다(19:1-14). 이스라엘이 얼마나 언약에 불충성했는가 보라(20:1-4). 이들의 불미스러운 과거를 살펴보아라(20:5-32). 에스겔은 이스라엘과 유다의 반역과 그들에게 임할 확실한 심판을 강조한다(20:1-38). 물론 회복도 강조되고 있다(22:39-44).

❖ 유다에 대한 하나님의 평가(21-24장)

(1) 이제 유다는 바벨론의 군사력을 통해 주어질 하나님의 진노와 심판의 불을 체험하게 될 것이다(21:13). 바벨론의 칼이 예루살렘을 멸망시킬 것이다(칼의 노래, 21:8-17). 유다는 분명히 포로가 될 것이다(21:24). 시드기야의 통치는 끝났다. 그래서 예루살렘에서 다윗의 보좌가 제거될 것이다(21:25). 그리고 유다 나라의 뿌리가 뽑힐 것이다. 시드기야는 왕으로서 자신이 한 거짓말과 악행에 대한 대가를 받아야 한다.

(2) 심판이 찾아오는 분명한 이유는 이들의 우상 숭배, 가난한 자들에 대한 압제 및 피흘림 때문이다(22:1-31). 이 피흘린 성읍에 대한 심판이 언급되어 있다(17-22절). 그 심판의 근거를 구체적으로 언급하고 있다(23-31절). ① 부모를 업신여겼다. ② 나그네와 고아를 함부로 대했다. ③ 안식일을 거룩히 지키지 못했다. ④ 피를 흘리려고 이간을 붙이고 ⑤ 우상 숭배 ⑥ 여러 종류의 간음 ⑦ 피를 흘리려고 뇌물을 받고 ⑧ 토색하는 일 / 결국, 이들은 하나님을 잊어버린 것이다.

(3) 그래서 하나님은 친히 이들을 심판하실 것이다. 열국의 목전에서 이스라엘은 수치를 당할 것이다(16절). 예루살렘은 "정결하지 못한 땅"이요 "비를 얻지 못한 땅"이다(24절).

❖ 오홀라와 오홀리바(23:1-49)

(1) 23장과 16장은 유사성이 있다. 이스라엘의 신실치 못함을 결혼이라는 **은유**를 통해 이스라엘의 패역함을 드러내고 있다.

(2) 23:2 두 여인이 있었는데, 한 어미의 딸이다. 3 그들이 애굽에서 행음하되 어렸을 때에 행음하여 그들의 유방이 눌리며 그 처녀의 가슴이 어루만

진 바 되었었나니 4 그 이름이 언니의 이름은 동생의 이름은 오홀리바였다. 그들이 내게 속하여 자녀를 낳았나니 그 이름으로 말하면 오홀라는 **사마리아**요 오홀리바는 **예루살렘**이니라 5 오홀라가 내게 속하였을 때에 행음하여 그 연애하는 자 곧 그 이웃 앗수르 사람을 사모하였나니…" / 이렇게 23장의 언어가 16장보다 더 적나라하고 상스럽다.

(3) 이런 매춘행위에 대해 심판이 언급되어 있다(36-49절). 이들의 죄악이 구체적으로 나열되고 있다. "음행만 하다가 늙어버린 여인"이 또 음행을 한다고 서술하고 있다(43절). 이들에게 하나님의 심판은 필연적이다(46-49절). 23장과 16장에서 보는 바와 같이 예루살렘을 여호와의 아내로 은유하여 예언하고 있다.

❖ 끓는 가마(24:1-14)

주전 588년, 사로잡힌 지 9년 10월 10일에 바벨론 왕이 예루살렘을 치기 시작했다(예루살렘 멸망은 586년, 겔 33:21-22 참조). 가마를 걸고, 물을 붓고, 고기의 좋은 덩이를 모아 넣고, 고른 뼈를 가득히 담고, 각을 뜨고 잘 삶아라(3-5절). 여기서 예루살렘은 '피흘린 성읍, 녹슨 가마'로 불린다. 녹이 가득하다는 것은 예루살렘에 악이 가능함을 상징한다.

❖ 아내가 죽을지라도 슬퍼하지 말아라(24:15-27)

하나님은 에스겔에게 바벨론의 침략의 엄청난 재난을 보여주시기 위해 상징적 행동을 취하라고 말씀하신다. 즉 그의 사랑하는 아내가 죽을지라도 슬퍼하지 말라는 것이다(24:16-18). 울거나 눈물을 흘리거나 탄식하거나 수건으로 머리를 동여서도 안 된다. 에스겔이 아침에 이런 사실을 백성에게 말했는데, 저녁에 아내가 정말로 죽었다. 이는 곧 예루살렘을 잃어버리게 될 것을 상징한다. 이는 '성소'가 더럽혀지고, 그들의 자녀가 칼에 죽임을 당하게 될 것이다. 백성들은 죄로 인해 탄식하게 될 것이다(24:19-24). 이 예언은 현실로 나타났다. 예루살렘이 함락당하고 말았다(33:21-22에서 그대로 성취되었음을 본다).

25-32장 열방에 대한 심판

❖ 열방에 대한 심판 언급

(1) 예레미야 46장 이하에서는 열방에 대한 심판이 언급되 어 있다(46장 - 애굽 심판 예언 / 47장 - 블레셋 / 48장 - 모압 / 49장 - 암몬 / 49:23-27 - 다메섹 / 50장 -바벨론 등에 대한 심판 예언). - 이들은 이스라엘을 학대한 국가들이다.

(2) 여기 에스겔서에서도 이들 국가에 대한 심판이 언급되어 있다. 암몬(25:1-7), 모압(25:8-11), 에돔(28:12-14), 블레셋(25:15-27), 두로(26:1-28:19), 시돈(28:20-26), 애굽(29:1-32:32).

(3) 이런 열방에 대한 심판 예언은 이사야, 아모스서에서도 나타난다. 이들 도시의 가장 큰 죄악은 무엇일까? 물론 '교만'이다. 두로는 아름다움과(겔 27:1-11) 부를(27:12-36) 자랑했다. 겔 28:1-11에서는 이런 모습을 어떻게 표현하고 있을까? 이들의 오만함은 사탄과 같은 모습으로 드러난다. 즉 이들은 자신을 숭배하고 있었다. 하나님은 이런 자들의 권세를 빼앗을 것이라고 선언하신다(28:24-26).

❖ 애굽은 어떠한가? (29:1-32:32)

바로를 나일강의 악어로 표현하셨다. 결국 애굽은 바벨론에게 망한다. 유다는 바벨론보다 애굽을 더 의지했다. 그러나 이들은 유다의 도움이 되지 못한다. 애굽은 미약한 나라가 될 것이다. "이 강(나일강)은 내 것이라 내가 만들었다"(겔 29:9)고 큰 소리치는 이들에게 하나님은 이곳이 황무지가 되게 하시겠다고 선언하신다.

❖ 열방을 심판하시는 이유는 무엇일까?

첫째, 누구든지 하나님의 백성을 대항하는 자는 심판을 받을 것이라는 사실을 상기시키기 위해

둘째, 이방 나라들은 불경건한 자존심과 우상 숭배로 가득 차 있다는 것을 보여주시기 위해서이다.

33-39장 유다에 대한 회복 예언

❖ 파수꾼과 예루살렘 멸망(33:1-33)

❖ 거짓 목자들과 참 목자(34:1-31)

여호와께서 직접 그 목자가 되실 것이다(34:11-16). 그 목양의 직무가 길게 설명되어 있다. 여호와 자신이 그들을 찾으시고, 구해 내시며. 돌보시며, 먹이실 것이다.

❖ 여호와의 땅의 회복(35:1-36:38)

귀환이 확실히 이루어질 것과(36:24), 용서와 정화의 확실성을 선포한다(36:25).

❖ 마른 뼈 환상(37:1-14)

❖ 두 막대기로서의 이스라엘의 회복(37:15-28)

❖ 곡과 마곡의 심판(38:1-39:29)

40-48장 영원한 성전

❖ 에스겔은 새 예루살렘과 새 성전에 대한 환상을 본다(40-48장). 유다는 포로가 되었고 예루살렘에서는 여호와의 영광이 떠났으나(1-24장), 이제 포로에서 귀환될 것이고 그의 백성 가운데 하나님이 영광스로운 임재가 다시 시작될 것이다(33-48장). 하나님이 보좌에서 흘러나오는 강은 생명과 축복과 하나님의 백성의 회복을 상징한다. 이 성소는 여호와의 임재를 상징한다. 여호와께서 항상 그리고 영원히 자신의 백성과 함께 하신다는 것을 확실하게 보여준다(겔 48:35).

24

에스겔서 프로필

1. 누가 썼을까?

1) 에스겔은 많은 자료들을 일인칭 문장으로 썼으며, 예언서의 중요 부분을 자신의 개인적 경험을 포함시켰다. 그리고 거의 대부분이 연대순으로 기록되었다. "그(주님)가 내게 이르시되"라는 말씀이 약 오십 회 이상 반복되고 있다.

(1) 에스겔 :

에스겔은 제사장이었다(1:3상, 대상 24:16). 그는 제사장 부시의 아들이었으나 그 이상은 알려진 것이 없다. 하지만 에스겔이 제사장으로 활동했다는 증거는 전혀 없다. 그러나 그가 제사장직과 그 환경 및 그들이 드리는 희생 제사들과 의무들에 잘 알고 있었다.[1]

(2) 따라서 그는 제사장의 환경 속에서 성전 가까이에 살았음을 보여준다. 예루살렘에서 자란 것 같으며, 597년에 포로로 잡혀갔다(왕하 24:11-16). 이때쯤 나이가 25세였던 것으로 보인다. 그리고 5년 뒤인 30세의 나이에(1:1 참조) 선지자로 부름을 받았다(1:1-3, 서른째 해 넷째 달 초닷새에 = 주전 593년 7. 31일).

• 겔 1:1 "서른째 해 넷째 달 초닷새에 내가 그발 강 가 사로잡힌 자 중에 있을 때에 하늘이 열리며 하나님의 모습이 내게 보이니 2 **여호야긴 왕이 사로잡힌 지 오 년 그 달 초닷새라** 3갈대아 땅 그발 강가에서 여호와의 말씀이 부시의 아들 제사장 나 에스겔에게 특별히 임하고 여호와의 권능이 내 위에 있으니라."

(2) 예레미야가 유다 백성들에게 하나님의 말씀을 전하고 있던 동일한 시기에 에스겔은 예레미야가 전한 것과 근본적으로 같은 메시지를 이미 바벨론에게 추방당한 사람들에게 전했다. 에스겔도 예레미야와 마찬가지로 유다의 파멸과 성전의 파괴를 선언했다.

2. 역사적 배경 : 앗수르 제국은 새로 소생하는 신흥 강국 바벨론에게 무너지기 시작했다

(1) 에스겔은 국제적으로 강대한 제국 앗수르가 무너지고 바벨론이 등장하는 격변기를 살았다. 그 동안 시리아-팔레스틴 지역을 공포로 몰아넣었던 앗수르 제국은(북왕국은 주전 722년 앗수르에 의해 멸망당했다.) 새로 소생하는 신흥 강국 바벨론에게 무너지기 시작했다(주전 612년). 무너져내리는 앗수르의 모습을 조금 자세하게 살펴보자. (갈그미스 전투: 옆 페이지 도표 참조)

(2) 므깃도에서 애굽의 북진(北進)을 막으려던 요시야 왕이 애굽의 느고 2세에 의해 죽임을 당하자(609 B.C., 戰死) 유다의 지방 귀족들은 둘째 아들인 여호아하스(Jehoahaz)를 왕으로 삼았다(23세). 보수주의 유다 집단에서는 이 후계자가 요시야의 개혁 정책을 계속하여 주기를 바랐을 것이다. 그러나 3개월뿐이었다. 왜냐하면 요시야 왕을 죽인 바로 느고(Pharaoh Necho)가 여호아하스를 제거하고 그의 이복 형인 엘리야김(Eliakim)을 왕으로 삼았기 때문이다. 그리고 그의

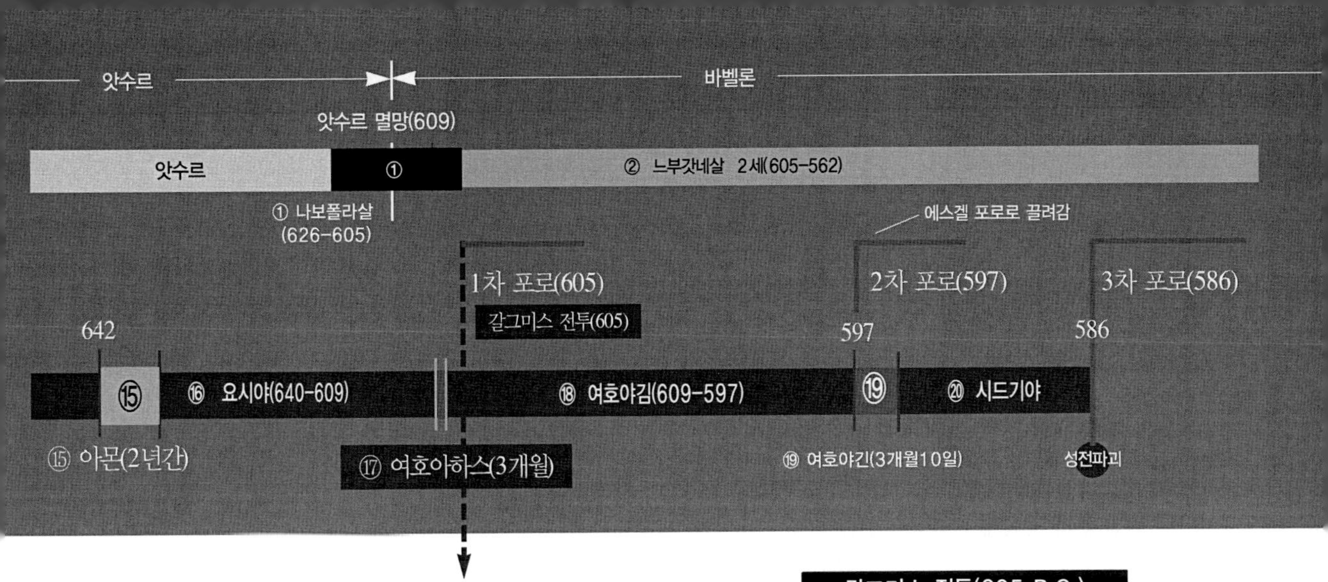

갈그미스 전투

바벨론과 메대 연합군에 의해 앗수르의 수도 니느웨가 점령되자(612년), 앗수르는 수도를 하란으로 옮겼다. 그러나 하란도 점령당했다(610년). 그러나 앗수르의 잔존병들은 무너져내린 앗수르를 회복시키기 위해 하란 탈환 작전에 들어갔다. 이때 애굽의 바로 느고는 쓰러져가는 앗수르를 돕기 위해 북진한다. 이를 가로막고 나선 유다 왕 요시야는 느고를 저지하다 전사한다(609년). 느고는 그 여세를 몰아 유프라테스 강까지 진격했으나 신바벨론의 왕자 느부갓네살 2세에 의해 패했다.

바벨론의 나보폴라살 왕은 병이 들었고, 그의 아들 느부갓네살이 왕위에 올랐다(605-562년 통치). 그는 갈그미스(Carchemish, 수리아 북부, 현재 지에라불스)에서 앗수르의 동맹군인 애굽의 느고를 또다시 격퇴시켰다(605년). 애굽의 원군과 합세한 앗수르의 마지막 왕 아슈르우발릿 2세의 군대도 섬멸했다. 이 전투로 인해 앗수르는 역사에서 사라진다. 따라서 여호야김도 3년 동안 그를 섬겼다(왕하 24:1).

갈그미스 전투(605 B.C.)

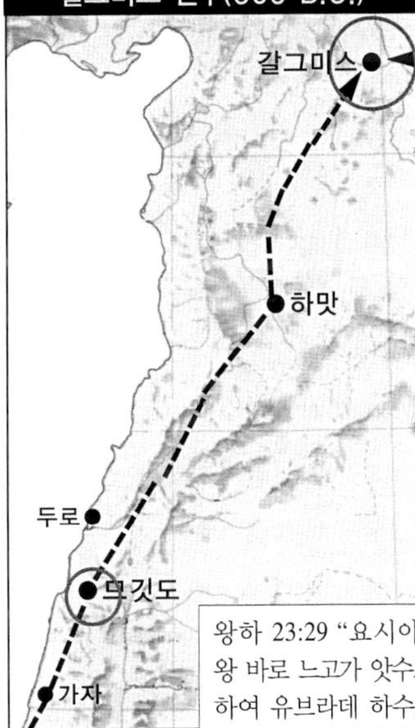

왕하 23:29 "요시야 당시에 애굽 왕 바로 느고가 앗수르 왕을 치고자 하여 유브라데 하수로 올라가므로 요시야 왕이 나가서 방비하더니 애굽 왕이 요시야를 므깃도에서 만나 본 후에 죽인지라"

이름을 여호야김(Jehoiakim)으로 고쳤다.

(3) 유다는 다시 애굽의 속국이 되었다. 여호야김은 11년 동안 통치했으나 애굽의 꼭두각시였다. 여호야김은 우리야 선지자를 죽였고, 예레미야도 죽이려 했다. 요시야의 개혁 운동은 열기를 잃어갔고, 그 백성들은 옛길로 돌아섰다. 여호야김은 애굽의 꼭두각시였기에 느부갓네살을 배반할 수밖에 없었다. 결국은 바벨론 군대가 예루살렘에 주둔하게 되었다. 여호야김은 악한 왕이었다. 그가 저지른 악행은 상상을 초월했다(왕하 23:34-24:7 참조).[1)]

1) 동교재, 열왕기하 270 이하를 읽어보자)

(4) 갈그미스 전투(주전 605년) 후 유다의 상황은 어떠했을까?
갈그미스 전투에서 애굽을 물리친 바벨론의 느부갓네살은 시리아(아람)로 달아난 애굽 군대를 추격했다. 주전 601년, 느부갓네살은 잠재적으로 남아 있는 애굽의

• 왕하 24:1 "여호야김 시대에 바벨론의 왕 느부갓네살이 올라오매 **여호야김이 삼 년간 섬기다가 돌아서 그를 배반하였더니.**" 2여호와께서 그의 종 선지자들을 통하여 하신 말씀과 같이 **갈대아의 부대와 아람의 부대와 모압의 부대와 암몬 자손의 부대를 여호야김에게로 보내 유다를 쳐 멸하려 하시니**"

• 렘 35:11 "그러나 바벨론의 느부갓네살 왕이 이 땅에 올라왔을 때에 우리가 말하기를 갈대아인의 군대와 수리아인의 군대를 피하여 예루살렘으로 가자 하고 우리가 예루살렘에 살았노라."

• 왕하 24:15 "그가 여호야긴을 바벨론으로 사로잡아 가고 왕의 어머니와 왕의 아내들과 내시들과 나라에 권세 있는 자도 예루살렘에서 바벨론으로 사로잡아 가고 16 또 용사 칠천 명과 장인과 대장장이 천 명 곧 용감하여 싸움을 할 만한 모든 자들을 바벨론 왕이 바벨론으로 사로잡아 가고 17바벨론 왕이 또 여호야긴의 숙부 맛다니야를 대신하여 왕으로 삼고 그의 이름을 고쳐 시드기야라 하였더라."

느고를 치기 위해 애굽의 국경까지 진격했으나 양편이 많은 사상자를 내고 성공하지 못한다. 이런 상황에서 여호야김은 애굽을 섬기다가(602/1, 애굽에 조공을 바침) 바벨론을 섬기는 등 갈팡질팡할 수밖에 없었다(3년 동안 바벨론에 조공을 바침).

(5) 결국 여호야김은 느부갓네살을 배반한다(왕하 24:1*). 이 소식을 들은 느부갓네살은 갈대아 부대와 그 예하에 있던 모압, 암몬의 부대들을 급파하여 여호야김을 쳤다(왕하 24:2*, 렘 35:11*). 끝내는 바벨론이 예루살렘에 주둔하게 되었다(598 B.C.). 결국 여호야김은 쇠사슬로 묶여 바벨론으로 끌려 갔다. 그러나 여호야김은 성 공격이 시작될 때 죽었을 가능성이 짙다(렘 22:18-19, 36:30 참조).

(6) 여호야긴(598 B.C.) 즉위 : 여호야김이 죽고 뒤를 이어 그의 아들 **여호야긴**이 18세의 나이로 왕위에 올랐으나(왕하 24:6) 그 역시도 여호와 보시기에 악했다. 여호야긴이 즉위한 지 3개월 뒤 느부갓네살이 다시 예루살렘을 점령했다(왕하 24:10-17). 이때 느부갓네살은 여호야긴을 비롯하여 황후, 왕자, 신복 등 나라의 유력한 자들을 많이 끌고 갔다. 그 중에는 용사 7천과 기술자 1천 명이 포함되었다(왕하 24:15). 나라가 완전 폐허화되었다.

[에스겔도 이때 끌려간 포로 출신이다.]

(7) 바벨론은 솔로몬 성전에 있던 기구들을 빼앗아갔다(대하 36: 6-7). 그러나 여호야긴은 일평생 바벨론 왕궁에서 비교적 후한 대접을 받았다(왕하 25:27-30). 여호야긴이 바벨론으로 잡혀간 후 느부갓네살은 그의 숙부 맛다니야를 왕위에 세우고(21세) 그 이름을 **시드기야**(Zedekiah)로 고친다. 그러나 그는 왕이라기보다 섭정자였다고 보아야 한다. 시드기야도 여호야김처럼 여호와 보시기에 악한 일을 저질렀다.

(8) 시드기야는 반바벨론 파와 친애굽 파의 압력으로 바벨론을 배반하게 된다(왕하 24:20). 더욱이 거짓 선지자들이 나타나 반드시 하나님이 예루살렘을 지키실 것이고, 바벨론 포로들은 돌아올 것이며, 느부갓네살의 멍에는 두 해가 가기 전에 하나님께서 꺾어버리실 것이라고 했다(렘 28:1-12을 보라). 그는 이 말에 힘을 얻고 느부갓네살을 배반한다. 그러나 느부갓네살 군대가 시드기야 9년 10월 10일(588 B.C.)에 유다를 공격해 와서 예루살렘을 포위한다. 결국 2년 후에(586 B.C. 시드기야 11년 4월 9일) 예루살렘은 함락된다.

(9) 포로로 끌려간 백성들은 닙불(Nippur)과 그발 강가의 여러 동리에 정착했다. 에스겔은 대운하(겔 3:15, 그발 강) 기슭의 텔 아비브에 있는 자기 집에서 살았다. 느부갓네살에게 끌려간 숫자(유명한 사람들만)가 렘 52:28-30에 기록되어 있다.

• 렘 52:28 "느부갓네살이 사로잡아 간 백성은 이러하니라 제칠년에 유다인이 삼천이십삼 명이요 29 느부갓네살의 열여덟째 해에 예루살렘에서 사로잡아간자가 팔백삼십이 명이요 30느부갓네살의 제이십삼년에 사령관 느부사라단이 사로잡아 간 유다 사람이 칠백사십오 명이니 그총수가 사천육백 명이더라."

3. 기록 목적

(1) 에스겔은 포로생활 하고 있는 중에 하나님으로부터 소명을 받았다. 그는 마치 (아직 멸망 당하지 않은) 예루살렘에 있는 것 같은 기분으로 예언의 말씀을 전한다.

(2) 에스겔은 그의 사역 처음 7년간(주전 593-586년)은 예루살렘의 멸망을 선포했다(1-24장). 그는 이스라엘이 하나님의 언약 백성이고, 또 그곳에 성전이 있다 할지라도 예루살렘의 멸망을 막을 수 없다고 선포했다(렘 29, 30장 참조). 에스겔은 그의 말씀을 듣는 유대인들에게 포로 기간 중 서로서로 평화롭게 공존하고, 하나님과 더불어 화평한 가운데 살라고 촉구했다.

4. 포로기의 상황

(1) 포로민은 다양한 환경에서 살았다.

다니엘 - 왕실 환경에서 살았다. 왕실에서 벌어지는 심각한 도전들에 직면했다. 다니엘은 이국 땅에 남은 사람 중 하나였다(단 6:1, 7:1). 다니엘은 페르시아가 바벨론을 정복할 때까지 살았다.

에스겔 - 강뚝의 난민 캠프촌에서 살았다. 그발 강은 티그리스 강과 유프라테스 강 사이의 관개 수로로 이 두 강의 낮은 지역을 연결하는 역할을 했을 것이다.[1] 에스겔은 느부갓네살의 통치가 끝나기 전에 죽은 것으로 보인다.

(2) 포로로 끌려간 사람들은 예루살렘이 파괴될 때까지(주전 596년) 빠른 귀환을 바라며 살았다. 그러나 예레미야 선지자는 포로는 장기간 계속될 것이라고 했다. 따라서 포로민들은 어느 정도 안정된 생활을 하며 정착했다(렘 29:4-7).

5. 특징

• **다니엘서**: 이스라엘의 정치적 회복을 통한 메시야적 구원과 하나님 나라를 드러냈다.

1) 그발강 - 바벨론 부근의 Naru Kabari라고 불리우는 큰 운하 / 바벨론 북쪽에 있는 유프라테스 강으로부터 남동쪽으로 니푸르(Nippur)까지 약 60 마일을 흘러내려 우르 아래의 유프라테스강에서 다시 합류한다. 에스겔의 집은 텔아비브 근처에 위치해 있었다.

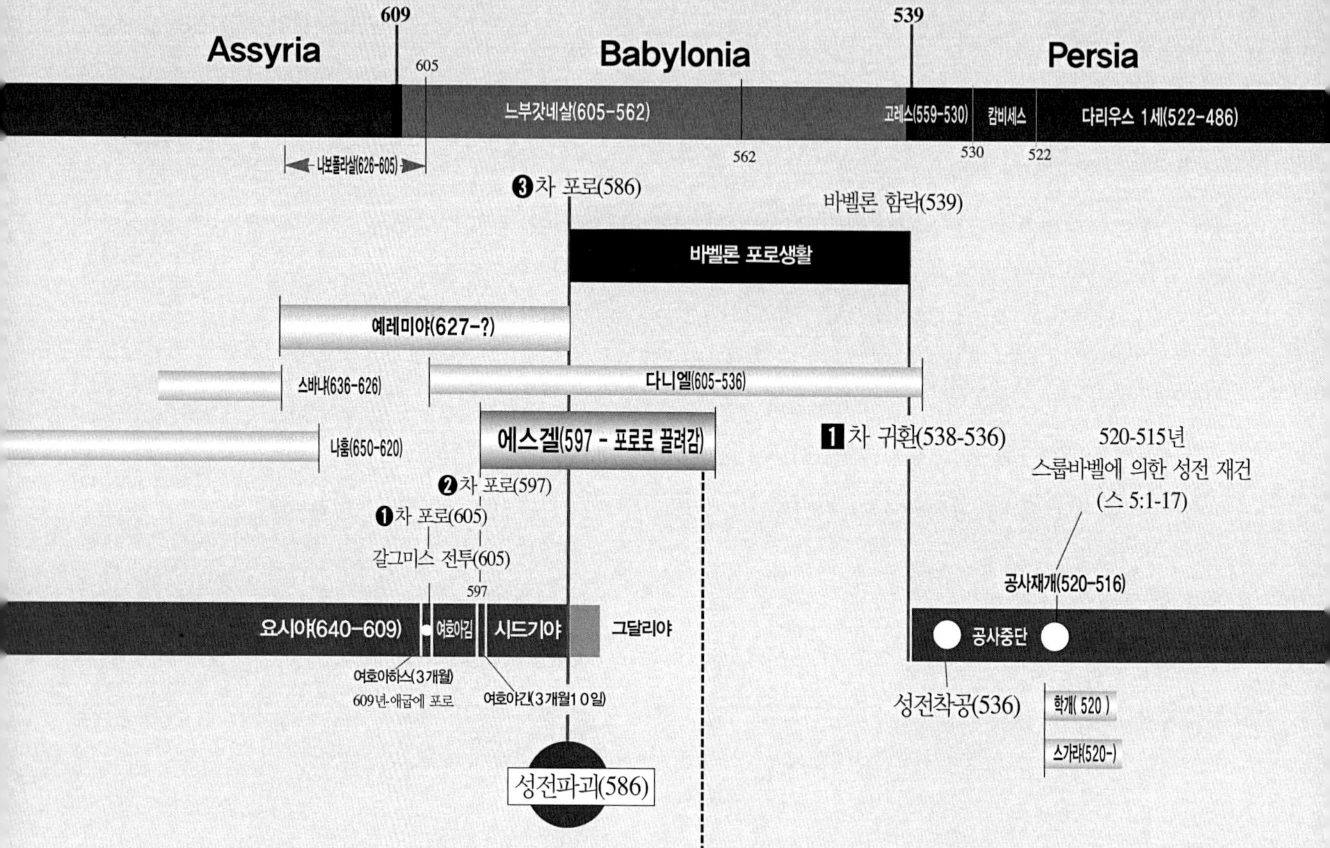

• 겔 29:7 "스물일곱째 해 첫째 달 초하루에 여호와의 말씀이 내게 임하여 이르시되"

에스겔의 사역 기간

에스겔은 주전 597년에 포로로 끌려가 그발 강가 난민 캠프촌에서 593년 7월에 첫 소명을 받는다. 그가 최종적으로 예언을 받은 것은 주전 571년 4월이다(겔 29:17*). 그러니까 그의 사역은 예루살렘이 멸망하기(주전 586년) 7년 전부터 시작해서 멸망 후 15년까지 계속되었다(22년간 사역).

• **에스겔서**: 신앙적 회복과 성전의 회복을 통해 메시야의 십자가 사건과 구속의 회복을 보여준다. 그러므로 에스겔서를 읽을 때는 상징으로, 때로는 모형으로 언급되어 있는 메시야를 만날 수 있어야 한다. 현재의 절망적인 암흑 시대에 하나님을 바라보는 믿음으로 절망을 넘어 소망을 배운다. 이것이 에스겔서의 저자를 통해 말씀하시는 하나님의 목적이다.

6. 하나님의 절대 주권

(1) 에스겔서에서 특히 강조되고 있는 것은 '하나님의 절대주권'이다. 구속역사의 진전(進展)에서 선지서들의 역할은 무엇이었나? 선지자들의 기록에서 바벨론 유배가 예상된 것이었다면, 그 무서운 순간이 도래했을 때 사람들은 그것이 하나님의 의도 안에서 이루어졌음을 깨달을 수 있었을 것이다.

(2) 에스겔서도 이사야서, 예레미야서에서와 같이 하나님의 **심판**과 **구원**을 선포되고 있다. 그 중에서도 에스겔서에 가장 많이 반복되는 하나님의 선언은 "**너희가(그들이) 나를 여호와인 줄 알리라**"는 말씀이다. 이 말씀은 에스겔서의 주제이기도 하다. "내가 여호와인 줄을(כִּי־אֲנִי יהוה) 너희가 알게 될 것이라"는 이런 표현이 직·간접으로 무려 약 65번 이상이나 반복되고 있다.

7. 에스겔서 간단한 분해[1)]

1) NIV 성경 서론

(1) 1-24장 : 유다와 예루살렘에 대한 심판 - 예루살렘의 멸망과 성전 파괴는 여호와 자신께서 집행하신 것이다.

25-32장 : 이방국가들에 대한 심판 - 민족들이 심판을 통하여 하나님을 알게 될 것이다.

33-48장 : 이스라엘 백성에 대한 용서와 회복 - **이스라엘은 다시 회복되고 영적으로 새로워질 것이다.** 이를 통하여 하나님을 진정으로 알게 될 것이다. 이스라엘의 회복(33-39장) 그리고 새 성전과 새 이스라엘(40-48장)

(2) 에스겔서의 탁월한 대칭법

8-11장 속화(俗化)된 성전 - 그러므로 마땅히 파괴되어야 한다.	40-48장 회복되고 정화된 성전
3장 하나님의 심판의 파숫꾼으로 부름 받은 에스겔	33장 새 시대의 파숫꾼으로 부름 받은 에스겔
6장 에스겔의 꾸중을 받음(임박한 심판의 원인은 우상숭배였다)	36장 이스라엘과 맺은 새언약(위로, 慰勞)[2)]

2) 선지서들의 기록에 의하면, 미래는 그런 순환 정도가 아니다. 거기에는 **유배 이전의 것보다 훨씬 영광스러운 회복에 대한 기대가 있다.** 새 언약, 새로운 시온, 새 성전, 새 메시아, 장래의 소망 등이 있다.

[에스겔서에 나타나는 4개의 환상]

- 1-3장 **네 생물과 병거**(1:4-14) / 네 바퀴들(1:15-21) / 빛나는 궁창(1:22-28)
- 8-11장 **더러워진 성전**(8:1-18) / 살해당한 예루살렘 거민들의 환상(9:1-11) 불타는 예루살렘의 환상(10:1-22) / 악한 방백들과 떠나버린 영광의 환상(11:1-25)
- 37:1-14 **마른 뼈의 환상**
- 40-48장 : **새 성전**(40:1-43:27)과 새로운 영적 예배가 드려진다(44:1-46:24)

  거룩한 땅(47:1-48:35) : 보좌에서 흘러 나오는 생명수를 통해 언약 백성의 구원이 실현되며 하나님의 영광이 재현될 것이다.

[에스겔에서 나타나는 12개의 상징적 행동]

• 3:22-26	여호와께서 권능으로 에스겔에게 임하시고 들판으로 그를 내모심. 거기서 하나님의 영광을 보여주심. 영광을 보고 엎드린 에스겔을 주의 영이 다시 일으켜 세우시고 집으로 가서 문을 닫으라고 말씀하심. **벙어리가 되게 하심**[1)]
• 4:1-3	토판 하나를 가져오라. 그 위에 **예루살렘 지도를 새겨라**. 예루살렘 바깥으로 포위망을 쳐 놓아라. 공성퇴를 성 주변에 늘어놓아라
• 4:4-8	**왼쪽으로 누워라**(이것은 이스라엘의 죄를 네 몸에 지는 것이다. 누어 있는 날수 만큼 네가 그들의 죄를 떠맡아야 할 것이다. (390일 동안 - 백성들이 지은 햇수만큼) / 날수를 다 채우고 이번에는 오른쪽으로 누워서 유다 민족의 죄를 져라(40일 - 하루를 한 해로 쳐서).
• 4:9-11	너는 밀과, 보리와, 콩과, 팥과, 조와, 귀리를 가져다가 한 그릇에 담고 떡을 만들어 네 모로 눕는 날수 곧 삼백구십일에 먹되... - 궁핍
• 4:12-14	**쇠똥을 사용해 빵을 구워라** - 예루살렘에 식량이 모자르게 할 것이다. 사람들이 식량과 물을 배급 받으며 살아가게 될 것이다.
• 5:1-3	에스겔이 **머리카락을 자르다**. 그것을 저울에 달아 나규 3분의 1은 성안에서 불태우고, 3분의 1은 칼로쳐 성 주위에 뿌리고 3분의 1

1) 에스겔에 대한 육체적인 속박이 아니라 그가 자의적으로 백성을 책망하지 않도록 하셨다. 오직 하나님이 말씀하실 때에만 그의 입을 열게하셨다. 이런 상태는 예루살렘 함락 때가지 계속된다.

	은 바람에 날려라. 에스겔은 범죄한 백성을 대신하여 하나님의 징계를 받아 머리와 수염이 깎이는 징계와 모멸감을 받는다. 이것은 장차 이스라엘 백성들이 죽고 흩어지게[될 예표였다.
• 12:1-16	포로에 대한 에스겔의 상징적 행위 - 포로로 잡혀 가는 것처럼 네 짐을 싸고 그들이 보는 앞에서 이리저리로 옮겨다녀라 - 혹시 백성들이 그것을 보고 깨달을지도 모르기 때문이다.
• 12:17-20	**음식을 먹을 때에** 몸을 떨면서 먹고 물을 마실 때에도 두려움에 떨며서 마셔라 - 임박한 포로생활에 대한 경고
• 21:6, 7	백성들이 보는 앞에서 **허리가 끊어질 듯이 크게 슬퍼하여라** - 재앙이 다가오고 있다. 반드시 재앙이 닥칠 것이다.
• 21:18-24	바벨론 왕이 칼을 가지고 올 **두 길을 그려라**... 한 길은 바벨론 왕이 칼을 가지고 암몬 땅으로 갈 길이고, 다른 길은 유다와 예루살렘 성으로 들어가는 길이다.[1]
• 24:15-24	인자야, 내가 단숨에 너의 **가장 사랑하는 아내를 빼앗아가겠다**. 그렇더라도 울거나 눈물을 흘리지 마라. 에스겔은 그의 아내가 죽은 것을 알았지만 슬퍼하지도, 울지도, 음식을 먹지도 않았다. 백성들이 왜 그렇게 하느냐고 물었을 때 하나님의 말씀을 전했다. 예루살렘과 백성들이 심판을 받아 죽게 될 것이지만 슬퍼하거나 울지도 못하게 될 것이며 머리에 수건을 쓰고 신발을 신은 채 서로 바라보고 탄식하게 될 것이라고 했다.
• 37:15-28	유다와 에브라임의 통일 - **막대기 하나를 가져다가** 그 위에 '유다, 그리고 유덩하 연관 이스라엘 사람에게 속한다'라고 써라. 그리고 두 막대기를 함께 연결시켜라. – 성취될 이스라엘 대한 예언들이다. 두 왕조의 통일이 언급되었다.

1) 암몬의 랍바와 유다의 예루살렘 중 어느 길로 먼저 갈 것인지에 대해서는 바벨론 왕이 점을 쳐서 결정한다. 그러나 쓸모없는 일이다. 왜냐하면 바벨론이 유다를 공격할 것이지만 후에는 암몬까지 멸망시킬 것이기 때문이다.

우상에게 점을 치며 제비뽑기를 하는 것도 다 무의미하다. 결국은 너희 죄를 인하여 너희는 적군에게 포로가 되어 잡혀갈 것이기 때문이다.

[다섯 개의 메시지가 비유 형태로 제시되었다]
• 15장 - 포도나무 이야기 하나님은 에스겔에게 이렇게 물으신다. "인자야, 포도나무로 무엇을 만들겠느냐?"(15:2) 하나님은 포도나무는 땔감밖에 달리 사용할 곳이 없다고 말씀하신다. 주님은 불에 타 버린 포도나뭇가지는 아무 곳에도 쓸 수 없으니 베어 땔감으로 불에 던져 넣듯이 예루살렘에 사는 백성들도 그렇게 하시겠다고 선언하신다. 혹시 그들이 불

1)
① 부모를 업신여겼다.
② 나그네와 고아를 함부로 대했다.
③ 안식일을 거룩히 지키지 못했다.
④ 피를 흘리려고 이간을 붙이고
⑤ 우상 숭배
⑥ 여러 종류의 간음
⑦ 피를 흘리려고 뇌물을 받고
⑧ 토색하는 일
결국, 이들은 하나님을 잊어버린 것이다.

을 피하더라도 불이 그들을 좇아가 태워버릴 것이라고 말씀하시면서 진노의 철저함을 전하신다.
• 16장 - 타락한 예루살렘 너는 들판에 버려진 아기였었다(16장). 이렇게 에스겔 선지자는 이스라엘을 불타버린 포도나무(겔 15장)요, 간음한 배우자(겔 16장)로 비유하여 하나님의 심판의 필연성을 강조한다. 소돔이 타락했으나 유다의 타락은 더 심하다고 탄식하고 있다(겔 16:47-48).
• 17장 - 독수리와 포도나무: 이스라엘은 두 마리 큰 독수리가 취할 나뭇 가지와 같다(겔 17장). 에스겔은 동료 유다인들에게 분명한 메시지를 전하기 위해 그림 같은 알레고리(수수께끼, 우화)를 사용한다(겔 17장). 이 알레고리의 기본 의미는 다윗 왕가와 국제적 정세 속에서 그 왕가가 처한 상황을 다루고 있다.
• 19장 - 이스라엘의 파멸은 너무 고통스러운 것이기에 에스겔은 애가(哀歌)를 부르지 않을 수 없다(겔 19:1-14).
• 23장 - 사마리아와 이스라엘 - 그 심판의 근거를 구체적으로 언급하고 있다(겔 22:23-31)[1)

제사장이요, 선지자로서의 에스겔의 삶[2)]

2) 그로닝겐, 구약의 메시야 사상, CLC, 849-852.

1. 에스겔은 제사장이었다. 물론 그가 제사장으로 활동했다는 증거는 전혀 없다.

(1) 그러나 그는 제사장직과 그 환경(특히 성전) 및 그들이 드리는 희생 제사들과 의무들에 대해 잘 알고 있었다. 그가 제사장의 환경 속에서 성전 가까이 살았을 것이다.

3) 하나님의 영광에 대한 다른 언급 : 3:12, 23; 8:4, ;9:3.

(2) 에스겔은 성전에서 일어나는 광경들을 친히 목격했다.

- 그는 하나님의 영광을 보았다(겔 1:28, 그 영광은 하나님의 보좌를 두르고 있었다).
- 하나님의 영광은 성전에 임했다(10:4). 그리고 떠났다(10:18-19). 에스겔은 그 영광이 성전에 다시 돌아오는 것을 보았다(43:1-5). 마지막으로 성전을 다시 채우는 것을 보았다(44:4).[3)]

2. 에스겔은 바벨론 포로로 끌려가 비천한 환경에서 삶을 살았다. 그는 제사장으로서 굴욕적인 삶을 살았다.[1)]

(1) 에스겔은 선지자가 되라는 소명과 책임을 부여받았다. 그는 이사야처럼(사 6:1-4) 하나님의 영광을 목도한다(렘 1장). 에스겔도 이사야처럼(사 6:8-10) 소명을 받았다(렘 1:4-11). 에스겔도 보내졌다(겔 2:3, שֹׁלֵחַ[2)], I am sending you).

(2) 누구에게 보내졌는가? (이스라엘 자손에게, to the sons of Israel) 그는 이방에게 보내지지 않았다. 오히려 배반하고, 완악하고 마음이 굳은 이스라엘 자손에게 보냄을 받았다(렘 2:3-8).

(3) 왜, 이스라엘이 어떻게 했길래?
에스겔 선지자는 예루살렘의 종교 지도자들이 예배의 본질과 형식을 왜곡하였다고 통렬히 비난한다. 거룩해야 할 성전에서조차 우상 숭배가 있었음을 개탄했다. 결국 여호와의 영광이 여호와의 전에서 떠났고, 이는 **결국 하나님의 자기 백성 사이에 언약이 깨어진 것으로 보았다**.

(4) 이는, 즉 **언약의 위반**은 시내산 언약에서 제시되었던 모든 율례들을 버리고 **이방인의 규례대로 행했다**는 것을 의미한다. 이방인의 사고방식대로 살았다는 것이다.

겔 11:12 너희는 내가 여호와인(כִּי־אֲנִי יְהוָה) 줄을 알리라
너희가 ── 내 율례를 행하지 아니하며
├── 규례를 지키지 아니하고
└── 행하였느니라
/너희 사방에 있는 이방인의 규례대로

3. 이처럼 에스겔은 여호와의 백성이라 일컫는 유다에게 말씀을 전하라는 명령을 받았다.

이사야 선지자는 부름을 받을 때 숯불(핀 숯, 리쯔파, רִצְפָּה)로 그의 입술에 대셨다(사 6:6). 예레미야는 그의 입술에 손을 대셨다고 했다(וַיִּגַּע עַל־פִּי אֶת־יָדוֹ)(렘 1:9). 그러나 에스겔은 먹으라고 두루마리가 주어졌다(겔 2:9-3:3).

1) 그런 면에서 이 땅에서 비천한 삶을 사셨던(33년간) 예수님의 모형으로 본다(요 2:11, 17:22, 24).

2) 솨라흐(שָׁלַח)의 칼 분사형

- 렘 22:6 이스라엘 모든 고관은 각기 권세대로 피를 흘리려고 네(=예루살렘) 가운데에 있었도다
7 그들이 네 가운데에서
- 부모를 업신여겼으며
- 나그네를 학대
- 고아와 과부를 해하고
- 8 나의 성물들을 업신여겼으며
- 나의 안식일을 더럽혔으며
- 9네 가운데에 피를 흘리려고 이간을 붙이는 자도 있었으며
- 네 가운데에 산 위에서 제물을 먹는 자도 있었으며
- 네 가운데에 음행하는 자도 있었으며 ~~~ 12절까지 읽어보라.

Outline Outline은 본문 설명을 요약 정리한 것입니다. 간단하게 설명을 할 경우 이용하세요. 그렇지 않으면 본문으로 바로 들어가셔도 됩니다.

34

Ezekiel 1-3장

여호와의 영광의 형상 앞에 선 에스겔

여호야긴이 바벨론에 사로잡혀간지 오년,
예레미야가 예루살렘에서
패역한 유다 백성 앞에서 절규하던 시기에
여기, 바벨론 그발 강가 난민촌에 끌려온
에스겔은 특별한 환상을 통해
하나님의 부르심을 받는다.

환상은 북쪽으로부터 오는 폭풍과 더불어 시작된다.
환상을 통해 가끔 자신의 고국으로 돌아간다.
그곳에서 에스겔은 충격적인 모습을 목도한다.
예루살렘의 종교지도자들이
예배의 본질에서 크게 멀어져 있고
특별히 거룩한 성전 안에서조차
우상 숭배가 만연했음을 보고 개탄한다.

이제 여호와의 영광이 성전에서 떠났다.
이는 자기 백성이 하나님의 언약을 파기한 것이며
이스라엘은 곧 멸망 당할 것임을 예표한다.

에스겔은 그 메시지를 하나님을 대신하여
파수꾼의 역할을 하라고
부름을 받고 있다.

❖ 인자야 네 발로 일어서라. 하나님은 에스겔을 부르신다. 소명을 주시기 위해서다. 이 때가 33살. 여호와는 에스겔을 '인자'(2:1, Son of man, בֶּן־אָדָם)라고 부르신다. 이 서신에서 92회나 사용되었다. 이 칭호는 에스겔을 신적인 존재로부터 구별시킬 뿐만 아니라 에스겔이 권능의 하나님과 그의 영에 의존해야 함을 가리킨다.

❖ 에스겔을 부르심(1-3장)

이미 앞에서 살펴본 바와 같이 에스겔이 부름을 받았을 때, 유다는 매우 곤고한 상황에 처해있었다. 하나님은 에스겔에게 하나님의 백성에게 심판이 임하였음을 여러 가지 상징적인 행동을 통하여 보여주신다(4-7장).

1. 에스겔은 언제 부름을 받았는가?

(1) "여호야긴 왕이 사로잡힌 지 오 년 그 달 초닷새라."(2절) 레위의 후손인 부시(Buzi)의 아들, 에스겔은 제사장 직분을 감당하고 있었다. 그는 제사장으로서 하나님의 말씀을 대언하는 선지자로 부름을 받은 것이다.

(2) 어디서? - 그발(כְּבָר) 강가, 텔아빕 - 이 강은 유프라테스 강의 지류로서 포로민들은 이 강을 따라 거주했다(겔 1:1, 3:15). 에스겔은 이곳 포로민들 속에 있다가 하늘이 열리면서 하나님의 환상을 보게 된다. 이때는 유다 왕국이 완전히 멸망하기 약 6년 전이다.

2. 여호와의 권능이 에스겔에게 특별히 임했다.

(1) 에스겔은 북쪽에서 폭풍이 불어오는 광경을 보게 된다. 북쪽으로부터(מִן־הַצָּפוֹן)라는 말은 하나님의 심판이 오는 방향이다. 에스겔은 북쪽에서 오는 폭풍에 압도당하였고 구름 속으로부터 여호와의 영광에 대해 한 환상을 보았다(겔 1:4 이하).

(2) 에스겔은 그 광채 속에서 무엇을 보았는가?
그 광채 속에서 네 생물의 형상을 보았는데, 그 모습은 '사람의 형상'(אָדָם아담 דְּמוּת데무트)과 같았다.

(3) 겔 10:15, 20에서 볼 수 있듯이 이들 생물들은

그룹(케루빔, כְּרוּבִים), 곧 천사들임을 알 수 있다.

3. 에스겔을 예언자로 부르심(2:1-3:27)

(1) 하나님의 영광스럽고 위엄 있는 환상을 목격하고 에스겔은 그 영광의 형상에 압도되어 땅에 엎드렸다. 한 영이 그에게 힘을 주어 일으켜 세운다(2:1-2). 메시지를 전달하기 위해서였다.

(2) 하나님은 에스겔에게 예언자로서 공식적인 소명을 주신다. 에스겔에게 어떤 사명을 주셨는가? 이 백성들은 얼굴이 뻔뻔하고, 마음이 강퍅한 백성이라고 하셨다. 즉 낯가죽이 두껍고 마음이 완고하다는 것이다(겔 3:7-8에서 또한번 더 언급하고 있다). 그래서 여호와께서 에스겔을 완고하고 패역한 백성들에게 보내신다(2:3).

(3) 이렇게 완고하고 패역한 백성이 에스겔의 말을 듣고 순순히 복종할까? 뼈속까지 타락한 백성에게 에스겔은 하나님의 특별한 부름을 받고 있다. 그에게 하나님께서 주신 말씀만을 가감(加減) 없이 전하라는 것이다.

4. 에스겔을 파송하심(3:1-27)

(1) 이스라엘 백성은 어떤 반응을 보일 것인가? 백성들은 마음이 굳고 (에스겔의 말이 어려워서가 아니라) 마음이 강퍅하여 그가 대신 선포하는 하나님의 말씀을 따르지 않을 것임을 미리 알려 주신다(7절).

(2) 하나님은 계속해서 에스겔에게 용기를 주신다(3:10). 에스겔이 백성들에게 경고를 주지 못한다면 그는 그들의 생명을 책임져야 한다고 말씀하신다.

(3) 같은 방식으로 만일에 의인이 악한 길로 빗나갈 때에는("의인이 그의 공의에서 돌이켜 악을 행할 때에는") 어떻게 할까?

5. 에스겔이 말 못하는 자가 되다(3:22-27)

(1) 텔아빕에서 7일간을 보낸 후, 여호와께서 권능으로 에스겔에게 임하셨다. 이번에는 바벨론 들판으로 나아가라고 명령하셨다(23절).

(2) 하나님은 에스겔의 혀를 입천장에 붙게 하여 말 못하는 자가 되게 하여, 그들을 꾸짖는 자가 되지 못하게 하시겠다고 하신다.

(3) 언제까지 활동을 제한하시려는 걸까? 하나님이 정하신 때까지. 적당한 때가 되면 선지자의 혀를 풀어주실 것이다(3:27). 지금 에스겔이 아무리 하나님의 말씀을 외쳐도 백성들은 들은 척도 하지 않을 것이기 때문이다. 우리는 같은 시대에 예루살렘에서 외쳤던 예레미야 선지자의 답답함을 비교하게 된다.

1-3장 정리하기 | 공부 끝난 후 정리해 보세요

- 에스겔은 언제 바벨론 어디로 끌려갔는가?
- 에스겔이 체험한 환상에서 네 생물은 어떤 모습이었으며, 이 생물들이 가지는 특성은 무엇인가? (1:4-14)
- 생물의 머리 위에는 수정같은 궁창의 형상이 보였다(1:22). 궁창 위에 보좌의 형상이 있었는데 (1:26) 누구를 가리키는가?
- 선지자가 담당해야 할 사명은 무엇인가? "듣든지, 아니듣든지 말씀을 전해라."
- 패역한 백성에게 메시지를 전하기 위해 선지자는 어떤 자세를 가져야 하는가? (2:8) "내가 네게 주는 것(두루마리)을 받아 먹어라."
- 에스겔은 하나님의 부르심에 어떻게 반응했는가? (3:1-2)
- 에스겔이 메시지를 전해야 할 대상은 누구인가? (3:4)
- 백성들이 어떤 반응을 보이든, 선지자는 자신의 사명을 감당해야 한다.
- 지금 이스라엘 백성들의 영적 상태는 어떠한가? (3:9)
- 결국 에스겔의 역할이란? (3:17-21)
- 백성들의 반응에 에스겔은 책임지지 않는다. 다만 하나님의 메시지만을 전달할 뿐이다.
- 메시지를 듣든지 거절하든지 개인에게 책임이 있을 뿐이다(3:27).

본문의 구문은 채호덕 목사님이 제공한 것입니다.

에스겔을 부르심(1-3장)

(by 이학재) 프로에클레시아 (통권 18호) ▼

에스겔의 소명(1-3장)

1. 하늘이 열리고(1:1-3)
2. 여호와 영광의 형상의 모양(1:4-28)
3. 반역하는 백성에게(2:1-7)
4. 네게 주는 것을 먹으라 (2:8-3:11)
5. 주의 신이 나를 들어 (3:12-15)
6. 이스라엘 족속의 파수꾼 (3:16-21)
7. 너로 벙어리가 되어 (3:22-27)

▲ 에스겔은 절망적인 상황 속에서 하나님께 소명을 받았다(1-3장). 이러한 소명을 받아 하나님의 백성에게 심판이 임하였음을 여러 가지 상징적인 행동을 통하여 강조하며, 보여주셨다(4-7장).

이미 앞에서 살펴본 바와 같이 에스겔이 부름을 받았을 때, 유다는 매우 곤고한 상황에 처해있었다. 하나님은 에스겔에게 하나님의 백성에게 심판이 임하였음을 여러 가지 상징적인 행동을 통하여 보여주신다(4-7장). 에스겔이 선지자로 부름을 받기 전에 그가 어떤 상황에 있었는지 전혀 알 수가 없다. 다만 그는 예레미야와 같이 제사장 가문에 있었다는 것과 아버지의 이름은 부시였다는 것, 그의 아내는 예루살렘 포위가 시작되던 주전 588년에 죽었다는 것 정도만 알고 있을 뿐이다. 따라서 에스겔서는 자신의 전기(傳記)를 기술하고 있는 것이 아니다. 이 환난의 시기에 에스겔을 통해 들려주시고자 했던 하나님의 음성을 들어보기로 하자.

1. 먼저, 에스겔은 언제 부름을 받았는가?

1:1 내가 —— 있을 때에(while)
/사로잡힌 자 중에
/그발 강 가
/서른째 해 넷째 달 초닷새에
하늘이 —— **열리며(נִפְתְּחוּ)** - (파타흐, פָּתַח)의 수동형
내(게) —— **보이니**
/하나님의 모습이

서른 째 해라면 언제를 가리키는 것일까? 다양한 견해가 있다.

(1) "**여호야긴 왕**이 사로잡힌 지 오년 그 달 초닷새라."(2절)

여호야김이 죽고 뒤를 이어 그의 아들 **여호야긴**이 18세의 나이로 왕위에 올랐으나(왕하 24:6, 598 B.C.)[1] 그 역시도 여호와 보시기에 악했다. 여호야긴이 즉위한 지 3개월 뒤 느부갓네살이 다시 예루살렘을 점령했다(왕하 24:10-17). 이때 느부갓네살은 여호야긴을 비롯하여 황후, 왕자, 신복 등 나라의 유력한 자들을 많이 끌고 갔다. 그 중에는 용사 7천과 기술자 1천 명이 포함되었다(왕하 24:15). 나라가 완전 폐허화되었다.

(2) 서른째 해 넷째 달 초닷새 : 여기서 에스겔이 환상을 본 시기가 '제 삼십년'이었다. 삼십년이 그의 실제의 나이를 가리킨다면, 그가 제사장으로서의 사역을 감당할 나이가 되었음을 의미한다.[2] 레위의 후손, 부시(Buzi)의 아들인 에스겔은 제사장 직분을 감당하고 있었다. 그는 제사장으로서 하나님의 말씀을 대언하는 선지자로 부름을 받은 것이다.

1) 그러나 대하 36:9을 보면, "위에 나아갈 때에 나이 **팔세**라"고 했다. 이 말은 그 부친이 그에게 왕권을 위임했던 시기를 의미한다. 에스겔과(겔 19:5-9)과 예레미야(렘 22:24-26)는 그가 바벨론으로 포로로 끌려갈 것을 예언했다.

2) 에스겔의 나이가 30세 되었을 때 소명받은 것으로 보기도 한다(E. W. Hengstenberg).

닙불 근처 그발 강가의 포로들의 마을

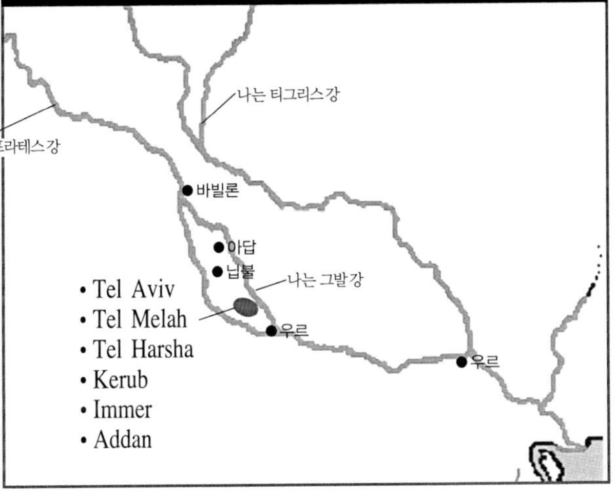

• 겔 3:15 "이에 내가 **델아빕**에 이르러 그 사로잡힌 백성 곧 **그발 강 가**에 거주하는 자들에게 나아가 그 중에서 두려워 떨며 칠 일을 지내니라"

• 스 2:59 "**델멜라**와 **델하르사**와 **그룹**과 **앗단**과 **임멜**에서 올라온 자가 있으나 그들의 조상의 가문과 선조가 이스라엘에 속하였는지 밝힐 수 없었더라."

• 스 8:17도 참조

위의 도시들을 살펴보면 텔(tel)이라는 말이 붙은 지명을 볼 수 있다. '델'이란 '흙무더기'(또는 성의 폐허)를 가리킨다. **에스겔은 그발강(the river of Chebal)가 텔아빕에 살았다.** 이렇게 포로민들은 폐허가 된 성읍이나 농사를 지을 필요가 있는 곳에 정착된 것 같다. 이곳에서 발견된 상업 문서를 보면, 문서의 8% 정도가 유다인의 이름이 나오는 것을 볼 수 있는데, 유다인들은 다양한 상업 활동에 참여했던 것으로 보인다. 이들은 재산은 물론 심지어 노예까지 소유할 수 있었고 부자가 된 사람도 많았다는 것을 볼 수 있다. (렘 29:5; 스 1:6, 2:68-69 참조)

포로로 잡혀간 여호야긴의 내용이 기록되어 있는 토판이다. 포로로 끌려간지 제 37년(561/60 B.C.)에 바벨론 왕 **에윌므로닥**이 여호야긴을 옥에서 풀어주고 그의 지위를 높여주었다고 했다(왕하 25:27-30).

❸ 에윌므로닥(B.C 562-560)

▶ 바벨론 정세 불안정 / 느부갓네살의 아들 에윌므로닥(헬라어 : Amel-Marduk, 왕하 25:27)이 왕위에 오른다.

▶ 여호야긴은 바벨론으로 끌려가 거기서 결혼하고 자녀를 낳았다(대상 3:17, 18). 감옥에서 30년 이상을 지내다가 바벨론 왕 에윌므로닥에 의해 풀려난다(왕하 25:27-30; 렘 52:31). 그는 여호야긴을 감옥에서 내어 놓아 그 지위를 높여주었다.

▶ 에윌므로닥은 궁중 반역을 당하여 피살되고, 그의 처남인 ❹ 네르갈사레셀이 왕위에 오른다(렘 39:3 참조).

• 왕하 25:27 "유다의 왕 여호야긴이 사로잡혀 간 지 삼십칠 년 곧 바벨론의 왕 **에윌므로닥**이 즉위한 원년 십이월 그 달 이십칠일에 유다의 왕 **여호야긴을 옥에서 내놓아** 그 머리를 들게 하고 [28]그에게 좋게 말하고 그의 지위를 바벨론에 그와 함께 있는 모든 왕의 지위보다 높이고 [29]그 죄수의 의복을 벗게 하고 그의 일평생에 항상 왕의 앞에서 양식을 먹게 하였고 [30]그가 쓸 것은 날마다 왕에게서 받는 양이 있어서 종신토록 끊이지 아니하였더라."

(3) 그발(כְּבָר) 강 - 이 강은 바벨론 근처에서 시작하여 와르카(Warka) 근처로 돌아가는 유프라테스 강의 지류이다. 포로민들이 이 강을 따라 거주했다(겔 1:1, 3:15*). 에스겔은 이곳 포로민들 속에 있다가 하늘이 열리면서 하나님의 환상(마르아, מַרְאָה)[1]을 보게 된다.

(4) "하늘이 열리며"(הַשָּׁמַיִם the heavens נִפְתְּחוּ were opened) - 여기서 '열다'(파타흐, פָּתַח)라는 말은 니팔형(수동형)으로 쓰였다. 하나님께서 하늘을 열어 환상을 보여주셨다는 말이다. 여호야긴 왕이 포로로 잡혀 온 지 5년째가 되는 그 달 5일이었다. 그렇다면 이때는 유다 왕국이 완전히 멸망하기 약 6년 전이 된다.

2. 여호와의 권능이 에스겔에게 특별히 있했다.

(1) 여호와의 권능(יַד־יְהוָה, the hand of the LORD) - 여기서 야드(יַד hand)는 '능력'이나 '힘'을 상징한다(신 8:17). 이는 하나님의 전능하심의 상징이다(대하 20:6; 시 89:21; 대상 29:12, "부와 귀가 주께로 말미암고 또 주는 만물의 주재가 되사 **손에 권세와 능력이 있사오니** 모든 사람을 크게 하심과 강하게 하심이 주의 손에 있나이다."). 여호와의 손은 '짧지'(약하지) 않다고 했다(사 59:1). 강하시다는 말이다. 여호와 손에 능력과 힘이 있다고 했다(시 89:13).

(2) 에스겔은 그 순간 북쪽에서 폭풍이 불어오는 광경을 보게 된다. 북쪽으로부터(מִן־הַצָּפוֹן from the north)라는 말은 하나님의 심판이 오는 방향이다. 짜폰(צָפוֹן)이라는 말은 북쪽(north), 북쪽의 먼 부분(북극지방)에 대해 사용되었다(사 14:13; 겔 38:6, 38:6, 15).[2]

(3) 에스겔은 북쪽에서 오는 폭풍에 압도당하였고[3] 구름 속으로부터 여호와의 영광에 대해 한 이상을 보았다(겔 1:4 이하). 하나님은 자기 백성을 북쪽으로부터 다시 데려 오겠다고 약속하신다(사 43:6, 49:12; 렘 16:15). 지상의 세력이 (하나님의 관심 밖으로) 그들을 추방시킬 수 있는 장소는 전혀 없다(렘 31:8, "보라 나는 그들을 북쪽 땅에서 인도하며 땅 끝에서부터 모으리라 .... 큰 무리를 이루어 이 곳으로 돌아오리라").

3. 에스겔은 그 광채 속에서 무엇을 보았는가?

(1) 이 네 생물의 모습을 정확히 묘사할 수 없겠으나 본문에 기록된 대로 살펴보기로 하자.

- 겔 3:15 "이에 내가 델아빕에 이르러 그 사로잡힌 백성 곧 **그발 강** 가에 거주하는 자들에게 나아가 그 중에서 두려워 떨며 칠 일을 지내니라."
- 그발 강 - 겔 1:1, 3, 3:15, 23, 10:15, 20, 22, 43:3.

1) '마르아'는 '환상, 이상(vision)' 또는 '거울'(mirror)을 의미한다. 환상은 북풍으로부터 오는 폭풍과 더불어 시작된다.

2) 가나안 족속의 신화에서 북쪽은 신들의 회합이 이루어지는 장소로 생각되었다. 신들이 이 산에서 모였다는 것이다. 이사야 14:13 본문에서 바벨론의 교만한 왕이 "내가 북극 집회의 산 위에 앉으리라"고 묘사한다. 그 왕은 자신에게 우주적 통치권과 신적 통치권이 모두 있음을 단언한다(민 34:7, 민 34:9).

3) 에스겔에게 '특별히 임했다'고 했다(הָיֹה הָיָה). '하야'(הָיָה)를 강조하기 위해서 동사 앞에 그 동사의 부정사 절대형(하요, הָיֹה)을 써서 '하야'(הָיָה) 동사를 강조하고 있다. 즉 하나님의 말씀이 에스겔에게 '감당할 수 없을 정도로 아주 강하게' 임했음을 가리키는 말이다.

1:4 내가 ———— **보니(וָאֵרֶא And as I looked)** • 주의를 기울여서 본다는 의미이다.
[보라!, 힌네, הִנֵּה]
폭풍과 큰 구름이 — **오는데**
/북쪽에서부터(מִן־הַצָּפוֹן)[1)]
불이 ———— (그 속에서) **번쩍번쩍하여**
빛이 ———— 그 사방에 (**비치며**) • 하쉬말(חַשְׁמַל) - 놋쇠 배열하고 있는 금붙이
<어떤 것이> ——— **(나타나 보이고)**
/[그 가운데] /그 불 가운데 단쇠 같은 것이

1) 여기서는 시온산을 상징적으로 북극에 위치시키고 있다. 이는 하나님께서 우주의 유일한 통치자임을 표현하는 의미이다. 그만 홀로 경배를 받고 찬양을 받으셔야 한다는 말이다.

(2) '짜폰'(북쪽)은 종종 그것 자체로 천상의 영역을 나타낸다(시 89:12; 욥 26:7, 37:22; 겔 1:4). 시 48:2도 보자. "터가 높고 아름다워 온 세계가 즐거워함이여 큰 왕의 성 곧 **북방**(짜폰, צָפוֹן)에 있는 **시온 산**(הַר־צִיּוֹן)이 그러하도다."

(3) 에스겔은 '폭풍과 큰 구름'[2)]이 밀려오고 있는 모습을 본다. 불빛이 계속 번쩍번쩍이고 있었고(מִתְלַקַּחַת flashing - לקח의 히트파엘 분사형), 그 속에서 시뻘겋게 달아오른 놋쇠 같은 것이 보였다.

(4) 폭풍과 큰 구름(원문은, אסְעָרָה storm רוּחַ wind) : '쎄아라' (סְעָרָה)는 태풍, 회오리바람, 폭풍(욘 1:4, 12, 왕하 2:1)을 의미하나, 여기서는 자연의 질서에서 오는 폭풍과 큰 바람이라기보다는 영적인 신비한 하나님의 능력을 가리킨다고 볼 수 있다. '쎄아라'는 특히 마지막 때에(렘 25:32, 30:23) 주의 진노를 묘사하는데 쓰였다(사 29:6, "만군의 여호와께서 우레와 지진과 큰 소리와 회오리바람과 폭풍[סְעָרָה 쎄아라]과 맹렬한 불꽃으로 그들을 징벌하실 것인즉")

(5) 위와 같은 표현들은 하나님의 출현을 암시한다(신현, 神顯, theophany).[2)]

2) **신의 출현**. 'theophany'라는 용어는 '하나님'을 뜻하는 '데오스'(thos)와 '나타남'을 의미하는 헬라어 '파네로스'(phaneros)의 합성으로 유래했다. 보이지 않는 하나님이 보이는 형태로 드러내신 것을 가리킨다(출 3:14 참조). 광야에서 불기둥, 구름기둥도 이 경우이다.

4. 에스겔이 본 생물들에 대한 묘사가 현대를 사는 우리에게는 매우 낯선 모습이겠으나 그 당시를 사는 사람들에게는 친숙하게 보였을 것이다.

(1) 하나님은 신적인 자기 계시를, 당대를 살아가는 자기 백성에게, 문화적인 상황에 적합하겠끔 표현하시기 때문이다.

(2) 어쨌든 에스겔은 그 광채 속에서 네 생물의 형상(데무트, דְּמוּת)을 보았는데,

케루빔(כְּרוּבִים)의 모습

• 에스겔 10:20에서 이들이 어떤 존재인가를 설명하고 있다. "그것은 내가 그발 강 가에서 보던 이스라엘의 하나님 아래에 있던 **생물**이라 그들이 **그룹**(케루빔, 천사들)인 줄을 내가 아니라."

• 네 생물이 네 복음서를 가리키는 것이 아니고 케루빔(그룹들)이었다는 것이다. 10:15 "그룹들이 올라가니 그들은 **내가 그 발 강 가에서 보던 생물이라**."

그 모습(마르에, מַרְאֶה appearance)은 '사람의 형상'(אָדָם아담 דְּמוּת데무트)과 같았다고 했다. 6-11절을 읽어보고, 그 모습을 그림으로 그려볼 수 있을까? 인터넷을 검색해보면 이 모습을 다양하게 그려놓은 것을 볼 수 있다.

1:6 그들에게 각각 네 얼굴과 네 날개가 있고
7 그들의 다리는 곧은 다리요 그들의 발바닥은 송아지 발바닥 같고 광낸 구리 같이 빛나며
8 그 사방 날개 밑에는 각각 사람의 손이 있더라 그 네 생물의 얼굴과 날개가 이러하니

(3) 겔 10:15, 20에서 볼 수 있듯이 이들 생물들은 그룹(케루빔, כְּרוּבִים), 곧 천사들임을 알 수 있다. 이들이 타고 다니는 바퀴는 바퀴 안에 바퀴가 있는 것처럼 보였고 바퀴의 둘레에는 눈이 가득하게 있었다. 이 바퀴는 그룹의 머리 방향에 따라 동서남북 어디든 자유롭게 진행할 수 있었으며 눈은 사방 어디든 볼 수 있었다.

• 사 6:2 "스랍들이 모시고 섰는데 각기 여섯 날개가 있어 그 둘로는 자기의 얼굴을 가리었고 그 둘로는 자기의 발을 가리었고 그 둘로는 날며."

5. 네 '생물'의 얼굴들의 모양을 자세히 언급하고 있다.

1:10 얼굴들의 모양은 /그[들의]
- 넷의 앞은 **사람**의 얼굴이요
- 넷의 오른쪽은 **사자**의 얼굴이요
- 넷의 왼쪽은 **소**의 얼굴이요
- 넷의 뒤는 **독수리**의 얼굴이니

"그 네 생물의 얼굴 모양은, 제각기, 앞쪽은 사람의 얼굴이요, 오른쪽은 사자의 얼굴이요, 왼쪽은 황소의 얼굴이요, 뒤쪽은 사람의 얼굴이었다" (새번역).

에스겔은 어디서 이런 환상을 보았을까?

• 바벨론에서? (1:1, 3을 보면 바벨론 같기도 하고)

• 예루살렘에서? (11:13을 보면 예루살렘 같기도하고)

어쨌든, 에스겔의 사역은 본질적으로 바벨론 디아스포라를 대상으로 하고 있다.

(1) 하나님을 보좌하는 네 생물은 각각 네 얼굴을 가지고 있었다(사 6:2*, **계 4:7** "그 첫째 생물은 사자 같고 그 둘째 생물은 송아지 같고 그 셋째 생물은 얼굴이 사람 같고 그 넷째 생물은 날아가는 독수리 같은데").

• **사람**(아담, אָדָם)의 얼굴은 하나님의 형상을 반영한다(창 1:26, 27), 곧 하나님의 지적인 성품, 왕권, 힘, 지혜 등을 상징한다. 이들 생물의 존재가 영적, 인격적임을 나타낸다. '아담'은 하나님의 형상이자 창조의 극치로서의 총칭적인 인간을 가리킨다. 영혼이나 정신, 육체적인 능력이나 재능, 지적(知的), 도덕적 고결성(참 지식, 의, 거룩함)이 다른 피조물에 비해 탁월하다(하등 피조물에 대한 지배력).

• **사자**(아리, אֲרִי)는 어떤 특성을 가졌는가? 사자는 짐승 중에서 가장 강인하고 사납고, 무서운 존재의 상징이다. 사자의 얼굴은 힘(용맹)과 권능, 또는 주권(=지도력)을 상징한다.

그룹 곧 천사들이 타고 다니는 바퀴는 바퀴 안에 바퀴가 있는 것처럼 보였고 바퀴의 둘레에는 눈이 가득하게 있었다.

에스겔은 광채 속에서 네 생물의 형상을 보았는데, 그 모습은 '사람의 형상'(דְּמוּת אָדָם)과 같았다고 했다.

네 생물에 대한 생김새(겔 1:5–14)

1. 에스겔은 환상을 통해 특별한 하나님의 현현(顯現)을 체험한다.

(1) 여호야긴 왕이 포로로 잡혀온 지 오 년째 되는 어느 날 에스겔은 바벨론의 땅 그발 강가에서 여호와의 강렬한 능력을 체험한다.

(2) 그는 북쪽에서 폭풍이 불어오는 것을 보았다. 번개가 번쩍거리고 환한 빛으로 둘러싸인 구름이 가득 몰려오는데, 불 한 가운데에는 놋쇠 같은 것이 빛나고 있었다. 그 불속에는 살아 있는 네 생물의 모양이 보였는데, 겉으로 보면 모두 사람의 형상과 같았다.

(3) 에스겔은 보좌를 떠받치고 있는 네 생물들의 신비로운 생김새를 묘사하는데, 우리에게는 매우 낯설다. 에스겔은 그들의 팔다리 및 병거 보좌의 나아가는 방향과 움직임에 대해 설명한다.

(4) 그 생물들은 사람의 모양을 하고 있었는데, 그들의 얼굴도 어느 정도 볼 수 있었다. 네 개의 얼굴은 사람, 사자, 소, 독수리의 형상을 하고 있었다. 에스겔의 자세한 설명이 계속된다.

2. 나중에 가서야 이 생물들의 정체가 그룹 천사들(케루빔, כְּרוּבִים)임이 밝혀진다(겔 10:15, 20).

(1) 우리는 시편에서 이와 유사한 표현을 볼 수 있다(시 18:10; 68:4, 17-18).

- 시 18:10 "그룹을 타고 다니심이여 바람 날개를 타고 높이 솟아오르셨도다."
- 시 68:17 "하나님의 병거는 천천이요 만만이라 주께서 그 중에 계심이 시내 산 성소에 계심 같도다."

(2) 이동식 보좌인 법궤 - "그룹 사이에 계신 만군의 여호와"(삼상 4:4). 예루살렘 성전에 계시는 여호와가 어떻게 에스겔 강가 난민촌에 나타나실 수 있는가를 보여주려데 그 목적이 있다.

• **소**(쇼르, שׁוֹר)는 열심히 일하는 짐승으로 인간 생활에 매우 가치 있는 짐승이다. 순종, 인내, 충성 또는 봉사를 상징한다.

• **독수리**(네쉐르, נֶשֶׁר)는 하늘 높이 힘있게 비상하는 존재로서 민첩함과 고상함을 상징한다(10절).

• 창 3:24 "이같이 하나님이 그 사람을 쫓아내시고 에덴 동산 동쪽에 **그룹들**(כְּרוּבִים)과 두루 도는 불 칼을 두어 생명 나무의 길을 지키게 하시니라."

(2) 위 생물들이 의미하는 바는 무엇인가? 후에 이 생물들의 정체가 그룹 천사들(케루빔, כְּרוּבִים)임이 밝혀진다(겔 10:15, 20 - 잃어버린 낙원을 지키는 천사로서 창 3:24*에 처음 언급되었다. 그리고 속죄소를 덮고 있는 있는 순금으로 날개 달린 모습으로 나타난다. 출 25:20). 이 그룹은 하나님의 천사들로 곧 하나님의 뜻을 수행하는데, 이들에게는 지혜와 용기가 있어 번개 같은 기동력으로 하나님을 보좌하고 있음을 본다.

1) 신인동형론적으로 하나님께서도 눈이 있는 것으로 묘사하기도 한다. 하나님의 눈은 도처에 있어서 선과 악을 감찰하신다(잠 15:3). 하나님의 눈은 온 세상 전체에서 의인을 지키는데 집중한다(대하 16:9). 하나님께서는 지상의 모든 사건을 일일이 다 보고 계시므로 하나님께서 모르시는 가운데 발생하는 일은 한 가지도 없다(눅 12:6, 7).

6. 에스겔은 네 생물들의 모습을 더욱 상세하게 소개한다(11-14절을 읽어보자).

(1) 이들은 제 각기 위로 펼쳐진 두 개의 날개와 몸을 덮고 있는 다른 두 날개를 가지고 있었다(11절). 그런데 앞으로 나아갈 때는 날개를 서로서로 맞대고 가는데 몸을 돌리지 않고 곧장 앞으로 나아갔다(9, 12절). 그들은 불처럼 밝게 빛나며, 번개처럼 빨리 움직였다(13-14절).

(2) 더 자세히 살펴보니 각 생물들의 옆 땅 위에는 바퀴가 하나씩 있었다(15절). 네 개의 바퀴들은 모두가 번쩍였다(빛나는 녹주석과 같고). 본문의 기록으로는 그 모양을 상상할 수가 없는데, 어쨌든 바퀴 달린 병거 보좌를 상상할 수 있다. "바퀴들 안에 바퀴가 들어 있다(as if one wheel were within another)"(16절)는 표현은 우리가 완전히 이해할 수 없는 설명이다. 그 바퀴(오판, אוֹפָן)의 둘레에는 눈(아인, עַיִן)[1]이 가득하였다(were full of eyes)고 했다. 여기서 눈들은 널리 만물을 보시는 하나님을 상징한다(겔 1:18, 10:12; 슥 3:9, "만군의 여호와가 말하노라 내가 너 여호수아 앞에 세운 돌을 보라 **한 돌에 일곱 눈이 있느니라** 내가 거기에 새길 것을 새기며 이 땅의 죄악을 하루에 제거하리라.").

(3) 바퀴들은 생물들과 함께 움직인다(19절). 그런데 그 생물들은 어디든지 영(the spirit, הָרוּחַ)이 가고자 하는 곳으로 갔다. 바퀴들도 그 곁에서 함께 떠올랐다. 왜냐하면 생물의 영(the spirit of the living)이 그 바퀴들 가운데에 있었기 때문이다(20절). 그러니까, 이 생물들은 스스로 움직이지 않았으며 그들을 움직이는 신(רוּחַ, 루아흐) 곧 성령의 뜻대로만 움직인다는 것이다.

43

네 생물의 머리 위에 있는 궁창과 보좌(겔 1:22–28)

1. 우리는 위의 설명과 같이 그 생물들과 바퀴는 하나님의 전차로서 기능하고 있음을 본다.

(1) 에스겔은 나중에 이상 가운데 하나님의 영광이 마치 그룹 위에 수레를 탄 듯한 모습을 본다(겔 10:18-19*, 왕하 2:11-12 "두 사람이 길을 가며 말하더니 **불수레와 불말들이** 두 사람을 갈라놓고 엘리야가 회오리 바람으로 하늘로 올라가더라 12엘리사가 보고 소리 지르되 내 아버지여 내 아버지여 이스라엘의 **병거와 그 마병**이여 하더니 다시 보이지 아니하는지라").

• 겔 10:18 "여호와의 영광이 성전 문지방을 떠나서 그룹들 위에 머무르니 19 **그룹들이 날개를 들고** 내 눈 앞의 땅에서 올라가는데 그들이 나갈 때에 **바퀴도 그 곁에서 함께 하더라** 그들이 여호와의 전으로 들어가는 동문에 머물고 이스라엘 하나님의 영광이 그 위에 덮였더라."

1:22 궁창의 형상이 — **있어**
/그 생물의 머리 위에는
/수정 같은(=이)
/보기에 두려운(데)
— **펼쳐져 있고**
/그들의 머리 위에

궁창(라키아)은 하나님의 영광을 선포한다(시 19:1).

23 생물들의 날개가 — 서로 향하여 **펴 있는데**
/그 궁창 밑에
이 생물은 — 두 날개로 몸을 **가렸고**
저 생물도 — 두 날개로 몸을 **가렸더라**

• 궁창(라키아, an expanse) 위에 하나님의 보좌가 있다(겔 1:23, 25, 26, 10:1). 하나님은 둘째 날에 궁창을 창조하셨다(창 1:6).

• 생물들 머리 위에는 창공 모양의 덮개와 같은 것이 있는데, 수정 같이 환히 빛났다. 그런데 보기에 심히 두려웠다. 수정이라고 번역된 말, 케라흐(קֶרַח)는 얼음을 의미한다(욥 6:16). 얼음과 같다는 의미에서 수정이라고 했다.

(2) 생물들이 갈 때에 그 날개 소리를 들으니 "많은 물 소리와도 같으며 전능자의 음성과도 같으며 떠드는 소리 곧 군대의 소리와도 같다"고 했다. 그리고 그 생물이 설 때에는 그 날개를 접었다(24절).

1:26 보좌의 형상이 — **(있는데)**
/그 머리 위에 있는 궁창 위에
/그 모양이 남보석 같고
한 형상이 — **(있어)**
/그 보좌의 형상 위에
/**사람의 모양** 같더라

• 에스겔은 위를 쳐다보는데, 청옥처럼 보이는 보석으로 만든 보좌 같은 것이 있었다. 그 보좌 위에 **한 사람이 앉아 있는 것을** 보았다(26절).

• 그 사람의 허리 위는 쌔빨갛게 달아오른 금속과도 같았고, 허리 아래는 사방으로 뻗는 불과 같아 보였다(27절).

• 그를 둘러싸고 있는 광채는 마치 비오는 날 구름 속에 나타나는 무지개처럼 보였다(28절a). 그것은 여호와의 영광이 나타난 모양과 같았다(출 24:16). 지금 에스겔은 자신이 하나님의 영광을 보고 있음을 깨닫고 땅에 엎드린다(28절b).

에스겔을 예언자로 부르심(2:1–3:27)

하나님의 영광스럽고 위엄 있는 환상을 목격하고 에스겔은 하나님의 살아 계심과 역사하심을 깨닫고 땅에 엎드려 경배한다(1:28). 그에게 보여진 형체는 사람의 모습을 하고 있었다(1:26). 이는 "여호와의 영광의 형상의 모양이라." 사도 요한이 그의 환상 가운데서 처음 본 것도 하늘에 있는 보좌였다(계 4:2). 에스겔은 그 영광의 형상에 압도되어 땅에 엎드렸다. 그는 계속하여 얼굴을 땅에 묻고 있으려 했으나 한 영이 그를 일으켜 세운다(2:1-2). 메시지를 전달하기 위해서였다.

1. 에스겔은 자신에게 임한 영으로 말미암아 능력을 덧입고, 서서 메시지를 받는다. 여기서 영은 누구를 가리킬까?

2:1 그가 —— 내게 **이르시되** (...하시며)
/인자야(Son of man, בֶּן־אָדָם)[1]
/[너는] —— [네 발로] 일어서라(stand, עֲמֹד)
//(וְ, that...may)
내가 — 네게 말하리라

2 그가 내게 말씀하실 때에(as)
그 영이 —— 내게 **임하사**
[그가] —— 나를 **일으켜 세우시기로**(תַּעֲמִדֵנִי 타아미데니 - 히필, 3인칭)
/내 발로
내가 —— 소리를 **들으니**
/그 말씀하시는 자의

• 나를 세워 내 발로 서게 하셨다.

1) 인자(벤아담, בֶּן־אָדָם): 여기서 에스겔은 '아담'(인자)으로 호칭된다. 이 책에서 93회나 '인자'라고 불렸다.

(1) 땅에 엎드려 있는 에스겔, 하나님은 그에게 '네 발로 일어서라'고 명령하신다. 에스겔에게 사명을 주실 것이기 때문이다. 그렇게 말씀하실 때, 그 영(רוּחַ)이 에스겔을 일으켜 세웠다. '그 영'(the Spirit - NASB, NIV)이라고 정관사를 넣어 번역했지만 원문에는 정관사 없이 단순히 '루아흐'라고만 언급되어 있다.[2] 에스겔서에서 '루아흐'는 생명의 표시와 상징을 가리킬 때도 있다(겔 37:5, 6, 8, 10, 14 - 숨 또는 영). 또 에스겔서에서 '바람'을 가리킬 때도 있다(겔 17:10, 19.12, 27:26; 광풍 - 겔 1:4, 13:11, 13). 그러나 대부분의 표현에서 여호와의 신(영)은 가장 완전한 그리스도교적 의미에서 '성령'이라는 것을 문맥이 명백히 입증해 준다.

2) 그래서 어떤 이들은 이 '영'(רוּחַ)을 힘이나 용기, 비인격적인 '영'으로 해석해석하기도 한다. 에스겔서 다른 곳에서는 '야웨의 영'(11:5, 37:1)으로 또는 '하나님의 영'(11:24)이나 '나의(야웨의) 영(36:27, 37:14, 39:29) 등으로 불린다.

(2) 하나님은 에스겔에게 예언자로서 공식적인 소명을 주신다. 하나님은 이 특

이한 환상 체험을 통해서 특정한 과업의 수행을 위한 사자로서 하늘로부터 보내심을 받고 있다. 성경 여러 곳에서 이와 유사한 부름을 받은 선지자들이 있다(왕상 22:19-23* 참조). 그 영(the Spirit, רוּחַ루아흐)이 (온 몸이 거의 죽은 것 같은) 에스겔 안으로 들어가 그에게 움직일 수 있는 힘을 주었다(겔 3:24, "주의 영(רוּחַ)이 내게 임하사 나를 일으켜 내 발로 세우시고 내게 말씀하여 이르시되 너는 가서 네 집에 들어가 문을 닫으라").

• 왕상 22:19 "미가야가 이르되 그런즉 왕은 여호와의 말씀을 들으소서 ... 누가 아합을 꾀어 그를 길르앗 라못에 올라가서 죽게 할꼬 하시니 ....한 **영**(רוּחַ루아흐)이 나아와 여호와앞에 서서 말하되 내가 그를 꾀겠나이다...내가 나가서 **거짓말하는 영이 되어** 그의 모든 선지자들의 입에 있겠나이다... 23 이제 여호와께서 **거짓말하는 영**을 왕의 이 모든 선지자의 입에 넣으셨고 또 여호와께서 왕에 대하여 화를 말씀하셨나이다."

2. 하나님은 에스겔에게 어떤 사명을 주셨는가?

2:3 [그가] ——— 내게 **이르시되**
/인자야!(בֶּן־אָדָם벤 아담)
/내가 — **보내노라**(I am sending, שׁוֹלֵחַ칼 분사형)
/너를 이스라엘 자손 곧 패역한 백성,
=나를 배반하는 (자에게)

• 조상들도, 또 지금도 여전히 계속해서

그들과 ——— 내게 **범죄하여**
그 조상들이 ┘ /오늘까지 (...이르렀나니)

• 여기서 배반하는 자는 이스라엘 자손이다.

(1) "나를 배반하는 자"는 바로 이스라엘 백성이다. 이스라엘을 패역한 백성이라고 하셨다. 패역한(rebellious, מָרַד마라드)[1]이라는 말이 분사형으로 쓰였다. '반역(배반)하다, 반항하다'라는 뜻으로 계속해서 반역했다는 말이다. 누구에게 반역했는가? "나에게, 즉 여호와 하나님께(who have rebelled *against* Me)" 계속해서 반역했다는 것이다. 조상들도 그랬고, 지금도(=오늘까지), 언약을 어기고 계속해서 반역(배반)을 일삼아 왔다는 것이다. 그래서 "내게 범죄했다"(have transgressed *against* Me)고 말씀하신다.

1) 마라드 - 사람에 대한 반역 또는 하나님에 대한 반역에도 쓰였다. 여기서는 하나님에 대한 인간의 반역을 언급한다. 언약을 폐기하거나 취소하였다는 의미이다.

(2) 범죄하다(파샤, פָּשַׁע)라는 동사는 '반역하다(rebel), 위반하다(transgress)'라는 뜻으로 두 당사자 간에 종교적 또는 사회적 관계 파기에 있다(사 1:28, 48 :8*; 호 8:1, 7:13 "화 있을진저 그들이 나를 떠나 그릇 갔음이니라 패망할진저 그들이 **내게 범죄하였음이니라** 내가 그들을 건져 주려 하나 그들이 나를 거슬러 거짓을 말하고.").

• 사 48:8 "네가 과연 듣지도 못하였고 알지도 못하였으며 네 귀가 옛적부터 열리지 못하였나니 이는 네가 정녕 배신하여 **모태에서부터 네가 배역한 자라** 불린 줄을 내가 알았음이라."

3. 하나님은 지금, 이 백성의 완고함을 어떻게 표현하고 계신가?

이스라엘의 의도적인 반역의 상태를 이렇게 표현했다.

2:4 이 자손은 ┬ 얼굴이 뻔뻔하고(카셰, קָשֶׁה) - 완고하고 고집 센
└ 마음이 굳은 자니라(하자크, חָזָק) - 완고한, 완강한

(1) 이 백성들은 얼굴이 '뻔뻔하고', 마음이 강퍅한 백성이라고 하셨다. 즉 낯가죽이 두껍고, 마음이 완고하다는 것이다(겔 3:7-8에서 또한번 더 언급하고 있다).

- 이전 왕들도 타락했지만, 지금 통치하고 있는 시드기야 왕도 강퍅하기는 마찬가지였다. 역대기 기자의 이야기를 들어보자.
- 대하36:11 "시드기야가 위에 나아갈 때에 나이 이십일 세라 예루살렘에서 십일 년을 치리하며 12 그 **하나님 여호와 보시기에 악을 행하고 선지자 예레미야가 여호와의 말씀으로 일러도 그의 앞에서 겸비치 아니하였으며** 13 느부갓네살 왕이 저로 그 하나님을 가리켜 맹세케 하였으나 저가 배반하고 **목을 곧게 하며 마음을 강퍅케 하여** 이스라엘 하나님 여호와께로 돌아오지 아니하였고 14 **제사장의 어른들과 백성도 크게 범죄하여** 이방 모든 가증한 일을 본받아서 여호와께서 예루살렘에 거룩하게 두신 **그 전을 더럽게 하였으며**"

(2) 그래서 여호와께서 에스겔을 완고하고 패역한 백성에게 보내신다(2:3).

너는 — 그들에게 이르기를 (...하라)
/주 여호와의(=께서) —— 말씀이 이러하시다(thus, כֹּה)
("주 여호와께서 이와 같이 말씀하신다"라고 내 말을 전해라)

(3) 이렇게 완고하고 패역한 백성이 에스겔의 말을 듣고 순순히 복종할까? 그들은 본래 반역하는 일밖에 모르는 백성이라, 말씀을 전해도 듣지도 않겠지만, "그들이 듣든지 아니 듣든지(=거절하든지) 그들 가운데에 선지자가 있음을 알지니라."

4. 지금 유다는 시드기야의 통치 하에 있다. 조상들은 타락했지만, 포로로 끌려오지는 않았다. 그런데 예루살렘은 지금도 여전히 죄악 속에서 헤어나오지 못한다. "예루살렘아, 언제까지 그렇게 더럽게 지내려느냐?" - 예레미야를 통한 하나님의 탄식을 보라. 렘 13:27을 읽어보자.

렘 13:27 내가 —— **보았노라**
/너의 간음과 - 비유적으로 우상 숭배
/사악한 소리와 - 부정함, 음탕함
/음란(간음, 매춘, 종교적 간음)과 음행과
들의 작은 산 위에서 네가 행한
/가증한 것을 -가증하고 더러운 것, 나훔 3:6
예루살렘이여
화 있을진저(אוֹי)
네가 —— **정결하게 되겠느냐**
/얼마나 오랜 후에야

하나님은 이스라엘이 얼마나 부정했는지를 아신다. 그래서 탄식하신다. 도대체 언제까지 이런 부정함 속에서 머물겠느냐?

심판은 이미 확정된 일이지만, 이를 집행해야만 하는 하나님의 안타까움이 드러나 있다.

(1) 이렇게 뼈속까지 타락한 백성에게 에스겔은 하나님의 특별한 부름을 받고 있다. 그에게 하나님께서 주신 말씀만을 가감(加減) 없이 전하라는 것이다. 물론 백성들이 그의 말을 듣고 돌아서려 하지 않을 것임을 아신다.

(2) 이런 강퍅한 자들에게 말씀을 전한다는 것은 마치 가시(싸라브, סָרָב)[1]와 찔

1) 이 단어는 겔 2:6에서만 나온다. 찌르는 쐐기풀, 엉겅퀴.

레(실론, סִלּוֹן)[1]와 함께 거하며 전갈(아크라브, עַקְרָב) 가운데 거하는 것처럼 무섭고 두려운 일이라고 하셨다. 그래도 명령을 거역해서는 안 된다.

1) 이 단어는 겔 2:6, 28:24 에서만 나온다.

2:6 인자야! 비록[כִּי] ~거할지라도(though)
[너는] ── 그들을 두려워하지 말고
└ 그들의 말을 두려워하지 말지어다
└ 그 얼굴을 무서워하지 말지어다
//비록[כִּי] 그들은 패역한 족속이라도

선지자들은 한결같이 박해를 받았다(마 22:15). 에스겔도 앞선 선지자들과 같이 박해를 받을 것이다. 그러나 낙심해서는 안 된다. 오히려 그들이 듣든지 아니 듣든지(=거절하는지) 말씀을 가감없이 전해야 한다(겔 33:33). **두려워하지 말 것을 거듭 강조하신다.**

5. 하나님은 에스겔에게 선지자가 전해야 할 사명을 더욱 분명하게 전달하신다.

2:8 너 인자야
[너는] ── 네 입을 벌리고
└ 먹으라(אֱכֹל 칼 명령형)
/내가 네게 주는 것을

두루마리 책(메길라, מְגִלַּת) - 에스겔은 소명을 받을 때 두루마리 책을 받았는데, 그것을 먹었다. 그 두루마리 안팎에는 심판의 내용이 쓰여 있었다(2:10).

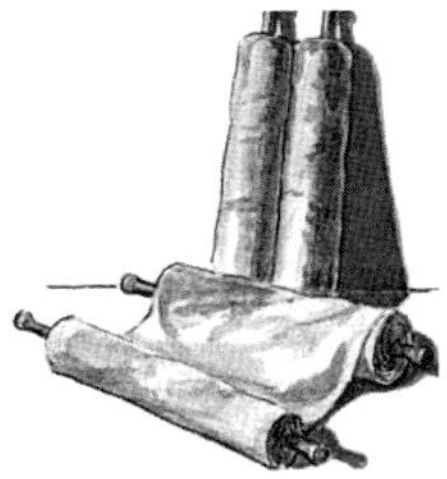

(1) 두루마리 책에 어떤 내용들이 기록되 있었을까?

2:10 그가 ── 그것을 내 앞에 **펴시니**
└ 그 안팎에 글이 (**있는데**)
애가와 애곡과 재앙의 말이 ── 그 위에 **기록되었더라**

(2) 에스겔이 자세히 보니 그 두루마리 안팎에는

애가(키나, קִינָה)와
애곡(헤게, הֶגֶה)과
재앙(히, הִי)의 말이 기록되어 있었다.

'lamentations, mourning and woe' - 두루마리에 기록된 것은 범죄한 이스라엘 백성에 대한 하나님의 심판에 관한 내용이었다. 하나님은 자신의 백성에게 축복을 선언하지 않으시고 심판을 선언하신다. 언약을 어기고 하나님을 배반하였기 때문이다. 왕으로부터 가장 낮은 백성에게까지 예외가 없었다. 물론 수없이 많은 경고가 이미 주어졌다.

(3) 주의 거룩한 영은 하나님의 형상 앞에 엎드려 있던 에스겔을 친히 일으켜 세우신다. 그리고 사명을 주셨다. 이제 그는 패역한 백성들에게 나아가 자신의 말이 아니라 **하나님께서 주신 말씀만을 전해야 한다**. 말씀이 자신의 말로 각색되어서는 안 된다. 물론 절대적 순종이 필요하다. 담대하게 전하기 위해서는 우선, 말씀부터 먹어야 한다. 전해야 할 복음의 내용이 변질되어서는 안 된다. 그래서 사역자에게는 철저한 말씀 연구와 기도가 필요하다.

48

에스겔을 파송하심(3:1–27)

에스겔이 받아든 두루마리에는 안팎으로 가득 메시지가 기록되어 있었다. 그것은 이스라엘을 심판하시겠다는 폭탄과 같은 내용이었다. 에스겔은 자신이 받은 메시지를 이방 민족에게 전하는 것이 아니라 하나님의 백성 이스라엘 족속에게 전해야 한다. 마음에 착잡한 생각이 교차되었을 것이다. 그 두루마리에 기록된 메시지 내용 때문이었다.

1. 본문은 앞 장에서 받은 환상과 연결된다. 주저했을 에스겔에게 하나님의 영은 친히 그 두루마리를 먹여주신다.

1) 아칼(אָכַל) 동사의 히필형 (사역 능동) -
He fed me - NASB
he caused me to eat -KJV

3:2 내가 — [나의] 입을 **벌리니**
그가 — 내게 **먹이시며**(יַּאֲכִלֵנִי 히필 동사)1) - 아칼(אָכַל) : 먹다, 삼키다.
/그 두루마리를

에스겔에게 먹으라고 하시자 에스겔이 순종하고 입을 벌릴 때 하나님의 영이 그 두루마리를 그에게 먹여주셨다.

3 [그가] — 내게 **이르시되** (..하시기에)
/인자야
/[너는] — 네 배에 **넣으며**
/내가 네게 주는 이 두루마리를
— 네 창자에 **채우라**

"이 두루마리를 배불리 먹어라."

내가 — **먹으니**(Then I ate it)
그것이 — 내 입에서 **달기가(=더라)**
/꿀 같더라(=이)

하나님의 말씀을 먹는다는 것은 하나님의 말씀을 받는다는 상징적인 표현이다(겔 2:8).

계 10:9 "내가 천사에게 나아가 작은 두루마리를 달라 한즉 천사가 이르되 갖다 먹어 버리라 네 배에는 쓰나 **네 입에는 꿀 같이 달리라** 하거늘 10 내가 천사의 손에서 작은 두루마리를 갖다 먹어 버리니 **내 입에는 꿀 같이 다나 먹은 후에 내 배에서는 쓰게 되더라**." / 시 19:10, 119:103 참조

• 시40:8 "나의 하나님이여 내가 주의 뜻 행하기를 즐기오니 **주의 법이 나의 심중에 있나이다** 하였나이다."

(1) 막상 에스겔이 하나님을 대했을 때는 두려움이 앞섰다. 그러나 순종하여 입을 벌리니, 그 두루마리를 먹여주셨다(he caused me to eat - KJV). 그 두루마리를 먹고, 배를 가득 채우라고 말씀하신다. 막상 두루마리를 먹고나니 그 달기가 꿀 같았다고 했다. 이는 말씀 때문에 은혜를 받았다는 개념보다는 하나님의 말씀을 받고 그분의 사자가 된 지금은 무한히 기뻤다는 것을 의미한다(시 40:8*). 말씀 사역자에게는 이런 기쁨이 먼저 있어야 한다.

(2) 그러나, 막상 말씀을 들어야 할 백성들은 어떤 상태인가? 지금 에스겔이 말씀을 전하려는 대상은 이스라엘 족속이다(4절). 에스겔과 같은 동족이기에 언어가 다르거나 말이 어려운 것이 아니다(5절). "내가 너를 그들에게 보냈다면 그들은 정녕 네 말을 들었으리라(should listen to you, 들을 것이라)."

2. 그러나 이스라엘 백성은 어떤 반응을 보일 것인가?

3:7 그러나(yet, וְ)
이스라엘 족속은 ── 네 말을 듣고자 아니하리니
//이는(since, כִּי)
내 말을 듣고자 아니함이니라(=하기 때문에)
[이스라엘 족속은] ┬ 이마가 굳고(하자크, חָזָק)
└ 마음이 굳어(=강퍅하여, 카쉐, קָשֶׁה)

"아예, 내 말을 들을 마음이 없다."(공동) – 백성들이 얼마나 강퍅해졌는지를 보여준다. 이들은 의도적으로 선지자의 메시지에 눈을 감으려 한다. 이는 하나님 자신을 무시하는 행동이다.

완고한, 고집센, 뻔뻔스러운 마음의 상태

(1) 백성들은 마음이 굳어 있어서, 에스겔의 말이 어려워서가 아니라 이마가 굳고 마음이 강퍅하여 그가 대신 선포하는 하나님의 말씀을 따르지 않을 것임을 미리 알려 주신다(7절). 이사야 선지자는 백성들이 얼마나 강퍅했는지 이미 오래 전에 선포했다(사 48:4을 읽어보자).

사 48:4 내가 알거니와
너는 완고하며(קָשֶׁה) - 카쉐 (잔인한, 완고한 난폭한, 목이 곧은)
네 목은 쇠의 힘줄이요(בַּרְזֶל an iron גִּיד sinew)
네 이마는 놋이라(뇌후솨, נְחוּשָׁה)[1)]

(2) 그러면 어떻게 하지? 그러나 하나님은 에스겔을 이런 백성들 앞에서도 담대하게 말씀을 전할 수 있도록 하실 것이다(8절).

3:8 [보라!, 힌네, הִנֵּה]
내가 ┬ 네 얼굴을 굳게 하였고(하자킴, חֲזָקִים 형용사, 복수)
/그들의 얼굴을 마주보도록
└ 네 이마를 굳게 하였으되(하자크, חָזָק)
/그들의 이마를 마주보도록
9 [내가] ── 하였으니 (=만들리라)
/네 이마를(에스겔의 이마를)
/화석(쪼르, צֹר)보다 굳은 금강석(솨미르, שָׁמִיר) 같이

강한, 견고한, 튼튼한 - 이 단어는 가끔 하나님의 능력 있는 손을 언급하고 있다. I have made your face as hard as their faces,

바윗돌보다 더 굳은 금강석(=다이아몬드)처럼 만들어 놓았다. 따라서 에스겔은 완악한 백성들보다 더 강할 것이다.

(3) 그러니 "그들이 비록 반역하는 족속이라도 두려워하지 말며 그들의 얼굴을 무서워하지 말라." 그러므로 에스겔이 의지할 것은 오직 하나님의 능력뿐이어야 한다. 그 이유는[for, כִּי] "나는 여호와 네 하나님이요 이스라엘의 거룩한 이요 네 구원자이기" 때문이다(사 43:1).

1) 하나님은 자기 백성 이스라엘이 얼마나 완고하고 목이 곧은 백성임을 잘 알고 계셨다. 따라서 하나님은 아주 분명한 예언과 그 성취의 방법으로 하나님되심을 알리셨다. 이렇게 하나님의 선택 받은 백성이라 해서 다른 민족보다 결코 낫지 않다는 것이다. 다만 하나님과 백성 사이에 언약관계가 형성되어 있다. 법적인 자녀라는 것이다. 그래서 끊임없는 관심과 인내로 그의 백성을 인도하시는 것이다.

(4) 하나님은 계속해서 에스겔에게 용기를 주신다(10절)

> 3:10 **또** 내게 **이르시되** 인자야
> /너는 ┬ 마음으로 **받으며**(take into your heart)
> │ /내가 네게 이를 모든 말을
> └ 귀로 **듣고**(and listen closely)
>
> 임박한 심판을 염두에 두고 말씀하시는 내용을 귀 기울여 들어라(호 5:1; 렘 13:15).

"에스겔아, 내가 너에게 하는 말을 모두 귀담아 듣고 사로잡힌 네 민족에게로 가서 그들이 듣든지 아니 듣든지(=거절하든지)" 주 여호와의 말씀을 가감없이 전해라. 그들에게(=그들을 향하여, אֲלֵיהֶם) '고하라'(אָמַרְתָּ 피엘 동사).

3. 바로 이 순간에 에스겔은 주의 영(the Spirit, רוּחַ)이 자신을 들어 올리는 것을 느꼈다. 그리고 전차가 움직이기 시작했다(12-13절).

(1) 이때 에스겔은 어떤 음성을 들었는가? 지진이 터지는 것 같이 크고 요란한 소리가 들렸다. "찬송할지어다 여호와의 영광이 그의 처소로부터 나오는도다 하니"(12절). 이는 생물들의 날개가 서로 부딪치는 소리와 생물 곁의 바퀴 소리였다(13절).

and I went embittered in the rage of my spirit (3:14) - NASB

embitter - ① 쓰라리게 하다② (마음.감정을) 몹시 상하게 하다.

מַר בַּחֲמַת רוּחִי

מַר 마르 – 쓴, 괴로운, 비통, 아픔
חֵמָה 헤마 – 열, 격노, 분노
רוּחַ 루아흐 – 영, 마음, 숨

여기서 '분한 마음'은 격정(rage, 또는 fury)을 가리키는 것 같다.

(2) 주의 영이 에스겔을 들어올려 가시는데, 그의 마음이 어떠했을까? 여기 "내가 근심하고 **분한** 마음으로 가니"(3:14)라는 한글 번역은 오해의 소지가 있을 수 있다. 에스겔은 자신에게 주어진 임무 때문에 불안했을 것이고, 초조한 심정이었을 것이다. 그러나 "여호와의 권능(יַד־יְהוָה[1])이 힘 있게 그를 감동시키시셨다[2])"(14절b). 에스겔이 낙심되어 있을 때, 주의 영께서 감동을주셔서 그의 사역을 감당할 수 있게 하셨다. 오늘 날도 마찬가지로 낙심한 자들에게 성령으로 감동을 주신다(마 1:23; 행 4:29, 31 참조).

1) 원문에는 '여호와의 손'(hand יַד)으로 되어 있다.

2) "힘 있게 나를 감동하시더라"(עָלַי חָזָקָה) - was strong on me

חָזַק(하자크) - 강하다, 견고하다, 강화하다.

'힘 있게'라고 번역된 '하자크'(חָזַק)가 동사로 쓰일 때칼형은강하다(be strong), 혹은 강하게 되다(become strong), 피엘 어간에서는 '강하게 하다, 튼튼하게 하다'라는 뜻이다.

(3) 지금, 에스겔은 자신이 겪은 환상으로 인해 몹시 혼란해 했고, 이에 그는 포로민 난민촌이 있는 그발 강 가 텔아빕으로 나아가, 거기서 "두려워 떨며(민답히, causing, overwhelmed)" 칠 일을 지냈다. 마치 얼이 빠진 사람처럼 그들 가운데 앉아 있었다.

4. 일 주일 동안을 멍하게 지내고 있는데, 하나님은 다시 에스겔을 부르신다.

(1) 칠 일 후에 다시 여호와의 말씀이 에스겔 임하였다(16절). 그리고 그에게 주신 말씀은 "에스겔을 이스라엘 족속의 파수꾼으로 세웠으니 너는 내 입

의 말을 듣고 나를 대신하여 그들을 경고하라(자하르, זָהַר, warn).[1]"는 것이었다. 에스겔의 역할은 하나님을 대신하여 백성에게 경고하라는 것이다. **파수꾼**의 역할은 얼마나 중요한가! (렘 6:17; 합 2:1)

1) 자하르(זָהַר) - 가르치다, 경고하다(warn), 훈계하다. 여기서는 '경고하다'라는 의미로 사용되었다. 이 단어는 에스겔서 33장에서만도 14회 사용되었다. 여기서 파수꾼의 임무는 백성들에게 경고하는 것임을 알 수 있다(겔 33:3-9).

(2) 차파(צָפָה) - 이 동사는 '지켜보다, 망보다, 감시하다'라는 뜻으로 적으로부터 기습을 당하지 않기 위해 상황을 파악하고 감시한다는 개념을 갖고 있다(구약성경에서 약 35회). 하나님은 이스라엘에게 많은 파수꾼을 보냈지만 눈먼 자들이 많았다(사 56:9-10). 잠깐 이사야 선지자의 외침을 들어보자.

- 사 56:9 "들의 모든 짐승들아 숲 가운데의 모든 **짐승들아** [너희는] 와서 먹으라 10 **이스라엘의 파수꾼들은 맹인이요 다 무지하며 벙어리 개들이라** 짖지 못하며 다 꿈꾸는 자들이요 누워 있는 자들이요 잠자기를 좋아하는 자들이니."
- "이 개들은 탐욕이 심하여 족한 줄을 알지 못하는 자들이요 그들은 몰지각한 목사들이라 다 제 길로 돌아가며 사람마다 자기 이익만 추구하며"(11절)

여기 짐승들은 누구를 가리킬까? 아마 몰지각한 직업적인 선지자들을 가리킬 것이다. "들짐승들아 와서 나의 백성을 잡아먹어라." 누구를 잡아먹으라는 것인가? 파수꾼, 백성의 지도자들(특히 거짓 선지자)을 가리킨다. 이들은 적을 보지 못하는 소경이고 짖지 못하는 '벙어리 개'라고 했다. 이들은 사명에 태만했다. KJV는 탐욕스러운(greedy) 개라고 번역했다. 이런 무책임한 파수꾼들 때문에 이스라엘은 몰락한다.

(3) 반대로 만약 파수꾼이 깨어 있다면, 하나님의 백성은 살아 움직인다(사 52:7-10). "좋은 소식을 전하며 평화를 공포하며 복된 좋은 소식을 가져오며 구원을 공포하며 시온을 향하여 이르기를 네 하나님이 통치하신다 하는 자의 산을 넘는 발이 어찌 그리 아름다운가"(사 52:7).

(4) 만약 에스겔이 백성들에게 경고를 주지 못한다면 그는 그들의 생명을 책임져야 한다고 말씀하신다. 아래 구절을 주의깊게 읽어보자.

3:18 가령 내가 악인에게 말하기를 너는 꼭 죽으리라 할 때에
네가 **깨우치지 아니하거나**
말로 악인에게 일러서 그의 악한 길을 떠나
생명을 구원하게 **하지 아니하면**
그 악인은 그의 죄악 중에서 **죽으려니와**
내가 그의 피 값을 네 손에서 **찾을 것이고**

19 네가 악인을 깨우치되(=경고하되)[2]
그가 그의 악한 마음과 악한 행위에서 돌이키지 아니하면
그는 그의 죄악 중에서 **죽으려니와**
너는 네 생명을 **보존하리라**

이 내용은 겔 33:1-9에 다시 언급된다. 미리 한번 읽어보자.

2) 선지자들은 하나님께서 사람들에게 임박한 파멸을 경고하도록(호 8:1) 보내신 이스라엘의 파수꾼들이다. 타락한 이스라엘 백성들은 성령에 감동을 받은 선지자를 가리켜 '어리석은 바보'로 여겼다. 아니 '미쳤다(מְשֻׁגָּע)'고 했다. 여기서는 푸알(수동 강조)형 분사이다. 미치되, '아주 헛소리 하는 놈'이라는 표현이다.

(5) 같은 방식으로 만일에 의인이 악한 길로 빗나갈 때에는("의인이 그의 공의에서 돌이켜 악을 행할 때에는") 어떻게 할까?

3:20 또 의인이 그의 공의에서 돌이켜 악을 행할 때에는(when)
내가 —— 두면
/그 앞에 거치는 것을
그가 —— 죽을지니
그는 —— 그의 죄 중에서 죽으려니와
//이는(כִּי, since)
네가 — 그를 깨우치지 않음이니라(=~때문에)
이미 행한 그의 공의는 ——기억할 바 아니라
내가 —— 네 손에서 찾으리라
/그의 피 값은

의인이 공의에서 돌이켜 악을 행할때에는 하나님께서 그 앞에 올무를 놓을 것이다. 만약 네가 그에게 경고를 주지 않으면 그는 자기 죄 때문에 죽게 될 것이다.

물론 그가 이미 행한 의로운 행위는 하나도 기억되지 않을 것이다.

"그러나 그 사람이 죽은 책임은 내가 너에게 묻겠다. 너는 그의 죽음에 대한 책임을 면하지 못할 것이다."

(6) 그러나 반대로 "네가 그 의인을 깨우쳐 범죄하지 아니하게 함으로 그가 범죄하지 아니하면 정녕 [그가] 살리니 이는(כִּי, because) 깨우침을 받음이며(=받았기 때문이다). 물론 "너도 네 영혼을 보존하리라"(21절). 이에 대한 설명은 겔 33:7-9에서 다시 언급된다. 미리 읽어보자.

의인이 죄를 범하면, 경고하지 않은 선지자에게 그 책임이 있다.

- 겔 33:7 "인자야 내가 너를 이스라엘 족속의 파수꾼으로 삼음이 이와 같으니라 그런즉 너는 내 입의 말을 듣고 **나를 대신하여 그들에게 경고할지어다** 8 가령 내가 악인에게 이르기를 악인아 너는 반드시 죽으리라 하였다 하자 네가 그 악인에게 말로 경고하여 그의 길에서 떠나게 하지 아니하면 그 악인은 자기 죄악으로 말미암아 죽으려니와 내가 그의 피를 네 손에서 찾으리라 9 **그러나 너는 악인에게 경고하여 돌이켜 그의 길에서 떠나라고 하되 그가 돌이켜 그의 길에서 떠나지 아니하면 그는 자기 죄악으로 말미암아 죽으려니와 너는 네 생명을 보전하리라.**"

☑

- 파수꾼의 사명을 잘 감당하지 못하면 자신도 죽고, 다른 사람도 죽이는 결과를 가져온다.
- 의인을 깨우쳐서 죄를 범하지 않게 하는 경우, 의인도 살고, 파수꾼도 산다. 우리는(나는) 파수꾼의 사명을 잘 감당하고 있는가?

(7) (이 명령이 너무 힘든 일이 되겠지만) 에스겔에게는 하나님께서 전하시려는 말씀을 사회 속에서 실현시킬 책임을 가져야 한다. 만약 에스겔이 자신에게 주어진 책임을 다하지 않거나, 다른 사람을 시험에 들게 한다면 그 사람은 물론이고 에스겔 자신도 생명이 위험할 것이라는 말이다. 개인에 대한 책임은 겔 18장에서 다시 자세하게 언급된다.

(8) 이런 강력한 하나님의 명령 때문이었을까, 에스겔만큼 적나라하고 생생하게 메시지를 전한 사람은 아무도 없었다. 이렇게 **파수꾼**은 사람의 영혼을 죽이느냐 살리느냐를 결정하는 대단히 중요한 직분이다.

에스겔이 말 못하는 자가 되다(겔 3:22-27)

1. 텔아빕에서 7일간을 보낸 후, 여호와께서 권능으로 거기서 에스겔에게게 임하셨다. 이번에는 바벨론 들판으로 나아가라는 명령을 받았다(23절).

3:23 내가 —— **일어나** 들로(אֶל־הַבִּקְעָה)[1] **나아가니**
[보라!, 힌네, הִנֵּה]
여호와의 영광이 — 거기에 **머물렀는데**
/영광과 같은지라(=이)
/내가 — 전에 보던
/그발 강 가에서
내가 —— (곧) **엎드리니**

כְּבוֹד־יְהוָה

전에 그발 강가에서 보던 영광과 똑 같았다. 겔 1장에서 본 것과 같은 모습이다.

1) 비크아(בִּקְעָה) - 평지, 골짜기

(1) 에스겔이 땅에 엎드리자, '주의 영'(루아흐, רוּחַ)이 **임하사** 에스겔을 **일으켜** 발로 **세우게 하시고** 이렇게 말씀하신다.

3:24 너는 —— 가서 문을 닫으라(הִסָּגֵר 니팔 명령법)
/네 집에 들어가
25 너 인자야
[보라!, 힌네, הִנֵּה]
무리가 —— 네 위에 줄을 [놓아] 너를 동여매리니
//(so that, וְ)
네가 —— 그들 가운데에서 나오지 못할 것이라

사가르(סָגַר) - 닫다, 잠그다
네 집 안으로 들어가라
이상하다. 왜 문을 닫으라고 명령하시는가?
메시지를 전달하지 말라는 것인가?

they will put ropes on you and bind you with them

어떤 무리?

줄로 동여맨다니? 그러면 육체적 속박을 가리키니?

누가 에스겔을 묶는다는 명확한 언급이 없다. 공동번역은 하나님께서 에스겔을 묶으시는 것으로 번역했다. 어쨌든 하나님은 일정 기간 동안 침묵하게 하실 것이다. 그 이유를 그들은 반역하는 족속이기 때문이라고 하셨다.

(2) 하나님은 에스겔의 혀를 입천장에 붙게 하여 말 못하는 자가 되게 하여 그들을 꾸짖는 자가 되지 못하게 하시겠다고 하신다. 왜냐하면 그들은 패역한 족속이기 때문이다(26절). 물론 여기서 줄로 동여맨다는 것은 육체적 속박을 가리키기보다는 에스겔의 공적 사역에 제한을 두시겠다는 의미일 것이다. 후에 에스겔은 자기 집에서 예언활동을 하는 것을 보게 된다(겔 18:1이하).

(3) 언제까지 활동을 제한하시려는 걸까? 하나님이 정하신 때까지. 적당한 때가 되면 선지자의 혀를 풀어주실 것이다(27절). 지금 에스겔이 아무리 하나님의 말씀을 외쳐도 백성들은 들은 척도 하지 않을 것이기 때문이다. 우리는 같은 시대에 예루살렘에서 외쳤던 예레미야 선지자의 답답함을 비교하게 된다.

적용을 위한 **묵상**

54

- 제사장, 에스겔 그는 바벨론의 포로가 되어
  그발 강가 난민촌에서 지내고 있다.
  포로민들, 이들에게 희망과 절망이 수시로 오가고 있다.
  곧 고국으로 돌아가게 되겠지....
  그러나 그런 일은 일어나지 아니했다.
  만약 내가 그 포로민 중의 한 사람이었다면 무슨 생각을 하며 지냈을까?

- 그리고 5년이란 세월이 흘렀다.
  그런데 이상(異像; vision)을 통해 하나님이 임재하셨다.
  그에게 어떤 모습으로 다가오셨는가?
  여호와 영광의 형상,
  그 모습을 바라보는 에스겔,
  두려워하는 그에게 여호와의 권능이 함께 하신다.
  하나님은 친히 그의 일꾼을 부르신다.
  물론 일꾼에게는 사역할 권능도 함께 주신다.
  나는(우리는) 하나님의 일꾼인가?
  그래서 하나님의 권능을 힘입어 일하고 있는가?
  아니면, 나의 힘만으로 사역을 하려는 것은 아닐까?
  그런 사람이 많기 때문이다.
  자신의 계획과 비전이 곧 하나님의 계획이요 비전이라고 생각한다.

- 왜, 우리는 포로로 끌려 왔는가?
- 절망 속에서 하나님의 위로의 메시지.
- 나라가 다시 회복될 수 있을까?
- 네 생물의 형상에서 사역자가 가져야 할 태도는?
- 오늘날도 에스겔과 같은 사역자가 필요하다.

- 네 생물의 환상(1:4-14)
  사람의 얼굴, 사자의 얼굴, 소의 얼굴, 독수리의 얼굴,
  이들 형상이 의미하는 바가 무엇인가?
  이들은 성령에 순종하여 서로 밀접한 연락(連絡)을 취하면서
  번개 같은 기동력으로 그들의 직무를 수행한다(겔 1:9-14).
  하나님께 부름받은 종이라면 어떤 자세로 일해야 할까?

- 하나님의 선택된 백성이라는 자긍심과 자만심은
  다 날아가 버렸다.
  왜 우리는 이역만리 포로로 끌려와
  예루살렘을 향하여 눈물을 흘리며 살아가야만 하는가?
  하나님은 선지자들을 보내,
  백성의 죄악을 지적하시며,
  주께로의 회항(回航)을 수없이 경고, 권면하셨다.
  그러나 그들은 하나님의 언약을 어기며,
  선지자들의 경고를 무시했다.

오히려 거짓 선지자의 말을 더 경청했다.
우리에게 평안만 계속된다면 신앙의 잠을 자게 된다.
우리의 죄악과 불순종이
우리의 풍성한 종교행사에 감춰지기 쉽기 때문이다.

그발 강가 난민촌

- 에스겔 선지자가 하나님의 부르심을 받는다.
절망 속에 있는 포로민들을 위로하시기 위해서이다.
이들은 포로로 잡혀와 있으면서도 자신의 죄악을 깨닫지 못하고
여전히 하나님께 완악한 자세를 취하고 있다.
"뻔뻔하고 마음이 강퍅한 자들"(4절)
에스겔은 가시와 찔레와 함께 있으며
전갈 가운데 있는 것과 같다(6절).
에스겔은 그런 히브리 난민촌에서 부름을 받은 것이다.
그들을 두려워하지 말라.
그들이 듣든지 아니 듣든지
하나님의 말씀을 전하라.
비록 실패하더라도 낙심하지 말고....
복음 전파는 전투다. 사방에서 파편이 날아든다.

- "이스라엘 족속 이마가 굳고
마음이 굳어 네 말을 듣지 아니하리니" (3:7)
복음을 전한다는 것은 결코 쉽지 않은 일이다.
듣는 자들의 이마가 화석보다 굳은 금강석같기 때문이다.
그래서 기도가 필요하다.
성령님의 역사가 반드시 필요하다.
사역자에게 필요한 것은 오직 하나님의 능력뿐이어야 한다.
사역자는 하나님을 <대신하여>
믿는 자들에게 경고, 위로, 소망을 갖게 하는 일을 하는 일꾼이다.
우리 주위에는 너무 많은(?) 눈먼 파수꾼들이 있다(사 56:9-10).
그래서 하나님은 속상해 하신다.
거기다가 이단들까지 활개를 치고 돌아다닌다.

- "너는 이 두루마리를 먹고 가서 백성에게 전해라."(겔 3:1)
우리 모두 하나님의 복음을 전할 의무가 있다.
당연히 복음을 전할 때는 내 말이 아니라
하나님의 말씀을 있는 그대로 전해야 한다.

- 세상은 너무 절망적이기에 진정한 하나님의 일꾼이 필요하다.
- 에스겔에게 보여준 두루마리 속에는 범죄한 이스라엘 백성에 대한 하나님의 심판의 내용이 안팎으로 기록되어 있다.
- 나의 얄팍한 지식과 실력으로 전하려 할 때, 말씀은 과녁을 빗나간다. 말씀을 전달하는 자가 먼저 말씀을 들어야(먹어야) 한다(말씀을 배우고 깊이 연구하라.
- 이 문제에 게으른 사역자가 너무 많다. 열정만으로 되지 않는 것이 있다. 또한 자신이 순종하지 아니하면 그것을 확신있게 전할 수 없으며 감동을 줄 수도 없다.

Outline Outline은 본문 설명을 요약 정리한 것입니다. 간단하게 설명을 할 경우 이용하세요. 그렇지 않으면 본문으로 바로 들어가셔도 됩니다.

56

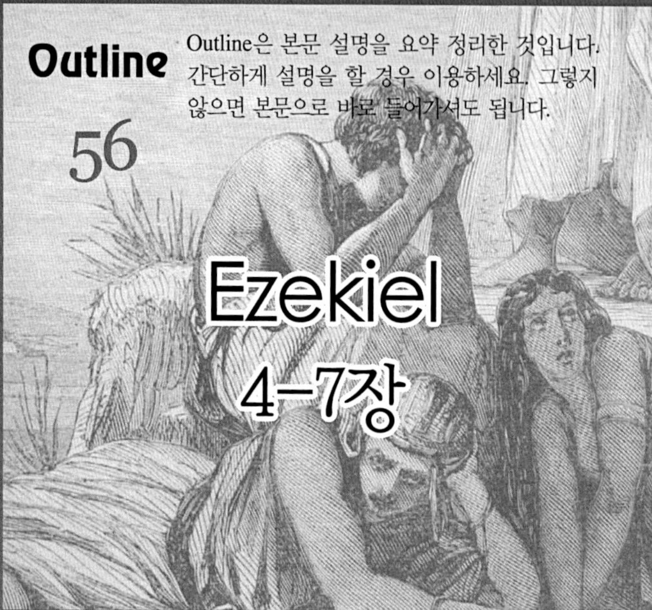

Ezekiel 4–7장

상징을 통한 예언들(4–7장)

바벨론의 2차 침략(주전 597년)
여호야긴 왕과 에스겔, 그리고 많은 백성들이
사로잡혀왔다. 그리고 오년 째 되는 어느날
그발 강가 난민촌에서
에스겔은 "하나님의 영광"의 모습을 본다(1장).

지금 고국, 예루살렘에서는
절대절명의 위기 속에서
정신 차리지 못하는 왕과 제사장들,
그리고 남은 유다 백성들이
죄악에서 허우적거리고 있다.

하나님은 그들을 심판하실 수밖에 없는 이유를
환상을 통해 전달하신다(1장).
환상(visions)은 비록 놀라움을 줄지라도
구속이나 심판에 관해 분명한 메시지를
전달하지 못한다. 그래서 하나님은
자신의 말씀으로 계시하신다(겔 2:1-3:11).
이제 말씀뿐만 아니라(2장)
상징행위를 통해서(4-5장)
보다 분명한 메시지를 전달하시려고 하신다.
예루살렘은 지금 심판 직전에 놓여 있다.

유다와 예루살렘에 대한 심판과 상징적 행동(4-7장)

에스겔의 사역은 선지자가 수행할 실물 교육을 통해 시작된다. 4장에서는 예루살렘의 함락에 관하여 선포하며, 5장에서는 예루살렘 함락 이후 유다백성의 파멸과 사로잡힘에 초점을 맞추고 있다.

(1) (1장에서 보여준) 환상(visions)에 이어 2장에서는 말씀으로 계시하신다(겔 2:1-3:11). 4-5장에서는 상징행위를 통해서 이스라엘 백성에게 보다 분명한 메시지를 전달하신다.

(2) 하나님은 에스겔에게 어떤 명령을 내리시는가? 먼저, 토판 위에 예루살렘의 지도를 그리라고 명령하신다(4:1-3).

1. 벽돌의 상징적 행동(4:1-3)
2. 좌우편으로 눕기(4:4-8)
3. 부정한 양식의 상징적 행동(4:9-17)
4. 털을 깎는 상징적 행동(5:1-4)
5. 털을 깎는 행동의 해석(5:5-17)
6. 이스라엘 산들에 대하여(6:1-14)
7. 이스라엘 땅들에 대하여(7:1-27) (*by* 이학재)

예루살렘 포위(4:1-17)

(1) 에스겔에게 토판 위에 예루살렘의 지도를 그리라고 명령하신다(4:1-3). - "이것이 이스라엘 족속에게 징조가 되리라." 물품들과 행동들은 이스라엘에게 하나의 멸망의 '징조'(표징)가 될 것이다. 이런 실물 교육을 통해서 예루살렘의 멸망의 확실함을 보여주신다.

(2) 실물교육은 계속된다. 이번에는 에스겔은 자신의 왼쪽으로 누워야 한다. 이렇게 누워 있는 날수만큼 그들은 죄를 받는 것이다. 얼마 동안 이런 행동을 취해야 하나? 390일 동안 - 이는 이스라엘이 죄로 인해 짓눌림을 당한 기간을 뜻한다.

(3) 이번에는 유다 족속의 죄악을 담당하라는 상징에서 40일을 오른쪽으로 누우라고 말씀하신다. 40일, 즉 40년간이 어느 기간을 상징하는지 알기가 쉽지 않다.

부정한 양식의 상징적 행동(4:9-17)

(1) 예루살렘이 바벨론에 의해 포위된 상황 속에서 백성들이 당하는 역경을 상황극을 통해서 미리 체험케 하신다. 삼백구십 일 동안, 매일 음식물을 달아서 하루 이십 세겔씩(=약 228g) 때를 따라 먹고(10절), 물도 육분의 일 힌씩(=약 0.6l) 되어서 때를 따라 마셔야 한다(11절).

(2) "너는 그것을 보리떡처럼 만들어 먹되 그들의 목전에서 인분(人糞) 불을 피워 구울지니라"(12절). - 인분에 대해 이의를 제기하자 쇠똥으로 인분을 대신하기를 허락하신다.

털을 깎는 상징적 행동(겔 5:1-4)

(1) 이번에는 예루살렘이 바벨론 군대에게 포위되고 나서 벌어지는 상황을 보여주신다. 머리털과 수염을 깎으라고 명하신다. 이는 앞으로 이 백성의 멸망이 곧 삭도로 미는 것과 같은 형국이 될 것임을 미리 보여주신 것이다.

(2) 이스라엘의 타락 수준은 주변의 이방나라들보다 더 낮은 수준으로 떨어졌다. "너희 요란함(=소란스러움, 혼란)이 너희를 둘러싸고 있는 이방인들보다 더하여 내 율례를 행하지 아니하며 내 규례를 지키지 아니하고"(7절) 심판의 강도는 더 가중되어 선포된다. "멸망하게 하는 기근의 독한 화살을 너희에게 보내시되 거기다가 기근을 더하여 너희의 양식을 끊을 것이라"고 하셨다(16절). 이제 전염병과 살륙이 나라를 덮칠 것이다(17절).

산당들을 부수겠다(겔 6:1-14)

(1) 6장에서는 하나님의 심판이 산 위에 우상 숭배의 근거지인 산당들에 내려질 것임을 선언하신다. 유다는 그 땅 전역에 이방 신들을 위한 산당을 세웠다. 그 산당의 제단을 산산히 깨뜨릴 것을 선언하신다(6:1-3).

이스라엘 땅들에 대하여(겔 7:1-27) - 전쟁의 참화

(1) 7장에서는 이스라엘 땅을 향하여 심판이 임박했음을 선언한다. 바벨론에 의한 하나님의 심판은 이스라엘 전 지역을 쑥대밭으로 만들어버릴 것이다. "네 행위를 심판하고 네 모든 가증한 일을 보응하리라."

(2) "네 행위대로 너를 벌하여"(according to your ways) - 이 말이 여러 번 반복되고 있다(3, 4, 8, 27절). 백성들이 지은 죄를 간과하지 않으실 것임을 보여준다. 가장 악한 재앙이다. 전에도 없었고 그 유비(類比)도 없는 재앙이 될 것이다.

(3) 하나님의 심판 예고는 반드시 성취된다. 이제 그 때가 가까왔다. 심판은 하나님의 자비로 연기되기는 하지만, 없어지지는 않는다("끝이 왔도다, 끝이 왔도다, An end is coming; the end has come. 끝이 너에게 왔도다 볼지어다 그것이 왔도다" 6절).

4-7장 정리하기

- 유다와 예루살렘에 대한 심판, 하나님은 7개의 상징적 행위를 통해 예언하신다. 일곱 개의 상징적 행동을 말해 보라(교재를 참고)
- 머리털과 수염을 깎이는 상징, 그 의미는? (5장)
- 유다 말기 우상숭배의 극성이 어느 정도였는지 살펴보라. 우리에게도 남아 있는 우상숭배의 모습이 있을까? 있다면 어떤 형태일까?
- 유다는 하나님의 심판의 임박함 속에서도 그것의 심각성을 느끼지 못한다. 왜 그럴까?
- 신앙의 연륜이 우리 믿음을 자동적으로 성숙케 하는가? 믿음이 자꾸만 화석화되어간다면 무엇 때문일까? 처음의 순수한 믿음을 끝까지 지킨다는 것은 얼마나 중요한가? 우리 모두 처음에는 순수했을 것이다. 지금은?

유다와 예루살렘에 대한 예언들(4-24장)

유다와 예루살렘에 대한 심판과 상징적 행동(4-7장)

에스겔의 사역은 선지자가 수행할 실물 교육을 통해 시작된다. 4장에서는 예루살렘의 함락에 관하여 선포하며, 5장에서는 예루살렘 함락 이후 유다 백성의 파멸과 사로잡힘에 초점을 맞추고 있다. 에스겔은 메시지를 전할 때 '상징적인 행동'과 '말씀'이라는 두 가지 방법으로 전한다.

(by 이학재) 프로에클레시아 (통권 18호) ▼

유다와 예루살렘에 대한 심판과 상징적 행동(4-7장)

1. 벽돌의 상징적 행동(4:1-3)

2. 좌우편으로 눕기(4:4-8)
3. 부정한 양식의 상징적 행동 (4:9-17)
4. 털을 깎는 상징적 행동 (5:1-4)
5. 털을 깎는 행동의 해석 (5:5-17)
6. 이스라엘 산들에 대하여 (6:1-14)
7. 이스라엘 땅들에 대하여 (7:1-27)

예루살렘 포위(4:1-17)

1. 하나님은 에스겔에게 어떤 명령을 내리시는가? 먼저, 토판 위에 예루살렘의 지도를 그리라고 명령하신다(4:1-3).

1

4:1 너 인자야(Now you son of man)
[너는] ─ 토판(흙벽돌)을 가져다가 그것을 네 앞에 놓고
└ 그 위에 그리고 (하카크 חָקַק, 새기다 inscribe)
/한 성읍 곧 예루살렘을

2 [너는] ─ 그 성읍을 에워싸되 그것을 향하여 사다리를 세우고
─ 그것을 향하여 흙으로 언덕을 쌓고
─ 그것을 향하여 진을 치고
└ 그것을 향하여 공성퇴를 둘러 세우고

3 [너는] ─ 또 철판을 가져다가
─ 너와 성읍 사이에 두어
/철벽을 삼고(=으로)
└ 성을 포위하는 것처럼 에워싸라

//(결과: so that)
이것이 ── 이스라엘 족속에게 징조가 되리라

• 다예크(דָּיֵק) - 토성, 공격용 보루 - 성벽을 부수는 무기

• 철판은 하나님과 그의 백성 사이에 있는 장애물을 상징한다. 하나님께서 이스라엘을 처절하게 징벌하실 것임을 보여준다.

(1) 이런 '상징행위'를 통해서 메시지를 극대화시킬 수 있다. 이런 상징행위는 예레미야서에서도 볼 수 있다(렘 13:1-7).

- 너는 가서 베 띠(waistband)를 사서 네 허리에 띠고 물에 적시지 말라(1절).
- 그래서 말씀대로 띠를 사서 내 허리에 둘렀다(2절)
- 하나님의 말씀이 다시 예레미야에게 임했다(3절)

"너는 사서 네 허리에 띤 띠를 가지고 일어나 유브라데(페라트)로 가서 거기서 그것을 바위 틈에 감춰라"(4절).

• 겔 4:7 "너는 또 네 얼굴을 에워싸인 **예루살렘 쪽으로 향하고** 팔을 걷어 올리고 예언하라."

• 선지자가 벽돌 쪽을 주시하는 것은 예루살렘을 심판하시기로 한 하나님의 결정을 가리킨다(7절).

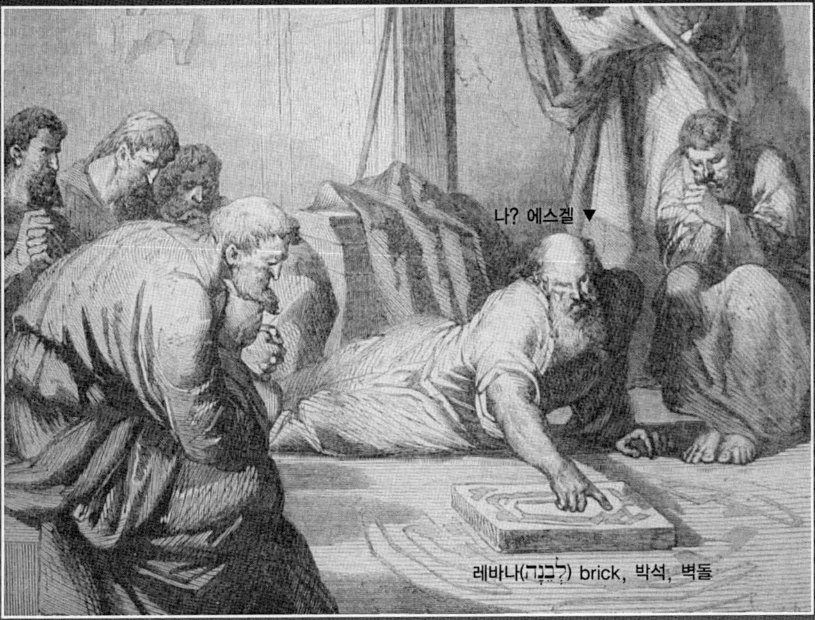

4:1
너 인자야
토판(흙벽돌)을 가져다가
그것을 네 앞에 놓고
한 성읍
곧 예루살렘을
그 위에 그려라(=새겨라).
2
그리고 그 성읍에
포위망을 쳐라
그 성읍을 공격하는 높은
사다리를 세우고
흙언덕을 쌓고,
진을 치고,
성벽을 부수는 무기를
성 둘에에 설치하여라

3절 이것이 —— 징조(표징, אוֹת 오트)가 되리라.
/이스라엘 족속에게

이상의 물품들과 행동들은 이스라엘에게 하나의 멸망의 '징조'(표징)가 될 것이다. 이런 '실물 교육'을 통해서 예루살렘의 멸망의 확실함을 보여준다. 여러 상징의 복잡성에도 불구하고 하나님께서 백성들에게 전하시려는 목적은 아주 분명하다. 아직 예루살렘은 완전히 멸망하지 않았으나, 일부는 이미 1, 2차 포로로 바벨론으로 끌려갔다(완전 멸망은 주전 587년에 일어난다).

(2) (1장에서 보여준) 환상(visions)은 비록 놀라움을 줄지라도 구속이나 심판에 관해서는 아무런 메시지도 전달하지 못한다. 그래서 하나님은 자신의 **말씀**으로 계시신다(겔 2:1-3:11). 하나님은 선지자에게 애가와 애곡과 재앙(겔 2:10)의 말씀으로 전달하신다(겔 2:8-3:3; 계 10:8-11 참조). 그의 메시지의 내용은 이스라엘이 언약적 불순종을 했다는 것이다. 즉, 음란한 행위, 우상숭배와 배교, 그리고 율법이나 규례의 대한 위반, 곧 언약 파기였다. **이제 말씀뿐만 아니라 상징행위를 통해서** 하나님께서 이스라엘 백성에게 보다 분명한 메시지를 전달하려고 하신다.

- 주전 592년(여호야긴이 포로된 지 15년째) : 에스겔은 환상을 통해 예루살렘으로 인도된다. 그곳 예배 처소에서 하나님의 영광을 보게 된다(겔 8:1-4). 하나님은 에스겔에게 제단과 성전 안에 있는 우상들을 보여주신다. **장로들은 여호와께서 그들을 떠나셨기에 자신들을 살피시지 못한다고 생각했기 때문에**(8:12) 성전에서 우상을 숭배한다. 밖에서는 여인들이 신의 죽음과 부활의 신화에 관련된 의식을 집행하고 있다(겔 8:16-18). 즉 이들은 거룩한 처소에서 바벨론, 가나안 및 애굽 신들을 숭배했다.

결국, 선지자의 예언대로 느부갓네살의 징벌군이 예루살렘을 포위했다. 물론 팔레스타인의 여러 동맹국들은 뒤로 물러서고 유다 혼자서 강력한 갈대아 군과 맞서도록 버림을 당하고 말았다.

유다의 마지막 왕 시드기야는 여리고 근방에서 사로잡혔다. **587 B.C. 여름의 일이었다.** 한달 뒤, 성전을 포함해서 성읍들이 불타고, 수 많은 포로들이 바벨론으로 끌려갔다. 582년에 다시 더 많은 사람들이 끌려갔다. (그 숫자가 렘 52:28-30에 기록되어 있다)

여인들이 담무스를 위하여 애곡하더라(겔 8:14)

60

2. 실물교육은 계속된다. 이번에는 에스겔에게 왼쪽으로 누우라고 하셨다.

2

4:4 너는 —— 또 왼쪽으로 누워
　　　　　　짊어지되
　　　　　　　/이스라엘 족속의 죄악을
　　　　　　담당할지니라
　　　　　　　/그[들의] 죄악(아온, עָוֹן)을
　　　　　　　/네가 눕는 날수대로

5 //(이유: for, ו)
　내가 —— 정하였나니
　　　　　　/그들의 범죄한 햇수대로
　　　　　　/네게 날수를
　　　　　　/곧 삼백구십 일이니라

너는 —— 담당하고
　　　　　/이스라엘 족속의 죄악을
　　　　　/(이렇게)

• (에스겔의) 왼쪽 옆구리를 땅에 대고 왼쪽으로 누워라. 그래서 이스라엘의 죄악을 네 몸에 지고 있으라. 이렇게 누워 있는 날수만큼 그들은 죄를 받는 것이다.

• 얼마 동안 이런 행동을 취해야 하나? 390일 동안 - 이는 이스라엘이 죄로 인해 짓눌림을 당한 기간을 뜻한다.

• 이 결정은 누가 정하였나? '내가', 곧 여호와께서 정하셨다.

• 문제점? 예언의 정확한 날짜가 주전 593년이다(1:2). 그렇다면 여기서부터 390년을 거슬러 가면 다윗의 통치 시기인 주전 983년이 된다. 그러면 이때부터 죄를 짓는 시작이 되었단 말인가? 그래서 70인역은 390이라는 숫자 대신에 '190'이라는 숫자로 번역했다. 북이스라엘은 722년에 망했는데 예루살렘 멸망은 주전 586년, 그러면 184년(대략 190년)의 기간이다.

• 겔 20:7 "또 그들에게 이르기를 너희는 눈을 끄는 바 가증한 것을 각기 버리고 애굽의 우상들로 말미암아 스스로 더럽히지 말라 나는 여호와 너희 하나님이니라 하였으나 8그들이 내게 반역하여 내 말을 즐겨 듣지 아니하고 그들의 눈을 끄는 바 **가증한 것을 각기 버리지 아니하며 애굽의 우상들을 떠나지 아니하므로 내가 말하기를 내가 애굽 땅에서 그들에게 나의 분노를 쏟으며** 그들에게 진노를 이루리라 하였노라." / - 390년과 40년을 합산하면 430년이 나온다. 이는 애굽에 체류한 기간이다. 위의 구절에서 보듯 이스라엘 백성들이 이때부터 죄를 지었음을 언급하고 있다. 어쨌든 이 숫자에 대한 정확한 해답은 없다.

(1) 범죄한 햇수를 390년으로 정하셨다는 것을 어떻게 설명할 수 있을까? 이에 대한 여러 가지 설명이 있으나 북왕국의 포로생활이 언제 끝나는가, 또 범죄가 언제 시작되었는가에 대해 확실히 말할 수 없다. 어쨌든 북왕국은 에스겔이 대망하는 최종적인 재통일(겔 37:15-28, 유다와 에브라임의 통일)에 앞서 390년 동안 포로로 괴로운 생활을 해야 한다는 것이다. 계속 본문을 읽어보자.

4:6 [네가] —— 그 수가 차거든(When)
　너는 —— 오른쪽으로 누워
　　　　　담당하라
　　　　　　/유다 족속의 죄악을
　내가 —— 네게 사십 일로 정하였나니
　　　　　　/하루가 일 년이니라

• 40일 - 40년간은 유다가 범죄한 기간을 말함일 것이다. 주전 593년에서 40년을 거슬러 올라가면 주전 633년이다. 그렇다면 이 기간 동안만 죄를 지었다는말인가? 이들은 이전부터 하나님께 죄를 지었다. 아니면 앞으로 40년을 바라보는 기간일까?

(2) 이번에는 유다 족속의 죄악을 담당하라는 상징에서 40일을 오른쪽으로 누우라고 말씀하신다. 40일, 즉 40년간이 어느 기간을 상징하는지 알기가 쉽지 않다. 40년은 이스라엘의 광야 유랑 기간이다. 이 기간은 백성이 이스라엘 백성에게 심판과 징계의 기간이기도 했다. 아마도 40년은 유다가 범죄한 기간에 상응할 것이다. 유다가 바벨론에 완전히 망하기 전 40년의 기

선지자들 긴급 투입

61

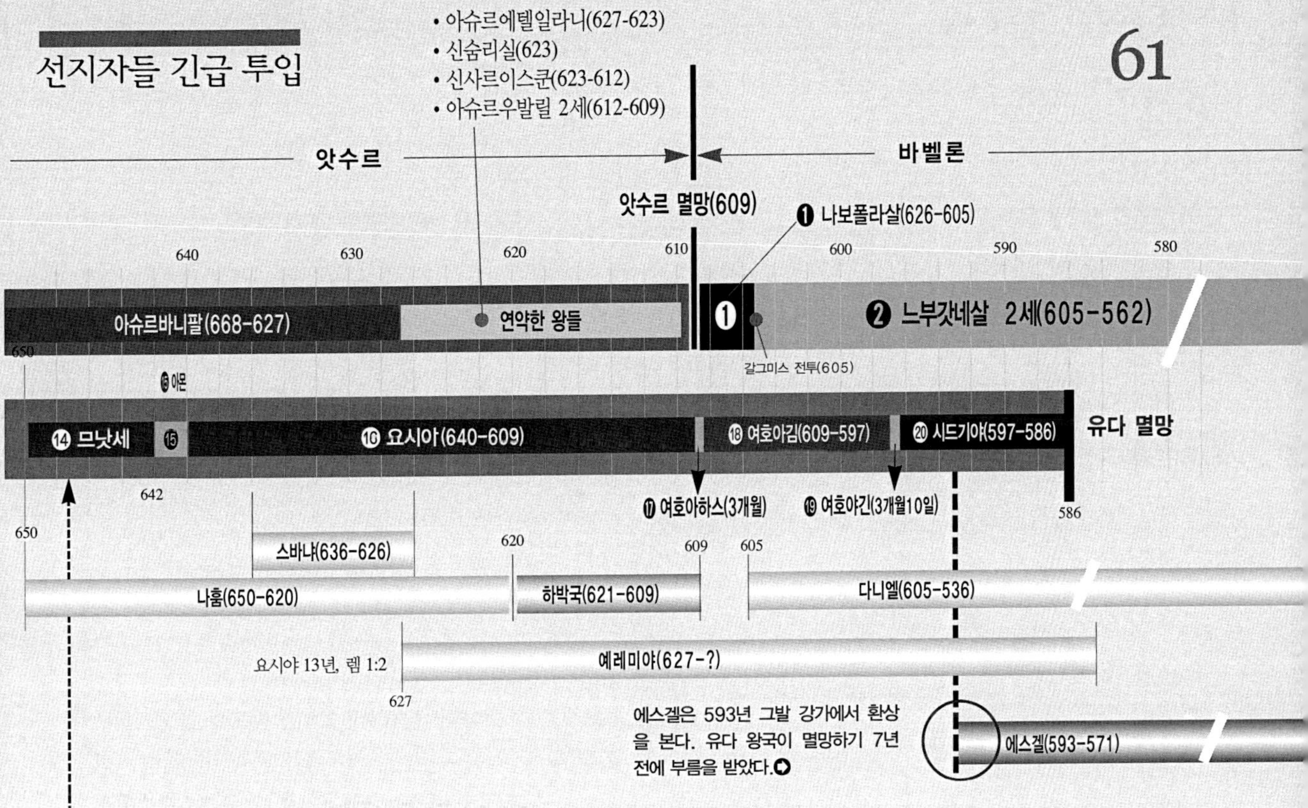

간이라면, 요시야 왕 후반기부터 일 것이다. 요시야는 남유다뿐만 아니라 이미 망한 북이스라엘 지역에도 개혁을 단행했다. 앗수르의 통치가 이곳에 미치지 못하자 요시야는 북부를 장악했고, 이곳에서도 강도 높은 개혁을 추진했다. 특히 사마리아의 신당들과 (남쪽의 예루살렘 성전에 상응했던) 벧엘 성전을 파괴하고 그곳의 제사장들을 처형했다(왕하 23:15-20). 그의 개혁은 멀리 갈릴리 지역까지(므낫세와 에브라임과 시므온, 납달리 땅) 미쳤다(대하 34:6).

(3) 요시야 왕의 이 정도의 개혁이 있었다면, 유다의 멸망은 철회되어야 하지 않겠는가? 그러나 하나님은 그의 결정을 되돌리지 않으셨다. 그 이유가 무엇이라고 했는가? (왕하 23:26)

그러나 여호와께서 유다를 향하여 진노하신
그 크게 타오르는 진노(아프, אַף)[1]를 돌이키지 아니하셨으니
이는(עַל)
므낫세가 여호와를 격노케 한(הִכְעִיסוֹ)[2]
그 모든(כָּל) 격노(the provocations)를 인함이라(왕하 23:26)

(4) 요시야 왕의 전사(戰死) 후, 유다가 어떤 길을 걸어왔는가 위의 도표를 보며 설명해 보자. 여호아김과 시드기야의 악행을 조사해 보자.

1) '아프'는 기본적 의미로는 신체의 일부인 '코'를 의미한다. 어떤 문맥에서는 복수로 사용될 때는 얼굴 전체를 가리키기도 한다. 또한 '아프'는 하나님과 사람의 분노를 가리키기도 한다. 하나님의 분노는 그를 괴롭히는 백성들의 죄와 특별히 관련되어 있다.

2) 카아스(כַּעַס)의 히필 동사 3인칭 완료형. 이 단어가 히필형(사역동사 능동형)으로 쓸 때는 악으로 하나님을 '자극하여 성나게 하는 것'을 묘사한다(렘 32:30, 왕하 21:15).

부정한 양식의 상징적 행동(겔 4:9–17)

1. 예루살렘이 바벨론에 의해 포위된 상황 속에서 백성들이 당하는 역경을 상황극을 통해서 미리 체험케 하신다.

4:9 너는 ——— 가져다가
/밀과 보리와 콩과 팥과 조와 귀리를
[너는] ——— 한 그릇에 **담고**
— 너를 위하여 떡을 **만들어**
— 먹되
/네가 옆으로 눕는 날수 곧 삼백구십 일 동안

• 얼마 동안 먹어야 하나요? 390일 동안 먹어라.

(1) 삼백구십 일 동안, 매일 음식물을 달아서 하루 이십 세겔씩(=약 228g) 때를 따라 먹고(10절), 물도 육분의 일 힌씩(=약 0.6*l*) 되어서 때를 따라 마셔야 한다(11절).[1] "너는 그것을 보리떡처럼 만들어 먹되 그들의 목전에서 인분(人糞) 불을 피워 구울지니라"(12절).

(2) '밀과 보리와 콩과 팥과 조와 귀리' 같은 곡식 찌꺼기들을 긁어모아 빵을 구어먹음으로써 예루살렘 성이 포위 당했을 때의 상황을 미리 체험케 하신다.[2] 이 예언은 주전 588년 1월에 시작된 예루살렘 포위기간 동안에 실제로 일어났다. 왜 이런 형벌이 일어났을까? 예레미야 선지자는 유다 백성들의 죄악상을 이렇게 설명한다(렘 19:3이하).

렘 19:4 //이는 - 재앙을 내리는 그 이유를 설명하고 있다.

- 그들이 나를 버리고 / 이 곳을 **불결하게 하며**
- 이 곳에서 **분향하며**
- 자기와 자기 조상들과 유다 왕들이 알지 못하던 **다른 신들**에게 무죄한 자의 피로 이 곳에 채웠음이며

- 또 그들이 바알을 위하여 **산당**을 건축하고
- **자기 아들들을 바알에게 번제로 불살라 드렸나니**

이는 내가 명령하거나 말하거나 뜻한 바가 아니니라(5절).
(내가 상상조차도 하여본 적이 없는 죄를 저질렀기 때문이다. - 새번역)

- 그러므로 보라 다시는 이 곳을 **도벳**이나 힌놈의 아들의 골짜기라 부르지 아니하고 오직 **죽임의 골짜기**라 부르는 날이 이를 것이라 여호와의 말이니라(6절)

1) 예루살렘이 포위 당했을 때, 이런 음식과 물부족 상황이 올 것을 미리 체험케 하신다. 실제로 예루살렘이 포위된 것은 시드기야 왕 9년, 주전 588년 10월에 일어났다.

2) 훗날 이 예언이 성취되었을 때(586년), 예루살렘은 너무 비참했다. 예레미야는 그 날의 모습을 이렇게 표현했다.

- 불에 삼킴(애 1:13, 2:3)
- 사냥꾼의 그물에 걸림(애 1:13)
- 술틀에 밟으심(애 1:15)
- 화살에 맞음(애 2:4, 3:12-13)
- 질병에 의한 고통(애 3:4)
- 흑암에 갇힘(애 3:2, 6-8)
- 맹수에 찢김(애 3:10-11)
- 흙에 묻힘(애 3:16)

2. 계속 본문을 살펴보자.

• 겔 4:12-15에서 앞으로 바벨론의 포로생활의 모습을 가리킨다.

4:13 또 여호와께서 **이르시되**
/이스라엘 자손이 ― 부정한(타메, טָמֵא) 떡을 **먹으리라**
/여러 나라들로(=가운데서)
/이같이
/거기서(어디서? 여러 나라들)
/내가 ― 쫓아내어 흩어 버릴

• 이런 하나님의 명령은 어려서부터 제사장으로 자라온 에스겔은 너무 지키기 어려운 것이었다. 더욱이 사람의 인분(人糞)으로 빵을 만들라니...

• 이스라엘 땅 밖에서는 제의(祭儀)의 정결(淨潔) 예식을 지키기가 어렵게 될 것이다. 이 상황을 극대화시키기 위해 사람의 인분(人糞)을 취사용 연료로 사용하라는 것이다.

(2) 지금까지는 명령에 순종했지만, 인분(人糞) 불을 피워 떡을 구우라는 명령에 에스겔은 이의를 제기한다. "내가 말하되 아하 주 여호와여 나는 영혼을 더럽힌 일(been defiled, מְטֻמָּאָה푸알동사 분사)이 없었나이다 어려서부터 지금까지 스스로 죽은 것이나 짐승에게 찢긴 것을 먹지 아니하였고 가증한 고기를 입에 넣지 아니하였나이다"(14절).[1] [베드로의 경우, 행 10:9-16, 11:5-10을 읽어보자]

• **부정한**(타메, טָמֵא) - '더러운, 부정한'을 의미한다(레 5:2, 7:19, 21, 11:4-47; 렘 19:13; 호 9:3). 학 2:13, "학개가 이르되 시체를 만져서 부정하여진 자가 만일 그것들 가운데 하나를 만지면 그것이 부정하겠느냐 하니 제사장들이 대답하여 이르되 부정하리라 하더라."

(3) 이런 에스겔의 항의(?)에 하나님은 명령을 수정하신다. "여호와께서 내게 이르시되 보라 쇠똥(쩨푸아, צְפוּעַ)으로 인분을 대신하기를 허락하노니 너는 그것으로 떡을 구울지니라"(15절). 하나님은 이를 허락하셨으나 포로기에는 부정한 떡을 먹게 될 것이라고 말씀하신다.

1) 레 7:18, 17:15, 19:5-8; 신 14:21 참조.

• 레 7:15 "또 스스로 죽은 것이나 들짐승에게 찢겨 죽은 것을 먹은 모든 자는 본토인이거나 거류민이거나 그의 옷을 빨고 물로 몸을 씻을 것이며 저녁까지 부정하고 그 후에는 정하려니와"

• 신 14: 21 "너희는 너희의 하나님 여호와의 성민이라 스스로 죽은 모든 것은 먹지 말 것이나 .... 너는 염소 새끼를 그 어미의 젖에 삶지 말지니라."

4:16 **또** 내게 **이르시되**
/[보라, 인자야]
/내가 ―― **끊으리니**
/예루살렘에서 의뢰하는 양식을
백성이 ―― 근심 중에 떡을 달아 **먹고**
두려워 떨며 물을 되어 **마시다가**

17 //(이유, לְמַעַן, because)
떡과 물이 ― 부족하여 피차에 두려워 하여 떨며
[그들이] ― 그 죄악 중에서 쇠패하리라(=기 때문에)

▼ 예루살렘이 함락된 후 2주 동안, 예루살렘은 공포의 도시가 되었다. 느부갓네살 2세의 근위대장 느부사라단이 예루살렘을 짓이기고, 닥치는대로 약탈했기 때문이다(왕하 25:8-12).

• 렘 39:1 "유다의 시드기야 왕의 제구년 열째 달에 바벨론의 **느부갓네살 왕과 그의 모든 군대가 와서 예루살렘을 에워싸고 치더니** 2 시드기야의 제십일 년 넷째 달 아홉째 날에 성이 함락되니라(성벽이 뚫렸다)."

예루살렘 포위
시드기야 9년째
주전 588년, 10월

예루살렘 함락
시드기야 11년째
주전 586년,
4월 9일

이 기간 동안 예루살렘 성 안에서는 극단적인 배고픔이 벌어진다.

털을 깎는 상징적 행동(겔 5:1-4)

1. 이번에는 예루살렘이 바벨론 군대에게 포위되고나서 벌어지는 상황을 보여주신다.

4

5:1 너 인자야

너는 ── 날카로운 칼을 가져다가

── 삭도로 삼아 / 삭도(타아르, תַּעַר) - 면도칼

── 네 머리털과 수염을 깎아서 ── "날선 칼을 가져와 머리털과 수염을 깎아라."

── 저울로 달아 나누어 두라

2 그 성읍을 에워싸는 날이 차거든(when)

너는 ── 터럭 삼분의 일은 성읍 안에서 불사르고

── 삼분의 일은 성읍 사방에서 칼로 치고

── 또 삼분의 일은 바람에 흩으라 ── 머리카락과 수염을 저울에 달아 셋으로 나눠라. 이는 심판의 행위를 뜻한다. (단 5:26 이하 참조)

//(결과: וְ)

내가 ── 그 뒤를 따라 칼을 빼리라

(1) 원래는 제사장들의 머리와 수염을 삭도로 깎는 것이 금지되었다(레 19:27, 21:5). 그런데, 이 머리털과 수염을 깎으라고 명하신다. 이는 앞으로 이 백성의 멸망이 곧 삭도로 미는 것과 같은 형국이 될 것임을 미리 보여주신 것이다. 이사야서에서는 이런 행위를 침략군(앗수르)에 의한 유린을 상징했다(읽어보자, 사 7:20을 자세히 보자).

7:20 그 날에는(In the same day)

주께서 ── **미실 것이요(יְגַלַּח)** - 가라흐(גלח)의 피엘 동사 미완료1)

/네 백성의 머리 털과 발 털을

/삭도[로]

/하수 저쪽에서 세내어 온 ── 하수는 유프라테스 강을 가리킨다. 하수 저쪽은 앗수르를 말한다.

/곧 앗수르 왕으로

── 수염도 **깎으시리라(תִּסְפֶּה)** - 싸파(ספה)의 칼 동사 미완료

1) 면도날과 같은 앗수르를 이용해 유다를 심판하시겠다는 것이다. 머리털과 발털, 그리고 수염까지도 민다는 것은 큰 수치를 당할 것을 묘사하는 것이다. '미실 것이요'라는 피엘(강조형) 동사가 쓰였다. 아주 철저하게 밀어 버리실 것이라는 의미이다.

(2) 포로나 종들의 머리 털과 발 털을 미는 것은 모욕과 멸시의 표적이었다. 하나님은 앗수르 왕을 고용해서 유다를 심판하실 것이라는 것이다. 이스라엘 사람들은 수염(자칸, זָקָן)을 잘 간직했는데, 이는 성인의 영예의 표시였

기 때문이다. 그러므로 적에 의해 수염이 깎이고 뽑히는 것은 최대의 멸시를 당하는 일이었다(삼하 10:4, 5; 대하 19:5; 사 7:20).

• 단 5:26 "그 글을 해석하건대 메네는 하나님이 이미 왕의 나라의 시대를 세어서 그것을 끝나게 하셨다 함이요 27 데겔은 왕을 **저울에 달아 보니 부족함이 보였다** 함이요."

(3) 머리털과 수염을 "저울에 달아 나누어 두라"(단 5:27* 참조). 그리고 성읍의 포위가 끝나거든 셋으로 나누어 처리하라는 것이다. 이는 백성들이 여러 범주로 나뉘어 멸망 당할 것을 나타낸다. ① "터럭 삼분의 일은 성읍 한가운데서 불사르라." - 성읍이 포위된 동안 성 안에서는 재앙 또는 기근에 죽게 될 것이다. ② 또 삼분의 일은 성읍 둘레를 칼로 내려치라. - 이는 방어 전쟁에서 방어하거나 도망가다가 죽을 것이다(왕하 25:4-7). ③ "또 삼분의 일은 바람에 날려 흩어지게 하라" - 포로로 잡혀가는 일이 벌어질 것이다.

(4) 성읍이 함락당하고 불타게 되자 일부는 화염 속에서 죽어갔고, 왕족들, 귀족들, 제사장들은 처형당했다(왕하 25:6-7, 18-21). 그리고 일부는 다시 포로로 끌려갔다(왕하 25:11; 렘 39:20).

• **바벨론의 침공(588 B.C.)** - 주전 588년, 느부갓네살은 서쪽으로 진군하여 예루살렘을 포위한다. 물론 애굽이 유다를 돕고자(렘 37:1-10), 즉 새 바로인 **호프라**가 군대를 파견했으므로 바벨론의 군대가 예루살렘 포위를 풀었다. 그래서 잠시 숨을 돌렸지만 바벨론의 군대는 또다시 성을 포위한다. 포위는 2년간 계속되었고, 식량은 바닥을 드러냈고, 성벽은 금이 갔다.[1]

1) 587 B.C. 여름, 시드기야 왕은 호위병들과 함께 여리고 방면 요단 쪽으로 달아났다(왕하 25:3이하). 그러나 시드기야는 여리고 근방에서 사로잡혔다. 한달 뒤, 성전을 포함해서 성읍들이 불타고, 수 많은 포로들이 바벨론으로 끌려갔다. 582년에 다시 더 많은 사람들이 끌려갔다.

(5) 그런 와중에도 남은 자들이 있었다. ④ "너는 터럭 중에서 조금을 네 옷자락에 싸고 4또 그 가운데에서 얼마를 불에 던져 사르라 그 속에서 불이 이스라엘 온 족속에게로 나오리라."

2. 왜 이런 일들이 하나님의 백성에게 일어나게 되었을까? 그것은 백성들의 우상 숭배와 사악함 때문이었다고 말씀하신다.

예루살렘은 어떤 곳인가? 예루살렘은 열방(여러 나라들)으로 둘러싸여 있는데, 이는 예루살렘을 통해 열방을 통치하시고, 평화를 기대하신 곳이다. 따라서 더욱 철저한 순종이 필요한 곳이다. 그러나 하나님의 기대에 어긋났다.

5:5 주 여호와께서 – 이와 같이 **이르시되**
/이것이 — (곧) 예루살렘이라
예루살렘의 정체성 ⟋ /내가 ─┬ 그를 이방인 가운데에 두어
└ 나라들이 둘러 있게 (하였거늘)

5

5. 털을 깎는 행동의 해석 (5:5-17)

(1) 예루살렘은 하나님께서 특별히 선택하신 곳이다. 하나님이 임재하시는 성전이 있는 곳이고(11절), 예루살렘은 정의의 중심지이다. 예루살렘을 정결

하게 하실 때, 예루살렘은 세계의 중심지가 될 것이라고 했다(사 4:2-6 참조). 이사야 선지자의 탄식을 들어보자(사 5:2이하). (동교재, 이사야서에서)

▶ 하나님은 이스라엘을 택하시고, 젖과 꿀이 흐르는 땅을 주셨다. 그리고 거룩한 백성이 지켜야 할 율법도 주셨다. 이 백성에게 원하신 것은 공평과 의로움이었다(사 16:5). 그러나 기대치는 무너져내렸고, 무서운 심판을 받아야 할 입장이 되었다(5-7절).

사 5:2 땅을 **파서**(땅을 개간해서) 돌을 **제하고**(사칼, סָקַל의 피엘 동사)
'극상품 포도나무'(쏘레크, שֹׂרֵק)를 **심었도다**(시 80:8 참조)
그 중에 망대를 **세웠고**
또 그 안에 술틀을 **팠도다**
'좋은 포도'(에나브, עֵנָב) 맺기를 **바랐더니** 들포도를 **맺었도다**

(2) 유다의 사회 경제적 타락은 하나님을 분노케 했다. 포도나무를 심은 농부와 같이 하나님은 그 땅에 자기 백성을 세우기 위해 많은 노력을 기울이셨다. 하나님은 '극상품 포도나무'(쏘레크, שֹׂרֵק - 정선한 포도나무)를 심으셨다. 왜냐하면 좋은 포도 열매를 기대하셨기 때문이다. '좋은 포도 (열매)' 맺기를 바랐지만 그러나 들포도(악취가 나거나 무가치한 것)를 맺었다고 탄식하신다(겔 16장을 읽어보자). "[3]예루살렘 주민과 유다 사람들아 구하노니 이제 나와 내 포도원 사이에서 사리를 판단하라 [4]내가 내 포도원을 위하여 행한 것 외에 무엇을 더할 것이 있으랴 내가 좋은 포도 맺기를 기다렸거늘(קִוִּיתִי)[1] 들포도를 맺음은 어찌 됨인고(마두아, מַדּוּעַ - 왜, 무엇 때문에)"

1) "내가~기다렸거늘" (카바, קוה)의 피엘 동사 완료 / 이 단어는 하나님께서 자기 백성의 구원을 위하여 끈기를 가지고 끝까지 기다렸다는 의미이다(창 49:18 참조).

3. 하나님이 자기 백성에게 원하신 것은 무엇이었는가? (사 5:7*을 읽어보자)

• 사 5:7 "무릇 만군의 여호와의 포도원은 이스라엘 족속이요 **그가 기뻐하시는 나무는 유다 사람이라 그들에게 정의를 바라셨더니 도리어 포학이요** 그들에게 공의를 바라셨더니 도리어 부르짖음이었도다."

(1) 정의(미쉬파트, מִשְׁפָּט)였으나 도리어 포학(미스파흐, מִשְׂפָּח)이요, 오히려(힌네, הִנֵּה) 부르짖음(쯔아카, צְעָקָה)이었다고 탄식하신다. 사 1:21-26을 다시 읽어보자. '미스파흐'는 구약성경에서는 여기서 단 한번 사용되었으며 유혈, 살해를 의미한다. '쯔아카'는 '비명, 부르짖음'이라는 뜻이다.

(2) 포도원의 실체가 드러났다. 이스라엘과 유다 사람들이다. 이들에게 원하신 것은 극상품 포도였다. 그러나 들포도(악취가 나는 열매)였다. 즉 자기 백성들에게 원하신 것은 공평과 정의였으나 포학(피 흘림)과 부르짖음뿐이었다 비윤리적이요 비도덕적인 삶이 하나님의 인내를 넘어서버렸다. 따라서 이 백성을 치유하는 유일한 길은 이들을 심판(징계)하시는 길뿐이다.

(3) 하나님의 백성은 거룩한 삶을 살아가야 한다. 그런데 지금 백성들은 책망과 함께 심판을 선고받고 있다. 하나님과의 언약을 파기하였기 때문이다.

(4) 이스라엘 백성은 시내산에서 세워진 언약에 의해 심판의 근거를 찾는다. 시내산 언약 이후 몇 차례 언약이 갱신되었는데(출 24:1-8, 34:10-28; 신 29:1-32:47; 수 24:1-27 참조), 이 언약 과정에서 백성들은 율법을 철저하게 지키기로 동의했다. 만약 이 언약을 어겼을 경우에는 그 죄에 합당한 징계와 심판을 받을 것을 거듭 경고하셨다(레 26장 및 신 28장 참조).[1)]

3. 이사야의 선지자의 경고 후, 많은 세월이 흘렀다. 그러나 이스라엘은 크게 변한 것이 없다. 다시 본문으로 들어가 보자.

5:6 그가 ─┬─ 내 규례를 거슬러서(has rebelled)
　　　　　├─ 이방인보다 악을 더 행하며
　　　　　├─ 내 율례도 (그리함이)
　　　　　└─ 그를 둘러 있는 나라들보다 (더하니)
　　　//이는(for, כִּי)
　　　　그들이 ─┬─ 내 규례를 버리고
　　　　　　　　└─ 내 율례를 행하지 아니하였음이니라(=때문에)

(1) 이스라엘의 타락은 주변의 이방나라들보다 더 낮은 수준으로 떨어졌다. "너희 요란함(=소란스러움, 혼란)이 너희를 둘러싸고 있는 이방인들보다 더 하여 내 율례를 행하지 아니하며 내 규례를 지키지 아니하고"(7절)

(2) "내 규례를 **거슬러서**" (has rebelled, תֵּמֶר)[2)]
하나님은 이스라엘 백성을 애굽에서 이끌어 내시면서 그들을 인도해 낸 이유를 분명히 말씀하신다(출 20:2).. '자기 백성 삼으시려고 이스라엘을 불러냈다'고 강조하여 말씀하신다.[3)] 율법은 언약 백성의 생활 규범이라고 할 수 있다. 율법은 하나님이 자기 백성과 맺은 언약을 거룩히 지키기 위한 울타리였다. 그런데 오늘 본문에서 볼 수 있는 것처럼 백성들이 이런 율법의 의도를 왜곡하고 '그 하나님의 율법'을 행하지 않고 지키지 않았다는 것이다.

- **율례(호크)** - '규정, 법령(법규), 관습, 의무' 등의 뜻으로 율법을 뜻하는 다른 단어들, 즉 '데바림'(말), 토라(율법), 미쉬파트(심판), 에두트(증거), 미츠와(계율) 등과 같은 단어들과 함께 연속적으로 나온다(출 15:25; 수 24:25; 스 7:10). 그러므로 '율례'라는 말은 "너희 열조의 규례"라는 어구(겔 20:18; 삼상 30:25)에서처럼 '법령'이나 '관습'을 의미한다.

1) 도대체 어떤 죄들을 지었을까? 징벌을 받을 대상들에게 '화'(Woe, הוֹי)가 선포되고 있다.

사 5:8-30의 내용은 여러 가지로 분석 설명해 볼 수 있다. 우선 하나님과 이웃 과의 관계에서 죄악됨은 무엇일까?

- 하나님께 : 교만(사 5:19,21) · 무관심(5:12) · 무지(5:13)
- 이웃과의 관계
- · 가치전도(5:18, 20) - 악을 선하다, 선을 악하다
- · 뇌물(5:23)
- · 독점(5:8) - 가옥에 가옥을 이으며
- · 향락(사 5:11, 12, 22)

2) 마라(מָרָה)의 히필(사역 능동) 동사 - 히필 동사로 쓰일 경우, 이 단어는 '(반항함으로) 격노케 하다'라는 의미이다.

3) 하나님은 거룩한 분이시다. 그러니 자기 백성 역시 거룩하게 살아야 한다고 말씀하신다. 그 거룩한 백성이(출 19:6) 살아가야 할 법이 필요했는데, 그것이 율법이다.

2. 이스라엘은 율법을 멸시할 뿐만 아니라 그 율례를 지키지 아니했다. 그렇다면 이방 나라들과 다른 점이 무엇이 있겠는가? 아모스 시대의 이야기를 해보자.

(1) 아모스 1장의 모습을 잠깐 살펴보자. 이방 나라들은 도덕적인 면에서 하나님의 심판을 받았다.[1] 이방 나라가 정죄 당하는 모습을 보고 환호했을 유다에게 아모스가 던진 메시지는 무엇인가? **유다 역시도** <하나님께서 시내산에서 자기 백성과 더불어 맺으신> 모세 언약을 위반하였다는 것이다.

암 2:4 이는(because, עַל)
그들이 '여호와의 율법'(תּוֹרַת יְהוָה)을 '멸시하며'(מָאֳסָם) 배척하다
그 율례(호크, חֹק 규정, 법령(규), 관습)를 지키지 아니하고
그의 조상들이 따라가던 **거짓 것**[2]에 미혹되었음이라

(2) 아모스는 북이스라엘의 죄에 대해서는 더 신랄하게 공격한다(암 2:6-16).

- 의인(정직한 시민들)을 종으로 팔아넘겼다. ① 은을 받고 의인을 팔며 ② 신 한 켤레를 받고 가난한 자를 팔았다. • 가난한 자들을 헐값에 종으로 팔아넘겼다. • 힘없는 자의 머리를 티끌 먼지 속에 발로 밟고 • 연약한 자의 길을 굽게 하며 • 부자(父子)가 한 여인에게 다닐 정도로 타락했다. • 부요한 채권자들의 횡포가 도를 지나쳤고 • 벌금으로 거둔 포도주까지도 개인적으로 착복했다.

(3) 결국, 하나님은 북이스라엘에게 심판을 선고하신다(암 2:13-16, 흙을 짓누르는 것처럼 내가 너희를 누르겠다). 마침내 여호와께서 징계를 내리셨다. 여호와께서 자기 백성을 어떻게 이끌어 오셨는가를 보여주시면서 그들의 언약 파괴로 인해 당할 심판을 언급하신다. 물론 북이스라엘은 머지 않아 역사에서 사라졌다(주전 722년에). 이미 하나님은 모세를 통해, 언약을 파괴할 경우 이방의 침략을 통해 이들을 심판하시리라고 경고하셨다(신 27-28장 참조). 북이스라엘의 파멸 후에도 끊임없이 선지자들을 보내셔서 같은 내용을 선포하셨다.[3]

3. 다시 본문으로 들어가 보자.

겔 5:8 그러므로
나 주 여호와가 [이와같이] **말하노라**
/나 곧 내가 ─┬ 너를 치며
└ 이방인의 목전에서 너에게 벌을 내리되

1) 제1장 민족들의 죄와 열국들의 심판(아모스 1장)을 보라. 이스라엘과 유다 주변 국가들의 죄악을 심판하시는 장면이 나온다.

다메섹(암 1:3-5), 블레셋(1:6-8), 두로(1:9-10), 에돔(1:11-12), 암몬(1:13-15), 모압(2:1-3)에 대한 심판이 언급된다. 그리고 이어서 **유다에 대한 심판이 언급된다**(암 2:4-5).

2) '거짓 것'(카자브, כָּזָב)이란 '거짓말, 허위, 사기'라는 뜻이다. 문자적으로 읽으면 이렇다. "그의 조상들이 따라가던 '거짓 것들'이 그들을 미혹하였다." 즉 다른 신들을 섬겼다는 것이다(암 2:4-5).

3) 열왕기상 17장; 렘 2:1-3:5; **겔 16장**, 23장; 시 78편; 단 9:1-19; 느 1:4-11 참조

(1) 하나님은 범죄한 자기 백성에게 내릴 진노의 철저함을 어떻게 표현하셨는가?

5:9 내가 —— 네게 내릴지라
/전무후무하게 —— what I have not done, and the like of which I will never do again. (전에도 없었고, 앞으로도 다시는 없을 그런 일을)
//(이유: יַעַן, because of)
네 모든 **가증한 일**(토에바, תּוֹעֵבָה)로 말미암아

▶ **가증한 일들**(abominations, - 혐오, 가증스러운 것 (구약에서 120회 나온다. 특히 신명기, 잠언, 에스겔에서 가장 많이 사용되었다.)

- 동성애는 하나님께서 가증스럽게 여기신다. - 그래서 심판 아래 두신다(레 18:22-30, 20:13).
- 토에바: 우상숭배(신 7:25, 26, 27:15; 왕하 23:13 등), 인신제사(신 12:31; 왕하 16:3), 이방신을 숭배하는 것(신 13:14, 17:4), 의식적으로 부정한 동물을 먹는 것(신 14:3-8), 부정직한 거래를 하는 것(신 25:13-16), 제의적 매음(왕상 14:23 이하), 악인에 의해 바쳐진 제사(잠 15:8)와 분향(사 1:13)은 가증한 것이다.
- 토에바는 "우상"과 동의어로 사용된다(예: 사 44:19).
- 하나님을 무시하거나 그의 명령을 어기거나 혹은 하나님을 믿고 따르는 자들을 업신여기는 것은 그 어떤 것도 모두 "가증한 것"이다.

이스라엘은 의로운 백성인가?

(2) 하나님께서 자기 백성에게 내리시는 징벌이 결코 가볍지 않다. 물론 하나님은 이방 나라들이 범죄했을 때 심판하신다. 열방들은 각각 다른 범죄 유형으로 하나님의 택한 백성을 괴롭혔거나 혹은 인간의 법의 기본적인 원칙들을 위반하였기 때문에 고발을 당하고 있다. 이들은 전쟁을 수행하는 중에 잔학 행위를 포함하여 노예 거래나 조약 위반 및 묘지 훼손 등과 같은 죄를 지었다.[1)]

(3) 하나님의 택한 백성이라는 유다와 이스라엘은 어떠한가? 이들은 진정 의로운 백성인가? 절대 그렇지 않다고 말씀하신다. 오히려 이들을 강도높게 고발하고 있다. 이들 역시 징벌을 받을 것이다. 왜 하나님은 이스라엘을 열방 가운데 심어 놓으셨을까? 그들은 열방 가운데 제사장 나라의 역할을 감당해야 한다. 그러나 지금 열방보다도 더 많은 죄를 짓고 있지 않은가? 만일 하나님께서 그의 '진노'를 온전한 공의로 집행하신다면 단 한 사람도 남을 자가 없을 것이라고 하셨다.

1) 이사야 선지자도 열국들이 저지른 이런 피흘린 죄를 '영원한 언약'(사 24:5)에 대한 위반으로 보았다. 하나님은 그들이 행한 대로 심판하실 것이다.

(3) 지금 이스라엘 백성은 하나님의 언약을 파괴한 것이다. 하나님은 이제 이스라엘을 향해 돌변하신다. 이제는 사랑의 하나님으로서가 아니라 자녀를 징벌하는(이스라엘에게 대적하시는 분으로, *against* Isreal) 분으로 나타나신다. 그 징계는 상상을 초월하는 아픔으로 나타났다(애 4:10을 보라).

겔 5:10 그리한즉(Therefore, לָכֵן)
네 가운데에서 아버지가 아들을 잡아먹고[1]
아들이 그 아버지를 잡아먹으리라
내가 벌을 네게 내리고 너희 중에 남은 자를 다 사방에 흩으리라

예레미야애가 4:10에서 이 사실을 언급하고 있다. "딸 내 백성이 멸망할 때에 자비로운 **부녀들이 자기들의 손으로 자기들의 자녀들을 삶아 먹었도다.**"

애 4:9 칼에 죽은 자들이 주려 죽은 자들보다 나음은(Better, טוֹבִים)
토지 소산이 끊어지므로 그들은 찔림 받은 자들처럼
점점 쇠약하여 감이로다

10 딸 내 백성이 멸망할 때에
자비로운 부녀들이 자기들의 손으로(the hands, יְדֵי)
자기들의 자녀들을 삶아 먹었도다

시인은 차라리 "칼에 죽은 자가 주려 죽은 자보다 더 낫다"고 말한다(애 4:9). 왜냐하면 칼에 죽은 자들은 빨리 죽지만 굶주림에 시달리는 생존자들은 제 손으로 자기 자식을 잡아먹어야 할 만큼(10절) 힘들기 때문이다. "낟알은 구경도 할 수 없어, 기진하여 허덕이다가 굶어 죽느니 차라리 칼에 맞아 죽는 편이 나은 것을!"(9절) (공동)

1) 포위된 성읍이 인육(人肉)을 먹고 생존할 것이라는 예언은 신명기 28:52-57에서 이미 경고한 말씀이다.

• 신 28:52 "그들이 전국에서 네 모든 성읍을 에워싸고 네가 의뢰하는 높고 견고한 성벽을 다 헐며 네 하나님 여호와께서 네게 주시는 땅의 모든 성읍에서 너를 에워싸리니....57**자기 다리 사이에서 나온 태와 자기가 낳은 어린 자식을 남몰래 먹으리니** 이는 네 적군이 네 생명을 에워싸고 맹렬히 쳐서 곤란하게 하므로 아무것도 얻지 못함이리라."

4. 특별히 백성들이 성소를 더렵혔다고 질책하신다.

חַי־אָנִי, as I live

5:11 그러므로(So, לָכֵן)
나 주 여호와가 말하노라(נְאֻם)[2] 내가 나의 삶을 두고 맹세하노니
나도 —— 너를 아끼지 아니하며
└ 긍휼을 베풀지 아니하고 미약하게 하리니
//(이유: because, יַעַן)
네가 —— 내 성소를 더럽혔은즉
/모든 미운 물건과(쉭쿠쯔, שִׁקּוּץ)
/모든 가증한 일로(토예바, תוֹעֵבָה)

긍휼을베풀지 않으시려는 이유?

정떨어지는 것, 특히 우상숭배, 혐오감을 일으키는 것.

혐오스러운 것 - 우상숭배(신 7:25, 26, 27:15; 왕하 23:13 등), 인신제사(신 12:31; 왕하 16:3), 이방신을 숭배하는 것 등.

2) 네움(נְאֻם) - 이 단어가 쓰일 때에는 메시지의 기원과 권위에 있어서 특별한 주의가 필요하다. 이 메시지의 출처가 여호와 하나님임을 분명히 말하는 것이다. 즉 **하나님께서** 말씀하셨다는 것이다(렘23: 31).

71

(1) 특별히 성소를 더럽힌 일로 하나님께서 자신의 이름을 걸고(as I live, חַי־אָנִי) 심판하실 것임을 분명히 하신다(12절*). "이렇게 나의 분 (분노, 忿怒, 아프, אַף)[1]을 다 쏟아야 그들에게 품었던 분(헤마, חֵמָא)[2]이 풀려서 마음도 시원하게 될 것이다"(13절 - 표준새번역). 이러한 저주가 일단 성취되어야 언약의 주인이신 여호와의 진노가 가라앉을 것이라고 하셨다(13절). 비록 이스라엘이 하나님과 언약관계로 맺어진 자녀의 관계라도 온갖 역겨운 우상숭배와 같은 범죄로 일관한다면 더 이상 긍휼과 자비를 베풀지 않겠다고 선언하신다.

5:13 내 분이(אַפִּי) 그들에게 다한즉(칼라, כָּלָה-성취하다, 소모하다, 마치다)
나 여호와가 열심으로(킨아, קִנְאָה-열정, 질투) 말한 줄을 그들이 알리라

(2) 하나님의 분은 자기 백성을 사랑하시는 열정에서 나온다. 하나님의 열심은 다른 민족에게서 자기 백성 이스라엘을 지키는데서도 나타난다(겔 36:6, 19; 사 9:7, 37:32, 42:13). 그러나 여기 본문에서는 자기 백성이 불신실할 때, 특히 간음으로 묘사되었다(겔 16:38, 23:27). 무엇보다 예배의 타락은 가장 근본적인 죄악이다("[성소를] 더렵혔은즉", 타메, טָמֵא- 불결하다, 더럽다. 특히 시드기야 통치시 제사장들은 성전을 더럽게 했다고 했다. 대하 36:14).

(3) 무엇보다 모든 '미운 물건'(쉭쿠쯔, שִׁקּוּץ)과 모든 가증한 일로(토에바, תּוֹעֵבָה)로 성소를 더럽힌 일로(=우상 숭배) 이스라엘은 심판에 던져질 것이다. 나라는 황무하게 되고, 열방으로 하여금 조롱 거리가 되게 하실 것이다(14절). 15절에서 4중의 고통을 언급하고 있다.

> 5:15 [내가] — 네게 벌을 내린즉
> /내 노와 분과 중한 책망으로 — 나의 노로(against you *in anger*) / 나의 분으로(헤마, חֵמָא *wrath*) / 나의 책망으로(토카하트, תּוֹכַחַת *rebukes*)
>
> 네가 - ① 수치와(헤르파, a reproach)
> ② 조롱 거리(게두파, reviling)가 되고
> ③ 두려움과(무싸르, warning-경계)
> ④ 경고가(메솨마, an object of horror) 되리라
> /너를 둘러싸고 있는 이방인들에게
>
> "나 여호와의 말이니라" (אֲנִי יְהוָה דִּבַּרְתִּי)

(4) 심판의 강도는 더 가중되어 선포된다. "멸망하게 하는 기근의 독한 화살을 너희에게 보내시되 거기다가 기근을 더하여 너희의 양식을 끊을 것"이라고 하셨다(16절). 따라서 전염병과 살륙이 나라를 덮칠 것이다(17절).

• 겔 5:12 "너희 가운데에서 삼분의 일은 **전염병**으로 죽으며 **기근으로** 멸망할 것이요 삼분의 일은 너의 사방에서 **칼에 엎드러질 것**이며 삼분의 일은 내가 **사방에 흩어 버리고** 또 그 **뒤를 따라 가며 칼을 빼리라**."

1) 아프(אַף) - 이 단어는 하나님과 사람의 '분노'를 뜻하는 말로 사용되었다. 특별히 백성들의 죄와 관련되어 있다(왕하 13:3). 죄는 그의 사랑에 위배되는 것이요 상처를 입히는 것이기 때문이다.

2) 헤마(חֵמָא) - 열, 격노, 분노, 분개, 노염, 진노를 가리킨다. 하나님의 진노와 격분은 심판을 퍼부음으로써 격감된다(렘 42:18).

기근의 독한 화살

the deadly arrows of famine /
하나님의 심판의 화살에 대해서는 신 32:23, 42; 시 7:13, 38:2을 찾아보라. 화살은 치명적인 무기이다. 여기서 하나님의 심판의 화살은 이스라엘을 겨냥한다(신 32:23; 시 38:2; 애 3:12 참조).

산당들을 부수겠다(겔 6:1–14)

6-7장은 “여호와의 말씀이 내게 임하여”라는 도입문이 붙어 있다. 4-5장에서 실물 교육에 이어 6장에서는 하나님의 심판이 산 위에 우상 숭배의 근거지인 산당들에 내려질 것임을 선언하신다. 유다는 그 땅 전역에 이방 신들을 위한 산당을 세웠다. 그 산당의 제단을 산산히 깨뜨릴 것을 선언하신다(6:1-3).

1. 당시 대부분의 산에는 바알을 위한 산당들이 있었다.

6:3 /[너는] – 이르기를
/이스라엘 산들아!
/[너희는] —— 주 여호와의 말씀을 들으라
/주여호와께서 – 이같이 말씀하시기를
/산과 언덕과 시내와 골짜기를 향하여
/나(곧)내가 — 너희에게 임하게 하여
/칼이
/내가 —— 너희 산당을 멸하리니

6

당시에는 바알을 위한 산당들이 있었다(렘 3:6-9; 호 2:13 참조)

예레미야의 메시지

배역한 이스라엘과 반역한 유다(렘 3:6–11을 읽어보자)

(1) **역사적 배경** : 사마리아가 함락된(B.C. 722) 이후 므낫세(왕하 21:1-18)까지는 유다가 북쪽에서 유행하던 우상 숭배의 관행에 깊숙히 빠지지는 않았다. 그러나 히스기야의 개혁에도 불구하고 그가 죽자마자 그의 개혁운동은 급격히 쇠퇴했다. 그리고 **장기간에 걸친 므낫세의 통치로 인해**, 배도 행위는 극에 달했다. 므낫세의 아들, 아몬의 통치(2년간) 때도 이들의 배도는 이어졌다. 그러므로 백성의 악행은 요시야 통치 초기에도 여전했다(요시야 B.C. 640-609, 31년간 통치). [이하 동교재, 예레미야서에서 인용 설명]

렘 3:6 요시야 왕 때에
여호와께서 또 내게 **이르시되**
/너는 — 배역한 이스라엘이 행한 바를 **보았느냐?**
그가 — 모든 높은 산에 오르며
— 모든 푸른 나무 아래로 **가서**
— 거기서 **행음하였도다**(תִּזְנִי־שָׁם)[1)]

1) 자나(זָנָה) - 간음하다, 매춘하다 / 문자적으로, 또 비유적 의미로 쓰였다. 이스라엘이 다른 민족과 교제하는 것, 또는 이스라엘이 거짓 신을 예배하는 것에 내하여 언급되었다. 문자적 의미로는 이성간의 불의한 교제를 말한다. 여기서는 거짓 신을 예배하는 행위를 말한다.

- **산당을 세운 왕들**: 솔로몬(왕상 11:7-11), 여로보암(왕상 12:26-31, 대하 11:15), 유다 백성(왕상 14:22, 23), 이스라엘 백성(왕하 17:9), 스발와임 사람들(왕하 17:32), 므낫세(왕하 21:1, 3), 여호람(대하 21:9, 11), 아하스(대하 28:24, 25).

- **산당을 파괴한 왕들**: 히스기야(왕하 18:4, 22; 대하 32:12, 33:3; 사 36:7), 요시야(왕하 23:5, 8, 13, 19), 아사(대하 14:2-5), 여호사밧(대하 17:5, 6).

-------------------------------- * -------------------------------

(2) **패역(悖逆)한 북쪽 이스라엘에 대한 묘사**: 이스라엘은 너무 이런 관행에 익숙해져 있었다. 이런 이스라엘의 처지를 흥미롭게 바라보고 있는 구경꾼 그는 누구였는가? "그가 이 모든 일들을 행한 후에 내가 말하기를 그가 내게로 돌아오리라 하였으나 아직도 내게로 돌아오지 아니하였고 **그의 반역한 자매 유다는** 그것을 보았느니라."(렘 3:7)

(3) 북이스라엘이 하나님을 배도한 그 대가는 무엇으로 나타났는가? (렘 3:8절)[1] 북이스라엘의 멸망은 하나님을 배역하고 행음으로 인한 것임을 분명히 보고도 패역한 자매 유다는 조금도 겁내지 않고 오히려 자기도 가서 행음하고 있다는 것이다. 이들의 행위가 9절에 묘사되어 있다. 이들 유다는 간음을 하면서도 그것을 대단치 않은 것으로 여겼고, 이들은 북쪽 이스라엘이 범했던 것과 똑같은 악습에 참가하여 땅을 더럽혔다.

렘 3:9 그가 돌과 나무와 더불어 **행음함을(=하더라)**[2] 가볍게 여기고[3]
행음하여[4] 이 땅을 **더럽혔거늘** (하네프, חָנֵף) - (신성을) 모독하다

(4) 선지자는 우상 숭배에 대하여 돌과 나무 예배를 통렬히 비난했다(렘 2:27, 3:9; 겔 20:32; 단 5:4, 23). 이사야 37:19과 레위기 26:1도 찾아보자. 제의적 돌들에 대해 철저하게 금하고 있음을 본다. 이스라엘이 언약을 파기함으로써 심판의 고통을 당한 것이 분명함에도 불구하고 남쪽 유다는 여호와께로 돌아오지 아니했고, 거짓으로 돌아섰다. 배역한(=배교하는) 이스라엘은 패역한(=배신한) 유다보다 죄가 더 크지 않은 것으로 묘사하고 있다(10절).

렘 3:10 이 모든 일이 있어도 (=이런 온갖 음행을 하면서도)
그의 반역한(패역한) 자매 유다가 진심으로 내게 돌아오지 아니하고
거짓으로 할 뿐이니라 여호와의 말씀이니라.

(건성으로 나에게 돌아온 척만 하고 진심으로 돌아오지 않았다. - 표준새번역)

1) 사마리아가 앗수르 군대에 함락된 사건(왕하 17:1-18, B.C. 722)을 나타내고 있다. 이 사건이 있기 전에도 이스라엘 북쪽 지역은 이미 앗수르에 의해 잘려나갔다(왕하 15:29).

2) 여기서 행음이라는 단어는 '나아프'(נָאַף)라는 말이다. '간 음하다'라는 말이고, 비유적 으로는 '우상 숭배하다'라는 말이다. 호세아, 예레미야, 에스겔 같은 선지자는 종교적 우상 숭배를 영적 간음으로 설명했다(렘 9:2, 23:10; 호 4:13-14, 7:4). 예레미야는 이스라엘의 이교적이고 우상 숭배적인 생활방식을 호되게 질책했다(렘 13:27).

3) מִקֹּל ⇨ מִן קוֹל
① 목소리 ② 가벼움, 경박

4) 제누트(זְנוּת) - 간음, 매춘(상징적으로) 불성실, 우상 숭배.

1) 이는 이스라엘 왕 솔로몬이 시돈 사람이 섬기던 우상인 아스다롯과 모압 사람의 가증한 그모스와 암몬 자손의 가증한 밀곰을 위하여 세웠던 곳이다.

(5) 요시야 왕은 비록 8세에 등장했으나 그의 주위에는 훌륭한 보좌관들이 있어, 많은 개혁을 단행할 수 있었다. 요시야는 철저한 종교개혁을 단행했다. 왕하 23:8이하를 읽어보자.

- 제사장이 분향하던 산당을 게바에서부터 브엘세바까지 부정하게 하고 성문의 산당들을 헐어버렸고 산당의 제사장들은 예루살렘 여호와의 단에 올라가지 못하게 했다(왕하 23:8, 9).
- 몰록에게 제사 드리지 못하게 하고(왕하 23:10), 태양을 위하여 드린 말들을 제하여 버리고 태양 수레를 불살랐다(11절). **또 예루살렘 앞 멸망산(=감람산) 우편에 세운 산당[1])을 헐어버리고(13절), 석상들을 깨뜨리고 아세라 목상들을 찍고 사람의 해골로 그곳을 채웠다(14절)**. 여로보암이 벧엘에 세운 단과 산당도 헐고 또 그 산당을 불사르고 빻아서 가루를 만들며 또 아세라 목상을 불살랐다(15절). 요시야는 벧엘뿐만 아니라(15절), 이스라엘 각 성읍에 있던 산당들도 모두 제거했고, 산당의 제사장들을 모두 단 위에서 죽이고 사람의 해골을 단 위에 불사르고 예루살렘으로 돌아왔다(19-20절).

2) 특히 여호와의 산당에서 일했던 성직자들은 당연히 지금까지 누려왔던 자신들의 특권을 박탈당한 데 대한 반발을 가져왔다(왕하23:9). 지방에 있었던 산당의 폐지는 백성들에게도 불편하다는 느낌을 갖게 했다.

(6) 그러나 요시야의 개혁 운동이 모든 사람들에게 환영을 받은 것은 아니다. 개혁은 예루살렘을 유일한 합법적 성소로서 인정하게 되었다. 이러한 제의(祭儀)의 집중 조치는 일부 사람들의 격렬한 반발을 불러오게 했다.[2])

- 심각한 문제는 이런 강력한 개혁 정책이 외적 조치들로만 만족하려는 경향을 띠었다는 점이다. 이런 요시야의 외적인 개혁 정책들은 민족의 정신적 삶에 깊은 영향을 미치지 못했다.

배도(背道)의 증거가 있는가?

예레미야 선지자의 이야기를 들어보자(동교재, 예레미야서에서)

길가에 앉아 있는 사람들은 바로 이스라엘 사람들을 가리킨다.

렘 3:2 네 눈을 들어 헐벗은 산을 보라
네가 행음하지 아니한 곳이 어디 있느냐
네가 음란과 행악으로 이 땅을 더럽혔도다
/(길 가에 앉아 사람들을 기다린 것이
광야에 있는 아라바 사람 같아서)

"네가 창녀처럼 행동하지 않은 곳이 어디 있느냐?"

길가에 앉아서 남자를 기다리는 모습이 마치 유목민이 광야에 앉아 있듯 하다는 것이다.

(1) "네가 행음하지 아니한 곳이 어디 있느냐?"(렘 3:2)라고 묻는다. 이들 이스라엘 사람들은 마치 누구와 같았는가? "길 가에 앉아 남자들을 기다리는 모습이 마치 광야에 있는 아라바 사람 같다"는 것이다. 그러니 이스라엘 사람

들은 마치 창녀처럼 살며 악한 짓을 하여 이 땅을 더럽혔다는 것이다. 이들 백성들은 무엇인가 음란한 행동을 할 기회를 이만큼 열정적으로 기다렸다는 것이다. 이렇게 우상 숭배는 약속의 땅을 크게 오염시킨다(레 18:25-28).

(2) 그러므로 그 결과를 보라. 어떤 결과가 있게 되었는가? (3절)

3:3 그러므로(Therefore)
단비가 **그쳤고** 늦은 비가 **없어졌느니라**
그럴지라도
네가 ─┬ 창녀의 낯을 **가졌으므로**
└ **수치를 알지 못하느니라**

(3) 지금 이 땅은 가뭄으로 고통을 당하고 있다. 이것은 우연이 아니다. 하나님이 주신 약속의 땅에서의 한발(旱魃)은 하나님의 징계이다. 여호와의 율법에 불순종했을 때에는 저주가 선포되었다(레 26:14-39). 물론 저주가 갖는 목적은 이스라엘의 멸망이 아니다. 따라서 회개하번 하나님의 은혜가 다시 임하게 된다(레 26:40-46). 그러나 불순종했을 때에는 질병이 생기게 될 것이다(레 26:16-17).

▲ **영육간 음란에 빠진 백성들**
백성들이 나무 우상에게 묻고 음란한 마음에 미혹되어 하나님을 전적으로 신뢰하지 않았다.

제단들은 산산히 깨뜨려질 것이다(겔 6:13)

1. 앞에서 살핀 대로 히스기야와 요시야 왕의 개혁 정책이 있었지만 산당은 완전히 없어지지 않았고 여전히 백성들 중에 남아 있었다.

(1) 산당(바마, בָּמָה)[1]에서는 여전히 우상 숭배가 계속되었다. 성창(聖娼)을 비롯한 여러 가지 제사의식들이 다산의 신, 또는 여신을 나타내는 기둥, 조각물, 나무 앞에서 행해졌다. 보통은 산위에 있지만 골짜기는(렘 7:31, 32:35)

1) **바마(산당)** - 이방인들의 제사 장소는 높은 곳에 위치했다(삼상 9:13, 10:5; 왕상 11:7; 왕하 17:9, 17:29, 왕하 23:5, 8). 이곳은 우상들(대하 33:19), 곧 풍요의 여신을 상징하는 나무 기둥 아세라와 남성신을 상징하는 하나 이상의 돌 기둥(왕하 3:2)으로 차 있었다.

물론 성읍에도 있었다(왕하 17:9, 23:5, 8). 그러나 이제 하나님은 희생제사용 제단들을 파괴하겠다고 선언하신다(겔 6:1-3).

1) 함만(חַמָּן) - 향제단(incense altars) /우상 숭배에서 분향하는 제단.

(2) 심판은 어떤 형태로 내려질 것인가?(4-7절)

- 제단이 폐허가 될 것이다. • 태양상[1]도 깨뜨려질 것이다. • 너희가 죽임을 당하여 너희 우상 앞에 엎드러지게 될 것이다(4절).
- 너희 해골을 너희 제단 사방에 흩어 놓겠다(5절).
- 모든 성읍이 사막이 되게 하며 • 산당은 황폐하게 될 것이다(6절)

2) **우상** : 페셀 - 나무나 흙이나 돌로 조각한 우상(새긴 우상, 레 26:1, 신 4:23), 금속으로 주조한 우상(부어 만든, 호 13:2; 사 41:29), 또 조각된 나무에 귀금속을 입힌 것(사 30:22; 렘 10:3-5)도 있다. 부적과 같이 가지고 다니는 우상(창 35:4; 사 3:18-20, 드라빔 창 31:19)도 있다. 어쨌든 우상의 수효는 말할 수 없다. 구약 성경은 어쩌면 하나님을 섬기지 않고 우상 섬겼다는 이야기가 전부일 정도로 이스라엘은 패역했다. 훗날 바벨론 포로로 끌려간 것은 하나님의 언약을 어기고 우상을 섬긴 이스라엘에 대한 하나님의 심판이었다.

(3) 이렇게 우상[2] 숭배의 근원지를 파괴함으로써

6:7 "**내가 여호와인 줄을** 너희가 알게 하려 함이라."

에스겔서에는 "내가 여호와인 줄을(כִּי־אֲנִי יְהוָה)" 너희가 알게 될 것이라는 표현이 약 70회 등장한다. 이런 표현들에서 우리는 하나님이 자기 백성을 심판하시는 것이 목적이 아님을 알 수 있다. 비록 이들이 언약을 어기고 범죄해서 심판을 내리시지만 어디까지나 백성들이 회개하고 다시 주께로 돌아오기를 기대하시는, 그래서 오래 참으시는 하나님의 긍휼하심을 볼 수 있다. 이스라엘은 하나님께서 택하신 언약의 자손이기 때문이다.

(4) 왜 우상 숭배에 대해서 그렇게 철저한 형벌을 언급하시는가? 우상 숭배는 십계명 중 가장 중요하게 다루시는 계명이기 때문이다(출 20:3-5).[3]

3) 첫번째 계명은 가장 강조해야 할 계명으로 "예배의 대상"에 대한 문제이다. 참 하나님 한 분만을 예배해야 한다. 거짓 신들을 섬기는 것은 우상 숭배이다. 그러나 이스라엘 백성들은 이 첫계명을 잊어버리고 이방신을 섬겼다. 물론 이로 인해 하나님의 심판을 받는다.

2. 하나님의 경고가 실제로 이루어졌을 때, 그래서 백성들이 "여러 나라에 흩어질 때에" 그러나 칼을 피하여 살아남을 자가 있게 하겠다고 말씀하신다.

6:8 그러나 너희가 여러 나라에 흩어질 때에(when)
내가 ──살아 남은 자가 있게 할지라
//(for, כִּי)
너희 중에서(=가) ─ 칼을 피하여(=할 것이기 때문에)
/이방인들 중에

남은 자 - 이사야 11:11에서 '남은 백성에 대한 언급이 있다. (렘 43:5도 참조)

9 너희 중에서 살아 남은 자가 사로잡혀 이방인들 중에 있어서
나를 기억하되
그들이 음란한 마음으로 나를 떠나고

음란한 눈으로 우상을 섬겨 나를 근심하게 한 것을 기억하고
스스로 한탄하리니 이는 그 모든 가증한 일로 악을 행하였음이라

10 그 때에야(Then, וְ) 그들이 나를 여호와인 줄 알리라
내가 이런 재앙을 그들에게 내리겠다 한 말이 헛되지 아니하니라

(1) 누구를 부르실 것인가? 이사야서에서는 '그 남은 백성을' 사신의 통치 이레로 다시 불러 모으실 것이라고 하셨다(사 11:11). 여기에는 열방의 남은 자들뿐만 아니라 "이스라엘의 쫓긴 자들(=쫓겨난 이스라엘 백성들)을 모으시며 땅 사방에서 유다의 흩어진 자들(=흩어진 백성들)"(사 11:12)도 모으실 것이다. 오랜 후 다시 하나의 "야곱과 이스라엘"로 불릴 것이다(사 11:12-13). 그러나 이는 심판의 영과 소멸하는 영으로 시온의 딸의 더러움을 씻고 난 뒤에 주어질 것이다(사 4:4 참조).

6:11 주 여호와께서 이같이 **이르시되**
너는 손뼉을 치고 발을 구르며 말할지어다
12 먼 데 있는 자는 전염병에 죽고
가까운 데 있는 자는 칼에 엎드러지고 남아 있어
에워싸인 자는 기근에 죽으리라
//(이유, אֶל because of)
이스라엘 족속이 모든 **가증한 악을 행하므로**(=행하였기 때문에)
→ /마침내 칼과 기근과
전염병에 망하되

왜 하나님의 백성에게 기근과 전쟁과 전염병이 생겼는가?

(2) "모든 가증한 악을 행함으로"(because of all the evil abominations) - 여기서 '악'(토예바, תּוֹעֵבָה)은 '구역질 나는 것, 가증스러운 것, 혐오스러운 것'을 의미한다. 이 단어는 '우상'의 동의어로 사용된다(사 44:19). 때로는 특정한 이교 신을 가리키는 말로도 사용되었다(왕하 23:13). 이같은 행동은 하나님의 진노를 가져온다. 그래서 "마침내 칼과 기근과 전염병에 망하게" 된다(겔 6:11). 하나님의 징계로 인한 결과는 너무나 무서운 것이다(13절 "그 죽임 당한 시체들이 그 우상들 사이에, 제단 사방에, 각 높은 고개 위에, 모든 산 꼭대기에, 모든 푸른 나무 아래에, 무성한 상수리나무 아래 곧 그 우상에게 분향하던 곳에 있으리니"). 그때 가서야 "**내가 여호와인 줄을 너희가 알리라**." 14절, "그가 사는 온 땅 곧 광야에서부터 디블라[1]까지 황량하고 황폐하게 하리니 내가 여호와인 줄을 그들이 알리라."

Then they **will know** that I am the LORD
וְיָדְעוּ כִּי־אֲנִי יְהוָה

에스겔 시대의 이스라엘 백성은 여호와가 누구인지를 잊어버렸고, 그래서 여호와께 등을 돌렸다. 이는 이방신에게로 돌아섰다는 말이기도 하다. 이방신들은 보이지 않는 신이 아니라 우상으로 나타나 있기에 직접 볼 수가 있었고, 또 그 신들이 여러 가지 유익한 것들을 준다고 믿었다. 이런 백성들에게는 심판을 통해서만 진정 누가 참된 하나님이신가를 알 수 있다.

이방인들은 하나님을 알지 못하지만(렘 10:25), 하나님의 백성 이스라엘도 하나님을 알지 못하게 되었다는 것이다(렘 4:22). 이제 하나님은 이 패역한 백성에게 그가 여호와 하나님이심을 알게 하기 위하여(사 60:16) 그들을 파멸시키실 것이다(겔 6:7). 그러고나서야 그들은 여호와를 진정한 하나님으로 알게 될 것이다. 심판은 하나님을 알게 하시려고 내리시는 징계이다(겔 6:7, 10, 19, 14, 7:4, 9 27 등).

1) 디블라 - 확인되지 않는 사마리아의 한 지역이다. 렘 48:22에 나오는 '벧디블라다임'과 동일 지명으로 보기도 한다. 광야 근처로 불뱀과 전갈이 많다고 한다. 이 문구는 "그들의 거하는 온 땅을 디블라의 황야보다 더 황무하고 황폐하게 하리니"라고 번역할 수도 있다.

78

1. 벽돌의 상징적 행동(4:1-3)
2. 좌우편으로 눕기(4:4-8)
3. 부정한 양식의 상징적 행동 (4:9-17)
4. 털을 깎는 상징적 행동 (5:1-4)
5. 털을 깎는 행동의 해석 (5:5-17)
6. 이스라엘 산들에 대하여 (6:1-14)
7. **이스라엘 땅들에 대하여 (7:1-27)**

– 전쟁의 참화 –

이스라엘 땅들에 대하여(겔 7:1–27)

6장에서는 우상의 근거지인 산당들 곧 희생제사용 제단들을 파괴시키실 것이라는 내용을 언급하고, 7장에서는 이스라엘 땅을 향하여 심판이 임박했음을 선언한다. 바벨론에 의한 하나님의 심판은 이스라엘 전 지역을 쑥대밭으로 만들어버릴 것이다. 7장에서도 "또 여호와의 말씀이 내게 임하여 이르시되"라는 말로 도입된다. 특별히 "주 여호와께서 이스라엘 땅에 관하여" 말씀하신다.

1. 땅은 이스라엘 백성에게 어떤 의미인가? 그런데 이 땅 사방 구석구석에 끝이 왔다는 것이다.

(1) 신명기에서는 수없이 이스라엘 백성에게 약속한 땅을 소유하고 상속하게 될 것이라고 언급하고 있다. 가나안 땅은 이스라엘에게 선물로 주어질 것이다. 이스라엘은 이 땅에서 축복을 받게 될 것이다(신 28:8*). 축복은 땅을 주실 것이라는 언급과 함께 주어졌다. 신명기에서 땅을 선물로 말하는 구절이 30여개나 된다(신 5:31, 9:6, 11:17, 12:1 등). [이하 동교재, 신명기에서 인용]

• 신 28:8 "여호와께서 명령하사 네 창고와 네 손으로 하는 모든 일에 복을 내리시고 네 하나님 여호와께서 네게 주시는 땅에서 네게 복을 주실 것이며."

(2) 이들에게 주어질 땅은 어떤 곳인가? (출 3:8, 민 13:27, 신 6:3, 11:9) 신 8:7-10*도 읽어보자. 한마디로 어떤 땅이라고 표현했는가? 게다가 이 약속의 땅은 쉼(rest)의 축복을 의미하기도 하였다. 마음의 심리적 평안뿐만 아니라 육체적인 쉼, 즉 적의 공격으로부터의 자유를 말한다. 대적의 공격이 없는 쉼, 평화와 안전이 보장되는 쉼이었다. 다음 구절을 읽어보자.

• 신 8:7 "네 하나님 여호와께서 너를 아름다운 땅에 이르게 하시나니 그 곳은 골짜기든지 산지든지 **시내와 분천과 샘이 흐르고** 8 **밀과 보리의 소산지요 포도와 무화과와 석류와 감람나무와 꿀의 소산지라** 9 네가 먹을 것에 모자람이 없고 네게 아무 부족함이 없는 땅이며 그 땅의 돌은 철이요 산에서는 동을 캘 것이라 10 네가 먹어서 배부르고 네 하나님 여호와께서 옥토를 네게 주셨음으로 말미암아 그를 찬송하리라."

• 신 25:19 "그러므로 네 하나님 여호와께서 네게 주어 기업으로 얻게 하시는 땅에서 네 하나님 여호와께서 너로 사면에 있는 모든 <대적>을 <벗어나게 하시고> 네게 <안식>을 주실 때에 너는 아말렉의 이름을 천하에서 도말할지니라 너는 잊지 말지니라."

(3) 물론, 이들에게 싸움이 없었던 것은 아니나, 훗날 하나님은 그들의 모든 대적을 다 이스라엘 손에 붙이셨다(수 21:43-44을 보라).

2. 자, 그러면 땅과 함께 이들에게 주어지는 안식, 그 안식의 의미를 설명해 보라.

(1) 이 '안식'은 아주 중요한 것이어서 시 95:11, 사 66:1에서, "나의(=하나님) 안식"이라고 했다. 일이나 노동으로부터 쉰다는 안식의 개념이(창 2:2) 출애굽기, 신명기에서는 구속과 해방을 기념하는 의미로 부각되어 설명되었다.[1]

(2) 이 "안식"에 대한 하나님의 약속은 모세가 이스라엘 백성을 애굽에서 인도해 낸 초기에 약속 받았음을 본다(출 33:14). 그 다음에 신명기 3:20에서도 곧 있을 안식을 이야기하고 있다. 물론 이 용어들은 신명기 12:9에 나오는 안식과 같은 단어들이다(누아흐, נוּחַ). 이 단어들은 하나님으로부터 받은 장소(출 33:14, 신 3:20, 수 1:13), 또 주변의 적으로부터 지키는 평화와 안식(신 12:10, 25:19, 수 21:44), 또는 미래의 슬픔과 수고의 종식(사 14:3) 등을 나타낸다.

(3) 이제, 하나님은 이스라엘 백성들에게 가나안을 점령하고 그 기업의 땅에서 참다운 안식을 누릴 것이라고 약속하신다(신 3:20, 12:10, 25:19). 그것은 질적 생활을 의미하는 것이기도 했다. 그러나 우리는 이스라엘 역사에서 볼 수 있듯이 이들은 계속 반역의 길을 걸어왔다. 예레미야와 에스겔이 사역하고 있는 이 시점은 하나님의 백성들이 패망할 수밖에 없는 마지막 장면이다.

1) 신명기 12:9-10과 사무엘하 7:1, 11을 같이 읽어보자. 여기서 볼 수 있는 것은 이 '안식'(메누하, מְנוּחָה)은 더이상 괴로움을 당하지 않는 곳, 곧 하나님이 그의 백성을 위해 준비하신 '장소'임을 알 수 있다.

3. 이제 이 땅에 심판이 임박했음을 선언하신다. 심판은 아주 공정하게 진행될 것이고, 조금도 자비를 베풀지 아니하실 것이다(겔 7:3-4, 8-9).

7:2 너 인자야
주 여호와께서 — 이같이 말씀하셨느니라
/이스라엘 땅에 관하여
/끝났도다(게쯔, קֵץ)
/이 땅 사방의 일이 끝났도다 (הַקֵּץ the end בָּא is coming)

7

이스라엘의 철저한 파멸과 멸망을 나타내는 말이다.

3 끝이 —— 이르렀나니
/이제는 네게
/내가 ┬ 내 진노를 네게 나타내어
├ 네 행위를 심판하고
└ 네 모든 가증한 일을 보응하리라

진노(아프, אַף) - 콧구멍, 얼굴, 화(anger) / 여기서는 하나님의 분노를 가리킨다. 하나님의 분노는 매우 극렬하다(렘 25:37, "평화로운 목장들이 여호와의 진노하시는 열기 앞에서 적막하게 되리라." 이 분노는 응징(시 6:1; 사 12:1)과 징벌로 나타난다(렘 44:6). 그렇다고 이 진노가 죄스럽거나 악하거나 혹은 변덕스럽지 아니하다.

호세아 8:2에서도 이 개념을 볼 수 있다. "내 백성 이스라엘의 '그 끝(הַקֵּץ)이 이르렀은즉(בָּא - has come) - 하나님은 이스라엘의 끝(케츠, קֵץ - 마지막 때가)이 이르렀기에(도래했으니, 가까왔으니 - 사 13:6) 이제는 내가 다시는 그를 용서하지(지나치지, 넘어가지) 않으실 것이라는 단정적인 선언을 하신다.

(1) 하나님의 경고는 결코 허공에서 맴돌다 사라지는 말씀이 아니다(4절).

내가 —— 너를 불쌍히(후스, חוּס) 여기지 아니하며
궁휼히 여기지도 아니하고
너를 벌하여
/네 행위대로
네 가증한 일이 —너희 중에 나타나게 하리니
내가 —— 여호와인 줄을 너희가 알리라

신 13:8에서는 다른 신을 섬기는 사람들에게 "너는 그를 따르지 말며 듣지 말며 긍휼히 여기지 말며 애석히 여기지 말며 덮어 숨기지 말라"고 명령하신다. 하나님은 자기 백성들이 다른 신을 섬기는 것을 얼마나 싫어하시는가를 볼 수 있다.

가증한 일(토예바) - 우상숭배 - 계속 우상을 섬긴다면 심판, 즉 죽음을 면치 못할 것을 강조하고 있다.

רָעָה אַחַתunique רָעָה

1)
• 재난이 꼬리를 물고 들이닥친다.(공동)
• 재앙이다 너희가 들어보지 못한 재앙이다.(표준새번역)

(2) "네 행위대로 너를 벌하여"(according to your ways) - 이 말이 여러 번 반복되고 있다(3, 4, 8, 27절). 백성들이 지은 죄를 간과하지 않으실 것임을 보여준다. 이런 비상 상태를 재앙(라, רַע)이라고 표현했다. "재앙이로다, 비상한 재앙이로다"(A disaster, unique disaster).[1] 재앙 중에서도 가장 악한 재앙이다. 전에도 없었고 그 유비(類比)도 없는 특별한 재앙이라는 말이다.

(3) "볼지어다 그것이 왔도다"(behold it is coming!, בָאָה הִנֵּהbehold)(5절). 하나님의 심판 예고는 반드시 성취된다. 이제 그 때가 가까왔다. 심판은 하나님의 자비로 연기되기는 하지만, 없어지지는 않는다("끝이 왔도다, 끝이 왔도다, An end is coming; the end has come. 끝이 너에게 왔도다 볼지어다 그것이 왔도다", 6절).

4. "때가 이르렀고 날이 가까웠으니" - 그 날은 어떤 날인가? 그 날은 요란한 날이다. 산에서 즐거이 부르는 날이 아니다(7절).

(1) 아모스 선지자는 멸망을 앞둔 북이스라엘에게 여호와의 날에 대해서 이렇게 말한다(암 5:18-20). 이들은 '여호와의 날'을 간절히 사모하고 있었다. 왜냐하면 여호와께서 주변의 나라들을 모두 물리치시고 영화로운 날이 올 것이라고 믿었기 때문이다. 이런 환상을 가진 백성들에게 아모스는 폭탄적인 선언을 한다(암 5:18). (이하 동교재, 아모스에서)

2) 여기서 '*여호와의 날*'은 이중성을 띠고 있다. 즉 '여호와의 날'은 구원(회복)의 날이기도 하지만 다른 한편에서는 심판(징벌)의 날이기도 하다는 말이다(동교재, 요엘시 2장 참소). 물론 이스라엘은 그 날이 구원의 날이라고 믿었다. 그러나 아모스 선지자의 외침을 보라.

암 5:18 **화 있을진저**(הוֹי) - (호이 - 슬프다, 오! 화로다)
여호와의 날(יוֹם יְהוָה)[2]을 사모하는 자여
너희가 **어찌하여** 여호와의 날을 **사모하느냐**
그 날은 **어둠이요 빛이 아니라**

(2) "너희가 어찌하여(לָמָּה־זֶּה) '여호와의 날'[1])을 기다리느냐?"
어찌하여, 즉 무엇 때문에 '그 날'(2:16, 3:14 참조)을 간절히 기다리고(wait longingly) 있느냐는 것이다. 그 날이 여호와께서 원수를 짓밟으며, 이스라엘을 구원하는 날로 여기고 있었기 때문이다.

(3) 그러나 아모스의 외침은 무엇인가?
"그 날은 어둠(호셰크, חֹשֶׁךְ)이요 빛이 아니라." '여호와의 날'은 적군에게는 암흑과 멸망의 날이지만, 이스라엘에게는 승리와 구원의 날이라고 믿어왔던 그들에게 아모스는 그런 환상에서 깨어나라고 말한다. 아모스는 이방 나라들보다 결코 도덕적으로 낫지 않은 백성들에게 오히려 그 날이 공포의 날이요 흑암의 날이라고 경고하고 있다. --

(4) 에스겔이 선포하는 그 날도 바로 아모스 선지자가 외쳤던 말과 같은 의미이다. 그 날은 "요란한 날이요 산에서 즐거이 부르는 날이 아니다"(7절). 그날에 하나님은 자신의 분을, 또 진노를 백성들에게 부으실 것이다. "네 행위대로 너를 심판하여 네 모든 가증한 일을 네게 보응하되, 이들을 불쌍히 여기지 아니하며 긍휼히 여기지도 아니하실 것"이다(8-9절). 그제서야 "나 여호와가 때리는 이임을 네가 알리라"(9절).

5. 특히 이스라엘이 심판받아야 할 이유 중의 하나는 그들의 교만이었다. 이는 하나님의 진노를 일으킨다.

(1) "몽둥이가 꽃이 피며 교만이 싹이 났도다." 이 구절은 히브리 시적 표현으로 무엇보다 교만과 불순종은 하나님이 가장 싫어하시는 우상과 같은 죄악이다. "볼지어다 그 날이로다 볼지어다 임박하도다." 이런 자들에게 임할 심판의 날이 이르렀다는 것이다. 하나님께서는 더 악한 이방인 곧 바벨론을 통해 그들의 교만을 징계하실 것이다. "몽둥이가 꽃이 피며" - 이스라엘을 매질할 몽둥이가 꽃을 피웠다. 여기서 몽둥이는 앗수르를 멸망시키고 일어난 강력한 제국 바벨론의 군대를 가리킨다(렘 50:29-32* 참조).

- 렘 50:29 "활 쏘는 자를 **바벨론에 소집하라** 활을 당기는 자여 그 사면으로 진을 쳐서 피하는 자가 없게 하라 그가 일한 대로 갚고 그가 행한 대로 그에게 갚으라 그가 이스라엘의 거룩한 자 **여호와를 향하여 교만하였음이라** ... 31주 만군의 여호와의 말씀이니라 **교만한 자여** 보라 내가 너를 대적하나니 너의 날 곧 내가 너를 벌할 때가 이르렀음이라 32**교만한 자가** 걸려

1) '마'(מָה -무엇? 어떤?)에다 전치사 레(לְ)가 오면 '왜, 어째서?'라는 의미가 있다. 제(זֶה)는 남성 지시대명사로 לָמָּה를 강조한다. 즉 '어찌하여'(For what purpose)란 말이 크게 강조되어 있다.

'여호와의 날'은 다른 말로 표현되기도 했다. '그 날'(암 2:16, 3:14, 8:3, 9-10, 13-14, 9:11-12), '흉한 날'(불길한 날, 6:3), 비탄의 날(8:3) 등.

넘어지겠고 그를 일으킬 자가 없을 것이며 내가 그의 성읍들에 불을 지르리니 그의 주위에 있는 것을 다 삼키리라."

(2) "포악(하마스, חָמָס)[1]이 일어나서 죄악(레샤, רֶשַׁע - 부정, 사악함)의 몽둥이가 되었은즉"(11절). 죄악(레샤)은 하나님의 성품과 반대되는 생활을 나타내는 행위를 말한다(시 5:4, 45:7). 여기서 죄악의 몽둥이(맛테, מַטֶּה)[2]이라는 말은 폭력적인 행동의 상징적 표현으로 보인다. 포악(불법) 때문에 이 백성 가운데서 살아남을 자도, 재물도, 귀중품도 하나도 남지 않게 될 것이다. 물론 그 날에는 땅을 사고 파는 일상적인 생활도 중지될 것이다(12-13절).

1) 하마스 - 폭력(violence), 부당행위, 불법을 가리키는 말로 ~에게 해를 끼치다, ~에게 폭행을 가하다라는 의미이다.

2) **이사야에서는 몽둥이가 압제와 심판의 상징으로 사용되었다**(사 9:4, 10:5; 30:32).

이스라엘이 받는 벌(읽어보자)

겔 7장

• 14절 파수꾼이 나팔을 불어 모든 장비를 갖춘다해도
전쟁에 나갈 사람이 아무도 없게 될 것이다.
왜냐하면 하나님의 진노가 모든 무리에게 미쳤기 때문이다.

• 15절 성문 밖에는 ① 칼이 있고 성 안에는 ② 전염병과
③ 기근이 있어서
밭에 있는 자는 칼에 죽을 것이요
성읍에 있는 자는 기근과 전염병에 망할 것이며

• 16절 도망하는 자는 산 위로 피하여
다 각기 자기 죄악 때문에 골짜기의 비둘기들처럼 슬피 울 것이며

너희가 전쟁을 준비한다해도(14-16절) 소용없는 일이다.

• 17절 모든 손은 피곤하고 모든 무릎은 물과 같이 약할 것이라

• 18절 그들이 굵은 베로 허리를 묶을 것이요
두려움이 그들을 덮을 것이요
모든 얼굴에는 수치가 있고
모든 머리는 대머리가 될 것이며

• 19절 그들이 그 은을 거리에 던지며
그 금을 오물 같이 여기리니
이는 여호와 내가 진노를 내리는 날에
그들의 **은과 금이 능히 그들을 건지지 못하며**
능히 그 심령을 족하게 하거나 그 창자를 채우지 못하고
오직 죄악의 걸림돌이 됨이로다

애써 모은 재물이 무슨 소용이 있겠느냐(17-21절)

▶ 여호야김이 죽고 뒤를 이어 그의 아들 여호야긴이 18세의 나이로 왕위에 올랐으나(왕하 24:6) 그 역시도 여호와 보시기에 악한 일을 했다.

▶ 여호야긴이 즉위한 지 3개월 뒤 바벨론 왕 느부갓네살이 다시 예루살렘을 포위하여 점령한다(왕하 24:10-17). 느부갓네살은 여호야긴을 비롯하여 황후, 왕자, 신복 등 나라의 유력한 자들을 많이 끌고 갔다. 그 중에는 용사 7천과 기술자 1천 명이 포함되었다(왕하 24:15). 나라가 완전 폐허화되었다.

▶ 게다가 느부갓네살은 여호와의 성전에 있던 기구들을 빼앗아 바벨론으로 가져가 자기 왕궁에 두었다(대하 36:6-7). 그리고 솔로몬이 성전에서 사용했던 금그릇을 다 깨뜨려 버렸다.

▶ 여호야긴을 잡아가고 대신 그의 숙부요 요시야의 아들인 시드기야(맛다니야)를 대신 왕으로 세웠다.

이렇게 아름다운 땅은 폐허가 되었다. 유다의 중요한 성읍이 파괴되어 나라의 경제와 산업이 마비되었다. 바벨론의 군대에 의해 죽임을 당한 숫자는 인구의 상당한 부분을 차지했다. ▼

• 20절 그들이 *그 화려한 장식으로 말미암아 교만을 품었고*
또 *그것으로 가증한 우상과 미운 물건을 만들었은즉*
내가 그것을 그들에게 **오물**이 되게 하여

• 21절 타국인의 손에 넘겨 노략하게 하며 세상 악인에게 넘겨
그들이 약탈하여 더럽히게 하고

• 22절 내가 또 내 얼굴을 그들에게서 돌이키리니
그들이 내 은밀한 처소를 더럽히고
포악한 자도 거기 들어와서 더럽히리라

• 23절 너는 쇠사슬을 만들라
이는 **피 흘리는 죄가 그 땅에 가득하고**
포악이 그 성읍에 찼음이라

• 24절 내가 극히 악한 이방인들을 데려와서
그들이 그 집들을 점령하게 하고
강한 자의 교만을 그치게 하리니
그들의 **성소가 더럽힘을 당하리라**

성전이 있는 동안 유다는 망하지 않을 것이라는 헛된 생각을 버려라. 성전이 불타 없어졌는데...(22-24절)

• 25절 패망이 이르리니 그들이 평강을 구하여도 없을 것이라

• 26절 환난에 환난이 더하고 소문에 소문이 더할 때에
그들이 선지자에게서 묵시를 구하나 헛될 것이며
제사장에게는 율법이 없어질 것이요
장로에게는 책략이 없어질 것이며

• 27절 왕은 애통하고 고관은 놀람을 옷 입듯 하며
주민의 손은 떨리리라
내가 그 행위대로 그들에게 갚고
그 죄악대로 그들을 심판하리니
내가 여호와인 줄을 그들이 알리라

죄는 반드시 심판하신다.

패망(케파다, קְפָדָה - 공포, 파멸)이 이미 이르렀는데 어디를 가면 편안할까? "평강(샬롬)을 구하여도 없을 것이다." 죄는 반드시 심판을 받게 될 것이며, 그 결과는 너무 비참하다. 옆에 있는 예루살렘의 최후의 모습을 읽어보라. 너무 무섭지 않은가! 우리는 언제까지나 부와 형통만을 구할 것인가!

◀ 예루살렘이 함락된 후 2주 동안, 예루살렘은 공포의 도시가 되었다. 느부갓네살 2세의 근위대장 느부사라단이 예루살렘을 짓이기고, 닥치는대로 약탈했기 때문이다(왕하 25:8-12).

• 그들이 왕(=시드기야)을 잡아 가지고 하맛 땅 립나(리블라, Riblah)에 있는 바벨론 왕(=느부갓네살)에게로 끌고 가서 그를 심문하고(9절)
• 바벨론 왕이 시드기야의 아들들을 그의 목전에서 죽이고(10절)
• 또 립나에서 유다의 모든 방백을 죽였다(10절)
• **시드기야의 두 눈을 빼고**
사슬로 결박하여 **바벨론으로 끌어다가** 그 죽는 날까지 옥에 가뒀다(11절)

• 느부갓네살 19년 5월 10일에
바벨론 왕의 어전 시위대 장관 느부사라단이 예루살렘에 이르러
• 여호와의 전과 왕궁을 불사르고
예루살렘의 모든 집을 귀인의 집까지 불사르고(13절)
• 온 군대가 예루살렘 사면 성벽을 헐었으며(14절)
• 느부사라단이 백성 중 빈한한 자와
성중에 남아있는 백성과
바벨론 왕에게 항복한 자와 무리의 남은 자를 사로잡아 옮겨갔다(15절)
• 비천한 국민을 남겨 두어
포도원을 다스리는 자와 농부가 되게 하고(16절)
• 또 여호와의 전의 두 놋기둥과
받침들과
여호와의 전의 놋바다를 깨뜨려
그 놋을 바벨론으로 가져갔다.
• 시위대 장관(=느부사라단)이 대제사장 스라야와 부제사장 스바냐와 전 문지기 세 사람을 잡고(24절)
• 또 성중에서 사람들도 잡았다.

적용을 위한 묵상

• 에스겔에게 소명을 주실 때,
예루살렘은 아직 최후를 맞지 아니했다.
시드기야 정부는 지금까지 섬겨왔던 바벨론을 의지할 것인가,
아니면 또 하나의 강대국 애굽의 도움을 받을 것인가
하는 문제를 놓고 시끄러웠다.
물론 예레미야 선지자는 바벨론에 항복하는 것이
하나님의 뜻임을 분명하게 전달했다.
그러자 조정은 그를 매국노라고 몰아세웠고,
나라의 운명은 바람 앞에 촛불 같았다.
'설마, 나라가 망할라고...'
왕도, 각료들도, 백성도 예레미야의 경고를
더이상 듣고 싶지 아니했다.
거짓 선지자는 한술 더떠서 통치자들의 눈과 귀를 막아버렸다.
브레이크가 파열된 자동차처럼 유다는
지금 낭떠러지로 굴러떨어지고 있다.

• 이즈음 주의 영은 에스겔을 들어올려 델아빕에 이르게 하시고,
그를 말못하는 벙어리가 되게 하셨다.
에스겔은 두려워 떨며 칠 일을 지내고 있었다(3:14).
그리고 에스겔에게 새로운 명령을 내리신다.
토판을 가져다가 그 위에 예루살렘을 그려라(4:1).
예루살렘이 바벨론에게 포위 당할 것을
상징행위를 통해 전달하신다(4:1-7).
유다와 예루살렘의 멸망 선포는 단순한 엄포가 아니다.

• 390일 동안 왼편으로 누워 이스라엘의 죄악을 담당하고,
40일 동안 오른편으로 누워 유다의 죄악을 담당하라(4:4-6).
백성이 그들의 죄악으로 포로로 끌려갈 것임을 보여주는 상징행위였다.
좀처럼 선지자의 말에 귀를 기울이지 않는 백성에게
이런 충격적인 상황극을 통해,
예루살렘의 멸망의 확실성을 전달하게 하려 하셨다.
만약 이런 충격적인 방법으로 백성이 회개하고 돌아설 수 있다면...
그러나 이들은 돌아서지 않는다.

• "날카로운 칼을 가져다가 머리털과 수염을 깎아라
저울로 달아 나누어 두라."
이 행동 역시 예루살렘의 파멸을 예시했다.

• 너희는 머리털과 수염이 깎이는 수치를 당할 것이다.

• 네가 모든 미운 물건과 모든 가증한 일로 내 성소를 더럽혔은즉 나도 너를 아끼지 아니하며...(5:11)

• 삼분의 일은 전염병으로 죽으며 기근으로 멸망할 것이요 삼분의 일은 사방에서 칼에 엎드러질 것이요, 삼분의 일은...

유다와 예루살렘에 대한 예언들(4-24장)

이스라엘 백성에게 머리털과 수염을 깎는 행위는
모욕과 멸시의 표시였다.
이 모든 행위는 백성에게 충격적인 방법으로
예시한 경고의 메시지이다. 머리털 중에 일부만 남기신다.
나라가 멸망하는 가운데 일부만 남아 있을 것이라는 예언의 말씀이다.

• 지금 우리네 강단에서도 동일한 메시지가 선포된다.
그러나 경고는 공허한 메아리처럼 흩어져버린다.
메시지의 내용이 아무리 훌륭해도
전하는 자나 듣는 자가 죄에 대한 감각이 무뎌져버렸기 때문일 것이다.

• 고난 속에 있다고 해서
반드시 삶의 변화가 나타난다고 볼 수 없다.
아무리 선지자들이 충격적인 방법으로 메시지를 선포한다 할지라도
백성에게는 큰 변화가 나타나지 않았다.
그들은 자신들의 삶에서
특별히 회개할만한 것들을 찾아내지 못한다.
종교적인 행사는 여전히 계속되었을 것이기 때문이다.

• 지금도 우리는 교회가 너무 세속화되었다고
이구동성으로 말한다.
여전히 세상의 지탄을 받는다.
한국교회의 열심은 자타가 인정하지만
그렇다고 누구도 한국교회 성도들의 삶을
본 받아야 한다고 말하지 않는다.
말씀도 풍성하고, 성경공부도 풍성하지만,
교회는 좀처럼 변화를 나타내지 못한다.

• 이런 점이 에스겔의 안타까움이다.
무엇이 문제일까?
무엇보다 하나님께서 우리에게 원하시는 바가
무엇인가를 정확히 아는 것이 필요하다.
도대체 우리는 무엇을 위하여 열심을 내는 것일까?

• 백성은 예루살렘에 성전이 있는 동안
결코 망하지 않을 것이라는 확신을 갖고 있었다.
그러나 이제 그 성전을 날려버리실 것이다.
누가? 바로 여호와 하나님께서.
우리도 지금 돌아서지 않으면 같은 길을 걷게 될 것이다.

• 유다는 우상 숭배 때문에 망한다(6장).

• 주 여호와께서 이르시되 재앙이로다, 비상한 재앙이로다 볼지어다 그것이 왔도다(7:5).

• 때가 이르렀고 날이 가까왔으니 사는 자도 기뻐하지 말고 파는 자도 근심하지 말 것은 진노가 모든 무리에게 임함이로다(7:12).

성전환상과 하나님의 떠나심(8–11장)

1 질투의 우상 **2** 장로 70명의 우상 숭배 **3** 담무즈 숭배 **4** 약25명이 태양 숭배	성전 안에서 벌어지는 죄악들(8장)

하나님은 에스겔에게
예루살렘을 심판하지 않을 수 없는
충분한 증거를 보여주신다.

이스라엘의 지도자들은 한결같이
우상 숭배에 열을 올린다.
하나님이 성전을 떠나셨기에, 하나님은
지금 이곳에 계시지 않는다고 생각했기 때문이다.
따라서 70인의 장로들이 우상을 섬기고
북문에서는 여인들이 담무스를 위하여
애곡한다.
약 25명의 고관들이 태양을 숭배한다.

따라서 하나님은 살육하는 무기를 든
천사들을 동원하신다.
이마에 표를 하지 않는 자들은
남녀노소를 막론하고 다 죽이라고 명령하신다.
예루살렘은 더 이상 성소가 아니다.
하나님께서 성소를 떠나셨기 때문이다.

성전 안에서의 죄악들(겔 8:1-18)

에스겔이 여섯째 해(=여호야긴 왕이 포로가 된 지 여섯 번째 해) 여섯째 달 초닷새에 텔아빕에 있는 집에 앉아 있었다. 장로들과 함께 집에 앉아 있던 에스겔에게 주 여호와의 권능이 임했다.

(1) 주의 영(רוּחַ, the Spirit)이 에스겔을 이끌어 안 뜰로 들어가는 북쪽 문 어귀에 내려놓으셨다. 그런데 그곳에는 질투를 일어나게 하는 우상(세멜, סֶמֶל, 투기의 우상)이 자리잡고 있었다.

(2) 므낫세가 세운 우상들(아로새긴 아세라 목상, 왕하 21:7)을 요시야 왕이 파괴했으나, 주전 592년에 이르러서는 그것이 다시 성전 구내에서 발견된 것으로 보인다. 이런 우숭숭배 행동 때문에 하나님은 자신의 성소를 떠날 수밖에 없다고 말씀하신다(6절).

(3) 유대 장로들은 거짓 신들에게 향을 바친다(11절). 이들 지도자들은 이미 여호와께서 이 땅을 '버리셨다'고 생각했다. 그래서 자신들의 행동을 보지 못할 것이라고 확신했다. 따라서 이런 우상 숭배로 여호와의 종교를 대체하려 했다.

우상 숭배자를 죽이는 환상(겔 9:1-11)

(1) 하나님은 이스라엘 향하여 분노를 쏟아부을 것이다. 하나님은 이 성읍을 관할하는 자들을 불러내신다. 이들에게 어린이를 포함해서 무차별로 살육하라는 명령이 떨어진다. 그러나 이마에 표 있는 자는 건드리지 못하게 하셨다(6절). 이들은 각기 '죽이는 무기'를 손에 들었다.

(2) 그 중에 한 사람은 가는 베옷을 입고 허리에 서기관의 먹 통을 차고 있다(2절). 그들이 들어와서 놋제단 곁에 섰다. 여호와께서 (가는 베 옷을 입고) (서기관의 먹 그릇을 찬) 그 사람을 부르셨다. 그리고 그에게 이렇게 명령하신다. "탄식하며 우는 자의 이마에 표를 그리라." 여섯 명도 베옷 입은 그 천사를 뒤좇아 가면서 남녀노소 모두를 죽이라는 명령을 받았다. 이마에 표시를 갖

지 않은 자들을 무자비하게 죽이라고 말씀하신다(5-6절 "늙은 자와 젊은 자와 처녀와 어린이와 여자를 다 죽이되").

하나님의 영광이 떠나는 환상(겔 10:1-22)

▶ 9장에서는 심판을 언급하되 개개인에 대한 심판이 언급되었고, 10장에서는 성읍에 숯불을 뿌리는 환상이 나온다(1-8절). 그리고 9-17절에서는 "네 그룹과 바퀴에 관한 환상"이 나오는데, 이는 1장에서 본 환상과 같았다.

(1) 하나님께서는 가는 베옷 입은 사람에게(9:2-3) 어떻게 명령하셨는가? 여기서 '숯불'(coals of fire)은 예루살렘을 파멸시킬 심판의 불을 상징한다. 이 숯불을 예루살렘 성읍 위에 뿌리라는 것이다. 안뜰은 구름으로 가득 차 있고(3절), 이때 하나님의 영광이 그룹을 떠나 성전 문지방으로 옮겨가신다.

(2) 하나님께서 우상 숭배의 근거지가 되어 버린 성전을 떠나는 모습을 보여준다(10:18-22). 마침내 하나님의 영광이 성전 문지방을 떠나 그룹들 위에 머무신다. 심판을 집행하기 위해서였다.

예루살렘에서 떠나는 하나님의 영광(겔 11:1-25)

(1) 11장에서는 예루살렘 멸망 직전의 상황이 펼쳐진다. 에스겔은 주의 영에 들어올려져 성전 동문으로 가게 되었다. 그 문 어귀에는 25명이 서 있었다. 주님은 에스겔에게 이들은 이 성에서 악한 마음을 품고 악한 꾀를 꾸미는 자라고 설명하셨다. 이들을 향해 심판을 예언하고 또 예언하라고 명령하신다.

가마와 고기(11:1-13)

(2) 여호와의 전 동문, 그 문에는 **스물다섯 명이 있었다**. 이들은 불의를 품고 이 성 중에서 악한 꾀를 꾸미는 자들이라고 했다(2절). 이들은 자기들끼리 이렇게 말한다.

"집 건축할 때가 가깝지 아니한즉" 이들은 선지자의 거듭된 경고에도 불구하고 예루살렘은 결코 망하지 않는다는 망상을 갖고 있었다. 설혹 바벨론의 공격이 있다해도 예루살렘(가마솥)은 자신들(고기)을 그 어떤 형편에서도 지켜줄 것이라고 생각했다.

(3) 이런 지도자들에게 하나님은 어떻게 말씀하시는가? "나는 너희를 이 성읍에서 내쫓겠다"(끌려 나오리라)"고 선언하신다(7절).

이스라엘의 회복을 약속하심(11:14-25)

(1) 하나님은 포로민들을 열방으로 흩으셨다. 그렇다면 그들은 영원히 버림을 당할 것인가? 아니다. 하나님은 이들의 회복을 약속하신다. 이제 언젠가는 포로민들을 약속의 땅으로 돌아오게 하실 것이다.

(2) 에스겔에게 임한 환상이 끝나고 주의 영이 그를 바벨론 포로지로 데리고 가신다.

8-11장 정리하기

- 성전 안에서 어떤 죄악들이 벌어지고 있었는가? (8장)
- 여인들의 담무즈 숭배, 그 기원을 설명해 보라.
- 예루살렘에서 벌어지는 우상 숭배자들을 벌하기 위해 하나님은 누구를 동원하셨는가? (9장 - 살육하는 무기를 든 사람은 누구인가?
- 이마에 표를 받은 사람들은 어떤 사람들인가? (9:6)
- 이스라엘과 유다는 얼마나 부패했는가? (9:9)
- 하나님은 베옷 입은 사람에게 어떤 명령을 내리셨는가? (10:2이하)
- 가마와 고기에 대한 비유의 핵심은 무엇인가? (11:1-13)
- 하나님은 이스라엘의 회복에 대해서 어떤 약속을 하셨는가? (11:14이하)
- 이스라엘에 대한 **심판과 회복**에 대해 정리해 보라(특강을 보고).

88

성전 안에서의 죄악들(겔 8:1–18)

(by 이학재)
프로에클레시아(통권 18호) ▼

**성전환상과
하나님의 떠나심(8-11장)**

에스겔이 여섯째 해(=여호야긴 왕이 포로가 된지 여섯 번째 해) 여섯째 달 초닷새에 텔아빕에 있는 집에 앉아 있었다. 에스겔이 처음 부름을 받던 때(겔 1:1-2, 주전 592년)로부터, 14개월 이후의 일이다. 에스겔의 집에 마침 유다 장로들이 와 있었다. 포로된 자들 중에 자주 장로들이 언급된다(겔 14:1, 20:1). 에스겔은 전에 보던 불 같은 형상을 다시 보게 되었고, 그는 (환상 속에서) 예루살렘으로 옮겨져 성전 안에 우상숭배가 행해지는 것을 보게 된다.

1. 장로들과 함께 집에 앉아 있던 에스겔에게 주 여호와의 권능(야드, 손)이 임했다.

(1) 에스겔이 보니 그 형상은 맨 처음에 보았던 불같은 형상의 인물이었다(겔 1:26, 27*). "내가 보니 불 같은 형상[1])이 있더라 그 허리 아래의 모양은 불 같고 허리 위에는 광채가 나서 '단 쇠'[2]) 같은데"(2절)

- 겔 1:26, 27절을 보자. 에스겔이 위를 쳐다보는데, 청옥처럼 보이는 보석으로 만든 보좌 같은 것이 있었다. 그 보좌 위에 **한 사람이 앉아 있는 것을** 보았다(겔 1:26). 그 사람의 허리 위는 새빨갛게 달아오른 금속과도 같았고, 허리 아래는 사방으로 뻗는 불과 같아 보였다(27절).

1) 이 신비로운 존재는 그 기능으로 보아 여호와 자신과 동일시 되지는 않지만, 이야기가 진행되면서 여호와의 이름으로 말한다(겔 8:17-18).

2) glowing metal 백열하고 있는, 시뻘건 금속(하쉬말, חַשְׁמַל)

8:3 그가 ——— 손 같은 것을 **펴서** 내 머리털 한 모숨을 **잡으며**
주의 영이 ┬ 나를 **들어** 천지 사이로 **올리시고**
├ 하나님의 환상 가운데에 나를 **이끌어** — 신체가 직접 옮기운 것이 아니라 환상으로 옮겨진 것이다(사 21:6-10 참조).
├ 예루살렘으로 **(가서)**
└ 안뜰로 들어가는 북향한 **문**에 **(이르시니)**
/거기(=문)에는 질투의 우상 곧 질투를 일어나게 하는 우상의 자리가 있는 곳이라

'주의 영'(겔 3:12 참조)은 원문에는 루아흐(רוּחַ)인데 영어 성경은 the Spirit로 번역했다.

1 질투의 우상

(2) 주의 영(רוּחַ, the Spirit)이 에스겔을 이끌어 안 뜰로 들어가는 북쪽 문 어귀에 내려놓으셨다. 그런데 그곳에는 질투를 일어나게 하는 우상(세멜, סֶמֶל, 투기의 우상, the idol of jealousy)이 자리잡고 있었다(대하 33:15, "이방 신들과 여호와의 전의 우상(세멜, סֶמֶל)[3])을 제거하며 여호와의 전을 건축한 산에와 예루살렘에 쌓은 모든 제단들을 다 성 밖에 던지고").

3) 역내하에 나오는 우상(세멜)은 므낫세가 성전 안에 세운 우상을 가리킨다. 이 우상은 요시야 왕이 제거한 아세라 상이다(왕하 23:6).

아세라 - 하늘의 여왕이자 다산(多産)의 여신

(3) 므낫세가 세운 우상들(아로새긴 **아세라** 목상, 왕하 21:7)을 요시야 왕이 파괴했으나, 주전 592년에 이르러서는 그것이 다시 성전 구내에서 발견된 것으로 보인다.

- 왕하 21:1 "므낫세가 왕이 될 때에 나이가 십이 세라 예루살렘에서 오십오 년간 다스리니라 그의 어머니의 이름은 헵시바더라 2**므낫세가 여호와 보시기에 악을 행하여** 여호와께서 이스라엘 자손 앞에서 쫓아내신 이방 사람의 가증한 일을 따라서 3그의 아버지 히스기야가 헐어 버린 산당들을 다시 세우며 이스라엘의 왕 아합의 행위를 따라 바알을 위하여 제단을 쌓으며 **아세라 목상을 만들며** 하늘의 일월 성신을 경배하여 섬기며 4여호와께서 전에 이르시기를 내가 내 이름을 예루살렘에 두리라 하신 여호와의 성전에 제단들을 쌓고 5또 여호와의 성전 두 마당에 하늘의 일월 성신을 위하여 제단들을 쌓고 6또 자기의 아들을 불 가운데로 지나게 하며 점치며 사술을 행하며 신접한 자와 박수를 신임하여 여호와께서 보시기에 악을 많이 행하여 그 진노를 일으켰으며 7또 자기가 만든 **아로새긴 아세라 목상을 성전에 세웠더라.**"

요시야의 철저한 개혁(우상 제거)

▲ 요시야는 공적인 개혁과 함께 각 가정에 있던 우상들을 제거했다. 신접한 자(영매, 靈媒)와 박수(점쟁이, 마술사, wizard, spiritist)와 드라빔과 우상과 모든 가증한 것을 다 제하였다. "이는 대제사장 힐기야가 여호와의 전에서 발견한 책에 기록된 율법 말씀을 이루려 함이라"고 했다(왕하 23:24).

(4) 예레미야 44:16-19을 읽어보자. 유다가 망하고 난 후 일부는 애굽으로 내려왔다. 그런데 그 포로민들 역시 이방신 숭배에서 떠나지 아니했다. 이들은 모두들 "우리는 **하늘의 황후**(여왕)를 섬기겠소"라고 했다. 이들은 주장하기를 자신들이 하늘의 여신에 대한 숭배를 중단한 후부터 재앙이 찾아왔다는 것이다. "[그런데, But, ו] 우리가 하늘의 여왕에게 분향하고 그 앞에 전제 드리던 것을 '폐한 후부터는' 모든 것이 궁핍하고 칼과 기근에 멸망을 당하였습니다"(렘 44:18) 이 여인들의 하는 소리를 들어보라(19절). "여인들은 **이르되**' 우리가 **하늘의 여왕에게 분향하고** 그 앞에 전제를 드릴 때에 어찌 우리 남편의 허락이 없이 그의 형상과 같은 과자를 만들어 놓고 전제를 드렸느냐 하는지라." [더 자세한 것은 동교재, 예레미야의 설명을 참고해 보기로 하자.]

예루살렘이 파괴되기 이전부터 여인들이 이미 이방신에게 분향하고 그 앞에 전제를 드렸다는 것이다. 이들 남편들은 이런 사실을 알고 있었다. 그런데 그때에는, 즉 이방 여신에게 제사를 드렸을 때에는 오히려 먹을 것이 풍부했었는데, 그것을 중단한 후부터 재앙이 찾아왔다는 것이다. 따라서 이 일을 계속하겠다는 것이다. 그것도 반드시(아싸, עָשָׂה) 실행하겠다는 것이다.

2. 다시 본문을 보자. 그때에 하나님께서 말씀하셨다(5절). "인자야 이제 너는 눈을 들어 북쪽을 바라보아라."

(1) "내가 눈을 들어 북쪽을 바라보니 제단문 어귀(건물 입구) 북쪽에 그 질투의 우상이 있더라." 북쪽 문이 가장 많이 사용되었는데, 이는 남쪽과 동쪽에 왕궁 건물들이 있었기 때문이었다.

(2) 이런 우상숭배 행동 때문에 하나님은 자신의 성소를 떠날 수밖에 없다고

말씀하신다(6절, "그가 또 내게 이르시되 인자야 이스라엘 족속이 행하는 일을 보느냐 그들이 여기에서 크게 '가증한 일'(토에바, 우상숭배)을 행하여 나로 내 성소(미크다쉬, מִקְדָּשׁ- sanctuary)[1]를 멀리 떠나게 하느니라(I should be far from My sanctuary)."

1) 하나님께 대한 예배를 위해 드려진 물리적인 장소를 의미한다. 이곳은 거룩한 곳이다. 왜냐하면 하나님께서 백성 중에 거하실 때 이 장소에 거하셨기 때문이다(출 25:8). 따라서 더럽히면 안 된다(레 12:4, 19:30, 20:3, 21:12, 23). 이 단어를 예루살렘 성전으로 보기도 한다(겔 11:16).

(3) 그런데 문제는 에스겔이 이것보다 "다른 큰 가증한 일을 더 보게 될 것이라"는 것이다(8:6). 어떤 큰 일일까? "그가(=주의 영) 나를 이끌고 뜰 문에 이르시기로 내가 본즉 담에 구멍이 있더라." 에스겔이 본 환상에는 바깥뜰과 안뜰(왕상 6:36, 7:12)이 있었다(겔 40:17-19). '뜰로 들어가는 문'(the entrance of the court)으로 가서 바라보니 담벽에 구멍이 하나 있었다. "이 담을 헐라 하시기로 내가 그 담을 허니 한 문이 있더라." 에스겔이 그 문을 열고 들어가 보니 거기에서 '가증하고 악한 일'(the wicked abominations)이 벌어지고 있었다. --

2 장로 70명의 우상 숭배

3. 장로 70명은 그 우상들이 대표하는 거짓 신들에게 향을 바치고 있었다.

8:12 또 내게 **이르시되** 인자야
네가 – 보았느냐
/이스라엘 족속의 장로들이 각각 그 우상의 방안 어두운 가운데에서 행하는 것을(하는 짓들을)

(1) 그 장로들 가운데는 **사반의 아들 야아사냐**도 서 있었다고 했다(11절). 여기서 말하는 사반(Shaphan, שָׁפָן)이 요시야 왕의 개혁을 도운 인물이라면[2] 그의 아들 야아사냐(Jaazaniah)로 인해 가문의 영광에 먹칠을 한 셈이다.

(2) 에스겔이 그 방에 들어가보니 "각양 곤충과 가증한 짐승과 이스라엘 족속의 모든 우상이 그 사방 벽에 그려 있었다."(10절). **이런 우상의 그림들이 왜 성전에 그려질 수 있었을까** 잠깐 그 배경을 추적해 보자.

(3) 요시야의 죽음부터 이야기를 시작해보자. 개혁을 주도했던 요시야 왕의 갑작스런 죽음으로 유다의 정세가 매우 어지러웠다. 요시야를 뒤이어 그의 아들 여호아하스가 왕위에 올랐으나 3개월을 통치하다가 애굽에 끌려가 죽임을 당했다.[3] 그리고 등장한 왕이 여호아김이었다(주전 609-597). 여호아김이 통치하는 11년 동안 부왕 요시야가 주도한 우상 제거 작업 등 개혁의 결과가 다시 원상태로 돌아가 버렸다. 그는 요시야가 제거했던 우상(아

2) 힐기야가 성전에서 발견한 율법책을 요시야 왕에게 전한 사람이 사반이다((왕하 22:3-14; 대하 34:8-10; 렘 36:10-12).

3) 주전 605년 갈그미스 전투에서 패배하자 애굽은 철군하는 과정에서 여호아하스를 애굽으로 끌고갔다. 그리고 여호아김을 앉혔다. 여호아김은 가연히 애굽의 눈치를 봐야했고 애굽에 조공을 바치기 위해 백성들에게 무거운 세금을 활당했다.

8:10 내가 **들어가 보니** 각양 곤충과 가증한 짐승과
이스라엘 족속의 모든 우상을 그 사방 벽에 **그렸고**
11 이스라엘 족속의 장로 중 칠십 명이 그 앞에 **섰으며**
사반의 아들 야아사냐도 그 가운데에 **섰고**
각기 손에 향로를 **(들었는데)** 향연이 구름 같이 **오르더라**

• 레 7:21 "만일 누구든지 부정한 것 곧 사람의 부정이나 부정한 짐승이나 부정하고 가증한 무슨 물건을 만지고 여호와께 속한 화목제물의 고기를 먹으면 그 사람도 자기 백성 중에서 끊어지리라."

세라 목상 등)을 다시 섬기기 시작했다. 물론 애굽에 의해 왕 위에 올랐기에 정부는 친애굽파들이 득실거리기 시작했다. 당연히 성전에서도 애굽 종교의 색채로 바꾸어져버렸을 것이다.[1)]

⑱ 여호야김(609-597 B.C.)이 어떤 왕이었는지 간단히게 살펴보자.

• 애굽의 꼭두각시 왕으로 11년 동안 통치했는데, 조공을 바치기 위해 국민 각자에게 힘대로 액수를 정하고 은과 금을 늑봉(징수)했다(왕하 23:35).

• 선지자 우리야를 죽였고(렘 26:20-23), 예레미야도 죽이려 했다(렘 26:24, 36:26). 특히 예레미야가 받은 계시의 두루마리를 불에 태웠다(렘 36:23).

• 왕궁을 더 크게 짓기 위해 백성들에게 고역을 시켰다(왕하 24:4, 렘 22:13-19). 예레미야의 경고나 하박국의 탄식도(합 1:3-4) 여호야김 통치 시대를 배경으로 한 것이다. 여호야김의 행동을 꾸짖은 예레미야의 경고를 보라(렘 22:13-15).

• 요시야의 개혁 운동이 열기를 잃어가고 그 **백성들은 옛길로 다시 돌아섰다**.

• 주전 601년, 느부갓네살은 잠재적으로 남아 있는 애굽의 느고를 치기 위해 애굽의 국경까지 진격했다. 그러나 양편이 많은 사상자를 내고 성공하지 못한다.

1) 요시야가 죽은 후에 아세라 상은 다시 부활되었다.

최근에 발견된 주전 9~8세기의 것으로 추정되는 금석문들은 여호와와 '그의 아세라'를 연관시킨다. 이런 연유로 아세라 제의는 여호와의 제의와 나란히 성전에서 행해졌을 것이다. 렘 44:17-19을 보면, 나라가 망하고 일부 유대인들이 애굽으로 내려와 여전히 이 우상을 섬겼다는 사실을 알 수 있다.

이런 상황에서 여호야김은 애굽을 섬기다가(602/1, 애굽에 조공을 바침) 바벨론을 섬기는 등 갈팡질팡할 수밖에 없었다(3년 동안 바벨론에 조공을 바침).

- 여호야김은 느부갓네살을 배반한다(왕하 24:1). 이 소식을 들은 느부갓네살은 갈대아 부대와 그 예하에 있던 모압, 암몬의 부대들을 급파하여 여호야김을 쳤다(왕하 24:2, 렘 35:11). 끝내는 바벨론이 예루살렘에 주둔하게 되었다(598 B.C.). 바벨론의 느부갓네살은 유다를 공격해 여호야김을 쇠사슬로 묶어 바벨론으로 끌고 갔다. 그러나 여호야김은 성 공격이 시작될 때 죽었을 가능성이 짙다(렘 22:18-19, 36:30).[1]

"나, 호브라야. 내가 유다를 도와주려 했던 왕이야." - 겔 17:17을 보라고."

- 애굽의 바로 호브라의 군대가 북진함으로 예루살렘을 에워쌌던 바벨론 군대가 일시적으로 예루살렘 포위망을 풀기도 했다(렘 37:5). 물론 바벨론 군대가 다시 예루살렘을 포위, 결국 예루살렘 성은 파괴되었지만 **이 과정에서 유다 백성들은 애굽을 많이 의지하려 했다.** 이에 대한 자세한 내용은 에스겔서 17장에서 다시 다룬다.

1) 여호야김이 죽고 뒤를 이어 그의 아들 여호야긴(Jehoiakin)이 18세의 나이로 왕위에 올랐으나(왕하 24:6) 그 역시도 여호와 보시기에 악했다. 여호야긴이 즉위한 지 3개월 뒤 느부갓네살이 다시 예루살렘을 점령했다(왕하 24:10-17). 그리고 느부갓네살은 여호야긴을 비롯하여 황후, 왕자, 신복 등 나라의 유력한 자들을 많이 끌고 갔다. 그 중에는 용사 7천과 기술자 1천 명이 포함되었다(왕하 24:15). 나라가 완전 폐허화되었다. **에스겔도 이때 끌려간 포로 출신이다.**

4. 여기까지 살펴보고 다시 본문으로 들어가보자(겔 8:12하).

유대 지도자들은 여호와 하나님이 자신들을 버렸다고 생각했다. 그러니 당연히 이곳 성전에 안계신다는 것이었다. 따라서 애굽의 종교로 대체하려 했을 것이다.

8:12하 //(for, כִּי)

그들이 — 이르기를

유대 지도자들

/여호와께서 — 우리를 보지 아니하시며

/여호와께서 — 이 땅을 버리셨다 하느니라

(1) 유대 장로들은 거짓 신들에게 향을 바친다(11절). 이들 지도자들은 이미 여호와께서 이 땅을 '버리셨다'(아자브, עָזַב - 떠나다, 저버리다)고 생각했다. 그래서 자신들의 행동을 보지 못할 것이라고 확신했다. 따라서 이런 우상숭배로 여호와의 종교를 대체하려 했다.

(2) 앞에서 살핀대로 예루살렘의 멸망을 앞에 두고, 애굽의 도움의 손길이 간절했다. 유다 사회의 공식적인 대표자들은 애굽신들의 지지를 얻어내려 했을 것이다. 이들이 의지했던 신이 아세라였다.[2]

2) 그러나 하나님은 그런 헛된 망상을 이렇게 말씀하신다. 겔 17:17 "대적(=바벨론 군대)이 토성을 쌓고 사다리를 세우고 많은 사람을 멸절하려 할 때에 ***바로(=호브라)가 그 큰 군대와 많은 무리로도 그 전쟁에 그를 도와 주지 못하리라*** 18 그가(=느부갓네살) 이미 손을 내밀어 언약하였거늘 맹세를 업신여겨 언약을 배반하고 이 모든 일을 행하였으니 피하지 못하리라."

Close-up

from, 동교재, 예레미야, 17장

아세라(Asherah, אֲשֵׁרָה)

(1) 가나안의 여신으로 특히 베니게(페니키아) 사람들 이 행운과 행복을 가져다주는 신(神)으로 예배했다.

- 그녀는 엘(El)신의 배우사 혹은 아내로, 신들의 여자 조상 혹은 창조 여신이라는 칭호를 지녔다.
- 그녀의 가장 유명한 아들이 바알이었다.
- 구약성경에서 아세라에 관한 실제적인 묘사가 없다. 사람에 의해 만들어졌다(왕상 16:33; 왕하 17:16; 대하 33:19; 사 27:9). 땅에 박은 조각한 나무 형상으로 볼 수 있다. 일종의 나무 기둥(주상, 목상, 출 34:13)으로서, 바알의 제단 곁에 세워졌으며(삿 3:7, 6:25, 6:28), 언덕 꼭대기의 잎이 무성한 나무 아래 있었다.

(2) 바알 및 아세라의 제의에는 성적 부도덕이 동반했다(출 34:13; 신 16:21).

- 이스라엘과 유다 모두에서 아세라 제의가 활발했다(분열 왕정 시). 물론 그 이전에도 아세라 제의가 있었다(출 34:13; 신 16:21; 삿 6:25).
- 르호보암(왕상 14:23). 북왕국에서는 "아세라의 선지자 사백인"(왕상 18:19)을 끌어들인 장본인인 이세벨의 자극이 이 제의가 행해지게 된 가장 큰 계기가 되었다.
- 아사(왕상 15:13)나 후대의 히스기야(왕하 18:4)처럼 개혁을 원하는 왕조차 이 움직임을 억제시킬 수는 있었지만 완전히 없애버릴 수는 없었다.
- 선지자 엘리야는 이 세력의 배제에 진력하고, 이 아세라상의 예언자들을 바알의 예언자들과 함께 기손강에서 죽였다(왕상 18:19-40).
- 이러한 아세라 숭배는 여호와를 격노케 했다. 이것이 왕국 멸망의 원인이 되었다(왕하 17:7 참조). 예루살렘 성전에 아세라상이 서고, '미동의 집'(남창)이 생겨난 것은(왕하 23:4, 23:7) 앗수르의 영향에 의한 것인데, 이것은 반앗수르 정책을 세운 요시야에 의해 철저히 배제되었다(왕하 23:4-15).
- **아세라 예배**는 왕조시대에도 행해지고(사 17:8, 27:9; 미 5:14), **유다 왕조 말에도 '하늘 황후'라는 이름 아래 예루살렘에서 널리 행해졌다**(렘 17:2, 18).

▲ 아세라는 어떤 우상인가?
이 우상 숭배가 어떤 악영향을 끼쳤는가? 위의 Close-up을 살펴보자. 아세라 여신은 엘(El) 신의 배우자 혹은 아내로 알려져 있다. 그래서, 신들의 여자 조상 혹은 창조 여신이라는 칭호를 지녔다. **아세라의 가장 유명한 아들이 바알 신이었다**. 특히 농경 사회에서 풍요와 다산(多産)을 중요시했던 당시로서는 아세라와 바알 숭배는 사람들의 매력을 끄는 힘이 있었다.

▲ 무엇보다 이 종교는 성적인 무절제와 부도덕이 문제거리였다. 이런 파괴적이고 부도덕 요소가 가정생활의 유대와 근거를 무너뜨렸다. **유다는 이런 아세라 숭배의 악영향으로 나라가 파멸의 구렁텅이에서 헤어나오지 못하고, 멸망의 원인이 된다**. 특히 높은 언덕 위, 무성한 나무 옆에 제단을 쌓고 거기에 목상(아세라 상)을 세웠다. 매년 죽었다가 살아나는 신으로서의 바알은 바벨론의 **탐무스**(Tammuz)와 동일시하기도 한다.

- **바알 신**은 무엇보다도 초목을 소생시키는 단비를 주는 신이라고 알려졌다. 가뭄이 드는 것은 그가 잠시 포로로 잡혔거나 심지어 죽었기 때문이었다. 그러나 그가 소생하게 되면, 들짐승 떼, 그리고 가족들이 풍요롭게 된다고 믿었다.
- 서부 셈인들은 가을의 신년 축제 때, 생명을 소생시키는 그의 역할에 관한 신화를 암송했다. 그들은 왕, 여왕, 그리고 여사제가 제사 때 맡아 행하는 신성한 결혼이라고 하는 마술적인 의식에 의거하여 땅의 풍요를 보증해 줄 것을 기대했다.

3 담무스 숭배

여인들이 담무스를 위하여 애곡하더라(겔 8:13-14)

이번에는 먼저보다 더 큰 가증한 사건을 보게 된다(13절).

8:14 그가 **또** 나를 **데리고**
여호와의 전으로 들어가는 북문에 **(이르시기로)**
보니(=라), and behold
여인들이 ─── 거기에 **앉아**
└── **애곡하더라(מְבַכּוֹת)**(바카, בָּכָה의 피엘 분사)[1]
/담무스(Tammuz, תַּמּוּז)를 위하여

피엘 동사 분사형이다. 애곡하되 아주 비탄(애통)해 한다는 뜻이다.

1) 죽은 자를 위한 애도는 풍요 제의에 특별한 부분인데, 그때 죽은 초목신은 그해 가을에 애도되었다. 바알 종교는 사사 시대 전체에 걸쳐, 이스라엘에 악영향을 미쳤다. 남왕국에도 스며들어(왕하 11:18, 21:2), 요시야의 개혁에도 불구하고(왕하 23:4 이하), 이 나라도 포로로 잡히게 되었다(겔 16:23 등).

• **담무스**는 수메르와 바벨론의 농경신이다. 담무스는 일차적으로 다산, 생식을 책임지는 여신, 이난나(Inanna, Ishtar)와 관계가 있다. 더 자세한 설명은 바벨론 종교의 기원을 연구해야 한다. 창 10:9-14에는 특이한 사냥꾼 니므롯이 나온다. 그는 함의 후손으로 하나님을 대적하며, 사람들로 하여금 하나님처럼 경배하게 했다. 고대문헌에 의하면, 그는 Shem에 의해 죽임을 당했다고 한다. 그 후 니므롯의 아내 세미라미스는 다른 남자와의 사이에서 사생아인 담무스를 낳고 그로 하여금 아버지의 원수를 갚고, 바벨론 나라를 다시 세웠다는 것이다.

이들에게서 바알 신앙과 아스다롯 신앙이 시작되었다. **그녀는 아들 담무스를 낳고 그 아들을 죽은 남편이 환생했다고 주장한다.** 그 아들이 왕위를 회복하자 그 아들과 결혼한다. 그리하여, 아버지이자, 아들을 신격화하여 하늘의 신으로 남자 신, 태양신 바알(Baal)이라고 했다. 그리고 자신은 하늘의 어머니이며 하늘의 황후로 여자 신 달신(月神)으로 Asthar라고 하였다. 이 여인을 통하여, **니므롯이 담무스로 태어났기 때문에 신을 낳은 어머니가 되고 신의 하늘의 황후가 된다.** 이후 인류가 점점 지방으로 분포되어 각 나라의 언어를 따라 다른 이름으로 나타난다. 가나안에서는 '아스다롯' 에베소에서는 '아데미' 이집트에서는 '이시스' 등의 이름으로 나타난다.

성전에서 본 우상 숭배의 모습(겔 8:5-18)

(1) 첫 번째 죄악의 환상(3-6절). 문 북쪽에 제단이 놓여 있고 문 입구에는 '질투의 우상'이 있었다. 수많은 사람들이 그 우상 앞에서 가증한 짓 곧 역겨운 짓들을 행하고 있었다.

(2) 두 번째 우상 숭배의 모습 - 장로들이 저지르는 가증한 짓(7-13절). 주님의 영은 에스겔을 성전 뜰 입구로 데려가셨다. 그곳에는 벽이 있었고 벽에는 구멍이 있었다. 그 벽면에는 온갖 종류의 기어다니는 것과 징그러운 짐승과 이스라엘 백성의 우상들이 그려져 있었다. 이들은 하나님을 떠나 애굽의 세속적인 힘과 우상을 그리워하고 있는 모습이다.

(3) 세 번째 우상 숭배(14-15절). 주님의 영은 에스겔을 성전 북문 입구로 데려가셨다. **그곳에는 여자들이 앉아 있는데 모두 담무스 신을 위해 울고 있었다.** 왜 울고 있을까? 이 여인들은 신의 죽음을 슬퍼하고 있는 것이다. 즉 예루살렘의 기근을 하나님의 심판으로 보지 않고 바벨론의 식물의 신인 담무스가 죽었기 때문이라고 슬퍼하고 애곡하고 있는 것이다.

(4) 네 번째 우상 숭배 - 태양을 숭배(16-18절). 마지막으로 주님의 영에 이끌려 성전 안뜰로 갔다. 거기서는 25명 정도의 사람들이 성전 입구 곧 현관과 제단 사이에서 여호와의 성전을 등진 채 동쪽을 바라보며 태양을 향해 절하고 있었다.

▶ 이것이 멸망의 원인이었음을 에스겔에게 보여주셨다. 결국, 유다와 예루살렘 성전은 파괴되었다.

4

약25명이 태양 숭배

2. 마지막으로 에스겔은 주님의 영에 이끌려 성전 안뜰로 들어갔다.

8:16 그가 ── 또 나를 **데리고**
└ 여호와의 성전 안뜰에 **들어가시니라**
보라!
약 스물다섯 명이 ── 여호와의 성전을 **등지고**
/여호와의 성전 문 곧 현관과 제단 사이에서
└ 낯(얼굴)을 동쪽으로 **향하여**
[그들이] ──── 동쪽 태양에게 **예배**(경배)**하더라**

태양 숭배는 고대 근동 지역에서 널리 퍼져 있었고, 가나안 땅에 깊이 뿌리내리고 있었다. 물론 이스라엘에서 태양 숭배는 엄격하게 금지되었다(신 4:19). 태양은 하나님께서 지으신 피조물이기 때문이다(창 1:14-19).

(1) **므낫세의 악행** – 므낫세는 "그의 아버지 히스기야가 헐어버린 ① 산당들을 다시 세우며 이스라엘의 왕 아합의 행위를 따라 ② 바알을 위하여 제단을 쌓으며 ③ **아세라 목상을 만들며** ④ **하늘의 일월 성신을 경배하여** 섬기며, ...[5]또 여호와의 성전 두 마당에 하늘의 일월 성신을 위하여 제단들을 쌓았다"(왕하 21:3-5). .... [9]**이 백성이 듣지 아니하였고 므낫세의 꾐을 받고 악을 행한 것이 여호와께서 이스라엘 자손 앞에서 멸하신 여러 민족보다 더 심하였더라."**

- 왕하 23:11 "또 유다 여러 왕이 **태양을 위하여 드린 말들을 제하여 버렸으니** 이 말들은 여호와의 성전으로 들어가는 곳의 근처 내시 나단멜렉의 집 곁에 있던 것이며 또 **태양 수레를 불사르고**."

(2) 태양 숭배는 이스라엘에 여러 번 들어왔었다. 그러나 요시야 왕은 이런 것을 모두 정리했다(왕하 23:5 "옛적에 유다 왕들이 세워서 유다 모든 성읍과 예루살렘 주위의 산당들에서 분향하며 우상을 섬기게 한 제사장들을 폐하며 또 **바알과 해와 달과 별 떼와 하늘의 모든 별에게 분향하는 자들을 폐하고**")

(3) 그러나 태양 숭배가 다시금 진행된 것은 앞에서 언급한 상황 때문에 더욱 극성을 부렸던 것으로 보인다. 여기 약 25명은 아마도 제사장 24반차의 지도자들(대상 24:5이하)과 대제사장들이었을 것이다.[1)]

1) 예레미야 32:33-34절에서는 이에 대한 생생한 묘사가 언급된다.

- 렘 32:33 "그들이 등을 내게로 돌리고 얼굴을 내게로 향하지 아니하며 내가 그들을 가르치되 끊임없이 가르쳤는데도 **그들이 교훈을 듣지 아니하며 받지 아니하고** [34]내 이름으로 일컫는 집에 자기들의 가증한 물건들을 세워서 그 집을 더럽게 하며."

3. 유다 족속이 행한 악행은 이것 뿐만이 아니다. "유다 족속이 여기에서 행한 가증한 일을 적다 하겠느냐?"(17절) 거기에다가 그 땅을 폭행으로 채웠다.

8:17 그들이 그 땅을 폭행(하마스, חָמָס - 폭력, 불법, 악행)으로 채우고
또 다시 내 노여움을 일으키며
심지어 나뭇가지를 그 코에 두었느니라[2)]

그러므로 하나님도 이들을 분노로 갚아 불쌍히 여기지 아니하며 긍휼을 베풀지도 아니하실 것이라고 하셨다(18절).

2) 이 말의 정확한 의미는 확실히 알 수 없으나 이교도의 의식이었던 것같다. 어쨌든 이들은 악행을 하는 것도 모자라 가장 불쾌한 방법으로 하나님을 모욕했다는 말이다.

우상 숭배자를 죽이는 환상(겔 9:1–11)

성전환상과 하나님의 떠나심(8-11장)

8장 마지막에 유다 백성들의 악행을 소개하면서 "그러므로 나도 분노로 갚아 불쌍히 여기지 아니하며 긍휼을 베풀지도 아니하리니 그들이 큰 소리로 내 귀에 부르짖을지라도 내가 듣지 아니하리라"(18절)고 하셨다. 이제 하나님은 이스라엘 향하여 분노를 쏟아부으실 것이다. 하나님은 이 성읍을 관할하는 자들을 불러내신다. 이들에게 어린이를 포함해서 무차별로 살육하라는 명령이 떨어진다. 그러나 이마에 표 있는 자는 건드리지 못하게 하셨다(6절).

1. 하나님께서는 이 성읍을 관할하는 자들을 불러내신다. 이들은 각기 죽이는 무기를 손에 들었다.

9:1 그가 — **또 외쳐**
/큰 소리로 내 귀에
/이르시되(=이르시기를) (...하시더라)
/관할하는 자들이(=아) — 나아오게 하라
/이 성읍을 /각기 죽이는 무기를 손에 들고

(1) 성읍을 '관할하는 자'(페쿠타, פְּקֻדּוֹת) - '감독, 맡는 것, 책임, 위탁, 순찰' 등의 뜻으로 쓰였다(감독관, 겔 44:11). 본문에서는 성읍을 '벌할 사람'을 가리킨다. 하나님은 이들에게 사람을 죽이는 무기를 손에 들고 나아오게 하라고 명하신다.[1)]

1) 성읍을 벌할 자들이 누구인가에 대해서는 여러 해석들이 있지만 대부분 천사들이라고 해석한다(창 19:1 참조).

(2) 그러자 **여섯 명**이 북쪽으로 향한 윗문 길에서 오는데 그들은 모두 **죽이는 무기**를 들고 있었다. 그 중에 한 사람은[2)] 가는 베옷을 입고 허리에 서기관의 먹통을 차고 있었다(2절). 그들이 들어와서 놋제단 곁에 섰다. 베옷(세마포)은 제사장이 입는 옷을 상징한다(레 6:10, 16:4). 그러나 베옷은 천사들이 입는 옷이기도 하다.

2) 여기 한 사람은 여섯 사람 가운데 한 사람이 아니라 또 다른 한 사람을 가리키는 것인가? 그렇다면 결국 일곱 사람이 패역한 도시의 사람들을 심판하는 하나님의 도구로 나타난다. 그러나 한글 성경에는 여섯 명 중의 한 사람으로 번역했다.

• 단 10:5, 12:6-7 "그 중에 하나가 **세마포 옷을 입은 자** 곧 강물 위쪽에 있는 자에게 이르되 이 놀라운 일의 끝이 어느 때까지냐 하더라 7 내가 들은즉 그 **세마포 옷을 입고** 강물 위쪽에 있는 자가 자기의 좌우 손을 들어 하늘을 향하여 영원히 살아 계시는 이를 가리켜 맹세하여 이르되....".

(3) 따라서 이들은 하늘의 군사 요원일 가능성이 높다. 이것은 유월절 장자 재

탄식하며 우는 자의 이마에 표(타우, תָּו)를 그려라

▲ **여섯 명**이 북쪽으로 향한 윗문 길에서 오는데 그들은 모두 **죽이는 무기**를 들고 있었다.

9:2 내가 **보니**
여섯 사람이 북향한 윗문 길로부터 **오는데**
각 사람의 손에 죽이는 무기를 잡았고
그 중의 한 사람은 가는 베 옷을 **입고**
허리에 서기관의 먹 그릇을 (**찼더라**)
그들이 들어와서 놋 제단 곁에 **서더라**

표, 기호, 표시(mark) - 히브리어 알파벳의 마지막 문자인 '타우'(ת)는 대부분의 고대 문헌에서 '+'와 같은 모양으로 기록되었다. (죽음을 면케 한 가인의 표 참조, 창 4:15)

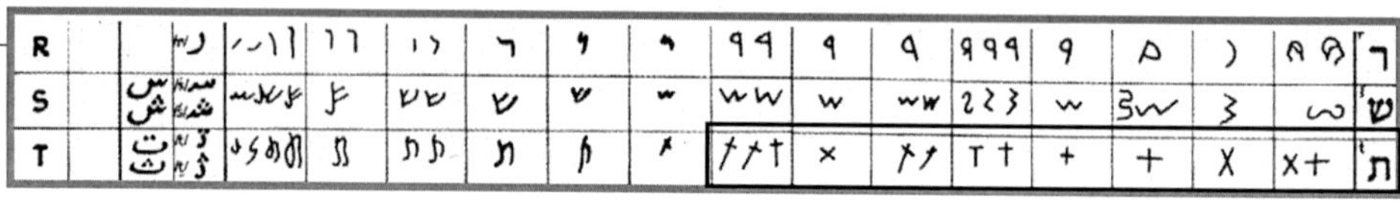

(타우, תָּו)

1) 또는 1장에 묘사된 전차 보좌를 염두에 두고 있을 가능성도 있다(겔 10:4 참조).

앙에서 문설주의 피를 보고 천사가 그대로 지나간 것과 같다(출 12:21-29). 또 소돔과 고모라 성을 심판하도록 보냄을 받은 천사들과 그 사역이 같다(삼하 24:15-17도 참조 - "**천사가** 예루살렘을 행하여 그의 손을 들어 멸하려 하더니...16절))

.

2. 에스겔은 [예루살렘 성전 지성소 안 그룹(언약궤 덮개) 가운데 머물러 있던[1]] **하나님의 영광이 떠올라 성전 문지방으로 옮겨가는 것을 보았다.**

(1) 여호와께서 (가는 베 옷을 입고) (서기관의 먹 그릇을 찬) 그 사람을 부르셨다. 그리고 그에게 이렇게 명령하신다.

2) 조셉블렌킨솝, 에스겔, 한국장로교출판사, 2002.

9:4 여호와께서 **이르시되**
/너는 ┬ 예루살렘 성읍 중에 순행하여
└ 탄식하며 우는 자의 이마에 표(타우, תָּו)를 그리라
/그 가운데에서 행하는 모든 가증한 일로 말미암아

요한계시록 7:4
"내가 **인침**을 받은 자의 수를 들으니 이스라엘 자손의 각 지파 중에서 **인침**을 받은 자들이 십사만 사천이니"

여기서 인(印)친 내용이 무엇인가? 요한계시록은 인치는 내용을 구체적으로 말하지 않는다. 놀라운 것은 에스겔서 9:3-4가 그 내용을 분명하게 보여준다는 것이다.

(2) 하나님께서 '탄식하며 우는 자의 이마'에 표(타우, תָּו)를 그리라고 명하셨다. 왜 탄식하며 우는가? 혐오를 자아내는 죄악을 보고 안타까워하며, 즉 가지 각색의 역겨운 일들을 행하는 사람들 때문에 고통하며 신음하는 자들에게는 표를 그리라는 것이다. **이 표는 소유권을 표시하는 일종의 문신(文身) 또는 낙인(烙印)으로서 여호와께 속한 자들에게 표시되었다.** 즉 복음서의 용어를 빌리자면 의에 주리고 목마른 자들을 따로 구별하는 것이다.[2]

2) 상당히 권위 있는 주석가들 가운데 카일 델리취와 블로크가 이 표를 십자가로 해석했다. 이로 보아 우리는 이 구절이 요한계시록 7:3과 9:4에 나오는 인침과 연관하여 십자가로 봄이 가할 것이다. (권호덕, 요한계시록 7:4의 하나님의 인에 대한 한 연구, 2019.4.4 논문)

(3) 70인경은 "표를 주라"(δὸς τὸ σημεῖον)라고 번역했다. 고대 히브리어 알파벳의 변천사를 보더라도 그리고 매우 권위있는 역본들이 이 표를 십자가로 해석했다. 그 옛날 십자가가 무엇인지 알지 못할 때 하나님은 이렇게 문자로 십자가를 그리라고 하신 것이다. 계 7:3과 겔 9:4과 연관하여 이 표를 십자가로 봄이 가할 것이다. 계시록에서 "인을 치라"(7:3)는 말은 마지막 시대에 구원의 백성들에게 이마에 '십자가를 그리라'는 말이다(권호덕, 2019).

* 에스겔이 사용한 히브리어는 "옛 이스라엘 문자"였다. 이 문자는 지금 우리가 가지고 있는 히브리어 성경(BHS)의 문자와는 다르다. "옛 이스라엘 문자"에서 타우는 '곱셈표'(×)와 비슷하다. 매우 흥미롭게도 "옛 이스라엘 문자" 이전의 문자 곧 히브리어가 파생되어 나온 "옛 페니키아언"에서 '타우'는 덧셈표('+')로 표시했다. 히브리어 문자 변천사를 보더라도 그리고 매우 권위 있는 역본들이 이 표를 십자가로 해석했다는 점에서 우리는 거기에 동의할 수 있다.[2] [맨위 옛 히브리어 (타우) 변천과정을 보라.]

3. 9:6을 보자. 나머지 여섯 명도 베옷 입은 그 천사를 뒤좇아 가면서 남녀노소 모두를 죽이라는 명령을 받았다.

(1) "너희는 그를 따라 성읍 중에 다니며 불쌍히 여기지 말며 긍휼을 베풀지 말고 쳐라(smite)"고 명하셨다. 이마에 표(타우, תָּו, mark)를 갖지 않은 자들은 무자비하게 죽이라고 명령하신다(5-6절 "늙은 자와 젊은 자와 처녀와 어린이와 여자를 **다 죽이되**"). 여섯 천사들에 의해 심판의 행위가 이루어지고 있지만 동시에 구원도 이루어지고 있음을 본다.

(2) 심판은 어디서부터 있게 될까? "내 성소에서 시작할지니라"[1] 성소는 이스라엘 백성들에게는 가장 중요하고 거룩한 중심점이었다. 그러나 가장 거룩해야 할 이 곳이 우상의 본거지가 되었다. 성소 안에서의 죄악으로 인하여 하나님은 이곳을 떠나시기로 작정하셨다(7절). 제일 먼저 죽은 사람은 태양숭배자들이었다(여기서는 장로들이라고 부르고 있다). 이렇게 심판은 교회에서부터 시작된다.

9:7 그가 또 그들에게 **이르시되**
/너희는 성전을 **더럽혀** 시체로 모든 뜰에 **채우라**[2]
너희는 **나가라** 하시매
그들이 **나가서** 성읍 중에서 **치더라**

4. 에스겔은 절규한다. 그리고 중보기도 한다. 하나님의 철저한 심판에 너무나 가슴이 아팠기 때문이다. 이러다가 의인까지도 멸하시지 않을까 걱정했다.

9:8 그들이 칠 때에
내가 — **홀로 있었는지라**
[내가] — **엎드려 부르짖어 이르되**
/아하, 주 여호와여 예루살렘을 향하여 분노를 쏟으시오니
이스라엘의 **남은 자**를 모두 멸하려 하시나이까?

남은 자(쉐에리트, שְׁאֵרִית) - 표를 받은 소수의 살아남은 자

(1) 에스겔은 소수의 남은 자를 제외하고 모두 멸망당한다면 누가 미래의 이스라엘을 이끌어 갈 것인가 하는 두려움이 있었다(겔 11:13 참조). "이스라엘의 얼마 남지 않은 사람마저 다 없애실 작정입니까?"(공동).[3]

(2) 이에 대해 하나님은 어떻게 응답하셨나?

1) 하나님의 심판의 방법은 신약에서도 동일하게 나타난다(마 24:29-31, "그가 큰 나팔소리와 함께 천사들을 보내리니 그들이 **그의 택하신 자들을 하늘 이 끝에서 저 끝까지 사방에서 모으리라**.")

2) 성전은 죽은 시체들로 더렵혀질 것이다. 하나님께서 결국 성전에는 더이상 머물지 않으시고 그곳을 떠나시기로 작정하셨음을 보여준다.

3) 우리는 여기서 아브라함이 느꼈던 안타까움을 볼 수 있다(창 18장). 아모스 선지자도 이런 종류의 기도를 드린 것을 볼 수 있다. 첫 번째 메뚜기 떼의 환상을 보고(암7:1-3) – 그 메뚜기 떼가 땅위의 모든 작물을 먹어치움 – 아모스가 용서해 달라는 기도를 드렸고 하나님께서는 뜻을 돌이키셨다.

1) 메오드라는 말을 거듭 사용했다(심히) 죄악이 너무나 커서(가돌, גָּדוֹל) - **very, very** great / is exceedingly great(NIV)

9:9 그가 내게 **이르시되**
/ 죄악이 —— 심히(메오드, בִּמְאֹד מְאֹד)[1] 중하여
/이스라엘과 유다 족속의
/그 땅에 —— 피가 가득하며 — 땅은 피흘림으로 가득찼다. 부정부패도 도를 넘었다. 그러니 기도해도 소용이 없다. 너무 늦어버렸다는 것이다.
/그 성읍에 —— 불법이 찼나니
//이는(for, כִּי)
그들이 — 이르기를(...함이라)
/여호와께서 이 땅을 버리셨으며
여호와께서 보지 아니하신다 — 이들은 하나님께서 자신들을 쳐다보지도 아니하신다는 것이었다.

2) 예레미야는 백성들 편에 서서 자신의 죄를 고백하면서 하나님의 용서를 구한다. 하나님은 이스라엘의 유일한 소망이시다. 그래서 백성이 고난 당할 때에 구원하셨다(14:8상). 그런데 지금은 "어찌하여 이 땅에서 거류하는 자 같이, 하룻밤을 유숙하는 나그네 같이 하시나이까?"(8절하) "어찌하여 놀란 자 같으시며 구원하지 못하는 용사 같으시니이까?"

(3) 같은 시기에 예루살렘에서 사역했던 예레미야도 같은 간구를 했다. 그때도 하나님의 응답은 마찬가지였다. 살펴보자.[2] (동교재, 예레미야 14장)

5. 이런 유다의 탄원에(렘 14:10) 대해 하나님은 어떻게 응답하시는가?

렘 14:10 여호와께서 **말씀하시되**(...하시고) (=내 말이니 잘 들어라)
/이 백성에 대하여 이와 같이
/그들이 —— 어그러진 길을 **사랑하여**
└ 그들의 발을 **멈추지 아니하므로**
/여호와께서 —— 그들을 **받지 아니하고**
├ 이제 그들의 죄를 **기억하시고**
└ 그 죄를 **벌하시리라**

(1) 이렇게 하나님께 대항하는 죄 많은 반역을 '어그러진 길로 갔다' 고 표현하고 있다. '어그러진 길을 사랑했다(they have loved to wander).'는 것이다. 그래서 하나님은 이들의 죄를 기억하고 벌하실 것이다. 이들을 심판하시기로 한 하나님의 작정은 변함이 없으시다.

2) 금식을 하며 부르짖는다 해도, 이미 회개를 받아들일 시간이 지나가버렸다. 이제 이들에게는 끔찍한 재앙이 불어닥칠 것이다. 칼과 기근, 그리고 전염병으로 이들을 멸망시키실 것이다. 예레미야는 무서운 사건에 자주 칼, 기근, 전염병 등을 연결시켜 언급했다.

(2) 예레미야는 백성들을 위해서 기도할 수 없었는가? 모세처럼?(신 9:25-29) 물론 할 수 있었다. 그러나 하나님은 예레미야에게 이 백성의 죄 용서를 위해 기도하지 말라고 명하셨다. 하나님은 이 문제에 대해서 단호하게 언급하신다.[2]

6. 에스겔의 간구에도 하나님은 마지막 결론을 이렇게 내리신다(10절).

그러므로 **내가**(וְגַם־אֲנִי) - (다른 사람이 아닌 바로 '내가' - 하나님께서)
[내가] — 그들을 불쌍히 여기지 아니하며
[내가] — 긍휼을 베풀지 아니하고 그들의 행위대로 그들의 머리에 갚으리라.

하나님의 영광이 떠나는 환상(겔 10:1–22)

성전환상과 하나님의 떠나심(8-11장)

1. 성전 안에서의 죄악들(8:1-18)
2. 우상 숭배자를 죽이는 환상(9:1-11)
3. **하나님의 영광이 떠나는 환상(10:1-22)**
4. 예루살렘에서 떠나는 하나님의 영광 환상(11:1-25)

9장에서는 심판을 언급하되 개개인에 대한 심판이 언급되었고, 10장에서는 성읍에 숯불을 뿌리는 환상이 나온다(1-8절). 그리고 9-17절에서는 "네 그룹과 바퀴에 관한 환상"이 나오는데, 이는 1장에서 본 환상과 같았다. 그러나 사람에 대한 형상은 없다. 이 그룹들도 1장에 나오는 네 생물과 같은 모습과 움직임을 보이는 존재로서 하나님의 명령을 수행하는 임무를 띠고 있다. 여기서는 '네 생물' 대신 '그룹들'(천사)로 언급되었다. 그리고 18-22절에서는 여호와의 영광이 성전을 떠나는 모습을 보여주고 있다.

1. 하나님께서는 가는 베옷 입은 사람(9:2–3)에게 어떻게 명령하셨는가?

(1) 에스겔이 보니 "그룹들 머리 위 궁창에 남보석(=청옥) 같은 것이 나타나는데, 그들 위에 보좌의 형상이 있는 것 같더라"(1절)고 했다.

10:2 하나님이 (가는 베 옷을 입은) 사람에게 **말씀하여 이르시되**(...하시매)
/너는 ─ 그룹 밑에 있는 바퀴 사이로 들어가
　　　 ─ 그 속에서 숯불을 두 손에 가득히 움켜 가지고(מַלֵּא 피엘 명령)
　　　 ─ 성읍 위에 흩으라[1]
(손에) '아주 가득 채우라'는 의미
누구? - 가는 베 옷 입은 사람
그가 ── 내 목전에서 **들어가더라**

(2) 여기서 '숯불'(coals of fire, גַּחֲלֵי־אֵשׁ)은 예루살렘을 파멸시킬 심판의 불을 상징한다. 이 숯불은 그룹 밑에 있는 바퀴 사이에 있다(겔 1:13). 가는 베옷을 입은 사람이 불을 가지러 갈 때 "그룹들은 성전 오른쪽에 서 있고 구름은 안뜰에 가득했다." 이 숯불을 예루살렘 성읍 위에 뿌리라는 것이다.

(3) 여기 언급된 불의 심판은 겔 15장에서 보다 자세히 언급된다. 15장에서는 예루살렘이 쓸모없는 포도나무로 비유되었다. 이런 포도나무는 땔감밖에 달리 사용할 곳이 없다. "곧게 자란 포도나무로도 만들 수 있는 것이 하나도 없는데 하물며 불에 타 버린 포도나뭇가지 무엇을 할 수 있겠느냐?"(겔 15:5, 쉬운성경)

2. 안뜰은 구름으로 가득 차 있고(3절), 이때 하나님의 영광이 그룹을 떠나 성전 문지방으로 옮기신다.

1) 자라크(זָרַק) - 재를 하늘을 향하여 던져 뿌리는 것과 같은 행위를 말한다(출 9:9-10). 이는 심판을 상징한다(창 19:24; 시 11: 6).

(1) 하나님께서 우상 숭배의 근거지가 되어 버린 성전을 떠나는 모습을 보여준다(9:3 참조). "여호와의 영광(the glory of the LORD, כְּבוֹד־יְהוָה)이 그룹에서 올라와 **성전 문지방에 이르니** 구름이 성전에 가득하며 여호와의 영화로운 광채가(주님의 영광에서 나오는 광채가) 뜰에 가득하였다"(4절). 그리고 그룹들의 날개 치는 소리가 바깥 뜰에서 들렸다. 그 소리는 마치 하나님께서 말씀하실 때 나는 소리와 같았다(5절).

(2) 하나님이 가는 베 옷을 입은 자에게 이렇게 명령하신다(6절).

[너는] —— 불을 가져 가라
/바퀴 사이 곧 그룹들 사이에서

'숯불'을 그룹 사이에서 취하도록 하신 것은 그 심판이 하나님께서 행하시는 징벌이라는 점을 암시해 준다.

(3) 베 옷을 입은 자가 들어가 바퀴 옆에 섰고, 그 때 "그 그룹이 그룹들 사이에서 손을 내밀어 그 숯불을 집어 (가는 베 옷을 입은 자의) 손에 주매 그가 받아 가지고 나간다"(7절). 그런데 그룹들의 날개 밑에 사람의 손 같은 것이 나타났다(8절). 에스겔은 "숯불과 횃불 모양 같은 불이 그 생물 사이에서 오르락내리락" 하는 것을 보았는데(겔 1:13), 거기서 이 불이 취해진 것이다.

여호와의 영광이 성전을 떠나는 모습(겔 10:18-22)

1. 바퀴들의 외양과 움직임에 대해서 묘사(9-11절)

- 겔 1:10 "그 얼굴들의 모양은 넷의 앞은 사람의 얼굴이요 넷의 오른쪽은 사자의 얼굴이요 넷의 왼쪽은 <u>**소의 얼굴**</u>이요 넷의 뒤는 독수리의 얼굴이니"
- 왜 다르게 표현되었을까? 필사자의 잘못? 아니면 그룹들의 얼굴이 송아지의 얼굴이거나...

(1) 겔 1:16-18에서 그려진 모습보다 상세하지 않으나 새로운 정보를 언급하고 있다. 그것은 "그 온 몸과 등과 손과 날개와 바퀴 곧 **네 그룹의 바퀴의 둘레에 다 눈이 가득차"** 있었다는 것이다(12절). 또 "그룹들에게는 각기 네 면이 있는데 첫째 면은 **그룹(cherubim)의 얼굴이요** 둘째 면은 사람의 얼굴이요 셋째는 사자의 얼굴이요 넷째는 독수리의 얼굴이더라."라고 표현되어 있어서 겔 1:10의 설명과 다르다(**소의 얼굴 대신 그룹의 얼굴로 표현됨**).

(2) 어쨌든 이들의 얼굴의 형상은 "내가(에스겔이) 그발 강 가에서 보던 얼굴이며 그 모양과 그 몸도 그러했다"는 것이다(22절).

2. 갑자기 그룹들이 일어서서 위로 올라갔다(16-17절).

10:16 그룹들이 나아갈 때에는(when)
바퀴도 — 그 곁에서 **나아가고**
그룹들이 날개를 들고 땅에서 올라가려 할 때에도(when)
바퀴가 — 그 곁을 **떠나지 아니하며**
17 그들이 서면(=설 때, when)
이들도— **서고**
그들이 올라가면(=갈때, when)
이들도 — 함께 **올라가니**
//이는(for, כִּי)
생물의 영이 바퀴 가운데에 있음이더라(=있기 때문이다)

전차들의 바퀴가 그룹들과 함께 움직인다.

천사들은 신속하게 움직였으며(7, 8절) 서로 협력한다(9-11절). 그리고 통찰력과 지혜와 힘으로 하나님을 섬긴다(12-14절).

그룹들 밑의 바퀴들은 철저히 그룹들의 움직임에 따라 움직인다. 그 이유는 생물의 영이 바퀴 가운데 있기 때문이다.

마침내 하나님의 영광이 성전 문지방을 떠나 그룹들 위에 머무신다. 심판을 집행하기 위해서였다. **비록 하나님이 지시하여 만든 성전이라고 할지라도 그 성전이 더러워질 때는 그곳을 떠나신다.** 하나님의 영광은 그룹들을 타고 "여호와의 전으로 들어가는 동문"으로 이동했고, 이스라엘 하나님의 영광이 그 위에 덮였다(18, 19절).

10:18 여호와의 영광이 성전 문지방을 **떠나서** 그룹들 위에 **머무르니**

10:
20 그것은 내가 그발 강 가에서 보던 이스라엘의 하나님 아래에 있던 생물이라 그들이 그룹인 줄을 내가 아니라
21 각기 네 얼굴과 네 날개가 있으며 날개 밑에는 사람의 손 형상이 있으니
22 그 얼굴의 형상은 내가 그발 강 가에서 보던 얼굴이며 그 모양과 그 몸도 그러하며 각기 곧게 앞으로 가더라

예루살렘에서 떠나는 하나님의 영광(겔 11:1-25)

11장에서는 예루살렘 멸망 직전의 상황이 펼쳐진다. 에스겔은 주의 영에 들어올려져 성전 동문으로 가게 되었다. 그 문 어귀에는 25명이 서 있었다. 주님은 에스겔에게 이들은 이 성에서 악한 마음을 품고 악한 꾀를 꾸미는 자라고 설명하셨다. 이들을 향해 심판을 예언하고 또 예언하라고 명령하신다.

가마와 고기(겔 11:1-13)

1. 여호와의 전(殿) 동문, 그 문에는 스물다섯 명이 있었다. 그들 중 두 사람의 고위 관료의 이름이 나온다. 이들은 백성의 고관들이었다.

(1) 앗술의 아들 **야아사냐**와 브나야의 아들 **블라댜** – 자세한 인적 사항은 확실치 않으나 이들은 백성의 고관이라고 했다. 그런데 이 중 **블라댜**는 에스겔이 예언하는 사이에 갑자기 죽었다. 어쨌든 이들은 불의를 품고 이 성 중에서 악한 꾀를 꾸미는 자들이라고 했다(2절). 이들은 자기들끼리 이렇게 말한다.

> 11:3 그들의 말이(who say, הָאֹמְרִים 칼 동사 분사형) (...하나니)
> /집 건축할 때가 — 가깝지 아니한즉[1)]
> /이 성읍은 ——— 가마(pot, 씨르, סִיר)가 되고
> /우리는 ——— 고기(flesh, 바싸르, בָּשָׂר)가 된다

(2) "집 건축할 때가 가깝지 아니한즉"(Is not the time near to build houses? - NASB / Will it not soon be time to build houses? - NIV / It is not near; let us build houses - KJV) - 이 문장을 질문형으로 볼 것인가, 서술형으로 볼 것인가, 영역본도 서로 다르다. 이 악한 관리들은 아마 이런 뜻으로 말했을 것이다. 이 속담, 즉 '예루살렘이 가마솥이 되고, 우리는 그 안에 있는 고기'가 된다. 이들은 선지자의 거듭된 경고에도 예루살렘은 결코 망하지 않는다는 망상을 갖고 있었다. 설혹 바벨론의 공격이 있다해도 예루살렘(가마솥)은 자신들(고기)을 그 어떤 형편에서도 지켜줄 것이라고 생각했다.

(3) 그러니까, 3절은 위기에 처한 예루살렘의 운명을 앞에 놓고 두려움 속에 빠진 고관들이 인용한 속담이다. 즉 지금은 집 건축할 때가 아니냐? 빨리

1) 이 문장은 서술형인가, 질문형인가? 질문으로 볼 경우, '집 지을 때가 곧 오지 않겠느냐?"라는 뜻으로 긍정적인 의미가 된다. 아마 이들은 자신들을 보호할 원군(애굽?)을 생각하고 있지 않았을까? 그러나 결과는 반대로 나타날 것이라고 했다(겔 11:7).

결국 예루살렘은 바벨론에 의해 파괴될 것이다. 그것이 하나님이 작정하신 계획이기 때문이다. 예루살렘의 회복은 심판을 받은 후에야 이루어질 것이다.

조치를 취하지 않으면 우리는 도성에 갇히게 되고 생명을 잃게 된다는 의미이다. 특히 반바벨론파들은 하나님의 명령을 어기고 오히려 애굽을 의지해야 된다고 주장했다(렘 27-28장).

▶ 예레미야 27-28장에서는 거짓 선지자와 참 선지자 간의 갈등을 다룬다. 거짓 선지자들이("유다 왕 시드기야가 다스리기 시작한 지 사 년 다섯째 달, 기브온 앗술의 아들 선지자 **하나냐**가 여호와의 성전에서 제사장들과 모든 백성이 보는 앞에서") 예레미야에게 대항한다. 예레미야는 70년의 포로 기간을 말했으나 하나냐는 두 해가 가기 전에 유다의 모든 포로들이 돌아올 것이라고 예언했다(렘 28:11). 물론 백성들과 왕은 거짓 선지자 하나냐의 말을 더 신뢰했다. 그래서 겔 11:2에서 이들을 향하여 '악한 꾀를 꾸미는 자들'이라고 했다. **시드기야는 바벨론 왕 느부갓네살에게 충성을 맹세했던 것을 배반하고**(대하 36:12-13*), **친애굽쪽으로 방향 전환을 한다.**

• 대하 36:12 "그의 하나님 여호와 보시기에 악을 행하고 선지자 예레미야가 여호와의 말씀으로 일러도 그 앞에서 겸손하지 아니하였으며 13 또한 **느부갓네살 왕이 그를 그의 하나님을 가리켜 맹세하게 하였으나 그가 왕을 배반하고 목을 곧게 하며** 마음을 완악하게 하여 이스라엘 하나님 여호와께로 돌아오지 아니하였고"

(4) 이 비유는 겔 24장에서 보다 자세히 확대되어 나타나는데(겔 24:2-5*), 그 내용이 예루살렘의 파멸을 눈 앞에 두고 주어지는 예언이나. 시드기야 정부의 고관들은 이미 바벨론 포로로 끌려간 포로민들보다는 자신들이 도덕적으로 우월하다는 망상을 갖고 있었다. 특별히 거짓 선지자들은 예루살렘은 안전할 것이며, 혹 바벨론 군대가 쳐들어와도 성은 함락되지 않을 것이라고 예언했다. 그래서일까, 시드기야 정부는 바벨론의 공격을 앞에 두고 애굽의 도움을 간절히 간구하게 된다. 애굽의 군대가 바벨론의 군대를 물리쳐 줄 것이라고 믿었기 때문이다. 당시 조정에서는 바벨론에 항복해야 된다고 주장하는 사람들과 반대로 애굽을 의지하지 않으면 안 된다는 사람들 사이에서 공방이 오갔고, 시드기야는 갈피를 못잡고 있었다.

• 겔 24:2 "인자야 너는 날짜 곧 오늘의 이름을 기록하라 바벨론 왕이 오늘 예루살렘에 가까이 왔느니라 3너는 이 반역하는 족속에게 비유를 베풀어 이르기를 주 여호와께서 이같이 말씀하시기를 **가마 하나를 걸라** 4-5 건 후에 물을 붓고 양 떼에서 한 마리를 골라 **각을 뜨고 그 넓적다리와 어깨 고기의 모든 좋은 덩이를 그 가운데에 모아 넣으며** 고른 뼈를 가득히 담고 그 뼈를 위하여 가마 밑에 나무를 쌓아 넣고 잘 삶되 **가마 속의 뼈가** 무르도록 삶을지어다..."

2. 이런 지도자들에게 하나님은 어떻게 말씀하시는가? "그러므로 인자야 너는 그들을 쳐서 (심판을) 예언하고 예언할지니라"(4절).

11:5 여호와의 영이 내게 **임하여 이르시되** — 이스라엘 족속에게 가서 이렇게 말해라.
/너는 – 말하기를
/여호와의 말씀에 이스라엘 족속아
너희가 — 이렇게 말하였도다(So you think)
//(for, ו)
너희 마음에서 일어나는 것을 내가 다 아노라

6 너희가 — 이 성읍에서 많이 죽여 그 거리를 시체로 채웠도다

이스라엘 백성아, 너희가 3절과 같은 말을 하지만 나는 너희가 하는 말과 무슨 생각을 하고 있는지 잘 안다. (for I know your thoughts)

너희는 수많은 사람을 죽여서 그 모든 거리를 시체로 가득 채웠다고 말씀하신다. 그들의 악한 생각을 알고 있으며(5절), 그들의 살인 행동도 잘 알고 있다고 하셨다.

(1) 그래서 하나님은 에스겔을 통해 "이 성읍 중에서 너희가 죽인 시체는 그 **고기**이고 이 성읍은 그 **가마솥**(=예루살렘))이다."라고 비유하심으로 지도자들의 거짓된 확신을 조롱하신다. 따라서 "나는 너희를 이 성읍에서 내쫓겠다"(끌려 나오리라)"고 선언하신다(7절)

(2) 하나님은 계속해서 거짓된 지도자들에게 경고하신다(8절). "너희가 칼을 두려워하니 내가 칼로 너희에게 이르게 하고", 즉 포로민으로 끌려간 사람들보다는 우월하다는 생각을 차단하신다. 예루살렘에 남아 있는 사람들도 똑같이 당하게 될 것이라는 것이다. "너희를 그 성읍 가운데에서 끌어내어 타국인의 손에(=바벨론에 손에) 넘겨 너희에게 **벌**[1]을 내리리니"(9절). 벌은 '칼과 기근과 사나운 짐승과 전염병' 등으로 벌하실 것이다(겔 14:21). 이스라엘은 칼에 엎드러질 것인데 변경(국경)에서(=리블라) 심판하시겠다고 선언하신다(10절).

1) **벌**(셰페트, שֶׁפֶט) - 심판(judgment) / 어떤 방법으로 심판하실 것인가? 칼과 기근과 사나운 짐승과 온역으로 예루살렘을 징벌하실 것이다(겔 14:21, "주 여호와께서 이같이 이르시되 내가 나의 네 가지 중한 벌 곧 **칼과 기근과 사나운 짐승과 전염병**을 예루살렘에 함께 내려 사람과 짐승을 그 중에서 끊으리니 그 해가 더욱 심하지 아니하겠느냐").

에스겔서에 나타난 그리스도

(1) 모든 구약 선지서가 그리스도를 예언하듯이, 에스겔 역시 회복자로서 그리스도를 묘사하고 있다.

- 겔 8:2에, "불같은 형상"을 "사람같은, 인자같은 형상"(a likeness as the appearance of a man - NASB)으로 해석하는 성경도 많이 있는데, 이것은 바로 1장에 나타난 예수 그리스도에 관한 묘사로 이해한다(1:26-27*).

"그 머리 위에 있는 궁창 위에 보좌의 형상이 있는데 그 모양이 남보석 같고 **그 보좌의 형상 위에 한 형상이 있어 사람의 모양 같더라** 27 내가 보니 그 허리 위의 모양은 단 쇠 같아서 그 속과 주위가 불 같고 내가 보니 그 허리 아래의 모양도 불 같아서 사방으로 광채가 나며").

(2) 예수 그리스도의 십자가의 사역의 예표로 "이마의 '표'(a mark, תָּו)"(겔 9:4)를 지적한다. 이것이 십자가를 직접적으로 예언한다고는 말하는 무리가 있지만, "이마의 표"는 엑스자(×)형, 즉 십자가의 형태로 십자가를 예표하며, 이 표를 받은 무리만 심판에서 제외된다는 약속한 것은 분명히 그리스도의 구속의 사역과 연관되어져야 한다(참조 고전 5:7; 계 7:3; 14:1).

(3) 또한 연한 가지(겔 17:22-23)가 참 소망으로 묘사되는데, 이것 역시 메시아적 사역으로 이해된다. 높은 나무는 낮추고, 낮은 나무를 높이는 이러한 역사를 감당하는 것이 바로 "연한 가지"(라크, רַךְ)의 사역이다.

(4) 또한 예수 그리스도는 "한 목자"(로에 에하드, רֹעֶה אֶחָד)로 묘사되었다(34:23-31). 주로 선지서에서 목자는 인도자인 왕으로 보아야 하는데, 그리스도는 거짓 목자와는 다르게 양들을 돌보는 참 목자로 구원사역을 감당하시는 분으로 묘사되어 있다.

(5) 그리스도는 영원한 "왕"(나시, נָשִׂיא)이시며(37:25; 참조 44:3; 45:7-8; 45:21-46:12; 48:21), 이 왕, '나시'는 영원한 성전에서 높아진 인물로 역할을 감당하며, 임무도 신비적이다.

[이학재, 에스겔 연구의 동향과 개관, 프로에클레시아(통권 18호)]의 내용

(3) 하나님은 악한 마음을 품고 악한 꾀를 꾸미는 망상을 가진 자에게 예루살렘은 결코 그들의 가마솥이 아니라고 말씀하신다. 오히려 이들을 향해 심판을 선언하신다. 왜냐하면; 예루살렘을 심판하지 않을 수 없는 이유를 말씀하신다.

11:12 //(이유: אֲשֶׁר, for)
너희가 ─┬ 내 율례(미쉬파트)를 행하지 아니하며
├ 규례(미쉬파트)를 지키지 아니하고
└ 행하였느니라(=기 때문이다)
/너희 사방에 있는 이방인의 규례대로

미쉬파트 : 율례, 규례가 같은 단어이다. - 법령(규), 관습, 의무 - 이스라엘의 율법들.

이방인들 - 열국, 주변의 이방 민족들, 불신 이방인, 이교도의 의미로 사용되었다.

(4) 이들에게는 예루살렘이 더이상 그들을 보호하는 가마솥이 아니다. 결국 하나님은 이들의 악행을 심판하실 것이다. 바벨론의 침공은 이들을 벌주기 위한 하나님의 계획이었다.

3. 에스겔은 25명의 지도자 중 하나인 블라댜가 죽는 것을 목도한다(13절). 이는 미래를 예표하는 징조가 된다. 에스겔은 엎드려 큰 소리로 부르짖는다.

11:13 오호라! 주 여호와여
[주께서] – 이스라엘의 남은 자를 다 멸절하고자 하시나이까[1)]

(1) 블라댜(Pelatiah, 펠라트야, פְּלַטְיָה)가 죽었다.
'블라댜'라는 이름은 '여호와께서 구원하셨다'라는 의미이다. 그러나 그 의미와는 정반대되는 상황이 벌어졌다. 그가 급사했기 때문이다. 따라서 블라댜의 죽음은 상징적인 의미가 있다. 그의 죽음은 단순히 한 개인의 죽음이 아니라 백성 전체로서의 예표적인 죽음이다. 에스겔은 비통해 하면서 절규한다. 그의 이름과는 달리 그의 죽음을 보고 좋지 않은 징조로 받아들였기 때문이다.

(2) 물론 이 일은 환상으로 일어난 일이지만 블라댜의 죽음은 예루살렘에 닥칠 환난을 미리 보여주는 징조가 된다. 느부갓네살 군대가 시드기야 9년(588 B.C.)에 유다를 공격해 와서 예루살렘을 포위한다. 이런 기회를 틈타 에돔은 다시 유다를 공격한다(옵 1:10-14, 애 4:21-22). 결국 2년 후에(586 B.C.) 예루살렘은 함락된다. 바벨론의 보복은 너무 가혹했다. 느부갓네살은 시드기야가 보는 앞에서 그의 아들들을 죽이고, 그의 두 눈을 뽑고 결박하여 바벨론으로 끌고가서 죽는 날까지 옥에 가두었다(왕하 25:6, 7).

1) 에스겔은 이스라엘을 위해 기도한다(겔 9:8을 보라, "그들이 칠 때에 내가 홀로 있었는지라 엎드려 부르짖어 이르되 아하 주 여호와여 예루살렘을 향하여 분노를 쏟으시오니 **이스라엘의 남은 자를 모두 멸하려 하시나이까**").

• 시드기야는 반바벨론파와 친애굽파의 압력으로 바벨론을 배반하게 된다(왕하 24:20).

• 거짓 선지자들 : 반드시 하나님이 예루살렘을 지키실 것이고, 바벨론 포로들은 돌아올 것이며, 느부갓네살의 멍에는 두 해가 가기 전에 하나님께서 꺾어버리실 것이라고 했다(렘 28:1-12을 보라). 그는 이 말에 힘을 얻고 느부갓네살을 배반한다.

이스라엘의 회복을 약속하심(겔 11:14-25)

1) 대충 훑어보아도 선지서에서 '포로'에 관한 예언이 83번, 회복의 예언이 91번, 합해서 174번. 단지 요나서와 말라기서만이 포로와 회복에 대한 예언이 전혀 나타나지 않는다.

1. 하나님은 자신의 백성을 열방으로 흩으셨다. 그렇다면 그들은 영원히 버림을 당할 것인가? 아니다. 하나님은 이들의 회복을 약속하신다.[1)]

(1) 바로 앞절에서 볼 수 있듯이 에스겔은 절규한다. 블라다의 죽음을 보고 에스겔은 "[주께서] 이스라엘의 남은 자를 다 멸절하고자 하시나이까?"(13절)라고 절규한다. 그러자 여호와의 말씀이 에스겔에 임한다(14절).

북이스라엘은 주전 722년에 앗수르에 의해서 망해버렸다. 그런데 지금 예루살렘의 주민들은 포로민들을 향하여 이 땅은 우리의 것이라고 우겼다.

11:15 인자야
예루살렘 주민이 **이르기를** (...하셨나니)
/네 형제 곧 네 형제와 친척과 온 이스라엘 족속을 향하여
/너희는 — 여호와에게서 멀리 떠나라(떠났으니)
/이 땅은 — 주어
/우리에게
/기업이 되게 하신 것이라

[예루살렘의 주민들이 하는 말]
"당신들이(=포로민들이) 모두 여호와 하나님을 떠났으니 이 땅은 이제 우리의 소유야!"

(2) 하나님은 자신의 백성들을 열방에 흩으셨다. 그러나 그것으로 끝인가? 결코 아니라고 말씀하신다. "비록[כִּי] 주 여호와의 말씀에 내가 비록 그들을 멀리 이방인 가운데로 쫓아내어 여러 나라에 흩었으나"(16절a)

16b 내가 — 잠깐 성소(sanctuary, 미크다쉬, מִקְדָּשׁ)가 되리라
/그들에게
/그들이 도달한 나라들에서(=열방에서)

중요한 개념

하나님께서 임재하시는 그곳이 바로 성소가 된다. 하나님이 임재하심이 없다면, 비록 아름다운 성전이라해도 단순한 돌더미에 지나지 않는다.

하나님의 위로

예루살렘에 남은 자들은 자신들이 성소에 가까이에 있기 때문에 포로민들보다 유리한 자리에 있다고 생각했다. 그러나 하나님의 대답은 전혀 그렇지 않음을 보여주신다. 오히려 이방 나라에 있다 하여도 그들에게 '성소'가 되실 것이라는 위로가 주어진다. 하나님께 나아가기 위해서는 꼭 예루살렘이라는 장소에 있을 필요가 없다는 말이다.

(3) 여호와의 땅에 거주하는 것이 마치 하나님께 가까이 있다는 생각은 얼마나 잘못된 것인가를 보여주신다. 멀리 떨어져 있는 포로민이라도 그곳에 하나님은 그들과 함께 하신다는 것이다. 예루살렘에 사는 것이, 즉 성전을 소유하고 있으니 하나님을 소유하고 있다는 생각은 아주 잘못된 것이다.

(4) 이제 언젠가는 포로민들을 약속의 땅으로 돌아오게 하실 것이다. 그리고 이스라엘 농토도 다시 돌려줄 것이라고 약속하신다. "내가 너희를 만민 가운데에서 모으며 너희를 흩은 여러 나라 가운데에서 모아 내고 이스라엘 땅을 너희에게 주리라."(17절).

2. 언젠가 포로민들이 돌아와서 역거운 온갖 우상들을 제거하게 될 것이다.

(1) "모든 미운 물건과 모든 '가증한 것'(토에바)을 제거하여 버릴 것이다"(18절).

11:19 내가 ── 그들에게 한 마음을 주고
　　　　　　── 그 속에 '새 영'(new spirit)을 주며
　　　　　　── 그 몸에서 돌 같은 마음을 제거하고
　　　　　　── 살처럼 부드러운 마음을 주어

돌 같은 마음은 죽은 마음이다. 무감각하고 완고한 마음 대신에 부드러운 마음을 주실 것이다. 겔36:26-27을 보라

20//(목적: לְמַעַן that...may)
[그들이] ── 내 율례를 따르며 내 규례를 지켜 행하게 하리니(=려고)

그들은 ── 내 백성이 되고
　　　　── 나는 그들의 하나님이 되리라 ─ 하나님의 언약의 말씀이다.

(2) 마음의 내적 변화(렘 31:33; 겔 36:26) - 하나님께서 새로운 일을 하신다고 묘사하고 있다(사 42:9; 43:19). 또한 새 영을 주실 날을 말한다(겔 11:19, 36:24-28). 새 언약은 마음을 새롭게 할 것이다. 새 마음을 주신다는 것과 하나님의 영을 소유하게 된다는 것은 주님께서 이 새 언약의 시대에 성취하고 계시는 영광스러운 약속이다. 그때에야 하나님과의 친밀한 관계가 지속된다(렘 31:34상; 겔 36:27 - 하나님의 성령을 세계적으로 소유, 욜 2:32이하).

• 겔 36:26-27 **새 영을 너희 속에 두고 새 마음을 너희에게 주되** 너희 육신에서 굳은 마음을 제하고 부드러운 마음을 줄 것이며 또 내 신을 너희 속에 두어 너희로 내 율례를 행하게 하리니 너희가 내 규례를 행할지니라"

• 새 언약의 공식 - "나는 그들의 하나님이 되고, 그들은 내 백성이 되리라" (렘 31:33; 겔 37:23, 27; 참고 - 사 54: 5-10).

여호와의 영광이 떠나시다(겔 11:22–25)

1. 이제 여호와의 영광이 성읍 가운데에서부터 올라가 동쪽 감람산 위에 머무셨다(23절). 이는 여호와께서 성전을 버리셨음을 의미한다.[1)]

11:24 주의 영이 나를 **들어** 하나님의 영의 환상 중에 **데리고**
　　　갈대아에 있는 사로잡힌 자 중에 **이르시더니**
　　　내가 본 환상이 나를 **떠나 올라간지라**

(1) 이제 에스겔에게 임한 환상이 끝나고 주의 영이 그를 바벨론 포로지로 데리고 가신다. 그는 거기서 온전한 의식을 회복하고 하나님의 뜻을 묻고자 찾아온 장로들에게 자신이 경험한 모든 것을 전달한다(24-25절).

(2) 이때 떠나가신 여호와의 영광은 19년이 지난 후, 또 다른 성전 환상에서 돌아온다(겔 43:1-5을 보라*).

1) 이때 떠나가신 하나님의 영광은 동문(東門)을 통해 다시 오실 것이다(겔 43:1-5).

• 겔 43:1 "그 후에 그가 나를 데리고 문에 이르니 곧 동쪽을 향한 문이라 2이스라엘 **하나님의 영광이 동쪽에서부터 오는데** 하나님의 음성이 많은 물 소리 같고 땅은 그 영광으로 말미암아 빛나니 3그 모양이 내가 본 환상 곧 전에 성읍을 멸하러 올 때에 보던 환상 같고 **그발 강 가에서 보던 환상과도 같기로** 내가 곧 얼굴을 땅에 대고 엎드렸더니 4**여호와의 영광이 동문을 통하여 성전으로 들어가고** 5영이 나를 들어 데리고 안뜰에 들어가시기로 내가 보니 여호와의 영광이 성전에 가득하더라."

110

> 포로와 회복은
> 서로 밀접하게 연결되어 있다.

1. 선지자들은 한결같이 포로와 회복을 한 단위로 선포한다. 선지자들은 심판을 선포한 후에 항상 회복의 희망을 제시한다. 에스겔서는 많은 상징적 행동과 비유적 표현법을 써 생동감 있게 메시지를 전한다. **에스겔 환상(vision)의 중심 사상은 포로의 주제와 관련된다.**

   - 겔 15:1-6 **포도나무 비유**
   - 겔 24:3-14 - 예루살렘이 마치 **고기 조각으로 가득 찬 가마솥**으로 비유한다.
   - 겔 22:20 - 거룩한 성읍 예루살렘이 이글거리는 용광로가 되어 그 거민들을 녹이고, 그들의 모든 악을 정결케 할 것이다.
   - 겔 16, 23장 - 다른 신들을 따라가는 그들의 간음하는 삶 때문에 여호와는 과감한 조치를 취하실 것이다(겔 16:38-40을 보라).
   - 겔 10-11장 쉐키나의 영광이 점진적으로 예루살렘 성전을 떠난다.
   - 겔 4:4-8 "너는 또 **왼쪽으로 누워 이스라엘 족속의 죄악을 짊어지되 네가 눕는 날수대로 그 죄악을 담당할지니라**
   - 겔 5:1-4 **머리털과 수염을 깎아 저울에 달아 보관하라.**
   - 겔 12:1-20 "모든 사람들이 보는 앞에서 짐을 꾸려(**너는 행구를 준비하고**) 어두컴컴할 때 성벽에 구멍을 뚫고 그 성읍을 빠져나가는 연기를 해라."
   - 겔 24:15-27 **에스겔의 아내의 죽음 비유** - 아내의 죽음은 예루살렘의 멸망을 의미한다.

2. **에스겔은 그가 이상 중에서 경험하는 시리즈를 통하여서도 회복의 메시지를 전한다.**

   - 겔 17장 - 두 독수리의 이상 : 이스라엘은 두 마리 큰 독수리가 취할 나뭇가지와 같다.
   - 겔 21:18-27 에스겔은 심판의 도구로서 바벨론 왕의 칼이 올 두 길에 대한 그림 같은 알레고리를 보여준다.
   - 여호와의 땅의 회복에 대한 예언(겔 35:1-36:38) - 귀환이 확실히 이루어질 것과(36:24), 용서와 정화의 확실성을 선포한다(겔 36:25).
   - 마른 뼈 환상(겔 37:1-14)
   - 두 막대기로서의 이스라엘의 회복(겔 37:15-28)
   - 곡과 마곡의 심판(겔 38:1-39:29)
   - 에스겔은 새 예루살렘과 새 성전에 대한 환상을 본다(겔 40-48장).

▶ 유다는 포로가 되었고 예루살렘에서는 여호와의 영광이 떠났으나(겔 1-24장), **이제 포로에서 귀환될 것이고 그의 백성 가운데 하나님이 영광스러운 임재가 다시 시작될 것이다**(겔 33-48장).

▶ 이 모든 이상들은 포로 유배에 관련된 **심판과 그리고 회복에 관련된 희망의 메시지**를 확실하게 전달하는 기능을 한다.

▶ 이런 예언적 행동, 비유적 표현, 생생한 이상, 그 외에도 말로 선포하는 다양한 메시지들의 중심 사상은 무엇인가? 그것은 모두 **포로 및 회복과 관련된 예언들**이다.

예레미야서에서 나타난 심판과 회복

(1) 예레미야서에서도 심판과 회복이 중심 주제이다. 예레미야서도 포로와 회복에 관한 예고가 곳곳에 나타난다. 예레미야 38장까지 전반부에서 단지 두세 장만 빼고 거의 모든 장에서 포로와 회복에 관한 예언이 나온다(렘 30:2).

(2) 예레미야서의 후반부 - 예루살렘의 함락과 그 이후의 역사가 기록되었다(렘 39-45, 52장). 그리고 주변 나라들에 대한 예언이 주어진다(46-51장). 예레미야의 포로와 회복에 관한 예언을 주전 627년경부터 마지막 포로가 이루어지기까지 40년 동안 계속되었다.

(3) 렘 1:10, 12을 보라. 예레미야의 포로와 회복의 주제가 그의 사역 처음부터 주어졌음을 본다.

이마에 표를 받지 않는 자는? (9:16)

- 백향목 비유(7장) : 당시 유다를 둘러싼 나라들의 정치적 역학관계를 백향목 비유를 통해 전한다.
  바벨론 왕 느부갓네살(첫 번째 독수리로 표현),
  그리고 유다의 여호야긴과 시드기야 왕이 등장한다.
  바벨론의 느부갓네살이 시드기야를
  유다의 꼭두각시 왕으로 앉혔다는 것이다.
  그런데 시드기야는 당시 강대국이었던 바벨론과
  애굽(두 번째 독수리로 표현) 사이에서
  누가 유다에게 유리한가를 놓고 갈팡질팡했다.
  한 나라의 통치자의 결단은 나라의 운명을 결정짓는다.

- 언약 공동체 이스라엘의 운명은
  지도자가 어떤 선택을 하느냐에 달려 있다.
  시드기야는 하나님의 선지자 예레미야의 메시지를
  귀가 아프도록 들었을 터인데,
  그것을 하나님이 전하시는 메시지로 받아들이지 아니했다.
  예레미야의 개인의 이야기라고 생각했다.
  결국 유다는 공중분해되었다.

- 우리 모두 지도자를 위해 기도하자.
  올바른 판단을 내리도록.
  교회의 통치자이든 국가의 통치자이든.

- 담무스 숭배가 뭐야? (8:14)
- 유다 족속이 여기서 행한 가증한 일을 적다하겠느냐? (8:17)
- 여호와의 분노는 인간을 향한 감정의 분풀이가 아니다(9장). 인간의 불의에 대한 사법적 심판이다.
- 주님이 떠난 공동체 안에서 벌어지는 인간들의 추태를 보라.

- 하나님의 진노는 남녀노소를 가리지 않는다.
  9장에서는 우상숭배자를 죽이려는 여섯 사람이
  각기 죽이는 무기를 들고 나타난다.
  범죄한 자들은 모두 죽임을 당할 것이다.
  그러나 가증한 일로 탄식하는 무리는 구별시켜
  멸망에서 구원받게 하신다.
  그래서 이마에 표를 그리라고 하신다(9:4).
  신실한 자들은 멸망에서 구원 받게 하시겠다는 것이다.
  그 표(타우)가 의미하는 바가 무엇일까?

- 결국 여호와의 영광이 성전을 떠나신다(10:1-22).
  여호와가 떠난 성소에서 인간들이 그들만의 잔치를 벌인다.
  비록 하나님께서 지시하여 만든 성전이지만
  그 성전이 더러워졌을 때는 그곳을 떠나신다.
  하나님이 떠난 자리에는
  구역질나는 인간의 향연이 벌어진다.

예루살렘 심판과 비유들(12–15장)

예루살렘의 파멸은 확정적이다.
하나님은 이 시실을 확증하기 위해
에스겔 선지자에게
심판의 비유를 통해 행동케 하신다.

먼저,
포로로 잡혀가는 상징적 행동을 하라는 것이다.
포로로 잡혀가는 것처럼
짐을 싸고 대낮에 이리저리로 옮겨다녀라
저녁이 되면 포로로 끌려갈 사람처럼
짐을 꾸려 밖에 내다 놓아라.
그러면 사람들이 혹시 깨닫을 지 모르겠다.

백성들에게는 이상한 속담까지 나돌았다.
아무리 예언을 해도
그 예언이 맞은적이 없다는 것이었다.
거짓 예언자들(선지자들)도 한몫을 했다.
예루살렘은 절대 망하지 않는다는 것이었다.
그러나 하나님은 예루살렘 심판 계획은
취소되지 않았음을 분명하게 선언하신다.
열매 맺지 못하는 포도나무는
땔감으로밖에 쓸수 없듯이
예루살렘은 반드시 황폐케 될 것이다.

포로로 잡혀가는 상징적 행동(겔 12:1-20)

(1) 지금, 그발 강가 난민촌에 살고 있는 포로민들은 곧 고국으로 돌아갈 수 있을 것이라고 생각했다. 이번에도 하나님은 에스겔에게 실물 교육을 시키신다.

(2) 낮에는 그들이 보는 앞에서 포로의 행장을 밖에 내놓았다가, 저물 때에는 밖으로 나가기를 마치 포로되어 가는 자 같이 행동하라는 것이다(4절). 그리고 "그들이 보는 앞에서 성벽에 구멍을 뚫고 네 짐을 그곳에 내다 놓아라(5절), 그리고 어둡게되면 그들이 보는 앞에서 그 보따리를 어깨에 메고 얼굴을 가리고 땅을 보지 말고 나가거라"(6절).

눈이 뽑힌 채로 바벨론으로 끌려가는 시드기야(겔 12:8-16) - 그 징조

포로로 잡혀가는 상징적 행동에 백성들은 그 의미를 궁금해 할 것이다. 하나님께서 에스겔에게 다시 설명해 주신다(8-16절). 이 상징은 이스라엘과 그 통치자의 임박한 운명을 자신의 고난을 통해 행동으로 극화시킨 것이다.

떨면서 먹고 마시며 보이는 징조(겔 12:17-20)

이번에는 떨면서 음식물을 먹어야만 한다.이 땅의 모든 주민이 저지른 폭행 때문에 이 땅의 풍요가 다 사라질 것이라는 것이다.

속담과 예언(겔 12:21-28)

(1) 이스라엘 안에서는 이상한 소문들이 나돌고 있었다. 어떤 소문? 예언이 성취되지 않는 것이 마치 속담처럼 되어버렸다는 것이다. 그래서 하나님께서 백성들에게 심판이 있을 것이라는 경고를 비웃었다(렘 5:13).

(2) "하나님은 그런 분이 아니시다. 우리가 재앙을 당하다니, 그럴 리가 없다"라고 거짓 선지자들은 예언했다. 그러나 하나님은 이렇게 말씀하신다. "나는 아무런 예언도 그들에게 주지 않았다." 결국 그들의 말은 모두 '헛된 바람'이었다. 하나님은 그들을 수목처럼 태워버리실 것이다(렘 5:14).

거짓 선지자들(겔 13:1-16)

(1) 지금 남유다에서는 거짓 선지자들 때문에 왕은 물론 백성들도 갈피를 못잡고 있다. 이들의 주된 예언은 무엇이었나? 그러나 하나님은 자기 마음대로 예언하는 자들에게 경고하신다(2절).

(2) 거짓 선지자들은 도덕적으로 신앙적으로 잘못된 길을 가게 한다(사 3:12; 암 2:4; 렘 50:6). 백성들을 그릇 인도하는, 곁길로 가게 하는 자들을 말한다. 이런 선지자들의 특징은 입에 먹을 것을 넉넉히 채워주어야 한다는 것이다. 그들은 자신들에게 돈과 이권에 관계해서만 사역한다는 점이다. 거짓 선지자들은 평강의 복음만을 전한다.

거짓말로 예언하는 여자들(겔 13:17-23)

(1) 이번에는 "자기 마음대로 예언하는 여자들에게 경고"하신다. 여기 정죄 받는 여자들은 실제로 예언자들이 아니라 예언사로 가장한 여자 점쟁이들이다. 아마 대부분 생계를 위해 예언 활동을 하는 여인들이었을 것이다.

(2) 음녀는 귀한 생명을 사냥한다고 했는데(잠 6:26), 음녀보다 훨씬 더 지독한 여자는 마술을 통해 하나님의 백성들의 영혼을 사냥한다(겔 13:18). 이런 주술에 의존하는 행위는 이미 신명기에서 금지하고 있다(신 18:10-14).

우상에 상담하는 자들에 대한 심판(겔 14:1-11)

(1) "이스라엘 장로 두어 사람이 나아와 내 앞에 앉으니"(1절) 이들은 무슨 일로 에스겔에게 나와 왔을까? 그러나 하나님은 이들 장로들을 어떤 자라고 말씀하시는가?

(2) 하나님은 에스겔을 찾아온 장로들은 모두가 순수하게 하나님을 섬기는 자들이 아니라고 밝혀 주신다. 이들은 여호와를 섬기려고 노력도 하지만 우상도 섬기는 자들이라는 것이다. 물론 은밀하게 우상을 섬겼을 것이다.

(3) 여호와를 섬기려고 노력하면서도 여전히 은밀하게 우상숭배 하는 자들에게 경고하시면서 회개를 촉구하신다. "그러므로 너는 이스라엘 족속에게 말하라."

예루살렘의 파멸은 확실하다(겔 14:12-23)

(1) 이제 예루살렘은 그 파멸을 면할 수 없다. 비록 당시에 의인이라 불렸던 노아, 다니엘, 욥과 같은 사람이 거기에 있을지라도 말이다. 하나님께서 어떤 나라를 벌하시고자 결정을 내리셨다면, 경건한 사람들이 그 땅에 있다고 해도 그 범죄한 나라들을 살려두지 않으실 것이다.

(2) 앞에서(12-20절) 계속 강조하고 있는 것은 예루살렘에 내려진 심판은 결코 철회되지 않을 것이라는 말이다. 예루살렘은 황무지가 될 것이다. 하나님은 예루살렘을 황폐시킬 네 가지 심판의 도구를 언급하신다(21절).

쓸모없는 포도나무 가지(겔 15:1-8)

(1) 이제 예루살렘의 파멸은 피할 수 없다. 그 불가피성을 말씀하시기 위해 또 한 가지 비유를 드신다. "인자야, 포도나무로 무엇을 만들겠느냐?"(15:2) 포도 열매를 맺지 않는 나무, 이런 포도나무는 그 소용가치가 없다. 오직 땔감으로만 쓰일 뿐이다. 지금 예루살렘은 마치 땔감용 포도나무와 같다.

(2) 하나님은 '극상품 포도나무'를 심으셨다. 왜냐하면 좋은 포도 열매를 기대하셨기 때문이다. '좋은 포도 (열매)' 맺기를 바랐지만 들포도를 맺었다고 탄식하신다(겔 16장을 읽어보자).

(3) 예루살렘 사람들은 쓸모없는 자들이 되었기에 하나님은 그들을 버리시고 심판으로 태우실 것이다(6절). 물론 일부는 살아남겠지만("그들이 그 불에서 나와도") 하나님은 그들마저도 화염 속으로 던지실 것이고, 예루살렘은 폐허로 변할 것이다(7절).

114

포로로 잡혀가는 상징적 행동(겔 12:1-20)

유다와 예루살렘 심판과 비유들(12-19장)

1. 포로로 잡혀가는 상징적 행동(12:1-20)

2. 잘못된 속담(12:21-28)

3. 거짓선지자와 거짓 여선지자들(13:1-23)

4. 우상에 상담하는 자들에 대한 심판(14:1-11)

5. 예루살렘 멸망(14:12-23)

6. 쓸모없는 포도나무 가지(15:1-8)

또 여호와의 말씀이 에스겔에게 임했다. 이번에는 몇몇 필수품들을 챙겨(포로로 끌려가는 사람이 보따리를 꾸려 들고 가는 것처럼) 사람들이 보는 대낮에 길을 떠나라고 명하신다. 저녁에도 마치 성벽을 뚫고 도망하는 자처럼 보이기 위해 같은 일을 하라는 것이었다. 이런 에스겔의 행동을 보고 행여 그들이 반역하는 백성임을 깨닫지 않겠는가 하는 이유에서였다. 예언의 메시지를 각인시키기 위해 이번에도 생생한 실물 교육을 시키시는 것이다.

1. 지금 그발 강가 난민촌에 살고 있는 포로민들은 곧 고국으로 돌아갈 수 있을 것이라고 생각했다. 이번에도 하나님은 에스겔에게 실물 교육을 시키신다.

(1) "에스겔아! 너는 반역하는 백성 가운데 살고 있다. 그들은 볼 눈이 있어도 보려고 하지 않고, 들을 귀가 있어도 들으려고 하지 않는다. 그들은 반역하는 족속이기 때문이다"(12:2). 이사야 선지자에게도 이와 동일한 메시지가 전달되었다(사 6:9이하를 읽어보자).

• '이 백성' - 사 1:3, 2:6, 3:12, 15, 5:13, 25에 이미 언급된 대상이다. 언약 백성을 가리키는 말로 이스라엘을 지칭한다. '나의 백성'(암미)이라 하지 않고, '이 백성'이라는 표현 속에서 하나님의 불쾌함이 드러난다.

6:9 여호와께서 **이르시되**
/[너는] ── 가서(לֵךְ) - 칼 동사 명령법
　　　　└ '이 백성'에게 **이르기를**
　　　　　　/너희가 듣기는 들어도 '깨닫지' 못할 것이요
　　　　　　/보기는 보아도 알지 못하리라 하여

하늘 궁정회의에서는 심판하기로 이미 결정되었다. 이 백성들의 죄악을 적당히 눈감지 않으시겠다는 것이다. 심판은 이미 확정된 것이다.

듣기는 들어도

• 렘 5:20-21 "너는 이를 야곱 집에 선포하며 유다에 공포하여 이르기를 21어리석고 지각이 없으며 **눈이 있어도 보지 못하며 귀가 있어도 듣지 못하는 백성이여** 이를 들을지어다."

• 사 43:8 "**눈이 있어도 보지 못하고 귀가 있어도 듣지 못하는 백성**을 이끌어 내라."

(2) 이사야 때와 같이 지금 이 백성들도 마음이 완고하기는 마찬가지였다. 그래서 에스겔에게 강력한 메시지를 전달하기 위해 행동을 통해 실물교육을 시키신다. 예레미야도 동일한 메시지를 선포했다(렘 5:20-21*).

12:3 인자야!
너는 ── 포로의 행장을 **꾸리고**
　　　└ 낮에 그들의 목전에서 **끌려가라**
네가 ── 네 처소를 다른 곳으로 옮기는 것을 그들이 보면
비록[כִּי]
[그들이] ── 반역하는 족속이라도(though)
　　　　└ 혹 생각이 있으리라(=혹 깨달을지 아니냐?)

대낮에 짐을 꾸려 길을 떠너라. 마치 포로로 끌려가는 것처럼

(3) 낮에는 그들이 보는 앞에서 포로의 행장(보따리, baggage, 케리, כְּלִי)을 밖에 내놓았다가 저물 때에는 밖으로 나가기를 포로되어 가는 자 같이 하라는 것이다(4절). "그들이 보는 앞에서 성벽에 구멍을 뚫고 네 짐을 그곳에 내다 놓아라"(5절). 그리고 어둡게되면 그들이 보는 앞에서 그 보따리를 어깨에 메고 나가며 얼굴을 가리고 땅을 보지 말고 나가거라"(6절).

6절 //이는(이유: for, כִּי)
내가 —— 너를 세워(=웠기 때문이다)
/이스라엘 족속에게 징조(가 되게 함이라)(=로)

징조(모페트, מוֹפֵת) - 이적, 기사, 징조, 전조, 표징 -미래 사건의 징조, 상징적 행동(사20:3), 사람(사8:18; 겔 12:11, 24:24, 27; 슥 3:8)

(4) 에스겔은 하나님께서 명령하신 그대로 행했다(7절). 지금 남유다는 시드기야 통치 말기로 바벨론이 침공한다는 소문에 전전긍긍하고 있는 상황이다. 이런 경고성 예언은 이미 선배 선지자 예레미야에 의해 선포되었다. 하나님의 인내의 한계점에 다다랐기 때문이다. 예레미야를 통해 하나님은 이렇게 말씀하신다(렘 14:12이하를 읽어보자).

렘 14:12 그들이 —— 금식할지라도(Although, כִּי)
내가 —— 그 부르짖음을 **듣지 아니하겠고**
[그들이] —— 번제와 소제를 드릴지라도
내가 —— 그것을 **받지 아니할 뿐 아니라**
내가 —— 그들을 **멸하리라**
/칼과 기근과 전염병으로[1)]
(*by* the sword, famine and pestilence)

하나님은 예레미야에게 백성들의 죄가 너무 커서 그들을 위하여 기도하지 말라고 하신다. 비록 금식을 하면서 부르짖는다고 해도 말이다.

누가 멸할 것인가! '내가'(אָנֹכִי)라고 강조하여 말씀하신다.

(5) 하나님은 그의 백성을 멸하실 것이라고 분명하게 말씀하신다. 금식을 하며 부르짖는다 해도, 이미 회개를 받아들일 시간이 지나가버렸다. 이제 이들에게는 끔찍한 재앙이 불어닥칠 것이다. 칼과 기근, 그리고 전염병으로 이들을 멸망시키실 것이다(칼라, כָּלָה).[2)] 예레미야는 무서운 사건에 자주 칼, 기근, 전염병 등을 연결시켜 언급했다.[3)] 내가 그들을 멸하리라(מְכַלֶּה - 피엘 분사). 다른 나라가 아니라 바로 '내가'(אָנֹכִי)라고 강조하여 말씀하신다(I *will* destroy them - NIV).

(6) 그런데도 거짓 선지자들은 전쟁은 일어나지 않을 것이며, 기근도 오지 않을 것이라고 했다(렘 14:13).

심판의 확실성

1) **칼**(헤레브, חֶרֶב) - 이 단어는 아랍어 하라바(약탈하다), 하브르(전투, 전쟁)와 동족어이다.

• **기근** - 굶주림. 고대 세계에서는 식량 분배와 보존이 한계가 매우 컸기 때문에 기근은 많은 사람들에게 혹독한 고난과 굶어죽는 것을 의미했다.

• **전염병**(데베르) - 역병, 페스트(렘 29:17)

2) 완성하거나 마치거나 끝내는 것을 의미한다. 여기서는 피엘형을 씀으로써(מְכַלֶּה) 그 뜻을 분명하게 하셨다.

3) 렘 14:12, 21:7, 24:10, 27:8, 13, 29:17-18, 32:24, 32:36, 34:17, 38:2, 42:17, 22, 44:13.

- **예루살렘은** 한때 특별한 지위를 누렸으나 이제는 패배의 수치를 당하고 있다(애 2:15). 대적들은 이 성의 몰락을 조롱하고 모욕한다(애 1:7, 2:15-16).
- 한때 공주와 같았던 성읍은 이제 종과 같이 되었다(애 1:1).
- 과부와 같아서(1:1) 아무도 위로할 자가 없다(애 1:16-17).

굶주리는 아이들,
먹을 것과 마실 것을
찾던 아이들이
성 광장에서 쓰러지고
어머니 품속에서 죽어간다.

시인은 이 비참한 사실을
목도하고,
눈이 눈물로 상했고,
간과 심장이 녹는듯
하다고 했다.
예루살렘의 불행이
너무 크기에 어떤 위로도
소용이 없다.

이런 불행은
거짓 예언자들도
한 몫을 했다.
예루살렘이 안전할 것이라는
구원만을 증거했지
백성의 죄를 드러내는 데는
실패했다.

동교재 (예레미야 · 애가)

눈이 뽑힌 채로 바벨론으로 끌려가는 시드기야 (겔 12:8-16) - 그 징조

1. 포로로 잡혀가는 상징적 행동에 백성들은 그 의미를 궁금해 할 것이다. 하나님께서 에스겔에게 다시 임하여 설명해 주신다(8-16절).

(1) 인자야(=에스겔아!)
(반역하는) 이스라엘 백성이 '도대체 당신 무슨 일을 하고 있느냐?'라고 묻지 않더냐? 그러면 이렇게 대답해라. "너는 그들에게 말하기를"

12:10 주 여호와의(=께서) (이와같이) 말씀에(...하셨다)
/이것은 ┬ 예루살렘 왕과
└ 그 가운데에 있는 이스라엘 온 족속에 대한 묵시라
11 [너는] — 또 말하기를
/나는 너희 징조라(모페트, מוֹפֵת)(I am a sign to you.)
/내가 행한 대로 그들도 포로로 사로잡혀 가리라

(2) 이 예언은 몇년 후에 그대로 성취된다(왕하 25:4-7; 렘 39:4-7).

12:12 무리가 성벽을 뚫고 행장을 그리로 가지고 나가고
그 중에 왕은 어두울 때에 어깨에 행장을 메고 나가며
눈으로 땅을 보지 아니하려고 자기 얼굴을 가리리라
13 내가 또 내 그물을 그의 위에 치고 내 올무에 걸리게 하여
그를 끌고 갈대아 땅 바벨론에 이르리니(끌고 갈 것이다)
그가 거기에서 죽으려니와 그 땅을 보지 못하리라

그러나 소용이 없다. 왜? - 하나님께서 막으실 것이기 때문이다(13절).

(3) 에스겔은 이스라엘과 그 통치자의 임박한 운명을 자신의 고난을 통해 행동으로 극화시킨다. 이 징조는 그대로 이루어졌다. 그러나 하나님은 이스라엘의 궁극적인 파멸을 원치 않으신다. 이들에게 징계가 필요했기 때문에 심판이 주어진 것이다. 따라서 이들에게 작은 소망의 빛을 비추신다.

12:16 그러나(But, וְ) 내가 그 중 몇 사람을 남겨
칼과 기근과 전염병에서 벗어나게 하여
//(이유)
그들이 이르는 이방인 가운데에서
자기의 모든 가증한 일을 자백하게 하리니(=하려고)

일부 보존 -그렇다고 자기 백성의 완전 멸절은 아니다. 남은 자가 있을 것이다.

예레미야 39:4-7 / 왕하 25:18-21

- 그들이 왕(=시드기야)을 잡아 가지고 하맛 땅 **립나(리블라, Riblah)에 있는 바벨론 왕(=느부갓네살)에게로 끌고 가서 그를 심문**(렘 52:9)
- 바벨론 왕이 시드기야의 아들들을 그의 눈앞에서 죽이고(10절)
- 또 립나(리블라)에서 유다의 모든 고관을 죽였다(10절).
- **시드기야의 두 눈을 빼고 사슬로 결박하여 바벨론으로 끌어다가** 그가 죽는 날까지 옥에 가두었다(11절).
- 군인을 감독하는 군지휘관의 서기관 하나와 성 안에서 만난 바(=도성 안에 그대로 남아 있는) 평민 60명(25절)을 사로잡고 느부사라단이 그들을 잡아가지고 하밋 땅 립나에서 다 쳐죽였다(27절).

예언한 대로...

❖ 시드기야는 도망가다 여리고 근처에서 잡혀 리블라(립나)로 끌려갔다. 그의 두 눈이 뽑하고 족쇄에 채워져 바벨론으로 끌려갔다.

▲ 여호야긴이 바벨론으로 잡혀간 후 바벨론 왕 느부갓네살은 그의 숙부 맛다니야(Mattaniah)를 왕위에 세우고(21세) 그 이름을 **시드기야(Zedekiah)**로 고친다. 그러나 그는 왕이라기보다 섭정자였다고 보아야 한다. 시드기야도 여호야김처럼 여호와 보시기에 악한 일을 저질렀다. 바벨론 왕은 여호야긴을 계속 유다 왕으로 처우했고, 백성들도 시드기야를 왕으로 인정하지 않은 것같다. (요시야 왕에게는 세 아들이 있었다 : ① 엘리야김 ② 여호아하스 ③ **맛다니야(시드기야)**

▲ 시드기야는 반바벨론 파와 친애굽 파의 압력으로 바벨론을 배반하게 된다(왕하 24:20). 더욱이 거짓 선지자들이 나타나 반드시 하나님이 예루살렘을 지키실 것이고, 바벨론 포로들은 돌아올 것이며, 느부갓네살의 멍에는 두 해가 가기 전에 하나님께서 꺾어버리실 것이라고 했다(렘 28:1-12을 보라). 그는 이 말에 힘을 얻고 느부갓네살을 배반한다. 그러나 느부갓네살 군대가 시드기야 9년 10월 10일(588 B.C.)에 유다를 공격해 와서 예루살렘을 포위한다. 결국 2년 후에(586 B.C. 시드기야 11년 4월 9일) 예루살렘은 함락된다. **바벨론의 보복은 너무 가혹했다. 느부갓네살은 시드기야가 보는 앞에서 그의 아들들을 죽이고, 그의 두 눈을 뽑고 결박하여 바벨론으로 끌고가서 죽는 날까지 옥에 가두었다(렘 52:9-11, 왕하 25:6, 7)**. 바벨론 왕은 유다의 백성들을 포로로 끌고가고 그 남은 자들을 위하여 그달리야(Gedaliah)를 세워 총독으로 삼았다. (*from* 동교재, 왕하)

떨면서 음식을 먹어라(겔 12:17-20)

예레미야애가

• 살아남은 아이들은 굶주림으로 서서히 죽어갔다(애 1:11*, 19, 2:11-12, 19, 4:9, 5:9). 심지어 자식을 잡아먹는 사람도 있었다(2:20*).

• 애 1:11 "예루살렘의 **모든 백성이 먹을 곳을 찾아 탄식하고 목숨을 잇기 위해 소중한 것을 팔아 먹을 것을 산다**. 여호와여 이 비참한 모습을 살펴 주십시오"

• 애 2:20 "여호와여 살펴 주십시오. 주께서 전에도 다른 사람에게 이같이 행하신 적이 있으십니까? **여자들이 어린 자식을 잡아먹고 있습니다.** 제사장과 예언자들이 주님의 성소에서 죽임을 당하고 있습니다."

1. 또다른 실물 교육이 주어진다. 이번에는 떨면서 음식물을 먹어야만 한다.

12:18 인자야(Son of man)
너는 ── 떨면서(라아쉬, רַעַשׁ) 네 음식을 먹고
└ 놀라고(로그자, רָגְזָה 떨림, 전율) 근심하면서 네 물을 마시며

이렇게 하시려는 이유(because, לְמַעַן)
이 땅[이] ── 황폐하게 (됨이라)(=될 것이기 때문이다)
/모든 주민의 포악으로 말미암아 땅에 가득한 것이

(1) 이 땅의 모든 주민이 저지른 폭행 때문에 이 땅의 풍요가 다 사라질 것이다.

12:20 사람이 거주하는 성읍들이 황폐하며(하라브, חָרֵב)
땅이 적막하리니(황무지가 되리라, 쉐마마, שְׁמָמָה)
내가 여호와인 줄을 너희가 알리라(that I am the LORD, כִּי־אֲנִי יְהוָה)

(2) 거짓 선지자들의 어리석은 묵시(애 2:14) – 시온의 불가침성(예루살렘은 하나님이 거처하시는 곳이기에 절대로 망하지 않는다고 생각했다.), 예루살렘의 불가침성은 시온의 노래에 언급되었다(시 46, 48, 76편을 읽어보자). 이것이 거짓 선지자들에 의해 왜곡되었다. 그들은 이 사상을 무조건적인 약속으로 받아들였고, 거기에 따르는 도덕적 · 윤리적 요구사항은 무시했다.

속담과 예언(겔 12:21-28)

2. 이스라엘 안에서는 이상한 대중적인 소문들이 나돌고 있었다. 어떤 속담?

▶ 선지자들이 보통 그들이 전하는 메시지가 도덕적-조건성 특성을 가지고 있기 때문에 그들이 전하는 메시지가 언제 성취될 것이라고 날짜를 못 박지 않는다(겔 12:28을 보라).

12:22 인자야
너희의 이 속담이 어찌 됨이냐
/이스라엘 땅에서 이르기를
/날이 ──── 더디고
/모든 묵시가 ─ 사라지리라

"시간은 흘러가고 모든 묵시가 사라진다." - 즉 '세월이 이만큼 흐르는 동안 환상으로 본 것치고 그대로 이루어진 것이 있더냐'라는 말이다.

(1) 즉, 예언이 성취되지 않는 것이 마치 속담처럼 되어버렸다는 것이다. 그래서 하나님께서 백성들에게 심판이 있을 것이라는 경고를 비웃었다(렘 5:13).

(2) 예레미야가 전하는 메시지를 들어보자(렘 5:12이하를 읽어보자)

렘 5:12 그들이 여호와를 **인정하지 아니하며, 말하기를**
/여호와께서는 — 계시지 아니하니
/재앙이 ——— 우리에게 임하지 아니할 것이요
/우리가 ——— 칼과 기근을 보지 아니할 것이며

어떤 나쁜 일도 우리에게 일어나지 않는다. 우리는 전쟁이나 굶주림을 겪지 않을 것이다. 거짓 선지자들은 이렇게 백성들의 눈과 귀를 어둡게 했다.

(3) "하나님은 그런 분이 아니시다. 우리가 재앙을 당하다니, 그럴 리가 없다"라고 거짓 선지자들은 예언했다. 그러나 하나님은 이렇게 말씀하신다. "나는 아무런 예언도 그들에게 주지 않았다." 결국 그들의 말은 모두 '헛된 바람'(יִהְיוּ לְרוּחַ)이었다(are as wind, 12절). 하나님은 그들을 수목처럼 태워 버리실 것이다(렘 5:14).

거짓 선지자들

거짓 선지자들은 재앙이 일어나지 않을 것이라고 했다. 따라서 미래는 평안과 번성으로 가득 찰 것이라고 했다(**렘** 5:12, 8:11, 14:13, 15, 27:9, 28:2-4). 왜, 이런 주장을 하는 것일까? 렘 7:4을 보자. 8:8도 읽어보자. 이들은 예루살렘 성전과 율법이 있는 동안에는 결코 망하지 않을 것이라고 증거했다.

3. 하나님은 이렇게 떠도는 속담을 그치게 하실 것이다. 이런 거짓 선지자들의 정체는 다음 13장에서 자세하게 언급된다.

12:23 주 여호와께서 이같이 **말씀하시기를**
/내가 이 속담(proverb, מָשָׁל)을 그치게 하리니
사람이 다시는 이스라엘 가운데에서
이 속담을 사용하지 못하리라

또 그들에게 **이르기를**
/날과 모든 묵시의 응함이 가까우니
24 /이스라엘 족속 중에 허탄한 묵시나 아첨하는 복술이
다시 있지 못하리라

이제 거짓 선지자들의 실체는 백일하에 드러날 것이다. 머지 않아 이런 속담을 지껄이는 자들에게 멸망의 실체가 닥쳐올 것이다(23-24절). 다시는 이스라엘에서 이런 속담이 인용되지 않을 것이다.

나는 여호와라(For I am the LORD, כִּי אֲנִי יְהוָה)
내가 말하리니(I *will* speak, אֲדַבֵּר 피엘 동사 미완)
내가 하는 말이 다시는 더디지 아니하고 응하리라(25절).

"나 주 여호와의 말이니라."(נְאֻם אֲדֹנָי יְהוִה)
네움(נְאֻם)이라는 말은 그 말씀의 출처가 하나님이심을 보여주는 단어이다. 이 공식문구는 하나님의 맹세로 앞에 부가된다(겔 20:3, 31, 33:11).

(1) 더이상 지체하지 않을 것이다. 아니 "내가 너희 살아 있는 동안에 말한 것을 그대로 이루겠다."고 선언하신다. 하나님의 명예(?)를 걸고 이 일을 집행하실 것이다. 다시는 더디지 않고 응할 것이다.

(2) 많은 사람들이 이 예언이 먼 장래에 있을 것이라고 생각하지만(26-27절), 그것이 지체없이 이루어질 것임을 선언하신다(28절).

거짓 선지자들(겔 13:1–16)

참 선지자와 거짓 선지자의 차이점이 무엇일까? 참 선지자와 거짓 선지자가 늘 상존해 왔다. 이 두 사이를 분별해내는 것은 아주 중요하다. 나라의 운명이 이들의 예언에 달려 있기 때문이다. 참 선지자의 말은 자신의 것이 아니다. 하나님으로부터 직접 받은 계시를 전한다. "입(하나님)에서 입(선지자)으로" 말씀하신 것이다.

1) 마땅히 파수꾼의 역할을 감당해야 할 이스라엘은(겔 15:5), 쓰레기 더미나 뒤지는 사막에 사는 여우와 같은 존재가 되었다(렘 9:11). 여우는 과일을 좋아하며 종종 포도원을 황폐시킨다. 여우는 떼를 지어 다니면서 죽은 고기를 먹는다. 좋지 않은 인상을 풍긴다(시 63:10).

1. 지금 남유다에서는 거짓 선지자들 때문에 왕은 물론 백성들도 갈피를 못잡고 있다. 이들의 주된 예언은 무엇이었나?

(1) 하나님은 자기 마음대로 예언하는 자들에게 경고하신다(2절).

13:3 주 여호와의 말씀에 본 것이 없이
자기 심령을 따라 예언하는 어리석은 선지자에게
화가 있을진저(Woe, הוֹי)
4 이스라엘아
너의 선지자들은 ―황무지에 있는 여우[1] 같으니라

하나님이 주신 환상을 본 것이 아니라 저희의 생각을 따라 예언하는 거짓 선지자들을 가리킨다.

죽은 자를 위하여 애곡과 관련되어 사용했다(왕상 13:30 참조). 여기서는 거짓 선지자들의 장례식이 있을 것임을 암시한다.

(2) 예레미야 선지자는 이런 거짓 선지자들에게 경고하고 있다(렘 23:16-24).

אַל־תִּשְׁמְעוּ
Do not listen
듣지 말라

렘 23:16 만군의 여호와께서 이와 같이 **말씀하시되**
/[너희는] ― 너희에게 예언하는 선지자들의 말을 **듣지 말라**
/그들은 ――― 너희에게 **헛된 것**[2]을 가르치나니
/그들이(=은) ―― 자기 마음으로 말미암은 것이요
/말한 묵시는(=를, 는)
― 여호와의 입에서 나온 것이 아니니라

2) **헛된 것**(하발, הֶבֶל) / 히필 동사 분사형 / 히필 형에서는 '헛되이(허무하게) 되게 하다'를 의미한다. 거짓 선지자들의 입에서 나온 말이 허무한 것이 되게 하는 것은 곧 그들의 말이 헛된 소망으로 채우기 때문이다. 그러므로 그들의 말을 듣지 말아야 한다.

2. 참 선지자와 거짓 선지자의 차이점은 무엇일까?

(1) **참 선지자** : 하나님으로부터 보냄을 받았다. 가서 하나님의 말씀을 전하도록 강한 압박을 받았다. 사도 바울의 경우를 보라(고전 9:16). 예레미야는 하나님의 말씀이 그의 입술에 불붙는 것과 같았다고 했다. 그래서 나가서 전해야만

했다(렘 5:14). 선지자의 책임을 보라(겔 26:2-3 참조).

(2) **거짓 선지자** : 사람에 의해 세움을 받았다. 자칭 하나님의 대변인의 역할을 한다. 첫째는 개인적인 유익을 위해서이며, 둘째는, 사람에게 인정받기 위해서 예언한다. "그들이 말한 묵시는 자기 마음으로 말미암은 것이요 여호와의 입(מִפִּי יְהוָה, the mouth of the LORD)에서 나온 것이 아니니라" (렘 23:16).[1]

1) 여호와께서 다시 예레미야에게 말씀하신다. "그 선지자들이 내 이름으로 거짓 예언을 하는 것이다"(겔 14:14). "하나님께서 그들을 보내지 아니하였고 그들에게 명령하거나 이르지 아니하셨다"는 것이다.

그들이 예언하는 것은 거짓 계시이다.

(3) 거짓 선지자들은 성읍에 닥칠 재앙을 해결할 능력도 없다(5절, "성 무너진 곳에 올라가지도 아니하였으며 이스라엘 족속을 위하여 여호와의 날에 전쟁에서 견디게 하려고 성벽을 수축하지도 아니하였느니라.") 이들은 하나님이 보내지 않았는데도 "허탄한 것과 거짓된 점괘를 보며 사람들에게 그 말이 확실히 이루어지기를 바라는 자들이다"(6절). 이들은 구원이 없는데도 '샬롬 하존'(구원의 이상, חֲזוֹן שָׁלֹם)을 본다고 하며 백성을 잘못 인도하는 자들이다(겔 13:16, "이들은 예루살렘에 대하여 예언하여 평강이 없으나 평강의 묵시를 본다하는 이스라엘의 선지자들이니라…")

3. 미가는 거짓 선지자에 대해 어떻게 말하고 있는가 살펴보자(미 3:5).

미 3:5 이런 선지자에 대하여 여호와께서 **이르시되**
/내 백성을 유혹하는(타아, תָּעָה)[2] 선지자들은
/이에(with their teeth) 물 것이 있으면(먹을 것을 주면) 평강을 외치나
/그 입에 무엇을 채워 주지 아니하는 자에게는
전쟁을 **준비하는도다**(카다쉬, קָדַשׁ)

2) (정도, 목적에서) 잘못 행하다, 제 길에서 벗어나다, 방황하다.

(1) 거짓 선지자들은 도덕적으로 신앙적으로 잘못된 길을 가게 한다(사 3:12; 암 2:4; 렘 50:6). 백성들로 하여금 그릇 인도하는, 곁길로 가게 하는 자들을 말한다.[3] 이런 선지자들의 특징은 입에 먹을 것을 넉넉히 채워주어야 한다는 것이다. '물 것이 있으면'에서 '물다'라는 말 '나샤크'(נָשַׁךְ)는 주로 뱀이 무는 것에 사용되었다(암 5:19, 9:3; 잠 23:32; 렘 8:17).

3) 렘 50:6 "내 백성은 잃어버린 양 떼로다 그 목자들이 그들을 '곁길로 가게 하여'(타아, תָּעָה) 산으로 돌이키게 하였으므로 그들이 산에서 언덕으로 돌아다니며 쉴 곳을 잊었도다."

(2) 거짓 선지자들의 특징은 자신들에게 돈과 이권에 관계해서만 사역한다는 점이다. 그래야만이 평강을 선포한다. 그렇지 않은 자에게는 하나님의 거룩한 이름을 빙자하여 전쟁을, 즉 무서운 저주를 선포한다고 했다. 이렇게 거짓 선지자의 동기는 바로 양식을 얻기 위해서라는 것이다.

1) 동교재, 미가서에서 설명을 가져옴.

(3) 미가 선지자의 설명을 더 들어보자. 미가는 당시에 만연된 상황을 다음과 같이 표현했다(미 2:11을 보자).[1)]

2) 영어성경에서 If(루, לוּ)로 번역된 이 단어는 '~면 좋으련만, 내가...바라다'라는 뜻이다. 이 단어는 인간의 욕망이나 동의의 세 가지, 즉 소망, 간청, 그리고 동의의 진술을 표시한다. 이 단어는 또한 두 유형의 가능법절을 표시한다(가정과 조건절).

2:11 만일(If, לוּ)[2)]
사람이 허망하게(루아흐, רוּחַ) 행하며
거짓말(셰케르, שֶׁקֶר)로 이르기를
/내가 포도주와 독주(셰카르, שֵׁכָר)에 대하여 네게 예언하리라
그 사람이 이 백성의 선지자가 되리로다

"내 입에선 포도주와 소주가 나온다." 신들려서 이런 흰소리나 하며 이 백성의 예언자들은 돌아다닌다.(공동번역)

(4) 자기 마음에서 나오는 대로 예언하는 우매한 선지자가, 즉 그 생활 방식이 허풍과 거짓(셰케르)에 불과한 자가 **거짓말을 가지고 그들에게 나오면,** 백성들은 그런 우매한 자를 선지자로 택할 것이라는 말이다. 그렇다면 그런 우매한 선지자가 하는 말이 무엇일까? "내가 너희에게 포도주와 독주의 즐거움에 대해 예언하겠다."(쉬운성경) 개인적인 유익과 백성에게 인정받고자 하는 동기에 의해 선지자가 된 자는 그의 사역도 자신의 유익을 위해 일할 것이고, 또한 백성이 좋아하는 말만 전할 것이다. 물론 이 말씀은 오늘날 말씀 사역자들에게도 동일한 적용이 된다.

3) 동교재, 예레미야에서 설명을 가져옴.

4. 참 선지자는 범죄한 유다를 향해 여호와의 심판을 선포하며 회개할 것을 요구하지만 거짓 선지자들은 평강의 복음만을 전한다.[3)]

렘 23:17 항상 그들이 나를 멸시하는 자에게 **이르기를**
/**너희가 평안하리라** 여호와의 말씀이니라 하며
또 자기 마음이 완악한 대로 행하는 모든 사람에게 **이르기를**
/**재앙이 너희에게 임하지 아니하리라** 하였느니라

• 겔 13:19 "너희가 두어 움큼 보리와 두어 조각 떡을 위하여 나를 내 백성 가운데에서 욕되게 하여 거짓말을 곧이 듣는 내 백성에게 너희가 거짓말을 지어내어 죽지 아니할 영혼을 죽이고 살지 못할 영혼을 살리는도다."

(1) 거짓 예언자들의 궁극적인 동기는 무엇인가? 그들은 백성을 잘못 인도하여 재앙을 가져오게 한다. 그 목적은 무엇인가? (겔 13:19*) **자신들의 영달만을 위해, 자신들의 유익만을 위해** 사역한다. 그런데 백성은 오히려 이런 선지자들을 선호했다. 자신들이 원하는 것만을 말해 주기 **때문이다.**

(2) 오늘 본문에서처럼(겔 13:10-16절), 그들은 마치 형편 없는 담벼락을 쌓고서 그 위에 회칠을 하는 사람들과 같다고 했다. 하나님의 심판의 비가 내리면 그들의 회칠한 담은 무너져내릴 것이고 사람들은 그 밑에 깔려죽게 될 것이다(14절). 그때가서야 "너희는 내가 여호와라는 것을 알게 될 것이다."

123

거짓말로 예언하는 여자들(겔 13:17-23)

1. 이번에는 "자기 마음대로 예언하는 여자들에게 경고"하신다.

(1) 여기 정죄 받는 여자들은 실제로 예언자들이 아니라 예언자로 가장한 여자 점쟁이들이다. 아마 내부분 생계를 위해 예언 활동을 하는 여인들이었을 것이다(19절, "너희가 **두어 움큼 보리와 두어 조각 떡을 위하여** 나를 내 백성 가운데에서 욕되게 하여 거짓말을..."). 그녀들은 "팔목마다 부적 띠를 매달고 각 사람의 키에 맞도록 머리에 너울(veil)을 씌워 준다"(18절).

> 13:20 그러므로(Therefore, לָכֵן)
> 나 주 여호와가 이같이 **말하노라**
> /내가 — 떼어 버리고
> /너희가 새를 사냥하듯 영혼들을 사냥하는 그 부적을
> /너희 팔에서
> /[내가] — 놓아 주며
> /너희가 새처럼 사냥한 그 영혼들을
>
> 케세트(כֶּסֶת) - 방석, 베개, 머리에 쓰는 부적(magic bands)

(2) '사냥한'(you hunt, מְצֹדְדוֹת 피엘 분사) - '추드'(צוּד)라는 말은 '사냥하다'라는 의미로, 비유적으로 타인의 생명을 파멸하고자 찾는 행위를 가리킨다. 음녀는 귀한 생명을 사냥한다고 했는데(잠 6:26), 음녀보다 훨씬 더 지독한 여자는 마술을 통해 하나님의 백성들의 영혼을 사냥한다(겔 13:18). 그러나 하나님은 이런 예언자들의 수건(부적)을 찢으실 것이다. 그리고 백성을 그녀들의 손에서 건지고 다시는 그들의 손에 사냥물이 되지 않게 하실 것이다.

> 13:23 [therefore, 그러므로, לָכֵן]
> 너희가 — 다시는 보지 못하고
> /허탄한 묵시(솨브, שָׁוְא)를
> — 점복(케셈, קֶסֶם)도 못할지라
> 내가 — 내 백성을 너희 손에서 건져내리니
> 너희가 — 내가 여호와인 줄을 알리라
>
> '솨브'라는 말은 공허, 헛됨, 허무, 거짓이라는 의미이다. 우상들은 '허위'(무가치한 우상 등을 의미)인데, 회칠하고 겉을 번드르르하게 꾸며 암담한 상황을 호도하는 거짓 예언자의 말도 그러하다.

(3) 거짓 여선지자들의 이런 악한 예언은 의인들의 마음을 근심하게 만들고, 또 하나님께서 이스라엘에게 주신 진정한 계시 수단을 왜곡하게 만든다. 이런 주술에 의존행위는 이미 신명기에서 금지하고 있다(신 18:10-14*).

백성의 영혼이 마치 사냥꾼의 먹이가 되었다는 것이다. 이런 거짓 예언을 하는 여인들 때문에 죽지 않을 영혼이 죽음에 이르게 된다.

점쟁이나 무당이나

• 신 18:10 "그의 아들이나 딸을 불 가운데로 지나게 하는 자나 **점쟁이나 길흉을 말하는 자나 요술하는 자나 무당이나** 11 진언자나 신접자나 박수나 초혼자를 **너희 가운데에 용납하지 말라** 12 이런 일을 행하는 모든 자를 여호와께서 가증히 여기시나니 이런 가증한 일로 말미암아 네 하나님 여호와께서 그들을 네 앞에서 쫓아내시느니라 13 너는 네 하나님 여호와 앞에서 완전하라 14 네가 쫓아낼 이 민족들은 길흉을 말하는 자나 점쟁이의 말을 듣거니와 네게는 **네 하나님 여호와께서 이런 일을 용납하지 아니하시느니라.**"

124

유다와 예루살렘 심판과 비유들(12-19장)

1. 포로로 잡혀가는 상징적 행동(12:1-20)
2. 잘못된 속담(12:21-28)
3. 거짓선지자와 거짓 여선지자들(13:1-23)
4. **우상에 상담하는 자들에 대한 심판(14:1-11)**
5. 예루살렘 멸망(14:12-23)
6. 쓸모없는 포도나무 가지(15:1-8)

우상에 상담하는 자들에 대한 심판(겔 14:1–11)

1. "이스라엘 장로 두어 사람이 나아와 내 앞에 앉으니"(1절) 이들은 무슨 일로 에스겔에게 왔을까?

(1) 이스라엘 난민촌, 이곳에는 여러 문제를 의논해야 할 장소가 필요했을 것이다. 제 육년 유월 오일에도(겔 8:1) 포로 중의 영적 지도자들인 장로들이 에스겔의 집에 모여 있었다(겔 20:1 참조). 장로들은 포로생활은 언제까지 계속될까, 또 이제 유다의 운명은 어떻게 될까 등에 관심이 많았을 것이다. 오늘도 이스라엘 장로 두어 사람이 에스겔의 집에 와 있었다. 이때 또 여호와의 말씀이 임했다. 그러나 하나님은 이들 장로들을 어떤 자라고 말씀하시는가?

"이 사람들은 마음속에 우상을 만들어 섬기고 악하고 걸림돌이 되는 것들을 앞에 놓고 절하는 자들이다."(쉬운성경)

14:3 인자야
이 사람들이 — 자기 우상을 마음에 **들이며**
죄악의 걸림돌을 자기 앞에 **두었으니**
그들이 ——— 내게 묻기를
/내가 조금인들 **용납하랴?**

걸림돌: 넘어지게 하는 것들, 불의의 원인이 되는 장애물(대부분 우상과 관계됨)

(2) 하나님은 에스겔을 찾아온 장로들은 모두가 순수하게 하나님을 섬기는 자들이 아니라고 밝혀주신다. 이스라엘 족속 중에는 여호와를 섬기려고 노력도 하지만 우상도 섬기는 자들이라는 것이다. 물론 은밀하게 우상을 섬겼을 것이다. 이런 일은 마치 애굽에까지 떠밀려온 피난들 중에도 여전히 우상을 섬기는 자들이 있었던 것과 같은 양상이다(렘 44:8을 읽어보자).

1) 전치사 + 히필 동사 연계형 - 1인칭 단수 / 카아스 - 고통을 주다, 격노하다, 분개하다

렘 44:8 어찌하여 나의 노여움을 일으켜(לְהַכְעִסֵנִי[1]) - 카아스(כַּעַס) / 고통을 주다
/너희가 너희 손이 만든 것으로
너희가 가서 머물러 사는 **애굽 땅에서**
다른 신들에게 분향함으로 끊어 버림을 당하여
세계 여러 나라 가운데에서 저주와 수치 거리가 되고자 하느냐

지금 유다 백성이 당하는 환난은 우상숭배를 고집하면서 선지자의 경고를 무시했기 때문에 온 것이다. 그래서 심판을 자초한 것이다. 그런데 애굽에 있는 포로민들 역시 이방신들을 계속 섬기고 있다는 것이다(렘 43:8-13). 이들은 자신들의 불행은 오히려 애굽신들을 바르게 섬기지 못했기에 오는 것으로 해석했다(렘 44:15-19).

(3) 하나님께서는 이런 자들에게 "나 여호와가 친히(I the LORD ***will*** be... יְהוָה אֲנִי) 그 많은 우상에 걸맞게 답변(보응)하겠다고 말씀하신다"(14:4c).

하나님은 이런 자들을
소환하여
직접 우상숭배에 관한
해명을 요청하실 것이다.

겔 14:5
이는
이스라엘 족속이
다 그 우상으로 말미암아
나를 배반하였으므로
내가
그들이 마음먹은 대로
그들을 잡으려 함이라
(내가 직접 그들의 마음을
사로잡겠다)

❖ 포로가 될 것을 나타내는 상징행위를 하다(겔 12장)

에스겔은 포로를 암시하는 상징적 행동을 한다(겔 12:7-20, 예레미야 21-24장과 비교). 백성들은 선지자들의 예언이 대부분 성취되지 않는다고 떠들어댄다(겔 12:21-25). 그러나 하나님은 무엇이라고 말씀하시는가? (겔 12:25, 28) 하나님은 다만 침묵하고 계실 뿐이다. 그러나 백성들은 현재 여호와가 아무것도 말씀하시지 않는다고 믿고 있다. 그러나 이들이 믿지 못하는 이유는 거짓 선지자들과 우상을 숭배하기 때문에 영적인 눈이 가려 있을 뿐이다.

문제는 거짓 선지자들이다. 어떤 선지자들은 미래의 지식을 얻기 위해 점술을 의지하기도 했다(겔 13:17-23). "새 잡듯이 사람의 영혼을 사냥하는 데 사용하는 너희의 부적을 네 팔에서 떼어버리시겠다"고 말씀하신다(겔 13:20). 장로들은 선지자에게도 묻고 우상 숭배자들에게도 묻기도 했다(혼합주의). 이들 역시 하나님 앞에 동일한 죄악을 범하기는 마찬가지였다(겔 14:1-5).

이런 우상 숭배를 심판하시는 방법은 자연의 재난과 군사적 재난을 통해서 해결하신다. 언약을 어긴 백성에게 이제는 여호와께서 대적이 되어 나타나신다는 말이다. 여기서 벗어나는 길은 오직 한 가지, 회개뿐이다(겔 14:6).

❖ 예루살렘은 타버린 포도나무다(겔 15장)

하나님은 에스겔에게 이렇게 물으신다. "인자야, 포도나무로 무엇을 만들겠느냐?"(겔 15:2) 하나님은 포도나무는 땔감밖에 달리 사용할 곳이 없다고 말씀하신다. 주님은 불에 타 버린 포도나뭇가지는 아무 곳에도 쓸 수 없으니 베어 땔감으로 불에 던져 넣듯이 예루살렘에 사는 백성들도 그렇게 하시겠다고 선언하신다. 혹시 그들이 불을 피하더라도 불이 그들을 쫓아가 태워버릴 것이라고 말씀하시면서 진노의 철저함을 전하신다.

1) 게르 - 이 거류자는 일시적으로 머무는 외국인과 달리 다른 백성들 가운데 실제로 거주하는 사람들을 가리킨다.

2. 여호와를 섬기려고 노력하면서도 여전히 은밀하게 우상숭배 하는 자들에게 경고하시면서 회개를 촉구하신다. "그러므로 너는 이스라엘 족속에게 말하라."

14:6 너희는 ┬ 마음을 돌이켜 우상(길룰 גִּלּוּל 통나무=우상)을 떠나고
└ 얼굴을 돌려 모든 가증한 것(토에바, 우상)을 떠나라

//(For, כִּי) 7절은 그 이유를 설명한다.

이스라엘 백성이나 외국인(게르, גֵּר)[1]이라해도 우상숭배자들은 여호와께로부터 가혹한 형태로 주어지는 보응을 받을 것이기 때문이다. 이렇게 거짓 예언자들뿐만 아니라 그들에게 물으려 가는 자들에게도 같은 벌이 있을 것임을 분명히 하신다. 이렇게 심판의 범위는 이스라엘 집 전체로 확대된다.

8 [네가] ─ [그리고] 그 사람을 대적하여(=이 사람을 정면으로 보고)
그들을 놀라움과 표징과 속담 거리가 되게 하여
내 백성 가운데에서 끊으리니

2) 파타(פָּתָה)의 피엘 동사 완료형 - 유혹하다, 꾀어 내다. 속인다는 것은 유혹한다는 것과 동일한 개념을 지닌다(신 11:16).

여기 9절에서 이 동사를 미래 시제로 번역하는 학자도 있다. 즉 "내가 그(거짓 예언자)를 꼬임 받게할 것이다." - 이렇게 본다면 하나님이 그 예언자를 속인 것이 아니다.

(1) 만약 이런 일이 반복되어진다면, 내가 그 사람을 대적하여(I will set my face *against* that man), 후대 사람들에게 이 사실을 전달함으로써 속담 거리가 되게 하실 것이다(8절). 다시는 범죄하지 않도록 교훈을 주기 위해서이다.

(2) 그러함에도 불구하고 선지자가, 만일 유혹을 받고 어떤 말을 선포하면 나 여호와가 친히 그 선지자를 '유혹에 빠지도록' 내버려 두실 것이라고 하셨다(9절). 두 마음을 품은 백성이 어떤 인도를 요청할 때, 비록 선지자조차도 하나님에게 속는 수가 있다(우상과 관련하여). 하나님은 이런 선지자를 "유혹을 받게 하시겠다고"(פִּתֵּיתִי)[2] 하셨다. 그러므로 이미 주어진 말씀은 또 다른 지시를 구할 필요없이 순종해야 한다. 그렇지 않으면 그것은 조롱거리가 된다. 결국 그런 거짓 선지자는 심판을 받게 될 것이다. "내가 손을 펴서 내 백성 이스라엘 가운데에서 그를 멸할 것이라"(9절c).

14:10 선지자의 죄악과 ─ 그에게 묻는 자의 죄악이 같은즉
[그들이] ──── 각각 자기의 죄악을 담당하리니

11//이는(목적: לְמַעַן, in order that...may)
이스라엘 족속이 다시는 미혹되어 나를 떠나지 아니하게 하며 **다시는 모든 죄로 스스로 더럽히지 아니하게 하여** 그들을 내 백성으로 삼고 나는 그들의 하나님이 되려 함이라

그러니까 물어보려는 사람이나 선지자의 죄악이 같기 때문에 쌍방이 같은 벌을 받을 것이다. 이렇게 하시는 목적은(11절) 이런 거짓 선지자들이 하나님의 징계를 받는다면, 백성들은 자기 죄를 깨닫고 하나님께로 돌아설 것이기 때문이다.

예루살렘의 파멸은 확실하다(겔 14:12-23)

(비록 노아, 다니엘, 욥이 거기에 있을지라도)

1. 이제 예루살렘은 그 파멸을 면할 수 없다. 비록 당시에 의인이라 불렸던 노아, 다니엘, 욥과 같은 사람이 거기에 있을지라도 말이다.

> 14:12 여호와의 말씀이 **또** 내게 **임하여**
> 이르시되(=이르시기를)
> 13 /인자야!(Son of man), 가령(if, כִּי)
> 어떤 나라가 불법을 행하여 내게 범죄하므로
> 내가 ── 손을 그 위에 펴서 그 의지하는 양식을 끊어
> └ 기근을 내려 사람과 짐승을 그 나라에서 끊는다 하자

하나님이 가장 불성실한 나라를 심판하기로 작정하셨다면, 그 누구도 그 계획을 멈추게 할 수 없다. 이미 하늘나라의 어전회의에서 결정난 것이기 때문이다.

(1) 하나님께서 어떤 나라를 벌하시고자 결정을 내리셨다면, 비록 노아, 다니엘, 욥과 같은 경건한 사람들이 그 땅에 있다고 해도 그 범죄한 나라들을 살려두지 않으실 것이다. 물론 경건한 개인들의 생명을 지켜주시지만("그들은 자기의 공의로 자기의 생명만 건지리라.") 경건한 자녀들을 포함한 모든 사람들은 죽을 것이다.

> 14:14 비록(even though) 노아, 다니엘, 욥, 이 세 사람이 거기에 있을지라도
> 그들은 ── 건지리라(יְנַצְּלוּ 피엘 미완료)
> /자기의 공의로 (말미암아) - 옳게 산 덕분에
> /자기의 생명만

(2) 예루살렘 멸망을 앞둔 당시에 노아, 다니엘, 욥 같은 사람이 있다고 하자, 이 사람들도 의롭게 산 덕분에 자신의 목숨만 겨우 건질 것이라는 말이다. 가족 관계에 의해 밀접하게 연관된 자들(예를 들어 욥의 아내들과 딸들)을 포함하여 그 누구도 다른 사람 덕분에 구원 받을 수 없다. 대리인으로 말미암은 구원은 없다는 말이다.

2. 예레미야에게 주신 말씀을 살펴보자(렘 14:11-12을 보라).

(1) 유다 백성을 심판하시기로 한 하나님의 작정은 변함이 없으시다. 따라서 하나님은 예레미야에게 이 백성을 위하여 은총을 베풀어 달라고 기도하지 말 것을

노아, 다니엘, 욥

- 여기서 다니엘은 에스겔과 같은 시대의 사람이다. 에스겔이 활동할 당시 젊은 축에 속했다. 겔 28:3에서도 언급된다. 그러나 어떤 사람들은 여기 다니엘은 성경에서 말한 다니엘이 아니라고 주장하기도 한다. 가나안 전설에 나오는 다니엘이라는 것이다('다넬'로 발음되기도 한다 히브리어 자음 표기가 예언자 다니엘과 다르므로 서로 다른 인물일 수도 있음 - 표준새번역 각주). 우가릿의 아캇(Aqhat) 전설에서 중심 인물(정의로운 통치자)로 나온다. 물론 이 인물은 다신교적인 바알 숭배자이다. 따라서 이런 주장은 신빙성이 없다. 그렇다면 여기 언급된 다니엘은 포로기 시대 이후에 서기관에 의해 추가된 것일 수도 있다.

명하신다(렘 14:11). 하나님은 이 문제에 대해서 단호히 언급하신다. "그들이 금식할지라도(Although, כִּי) 내가 그 부르짖음을 듣지 아니하겠고 [그들이] 번제와 소제를 드릴지라도 내가 그것을 받지 아니할 뿐 아니라 내가 칼과 기근과 전염병으로 그들을 멸하리라"(렘 14:12).[1)]

(2) 모세와 사무엘이 중재한다 할지라도 이 백성을 심판하시려는 선언은 철회되지 않을 것이라고 하셨다.

렘 15:1 여호와께서 **이르시되**
/내게 모세와 사무엘이 내 앞에 섰다 할지라도
/내 마음은 — 이 백성을 **향할 수 없나니**
/[너는] ─┬─ 그들을 내 앞에서 **쫓아[내라]**
└ (이 백성을) **내보내라**(וְיֵצֵאוּ)

(3) 하나님은 예레미야에게 백성을 위하여 기도하지 말라고 하셨다(렘 14:11). 그래도 예레미야는 백성을 위하여 탄원의 기도를 드린다(**렘** 14:19-22).[2)] 그런데 만일 **모세나 사무엘**이 내 앞에 섰다 할지라도, 그래서 하나님께 이 백성의 죄를 탄원한다 할지라도 "나는 이 백성을 불쌍히 여기지 않겠다." 그러니, 다시는 그런 기도를 드리지 말라. "[너는], 내 앞에서(=내 면전에서) 그들을 (반드시) 쫓아내라(שַׁלַּח - 피엘 동사 명령)[3)]"

3. 아모스의 경우는 어전회의 결정 사항을 선지자에게 알려주셨다(암 3:7).

(1) "여호와의 행하심이 없는데 (=성읍의 재앙은 여호와께서 행하신 것이라는 의미이다) 재앙이 어찌 성읍에 임하겠느냐" (6절하) 왜냐하면(כִּי) '주 여호와께서는 자기의 비밀(=계획)을 그 종 선지자들에게 보이지 아니하시고는 결코 행하심이 없으시리라(=없으시기 때문이다, 암 3:7). 주 여호와께서 일을 하실 때에는 반드시 그 종인 선지자(예언자)들에게 미리 알려주신다. 따라서 아모스는 자신이 선언하는 심판은 자신의 울분이나 감정으로 하는 것이 아니요 자신은 어디까지나 하나님의 대언자라는 점을 강조한다. **하나님의 심판 선언과 형벌 결정이 갑작스럽게 이루어지는 것이 아니다.**

(2) 아모스가 선포한 심판 선언은 천상회의를 거쳐 하나님으로부터 오는 것이기에 반드시 실현된다. 하나님께서 한 번 명령을 발하시면 반드시 성취되어 돌아온다. 결코 헛되이 돌아오지 않는다는 말이다. 하나님께 있어서 '말

1) 하나님은 두 명의 위대한 중보자였던 **모세와 사무엘이 백성들을 위하여 기도한다 해도 그들을 쫓아버릴 것이라고 말씀하신다**. 백성들이 받을 심판은 네 개로 되어 있다. "죽을 자는 죽음으로 나아가고 칼을 받을 자는 칼로 나아가고 기근을 당할 자는 기근으로 나아가고 포로 될 자는 포로 됨으로 나아갈지니라." 또 네 개의 저주가 있다. 칼, 개, 새, 짐승들이다. 다시 회복할 수 있는 기회가 지나갔다는 말이다.

2) 모세는 특히 하나님께서 범죄로 인해 자신의 백성들을 진멸하려 하실 때 간절한 기도를 드렸고, 이에 응답을 받았다(출 32:11-2; 민 14:13-25). 사무엘 선지자도 역시 그런 기도를 드렸다(삼상 7:3-11).

3) 이 단어가 피엘형(강조 능동형)으로 쓰일 때는 '내보내다, 쫓아내다'라는 의미이다(창 3:23, 18:16). 렘 26:16에서는 죽음의 뜻을 함축하고 있다.

씀'과 '사건'(행위)은 동일하기 때문이다. 이와 같이 선지자는 하늘의 결정을 받아 전달하는 메신저의 역할을 한다.

3. 다시 본문을 보자. "비록 이 세 사람이 거기에 있을지라도"

14:16 비록 이 세 사람이 거기에 있을지라도(though)
나의 삶을 두고 맹세하노니(as I live)
그들도 자녀는 **건지지 못하고** 자기만 **건지겠고**
그 땅은 **황폐하리라**(쉐마마, שְׁמָמָה)
주 여호와의 말씀이니라

에스겔은 하나님이 어떤 국가나 국민에게 심판을 베푸시기로 작정하셨다면, 어느 누구도, 심지어 그 부모의 의로도 자식을 구원하지 못한다는 사실을 강조하고 있다(12-20절). 결국 예루살렘은 그 파멸을 면할 수 없다는 말이다(21절).

(1) 앞에서(12-20절) 계속 강조하고 있는 것은 예루살렘에 내려진 심판은 결코 철회되지 않을 것이라는 점이다. 예루살렘은 황무지가 될 것이다. 하나님은 예루살렘을 황폐시킬 네 가지 심판의 도구를 언급하신다(21절).

21 내가 나의 네 가지 중한 벌
곧 ① 칼과
② 기근과
③ 사나운 짐승과
④ 전염병을
예루살렘에 함께 내려
사람과 짐승을 그 중에서 끊으리니
그 해가 ―더욱 심하지 아니하겠느냐

- 칼(17절) - 전쟁의 칼이 들이닥치게 하여 그 땅에서 사람과' 짐승을 사라지게...
- 기근(13절) - 양식을 끊어버리고...
- 사나운 짐승(15절) - 짐승들이 무서워서 돌아다니는 사람이 없게 되면 그 땅은 황무지가 될 것이다.
- 전염병(19절)

여호와께서 이와 같이 말씀하시니라(렘 15:2-3도 읽어보자) ① 죽을 자는 죽음으로 나아가고 ② 칼을 받을 자는 칼로 나아가고 ③ 기근을 당할 자는 기근으로 나아가고 ④ 포로 될 자는 포로 됨으로 나아갈지니라

(2) 그러나 예루살렘 거주민들의 일부는 살아남을 것이다.

14:22 그러나 그 가운데에 피하는 자가 남아 있어 끌려 나오리니
곧 자녀들이라 그들이 너희에게로 나아오리니
너희가 그 행동과 소행을 보면
내가 예루살렘에 내린 재앙 곧 그 내린 모든 일에 대하여
너희가 위로를 받을 것이라
23 너희가 그 행동과 소행을 볼 때에
그들에 의해 위로를 받고
내가 예루살렘에서 행한 모든 일이
이유 없이 한 것이 아닌 줄을 알리라
주 여호와의 말씀이니라

예루살렘 파멸의 필연성

- 예루살렘은 결국 파멸될 것이다. 그러나 그런 가운데 살아남을 자들이 있을 것이다. 이들은 바벨론 포로로 끌려갈 것이고, 이미 바벨론 포로로 끌려온 백성들로 하여금 그들의 악한 행위를 직접 보게 하실 것이다.
- 너희가 그들의 악한 행실과 행동을 보면, 내가(=여호와께서) 예루살렘에 내린 재앙이 정말 공의로운 심판이었음을 깨닫게 될 것이다. 하나님이 아무 이유없이 심판을 내린 것이 아니라는 말씀이다(심판의 정당성). 자기 백성의 엄청난 재난들에 대하여 여호와는 책임이 없으심을 강조하고 있다.

쓸모없는 포도나무 가지(겔 15:1-8)

유다와 예루살렘 심판과 비유들(12-19장)

5. 예루살렘 멸망(14:12-23)
6. **쓸모없는 포도나무 가지(15:1-8)**
7. 행음한 여인(16:1-63)
8. 독수리들과 포도나무 비유 예언(17:1-24)
9. 개인 책임에 대한 예언(18:1-32)
10. 방백들을 위한 애가(19:1-14)

이제 예루살렘의 파멸은 피할 수 없다. 그 불가피성을 말씀하시기 위해 또 한 가지 비유를 드신다. "인자야, 포도나무로 무엇을 만들겠느냐?"(15:2) 하나님은 포도나무는 땔감밖에 달리 사용할 곳이 없다고 말씀하신다. 보다 큰 나무들은 목재로 사용할 수 있지만 포도나무의 가지들은 그렇지 못하다. 아무 곳에도 쓸 수 없으니 베어 땔감으로 불에 던져 넣듯이, 예루살렘에 사는 백성도 그렇게 하시겠다고 선언하신다. 이렇게 하나님은 진노의 철저함을 전하신다.

1. 포도 열매를 맺지 않는 나무, 이런 포도나무는 그 소용가치가 없다. 오직 땔감으로만 쓰일 뿐이다. 지금 예루살렘은 마치 이런 포도나무와 같다.

게펜(גֶּפֶן) - 덩굴 포도나무grape wine - 포도나무는 상징적으로 이스라엘을 가리킨다(시 80:8, 14; 렘 2:21; 호 10:1).

15:2 인자야(Son of man, בֶּן־אָדָם)
포도나무가 ─── 모든 나무보다 나은 것이 무엇이랴
그 포도나무 가지가 ─ (나은 것이 무엇이랴)
/숲속의 여러 나무 가운데에 있는

"**이스라엘은 열매 맺는 무성한 포도나무라** 그 열매가 많을수록 제단을 많게 하며 그 땅이 번영할수록 주상을 아름답게 하도다"(호 10:1).

(1) 성경에서 농부와 포도나무의 관계는 하나님과 이스라엘의 관계로 비유되었다(사 5:1-7, 호 10:1; 마 20:1). 포도나무는 포도 열매가 많이 열려야 그 효용가치가 있다. 만약 열매를 맺지 못한다면, 그 포도나무는 땔감으로 쓰일 수밖에 없다. 그런데 여기 비유에서 이스라엘은 열매 맺지 못하는 포도나무에 비유되고 있다. 이사야서(사 5:1-7)의 포도나무의 비유는 이를 잘 표현해주고 있다. 이사야 5:5-6을 살펴보자(동교재, 이사야).

이사야 5:5-6

5:5 이제 내가 내 포도원에 어떻게 행할지를 너희에게 이르리라
내가 그 울타리를 ─ 걷어(제거하다)
─ 먹힘을 당하게 하며(바아르, בָּעַר의 피엘(강조형) 동사) — 태우다, 소멸하다, 불을 지르다
─ 그 담을 헐어
─ 짓밟히게 할 것이요(미르마쓰, מִרְמָס) - 짓 밟음, 밟는곳

결국 그 포도원을 버릴 수밖에 없다.

6 내가 그것을 ─ 황폐하게 하리니(바타, בָּתָה) - 폐허, 황폐한, 종말, 멸망
└ 다시는 가지를 자름이나 북을 돋우지 못하여
찔레[1]와 가시[2]가 ─ 날 것이며
내가 또 구름에게 ─ 명하여
/그 위에 비를 내리지 못하게 하리라

1) 솨미르(שָׁמִיר) - 가시덤불 - 황무지를 의미

2) 솨이트(שַׁיִת) - 가시덤불 / 고난을 나타낸다

(2) 하나님은 '극상품 포도나무'(쏘레크, שֹׂרֵק - 정선한 포도나무)를 심으셨다. 왜냐하면 좋은 포도 열매를 기대하셨기 때문이다. '좋은 포도 (열매)' 맺기를 바랐지만 그러나 들포도(악취가 나거나 무가치한 것)를 맺었다고 탄식하신다(겔 16장을 읽어보자). "[3]예루살렘 주민과 유다 사람들아 구하노니 이제(וְעַתָּה)[1] 나와 내 포도원 사이에서 사리를 판단하라 [4]내가 내 포도원을 위하여 행한 것 외에 무엇을 더할 것이 있으랴 내가 좋은 포도 맺기를 기다렸거늘(קִוִּיתִי)[2] 들포도를 맺음은 어찌 됨인고(마두아, מַדּוּעַ - 왜, 무엇 때문에)"

1) 접속사 + 아타(עַתָּה) - And now / 문두에 나와 있다.

2) "내가~기다렸거늘" (카바, קוה)의 피엘 동사 완료 / 이 단어는 하나님께서 자기 백성의 구원을 위하여 끈기를 가지고 끝까지 기다렸다는 의미이다(창 49:18 참조).

(3) 다시 본문을 보자(겔 15:3).

15:3 그 나무를 가지고 무엇을 **제조할 수 있겠느냐**
그것으로 무슨 그릇을 걸 못을 **만들 수 있겠느냐**
4 불에 던질 **땔감이 될 뿐이라**
불이 그 두 끝을 사르고 그 가운데도 **태웠으면**
제조에 무슨 **소용이 있겠느냐**
5 그것이 온전할 때에도 아무 제조에 **합당하지 아니하였거든**
하물며 불에 살라지고 탄 후에 어찌 제조에 **합당하겠느냐**

열매 맺지 못하는 이 포도나무는 아무짝에도 소용이 없다. 결국 아궁이로 들어갈 수밖에 없다. 북이스라엘은 앗수르에 의해 이미 망했고, 남부 지방은 애굽의 압제를 받았는데(왕하 23:29-35), '그 가운데' 예루살렘은 지금 바벨론의 느부갓네살의 공격 앞에 무너질 것이다. 그렇다면 예루살렘은 쓸모없는 나무가지가 아닌가?

(4) 하나님은 이스라엘을 택하시고, 젖과 꿀이 흐르는 땅을 주셨다. 그리고 거룩한 백성이 지켜야 할 율법도 주셨다. 이 백성에게 원하신 것은 공평과 의로움이었다(사 16:5). 그러나 기대치는 무너져내렸고, 무서운 심판을 받아야 할 입장이 되었다(사 16:5-7). 예루살렘 사람들은 쓸모없는 자들이 되었기에 하나님은 그들을 버리시고 심판으로 대우실 것이다(6절, "그러므로 주 여호와께서 이같이 말씀하셨느니라 내가 수풀 가운데에 있는 포도나무를 불에 던질 땔감이 되게 한 것 같이 **내가 예루살렘 주민도 그같이 할지라**.").

2. 물론 일부는 살아남겠지만("그들이 그 불에서 나와도") 하나님은 그들마저도 화염 속으로 던지실 것이고, 예루살렘은 폐허로 변할 것이다(7절).

그렇게 하시는 이유는, 즉 그 땅을 황폐하게 하시는 이유는?

15:8 내가 ——— 그 땅을 황폐하게 하리니
//이는(이유, יַעַן, because)
그들이 범법함이니라(=하였기 때문이다)[3]
나 주 여호와의 말이니라

3) 마알(מַעַל) - 부정, 불성실한 행위, 반역행위를 의미한다. 육체의 쾌락 추구에 몰두했고, 영적 문제에 무관심했던 자들에 대한 심판이 올 것이다. 그 심판의 날에 일반 백성이나 귀족들이 다 낮아지고 교만한 자들도 수치를 당할 것이다.

성전이 있는 동안 비극은 절대 일어나지 않을 것이라는 확신은 이제 물거품이 되어버**릴 것이**다. 어떻게 이 모든 일이 일어날 수 있는가? 하나님의 사랑은 도대체 어디 있단 말인가? 애가(哀歌)의 저자는 나라의 멸망을 애통해 하며 이러한 비극의 원인이 바로 죄 때문이었음을 고백한다. 특히 우상 숭배와 하나님께서 그들과 맺으셨던 언약에 대한 그들의 불충성, 즉 율법을 어겼다는 것이다. 이것이 끔찍한 심판의 원인이 되었다. 그래서 저자는 하나님의 자비와 회복을 위해 부르짖는다.

15:8 내가 —— 그 땅을 황폐하게 하리니

//이는(이유, יַעַן, because)

그들이 범법함이니라(=하였기 때문이다)

나 주 여호와의 말이니라

적용을 위한 묵상 **열매 맺지 못하는 포노나무는 불에 던져질 땔감일 뿐이다.**

• "이사하는 것처럼 짐을 꾸려라."
그래서 에스겔은 저물 때에 성벽을 뚫고
포로가 되어 가는 자처럼 나갔다(12:4-7).
이는 마치 성을 탈출하는 자와 같은 행동이다.
앞으로 포로로 사로잡혀 갈 것을 나타내는 상징행위였다.
패역한 자들이지만, 에스겔의 미친 것 같은 행동을 보고
정신을 차리는 사람들이 분명히 있을 것이다.
그래서 에스겔은 하나님의 명령에 순종했다.
거짓 선지자들의 달콤한 메시지에만 관심을 갖는 공동체를 향해
하나님은 또 충격적인 방법으로 일깨우려 하신다.

• 우리가 살아가고 있는 현 세상도
아무리 충격적인 방법으로 말씀을 전해도
전혀 관심을 기울이려 하지 않는다. 왜 그럴까?
인간의 능력으로 못할 것이 없다는 생각이 팽배하기 때문일 것이고,
또 한 가지는 그리스도인들의 삶속에서
진실을 볼 수 없기 때문이기도 할 것이다.
세상 사람들의 눈에는 말만 잘하고
삶의 변화는 없는 그리스도인을 너무 많이 보아왔기 때문이리라.

• 에스겔이 이 메시지를 선포할 즈음, 유다라는 자동차의 운전기사는 시드기야였다. 다시 한번 그의 불신앙적인 면을 살펴보라. 자동차를 낭떨어지로 몰고 가고 있다.

• 선지자들의 예언은 지금까지 한번도 성취된 적이 없다고 떠들어댔다. 에스겔의 예언도 마찬가지일 것이다. ...백성들의 불신앙.

• 거짓 선지자들은, 유다가 종말을 맞기 직전 더욱 극성을 부렸다.
예레미야나 에스겔은 이런 자들 때문에
하나님의 말씀을 전하는데 어려움을 겪었다.
물론 이들 거짓 선지자들도
하나님의 직접적인 계시를 받았다고 떠들었다.
지금도 이단들의 발호는 여전하다.
아니 더욱 극성을 부리며 진정한 복음을 분별하지 못하도록 현혹한다.
교회에서 복음이 아주 명확하게 증거되지 못하기 때문이리라.
사역자들이 진짜 해야 할 일에는 신경을 쓰지 못하고,
다른 일에 너무 바쁘기 때문이다.
외형적으로는 비대해 졌지만
정작 그 속에 있는 자녀들은 양육하지 못한다.
오히려 이단의 가르침이 더 복음적이라는 생각을 갖게 만든다.

• 예루살렘은 얼마나 영광스로운 성읍이었는가?
그런데 그 성읍이 패망할 것이라는 것이다. 왜?
포도나무는 열매가 맺히지 못한다면
아무짝에도 쓸데가 없어 불에 던져져 땔감이 될 뿐이다.
지금 한국 교회는 어떤 모습일까?

예루살렘 심판과 비유들(16–19장)

비유는 계속된다.
16장에서는 예루살렘을 의인화하여
수치스러운 출생으로부터 이야기를 시작한다.
예루살렘은 가나안 땅에서
아모리 사람 아버지와
헷 족속의 어머니 사이에서 태어났다(16:3).

여호와께서는 지나가시다가 길가에서
피투성이가 된 채로 꿈틀거리는 아기를 구하기로
결심하신다(16:6-14).
아기는 잘 자랐고, 그 야생의 소녀와
결혼하기로 결심하신다.
그래서 그녀와 결혼 언약을 맺으신다.
이른 바 다윗과 솔로몬 시대에 비유된다.

그러나 이야기는
비극적인 방향으로 선회한다.
그녀가 창기가 되었기 때문이다.
아니 창기보다 더 악한 상태가 되었다.
예루살렘은 행음하는 여인이 되었다.
회복의 약속이 주어졌지만
형벌은 피할 수 없을 것이다(16:35-43).

행음한 여인(겔 16:1-63)

16장은 예루살렘을 불성실한 아내로 묘사한다. 그녀의 죄에 대한 고발은 3-34절에 묘사되었고, 그녀의 징벌은 35-52절에, 회복에 대해서는 53-65절에 묘사하고 있다.

(1) 예루살렘은 얼마나 죄악스러운가? "인자야 예루살렘으로 그 가증한 일(=그들이 저지른 악)을 알게 하라"(2절). 먼저, 비유를 통해 예루살렘의 탄생 역사로부터 시작한다.

(2) 이스라엘은 길가에 버려진 아기였었다. 피투성이가 된 채로 버둥거리고 있는 것을 보고 하나님은 그를 데려다가 밭의 식물처럼 키웠더니 잘 자라서 이제는 아름다운 보석처럼 되었다. 신체가 성숙했으나 그녀는 아직도 벌거벗은 알몸이었다. 그래서 벌거벗은 몸에 옷을 입혀주었다(8절a).

2. 결혼을 결심했을 때의 비유는, 즉 사랑을 할 만한 때는 언약, 즉 조상들과 계약을 맺을 때를 지칭한다(창 17장). "네게 맹세하고 언약하여 너를 내게 속하게 하였느니라"(8절).

(1) "내가 물로 네 피를 씻어 없애고 네게 기름을 바르고 수 놓은 옷을 입히고 물돼지 가죽신을 신기고 가는 베로 두르고 모시로 덧입히고... 화려한 왕관을 머리에 씌웠나니"(9-12절). 그리고 이 여인은 형통하여 '왕후의 지위'에 올랐다(13절). – 예루살렘은 통일 왕국의 수도가 되었고, 그곳에 성전이 세워졌다. 이렇게 세워진 왕조는 그 위(보좌)가 영원할 것이라고 했다.

(2) 예루살렘의 추락 - 그러나 이제부터는 비극적인 이야기가 전개된다. 예루살렘이 그 명성을 가지고 지나가는 모든 남자에게 시시덕거리는 창기가 되어버렸다.

(3) 그녀(=예루살렘)는 각색으로 산당을 꾸미고 거기에서 행음하였다(16절). 그녀는 하나님께서 주신 장식품으로 남자 우상(male images)을 만들어 몸을 팔았다(17절).

예루살렘을 벌하시다(겔 16:35-43)

(1) 음녀는 심판에 넘겨져야 한다. 하나님은 그녀가 잘못할 때마다 징계하셨지만(27절), 이제는 더 강력한 조치를 취하실 것이다.

(2) 그 타락의 정도를 소돔과 고모라의 죄악에 비유하고 있다. "네 아우 소돔 곧 그와 그의 딸들도 너와 네 딸들처럼 그렇게 악하지는 아니하였느니라"(48절). 소돔 성의 죄는 이러했다(49-50절). 이렇게 유다는 여호와의 '언약을 깨뜨렸으므로' 바벨론 유수는 필연적이라는 것이다

소돔과 사마리아도 회복되리라(겔 16:53-59)

소돔 성은 고모라 성과 함께 악명 높기로(벧후 2:6; 유 1:7) 유명한 쌍둥이 도시이다(창 18-19장). 그래서 이스라엘이 지은 범죄를 말할 때 선지자들은 되풀이해서 소돔의 죄와 비유해서 말하곤 했다(사 1:9, 3:9; 렘 23:14; 애 4:6, 겔 16:46이하; 암 4:11). 하나님은 예루살렘이 마땅히 형벌을 받아야 함을 말씀하신다.

영원한 언약(겔 16:60-63)

네가 한 맹세를 하찮게 여겨, 그 언약을 깼으니, 나 여호와도 네가 한 것과 똑같이 너에게 하겠다(16: 59). 그러나 하나님은 "너희와의 내 언약(=출 19-24장의 사건)을 기억할 것이라고 말씀하신다(16:60). 자신의 언약을 기억하고, 갱신하며, 영원히 세우시겠다고 말씀하신다. 이 과정에서 이들의 죄악을 덮으심으로써 해결하신다.

❖ 이스라엘은 두 마리 큰 독수리가 취할 나뭇 가지와 같다(17장).

(1) 에스겔은 동료 유다인들에게 분명한 메시지를 전하기 위해 그림 같은 알레고리(수수께끼, 우화)를 사용한다(17장). 이 알레고리의 기본 의미는 다윗 왕가와 국제적 정세 속에서 그 왕가가 처한 상황을 다루고 있다.

- **다윗의 집** : 레바논에 심겨진 한 그루 나무로 언급한다.
- **바벨론 왕**(독수리 - 색깔이 화려하고 날개가 크고 깃이 길고 털이 숱한 큰 독수리)이 나무의 꼭대기 부분(여호야긴)을 바벨론에 옮겨가고 한 씨(=시드기야)를 가나안에 심었다. 이 나무는 잘 자라지 못하여 잠시 동안 바벨론을 의지하다가 후에 애굽(=새로 심기워진 두번 째 독수리, 7절)을 의지한다. 이런 비유에 대한 해석이 17:11-21에 나온다.

(2) 유다는 영원히 멸망할 것인가? 물론 아니다. 역사를 주관하시는 하나님이 얼마간 왕국을 폐하실 것이지만 다시 심으실 것이다(겔 17:22-24). 여기 나오는 나무들 곧 온 민족들은 여호와의 행사를 알게 될 것이다(24절).

❖ 멸망의 원인은 각 개인의 죄 때문이다(18-19장).

(1) 에스겔 당시의 백성들은, 자신들은 멸망당할 일은 결코 행하지 않았다고 투덜거렸다. 이들은 부모들 때문에 지금 이런 고통을 당한다고 생각했다(렘 31:29-30 참조).

(2) 에스겔은 출애굽 때에도 여호와를 섬기지 못한 이스라엘의 실패를 언급하면서, 결국 이런 멸망당한 일은 각 개인의 죄에 기인함을 설명한다. 에스겔은 3대 자손의 영적 상태를 예를 들어 설명하면서, 하나님이 행하실 심판이 각 개인의 행위에 달려 있음을 증명한다(19:5-24). 따라서 각 개인은 회개하여야 하며, 새 마음과 새 영을 받아들여야 할 것임을 말씀하신다(18:30 31).

(3) 이스라엘의 파멸은 너무 고통스러운 것이기에 에스겔은 애가(哀歌)를 부르지 않을 수 없다(19:1-14). 유다는 시드기야의 모반 때문에 앗수르의 느부갓네살 왕에게 끌려가 죽임을 당한다. 마치 분노 중에 뽑혀 땅에 던짐을 당한 포도나무처럼(왕하 24:20; 렘 52:3).

행음한 여인(겔 16:1–63)

유다와 예루살렘 심판과 비유들(12-19장)

5. 예루살렘 멸망(14:12-23)
6. 쓸모없는 포도나무 가지(15:1-8)
7. **행음한 여인(16:1-63)**
8. 독수리들과 포도나무 비유 예언(17:1-24)
9. 개인 책임에 대한 예언(18:1-32)
10. 방백들을 위한 애가(19:1-14)

16장은 예루살렘을 불성실한 아내로 묘사한다. 그녀의 죄에 대한 고발은 3-34절에 묘사되었고, 그녀의 징벌은 35-52절에, 회복에 대해서는 53-65절에 묘사되고 있다. 예루살렘은 얼마나 죄악스러운가? "인자야 예루살렘으로 그 가증한 일(=그들이 저지른 악)을 알게 하라"(2절).

1. 먼저, 비유를 통해 예루살렘의 탄생 역사로부터 시작한다.

16:3 이르기를
/주 여호와께서 — 말씀하시되
/예루살렘에 관하여 이같이
/네 근본과 난 땅은 — 가나안이요
/네 아버지는 ——— 아모리 사람이요
/네 어머니는 ——— 헷 사람이라

예루살렘의 탄생의 역사 - 예루살렘아, 너는 근본을 따져보면 가나안 출신이다.

의인화된 성읍 예루살렘은 가나안 사람들의 땅에서, 아모리 사람 아버지와 헷 사람 어머니 사이에서 태어났다.

(1) "그 땅을 너희에게 주어 기업을 삼게 하리라"(출 6:8). 즉 이스라엘을 그 땅으로 인도한다는 약속은 땅 자체가 선물이라는 뜻을 내포하고 있다(신 1:7, 6:10,23). 거의 25회나 반복되는 언급에서 땅은 여호와의 선물이었다. 가나안 땅은 "조상들에게 언약하였던 바로 그 땅"이었다.[1)]

- **케나아니**(the Canaanite, כְּנַעֲנִי) - '가나안 후손, 가나안 사람들' - 정복 전에 팔레스타인 지역에 거주했던 자들은 가나안인으로 알려졌다(창 46:10, 출 6:15 참조). 이들은 이스라엘 민족에 의해서 쫓겨난 것으로 기록되어 있다(수 5:1, 11:3, 13:4). 아브라함의 이야기는 땅에 대한 약속과 더불어 시작한다(창 12:1 이하). 이 약속은 아브라함과(창 13:14-16, 15:18-21, 17:8) 이삭과(창 26:3-4, 24) 야곱에게(창 28:3이하, 13-15, 35:9-12) 계속 확언(確言)되었다. 이 약속은 모세에게 하신 여호와의 말씀 속에서도 나타난다(출 6:8). 광야의 여행 중에서도 이 약속은 반복된다(출 33:1).[2)]

(2) 땅에 대한 약속은 그 범위가 정확하게 나오지 아니했으나 신 11:24과 수 1:2-4에 보면 광야와 이 레바논에서부터 큰 하수 유브라데에 이르는 부분이라고 했다. 여호수아의 정복전쟁으로 어느 정도 이 약속이 성취되었다고 할 수 있지만 출 23:31에 나타난 광활한 지역을 소유한 때는 오로지 다윗과 솔로몬의 통치 때였다.

1) 특별히 신명기에는 땅을 선물로 말하는 구절이 많이 나와 있다(신 5:31, 9:6, 11:17, 12:1, 26:9 등).

2) 땅에 대한 가장 직접적인 약속은 아브라함에게 하신 여호와의 말씀에서 볼 수 있다. "내가 이 <땅>을 네 자손에게 주리라"(창 12:7). "나는 이 <땅>을 네게 주어 업을 삼게 하려고 너를 갈대라 우르에서 이끌어낸 여호와로라"(창 15:7).

(3) 여기 비유는 예루살렘이 다윗에게 정복되기 전에는 가나안 토착민들의 통제 하에 있었음을 암시한다(수 10:5*, 15:63; 삿 1:21; 삼하 5:6 참조). 나중에 예루살렘이 갖게 된 우상 숭배의 경향(15-22절)은 그의 이교적인 출생에 뿌리를 두고 있다는 것이다. 가나안 정복 이전의 가나안 사람들의 도덕적 타락은 이스라엘 백성을 멸망으로 치닫게 하는 요인이 되었다.

• 수 10:5 "아모리 족속의 다섯 왕들 곧 예루살렘 왕과 헤브론 왕과 야르뭇 왕과 라기스 왕과 에글론 왕이 함께 모여 자기들의 모든 군대를 거느리고 올라와 기브온에 대진하고 싸우니라."

• **에모리**(아모리 족속, Amorite, אֱמֹרִי) - 이 말은 일반적으로 팔레스타인 정착민에게 사용되었다. 이들은 사해의 서해안(창 14:7), 헤브론(창 14:13), 세겜, 길르앗, 바산, 헤르몬에 거주했다. 이들은 헷족이나 여부스족과 마찬가지로 산에서 살았다. 주전 3000년경에 아모리 왕국은 메소포타미아와 시리아-팔레스틴의 대부분을 차지하였다. 시리아-팔레스틴 지방은 '아모리족의 땅'이라고 지칭되었다. 아모리 왕국은 이스라엘이 가나안을 정복하기까지 계속 존속했다.

• **헷**(Hittite, 헷 족속, חִתִּי) - 창세기의 기록에 의하면 헷 족속은 헤브론과 브엘세바 지역을 차지했다. 민 13:29은 헷 족속은 여부스인과 아모리인과 함께 산지에 거주했다고 기록한다. 헷 사람(Hittite)이라는 이름은 성경 이외의 문헌에도 많이 등장한다. 드물게는 아나톨리아의 원주민인 하티 민족(Hittian)을 가리키기도 한다.[1] 그러나 다윗, 솔로몬, 엘리사 시대(주전 1000-900)에 언급된 헷 족속은 아마도 신-헷족속(Neo-Hittites)을 가리킴이 분명하다.

1) B.C. 2000년대 전반, 오리엔트는 고도로 발달한 이집트와 메소포타미아가 패권을 잡고 있었다. 그러나 어떤 이유인지 모르나 서아시아 북부에서는 인도-유럽 어족의 대 이동이 일어난다. 이 중 일부가 소아시아의 중앙고원에 등장해서 원주민을 정복하고 히타이트 왕국을 세운다. 이들은 후에 바벨론에 침략하여 함무라비 왕조를 멸하기도 했다.

(4) 어쨌든 예루살렘은 처음부터 상대적으로 덜 중요한 성읍이었다. 따라서 본문에서는 "들에 버려진" 존재로 비유했다(4-5절). 여기에 출산과정이 너무 리얼하게 표현되었다.

① 갓난 아기

16:4 네가 난 것을 말하건대
네가 날 때에 네 배꼽 줄을 자르지 아니하였고
너를 물로 씻어 정결하게 하지 아니하였고
네게 소금을 뿌리지 아니하였고
너를 강보로 싸지도 아니하였나니

하나님은 갓 태어난 예루살렘을 어떻게 비유하셨나? 탯줄을 끊지도 않고, 물로 씻어 정결하게도 아니하였고, 피를 잘 돌게 하기 위해 소금으로 문지르지도 아니하였다. 그리고 포대기에 싸줄 사람도 없어서 마치 길가에 버려진 아기와 같았다고 비유하셨다.

(5) "아무도 너를 돌보아 이 중에 한 가지라도 네게 행하여 너를 '불쌍히 여긴'[2] 자가 없었으므로(לֹא־חָסָה)"(5절) - 그래서 여호와께서 길가에 피덩어리 같은 아기를 구하기로 결심하신다(6 "내가 네 곁으로 지나갈 때에 **네가 피투성이가 되어 '발짓하는 것'[3]을 보고** 네게 이르기를 너는 피투성이라도 살아 있으라 다시 이르기를 너는 피투성이라도 살아 있으라"). 핏덩이 속에서 꿈틀거리는 것을 보시고 불상히 여기셨다. 이는 신 26:5에 언급된 그 내용과 같다("너는 또 네 하나님 여호와 앞에 아뢰기를 **내 조상은 방랑하는 아람 사람으로서**..).

2) 후스(חוּס) - 불쌍히 여기다. 측은히 여기다. 동정하다

3) 발짓하는 것(מִתְבּוֹסֶסֶת)-히트파엘 분사 / 유린당하도록 내버려진 것을 의미한다.

② 성숙한 처녀

1) 옷(카나프, כָּנָף) - 날개, 말단, 끝

2) 파라쓰(פָּרַשׂ) - 펴다, 펼치다, 뻗치다. / 이 동사 뒤에 카나프가 오면 옷자락을 가리킨다(문자적으로는 '날개' - 룻 3:9; 겔 16:8).

(6) 핏덩이 속에서 꿈틀거리는 아기는 신체가 성장하고, 성적인 발달시기인 사춘기가 되었다(7절. "내가 너를 들의 풀 같이 많게 하였더니" - 밭에 식물처럼 키웠더니). 신체가 성숙했으나 그녀는 아직도 벌거벗은 알몸이었다. 그래서 벌거벗은 몸에 옷을 입혀주었다(8절a "내가 네 곁으로 지나며 보니 네 때가 사랑을 할 만한 때라 **내 옷으로**[1] **너를 덮어**[2] 벌거벗은 것을 가리고"). 여기서 옷자락으로 소녀 위에 덮어준다는 것은 그 소녀와 결혼하겠다는 의미이다(룻 3:9, "나는 당신의 여종 룻이오니 당신의 옷자락을 펴 당신의 여종을 덮으소서..").

2. 결혼을 결심했을 때의 비유는, 즉 사랑을 할 만한 때는 언약, 즉 조상들과 계약을 맺을 때를 가리킨다(창 17장). "네게 맹세하고 언약하여 너를 내게 속하게 하였느니라"(8절). 언약 내용을 조금 자세하게 설명하자.

▶ 창 17:3절하~8절까지는 2절상("내가 내 언약을 나와 너 사이에 세워")의 사상을 확대시켜 설명한 것이다. 그리고 8절에서 땅에 대한 약속을 덧붙이고 있다. 2절(상)의 '언약'이 7, 8절에서 자손과 땅의 문제를 내포하고 있다. 이렇게 17장에서는 창세기 12, 15장의 약속을 재차 확인하고 있다(언약의 통일성 · 점진성).

창 17:7 내가 ① —— **세워서**

① 누가 언약을 세우는가?

② 누구와 언약을 세우는가?

/내 언약을 ③

③ 언약의 주인은 누구인가?
- "내 언약"

/나와 너와 ② 네 후손의 사이에 ②

그 약속은 아브라함뿐만 아니라 그의 후손들에게까지 확대된다.

/[그들] 대대[로]

③ 결혼

//(목적: לְ, for)
영원한④ 언약을 삼고(=삼으려고, לִבְרִית)

//(목적: לֵ, to)
하나님이 되리라(=되게 하려고)⑤
/너와 네 후손의

언약을 세우신 목적은 무엇인가?

③ 언약의 주체는 누구인가?

여기서 하나님과 아라함 사이의 언약은 노아가 소유했던 것보다 더 중대하고 광대한 의미가 있음을 보여준다. 우리는 이미 창세기 15장에서 '하나님과 아브라함 사이의 언약의 비준'을 살펴보았다.

(1) 창 17:4 너는(=아브라함 너는) 이제 (여러 민족의 아버지)가 될지라.

▶ 위의 구문에서 볼 수 있듯이 하나님은 아브라함에게 재차 확인된 약속을 주신다. 창세기 17장에서는 '언약'(베리트)이라는 말이 13회나 등장한다. 이제 하나님은 이전에 약속하셨던 언약을 더욱 상세하게 언급하신다. 하나님은 아브라함을 심히 번성하게 하고 여러 민족(many nations)의 아비가 될 것이라고 약속하신다(2, 4, 7절).

(2) 수많은 후손을 보증하셨던 약속이(창 17:2) 이제는 "수많은 민족들"의 아비가 될 것이라고 약속하신다. 하나님은 아브라함의 믿음을 보시고 그의 이름을 '아브람'에서 '아브라함'으로 바꾸어주신다. 그 뜻을 말해보라. 하나님은 아브라함에게 먼 장래의 일도 약속하셨다. 많은 민족과 왕들이 그에게서 나오리라고 말씀하신다. 그 후손(seed)도 하나님을 섬길 것이며, 종

국적으로는 하나님께서 그 후손에게 약속된 땅을 주실 것이다. 그 이름에 부합되게끔 필요한 씨(자손)를 주실 것이다.[1)]

(3) 이 아브라함과의 **영원한 언약**은 무엇까지 포함하는가?

하나님은 아브라함에게 그와 그의 후손에게 줄 가나안 땅을 약속하신다. 하나님이 아브라함에게 주신 약속은 땅에 대한 것으로부터 시작하심을 알 수 있다(창 12:1-3). 이 땅에 대한 약속은 아브라함과(창 13:14-16, 15:18-21, 17:8) 그 자손 이삭과(창 26:3-4, 24), 야곱에게서(창 28:3이하, 13-15, 35:9-12) 확언되었다. 이 확약(確約)은 출애굽기 6:8에의 성취로 나타난다. 광야 여행 중에도 이 약속은 반복되어 나타난다(출 33:1). 여호수아 시대에는 이 땅에 대한 약속이 이제 더 이상 약속이 아니라 이미 실현되었다고 선언한다(수 23:15). 하나님은 아브라함에게 의식을 통해서도 약속하셨다(창 15:7). (동교재, 창세기)

1) 하나님은 이제 아브라함과 장차 태어날 그의 후손과 함께 세울 언약을 말씀하신다(창 17:7, 8). 이 언약은 전적으로 **하나님께서 이루어 가실 은혜의 언약**이었다. 언약의 내용이 무엇인가?

3. 계속해서 9-14절을 읽어보자. 이 부분은 다윗과 솔로몬 시대를 비유한다.

④ 왕정시대

(1) "내가 물로 네 피를 씻어 없애고 네게 기름을 바르고 수 놓은 옷을 입히고 물돼지 가죽신을 신기고 가는 베로 두르고 모시로 덧입히고.... 화려한 왕관을 머리에 씌웠나니"(9-12절). 그리고 이 여인은 형통하여 '왕후의 지위'[2)]에 올랐다(13절).

2) לִמְלוּכָה - to royalty 메루카(מְלוּכָה) - 왕의 신분, 왕위, 왕권

이때 이스라엘은 평안을 가져왔고, 성전도 건축하게 된다(삼하 7장). "너는(예루살렘) 아름다워 온 세상에 유명한 사람이 되었으니"(14절)

16:14 네 명성이 이방인 중에 퍼졌음은
/네 화려함으로 말미암아
//(for, כִּי)
내가 네게 입힌 영화로 네 화려함이 온전함이라(=때문에)

다윗 왕국의 축복과 번영

(2) 이스라엘은 다윗의 등극으로 점차 안정기에 들어갔다. 아브라함에게 주어진 "내가 너로 큰 민족을 이루고"(창 12:2)라는 하나님의 약속은 가시적으로 성취되었다. 다윗은 가나안 전 영토를 호령하는 군주가 되었다. 국내 정치도 점차 안정이 되었다. 그가 거하는 궁궐도 백향목으로 으리으리하게 지어졌다. 그러나 여호와의 궤는 아직도 장막 가운데 방치되어(?) 있지 않은가! 그래서 다윗은 나단을 통해 성전 건축 의사를 타진한다. 그러나 하나님은 다윗에게 성전 건축을 허락치 않으신다.

바이트(집, בַּיִת)

1) 다윗은 여호와 앞에 성전을 지어드리려는 열정이 있었다. 비록 그는 거절을 당했지만 하나님은 얼마나 다윗을 기뻐하셨을까?

하나님은 오히려 다윗을 위하여 '집'을 지어 주겠다고 약속하신다. '집'(바이트)이란 물론 개인의 가정이나 건물을 의미하기도 하지만, 여기서는 '후손, 자손들' 또는 '나라'를 가리킨다. 다윗을 위해 지어질 집은 왕가(王家) 즉 왕조(王朝)를 말한다. 그런데 그 나라가 영원할 것이라는 말이다.

(3) 대신 하나님은 다윗에게 엄청난 축복을 약속하신다. 다윗의 이름을 존귀케 할 것이며 이스라엘로 하여금 모든 대적에서 벗어나 평안케 해주겠다고 약속하신다. 그리고 성전은 그의 후손의 손에 의해서 완성될 것이라고 약속하신다.

(4) 이제 다윗에게 약속하신 이 언약은 솔로몬 시대를 훨씬 뛰어넘을 것이다. 하나님은 다윗의 위(=보좌, 키세, כִּסֵּא)가 영원히 견고케 될 것이라고 약속하신다.

> 삼하 7:13 그는 — 집(바이트, בַּיִת)[1]을 **건축할 것이요**
> /내 이름을 위하여
> 나는 — 영원히(아드 올람, עַד־עוֹלָם) **견고하게 하리라**
> /그의 나라 왕위(throne)를

(5) 예루살렘은 통일 왕국의 수도가 되었고, 그곳에 성전이 세워졌다. 이렇게 세워진 왕조는 그 위(보좌)가 영원할 것이라고 했다. 다윗과 세워진 왕적 요소들이 영원할(아드 올람, עַד־עוֹלָם, forever) 것이다. 다윗과 맺은 이 언약을 '영원한 언약'(בְּרִית עוֹלָם, 베리트 올람, everlasting covenant)이라고 했다(삼하 23:5). 특히 시편 89편에서는 다윗의 혈통이 '왕조의 날'이 아닌 '하늘의 날과 같이'(28, 29절) 지속될 것과 그의 보좌는 해와 달과 같이 계속될 것을 확언하고 있다.

4. 자, 그렇다면 이 다윗의 언약은 역사 속에서 어떻게 실현되어 갔을까?

다윗 왕국 확장 (B.C.990-968년)

정복지로부터 전리품이 들어오고 있다.

다윗은 이 언약에 충실한다. 따라서 그의 왕국은 번영을 계속한다. 그는 무적의 왕자가 된다. 열방들은 이제 다윗의 눈치를 봐야 하는 신세가 되어 버렸다. 다윗은 북동쪽으로는 유브라데 강까지, 남쪽으로는 아카바 만까지 통치하게 되었다. 물론 다윗은 당시에 강대한 제국인 애굽이나 앗수르, 바벨론 제국과 견줄 바는 못되나 전 가나안을 통치하는 강력한 군주가 되었다. 무엇보다 이스라엘을 끝까지 괴롭혔던 블레셋을 해변의 좁은 지역으로 제한시켜 버렸다. 이 모든 것은 하나님께서 다윗이 어디를 가나 함께 하셨기 때문이었다.

예루살렘의 추락

1. 그러나 이제부터는 비극적인 이야기가 전개된다. 예루살렘이 그 명성을 가지고 지나가는 모든 남자에게 시시덕거리는 창기가 되어버렸기 때문이다.

16:15 그러나[But, ו]
네가 ── 네 화려함을 **믿고**
　　　└ 네 명성을 가지고 **행음하되**(זָנָה자나)
[네가] ── 음란을 **많이 행하므로**
예루살렘
　　/지나가는 모든 자와 더불어
　　/네 몸이 그들의 것이 되도다(=됨)

간음하다, 매춘하다, 창녀이다를 의미한다. 비유적으로 국가적 매음을 한 이스라엘에 대해 사용했다(겔 16:26-28).

(1) 이런 일은 있어서도 안 되고 있을 수도 없는 일이다. 이런 일은 "전무후무한" 일이라고 했다. 음란을 "많이 행함으로(poured out)"라는 말 쇠파크(שָׁפַךְ)는 '(음란을) 쏟아 붓는다'는 의미이다(겔 23:8). 이는 이스라엘이 지나가는 모든 자와 더불어 난잡한 우상 숭배를 했음을 표현하는 말이다. "그녀(=예루살렘)는 각색으로 산당을 꾸미고 거기에서 행음하였다"(16절). 그녀는 하나님께서 주신 장식품으로 남자 우상(male images, צַלְמֵי זָכָר)을 만들어 몸을 팔았다(17절).

- **자카르**(זָכָר) - 남성(male), 숫컷 / 이스라엘 백성이 남자 형상과 함께 우상숭배를 했다는 것이다, 바알브올의 신상과 같이 남근(男根) 형태의 모양을 숭배하는 것을 의미한다(창 31:19; 삿 18:14]; 삼상 19:13 - [드라빔]).

(2) 무엇보다 자녀들을 우상의 제물로 바쳤다는 데 문제가 있었다(20-21절).

16:20 또 네가 나를 위하여 낳은 네 자녀를
그들에게 데리고 가서 드려 제물로 삼아 불살랐느니라
네가 네 음행을 작은 일로 여겨서
21 나의 자녀들을 죽여 우상에게 넘겨
불 가운데로 지나가게 하였느냐(화제를 삼았느냐)

"몸을 파는 것으로도 만족하지 못해 자녀들을 끌어다가 우상의 제물로 바쳐 불사르게 하였는냐?" 이스라엘은 특히 **몰렉신**에게 자녀를 바쳐 불사르게 하였다.

성전 건축

❖ 출애굽한 지 480년이 되는 해, 즉 솔로몬 재위 4년 봄에 드디어 성전을 건축하게 된다. 이 성전이 완공된 후 하나님은 이스라엘 가운데 거하셔서 이스라엘 백성과 함께 하시겠다고 약속하신다. 이 성전이 완공됨으로 아브라함에게 언약한 모든 약속이 실제로 이루어졌다.

유다 왕 아하스(왕하 16:1-19)

- 북이스라엘의 베가가 왕으로 있은 지 17년째 되던 해, 20세의 나이로 왕으로 등극했다. 그러나 그는 여호와 앞에 정직히 행하지 아니했다. 그의 악행은 역대하 28장에 자세히 기록되고 있다. **우상 숭배 · 힌놈의 아들 골짜기에서 분향 · 자기 아들을 불태워드리는 이방인의 가증한 일**(몰록의 신에게 제사하는 행위) · 산당에서 제사행위 등을 저질렀다.

(3) 아하스는 여호와 보시기에 정직히 행하지 아니했다. 얼마나 악을 행했을까?

- 이스라엘 열왕의 길로 행하여 바알들의 우상을 부어 만들고(대하 28:2)
- 또 힌놈의 아들 골짜기에서 분향하고[1]
- 여호와께서 이스라엘 자손이 보는 앞에서 쫓아내신 이방 사람의 가증한 일을 본받아 **자기 아들을 불에 태워 제물로 바쳤고**(3절)
- 또 직접 산당과 작은 산 위와 모든 푸른 나무 아래에서 제물을 잡아 이방 신에게 제사를 드리며 분향했다(4절)

1) "그러므로 그 하나님 여호와께서 아람 왕의 손에 붙이시매 저희가 쳐서 심히 많은 무리를 사로잡아 가지고 다메섹으로 갔으며 또 이스라엘 왕의 손에 붙이시매 저가 쳐서 크게 살륙하였으니"(5절)

얼마나 많은 유다 사람들을 죽였을까? (대하 28:6-9)

- 이스라엘 왕 베가가 유다에서 하루 동안에 용사들을 12만 명이나 죽였다. 이스라엘 자손이 **그 형제 중에서 그 아내와 자녀 합하여 이십만 명을 사로잡고** 그 재물을 많이 노략하여 사마리아로 가져갔다.

2. 이들이 자행하는 가장 가증스러운 우상 숭배는 풍요 제의와 어린이 인신제사를 드렸다는 것이다. 이에 대한 이사야서의 설명을 들어보자(사 57:3).

(1) "너희가 상수리나무 사이, 모든 푸른 나무 아래에서 '음욕을 피우며'(הַנֵּחָמִים)[2] 골짜기 가운데 바위 틈에서 자녀를 도살하는도다"(샤하트, שָׁחַט)"(사 57:5). '샤하트'는 사람을 살해하는 것을 묘사한다. 여기서는 가나안 종교에서 행하던 인신제사를 말한다. 특히 므낫세 때에는 어린 아이를 제물로 바쳤다 (왕하 21:6 "또 **자기(므낫세 왕)의 아들을 불 가운데로 지나게 하며** 점치며 사술을 행하며 신접한 자와 박수를 신임하여 여호와께서 보시기에 악을 많이 행하여 그 진노를 일으켰으며")

2) 하맘(חָמַם) - 뜨겁다, 따뜻해지다 / 관사 + 니팔 동사 분사형 / 정욕에 불타 바람을 피우며 - 여기서는 우상에 대한 열정을 묘사하고 있다.

(2) 이 모든 일들은 "네가(=예루살렘) 어렸을 때에 벌거벗은 몸이었으며 피투성이가 되어서 발짓하던 것을 기억하지 아니했기" 때문이었다(22절).

몰렉 숭배

몰렉 신은 암몬 사람들의 민족 신이다(왕상 11:7). 밀곰 혹은 밀감이라고도 한다(왕상 11:5). 모압 사람은 그모스라고 불렀다. 또한 **몰록**이라고도 불렀다(왕하23:10). 행7:43을 보라.

행 7:43 "**몰록의 장막**과 신(神) 레판의 별을 받들었음이여 이것은 너희가 절하고자 하여 만든 형상이로다 내가 너희를 바벨론 밖으로 옮기리라 함과 같으니라."

하체가 큰 네 이웃 나라 애굽 사람과도 음행하되

1. 그녀(=예루살렘)는 강대국인 이웃 나라에게 눈을 돌려 음행을 저질렀다.

16:25 네가
- 높은 대를 모든 길 어귀에 쌓고
- 네 아름다움을 가증하게 하여
- 모든 지나가는 자에게 다리를 벌려 심히 음행하고

어려움이 닥칠 때마다 여호와를 의지하지 않고 강대국을 의지하려 했다.

26 [네가] — 하체가 큰 네 이웃 나라 애굽 사람과도 음행하되 심히 음란히 하여

//(to, ל) 내 진노를 샀도다(=려고)

애굽을 의지하려고 동맹을 맺었다(사 23:17)

(1) 히스기야는 단독 통치를 하면서부터(715년, 사마리아가 망한 지 6년째 되는 해) 반앗수르 정책을 쓰기 시작했다. 히스기야는 반앗수르 정책을 채택하는 과정에서 애굽을 선택한다(사 30:1). 그는 반앗수르 동맹에 가담했고, 사절단을 애굽에 파견했다. 물론 이사야는 적극적으로 이를 말렸다(사 30:1-7).[1)]

(2) 당시 애굽은 초강대국이었다. 그래서 그들은 국제 사회에서 아주 교만했다. 렘 46:13-24은 바벨론의 애굽 침공에 대한 예언이다. 바벨론 왕 느부갓네살이 애굽을 침공할 것이라는 내용이다(렘 43:11-13). 바벨론의 이집트 침공은 주전 568-567년에 가서 이루어진다.

1) 이사야는 애굽의 도움은 헛되고 무익하다고 했다. 애굽을 '가만히 앉은 라합(교만한 자)'이라고 했다. 이사야는 애굽의 도움은 헛것이요, 돕는다고 해봤자 아무 쓸모가 없을 것이라고 했다(사30:2). 그러나 왕과 참모들은 선지자(선견자)의 말을 들으려 하지 않았다.

2. 남편은 아내를 위하여 양식과 의복을 제공할 의무가 있다. 그러나 아내가 타인과 행음한다면? (27절)

16:27 그러므로 내가 내 손을 네 위에 펴서 네 일용할 양식을 감하고
너를 미워하는 **블레셋 여자** 곧 네 더러운 행실을 부끄러워하는 자에게
너를 넘겨 임의로 하게 하였거늘

따라서 그녀의 영토의 일부를 넘겨 블레셋에게 주었다. 이방 나라가 이스라엘의 눈치를 보는 상황에서 이제는 블레셋에게까지 이겨움을 겪게 하셨다. 히스기야 왕 때 산헤립이 침공해 46개의 성읍을 빼앗고 그 일부를 블레셋에게 넘겨주었다.

(1) 아내의 부도덕에 징계를 주었지만(27절, "일용할 양식을 감하고...부끄러워하는 자에게 너를 넘겨 임의로 하게 하였거늘"), 그래도 "음욕이 차지 아니하여 또 **앗수르 사람과 행음하고** 그들과 행음하고도 아직도 부족하게 여겨 장사하는 땅 **갈대아에까지 심히 행음하되** 아직도 족한 줄을 알지 못하였느니라"

⑤ 강대국과 동맹

앗수르와 정치동맹과 우상숭배 (왕하 16:7-18)

▶ 유다 왕 아하스의 때의 일이다. 그의 종교적 타락을 보라. 아하스는 백성들을, 그리고 하나님을 괴롭게 한 자라고 했다(사 7:13). 그는 여호와의 도를 버렸다(대하 28:1-7). 그는 가나안의 모든 우상을 다시 섬긴 지도자였다. 특히 (자녀를 불사르는) 몰록 종교에 심취했다. 아하스는 앗수르 왕을 만나려고 다메섹에 올라갔다. 앗수르 왕이 베가의 땅을 빼앗아 주었기에 문안하러 갔었다. 거기서 아하스는 예루살렘의 제단보다 더욱 화려한 제단을 보게 되었고, 그곳의 우상의 제단을 본떠다가 제사장 우리야에게 주었고, 우리야는 그 모양 대로 제단을 만들었다. 이것이 하나님 앞에 징벌을 받게 된 이유였다(대하 28:18-19, 블레셋의 침략 이유)

▶ 아하스 왕은 앗수르의 신이 여호와보다 더욱 강하다고 생각했다(대하 28:23). 아하스는 앗수르 왕과의 화친을 돈독히 하기 위해 성전 기구들을 파괴했다. **앗수르 왕 디글랏 빌레셋**이 예루살렘을 침략할 위협을 주었기 때문이다(대하 28:20-27까지 읽어보자). 그러나 앗수르 왕은 유다를 돕기는커녕 오히려 더 괴롭혔다.

(2) 이렇게 예루살렘(이스라엘)은 '방자한 음녀'(a bold-faced harlot)였다. "얼마나 환

1) 공동번역 - "유부녀도 돈을 받고야 다른 남자를 받아들인다."(32절)

장했으면 매인 데 없는 창녀나 하는 그 따위 짓을 하느냐?(공동번역). "너는 가는 길 어귀마다 단을 쌓고 장터마다 누락을 세워놓고 화대도 받지 아니하니 너는 창녀와 같지도 않구나!"(31절). "그 남편 대신에 다른 남자들과 내통하여 간음하는 아내로다."(32절)[1] "너는(=예루살렘은) 돈을 받고 몸을 파는 음란한 여인들과 달리 오히려 돈을 주고 음란한 행위를 하는 여인과 같다는 것이다(34절). 따라서 이제 남은 것은 심판뿐이다.

예루살렘을 벌하시다(겔 16:35-43)

⑥ 심판의 집행

1. 이제 음녀는 심판에 넘겨져야 한다. 하나님은 그녀가 잘못을 할 때마다 징계하셨지만(27절), 이제는 더 강력한 조치를 취하실 것이다.

16:35 그러므로 너 음녀야 여호와의 말씀을 들을지어다

:37 내가 너의 즐거워하는 정든 자와 사랑하던 모든 자와
미워하던 모든 자를 모으되
사방에서 모아 너를 대적하게 할 것이요
또 네 벗은 몸을 그 앞에 드러내
그들이 그것을 다 보게 할 것이며

연인들이 보는 앞에서 수치를 당하게 할 것이다.

(1) 음녀가 받을 심판의 정도가 어느 정도일까?

• 38 나의 진노의 피와 질투의 피를 네게 돌리고 복수할 것이다.
• 39 내가 너를 네가 좋아했던 **연인들의 손에 넘기겠다.**

2) **누각** - 섬기던 제단들
높은 대 - 헛된 신을 섬기던 산당들

• 그들이 ─ 네 누각을 헐며 네 높은 대를 부수며[2]
─ 네 의복을 벗기고
─ 네 장식품을 빼앗고 네 몸을 벌거벗겨 버려 두며
40 ─ 무리를 데리고 와서 너를 돌로 치며 칼로 찌르며
41 ─ 불로 네 집들을 사르고
─ 여러 여인의 목전에서 너를 벌할 것이다

이제야 여호와의 분노가 그치리라.

그러나 징계는 정당하다

(2) 이렇게 해서 내가(=여호와께서) 너의(=예루살렘의) 음란한 행동을 그치게 하겠다.

16:42 그리한즉
나는 네게 대한 내 분노가 그치며
내 질투가 네게서 떠나고 마음이 평안하여
다시는 노하지 아니하리라 주 여호와의 말씀이니라

속담 : 그 어머니에 그 딸(겔 16:44-52)

1. 사람마다 너를 두고 하는 말이 "그 어머니에 그 딸"이라는 속담을 할 것이다 (44절).

16:45 너는 ——— 그 남편과 자녀를 싫어한 어머니의 딸이요
너는 ——— 그 남편과 자녀를 싫어한 형의 동생이로다
네 어머니는 -헷 사람이요
네 아버지는 -아모리 사람이며
46 네 형은 ——그 딸들과 함께 네 왼쪽에 거주하는 사마리아요
네 아우는——그 딸들과 함께 네 오른쪽에 거주하는 소돔이라

"너는 자기 남편과 자녀들을 싫어하던 네 어머니와 닮았다. 그리고 자기 남편과 자식들을 싫어하던 네 언니들과도 닮았다"(쉬운성경) "네 어미가 남편과 자식을 버리더니 너도 그 어미에 그 딸이구나, 네 언니들이 남편과 자식을 버리더니 너도 그 언니에 그 아우구나"(공동번역)

(1) 이 표현은 유다 민족이 가나안 땅 원주민들이나 그곳에 이주해 살고 있던 헷 족속과 다름없다는 것을 표현한 말이다(NIV 각주). '그러니까 여호와께서 자기 목숨을 건져주셨음에도 불구하고 헷 족속에 속한 어머니의 이교적이고 우상숭배적인 풍습으로 돌이켰다는 것이다. 에스겔 시대의 예루살렘은 다윗 시대의 예루살렘 보다는 이스라엘 이전시대의 예루살렘을 훨씬 더 많이 닮은 것으로 보인다.'[1] 너희는 더 타락하여 "네 모든 행위가 그들보다 더욱 부패하였도다"(47절).

1) 로버트 치즈홀롬, 예언서 개론

(2) 그 타락의 정도를 소돔과 고모라의 죄악에 비유하고 있다. "네 아우 소돔 곧 그와 그의 딸들도 너와 네 딸들처럼 그렇게 악하지는 아니하였느니라"(48절). 소돔 성의 죄는 이러했다(49-50절).

- 그와 그의 딸들에게 교만함과 음식물의 풍족함과 태평함이 있음이며
- 또 그가 가난하고 궁핍한 자를 도와 주지 아니하며
- 거만하여 가증한 일을 내 앞에서 행하였음이라
  그러므로 내가 보고 곧 그들을 없이 하였느니라(쫓아 냈다)

(3) 사마리아는 어떠했을까? (51절)

- 사마리아는 네 죄의 절반도 범하지 아니하였느니라
  네가 그들보다 가증한 일을 '심히 행하였으므로'(you have multiplied)
  네 모든 가증한 행위로 네 형과 아우를 의롭게 하였느니라
  (네가 저지른 온갖 역겨운 짓을 생각하면 네 언니와 아우는 도리어 죄가 없는 편이다 - 공동번역)
- 그러니까, 예루살렘의 북쪽 자매인 사마리아는 예루살렘이 행한 것의 절반도 행하지 않았다는 것이다(52절).

불타는 소돔성
예루살렘의 죄악은 너무 커서 오히려 소돔과 사마리아가 상대적으로 의롭게 여겨질 정도였다는 것이다(52절).

▶ 호세아서에서도 충실치 못한 배우자의 모습이 묘사되어 있으나 가볍게' 다루어지고 있다. 그러나 에스겔서에서는 노골적으로 **거의 포르노에 가까운 표현들**이 등장한다. 그래서 현대어 역본에는 몇몇 대목에서 다른 말로 풀어쓰거나 완곡어법을 사용했다. 그래서 초기 랍비들 중에는 에스겔서를 예배의식에 금지토록 했다고 한다(에스겔, 한국장로교출판사, 2002).

소돔과 사마리아도 회복되리라(겔 16:53–59)

1. 이렇게 죄를 많이 지은 예루살렘이 다시 용서를 받을 수 있다면;

(1) 소돔 성은 고모라 성과 함께 악명 높기로(벧후 2:6; 유 1:7) 유명한 쌍둥이 도시이다(창 18-19장). 그래서 이스라엘이 지은 범죄를 말할 때 선지자들은 되풀이해서 소돔의 죄와 비유해서 말하곤 했다(사 1:9, 3:9; 렘 23:14; 애 4:6, 겔 16:46 이하; 암 4:11). 예수님도 재림 시의 이 세상이 소돔과 고모라의 날과 같이 될 것이라고 하셨다(눅 10:12; 마 10:15).

(2) 만약에, 훗날 예루살렘의 회복이 이루어진다면, 소돔과 사마리아의 운명도 회복되는 것이 공평할 것이 아닌가!

16:53 내가 — 풀어 주어
/그들의 사로잡힘 곧 소돔과 그의 딸들의 사로잡힘과
사마리아와 그의 딸들의 사로잡힘과
그들 중에 너의 사로잡힌 자의 사로잡힘을
54 //(목적 לְמַעַן in order that...may)
네가 — 네 수욕을 담당하고
— 부끄럽게 하리니(=려고)
/모든 일로 말미암아
/네가 — 행한
/이는 네가 그들에게 위로가 됨이라(=될 때에)

예루살렘(이스라엘)의 죄악이 너무 커서 상대적으로 사마리아와 소돔이 더 의롭게 여겨지게 되었다고 말씀하신다. 그러나 하나님께서는 이스라엘의 멸절을 원하지 않으신다. 이들이 심판을 받을 것이지만, 그것은 어디까지나 징계일 뿐이다. 결국 하나님은 자기 백성을 다시 회복시키실 것이다.

예루살렘은 사마리아와 소돔 두 자매가 회복되는 것을 보고서야 자기가 얼마나 많은 죄를 범했는지 알게 될 것이다.

(3) "네 아우 소돔과 그의 딸들이 옛 지위를 회복할 것이요"(55절). 여기서 형은 사마리아이며, 그의 아우는 소돔이다. 예루살렘은 이웃들을 몹시도 멸시했었다. 언제? "네가(=예루살렘이) 교만하던 때에 소돔을 무시했었다는 것이다(56절). 그때는 "악이 드러나기 전이며, 아람의 딸들이 너를 능욕하기 전이며 너의 사방에 둘러 있는 블레셋의 딸들이 너를(예루살렘) 멸시하기 전이이었다"(57절). 그런데 이제는 예루살렘이 이웃에게 멸시를 당하는 자리로 떨어졌다는 것이다.

(4) 예루살렘은 "음란과 가증한 일을 행하였으니, 그 벌을 면할 것"이라는 생각은 하지 말라는 것이다(58절).

16:58 네가 — 담당하였느니라(You have borne the penalty of)[1]
/네 음란(짐마, זִמָּה, lewdness)과 네 가증한 일(토에바)을

이 단어는 여기서 죄 혹은 죄의 형벌을 지는 것에 사용되었다. "대가를 치러야 할 것이다."

1) 담당하였느니라(נְשָׂאתִים) 나사(נָשָׂא) - 들어올리다 가지고 가다 / 칼 완료

"너는 네가 저지른 음란한 죄와 혐오스런 일들에 대해 **무거운 책임을 지게 될 것이다**." (쉬운성경)

2. 하나님은 예루살렘이 마땅히 형벌을 받아야 함을 말씀하신다.

16:59 //(이유, for, כִּי)
나 주 여호와가 이같이 말하노라
/내가 ― 네 행한 대로 네게 행하리라
/네가 맹세를 멸시하여
언약을 배반하였은즉(=므로)[1)]

58절 - "너는 무거운 책임을 지게 될 것이다" - 그래서 형벌을 내릴 수밖에 없다. 59절은 그 이유를 말한다. 그것은 예루살렘이 하나님과 언약을 어겼기 때문이다.

"맹세를 멸시하여" - 맹세(알라, אָלָה oath)는 법정에서 또는 하나님 앞에서 행하는 엄숙한 증언에 사용되었다(겔 16:59, 17:13이하; 신 29:12). 이 맹세를 어겼을 경우에는 심판이 따른다. 언약에 첨가된 심판의 경고를 보라(사 24:6; 렘 23:10, 29:18, 42:18, 44:12).

1) "언약을 배반하다" - '배반하다, 위반하다'(פָּרַר, 파라르) 파라르의 53회 용례 중 23회가 직접 목적어 '베리트'(언약)가 왔다. 물론 언약의 파기는 인간에게 그 책임이 있다. 여기에는 심판(징벌)이 따르지만 파괴적 심판에 있는 것이 아니라 이는 장애 요소를 제거하신 후에 그 관계를 유지하기 위한 것이다.

영원한 언약(겔 16:60–63)

1. 그러나 하나님은 그녀가 어렸을 때 맺은 언약을 기억해서 영원한 언약을 세우실 것이다.

16:60 그러나(Nevertheless, ו) - 그럼에도 불구하고
내가 ― 기억하고
/너와 세운 언약을
/너의 어렸을 때에
― 세우리라
/너와 영원한 언약을

8절과 43절을 다시 보라. (출애굽 때, 시내산 언약 파기 등)
예루살렘이 어렸을 때는 언제? - 하나님은 다윗과 영원한 언약을 세우셨다(삼하 7장). 그러나 다윗 왕국은 곧 무너져내릴 것이다. 그러나 그러함에도 불구하고 하나님은 다윗의 왕국을 다시 회복시켜 주실 것임을 약속하신다.

⑥ 영원한 언약

(1) 하나님은 다윗과 영원한 언약을 세우셨다(삼하 7장). 삼하 7장에서는 '언약'이라는 말이 나오지 않으나 삼하 23:5*에서는 이 사건을 '**영원한 언약**'이라고 표현하고 있다. 다윗 언약의 영원성은 삼하 6, 7장의 주석이라 할 수 있는 시 89:33-37에서 더 자세히 언급된다.

(2) 다윗 언약은 영원한 언약이라고 했다. 다윗의 후손들이 하나님의 언약을 어기고 범죄한다 해도 하나님의 인자(헤세드)는 철회되지 않을 것이라는 말이다. 그러나 훗날 다윗의 위(位)는 사라진다. 바벨론의 침략으로 유다 왕국이 망했기 때문이다(B.C. 586). 물론 이 왕조의 멸망이 역사의 종말을 의미하지는 않는다.

• 삼하 23:5 "내 집이 하나님 앞에 이같지 아니하냐 하나님이 나와 더불어 **영원한 언약**을 세우사 만사에 구비하고 견고하게 하셨으니 나의 모든 구원과 나의 모든 소원을 어찌 이루지 아니하시랴."

죄를 범하면 징계는 있을 수 있으나
하나님의 헤세드는
철회되지 않을 것이다

사무엘하 7장

7:14 /나는 —— 그에게 **아버지가 되고**①
/그는 —— 내게 **아들이 되리니**
/만일
그가 —— 죄를 범하면(if)②
내가 —— **징계하려니와**
/사람의 매와 인생의 채찍으로
15 /내가 —— **빼앗지는 아니하리라**③
/내 은총(헤세드, חֶסֶד)을 빼앗은 것처럼
/네 앞에서 물러나게 한 사울에게서
/그에게서
16 /네 집과 네 나라가 — 영원히(아드 올람) **보전되고**[1)]
/내 앞에서
/네 왕위가 — 영원히(아드 올람) **견고하리라**[2)]

① 하나님은 다윗의 아들(들)과의 관계를 어떻게 설명하고 계신가?

② 다윗 가계는 징책을 받을 수 있다. 즉, 하나님의 언약을 어길 수 있다.

③ 그렇다고 하나님의 헤세드(은총)가 철회되지는 않을 것이다. 다윗의 집(16절)은 영원히 견고할 것이다. 다윗의 언약의 영원성은 사무엘하 23:5에 나타난다. 사무엘하 7장의 주석은 시편 89편이라고 할 수 있다.

아드 올람
(עַד־עוֹלָם, forever)

여기서 1) '보존되다'(아만, אָמַן)라는 말은 '신실하다, 견고히 하다, 확실히 하다'라는 의미이다. 그리고 2) '견고하다'(쿤, כּוּן)라는 말은 '세워지다, 예비하다' 등의 뜻으로 두 동사가 거의 동의어로 쓰였다. 두 동사가 모두 니팔형(단순 수동형)으로 쓰임으로써 다윗 왕조의 영원성은 다윗이나 그의 후손들에 의해 견고하게 되는 것이 아니라는 점이 강조되고 있다. '견고하다'라는 동사와 '영원히'(perpetually)라는 부사의 결합은 미래로 이어지는 끝없는 시간을 나타낸다.

2. 그렇다면 '다윗 언약'은 정말 어떤 조건도 없다는 말인가? 다음 구절에서 이 사실에 대해 어떻게 언급하고 있나 살펴보자(시 89:30, 132:12, 왕상 2:4).

(1) 옆의 성경구절에서 살펴본 것처럼, 다윗 왕조의 왕들이 언약을 어겼을 때도 그대로 묵과하시겠다는 말씀은 아니다. 따라서 다윗 언약 속에서 은혜가 강조되고 있지만, 그 은혜가 무조건적이라고 하는 것은 이 언약의 성격에 오해를 가져올 수 있다. 하나님의 주권에 대한 계속적 순종이 있을 때만 다윗의 가계가 영구히 확립될 것이었다(왕상 8:25).

(2) 그럼에도 불구하고 다윗 왕조의 영원성과 불변성은 강조되고 있다(시 89:33-37). 이렇게 다윗의 약속이 반복되어 나타나지만(약속의 연속성) 만일 이 약속이 어떤 종결을 맺게 된다면 어떻게 될 것인가? 훗날 바벨론 포로로 끌려감으로써 다윗 왕조는 붕괴된다. 그렇다면 다윗의 언약은 무효화될 것인가?

(3) 시편 89편에서는 "만약 다윗 왕조가 폐위되었다면 그 날의 약속이 어떻게 이루어질 수 있겠는가?"라고 의문을 던지고 있다(시 89:38-52, 특히 49절 참조). 마침내 솔로몬 치하에서 최고의 번영을 가져왔지만(왕상 4:20), 그의 통치 말기는

- 시 89:30 "만일 그의 자손이 내 법을 버리며 내 규례대로 행하지 아니하며 31 **내 율례를 깨뜨리며 내 계명을 지키지 아니하면** 32 내가 회초리로 그들의 죄를 다스리며 채찍으로 **그들의 죄악을 벌하리로다.**"
- 시 132:12 "네 자손이 내 언약과 그들에게 교훈하는 **내 증거를 지킬진대** 그들의 후손도 영원히 네 왕위에 앉으리라 하셨도다."
- 왕상 2:4 "여호와께서 내 일에 대하여 말씀하시기를 만일 **네 자손들이 그들의 길을 삼가 마음을 다하고 성품을 다하여 진실히 내 앞에서 행하면** 이스라엘 왕위에 오를 사람이 네게서 끊어지지 아니하리라 하신 말씀을 확실히 이루게 하시리라."

심각한 퇴락의 국면으로 접어드는 시기이기도 했다. 솔로몬 사후 왕국은 이스라엘과 유다로 분열된다. 솔로몬 이후 소수의 왕들만이 충성스러울 뿐이었다.

다윗과 영원한 언약을 맺으셨지만 무조건적인 사랑을 부으시는 것이 아니다. 언약을 어겼을 경우에는 거기에 따르는 형벌이 있을 것이다. 지금 예루살렘은 그 죄악 때문에 징계를 받을 것이다.

(4) 결국 충성된 남은 자의 사상이 대두되고, 이들은 민족의 죄 문제를 해결할 '이상적인 왕'을 바라보게 된다. 이사야, 예레미야, 에스겔 등의 선지자는 다윗과 같은 통치자를 언급하며 그 날을 고대한다. 이사야는 다윗 왕조를 언급하면서 "**정사와 평강의 더함이 무궁할**(아드 올람)**것**"이라고 했다(사 9:7*). 다윗의 가지에서 한 왕이 태어날 것이다.

(5) 예레미야 33:17-22에서는 어떻게 표현하고 있나 읽어보자.

다윗과 같은 왕이 어떻게 등장할 것인가는 이후 역사에서 그 모습을 서서히 드러나게 된다. 훗날 다윗 가계의 관심은 점점 줄어드는 것처럼 보이나 이는 국가적 소망이 점점 영적으로 바뀌어 갔기 때문이다. 선지자들은 유대의 장래가 왕위 계승자에게 달려 있지 않고 오직 주 여호와의 주권적 결단에 달려 있음을 선포한다. 그 초점은 점점 메시아에게, 곧 예수에게로 맞춰져 간다.

• 사 9:7 "그 정사와 평강의 더함이 무궁하며 또 다윗의 왕좌와 그의 나라에 군림하여 그 나라를 굳게 세우고 지금 이후로 영원히 정의와 공의로 그것을 보존하실 것이라 만군의 여호와의 열심이 이를 이루시리라."

3. 다시 본문으로 돌아가자(60절).

내가 — 너와 세우리라(וַהֲקִמוֹתִי and I *will* establish) - קוּם의 히필 완료형
/영원한 언약을(an everlasting covenant)

언제? "내가 네 모든 행위를 용서한 후에"(63절) - 언약을 어겼기에 형벌이 불가피하지만(8, 59절), 예루살렘이 어렸을 때 맺은 언약을 기억하시고 새롭고도 영원한 언약을 맺으실 것이다(새 언약). 사마리아와 소돔(에돔?)을 그녀(예루살렘)에게 딸들로 주실 것이다(61절). 그러면 너는 네가 저지른 행위를 기억하고 부끄러워할 것이다(63절).

예루살렘의 회개가 전제된 후에야 다시 영원한 언약을 세우실 것이다. 이 영원한 언약의 주도권을 가지신 분이 여호와 하나님이시다. 오직 하나님만이 자기 백성들을 용서하고 수치로부터 영원히 벗어나게 하실 수 있으시다(63절).

16:62 내가 —— 네게 내 언약을 세워
네가 —— 알게 하리니
/내가 —— 여호와인 줄

"이렇게 내가 직접 너와 언약을 세우면, 그때에야 비로소 너는 내가 주 인줄 알 것이다"(새번역)

63//이는(목적, לְמַעַן, so that...may)
내가 네 모든 행한 일을 용서한 후에
네가 기억하고 놀라고 부끄러워서
다시는 입을 열지 못하게 하려 함이니라

이렇게 하시려는 목적은? 하나님께서는 그녀를(=예루살렘을) 용서해 주실 것이지만, 그녀는 과거의 일들을 기억하고 그것이 부끄러워서 다시는 입을 열지 못하게 하려는데 있다는 것이다. 우리는 로마서 11:11-12에서 이와 비슷한 개념을 볼 수 있다.

독수리들과 포도나무 비유(겔 17:1–24)

에스겔은 동료 유다인들에게 분명한 메시지를 전하기 위해 그림 같은 알레고리(수수께끼, 우화)를 사용한다(17장). 이스라엘은 두 마리 큰 독수리가 취할 나뭇 가지와 같다(17장). 이 알레고리의 기본 의미는 다윗 왕가와 국제적 정세 속에서 그 왕가가 처한 상황을 다루고 있다. 특별히 여호야긴과 시드기야 때의 상황을 다루고 있다. 이런 비유에 대한 해석이 17:11-21에 나온다.

1. 하나님은 에스겔에게 특별한 명령을 내리신다. 이번에는 수수께끼와 비유를 들어 경고하라고 말씀하신다.

17:2 인자야(Son of man, בֶּן־אָדָם)
너는 —— 수수께끼(a riddle)[1]와 비유(a parable)[2]를 말하라
/이스라엘 족속에게

- 구약에서 '마샬'(מָשָׁל)이라는 말은 '속담'이라는 뜻으로도 자주 쓰였다. 속담이란 통상적으로 격언적 진리로서의 내용을 가지기에 짤막하고, 간결하고, 또 경구적(警句的)이다. 그러나 구약에서 '마샬'은 긴 비유와 동일한 의미로 나타낼 수 있다. 그래서 70인경에서는 이 단어를 παραβολή(파라볼레)라고 번역했다(겔 17:2이하 참조).

(1) 하나님은 사울 왕이 범죄했을 때 사무엘 선지를 보내셨던 것처럼, 다윗의 범죄에 대해 나단을 보내신다. 나단은 다윗에게 선지자적 권위를 가지고 접근하지 않는다. 나단은 **비유**(parable)를 들어 하나님의 메시지를 전달하고 있다. 왜 나단은 다윗에게 직격탄을 날리지 않고 비유를 들어 하나님의 메시지를 전하려 했을까? [엄청난 부자, 그는 양과 소가 심히 많다. 이에 비해 가난한 이웃집 아저씨는 단 한 마리의 암양 새끼밖에 없다. 그래서 이 가난한 이웃집 아저씨는 그 암양 새끼를 마치 어린 딸처럼 여겼다. 만약 이 양이 없어진다면 이웃집 아저씨는 죽을지도 모른다. 그런데 부잣집 양반이 자기에게 찾아온 손님을 대접하기 위해 이 찢어지게 가난한 자의 양 새끼를 빼앗는다. '오, 이럴 수가!!']

(2) '마샬'(비유)로 말씀하시는 목적은 단지 소망하는 것이 아닌 실재하는 것에 대한 이해를 자극하고 듣는 자나 읽는 자로 하여금 자기 자신이나 자신의 상황이나 자신의 행동에 대해 판단을 내리지 않을 수 없게끔 만든다는 목적이 있다.

1) 수수께끼(히다, חִידָה) - 알기 어려운 말이나 문제, 은밀하거나 오묘한 말 / 여기 예언의 말도 수수께끼이다.

2) 마샬(מָשָׁל) - 히브리어 마샬이라는 말은 '속담(proverb), 비유(parable), 우화, 이야깃거리, 조롱, 강화(講話)' 등의 뜻으로 사용되었다. 이는 고대로부터 잘 알려진 방법 중 하나였다. 예를 들어 사사기 9:8-15과 사무엘하 12:1-4에서 그 예를 볼 수 있다.

이런 비유(파라볼레)를 통해 진리를 드러내는 방법은 신약에서도 볼 수 있다. 특히 예수님이 하신 비유에서 가장 완성된 모습을 볼 수 있다(예 : 천국은 마치 이와 같으니…). 주님은 천국의 성격과 도래(到來)의 방식에 관하여 설명하실 때 비유가 훨씬 적합했기 때문이었다. 마 13:34-35의 말씀에서 주님은 "비유가 아니면(without a parable) 아무것도 말씀하지 아니하셨다"고 했다. 예수님은 이 지상 사역 기간 동안에는 그 백성들에게 항시 비유로 가르치셨다는 말이다. 이 비유를 통해서 하나님 나라의 특성을 정확하게 설명하실 수 있었기 때문이다.

느부갓네살 2세를 상징

독수리(eagle, 네셰르, נֶשֶׁר) - 독수리는 세찬 날개로 높이 나는 맹금(猛禽)으로 빠름과 힘, 새끼에 대한 사랑에 비유되지만(삼하 1:23; 렘 4:13; 합 1:8; 욥 9:25-26; 출 19:4; 신 32:11-14), 불길하고 파괴적인 세력을 상징하기도 한다(애 4:9; 욥 9:26).

3절 - 색깔이 화려하고 날개가 크고 깃이 길고 털이 숱한 큰 독수리는 바벨론 왕 **느부갓네살 2세**를 상징한다.

2. 첫 번째 독수리의 비유: 17:3-6를 읽어보자.

3 독수리가
- 레바논(=유다)에 이르러
- 백향목 높은 가지를 꺾되

4
- 그 연한 가지 끝을 꺾어 가지고
- 장사하는 땅에 이르러
- 상인의 성읍에 두고

5
- 또 그 땅의 종자를 꺾어
- 옥토에 심되
- 수양버들 가지처럼 큰 물 가에 심더니

6 그것이
- 자라며 퍼져서
- 포도나무가 되어

/높지 아니한 포도나무 곧 굵은 가지와 가는 가지가 난

그 가지는 — 독수리를 향하였고

그 뿌리는 — 독수리 아래에 있었더라

레바논 - 솔로몬의 성전은 레바논의 백향목을 사용했다(왕상 7.2),. 그래서 다윗 왕조는 백향목으로 지칭되기도 했다(렘 22:6, 23)

백향목 - 수지가 많고 충해를 받지 않을 뿐더러 견고하고 마디가 없고 내구성이 좋아 주변 나라들이 건축자재로 사용했다(렘 22:14, 15). 솔로몬 궁들 중에 건축에 사용된 백향목 때문에 '레바논 궁'으로 부르는 궁이 있었다(왕상 7:2).

- 다윗의 집 : 레바논에 심어진 한 그루 나무로 언급한다.
- 598년에 바벨론 왕(=느부갓네살)이 유다(=레바논)를 침공하여 **나무의 꼭대기 부분(=여호야긴)을 꺾어 가지고 장사하는 땅(=바벨론)에 옮겨가고**(4절)
- 한 종자(=요시야의 아들 시드기야)를 꺾어 가나안에 심었다(5절). 유다의 주요 인사들은 바벨론으로 끌려갔기에 여기서는 **백향목이 아닌 포도나무로 비유되었다.** 시드기야는 바벨론이 심은 꼭두각시였기에 바벨론에 충성해야 했다(6절)

이 나무(=시드기야)는 잘 자라지 못하여 잠시 동안 바벨론을 의지하다가 후에 애굽(=새로 심기워진 두 번째 독수리, 7절)을 의지한다.

(1) 당시 역사적 정황

(640-609)

⑯ 요시야 ➡ ⑰ 여호아하스(3개월) ➡ ⑱ 여호야김(609-597)

609년 - 애굽 포로

⑲ 여호야긴(598) ➡ ⑳ 시드기야

바벨론에게 충성을 다했던 유다의 **요시야** 왕은 애굽의 느고의 출정을 가로막으려 했다(왕하 23:29). 그러나 므깃도에서 전사(戰死)했다(이 때가 609년이다).

- 바벨론의 느부갓네살(=첫 번째 독수리)은 유다를 공격해 여호야김을 쇠사슬로 묶어 바벨론으로 끌고 갔다. 여호야김이 죽고 뒤를 이어 그의 아들 여호야긴이 18세의 나이로 왕위에 올랐으나(왕하 24:6) 그 역시도 여호와 보시기에 악했다.

(2) 느부갓네살은 **여호야긴**을 비롯하여 황후, 왕자, 신복 등 나라의 유력한 자들을 많이 끌고 갔다(왕하 24:15). 나라가 완전 폐허화되었다. 에스겔도 이때 끌려간 포로 출신이다. 솔로몬 성전에 있던 기구들을 빼앗아갔다(대하 36: 6-7). 여호야긴은 일평생 바벨론 왕궁에서 비교적 후한 대접을 받았다고 한다(37년간 억류생활, 왕하 25:27-30).

두 번째 독수리는 누구?

3. 뒤이어 나오는 두 번째 독수리의 비유(17:7-10)를 읽어보자.

7 큰 독수리 하나가 — 또 있었는데
/날개가 크고 털이 많은
그 포도나무가 —— 뿌리가 뻗고
가지가 —— 그를 향하여 퍼졌도다
//(목적: , so that...might)
이 독수리에게 물을 받으려고
/그 심어진 두둑에서

포도나무의 이런 행위에 하나님은 무엇이라고 책망하시는가? (9절) 네가 바벨론을 벗어나서 애굽을 의지한다고 해서 상황이 호전될 것 같으냐? 포도나무가 무성해질 수 있겠느냐?

8 그 포도나무를(=가) — 큰 물 가 옥토에 심은 것은(=졌더라)
//(목적, לְ, that...might)
가지를 내고 열매를 맺어서 아름다운 포도나무를 이루게 하려 하였음이라(=하려고)

• 7절 - 새로운 독수리가 나타났다. 그러자 이번에는 그 포도나무 뿌리가 그 독수리쪽으로 뻗었다. 가지들도 그 독수리를 향하여 뻗어나갔다. 왜? 더 많은 물을 받으려고.

• 8절 - 물이 넉넉한 옥토에 심은 것은 많은 열매를 맺고 풍성한 포도나무가 되기를 원했기 때문이다.

여기서 새 독수리는 애굽의 제26왕조의 세번 째 왕 삼미티쿠스 2세(Psamtiks Ⅱ)이다. 이 왕은 시드기야를 꼬드겨서 바벨론을 배반하게 만들었다. 삼미티쿠스2세에 이어 **호프라**가 등극하자(렘 44:30) 군대를 파병했고, 이 소식을 듣고 바벨론 군대가 예루살렘 포위를 잠시 풀기도 했다.

(1) **두번 째 독수리가 나타나자 포도나무는 현재의 상황이 호전되기를 바라면서 새로운 독수리에게로 방향을 전환한다.** 그러나 하나님은 이렇게 말씀하신다. "네가 그런다고 상황이 좋아지겠느냐? 첫 번째 독수리가 그 뿌리를 뽑고 그 열매를 따먹으면 곧 말라 비뜰어지지 않겠느냐? 그 포도나무를 뿌리째 뽑는데 많은 힘이나 사람도 필요치 않을 것이다"(9절).

(2) "포도나무를 다른 곳에 다시 심었다고해서 그것이 번성하겠느냐? 동풍[1]이 불어오면 완전히 말라버리지 않겠느냐?"(10절) (여기서 동풍은 뜨겁고 건조한 바람으로서 바벨론의 느부갓네살 군대를 가리킨다).

4. 유다는 잠시 동안 바벨론을 의지하다가 후에 애굽(=새로 심기워진 두 번째 독수리, 7절)**을 의지한다. 이런 비유에 대한 해석이 17:11-21에 나온다.**

(1) 비유를 드시고 여호와의 말씀이 또 에스겔에게 임한다. "너희가 이 비유를 깨닫지 못하겠느냐?"

1) 동풍(카딤, קָדִים) - 동쪽에서 불어오는 매우 건조한 사막의 바람으로 무서운 파멸을 초래한다(욥 27:21; 시 48:7). 이 단어는 에스겔서에서 52회나 사용되었다.

17:12 그들에게 **말하기를**
/바벨론 왕이 —예루살렘에 이르러
—왕과 고관을 사로잡아
—바벨론 자기에게로 끌어 가고
13 /[그가] —택하여 언약을 세우고
/그 왕족 중에서 하나를
그에게 맹세하게 하고
—또 그 땅의 능한 자들을 옮겨 갔나니
14 // 이는(목적, ל, that...might)
나라를 낮추어 스스로 서지 못하고
그 언약을 지켜야 능히 서게 하려 하였음이거늘

• 여호야긴이 즉위한 지 3개월 뒤 느부갓네살이 다시 예루살렘을 점령했다(왕하 24:10-17).

• 느부갓네살은 여호야긴을 비롯하여 황후, 왕자, 신복 등 나라의 유력한 자들을 많이 끌고 갔다. 그 중에는 용사 7천과 기술자 1천 명이 포함되었다(왕하 24:15).

• 여호야긴이 바벨론으로 잡혀간 후 느부갓네살은 그의 숙부 맛다니야를 왕위에 세우고(21세) 그 이름을 시드기야(Zedekiah)로 고친다. 그러나 그는 왕이라기보다 섭정자였다고 보아야 한다. 시드기야도 여호야김처럼 여호와 보시기에 악한 일을 저질렀다.

이렇게 하시려는 목적은 유다로 하여금 강력한 나가가 되지 못하게 하여 바벨론에게 복종케 하려고 시드기야를 왕으로 세웠다. 결국 유다는 바벨론 왕과 맺은 언약을 지켜야만 살아남을 수 있게 하려고 하셨기 때문이다.

5. 그런데 시드기야는 예레미야를 통한 하나님의 강력한 메시지도 무시해 버렸다. 시드기야는 어떤 정책을 펼쳐나갔을까?

(1) 앞선 왕과 같이 시드기야 역시도 여호와 보시기에 악한 일을 저질렀다. 그는 11년간을 통치했다. 시드기야는 느부갓네살이 앉혀놓은 왕이었지만 반바벨론 파와 친애굽 파의 압력으로 바벨론을 배반하게 된다(왕하 24:20).[1] 왕도, 백성들도 예레미아 선지자의 말을 경청하지 않았다. 아니 반대해 그를 옥에 가두기까지 했다(렘 37장).

(2) 시드기야, 그는 21세에 왕위에 오른다(597년). 자신의 결정을 밀고 나갈 힘도 경험도 없는 나이였다. 조정에는 애굽을 등에 업은 반바벨론 파의 입김이 너무 거셌다. 우유부단한 시드기야는 대신들의 눈치를 보아야 했다. 그렇다고 바벨론의 세력을 무시할 수도 없었다. 어쨌든 "그와 그의 신하와 그의 땅 백성이 여호와께서 선지자 예레미아에게 하신 말씀을 듣지 아니하니라"(렘 37:2)고 했다.

1) 더욱이 거짓 선지자들이 나타나 반드시 하나님이 예루살렘을 지키실 것이고, 바벨론 포로들은 돌아올 것이며, 느부갓네살의 멍에는 두 해가 가기 전에 하나님께서 꺾어버리실 것이라고 했다(렘 28:1-12을 보라). 그는 이 말에 힘을 얻고 느부갓네살을 배반한다. 그러나 느부갓네살 군대가 시드기야 9년 10월 10일(588 B.C.)에 유다를 공격해 와서 예루살렘을 포위한다.

17:15 그가 — 바벨론 왕을 **배반하였으니**
/사절을 애굽에 보내 말과 군대를 구함으로
[그가] — **형통하겠느냐**
이런 일을 행한 자가 — **피하겠느냐**
언약을 배반하고야 — **피하겠느냐**

그는 마침내 중대한 결단을 내린다. 그의 통치 9년에, 애굽의 바로(호브라)의 힘을 의지해 바벨론을 배반한다. 물론 느부갓네살 군대가 시드기야 9년 10월 10일(588 B.C.)에 유다를 공격해 와서 예루살렘을 포위한다(렘 37:5). 예레미야의 예언대로 일이 벌어진 것이다.

▶ 바벨론이 시드기야에게 요구한 것은 다음과 같은 것이었다. ① 바벨론 군주에게 충성을 바칠 것(대하 36:13; 겔 17:12-20) ② 반란을 꾀하지 말 것과 ③ 애굽인들에게 호의를 보이지 말 것.

겔 17:

16 주 여호와의 말씀이니라 내가(=여호와께서) 나의 삶을 두고 맹세하노니 바벨론 왕(=느부갓네살)이 그를(=시드기야) 왕으로 세웠거늘 그가(=시드기야) 맹세를 저버리고 언약을 배반하였은즉 그 왕(=느부갓네살)이 거주하는 곳 바벨론에서 왕과 함께 있다가 죽을 것이라

17 대적(=바벨론 군대)이 토성을 쌓고 사다리를 세우고 많은 사람을 멸절하려 할 때에 **바로(=호브라)가 그 큰 군대와 많은 무리로도 그 전쟁에 그를 도와 주지 못하리라**

18 그가(=느부갓네살) 이미 손을 내밀어 언약하였거늘 **맹세를 업신여겨 언약을 배반하고** 이 모든 일을 행하였으니 피하지 못하리라.

애굽의 바로 '호브라'는 누구일까?

호브라는 바로 느고의 손자(제26왕조[1] 4대왕, 580-570 B.C.)로 아프리에스(Apries)라고도 불린다. **호브라는 유다 왕 시드기야에게 바벨론에 대항하라고 권했던 왕이었다**. 시드기야는 호브라가 도움을 줄 것이라고 믿고 바벨론을 배반한다(겔 17:15을 읽어보자). 시드기야는 호브라에게 사자를 보내어 말과 군대를 요청하여 바벨론을 배반한다(겔 17:15). 호브라의 군대가 북진함으로 예루살렘을 에워쌌던 바벨론 군대가 예루살렘 포위망을 풀었다(렘 37:5, 37:1). 에스겔서에서는 그를 큰 악어에 비유했다(겔 29:3).

(3) 예레미야는 만약, 느부갓네살을 섬기지 않으면 하나님의 심판이 있을 것이며, 나라는 초토화 될 것이라고 강력하게 바벨론에 충성할 것을 선포했다. 그러나 백성들은 이미 반바벨론 정서에 젖은 종교 지도자들, 특히 일부 선지자들의 말을 믿고 있었다(렘 27:9, 14, 16). 거짓 선지자들은 무엇이라고 외쳤을까? 이들은 하나님이 바벨론의 멍에를 깨뜨리시겠고, 2년 안에 포로들이 예루살렘으로 돌아올 것이라고 예언했다(렘 28:2-4).[2]

(4) 바벨론에 의해 왕으로 앉혀진 시드기야는 바벨론에 사신을 보내(직접 갔을지도 모름), 유다의 충성을 표현하기도 했다. 그러나 5년 후, **시드기야**는 결국 반바벨론파에 가담하여 **바벨론에 대해 반기를 들었고**, 이번에는 애굽에게 원조를 청했다. 애굽의 프사메티쿠스 2세는 누비아(=에디오피아)를 침공하여 승리를 거둔다. 이 왕은 이번 승전을 최대한 활용하여 바벨론 징벌에 대한 실패를 만회하려 했다. 그래서 주전 591년 프사메티쿠스 2세는 팔레스타인으로 승전여행을 계속했다. 따라서 **시드기야는 애굽이 군사적으로 유다를 구원해 줄 수 있으리라고 생각했을 것이다.** 더욱이 느부갓네살은 자국 내의 골치 아픈 일로(동부 지역 반란을 진압하는 일) 서부 지역에 대해 신경을 쓰지 못하고 있었다. 물론 유다 지도층도 같은 견해를 가지고 있었을 것이다.

1) 이 왕조는 사이스(Sais)에서 일어났으므로 보통 사이스(Saite Dynasty) 왕조라고 부른다.

2) 또 유다 사람들을 설레게 하는 두 가지 사건이 애굽과 바벨론에서 일어났다. 애굽에서는 느고 2세를 대신하여 프사메티쿠스 2세가 왕이 되었고(595-589 B.C.), 바벨론에서는 작은 반란들이 일어났다. 시드기야 4년째 일이었다. 그러나 아직 시드기야는 반바벨론파의 손을 들어주지 않았다.

렘 44:30 "보라 내가 유다의 시드기야 왕을 그의 원수 곧 그의 생명을 찾는 바벨론의 느부갓네살 왕의 손에 넘긴 것 같이 애굽의 바로 호브라 왕을 그의 원수들 곧 그의 생명을 찾는 자들의 손에 넘겨 주리라 여호와께서 이와 같이 말씀하셨느니라."

• 호브라는 아마시스에게 살해 당한다.

(5) 이어 애굽에서는 프사메티쿠스 2세의 아들 **호프라**(Hophra)가 왕이 되었는데, 이 왕은 더 호전적이었다. **이 왕을 믿고 시드기야는 지금까지 바쳐왔던 연례적인 조공을 중지함으로써 바벨론에게 반기를 들었다**(왕하 24:20하). 그 대신 시드기야는 애굽의 원조를 의존하려 했다.

6. 다시 본문 19-21절을 읽어보자.

17:19 그러므로[Therefore, לָכֵן]
주 여호와의 **말씀이니라**
/내가 —— 나의 삶을 두고 맹세하노니
내가 —— 그 죄를 그 머리에 돌리되
/그가 내 맹세를 업신여기고 내 언약을 배반하였은즉

20 [내가] —— 그 위에 내 그물을 **치며**
[내가] —— 내 올무에 **걸리게 하여**
여호와께서 [내가] —— **끌고** 바벨론으로 (가서)
[내가] —— 나를 반역한 그 반역을 거기에서 **심판할지며**

21 도망한 자들은 — 다 칼에 **엎드러질 것이요**
/그 모든 군대에서
그 남은 자는 ——사방으로 **흩어지리니**
너희가 ——— 알리라
/나 여호와가 — 이것을 말한 줄을

우리는 이미 앞에서(8장), 유다 백성들이 왜 애굽의 우상들을 깊이 섬기게 되었는지 살펴보았다.

시드기야는 바벨론과 맺은 언약을 무시하고 바벨론을 배반하고 애굽의 도움을 의지하려 했다. 시드기야가 바벨론과 맺은 언약은 하나님의 이름을 걸고 맹세한 보증이었다. 그런데 "**그가 내 맹세를 업신여기고 내 언약을 배반하였다**"고 말씀하신다. 시드기야는 바벨론 군대로 끌려가 죽을 것이고, 군대 역시 패배할 것이다. 애굽의 도움은 다 헛된 일이 될 것이다.

높은 나무를 낮추고 낮은 나무를 높이며(겔 17:22-24)

회복 약속

3-4절에서 표현된 내용을 그대로 채용하지만 행복한 결말로 끝내고 있다.

하나님께서 자신이 직접 백향목의 가장 높은 곳의 가지를 꺾어다가 이번에는 상인들의 땅(=바벨론의 땅)이 아니라 높이 우뚝 솟은 산 위에, 즉 이스라엘의 높은 산 위에 심으실 것이다. 결국 하나님께서 이스라엘의 회복을 언급하시는 것이다.

1. 유다는 영원히 멸망할 것인가? 물론 아니다. 얼마간 왕국을 폐할 것이나 다시 세우실 것이다(17:22-24).

(1) 역사를 주관하시는 하나님이 얼마간 왕국을 폐하실 것이지만 다시 심으실 것이다(겔 17:24). 여기 나오는 나무들(22-24절) 곧 온 민족들은 여호와의 행사를 알게 될 것이다(24절).

17:22 주 여호와께서 이같이 **말씀하시되**
/내가 ── 백향목 꼭대기에서 높은 가지를 꺾어다가 심으리라
내가 ┬ 그 높은 새 가지 끝에서 연한 가지를 꺾어
└ 높고 우뚝 솟은 산에 심되 ── 가지(참메레트) - 가장 높은 가지라는 의미.
23 [내가] ── 이스라엘 높은 산에 심으리니
그 가지가 ┬ 무성하고 열매를 맺어서
└ 아름다운 백향목이 될 것이요 ── 여기서 백향목은 다윗 왕가를 가리킨다.
각종 새가 ── 그 아래에 깃들이며 그 가지 그늘에 살리라
24 들의 모든 나무가 ── 알리라
(열방들을 가리킨다.)
/나 여호와는 높은 나무를 낮추고
낮은 나무를 높이며 푸른 나무를 말리고
마른 나무를 무성하게 하는 줄
나 여호와는 ── 말하고 이루느니라

(2) 징계가 모두 끝나고 이스라엘은 다시 회복될 것임을 역속하신다. 결국 세상사를 통치하시는 분은 여호와 하나님이시라는 것을 보여주신다. "들의 모든 나무들", 즉 열방들이 "여호와는 높은 나무는 낮추고, 낮은 나무는 높이며 푸른 나무는 마르게 하고, 마른 나무는 무성하게 하는 분"임을 알게 될 것이다.

2. 자기 백성을 버리지 않으시겠다는 하나님의 약속은 여호야긴의 후손인 스룹바벨의 인도 하에 귀환하게 됨으로써 성취된다.

▶ 스룹바벨은 이스라엘의 총독으로 귀환했다.[1] 그는 다윗계의 정통을 잇는 **여호야긴** 왕의 장남 스알디엘의 아들이었기 때문이다. 물론 스룹바벨과 세스바살의 관계, 세낫살(대상 3:18)과 동일인일 것이라는 여러 분명치 않은 논쟁이 있지만 대체적으로 스룹바벨은 여호야긴의 아들 스알디엘의 아들로 인정되고 있다(스 3:2, 5:2; 느 12:1; 학 1:1, 2:2; 마 1:12). (동교재, 에스라-느헤미야, 3장 참고)

1) 유대인의 귀환은 처음에는 세스바살의 인도 하에, 그리고 두 번째는 스룹바벨의 인도로 귀환했던 것으로 보인다(참조, 느 7, 12장). 주전 520년에 성전 공사가 재개될 때까지 스룹바벨은 총독이었다. 특히 학개와 스가랴 선지자는 그에게 메시야적 영광을 부여하고 있음을 본다.

개인 책임에 대한 비유(겔 18:1-32)

또 여호와의 말씀이 에스겔에게 임했다. 이번에도 이스라엘 땅에 이상한 속담이 떠돈다는 것이다. 즉 "아버지가 신 포도를 먹었으므로 자녀의 이가 시다"라는 속담이었다. 포로민들 사이에는 자기들이 이런 어려움에 빠진 것은 조상들의 죄 때문이라는 것이다. 하나님은 이런 내용에 이의를 제기하신다. 하나님은 각 개인이 자신의 죄에 대한 책임이 있으며, 따라서 그 결과도 감수해야 한다는 원리를 분명하게 제시하신다. 결국 하나님께서는 각 사람의 행위대로 심판하신다는 사실을 말씀하신다(5-18절). 이 속담은 흔한 속담이었던 것 같다(애 5:7; 겔 18:2)

1. 이런 속담은 예루살렘과 바벨론에서 나돌고 있었다(렘 31:29-30 참조).

18:2 너희가 — 어찌 됨이냐(What do you mean) 이르기를
/이스라엘 땅에 관한 속담에(을)
/아버지가 ——— 신 포도(sour grapes)를 먹었으므로
그의 아들의 이가 ―시다고 함은(are set on edge)

포로 상태에 있던 유다 백성들은 선조(先祖)가 지은 죄 때문에 자신들이 현재 고난과 죽임을 당한다고 생각하고 있었던 것 같다. 그러니까, 이들은 "우리가 아무리 애쓰고 분투하는 것이 무슨 소용이 있겠는가?"라고 생각했다. 왜냐하면 우리 조상들이 이미 죄를 지었고(연대책임), 현재 자신들이 그 죄값을 치르고 있다고 보았기 때문이다. 그래서 그들은 절망과 체념 속에서 살아가고 있었을 것이다.

(1) 아직도 이런 속담이 이스라엘 사람이 사는 땅에 있으니 어쩐 일이냐?

신 포도(sour grapes, 보세르, בֹּסֶר)는 '덜 익은 포도'를 말한다. 선지자는 "아버지가 신 포도를 먹었기 때문에 아들의 이가 시큼해진다"라는 고대 속담은 하나님의 심판의 날에는 더 이상 인용되지 않을 것이라고 말한다. 하나님은 이제 이런 속담은 다시는 말하지 못하게 하실 것이라고 선언하신다(3절).

18:4 [보라!, Behold, הֵן]
모든 영혼이 다 —— 내게 (속한지라)
그의 아들의 영혼도 — 내게 (속하였나니)
/아버지의 영혼이 내게 속함 같이
범죄하는 그 영혼은 — 죽으리라

• 사람의 목숨은 다 나에게(=여호와께) 달렸다. 죽을 사람은 바로 죄를 지은 그 사람이다. 그러니까 오직 각 사람이 자기의 죄 때문에 죽는 것이다.

הַנֶּפֶשׁ The soul הַחֹטֵאת הִיא who sins תָמוּת will die — The soul who sins will die.

포로민들은 조상들이 이미 죄를 지었고, 그래서 현재 자신들이 그 죄값을 치르고 있다고 생각했다(연대책임). 그러나 하나님은 이런 생각을 차단하신다. 아무도 다른 사람의 죄로 인해 고난 받지 않을 것임을 분명히 하셨다. 따라서 현재의 삶을 체념할 것이 아니라 미래의 재건을 위해 노력해야 할 것을 원하신다. 떠도는 속담과 같이 타인의 죄 때문에 현재 고통을 당하는 것이 아니라 죄에 대한 응보는 각자의 죄에 대하여 각자가 심판 받게 될 것임을 분명히 하셨다.

• 출 20:5 "그것들에게 절하지 말며 그것들을 섬기지 말라 나 네 하나님 여호와는 질투하는 하나님인즉 **나를 미워하는 자의 죄를 갚되 아버지로부터 아들에게로 삼사 대까지 이르게 하거니와.**"

• 출 34:7 "인자를 천대까지 베풀며 악과 과실과 죄를 용서하리라 그러나 벌을 면제하지는 아니하고 **아버지의 악행을 자손 삼사 대까지 보응하리라.**"

(2) 이들은 출 20:5*; 34:7*의 말씀을 잘못 이해하고 있었다. "아버지의 악행을 자손 삼사 대까지 보응하리라"는 말씀은 삼사 대까지 이르도록 죄의 본을 그대로 따르는 자들에 대한 말씀이다(NIV 성경 각주).

2. 하나님은 아래와 같이 가설적인 상황을 설정하시고 죄에 대한 잘못된 생각을 교정하신다.

"어떤 사람이 의로워서 법과 의를 실천한다고 하자"(새번역)

18:5 만일[if, כִּי]
(어떤) 사람이 ─ 의로워서(is righteous, צַדִּיק)
└ 행하며(and practices)
/정의와 공의를 따라(justice and righteousness)

이렇게 사는 사람은 의인이다

그는 의인이니(צַדִּיק הוּא)
반드시(정녕) 살리라
(will surely live חָיֹה יִחְיֶה)
주 여호와의 말씀이니라

6 산 위에서 제물을 먹지 아니하며
이스라엘 족속의 우상에게 눈을 들지 아니하며
이웃의 아내를 더럽히지 아니하며
월경 중에 있는 여인을 가까이 하지 아니하며
7 사람을 학대하지 아니하며
빚진 자의 저당물을 돌려 주며
강탈하지 아니하며
주린 자에게 음식물을 주며
벗은 자에게 옷을 입히며
8 변리를 위하여 꾸어 주지 아니하며
이자를 받지 아니하며(출 22:25)
스스로 손을 금하여 죄를 짓지 아니하며
사람과 사람 사이에 진실하게 판단하며
9 내 율례를 따르며(율례대로 살아가며)
내 규례를 지켜 진실하게 행할진대 (그렇게 하였다고 하자)

이런 율례와 규례를 잘 지키는 사람은 언약에 충실하게 살아가는 사람이다. 그렇다면 이런 사람은 의인이라고 할 수 있으니 반드시 살 것이다.

반대로 의로운 아버지에게서 난 아들이라도 이렇게 사는 사람은 자신의 죄로 반드시 죽을 것이다

그가 살겠느냐
결코 살지 못하리니
이 모든 가증한 일을 행하였은즉
반드시 죽을지라
자기의 피가
자기에게로 돌아가리라

10 가령[if, וְ] - 가정해 보자.
그가 아들을 낳았다 하자
그 아들이 이 모든 선은 하나도 행하지 아니하고
이 죄악 중 하나를 범하여 강포하거나 살인하거나
11 산 위에서 제물을 먹거나
이웃의 아내를 더럽히거나
12 가난하고 궁핍한 자를 학대하거나 강탈하거나
빚진 자의 저당물을 돌려 주지 아니하거나
우상에게 눈을 들거나 가증한 일을 행하거나
13 변리를 위하여 꾸어 주거나 이자를 받거나 할진대

이번에는 죄로 가득한 아버지의 생활방식을 거부하고 경건한 할아버지의 모범을 따르는 아들이 있다고 가정해 보자

14 또 가령(Now behold, וְהִנֵּה)
그가 아들을 낳았다 하자
그 아들이 그 아버지가 행한 모든 죄를 보고
두려워하여 그대로 행하지 아니하고
15 산 위에서 제물을 먹지도 아니하며
이스라엘 족속의 우상에게 눈을 들지도 아니하며
이웃의 아내를 더럽히지도 아니하며
16 사람을 학대하지도 아니하며 저당을 잡지도 아니하며
강탈하지도 아니하고
주린 자에게 음식물을 주며 벗은 자에게 옷을 입히며
17 손을 금하여 가난한 자를 압제하지 아니하며
변리나 이자를 받지 아니하여 내 규례를 지키며
내 율례를 행할진대 (~규례대로 살았다고 하자)

이 사람은
그의 아버지의 죄악으로(=때문에)
죽지 아니하고
반드시 살것이다(חָיֹה יִחְיֶה)
(he will surely live)

3. 위의 가정들에서 살핀 것처럼 하나님은 사람들을 각각의 도덕적 품성에 기초해서 다루실 것임을 분명히 하신다(19-20절).

전반부의 결론(19-20절)

(1) 죽을 사람은 바로 죄를 지은 그 사람이다. 그러니까 오직 각 사람이 자기의 죄 때문에 죽는 것이다. 이런 원리는 구약성경 계시의 처음부터 분명히 제시되어 있었으니 백성 한 사람 한 사람이 언약에 충실하면, 언약공동체(나라)도 건강하게 된다.

(2) 여기서 반복하여 개인적인 책임의 원리를 설명한다. "그의 아버지가 포악하여" 그 죄악으로 인해 죽었는데(18절*), 어찌해서 "너희는 이르기를 아들이 어찌 아버지의 죄를 담당하지 아니하겠느냐", 즉 왜 아들이 아버지가 지은 죄의 벌을 받지 않느냐고 따지고 있다는 것이다. 그러나 하나님은 이렇게 대답하신다.

"아들이 정의와 공의를 행하며 내 모든 율례를 지켜 행하였으면
그는 반드시 살 것이다"(19절). <하나님의 율례대로 살았는데, 왜 죽겠느냐?>

18:20 범죄하는 그 영혼은 — 죽을지라(The person who sins will die.)
(תָמוּת will die הִיא הַחֹטֵאת who sins הַנֶּפֶשׁ The person)

• 겔 18:18 "그의 아버지는 심히 포학하여 그 동족을 강탈하고 백성들 중에서 선을 행하지 아니하였으므로 그는 그의 죄악으로 죽으리라."

(3) 범죄한 장본인이 죽는 것이다.

아들은 — 아버지의 죄악을 담당하지 아니할 것이요
아버지는 – 아들의 죄악을 담당하지 아니하리니
의인의 공의도 – 자기에게로 돌아가고
악인의 악도 — 자기에게로 돌아가리라

• 신명기에서 이미 이런 사실을 언급하고 있다(신 24:16). "아버지는 그 자식들로 말미암아 죽임을 당하지 않을 것이요 자식들은 그 아버지로 말미암아 죽임을 당하지 않을 것이니 **각 사람은 자기 죄로 말미암아 죽임을 당할 것이니라.**" / 열왕기하 14:6에는 이 율법을 적용한 말씀이 언급되어 있다.

4. 그렇다면 악인들은 전혀 희망이 없는가?

만약 악인이 회개하면?

• 슈브(שׁוּב) - 돌아가다, 선회하다

18:21 그러나[But, וְ] 만일 [if, כִּי]
악인이 ── 그가 행한 모든 죄에서 **돌이켜 떠나**
└ 내 모든 율례를 지키고 정의와 공의를 행하면(조건절, if)
[그가] ── 반드시 살고 (he shall surely live, חָיֹה יִחְיֶה)
└ 죽지 아니할 것이라(he shall not die, לֹא יָמוּת)

(1) 21-29절에서는 개인이 지은 죄악도 회개하고 정의와 공의를 실천하는 삶을 산다면 능히 회복할 수 있음을 보여준다. "그 범죄한 것이 **하나도 기억함이 되지 아니하리니**(will not be remembered) 그가 행한 공의로 살리라"(22절).

(2) 하나님은 악인의 죽음을 기뻐하지 않으신다. 그들이 회개할 때, 그 악한 길에서 떠나 사는 것을 기뻐하시기 때문이다(23절). 그런데 "만일 의인이 돌이켜 그 공의에서 떠나 범죄하고 악인이 행하는 모든 가증한 일대로 행하면" 그가 이전에 옳게 살아간 것도 하나도 기억되지 않을 것이다. 그는 "그가 그 범한 허물과 그 지은 죄로 죽을 것이다"(24절).

5. 그런데도 포로민들은 하나님의 길이 공평하지 않다고 불평한다. 이에 대해 하나님은 어떻게 대답하시는가?

누가 공평하지 않은가?

결국
의인들은 살고
악인들은
죽는다는 것이다
(26-28절).

18:25 그런데[Yet, וְ]
너희는 ── 이르기를(...하는도다)
/주의 길이 ── 공평하지 아니하다
이스라엘 족속아!
[너희는] ── 들을지어다
내 길이 ── 어찌 공평하지 아니하냐
너희 길이 ─ 공평하지 아니한 것이 아니냐

공평(타칸, תָּכַן) - 평가하다, 재다, 측정하다/이들은 주의 길이 일상적인 표준에 맞지 않다고 투덜거린다.

(1) 26-28절에서는 21-25절보다 더 뚜렷한 원리를 따라 행동하신다는 점을 설명하신다. "만일 의인이 그 공의를 떠나 죄악을 행하고 그로 말미암아 죽으면", 즉 의인이 올바르게 살다가 그 옳은 길을 버리고 돌아서서 악하게 살다가 죽는다면 어떻게 될까? 그렇다면 그는 자신이 지은 죄 때문에 죽는 것이다.

(2) 이와는 반대로 "만일 악인이 그 행한 악을 떠나 정의와 공의를 행하면 그 영혼

을 보전하게 될 것"이다(27절). "반드시 살고 죽지 아니할 것이다"(28절). 그 이유는 "그가 스스로 헤아리고 그 행한 모든 죄악에서 돌이켜 떠났기" 때문이다.

(3) 그런데도 이스라엘 족속은 아직도 "주의 길이 공평하지 아니하다"고 생각한다. "이스라엘 족속아 나의 길이 어찌 공평하지 아니하냐? 반대로 너희 길이 공평하지 아니한 것 아니냐?"(29절).

우리 모두는
자기 자신의 행동을
결정하고
그 행동에 대한 책임도
자신이 져야 하는
도덕적 주체임을
잊지 말아야 한다.

6. 30절은 "그러므로"(לָכֵן)로 시작한다. 하나님은 이제 이렇게 결론 내리신다.

심판의 기본 원칙

18:30 그러므로(Therefore)
주 여호와의 **말씀이니라**
/이스라엘 족속아
내가 —심판할지라
/너희 각 사람이 행한 대로(each according to his conduct)

결국 이스라엘 백성은 심판을 받아야 할 민족이다. 심판의 기준은 ① 각 사람마다 ② 그리고 행한대로 심판하실 것이다

그러면 어떻게 살아야 할까?

너희는 ─┬─ 돌이켜 회개하고
└─ 모든 죄에서 떠날지어다

이제 누구나 마음만 먹으면 의롭게 살 수 있다는 것이다. 하나님은 죽을 자가 죽는 것도 기뻐하지 아니하시는 분이시다(32절).

그리한즉(so that)
그것이 ── 너희에게 죄악의 걸림돌이 되지 아니하리라
너희는 ─┬─ 너희가 범한 모든 죄악을 버리고
└─ 마음과 영을 새롭게 할지어다

이스라엘 족속아
너희가
어찌하여
죽고자 하느냐

그렇다면, 공동 책임을 져야 하는 경우에는 어떻게 할까?

(1) 위에서 살펴본 것처럼 18장에서는 개인적인 책임을 강조하고 있다. 하나님은 각 개인이 자신의 죄에 대한 책임이 있으며, 따라서 그 결과도 감수해야 한다는 원리를 분명하게 제시한다.

(2) 다음과 같은 구절을 읽어보자(출 20:5, 34:7; 민 14:18 "여호와는 노하기를 더디하시고 인자가 많아 죄악과 허물을 사하시나 형벌 받을 자는 결단코 사하지 아니하시고 **아버지의 죄악을 자식에게 갚아 삼사대까지 이르게 하리라** 하셨나이다."

(3) 삼하 21:1-9, 14도 읽어보자. 다윗은 하나님의 승인을 받아 기브온 족속으로 하여금 사울의 일곱 아들들을 처형하게 한다. 이는 조상이 기브온 족속에게 저지른 죄 때문에 죽은 것이다.

(4) 다윗이 우리아에게 범한 죄로 인하여 그의 아들들의 생명을 취하신다(삼하 12:5-6, 10).

(5) 위와 같은 경우는 겔 18장에서 주장해온 내용과 어떻게 조화를 이룰 것인가?

▶ 궁극적으로 이 두 개념은 대립적인 양상을 보이기보다는 상호보충적인 기능을 수행하고 있다.

<치즈홀름, 예언서 개론, 크리스찬다이제스트, 382>

유다와 예루살렘 심판과 비유들
(12-19장)

이스라엘의 지도자를 위한 애가(겔 19:1-14)

"너는 이스라엘 고관들을 위하여 애가를 지어 부르라." 하나님은 지도자들, 즉 왕들을 위한 애가를 지어 부르라고 말씀하신다(겔 19:1). 애가(키나, קִינָה)는 읊조린 시를 말한다. 중요한 장례식에서 애가가 불려졌다(겔 2:10). 이스라엘의 지도자를 위해 애가를 지어 부르라는 것은 그들의 죽음이 확정적이기에 미리 내다보고 부르라는 것이다. 예레미야서에서는 예루살렘에 대한 애곡의 노래가 언급되었다(렘 9:17-22). 곡하는 부녀를 불러오라. 그래서 이들이 예루살렘 주민을 위해 눈에 눈물이 흘러내리고 눈꺼풀이 눈물로 젖을 때까지 애곡하라고 하신다(렘 9:18).

애가를 지어 부르라

1. 예레미야 9:18의 내용을 먼저 읽어보자. (동교재, 예레미야, 9장)

렘 9:18 그들로 **빨리 와서** 우리를 위하여 **애곡하여**
//우리의 눈에서 눈물이 떨어지게 하며
우리 눈꺼풀에서 물이 쏟아지게 하라(18절)

(1) 초상집에서 곡하는 여자를 불러 오라. 그래서 우리 눈에 눈물이 줄줄 흘러내리게 하라. 그 이유는? 시온에서 크게 울부짖는 소리가 들리기 때문이다. 왜 울고 있을까? "우리는 완전히 망했다. 그래서 이 땅을 떠나야 한다. 우리가 살던 집을 버려야 한다."는 소리가 들린다(렘 9:19).

(2) 전문적으로 곡하는 여인을 불러 딸들에게 슬피 우는 법을 가르쳐 너희들도 소리 높여 우는 법을 배워라(렘 9:20). 왜?(for). 죽음이 창문을 통하여 넘어 들어오기 때문이다(21절). 적군이 온 도성을 포위했다. 가족 모두에게 죽음이 찾아온다. 죽음, 애곡, 예루살렘은 암흑의 그림자가 덮쳤다. 그 죽음의 그림자가 거리에서 놀던 아이들을 데려가고 광장에 모여 있던 젊은이들을 끌고 갔다. 여인의 통곡소리가 아직도 계속된다. 공포와 시체와 통곡, 예루살렘은 더 이상 평화의 도시가 아니다.[1]

2. 오늘 본문 1절 - "너는 이스라엘 고관들(princes)을 위해 애가를 지어라."

(1) 고관(나시, נָשִׂיא) - 이스라엘의 여러 지도자들을 나타내기 위해 쓰였다. 우두머리, 지배자, 왕, 군주, 방백, 족장, 지도자를 의미한다. 이들을 위하여 애가를 지어 부르라고 하신다.

1) 자신의 지혜를 자랑했던 도시(렘 8:8), 그러나 부에 탐닉하여, 선지자와 제사장들까지 모두 거짓을 행하던(렘 8:10) 예루살렘은 이제 죽음의 공포로 마지막 숨을 몰아쉬고 있다. "사람의 시체가 분토 같이 들에 떨어질 것이며 추수하는 자의 뒤에 버려져 거두지 못한 곡식단 같이 되리라"(렘 9:22).

19:1 너는 — 애가를 **지어** (슬픈 노래를 불러라)
/이스라엘 고관들을 위하여

여기서 암사자는 누구를 가리키는가? 여러 논쟁이 있으나 **유다(다윗 왕조?)**를 가리킨다.

2 **부르라(부르기를)**
/네 어머니는 — 무엇이냐? (네 어머니는 어떤 어머니였느냐?)
[그녀는] — 암사자(라비, לָבִיא)라
/그가 사자(아리, אֲרִי)들 가운데에 엎드려
젊은 사자(케피르, כְּפִיר) 중에서 그 새끼
를 기르는데

"네 어머니는 많은 사자들 가운데 용맹스런 암사자였다. 젊은 사자들 가운데서 어린 새끼들을 길렀다."(쉬운성경)

3 /[그녀가] — 그 새끼 하나를 키우매
/[그가] — 젊은 사자가 되어
— 먹이 물어뜯기를 배워 사람을 삼키매

그 새끼들 가운데 하나가 젊은 사자(케피르, כְּפִיר)가 되었다. 이 젊은 사자는 누구를 가리킬까?

여기서 젊은 사자는 누구인가?

4 /이방이 — 듣고
— 함정으로(함정을 파서) 그를 잡아
— 갈고리로 꿰어 끌고 **애굽 땅으로** 간지라

⓱ 여호아하스

the son of Josiah

왕하 23:31-35 / 대하 36:1-4

609(3개월간) - 애굽 포로

악한 왕

므깃도에서 애굽의 북진(北進)을 막으려던 요시야 왕이 애굽의 느고 2세에 의해 죽임을 당하자(609 B.C.) 유다의 지방 귀족들은 둘째 아들인 여호아하스(Jehoahaz)를 왕으로 삼았다(23세). 보수주의 유다 집단에서는 이 후계자가 요시야의 정책을 계속하여 주기를 바랐을 것이다. 그러나 3개월뿐이었다. 왜냐하면 요시야 왕을 죽인 바로 느고(Pharaoh Necho)가 여호아하스를 제거하고 그의 이복 형인 엘리야김(Eliakim)을 왕으로 삼았기 때문이다. 그리고 그의 이름을 여호야김으로 고쳤다.

[당시 역사적 정황]

(1) 앗수르는 이미 그 생명력을 다하고 있었다. 그러나 마지막 반전을 시도했다. 하란을 마지막 보루로 안간힘을 쓰고 있었다. 그런 앗수르를 돕고, 바벨론의 세력이 부활하는 것을 막으려고 애굽 왕 느고는 하란으로 출정했지만, 요시야 때문에 실기(失期)했는지 그의 지원은 성공을 거두지 못한다. 결국 하란은 바벨론 왕 나보폴라살과 그의 아들 느부갓네살에 의해 점령된다(609 B.C.).

(2) 그러나 바벨론은 아직 서쪽 지역에 손을 쓰지 못한다. 따라서 애굽은 재빨리 수리아 지역과 팔레스틴 지역을 완전 장악하게 된다. 애굽 왕 느고는 여호아하스(='살룸'으로 알려져 있음)가 마음에 들지 않았을 것이다. 아마 충성스럽지 못하다고 생각했던 것 같다. 게다가 유다가 반역을 일으킬지도 모른다고 생각한 **느고는 여호아하스를 애굽으로 끌고가 죽게 만든다.** 우리는 당시의 상황을 예레미야에게서 듣는다.

- 렘 22:10

너희는 죽은 자(=요시야 왕)를 위하여 울지 말며
그를 위하여 애통하지 말고
잡혀간 자(=애굽으로 끌려간 여호아하스)를 위하여 슬피 울라
그는 다시 돌아와서 그 고국을 보지 못할 것임이니라

11 나 여호와가 유다 왕 요시야의 아들 곧
그 아비 요시야를 이어 왕이 되었다가
이 곳에서 나간 살룸(=여호아하스)에 대하여 말하노라
그가 이곳으로 다시 돌아오지 못하고

12 **잡혀간 곳에서((=애굽에서) 죽으리니**
이 땅을 다시 보지 못하리라(왕하 23:34)

여호아하스(Jehoahaz)는 애굽으로 끌려가 거기서 죽었다. 그래서 소망이 끊어진 줄 알고 새끼 가운데서 또 하나 골라 젊은 사자로 키웠다.

5 /암사자가 — 기다리다가 소망이 끊어진 줄을 알고
/[그녀가] — 그 새끼 하나를 또 골라 젊은 사자로 키웠더니

6 /[그가] — 젊은 사자가 되매 여러 사자 가운데에 왕래하며
먹이 물어뜯기를
7 /[그가] — 그의 궁궐들을 헐고 성읍들을 부수니
땅과 그 안에 가득한 것이 — 황폐한지라
/그 우는 소리로 말미암아

또다른 젊은 사자는 누구일까? 여러 논쟁이 있다.

8 /이방이 — 포위하고 있는 지방에서 그를 치러 와서
그의 위에 그물을 치고 함정에 잡아
9 /[그들이] — 우리에 넣고 갈고리를 꿰어 끌고
바벨론 왕에게 이르렀나니
그를 옥에 가두어
//(목적, so that...should)
그 소리가 다시 이스라엘 산에 들리지 아니하게 하려 함이라

엘리야김에서 ➡ 여호야김으로 개명

⑱ 여호야김

the son of Josiah
왕하 23:34-24:7 / 대하 36:4-8
609-597(11년간)

악한 왕

[당시 역사적 정황]

(1) 결국 유다는 애굽의 속국이 되어 버렸다. 유다는 애굽에 은 100달란트(약 3.43톤)와 금 한 달란트를 벌금으로 물었다. 여호야김 때에도 조공을 바쳤다. 물론 왕은 백성에게 무거운 짐을 지게 했다. 그는 백성에게 많은 은(銀)과 금(金)을 늑봉(징수)했다(왕하 23:35).

(2) 여호아하스는 애굽의 포로로 끌려가 거기서 죽었다(왕하 23:34). 그의 죽음은 예레미야가 예언한 그대로였다(렘 22:11). 여호아하스 역시 하나님 보시기에 악한 일을 행했기 때문이었다(왕하 23:32).[1] 애굽은 여호아하스를 끌고가 결국은 죽게 만들고 그의 이복형제인 엘리야김을 왕으로 앉혔다. 여호야김은 왕이 될 때에 25세였다.

(3) 그는 예루살렘에서 11년간 통치했는데 그 역시 "그 열조의 모든 행한 일을 본받아 여호와 보시기에 악을 행하였더라"(왕하 23:36)고 했다. 이 **엘리야김도 바벨론으로 쇠사슬에 묶여 끌려간다(대하 36:6)**. 그러나 예루살렘으로 돌아와 죽은 것 같다(렘 22:19).

(4) **여호야김은 많은 의인의 피를 흘렸다.** 특히 선지자 우리야를 죽였다(렘 26:20-23). 예레미야도 죽이려 했으나 예레미야는 하나님의 보호하심으로 살았다(렘 26:24, 36:26). 특히 예레미야가 받은 계시의 두루마리를 불태웠다(렘 36:23). 그의 정책도 애굽을 섬기다 또 바벨론을 섬기는 등 불안정했다. 그러다가 비참한 죽음을 맞게 된다(렘 22:18-19).

- 대하 36:5 "여호야김이 왕위에 오를 때에 나이가 이십오 세라 예루살렘에서 십일 년 동안 다스리며 그의 하나님 여호와 보시기에 악을 행하였더라 6바벨론 왕 **느부갓네살이 올라와서 그를 치고 그를 쇠사슬로 결박하여 바벨론으로 잡아가고** 7 느부갓네살이 또 여호와의 전 기구들을 바벨론으로 가져다가 바벨론에 있는 자기 신당에 두었더라."

1) 악한 짓을 통해 왕궁을 짓고 / 속임수로 다락방을 올리며 / 자기 이웃에게 일을 시키고도 그 품삯을 주지 않는 사람은 저주를 받을 것이다. 그는 '내가 살 왕궁을 크게 짓고 다락방들도 넓게 만들어야지' 하며 왕궁을 크게 짓고…벽에는 백향목을 입히고 / 붉은색을 칠한다. / 네 집에 백향목이 많다고 해서 / 네가 위대한 왕이 되겠느냐? / 네 아버지는 / 먹고 마시는 것으로 만족했다…(렘 22:13-15, 쉬운성경).

19:2 **부르라(부르기를)**
/네 어머니는 — 무엇이냐? (네 어머니는 어떤 어머니였느냐?)
[그녀는] —— 암사자(라비, לְבִיא)라
/그가 사자(아리, אֲרִי)들 가운데에 엎드려 젊은 사자
(케피르, כְּפִיר) 중에서 그 새끼를 기르는데

3 /[그녀가] —— 그 새끼 하나를 키우매
/[그가] —— 젊은 사자가 되어
먹이 물어뜯기를 배워 사람을 삼키매

새끼들은 누구를 가리키나? ⑰ 여호아하스 ⑱ 여호야김 ⑲ 여호야긴 ⑳ 시드기야

요아스의 아들들 (⑰, ⑱, ⑳)

여호야김의 아들 (⑲)

⑲ 여호야긴
the son of Jehoiakim
왕하 24:8-17 / 대하 36:9-10
597 B.C.(3개월 10일간) - 바벨론 포로

여기 젊은 사자를(5-9절) 여호야김이 아니라 그의 아들 여호야긴으로 보기도 한다.

여호야긴이 즉위한 지 3개월 뒤 느부갓네살이 다시 예루살렘을 점령했다(왕하 24:10-17). 느부갓네살은 여호야긴을 비롯하여 황후, 왕자, 신복 등 나라의 유력한 자들을 많이 끌고 갔다. 여호야긴은 일평생 바벨론 왕궁에서 비교적 후한 대접을 받았다(왕하 25:27-30). 그러나 여호야긴은 통치 기간도 짧을 뿐 아니라 여기 6-7절의 표상에도 어울리지 않는다.

3. 다시 본문으로 돌아가자(10절).

• 10-11절 - 하나님의 택함을 받은 유다 초기의 상황 - 크게 번영했다는 것이다.

19:10 네 피의 어머니는 ─물 가에 심겨진 포도나무 같아서
─물이 많으므로 열매가 많고 가지가 무성하며

11 그 가지들은 ─ 강하여
─ 권세 잡은 자의 규(통치 지팡이)가 될 만한데
그 하나의 키가 ─ 굵은 가지 가운데에서 높았으며
─ 많은 가지 가운데에서 뛰어나 보이다가

12 [그것이] ─ 분노 중에 뽑혀서 땅에 던짐을 당하매
그 열매는 ─ 동풍에 마르고
─ 그 강한 가지들은 꺾이고 말라 불에 탔더니

13 <그것이> ─ 이제는 광야, 메마르고
─ 가물이 든 땅에 심어진 바 되고

14 불이 ─ 그 가지 중 하나에서부터 나와 그 열매를 태우니
강한 가지가 ─ 없도다 하라
/권세 잡은 자의 규가 될 만한

이것이 ─ 애가라
─ 후에도 애가가 되리라

포도나무 비유를 통해 유다 말기, 특히 시드기야의 종말을 애가 형식으로 묘사하고 있다.

• 10절 - 킹제임스 흠정역 "네 어머니는 물가에 심은 포도나무 곧 네 피가 흐르는 포도나무 같아서..."

• 11-12절 - 유다의 마지막 통치자 시드기야를 가리킨다. 여호야긴을 잡아가고 대신 그의 숙부요 요시야의 아들인 시드기야(맛다니야)를 대신 왕으로 세웠다. 그러나 그는 왕이라기보다 섭정자였다고 보아야 한다. 시드기야도 여호야김처럼 여호와 보시기에 악한 일을 저질렀다. 바벨론 왕은 여호야긴을 계속 유다 왕으로 처우했고, 백성들도 시드기야를 왕으로 인정하지 않은 것같다. 시드기야는 반바벨론 파와 친애굽 파의 압력으로 바벨론을 배반하게 된다(왕하 24:20).

그러나 느부갓네살 군대가 시드기야 9년 10월 10일(588 B.C.)에 유다를 공격해 와서 예루살렘을 포위한다. 결국 2년 후에(586 B.C. 시드기야 11년 4월 9일) 예루살렘은 함락된다. 바벨론의 보복은 너무 가혹했다.

맛다니야에서 ➡ 시드기야로 개명

악한 왕 **⑳ 시드기야**
Jehoiachin's uncle
왕하 24:18-20 / 대하 36:11-14
597-586(11년간) - 바벨론 포로

예루살렘 함락
시드기야 11년째
주전 586년,
4월 9일

느부갓네살은 시드기야가 보는 앞에서 그의 아들들을 죽이고, 그의 두 눈을 뽑고 결박하여 바벨론으로 끌고가서 죽는 날까지 옥에 가두었다(렘 52:9-11, 왕하 25:6, 7).

적용을 위한 묵상 　심판은 필연적이다. 구원은 그 이후에 진행된다

- 참으로 보잘 것 없었던 이스라엘,
  유대 민족의 혈통은 얼마나 비천했었는가!
  예루살렘아, 너는 근본을 따지면 가나안 출신이 아니냐? (16:3)
  예루살렘은 들에 버려진 아기와 같은 존재였다(16:4).
  그래서 여호와께서 길가에 피덩어리 같은 아기를
  구하기로 결심하고 데려다 길렀다.
  아기는 신체가 성장하고 성적으로 사춘기가 되었다.
  여호와께서는 그녀(=예루살렘)와 결혼을 결심하신다.
  그래서 그녀와 언약을 맺었다.
  화려한 왕관을 머리에 씌웠고, 그녀는 왕후의 지위에 올랐다.
  이는 예루살렘에 대한 비유이다.

- 그런데 예루살렘은 그 명성을 가지고 지나가는 모든 남자에게
  시시덕거리는 창기가 되어버렸다.
  그녀는 남편되신 여호와를 버리고 다른 남자들과 내통하여
  간음하는 아내가 되었다.
  그녀(예루살렘)는 우상을 섬기고 영적 간음을 범했다.
  결혼 생활에 있어서 가장 치욕적인 것은
  배우자가 타인과 간음을 행하는 것이다. 그녀는 음녀가 되었다.

- 그녀(=예루살렘)는 어렸을 때의 세운 언약을 배반하고
  이웃나라 강대국들과 동맹을 맺었다.
  정치동맹과 우상 숭배, 이는 여호와를 구역질나게 하는 행동이었다.
  그래서 하나님은 심판을 집행하실 것이다.
  예루살렘은 초토화될 것이고 그들의 정체성이라고 믿었던
  성전 역시 불타 없어질 것이다(16:35-43).

- "그 어머니에 그 딸" "네 언니(사마리아)가 남편과 자식을 버리더니,
  너도(남유다) 그 언니에 그 아우구나!"

- 그러함에도 불구하고 백성들은
  자신들이 심판을 받는다는 것은 부당하다고 불평한다.
  그들은 항간에 떠도는 속담을 믿었다.
  "아버지가 신 포도를 먹었으므로 그의 아들의 이가 시다는 것"이었다.
  조상들의 죄악 때문에 현재 자신들이 고통을 받는다는 것이었다.
  그러나 하나님은 지금의 고통은 조상의 죄 때문이 아니라
  자신들의 죄의 결과임을 분명하게 말씀하신다.
  결국 하나님은 각 사람의 행위대로
  심판하신다는 사실을 각인시키신다(18:1-32).
  회복은 심판이 끝난 후, 불순불이 제거된 후에야 가능하다.

- 행음한 배우자, 가장 구역질 나는 행위이다.
- 왜 우리는 과거를 반추해야하는가? 현재의 삶이 풍족하면 과거의 고생스로움을 잊어버리고 방종하기 쉽다.
- 멸망의 원인은 각 개인의 죄 때문이다.

Outline
168

Ezekiel 20–24장

유다의 반역과 심판 비유들(20–24장)

하나님의 선택을 받은 민족, 이스라엘
그러나 이들은 언약에 불충성했다고
고발을 당한다.

에스겔은 이들의 불미스러운 과거를
들추어낸다.
유다에 대한 하나님의 평가는 혹독했다.
바벨론의 칼날이
예루살렘을 떠나지 아니할 것이다.
유다는 분명히 포로가 될 것이다(21:24).

유다의 마지막 운전대를 잡고 있는
시드기야의 운행은 위태롭기 짝이 없다.
앗수르와 바벨론과 애굽이라는
강대국의 회유 앞에 갈팡질팡 했다.
결국,
열국의 목전에서 이스라엘은 수치를 당할 것이다.
예루살렘은 "정결하지 못한 땅"이요
"비를 얻지 못한 땅"이었기 때문이다.

오홀라와 오홀리바(23:1-49)
북이스라엘과 유다, 두 자매는
신랑(하나님) 앞에 매춘녀였다.

이스라엘의 반역의 역사와 회복(겔 20:1-44)

(1) 에스겔은 20:5-26절까지 이스라엘의 조상들의 실패의 역사를 거론하고 있다. 하나님은 먼저 이스라엘을 택하셨음을 상기시키고 있다.

(2) 애굽으로부터의 자유는 여호와의 주권 아래서 그의 백성이 되는 언약 공동체, 곧 하나님이 다스리시는 신정국가(神政國家)를 만드시기 위한 자유였다.

(3) 하나님은 언약을 통하여 그의 통치를 수립하신다. 이스라엘은 언약 백성이 되었다. 따라서 이스라엘은 하나님이 원하시는 성결의 삶을 살아가야 한다. 그런데 이들은 출애굽해서도 여전히 애굽의 우상들을 떠나지 아니했다(8절).

(4) 하나님은 광야로 인도하신 후 백성에게 율법을 주셨다. 그러나 이스라엘 백성은 율법을 어겼다. 이들은 광야에서 하나님께 반역을 일삼았다. 이들은 단 한번의 실수를 저지른 것이 아니다. 몸에 배인 습관성 범죄였다고 성경 본문은 말한다(민 14:22).

출애굽 2세대에게 거는 기대(20:18-26)

(1) 이제 출애굽 2세대(18-26절)에게는 새로운 기회를 주셨다. 하나님은 출애굽 제 2세대에게 어떤 명령을 하셨는가? (겔 20:18-20)

(2) 그러나 출애굽 제2세대 역시 여호와의 율례를 따르지 아니하며 규례를 지켜 행하지 아니하였다. 따라서 하나님은 광야에서 그들에게 분노를 쏟으며 진노를 내리려고 하셨으나(21절), 하나님 자신의 영광을 위하여 심판을 보류하셨다(22절). 심판은 보류되었지만 이스라엘을 열방 중에 흩으실 것을 선포하셨다(23-24절).

약속의 땅에 들어와서도 여전히 범죄(20:17-31)

(1) 이런 반역에도 불구하고, 하나님은 그들로 약속의 땅에 들어가게 하셨다. 약속의 땅에 들어가서는 어땠을까? (27-31절)

(2) 약속의 땅 가나안에 들어왔지만 이들 역시도 신속하게 우상화로 빠져들었다(27-29절). 특히 산당에서 이방인들의 우상 숭배로 떨어졌다(20:28).

여호와의 복수의 칼(20:45-21:32)

(1) "모든 육체를 남에서 북까지 치리니" 그 때에야 비로소 "모든 사람들이 나 여호와가 내 칼을 칼집에서 빼낸 줄을 알게 될 것이다. 그 칼은 절대로 칼집에 다시 꽂히지 않을 것이다"(21:5).

(2) 에스겔은 바벨론에서 시작하는 두 길을 지적한다. "성으로 들어가는 길 어귀에다가 길이 나뉘는 지시표를 하라"는 것이다(19절).

(3) 그런데 바벨론 왕이 "오른손에 예루살렘으로 갈 점괘를 얻었다"고 했다. 그래서 예루살렘 성을 공격할 준비를 한다(22절). 결국 백성은 그들 손에 잡혀 가게 될 것이다(24절).

오홀라와 오홀리바(겔 23:1-49)

(1) 23.1-10은 오홀라(사마리아)의 불신과 징계를 설명한다. 11-12절은 오홀리바(예루살렘)의 불신을, 22-25절은 오홀리바의 징계를 비유한다. 36-49절은 이런 매춘행위에 대해 심판이 언급된다. 이들에게 하나님의 심판은 필연적이다(46-49절).

(2) 하나님은 비유로 같은 어머니에게서 난 두 딸을 소개한다.

- 오홀라(Oholah) - '장막을 소유한 여인'을 의미한다. - 사마리아 상징
- 오홀리바(Oholibah) - '장막이 그녀 가운데 있다'를 의미한다. - 예루살렘을 상징

(3) 이들은 어렸을 적에 애굽에서 이미 행음한 경력을 갖고 있었다. 이들은 장성해서 결혼한 후(겔 16:9-14) 자녀들을 낳았다. 그런데 여호와와 결혼 관계에 있는 동안에("오홀라가 내게 속하였을 때에") 준수한 청년 앗수르와 행음한다.

(4) 언니 오홀라(=북이스라엘)는 앗수르와 음행하였고, 결국 앗수르에 의해 멸망당했다. 이 사실을 보고도 동생 오홀리바는 어떤 행동을 취했나? 동생 오홀리바는 언니의 행동을 보고도 자기 언니의 음란한 행실보다 더 음란했다(11절).

끓는 가마의 비유(겔 24:1-14)

(1) 예루살렘이 바벨론 군대에게 포위되던 날은 시드기야 9년째(주전 588년) 10월이라고 했다. 포위는 1년반 동안이나 계속되었다.

(2) 하나님은 에스겔에게 또 하나의 비유를 주셨다. 가마 솥을 걸고, 물을 부어라....강한 불을 피워 **가마 속의 뼈가 무르도록 삶아라**. 이는 장차 예루살렘이 어떤 과정을 통해 파멸해 가는가를 보여 주는 실물교육이다. 예루살렘의 주민들이 선별 없이 무차별적으로 끌려가게 될 것이다(24:6).

(3) 얼마나 철저하게 응징하실 것인가? 예루살렘의 더러운 죄 중에는 음란이 그 하나였다. 여러 가지 방법으로 녹을 제거하기 위해 노력하였으나 예루살렘은 깨끗해지려고 노력하지 않았다.

에스겔의 아내가 죽다(겔 24:15-27)

(1) 에스겔에게 주어진 실물 교육은 최정점에 달한다. "네 눈에 기뻐하는 것"을 빼앗으시겠다는 것이다. 그러나, 이로인해 슬퍼하거나 곡하지 말라고 하신다.

(2) 에스겔은 하나님께서 말씀하신 대로 아내가 죽었는데도 울지 않았다. 에스겔은 그 다음날 아침, 사람들 앞에 아무런 기색없이 나타나 전과 같이 행동했다. 그러자 백성들은 "도대체 이 일들이 자기들과 무슨 상관이 있는지 알려달라고 했다(19절).

(3) 에스겔은 백성들에게 하나님께서 전달하신 내용을 설명했다. 하나님은 무엇보다 성전에 대해 말씀하셨다. 백성들에게 성전은 그들 존재의 상징이었다. 하나님의 백성들은 성전이 있는 것만으로도 예루살렘은 안전하다고 생각했다. 그러나 "내가(=여호와께서) 그 성전을 없애실 것이라고 하셨다.

170

이스라엘의 반역의 역사와 회복(겔 20:1-44)

유다에 반역과 심판(20-24장)

1. 역사를 통한 이스라엘의 반역(20:1-44)

2. 여호와의 복수의 칼(20:45-21:32; 히브리성경 21:1-37)

3. 피의 성에 대한 저주(22:1-31)

4. 오홀라와 오홀리바(23:1-49)

5. 끓는 가마(24:1-14)

6. 에스겔 아내의 죽음(24:15-27)

"일곱째 해 다섯째 달 열째 날에 이스라엘 장로 여러 사람이 여호와께 물으려고 와서 내(=에스겔) 앞에 앉으니" 포로 공동체의 장로 여러 사람이 하나님의 뜻을 묻기 위해 에스겔 선지자를 찾아왔다. 아마 이들은 자신들이 곧 고국에 돌아갈 수 있는 지를 알기 원했을 것이다. 아니면 '어짜피 이곳에 오래 머물게 되면 예배를 위한 어떤 조치를 취해야 하지 않겠는가?'라는 문제로 상의하려 왔는지도 모른다. 어쨌든 세 번째 방문이다(8:1, 14:1 참조). 제 육년 유월 오일(8:11)에 여호와께서 임하신 후, 11개월이 지나서였다(591년).

1. 이스라엘의 장로들의 질문에 하나님은 어떻게 반응하셨는가?

20:3 인자야
[너는] — 이스라엘 장로들에게 말하여 이르라
/주 여호와께서 — 이렇게 말씀하셨느니라
/너희가 내게 물으려고 왔느냐
주 여호와의(가) — 말씀이니라
/내가 나의 목숨을 걸고 맹세하거니와
/내가 — 용납하지 아니하리라(=허락하지 않겠다)
/너희가 내게 묻기를(=너희가 묻는 것을)

"무슨 일이 있어도 이들의 문의를 받지 않으리라."(공동)

(1) 4절 "네가 그들을 심판하려느냐(Will you judge them)[1] 네가 그들을 심판하려느냐?" "네가 그들을 심판해야 하지 않겠느냐? 그들의 조상이 저지른 역겨운 일을 그들에게 알려 주어라."(새번역) 하나님은 에스겔에게 조상들의 실패의 역사를 되돌아보게 하시라고 명령하신다(made Myself known to them, הוֹדִיעֵם[2]).

(2) 에스겔은 20:5-26까지 이스라엘의 조상들의 실패의 역사를 거론하고 있다. 이스라엘 전 역사를 3막으로 다음과 같이 정리할 수 있다.

- 애굽(5-10절)
- 광야 - 출애굽 1세대(11-17절)
- 광야 - 출애굽 2세대(18-26절)

1) 의문사 + 칼 미완료 사파트(שָׁפַט) - 심판하다, 판결을 선고하다, 논쟁을 해결하다. 개역 - 국문(鞫問)하다

2) 야다(יָדַע)의 히필 명령법 - 그들로 알게 하라. ("너희로 알게 함이라" - 겔 6:7, 10, 13, 14, 7:4, 9, 27 등)

2. 하나님은 먼저 이스라엘을 택하셨음을 상기시키고 있다. 그리고 자신이 누구인지를 그들에게 알려주셨다.

바하르(בָּחַר) - 선택하다, 결정하다
이 동사의 대부분의 경우는 선택을 행하는 주체가 사람이 아니라 하나님이시다. 곧 선택을 하시는 분은 여호와이시다.

5 주 여호와께서 이같이 **말씀하셨느니라**
/내가 ── 이스라엘을 **택하고**(I chose, בָּחֲרִי 칼, 연계형)
  /옛날에
── 야곱 집의 후예를 향하여 내 손을 들어 **맹세하고**
── 애굽 땅에서 그들에게 **나타나**
── **맹세하여**
  /이르기를 (...하였노라)
    /나는 ─ 여호와 너희 하나님이라

선택의 대상에서 이스라엘을 선정하신 이유는 무엇인가? 신 4:37, 7:7, 14:2을 읽어보라. 백성의 대표자로서 야곱과 아브라함이 언급되었다(사 41:8).

이 약속은 아브라함의 언약에서 더욱 구체화되고, 그의 후손 이삭과 야곱에게 맹세하심으로 확대된다(출 32:13, 33:1; 신 1:8, 11:9, 34:4; 수 24:3).

맹세하여(나사, נָשָׂא) - 들어올리다, 가져가다, 취하다. 맹세할 때 손을 들어올린다(신 32:40).

(1) "그 날에 내가 내 손을 들어 그들에게 맹세하기를"

"그 날에"(on that day) - 에스겔은 배신의 역사를 가장 이른 초창기인 애굽시절까지 거슬러 올라간다. 하나님은 애굽 땅에서 이스라엘을 이끌어 내셨다(to bring them out from the land of Egypt).[1] 하나님은 "그 후손을 택하시고 큰 권능으로 친히 인도하여 애굽에서 나오게 하셨나"(신 4:37). 그래서 "그들을 위하여 찾아 두었던 땅 곧 젖과 꿀이 흐르는 땅이요 모든 땅 중의 아름다운 곳에 이르게 하셨다"(6절).

1) 하나님의 주권적인 은총에 의해, 그의 백성이 죄의 쇠고랑에서 긴박하게 구출되었음을 강조하고 있다. 그 이유가 무엇인가? (신 4:37)

- 신 4:37 "**여호와께서 네 조상들을 사랑하신 고로** 그 후손인 너를 택하시고 큰 권능으로 친히 인도하여 애굽에서 나오게 하시며."
- 엡 1:4 "곧 **창세 전에 그리스도 안에서 우리를 택하사** 우리로 사랑 안에서 그 앞에 거룩하고 흠이 없게 하시려고."

(2) 이스라엘을 애굽에서 이끌어 내신 목적은 무엇인가? 출애굽기의 설명을 들어보자(출 6:6-7을 읽어보자).

출 6:7 [내가] ── 너희를 내 백성으로 삼고(Then I will take you for My people)
나는 ── 너희의 하나님이 되리니(and I will be your God)
너희가 ── 알지라
  /나는 ─ 너희의 하나님 여호와인 줄
    /애굽 사람의 무거운 짐 밑에서 너희를 빼낸

(3) 애굽에서 이스라엘을 이끌어 내신 목적은 무엇일까? 하나님 자신이 "이스라엘의 하나님이 되시겠다"는 것이다. 그리고 "이스라엘로 자신의 백성을 삼으시겠다"는 것이다(레 11:45*, 26:12-13). 이 약속은 출애굽기의 핵심적인 진술이요, 내용이다. 하나님이 친히 전사(戰士)가 되어 대적들과 싸우면서까지 이스라엘을 애굽에서 이끌어내신 것은 여호와와 함께 하는 공동체를 만드시기 위해서였다. 따라서 애굽으로부터의 자유는 여호와의 주권 아래서 그의 백성이 되는 언약 공동체, 곧 하나님이 다스리시는 신정국가(神政國家)를 만드시기 위한 자유였다.

- 레 11:45 "나는 너희의 하나님이 되려고 너희를 애굽 땅에서 인도하여 낸 여호와라 **내가 거룩하니 너희도 거룩할지어다.**"

(4) 하나님은 언약을 통하여 그의 통치를 수립하신다. 이스라엘은 언약 백성이 되었다. 따라서 이스라엘은 **하나님이 원하시는 성결의 삶을 살아가야 한다.**

레 11:45 내가 거룩하니(כִּי קָדוֹשׁ אָנִי) 너희도 거룩하라.[1)]
You *shall be* holy for I am holy.

겔 20:9 그러나 내가 그들이 거주하는 이방인의 눈 앞에서 그들에게 나타나 그들을 애굽 땅에서 인도하여 내었나니
//이는(לְמַעַן) 내 이름을 위함이라(for the sake of My name)[2)]
내 이름을 그 이방인의 눈 앞에서 더럽히지 아니하려고 행하였음이라

(5) 그래서 하나님은 "너희는 눈을 끄는 바 가증한 것을 각기 버리고 애굽의 우상들로 말미암아 '스스로 더럽히지 말라'(אַל־תִּטַּמָּאוּ[3)])"(7절)고 하셨다. 백성들이 우상숭배로 인해 부정하게 만들었으므로 자신들을 더렵혔다(겔 20:7, 18, 30, 31). 이스라엘은 자기가 만든 우상으로 자신을 더렵혔다(겔 22:4, 37:23). 이들은 출애굽해서도 여전히 애굽의 우상들을 떠나지 아니했다(8절, "그들이 내게 반역하여 내 말을 즐겨 듣지 아니하고 그들의 눈을 끄는 바 가증한 것을 각기 버리지 아니하며...").

(6) 애굽에서의 우상 숭배 - 모세오경에서는 애굽에 있었던 우상숭배에 대해서 언급하지 않았다. 그러나 여호수아 24:14에서는 이렇게 언급하고 있다.

- 수 24:14 "그러므로 이제는 여호와를 경외하며 온전함과 진실함으로 그를 섬기라 너희의 조상들이 강 저쪽과 **애굽에서 섬기던 신들을 치워버리고 여호와만 섬기라.**"

1) 하나님은 백성들과 교제하는 길을 열어 놓으셨으나 거기에는 지켜야 할 율례가 있다. 구원 받은 하나님의 백성이 어떻게 하나님의 뜻대로 살아가야 할 것인가를 기록한 것이 레위기이다.

2) 하나님은 이스라엘을 택하시고 또한 끝까지 돌보신다. 그렇지 않으면 이방인들은 여호와를 비난할 것이다(신 9:25-29). 따라서 이스라엘을 구원하시는 것이 그들이 의로워서가 아니라 "여호와 하나님 자신의 이름을 위해서"임을 알아야 한다.

3) 히트파엘 미완료 타메(טָמֵא) - 더럽다, 불결하다 /

3. 광야로 인도하신 후 백성에게 율법을 주셨다. 그리고 안식일을 지키도록 하셨다. 그 이유는 무엇인가?

20:11 [내가] ─그로 말미암아 삶을 얻을 내 율례를 주며
└내 규례를 알게 하였고
/[그것들을] ─ 사람이 준행하면(if)
12 [내가] ─또 내 안식일을 주어
//(목적: to, לְ)
그들과 나 사이에 표징(오트, אוֹת)을 삼았노라(=삼으려고)
//(목적: that...might, לְ)
내가 그들을 거룩하게 하는 여호와인 줄 알게 하려고

율례와 규례를 지키는 것, 그것은 곧 이스라엘 백성의 존폐(*存廢*)에 관한 일이었다. 율법은 반드시 지켜야 할 하나님의 절대적 명령이다.

- 율례(미쉬파트) - 공도(창 18:19), 공의, 공평, 판결(출 28:15), 법도(레 18:4), 판단(신 16:19) 등으로 번역했다.

- **안식일은 언약의 한 표징이다.** 구약에서 안식일은 할례의 표증과 같은 부류에 속한다(출 31:13, 17). 그래서 안식일은 무거운 짐이 아니라 즐거운 날이요 여호와의 성일로 지켜야 한다.

(1) 그러나 이스라엘 백성은 율법을 어겼다. 이스라엘 족속은 광야에서 하나님께 반역을 일삼았다. 하나님의 율례, 이를 준행하면 그로 말미암아 살 수 있었을 텐데 '하나님의 규례를 멸시했다'(they rejected My ordinances).[1] 하나님의 명령을 지키지 않는 것은 곧 하나님을 멸시하는 것과 같다(레 26:15; 겔 20:13, 16, 24). 광야생활 하는 과정에서 백성들은 끝없이 불만을 토로했다. 이는 하나님을 멸시하는 행동이었다(민 11:20).

1) '마아스'(מָאַס) - 거절하다(reject), 경멸하다(dispise)

(2) 이들은 단 한번의 실수를 저지른 것이 아니다. 몸에 배인 습관성 범죄였다고 성경 본문은 말한다(민 14:22*을 보라). **열 번이나** 나를 시험했다고 했다. 어찌 열 번뿐이겠는가! 습관적 범죄를 그렇게 표현했을 뿐이다. 하나님은 습관적인 반역을 "어느 때까지"라는 말로 표현하셨다. 이 말은 이 반역을 언제까지 계속하겠느냐는 하나님의 타는 진노를 표현하는 의문 구절이었다(출 16:28*을 보라. 참고로 렘 23: 26; 호 8:5도 보라.)

• 민 14:22 "나의 영광과 애굽과 광야에서 행한 나의 이적을 보고도 이같이 ***열 번이나 나를 시험하고*** 내 목소리를 청종치 아니한 그 사람들은"

• 출 16:28 "여호와께서 모세에게 이르시되 **어느 때까지** 너희가 내 계명과 내 율법을 지키지 아니하려느냐?"

(3) "**내가 내 분노를 광야에서 그들에게 쏟아 멸하리라 하였으나**" - 하나님은 이스라엘 백성의 습관적인 반역 때문에 광야에서 멸절시키려 하셨다. 가데스바네아에서 정탐꾼들의 보고를 받은 후, 온 회중이 밤새도록 통곡했다(민 14:1). 그것도 소리 높여 부르짖으며 통곡했다고 했다. 백성들은 모세와 아론을 원망했다(민 14:2). "차라리 애굽 땅에서 죽었던가 아니면 이 광야에서 죽었더라면 좋았을걸!!" 이 미친 듯한 이스라엘 백성들의 불신앙을 보시고 드디어 하나님이 나타나신다. 그는 모세를 통해 이스라엘 백성들에게 무서운 경고를 내리신다. 무엇이라고? (민 14:10-12* - "내가 전염병으로 **그들을 쳐서 멸하고** 네게 그들보다 크고 강한 나라를 이루게 하리라.")

• 민 14:11 "여호와께서 모세에게 이르시되 이 백성이 **어느 때까지 나를 멸시하겠느냐** 내가 그들 중에 많은 이적을 행하였으나 어느 때까지 나를 믿지 않겠느냐 12 내가 전염병으로 그들을 쳐서 멸하고 네게 그들보다 크고 강한 나라를 이루게 하리라."

4. 그러나 하나님은 자신의 명예를 위하여 내리시기로 작정한 심판을 진정시키셨다는 것이다. "내 이름을 위하여 달리 행하였었나니"

(1) "내 이름을 위하여"(for the sake of My name, לְמַעַן שְׁמִי) - 출애굽 시키는 과정을 본 민족들 앞에서 자신의 이름을 더럽히지(할랄, חָלַל)[2] '아니하려 하여'(לְבִלְתִּי)[3] 그렇게 할 수 없으셨다는 것이다.

2) 할랄 - 여기서는 더럽히다, 모독하다'를 의미한다.

3) 전치사 + (빌티, בִּלְתִּי) - ~을 제외하고

(2) 모세는 백성 때문이 아니라 "하나님의 영광"이 문제였기에 하나님께 중보기도를 드렸다(민 14:15-19). 만약 이 백성을 광야에서 쓸어버리신다면 하나님의 영예는 어떻게 될 것인가? 모세는 그것 때문에 매어달린 것이다. 그것도 사십주야를 여호와 앞에 엎드렸다고 했다(신 9:25*).

• 신 9:25 "그 때에 여호와께서 너희를 멸하겠다 하셨으므로 내가 여전히 **사십 주야를** 여호와 앞에 엎드리고"

(3) 하나님은 그들에게 허락한 땅 곧 "젖과 꿀이 흐르는 땅이요 모든 땅 중의 아름다운 곳으로 그들을 인도하여 들이지 아니하리라"(15절) 하셨다. 그 이유는 "그들이 마음으로 우상을 따라 나의 규례를 업신여기며 나의 율례를 행하지 아니하며 나의 안식일을 더럽혔기 때문"이라고 하셨다(16절). 그러나 이스라엘 공동체를 완전히 멸하지는 아니하셨다(17절).

출애굽 2세대에게 거는 기대(겔 20:18–26)

1. 이제 출애굽 2세대(18-26절)에게는 새로운 기회를 주셨다. 하나님은 출애굽 제2세대에게 어떤 명령을 하셨는가? (겔 20:18-20)

18 • 너희 조상들의 **율례**(호크, חֹק)를 따르지 말며 - 규정, 법령, 의무, 관습
• (조상들의) 규례(미쉬파트, מִשְׁפָּט)를 지키지 말며 - 심판, 재판, 공의, 법령
• 그 우상들로 말미암아 스스로 더럽히지 말라

19 • 너희는 나의 **율례**(후카, חֻקָּה)를 따르며 - 규정, 법령, 법규, 관습
• 나의 **규례**(미쉬파트)를 지켜 행하고

20 • 또 나의 **안식일**(솨바트, שַׁבָּת)을 거룩하게 할지어다 - 안식일을 지키는 한 그것은 여호와께 대한 충성을 확증하는 것이다.

(1) 하나님은 출애굽 제2세대에게 한 가닥 희망을 거셨다. 이들은 자신들의 부모 세대가 겪은 과정을 지켜보았기 때문이다. 따라서 모세는 (출애굽 1세대는 모두 갔고) 새로 태어난 제 2세대들에게 지나온 광야 40년을 회고하며 하나님의 신실하심을 말해 주었다. 물론 하나님이 주신 율법도 다시 설명해 주어야 했다. 그리고 하나님의 말씀대로 살아야 할 것도 권면했다.[1]

(2) 그러나 출애굽 제2세대 역시 여호와의 율례를 따르지 아니하며 규례를 지켜 행하지 아니하였고 나의 안식일을 더럽혔다고 말씀하신다. 따라서 하나님은 광야에서 그들에게 분노를 쏟으며 진노를 내리려고 하셨으나(21절), 하나님 자신이 영광을 위하여 심판을 보류하셨다(22절).

2. 심판은 보류되었지만 이스라엘을 열방 중에 흩으실 것을 맹세하셨다(23-24절).

(1) 열방에 흩어지게 할 것이라는 내용은 시 106:25-27에서 볼 수 있다.

1) 출애굽 제 1세대의 불신앙은(신 1:26) 이들로 하여금 열 하룻길을 40년의 기나긴 여정으로 바꾸어 버렸다. 오죽했으면 이들을 전부 멸하고 모세로 하여금 새로운 민족을 세우시려고 하셨을까! 이렇게 끝도 없는 반역에도 불구하고 하나님은 부모가 자녀를 안음 같이 하셨다

• 신 1:26 "그러나 너희가 올라가기를 원하지 아니하고 **너희의 하나님 여호와의 명령을 거역하여**"

• 신 1:19-21에서 모세는 출애굽 제2세대들에게 가데스 바네아의 일을 기억해 보라고 했다. <땅을 주시겠다는 약속의 성취가 실현되기 시작했으나, 그때 너희들의 행동을 기억해 보라>

1) 신명기
• 제 1설교 신 1:1-4:43
하나님께서 우리를 위해 행하신 일(하나님의 사역을 회고함)

• 제 2설교 신 4:44-26:32
율법언약 하에서의 생활(율법을 다시 설교하고 있다. 십계명 해설)

• 시 106:25 "그들의 장막에서 원망하며 여호와의 음성을 듣지 아니하였도다 26이러므로 그가 그의 손을 들어 그들에게 맹세하기를 그들이 **광야에 엎드러지게 하고** 27 또 그들의 후손을 뭇 백성 중에 엎드러뜨리며 **여러 나라로 흩어지게 하리라** 하셨도다."

1) 여기 '규례'라고 번역된 단어 '미쉬파트'는 판결, 선고, 언도, 공식적 선언과 같은 뜻이다.

(2) 이런 패역한 백성에게 하나님은 심판을 내리셨다. 어떤 심판(미쉬파트)[1]을 내리셨을까?

20:25 또 내가 — 그들에게 (지키라고) 주었고
/선하지 못한 율례(호크, חֹק)와
/능히 지키지 못할 규례(미쉬파트, מִשְׁפָּט)를
26 내가 ——— 그들을 더럽혔음은
/그들이 장자를 다 화제로 드리는 그 예물로
//(목적 so that...might)
[내가] —— 그들을 멸망하게 하여
//(목적 in order that...may)
[그들이] — 나를 여호와인 줄 알게 하려 하였음이라

하나님은 언약을 어긴 백성에게 심판(미쉬파트), 즉 벌을 주셨다는 것이다. **형벌을 주기 위해서 하나님께서 취하신 방법은 무엇인가?**

그것은 좋지 않은 규례와 지키지 못할 규례를 주셨다. **결국 파멸케 내버려두셨다는 것이다.** 그 목적을 무엇이라고 했는가? 그들을 멸망하도록 내버려 두셨다. 그 과정을 통해서만 진정 여호와가 누구이신가를 알게 되기 때문이다.

(3) 백성의 반복된 죄악 때문에 하나님은 때로는 이방의 우상 숭배자들에게 하시듯이 그들을 마음의 정욕대로 내버려 두셨다(롬 1:24, 26; 행 7:42; 살후 2:11 참조). 그들 자신의 범죄 요구에 넘겨주셨다. 즉 이방의 풍습을 따르도록 허용하셨다(장자를 제물로 바치는 악한 풍습까지도 허락하셨다). 이런 악습은 결국 그들을 망하게 하는 요인이 되었다. 따라서 그들 스스로가 하나님의 진노를 사게 되었다(21절). 이들은 광야 생활 중에서 (불뱀 사건과 같은) 여러 가지 어려움(심판)을 만난 것을 볼 수 있다. 이런 징계를 우리는 이해하기 어렵지만 하나님께서는 자기 백성의 교정을 위해 그들의 죄로 그들의 벌이 되게 하셨다.

• 롬 1:24 그러므로 하나님께서 그들을 마음의 정욕대로 더러움에 **내버려 두사** 그들의 몸을 서로 욕되게 하게 하셨으니...26 이 때문에 하나님께서 그들을 부끄러운 욕심에 **내버려 두셨으니** 곧 그들의 여자들도 순리대로 쓸 것을 바꾸어 역리로 쓰며"

내버려 두사(παραδίδωμι)
- 죄인들에 대한 하나님의 심판을 나타내기 위해(행 7:42; 엡 4:19). - 사람들이 형벌을 받는 것은 그들이 스스로 택한 결과이다.

약속의 땅에 들어와서도 여전히 범죄(겔 20:17-31)

1. 이런 반역에도 불구하고, 하나님은 그들로 약속의 땅에 들어가게 하셨다. 약속의 땅에 들어가서는 어땠을까? (27-31절)

(1) 약속의 땅에 들어와서도 여전히 범죄했음을 짤막하게 요약한다(27-31절). "너희 조상들이 또(오드, עוֹד) 내게 범죄하여 나를 욕되게 하였느니라."

산당을 세운 자들은 솔로몬, 여로보암, 유다 백성(왕상 14:22, 23), 이스라엘 백성(왕하 17:9), 스발와임 사람들(왕하 17:32), 므낫세, 여호람(대하 21:9, 11), 아하스(대하 28:24, 25)이며,

산당을 파괴한 자들은 히스기야, 요시야, 아사, 여호사밧이다.

(2) 약속의 땅 가나안에 들어왔지만 이들 역시도 신속하게 우상화로 빠져들었다(27-29절). 특히 산당에서 이방인들의 우상 숭배로 떨어졌다. "모든 높은 산과 모든 무성한 나무를 보고 거기에서 제사를 드리고 분노하게 하는 제물을 올리며" 또 분향했다(28절).

20:29 이에(Then) 내가 그들에게 이르기를(...하였노라)
/산당이 — 무엇이냐? (מָה הַבָּמָה)
/너희가 다니는
(그것을 오늘날까지 '바마'(Bamah, בָּמָה)라 일컫느니라)

히, 바마(בָּמָה)는 산당이라는 뜻인데 '바'는 다닌다는 뜻이요 '마'(מָה)는 무엇이냐라는 뜻이다.

(3) 바마(בָּמָה)는 '산당, 높은 곳에 있는 예배 장소'에 대해 사용되었다(우상 숭배를 위한 높은 곳' 미 3:12; 렘 26:18; 겔 36:2).

바마(בָּמָה) : 예루살렘 성전에서 예배 드리기 전에는 예배가 바마(Bamah)에서 행해졌다. 하나님께서 꿈을 통해서 솔로몬과 의사를 소통하신 곳은 기브온 산당이었다(왕상 3:2 이하). 그 이전에, 사무엘은 산당을 자주 방문하여 그 곳에서 직무를 행했다(삼상 9:12 이하). 그러나 이스라엘이 가나안 땅에 진입하기 이전에, 이미 그들은 이방의 산당들을 멸하라는 명령을 받았다(민 33:52, 참조: 왕하 17:11). 솔로몬은 아내들을 기쁘게 할 목적으로, 모압의 그모스와 암몬의 몰록 신을 위해 산당을 지었다(왕상 11:7). 그 후 300년이 지난 후, 요시야 시대에야 비로소 이 산당들은 파괴되었다(왕하 23장, 바마에 관한 정보를 제공해 주는 중요한 장). 르호보암 시대에, 유다는 산당을 창설하였는데, 그렇게 함으로써 조상들 보다 더 많은 죄를 지었다(왕상 14:22, 23).

(4) 이렇게 "조상들의 풍속을 따라 자신을 더럽히며 그 모든 가증한 것을 따라 행음하는 이스라엘 족속에게" 어떻게 말씀하셨는가? "내가 나의 삶을 두고 맹세하노니 너희가 내게 묻는 것을 용납하지 아니하리라"(31절). 하나님께 '묻는 것조차' 허락치 않으시겠다는 것이다(다시 20:1-3을 읽어보라). 이들 백성은 여호와도 섬기겠지만 이방인들과 같이 목석(עֵץ וָאָבֶן, wood and stone)[1]을 경배하겠다는 것이다(혼합주의). 그러나 이것조차도 그렇게 되지 못하게 하실 것이다(32절).

1) 선지자들은 우상숭배(돌과 나무)를 통렬히 비난했다(렘 2:27, 3:9; 겔 3:32; 단 5:4, 23; 사 37:19; 레 26:1).

심판을 통해 맹세한 땅으로 인도하리라(겔 26:33-44)

새 출애굽 약속 (겔 20:34)

1. 하나님은 이스라엘을 반드시 이끌어내시고 다스리시겠다고 자신의 삶을 두고 맹세하신다.

"무슨 일이 있어도"(공동)

33 주 여호와의 말씀이니라
/내가 — 나의 삶을 두고 맹세하노니
/내가 — 너희를 반드시 다스릴지라(다스리겠다, אֶמְלוֹךְ칼 미완료) I *shall* be king over you
/능한 손과 편 팔로(a mighty hand and with an outstretched arm)
/분노를 쏟아(with wrath poured out)

너희를 여러 나라에서 나오게 하며
너희의 흩어진 여러 지방에서 모아내고 → 포로생활 하는 자기 백성을 광야로 인도하여

35 /[내가] — 너희를 대면하여(face to face, אֶל־פָּנִים) 심판하되(심판하겠다)
/거기에서(שָׁם, 여러 나라, 열방)
36 /내가 —— 너희를 심판하리라(אִשָּׁפֵטנ팔 미완료) - I *will* enter into judgment
/[내가] —— 심판한 것 같이
/애굽 땅 광야에서 너희 조상들을

열방에서 이끌어 내어
광야로 인도하여
심판하겠다
왜, 심판을 하실까? 정결케 하기 위하여
심판을 통해 정결케 하신 후에 맹세한 땅으로 인도하실 것이다

막대기 아래로 지나가게 하며 언약의 줄로 매려니와(겔 20:37)

37 내가 ┬ 너희를 막대기 아래로 지나가게 하며
└ 언약의 줄로 매려니와

막대기 - 양을 셀 때 사용하는 목자의 막대기를 말한다(레 27:32; 렘 33:13).

38 [내가] — 모두 제하여 버릴지라
/너희 가운데에서 반역하는 자와 내게 범죄하는 자를

누가? '내가' – 여호와께서

언약의 줄(the bond of the covenant, בְּמָסֹרֶת הַבְּרִית)**로 매려니와**

① 목자가 자신의 막대기(rod, 쉐베트, שֵׁבֶט)로 통과하는 양 떼의 수를 세는 것처럼(레 27:32), 하나님은 고국으로 돌아오는 자들의 수를 셀 것이다.

② 어떤 사람들을 제하여 버리실 것인가? (38절)
반역하는 자와 범죄하는 자들은 제외될 것이다. (이스라엘 땅에는 들어가지 못하게 하리니) '언약의 줄로 매겠다' - 우리 안에로 들여보내겠다.

39 /이스라엘 족속아! [만일, אִם]
/너희가 ┬ 내 말을 듣지 아니하려거든(조건절, if)
└ 가서 각각 그 우상을 섬기라
/그렇게 하려거든 이 후에
/[너희는] — 더럽히지 말지니라
/다시는 너희 예물과 너희 우상들로
/내 거룩한 이름을

하나님은 다시는 자신의 이름이 더럽혀지지 않게 하기 위하여 유다 나라를 정결케 하실 것이다. "각자의 우상들을 섬길테면 섬겨라." "지금은 너희가 내 말을 듣지 않으나, 이 다음에 다시는....나의 거룩한 이름을 더럽히지 않을 것이다"(새번역)

1) 사 56:7, 66:20 참조

사 66:21
또한 게다가(And, וְגַם)
"나는 그 가운데에서"(사66:21) - 흩어져 있는 유대인들 중에서, 또 먼 곳에서 오는 신자들 중에서는 신실한 자들이 있을 것이다. 이들 중에서 택하여 제사장과 레위인을 삼으실 것이다. 이방인이 제사장이 될 수 있음을 함축하고 있는 말일 수도 있다. 여기서 레위인은 의식을 행하는 사람들을 말한다.

2. 언젠가는 이스라엘 온 족속이 그의 거룩한 산에서[1] 여호와를 섬기게 될 것이다(40절). 그렇게 하기 위해서는 자기 백성이 정결케 되지 않으면 안 된다.

(1) 구원 받은 (정결케 된) 백성이 드리는 예배를 기쁘게 받으신다. 그들이 드리는 예물이야말로 진정한 헌물이 될 것이다(40절 - "거기에서 너희 예물과 너희가 드리는 첫 열매와 너희 모든 성물을 요구하리라.")

(2) 이사야의 설명을 들어보자. (동교재, 이사야서에서)
주의 영광을 본 시온에 남아 있는 사람들이 이 기쁜 소식을 이방에 전하므로 흩어져 있는 신자들에게 소망이 생겼다.

66:20 나 여호와가 **말하노라**
/그들이 — 예물로 **드릴 것이요**
/너희 모든 형제를
/여호와께
- 이스라엘 자손이 예물을 깨끗한 그릇에 담아 여호와의 집에 드림 같이
- 뭇 나라에서 나의 성산 예루살렘으로 말과 수레와 교자와 노새와 낙타에 태워다가

이 부분의 자세한 설명은 동교재, 사 66장을 참조해 보세요.

여호와께서 세우시는 새 예루살렘이 항구적으로 세워지는 것처럼(사 65:17), 경건한 자들의 명성과 후손들 역시 영원할 것임을 약속하신다(사 51:11, 61:9, 65:9, 23). "여호와가 말하노라 매월 초하루(월삭, 月朔)와 매 안식일에 모든 혈육이 내 앞에 나아와 예배하리라." 이들은 정해진 때에(매월, 매주) 여호와께 예배를 드리게 될 것이다.

(3) 다시 본문을 자세히 읽어보자(겔 20:41).
하나님이 원하시는 것은 그의 거룩함(카다쉬, קָדַשׁ)을 여러 나라의 목전에 드러내시는 것이다. 그것은 하나님께서 역사하실 때만이 가능하다(41절). "내가(=여호와께서) 손을 들어 이스라엘 땅으로 너희를 인도하여 들일 때에만이" 가능하다는 것이다(42절).[2]

2) 정결케 된 백성이 귀환한 땅에서 예배할 때에, "내가(여호와께서) 백성의 악한 길과 더러운 행위대로 하지 아니하고 내(=여호와의) 이름을 위하여 행한 후에야" 백성들은 참 하나님이 어떤 분인가를 깨닫게 될 것이다. "내가 여호와인 줄 너희가 알게 될 것이다" (44절). 이 내용은 겔 40-48장에서 자세히 언급된다.

淨潔

회복에 앞서 요구되는 것이 정결(淨潔)이다.

회복의 메시지

(1) 이스라엘의 모든 역사에서 가장 위대한 구속적 행위는 어떤 사건일까? - 물론 출애굽이다. 시내산으로 인도하셔서 이스라엘을 제사장 나라로 삼으셨다(출 19:6).

(2) 제2의 출애굽은 바벨론에서의 구원이다. 이사야 40-66장의 핵심주제이다. 제2의 엑소도스를 통해 이들을 약속의 땅으로 돌아오게 하신다.

(3) 에스겔은 동일한 개념으로 자기 백성들을 광야로 이끌어내어 그들의 죄를 심판을 통해 정결케 하시고, 그리고 이런 징계적 은혜에 복종하는 자들과 시내산에서와 같은 언약을 맺으실 것이다. 겔 20:33-44의 내용이다.

여호와의 복수의 칼(20:45-21:32; 히브리성경 21:1-37)

불타는 숲의 비유(겔 20:45-49)

히브리 성경은 여기서부터 21장으로 시작한다.

앞에서는 이스라엘의 실패의 역사를 다뤘지만, 여기서는 유다와 예루살렘에 대한 진노의 예언이 나온다. 따라서 이 부분은 다음 21장의 서두로 보는 것이 좋다. "여호와의 말씀이 또 내게 임하여 이르시되"(45절). 21장은 이 비유에 대한 설명으로 시작한다. "인자야 너는 얼굴을 남으로 향하라 남으로 향하여 소리내어 남쪽의 숲을 쳐서 예언하라"(46절). 여기서 남쪽은 어디를 가리키는가?

여기 45절부터 49절까지는 남방 사람들을 태우는 불에 대한 비유이다.

20:47 [너는] — 남쪽의 숲에게 이르기를
/[너는] — 여호와의 말씀을 들을지어다
/주 여호와께서 — 이같이 말씀하셨느니라

/내가 — 너의 가운데에 불을 일으켜
— 모든 푸른 나무와 모든 마른 나무를 없애리니

맹렬한 불꽃이 — 꺼지지 아니하고
모든 얼굴이 — 그슬릴지라
/남에서 북까지

여기서 남쪽은 어디를 가리키는가?
남쪽 숲은 이스라엘, 즉 유다 땅을 상징한다. 유다와 이스라엘을 쳐서 예언하라는 것이다. 왜 남쪽인가? 예루살렘은 바벨론 남쪽에 위치하고 있기 때문이다.

하나님께서 그 남쪽의 숲 가운데 불을 일으시겠다고 선언하신다.
심판하시겠다는 말이다. 이 말씀을 비유를 통해 전하신다. 맹렬한 심판의 불꽃이 꺼지지 않을 것이다.

맹렬한 불꽃(blazing flame, שַׁלְהֶבֶת 솨르헤베트 לַהֶבֶת 라헤베트) - '솨르헤베트'는 심판에 대한 시적인 상징으로 쓰였다(욥 15:30; 겔 20:7). '라헤베트'는 불꽃, (칼등의) 날, 끝을 의미한다. 불꽃은 군대의 정복을 상징한다(민 21:28; 렘 48:45). '불꽃'은 자기 백성을 위험에서 보호하실 때 그 위엄을 나타낸다(사 43:2).

남에서 북까지 - 여기서 '남쪽'은 네게브(נֶגֶב)를 가리킨다. 성경에서는 '남방'으로 번역했다. 네게브는 유다의 남쪽 부분을 가리킨다(브엘세바). 남에서 북까지라는 말은 브엘세바에서 단에 이르기까지라는 말이다. 이스라엘 전역의 모든 얼굴이 그슬릴 것이다. '그슬릴지라(נִצְרְבוּ)'라는 말은 짜라브(צָרַב - 타다, 불태우다)의 니팔형(수동형)으로 구약성경에서 여기서만 1회 나온다(will be burned).

(1) '혈기 있는 자'는 '바사르'(בָּשָׂר)라는 말이다. '살, 육체(flesh)'를 의미한다. 살은 덧없고 약하고, 죽을 수밖에 없다는 뜻이 있다. "혈기 있는 자, 즉 육체를 가진 사람아, 그때에야 그 (심판의) 불을 여호와께서 질렀다는 것을 알게 될 것이다."(48절) 그 불은 절대로 꺼지지 않을 것이다.

BACK TO THE BIBLE

여호와의 복수의 칼(겔 20:45-21:32)

앞에서 살펴본 것처럼 하나님은 에스겔에게 비유를 통해 말씀하셨다. 에스겔이 전하는 말씀을 들은 백성들은 어떤 반응을 보였을까? 그들은 이렇게 말한다(겔 20:49). "주 하나님, 그들은 저를 가리켜 말하기를 '모호한 비유나 들어서 말하는 사람'이라고 합니다(새번역). '비꼬는 말밖에 할 줄 모르는 놈이라고 합니다'(공동번역). 이런 불평 때문에 하나님은 다시 에스겔에게 임하셨다.

1. 하나님은 누구에게 예언하라고 명하셨는가?

예언을 들어야 할 대상은 누구인가?
에스겔의 예언에 대항했던 자들이다. 불평은 예루살렘 성소에서 흘러나왔다.

소리내어(=말하다, 나타프, נָטַף) - 미가서 2장에서 '예언하다, 설교하다'라는 뜻으로 사용되었다(미 2:6, 11).

21:2 인자야!(Son of man, בֶּן־אָדָם)
너는 ─ 얼굴을 예루살렘으로 **향하며**
├ 성소를 향하여 **소리내어**
└ 이스라엘 땅에게 **예언하라**

3 [너는] ─ 이스라엘 땅에게 이르기를
/여호와의(=께서) ─ 말씀에(=하시길)
/[보라!]
/내가 ─ 너를 대적하여
├ 내 칼을 칼집에서 빼어
└ 의인과 악인을 네게서 끊을지라

내가 이제 너를 대적하겠다. I am *against* you

칼(헤레브, חֶרֶב) - 여기서는 심판의 도구로 사용되었다.

'**헤레브**'라는 말은 '공격하다, 처죽이다'라는 뜻인 동사 '하라브'(חָרַב)에서 유래했다. 21:1-7에서는 이스라엘의 심판의 도구로 '여호와의 칼'에 관한 생생한 묘사가 나온다. 성난 칼의 노래(겔 21:8-17)에서 칼에 윤이 나고 그것이 휘둘러지고 심지어 살아 있는 물체로서 지칭되기까지 했다(겔 21:16). 여기서 칼을 휘두르는 사람은 바벨론 왕이다. **그러나 심판을 집행하시는 분은 여호와 하나님 자신이시다**(겔 21:17, "나도 내 손뼉을 치며 내 분노를 다 풀리로다 나 여호와가 말하였노라.")

(1) "모든 육체를 남에서 북까지 치리니" 그 때에야 비로소 "모든 사람들이 나 여호와가 내 칼을 칼집에서 빼낸 줄을 알게 될 것이다. 그 칼은 절대로 칼집에 다시 꽂히지 않을 것이다"(5절). 그런데 의인과 악인을 다 쳐죽이실 것이라는 것이다. 그러나 악인과 의인을 다루시는 하나님의 은혜와 위로는 다르다(렘 24:5, 6*). 바벨론에 포로로 끌려간 백성들을 좋은 무화과나무로 표현했다. 이들은 하나님의 돌보심을 받을 것이다.

• 겔 24:5 "이스라엘의 하나님 여호와께서 이와 같이 말씀하시니라 **내가 이 곳에서 옮겨 갈대아인의 땅에 이르게 한 유다 포로를 이 좋은 무화과 같이 잘 돌볼 것이라** 6내가 그들을 돌아보아 좋게 하여 다시 이 땅으로 인도하여 세우고 헐지 아니하며 심고 뽑지 아니하겠고"

(2) 하나님은 에스겔에게 또다른 지시를 내리신다.

신음하다, **한탄하다**(아나흐, אָנַח).
끊어지듯이 - 파괴, 산산이 부숴지는 것을 의미한다. 587/586년에 예루살렘의 멸망의 비참함을 내다보고 있다.

21:6 인자야! (son of man!)
너는 — 탄식하라 (groan, הֵאָנַח 니팔 명령법)
/허리가 '끊어지듯이'(בְּשִׁבְּרוֹן with breaking heart)
— 그들의 목전에서 **슬피** 탄식하라

탄식하되 '슬피' 탄식하라. **'슬피'**(메리루트, מְרִירוּת)라는 말은 '씀, 쓰라림, 비탄'이라는 의미이다. '몸을 비틀며 애타게' 탄식하라는 것이다.

그들은 에스겔에게 이렇게 질문할 것이다. "네가 어찌하여 탄식하느냐?" 이런 질문에 대한 답을 이렇게 하라는 것이다.

즉, 이 말씀은 공허한 메아리가 아니다. "주 여호와의 말씀이니라." (נְאֻם אֲדֹנָי יְהוִה)

여기 네움(נְאֻם)은 바로 여호와 자신에게서 온 말씀임을 나타낼 때 쓰인다(렘 9:22).

재앙이 다가온다는 소문 때문이니
각 마음이 녹으며 모든 손이 약하여지며
각 영이 쇠하며 모든 무릎이 물과 같이 약해지리라
보라[Behold, הִנֵּה] 재앙이 오나니(=그 일이 코 앞에 다가왔다 - 공동)
반드시(정녕) 이루어지리라

2. 여호와의 말씀이 또 에스겔게 임하였다(21:8). 여기서 칼을 살아 있는 물체로 표현하신다.

21:9 /[너는] — [말하라]
/칼이여! 칼이여!
/[그것이] — 날카롭고도 빛나도다

10 /그 칼이 날카로움은 — 죽임을 위함이요
빛남은 — 번개 같이 되기 위함이니
우리가 — 즐거워하겠느냐
내 아들의 규가 — 모든 나무를 업신여기는도다

여호와의 칼은 어떤 모습인가?
그 칼은 서슬이 퍼렇게 날이 선 칼이다. 번개처럼 번뜩이는 날 선 칼이다. 그 칼은 죽임을 위한 것이다. 내 백성이 모든 경고와 심판을 무시하였으니 어찌 기쁨이 있을 수 있겠는가!

날카로운 칼이 유다 백성과 지도자들을 죽일 것이다

내 아들의 규(=홀, 막대기)(the rod of My son), 즉 유다의 왕권이 모든 나무(=열방)를 멸시한다. 하나님의 심판의 도구인 칼(바벨론의 위협)이 눈 앞에 다가왔지만 유다의 왕들은 여전히 교만하여 하나님의 경고를 무시하고 있다. 칼을 날카롭게 갈아 광을 냈는데, 이 칼을 살륙자의 손에 넘겨주실 것이다(11절).

에스겔아, 너는 부르짖으며 통곡해라. 이 칼이 내 백성을 치고, 이스라엘의 모든 지도자들을 칠 것이기 때문이다. 지도자들과 백성이 함께 죽을 것이다(12절). **"내가 내 백성을 시험하겠다"**(13절). 그런데 내 백성이 회개하기를 거절하면, 이 모든 일이 그들에게 닥칠 것이다(13절). 그러므로 에스겔아! 너는 예언하며 손뼉을 쳐라(14절).

3. 여호와의 말씀이 내게 임하여 이르시되(21:19-23)

1) 랍바 - 암몬의 수도(암 1:4; 삼하 11:1). 이곳은 갓 지파의 경계에 있다(수 13:25).

(1) 에스겔은 바벨론에서 시작하는 두 길을 지적한다. "성으로 들어가는 길 어귀에다가 길이 나뉘는 지시표를 하라"는 것이다(19절).

바벨론 왕이 두 갈래길에서 점을 칠 것이다. 또 화살을 흔들어보기도하고, 또 간으로 점을 쳐보기도 할 것이다.

> 21:20 [너는] —— 그리라(그려라, 세워라, You shall mark, תָּשִׂים)
> /칼이 암몬 족속의 ① 랍바[1])에 이르는 길과
> 유다의 견고한 성 ② 예루살렘에 이르는 길을
> 21 //(이유: for, כִּי)
> 바벨론 왕이 화살들을 흔들어 우상에게 묻고 희생제물의 간을 살펴서 갈랫길 곧 두 길 어귀에 서서 점을 치되(=칠 것이기 때문에)

(2) 바벨론 왕이 북쪽으로부터 유다 땅으로 오는 길에서 어느 길로 가야할까 선택해야할 지점을 만나게 될 것인데, 왼쪽으로 방향을 돌리면 요단 강 동쪽에 있는 암몬(랍바 - 암몬의 수도)을 공격할 수도 있고, 오른쪽으로 방향을 돌리면 예루살렘을 공격할 수도 있다. 그런데 바벨론 왕이 "오른손에 예루살렘으로 갈 점괘를 얻었다"고 했다. 그래서 예루살렘 성을 공격할 준비를 한다(22절 - "공성퇴를 설치하며 입을 벌리고 죽이며 소리를 높여 외치며 성문을 향하여 공성퇴를 설치하고 토성을 쌓고 사다리를 세우게 되었나니").

(3) 그런데 "전에 그들에게 맹약한 자들", 즉 이전에 유다는 바벨론 왕에게 충성을 맹세한 바가 있기 때문에 그 징조가 잘못된 것이라고 생각할 것이다. "그것을 거짓 점괘(占卦)로 여길 것이나 바벨론 왕은 그 죄악을 기억하고 그 무리를 잡으리라"(23절). 결국 백성은 그들 손에 잡혀 가게 될 것이다(24절).

• 겔21:28 "인자야 너는 주 여호와께서 암몬 족속과 그의 능욕에 대하여 이같이 말씀하셨다고 예언하라 너는 이르기를 칼이 뽑히도다 칼이 뽑히도다 죽이며 멸절하며 번개 같이 되기 위하여 빛났도다."

(4) "너 극악하여 중상을 당할 이스라엘 왕아!" 즉, 유다의 마지막 왕 시드기야를 가리킨다. 하나님은 예레미야를 통해 시드기야가 바벨론에게 항복한다면 "칼에 죽지 아니하고 평안히 죽을 것"이라고 하셨다(렘 34:4). 그러나 그 말을 듣지 않았고 예레미야의 예언대로 느부갓네살의 징벌군이 예루살렘을 포위했다. 물론 팔레스타인의 여러 동맹국들은 뒤로 물러서고 유다 혼자서 강력한 갈대아 군과 맞서도록 버림을 당하고 말았다. "네 날이 이르렀나니 곧 죄악의 마지막 때이니라."

4. 그렇다면 암몬 자손의 운명은 어떻게 될 것인가? (겔 21:28)

(1) 느부갓네살은 그 공격 방향을 예루살렘으로 선택했다. 예루살렘은 바벨론 군대

바벨론 왕이 두 길이 시작되는 갈림길에서 점을 치고 있다. 예루살렘으로 갈까, 랍바로 가야할까?

에게 포위당했다. 결국 예루살렘 성은 함락 당하고 파괴되었다.

(2) 그렇다면, 이웃 나라 암몬은 어떤 운명을 맞을 것인가?
암몬은 모압과 더불어 이스라엘에게 호의적이지 않았다. 모압과 함께 이스라엘을 저주했던 자들이다(신 23:4-6). 암몬의 경계는 남쪽으로는 모압이었고, 북쪽으로는 길르앗의 르우벤 지파와 국경을 같이 하고 있었다. 이들은 국경을 넓히기 위해 자주 길르앗을 공격했다. 암몬은 길르앗에 사는 이스라엘 지파들에게 자주 살육을 감행했다(삿 10.8). 길르앗이 자기들의 땅이라고 주장했다(삿 11:13). 이런 암몬에 대한 파멸은 예레미야 49:2-3*에 언급되었다.

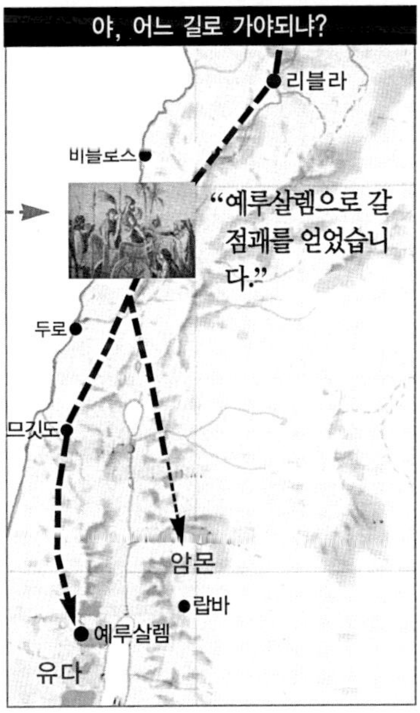

(3) 오늘 본문에서도 암몬의 파멸을 언급하고 있다(겔 21:28-32).

- 28 칼이 뽑히고 칼이 뽑혔다. – 왜? 너희를 죽이며 멸절하려고...
- 29 점쟁이들이 너희에게 보여준 점괘는 다 헛것이다. 예언도 거짓말이다. 너희는 최후의 심판을 받을 것이다.
- 30 내가 너를 심판하겠다.
- 31 나의 분노를 너에게 쏟아 붓고 불 같은 내 진노를 내 뿜겠다.
- 32 너는 땔감같이 될 것이다. 아무도 너를 기억하지 않을 것이다.

(4) 암몬의 수도 랍바 성의 파멸은 겔 25:5-7에 다시 언급된다. 그곳에서 다시 설명하기로 하자.

- **암몬 파멸 예언 - 렘 49:2-3** "여호와의 말씀이니라 그러므로 **보라 날이 이르리니 내가 전쟁 소리로 암몬 자손의 랍바에 들리게 할 것이라** 랍바는 폐허더미 언덕이 되겠고 그 마을들은 불에 탈 것이며 그 때에 이스라엘은 자기를 점령하였던 자를 점령하리라 여호와의 말씀이니라 3 헤스본아 슬피 울지어다 아이가 황폐하였도다 너희 랍바의 딸들아 부르짖을지어다 굵은 베를 감고 애통하며 울타리 가운데에서 허둥지둥할지어다 말감과 그 제사장들과 그 고관들이 다 사로잡혀 가리로다."

유다에 반역과 심판(20-24장)

1. 역사를 통한 이스라엘의 반역(20:1-44)
2. 여호와의 복수의 칼(20:45-21:32)
3. **피의 성에 대한 저주(22:1-31)**
4. 오홀라와 오홀리바(23:1-49)
5. 끓는 가마(24:1-14)
6. 에스겔 아내의 죽음(24:15-27)

피의 성에 대한 저주(겔 22:1-31)

22장은 "또 여호와의 말씀이 내게 임하여 이르시되"라는 예언이 세 곳에 나타난다(22:1, 17, 23). 예루살렘이 심판을 받을 수밖에 없는 이유가 무엇일까? 먼저 1-16절에서 무죄한 피를 흘렸으며, 약한 자들을 압제하였다는 것이다. 부모를 업신여기고, 나그네를 학대하고, 성물들을 업신여겼으며 하나님의 안식일을 더렵혔다는 것이다. 그래서 이스라엘 족속은 하나님께 찌꺼기가 되었다(17-18절). 그 찌꺼기는 쇠나 납이나 주석이 모아서 풀무 불 속에서 녹아지는 것처럼 하나님의 분노로 녹임을 당할 것이다.

1. 예루살렘은 피에 젖은 성이 되어버렸다. 따라서 유다에 대한 심판을 마땅한 것으로 보았다. 애가의 저자는 예루살렘을 어떻게 표현하고 있을까?

• 애 1:8 "**예루살렘이 크게 범죄함으로 조소거리가 되었으니** 전에 그에게 영광을 돌리던 모든 사람이 그의 벗었음을 보고 업신여김이여 그는 탄식하며 물러가는도다 9그의 더러운 것이 그의 옷깃에 묻어 있으나 그의 나중을 생각하지 아니함이여 그러므로 놀랍도록 낮아져도 그를 위로할 자가 없도다..."

(1) 애가의 저자는 예루살렘 성읍을 '불결한 자(조소거리, 니다, נִידָה)'로 표현했다(애 1:8-9*). '니다'라는 말은 '부정, 불결'을 의미한다. 또한 유다의 죄는 여호와에 대한 반역이라고 표현했다(애 1:18, 20, 3:42). 하나님은 의로우시고(애 1:18), 공의로우시기 때문에(애 3:34-36) 그의 심판에 대한 불평은 부적절하다(애 3:39).

(2) 그래서 애가서 저자는 몇 가지 구체적인 죄를 언급한다. 유다 사회에 만연했던 불의는 무엇일까? 그 대표적인 죄를 이렇게 언급한다(애 3:34-36).

애 1:34 세상에 있는 모든 갇힌 자들을 발로 밟는 것과
35 지존자의 얼굴 앞에서 사람의 재판을 굽게 하는 것과
36 사람의 송사를 억울하게 하는 것은 다 주께서 기쁘게 보시는 것이 아니로다

2. 오늘, 본문을 보자(겔 22:1-2). 예루살렘의 가증한 행위들을 다음과 같이 열거하고 있다.

(1) "또 여호와의 말씀이 내게 임하여 이르시되 인자야 네가 심판하려느냐 이 '**피흘린 성읍**'(=예루살렘)을 심판하려느냐(심판할 준비가 되었느냐?) 그리하려거든 자기의 모든 '가증한 일'(역겨운 일)을 그들이 알게 하라."

(2) 예루살렘의 죄악들을 '가증한 행위'(토에바, 구역질 나는 것)라고 했는데, 크게 몇 가지로 나눠볼 수 있다.

[고발내용 - 우상 숭배, 잔인한 살육, 근친상간, 비인간적인 행위 등등]

22:3 주 여호와께서 – 이같이 말씀하셨느니라
/스스로 더럽히는 성아
/우상을 만들어
/자기 가운데에 피를 흘려
/벌 받을 때가 이르게 하며

우상숭배와 피흘림 - 많은 백성을 죽이고 우상을 만들어 스스로를 더럽힌 성읍이 되었다. 그래서 벌받을 때가 되었다. 예루살렘은 불결한 성읍이 되었다. 예루살렘은 심판에 대한 불평이 있을 수 없다.

4 네가(예루살렘이) 흘린 피로 말미암아 죄가 있고
네가 만든 우상으로 말미암아 스스로 더럽혔으니
네 날이 가까웠고 네 연한이 찼도다

그러므로(therefore, עַל־כֵּן)
내가 ┬ 너로 이방의 능욕을 받으며
└ 만국의 조롱 거리가 되게 하였노라

누가 예루살렘을 만국의 조롱거리가 되게 하셨나? (=여호와께서)

스스로 더럽힘 - 우상을 만듦으로써 스스로를 파멸시켰다. 우상 숭배를 에스겔서는 어떻게 설명하고 있을까? 에스겔서는 우상숭배를 믿음 없음과 매춘으로 비난하고 있다(겔 16:36, 37:23).

하나님은 백성들에게 "애굽의 우상"으로 자신을 더럽히지 말라고 하셨다. 그러나 그 명령을 준행하지 않았다고 증언한다(겔 20:7, 8, 16, 18, 24). 이들은 우상으로 자신들을 더럽혀서는 안 되었다(겔 20:31).

애가 3:45에서는 "우리를 뭇 나라 가운데에서 쓰레기와 폐물(סְחִי)로 삼으셨으므로" 했다. 왜 뭇 나라 가운데에서 쓰레기와 폐물(찌꺼기와 쓰레기)로 삼으셨을까? 이들은 자신들이 하나님께 버림을 당했다는 생각을 버려야 한다. 그리고 원수들에게 당하는 수치에 대해 탄식하기에 앞서 먼저 자신들의 죄를 고백해야 한다(애 3:42-47).

(1) 지도자들은 어떠했을까? (6절)

여기서 '너'는 예루살렘을 가리킨다.

22:6 [보라! Behold, הִנֵּה]
이스라엘 모든 고관은 – 네 가운데에 있었도다
/각기 권세대로(=자신의 권력을 믿고)
//(목적: to, לְמַעַן)
피를 흘리려고 (=살인을 서슴치 않았다)

이스라엘 지도자들이 자신의 권력을 믿고(자신들의 권세를 얻고자) 살인을 서슴치 않았다. 권력을 이용하여 얼마나 많은 사람을 죽였는지 보라는 것이다.

겔 22:7-16까지 자세히 읽어보자. 구체적으로 어떤 죄악들을 저질렀는가?

7절 - • 부모를 업신여겼으며 • 나그네를 학대하였으며 • 고아와 과부를 해하였다
8절 - • 하나님의 성물들을 업신여겼으며 • 안식일을 더럽혔으며
9절 - • 피를 흘리려고 이간을 붙이는 자도 있었으며
• 산 위에서 제물을 먹는 자도 있었으며 • 음행하는 자도 있었으며

레위기 18장을 참고할 것

10절 - • 자기 아버지의 하체를 드러내는 자도 있었으며(계모와 결혼함으로써) - 레 18:7, 8, 20:11)
• 월경하는 부정한 여인과 관계하는 자도 있었으며(레 18:19)

에스겔서와 레위기와 연관성

레위기의 많은 부분들이 에스겔과 연관성을 갖는 것은 아마도 에스겔이 제사장이었기 때문일 것이다.

22:11-16까지 자세히 읽어보자.

11절 - • 이웃의 아내와 가증한 일을 행하였으며
• 그의 며느리를 더럽혀 음행하였으며
• 그 자매 곧 아버지의 딸과 관계하였으며

12절 - • 피를 흘리려고 뇌물을 받는 자도 있었으며
• 네가 변돈과 이자를 받았으며
• 이익을 탐하여 이웃을 속여 빼앗았으며

레위기 18장을 참고할 것

1) 샤카흐(שָׁכַח) - 잊다, 모르다, 무시하다 / 칼 완료

(2) 위에서 살펴본 대로 정의와 도덕성을 찾아보기가 힘들게 되었다. 결국 이들은 여호와를 '잊어버렸다'(שָׁכַחַתְּ[1]). 하나님을 잊는 것은 하나님을 알지 못한다는 것이다. 또한 하나님의 계명을 무시하는 것이다(신 8:11). 하나님을 잊는다는 것은 다른 신을 따른다는 것이다(신 8:19). 이들에게 언약 백성으로서 마땅히 지켜야 할 정의와 공의가 사라졌다.

2) 나카(נָכָה) - 치다, 때리다, 죽이다. 하나님께서 종종 나카의 주체가 되신다. 재앙으로(신 28:22, 27-28, 35) 치시는 분은 하나님이시다. 인간의 죄에 대하여 심판을 내리신다(왕상 14:15; 레 26:24). 심지어 죽음도 내리신다(삼하 6:7).

22:13 [보라!, הִנֵּה]
내가 —— 손뼉을 쳤나니[2](두 주목을 쥐고 벼르고 있다)
누가?
(=여호와께서)
/네가 불의를 행하여 이익을 얻은 일과
/네 가운데에 피 흘린 일로 말미암아

(3) "나 여호와가 말하였으니(אֲנִי יְהוָה דִּבַּרְתִּי I the LORD have spoken it)
내가 이루리라(וְעָשִׂיתִי and will do it - 피엘 완료)." (14절)

"나 야훼는 한 번 한 말은 반드시 그대로 이룬다"(공동번역)는 말이다. 하나님의 분노를 나타내는 말씀이다. 무엇 때문에? 불의를 행하여 이익을 얻는 것, 즉 '폭력에 의한 취득'(베차, בֶּצַע)[3]과 살인이 난무했기 때문이다. 이런 자들에게 하나님은 반드시 보응하시겠고, "보응하는 날에 네가 감히 배겨 나겠느냐"고 물으신다(14절). 하나님은 이스라엘은 열방 가운데 흩으실 것인데(15절), 그래서 수치를 당할 것인데, 이는 어디까지나 자신들의 악행 때문에 온 결과이다(16절).

3) 어떤 행동에서 얻어진 개인적인 이익을 말한다. 지도자들은 자기 개인 욕심으로 백성을 부당하게 다룬다(겔 22:27; 사 56:11; 렘 8:18, 22:17).

풀무 불에 들어간 이스라엘(겔 22:17-22)

1. "여호와의 말씀이 내게 임하여 이르시되"

(1) 두 번째 담화에서는 이스라엘의 족속이 하나님에게는 쓸모없는 찌꺼기가 되었다고 말씀하신다. 찌꺼기(시그, סִיג)는 (녹은 금속의) 불순물을 의미한다. 주로 정제하는 과정에서 제거되는 것을 가리킨다(찌끼, 산화물, 사 1:22).

22:18 인자야!(בֶּן־אָדָם)
이스라엘 족속이 — 내게 찌꺼기가 되었나니
[그들 모두는] — (곧) 찌꺼기로다
/놋이나 주석이나 쇠나 납이며
/풀무 불 가운데에 있는
/은의

과거의 예루살렘은 어떤 곳이었나? (사 1:21-22)

이사야 시대에도 이런 책망을 받았다.

• 신실하던(נֶאֱמָנָה)[1] 성읍 ⇨ 지금은 창기(זוֹנָה)[2]가 되었다(사 1:21a절).

• 정의(미쉬파트)가 거기에 충만하였고 공의(체데크)가 그 가운데에 거하였더니
⇨ 이제는 살인자들뿐이로다(21b절)

• 네 은은 ⇨ 찌꺼기(dross, סִיגִים)가 되었고
네 포도주에는 ⇨ 물이 섞였도다(사 1:22)

• 네 고관들은 ⇨ 패역하여 도둑과 짝하며(사 1:23)
⇨ 다 뇌물을 사랑하며 예물을 구하며
⇨ 고아를 위하여 신원하지 아니하며
⇨ 과부의 송사를 수리하지 아니하는도다

1) 아만(אָמַן)의 니팔 동사 분사형 - 상징적으로 확고하다, 신뢰하다, 믿다, 도덕적으로 진실하다.

2) 자나(זָנָה)의 칼 동사 분사형 / 간음하다, 매춘부가 되다, 매춘을 하다.

은제련소

그러므로(Therefore, לָכֵן)

22:19 내가 — 모으고
/너희를
/예루살렘 가운데로
20 내가 — 너희를 모아 서기에 두고 녹이리라
/노여움과 분으로

선지자, 제사장, 고관들의 죄(겔 22:23-31)

예레미야 6:27-30에서도 용광로의 비유가 나온다.

예레미야는 자기의 예언 메시지가 금속의 불순물을 제거하듯이 유다의 부정들을 제거해 주길 바랐다. 그러나 아무리 풀무를 부쳐도 도가니가 제 구실을 못하면 납 찌꺼기가 녹지 않는다. 악한 자들이 없어지지 않으니 소용없는 일이었다. 이런 제련 과정의 실패는 심판의 불가피성을 분명히 보여주고 있다.

1. 이스라엘은 누구하나 제외되지 않은 총체적 부패 사회가 되었다.

22:24 인자야
너는 — 그에게 이르기를(...하라)
/너는 ┬ 정결함을 얻지 못한 땅이요
└ 진노의 날에 비를 얻지 못한 땅이로다

정결함(더러움)을 벗지(מְטֹהָרָה) 못한 땅 - 타헤르(טָהֵר)의 푸알(강조 수동) 분사형 - '정결하다, 순결하다'라는 뜻으로 의식적이거나 도덕적인 순결에 대해서만 사용된다.

188

패망한 예루살렘에 대한 애가

- 예루살렘은 한때 특별한 지위를 누렸으나 이제는 패배의 수치를 당하고 있다(애 2:15). 대적들은 이 성의 몰락을 조롱하고 모욕한다(애 1:7, 2:15-16).
- 한때 공주와 같았던 성읍은 이제 종과 같이 되었다(애 1:1).
- 과부와 같아서(애 1:1) 아무도 위로할 자가 없다(애 1:16-17).
- 자식들은 한 때 정금과 같이 여김을 받았으나 이제는 질항아리 취급을 받는다(애 4:1-2).
- 많은 사람들이 칼에 죽거나(애 2:21, 4:9), 포로로 잡혀갔다(애 1:3, 5, 8).
- 여자들은 능욕을 당하고(애 5:11) 지도자들은 공개적인 수치를 당하였다(애 5:12).
- 소년들은 고된 노동을 감당해야 했다(애 5:13).
- 살아남은 아이들은 굶주림으로 서서히 죽어갔다(애1:11, 19, 2:11-12, 19, 4:9, 5:9). 심지어 자식을 잡아먹는 사람도 있었다(애 2:20).
- 하나님은 더 이상 그들의 기도를 들어주지 않으신다(애 3:44).
- 종교적 절기도 중단되었다(애 1:4, 2:6)
- 이방 군대에 의해 성전이 짓밟혔고(애 1:10, 2:7), 제사장과 선지자들도 살해당하였다(애 2:20). 선지자들을 통한 묵시도 중단되었다(애 2:9). 예레미야는 여기서 제외된다.

총체적 부패, 파멸 예고(겔 22:25–31)

25절 : **선지자들**의 반역함이 우는 사자가 음식물을 움킴 같았도다
- 선지자들이 거짓 예언함으로 사람의 영혼을 삼켰으며
- 재산과 보물을 탈취하며 과부를 그 가운데에 많게 하였으며

26절 **제사장들**
- 율법을 범하였으며
- 성물을 더럽혔으며
- 거룩함과 속된 것을 구별하지 아니하였으며
- 부정함과 정한 것을 사람이 구별하게 하지 아니하였으며
- 그의 눈을 가리어 나의 안식일을 보지 아니하였으므로

27절 **고관들**은 음식물을 삼키는 이리 같아서
- 불의한 이익을 얻으려고 피를 흘려 영혼을 멸하거늘

28절 **선지자들**
- 그들을 위하여 회를 칠하고
- 스스로 허탄한 이상을 보며
- 거짓 복술을 행하며
- 여호와가 말하지 아니하였어도 주 여호와께서 이같이 말씀하셨느니라 하였으며

29절 **백성들**
- 포악하고 강탈을 일삼고
- 가난하고 궁핍한 자를 압제하고
- 나그네를 부당하게 학대하였으므로

30절 혹시나 해서 이들 가운데 한 사람이라도 올바른 사람을 찾아보려 했지만 그 가운데서 찾다가 찾지 못했다.

31절 [그러므로, Thus, ו]
내가 ─ 내 분노를 그들 위에 쏟으며
 ─ 내 진노의 불로 멸하여
 ─ 그들 머리에 보응하였느니라 /그들[의] 행위대로

주 여호와의 말씀이니라

하나님의 예언은 반드시 성취된다
유다는 바벨론 침공으로 주전 586년 최후를 맞았다

오홀라와 오홀리바(겔 23:1-49)

23장과 16장은 유사성이 있다. 이스라엘의 신실치 못함을 결혼이라는 은유를 통해 이스라엘의 패역함을 드러내고 있기 때문이다. 23:2 "두 자매가 있었는데, 한 어미의 딸이다." 사마리아(북방 이스라엘을 가리킴)와 예루살렘(남방 유다). 1-10절은 오홀라(사마리아)의 불신과 징계를 설명한다. 11-12절은 오홀리바(예루살렘)의 불신을, 22-25절은 오홀리바의 징계를 비유한다. 36-49절은 이런 매춘 행위에 대해 심판이 언급된다. 이들에게 하나님의 심판은 필연적이다(46-49절).

1. 하나님은 비유로 같은 어머니에게서 난 두 딸을 소개한다.

(1) "인자야 두 여인이 있었으니 한 어머니의 딸이라"(2절). 두 여인의 이름이 소개된다(4절).

23:4 그 이름이 ── 형은 오홀라(Oholah, אָהֳלָה)요
　　└ 아우는 오홀리바(Oholibah, אָהֳלִיבָה)라
그들이 ── 내게 속하여 자녀를 낳았나니
오홀라는 ── 사마리아요
오홀리바는 ── 예루살렘이니라
/그 이름으로 말하면(좀 더 밝히자면)

3 "그들은 어렸을 때 애굽으로 가서 창녀가 되었다. 이 남자 저 남자가 그들의 몸에 손을 대었고, 젖가슴을 어루만졌다." (쉬운성경)

그런데 23장의 언어가 16장보다 그 표현이 더 적나라하고 상스럽다.

- 오홀라(Oholah) - '장막을 소유한 여인'을 의미한다. - 사마리아 상징
- 오홀리바(Oholibah) - '장막이 그녀 가운데 있다'를 의미한다. - 예루살렘을 상징

- 출 31:6 (아버지의 장막) - 오홀리압
- 창 36:2, 41 (산지의 장막) - 오홀리바마

(2) 이들은 어렸을 적에 애굽에서 이미 행음한 경력을 갖고 있었다. 이들은 장성해서 결혼한 후(겔 16:9-14) 자녀들을 낳았다. 그런데 여호와와 결혼 관계에 있는 동안에("오홀라가 내게 속하였을 때에") 준수한 청년 앗수르와 행음한다.

23:5 오홀라가 ── 내게 속하였을 때에(when)
├ 행음하여(자나, זָנָה - 간음하다 / 상징적으로 우상을 섬기다)
└ 사모하였나니(아가브, עָגַב - 사랑에 빠지다 지나친 정욕을 가지다)
/그가 연애하는 자
/(곧) 그의 이웃 앗수르 사람을

(3) 오홀라는, 즉 북이스라엘은 앗수르와 동맹을 맺었다(왕하 15:19-29). 북이스라엘은 다윗 족속을 버리고 분리해 나갔으나 하나님은 언약을 어기지 않는 한 계

속 관심을 갖고 지켜주셨다. 그러나 오홀라(=북이스라엘)는 창기 노릇을 했다는 것이다. 앗수르 청년은 준수했고, 자주색 옷을 입은 총독과 지휘관들이었다(6절). 오홀라는 앗수르 사람들 가운데 잘 생긴 그 모든 자들과 음행했고, 자기가 좋아하는 사람들의 우상들로 몸을 더럽혔다(7절). 오홀라는 애굽에서 시작한 음란한 행동을 그치지 않고 행음을 계속했다(8절).

(4) 그러므로(Therefore, לָכֵן), 하나님은 어떤 형벌을 내리셨나?

23:9 그러므로
내가 —— 앗수르 사람의 손에 넘겼더니
/그[녀]를 그의 정든 자 곧 그가 연애하는
10 그들이 —— 그의 하체를 드러내고
그의 자녀를 빼앗으며
칼로 그를 죽여 여인들에게 이야깃거리가 되게 하였나니
그들이 —— (이는) 그에게 심판을 행함이니라

앗수르 사람의 손에

북이스라엘의 마지막 왕, 호세아는 앗수르의 사주에 의해 베가를 죽이고 왕위에 올랐지만, 그는 앗수르를 배반한다. 애굽이 앗수르 통치에 반란을 일으키도록 부추겼기 때문이다. 그래서 호세아는 디글랏빌레셀이 죽은 뒤로 자극을 받아 반란을 일으켰다. 따라서 그를 이어 왕위에 오른 **살만에셀 5세는 사마리아를 공격했다**(B.C. 724년). 물론 호세아 자신은 항복하였으나 사마리아 성은 저항을 계속했다. 저항은 3년이나 계속되었다. 결국 주전 722년에 북이스라엘은 역사에서 사라졌다.

2. 언니 오홀라(=북이스라엘)는 앗수르와 음행하였고, 결국 앗수르에 의해 멸망당했다. 이 사실을 보고도 동생 오홀리바는 어떤 행동을 취했나?

(1) 동생 오홀리바는 언니의 행동을 보고도 자기 언니의 음란한 행실보다 더 음란했다고 했다(11절). 언니의 간음함(매춘, harlotries, 자눈, זְנוּן)보다 그 간음(姦淫)이 더 심하므로 그의 언니보다 더 부패하여졌다(she was more corrupt). "그 두 여인이 한 길로 행하므로 그도 더러워졌음을 내가 보았노라"(13절). "그 언니에 그 동생이었다"(공동번역).

(2) 언니 오홀라, 즉 북이스라엘은 죄악으로 하나님으로부터 패망을 선고 받았다. 그래서 마지막 숨을 몰아쉬고 있을 무렵, 남유다에서는 웃시야 왕이 죽던 해, 그러니까 주전 739년에 이사야가 하나님의 부르심을 받는다.[1)] 북이스라엘의 멸망 과정을 지켜보고 있는 이사야의 눈에 근심이 서려있다. 남유다 역시 같은 죄악 속에서 허덕이고 있기 때문이다.

(3) 예루살렘과 유다는 심각한 배교 행위에 오염되어 있다. 정성을 다한 예배 행위, 그러나 하나님은 그들의 제사를 더 이상 받지 아니하신다. "내 마음이 너희의 월삭과 정한 절기를 싫어하나니 그것이 내게 무거운 짐이라 내가 지기에 곤비하였느니라"(사 1:14). 왜 그렇게 정성스러운 제사를 받지 아니하셨을까? 너무

1) 북이스라엘이 공중분해 될 위기에 처했다. 이사야가 사역을 시작할 무렵, 북이스라엘은 그 수명을 다해 가고 있었다. 쓰러져 가는 나라를 일으키려고 아모스와 호세아 선지자가 피를 토하는 절규를 했지만, 낭떠러지로 굴러 떨어지는 나라를 제어할 수는 없었다. 결국, 722년에, 앗수르에게 북이스라엘은 역사에서 사라지고 말았다.

가증스럽기 때문이다. 이제 이들이 아무리 소리쳐 기도한다해도 귀를 기울이지 아니하신다(사 1:15). 그리고 이런 백성들에게 곧 임하게 될 무서운 심판이 예고되었다. 그 뒤에 남유다의 역사는 회복과 곤두박질을 반복한다.

3. 그리고 지금, 에스겔이 이 말씀을 선포하고 있는 유다는 어떤 모습일까? 시드기야 통치 하에 유다는 상황이 더욱 심각해졌다.

23:14 그[녀]가 —— 음행을 더하였음은(=이니라)
그[녀]가 —— 붉은 색으로 벽에 그린 사람의 형상(을) 보았음이니
/(곧) 갈대아 사람의 형상을

15 **그 형상은**
• 허리를 띠로 동이고
• 머리를 긴 수건으로 쌌으며
• 그의 용모는 다 준수한 자
곧 그의 고향 갈대아 바벨론 사람 같은 것이라

벽에 바벨론 남자들의 모습을 보았는데, 붉은 옷을 입었고, 마치 바벨론 출신의 장교처럼 보였다.

(1) 오홀리바(남유다)는 "그런 모습을 보고 곧 사랑하게 되어 사절을 갈대아 그들에게로 보냈다"(16절). 어느 사건을 말하고 있는 걸까? 이사야 7장을 자세히 읽어보자. 남유다의 아하스 왕은 어떤 태도를 취했나?

남유다의 외국세력 의지

① 아하스 왕 때 앗수르를 의지했다(사 7장의 내용이다).

② 여호야김 왕 때 바벨론을 의지했다(왕하 24:1).

③ 애굽과 동맹(사 30-31장)

사 30:1 "여호와께서 이르시되 패역한 자식들은 화 있을진저 그들이 계교를 베푸나 나로 말미암지 아니하며 맹약을 맺으나 나의 영으로 말미암지 아니하고 죄에 죄를 더하도다 2 그들이 바로의 세력 안에서 스스로 강하려 하며 **애굽의 그늘에 피하려 하여 애굽으로 내려갔으되** 나의 입에 묻지 아니하였도다."

남유다 아하스 왕 – 앗수르와 동맹(사 7장)

▶ 아하스는 북이스라엘의 베가가 왕으로 있은 지 17년째 되던 해, 즉 20세에 왕위에 올랐다. 그는 여호와 보시기에 정직히 행치 아니했다. 따라서 국력은 심히 약해졌다. 북쪽은 이스라엘과 다메섹, 서쪽과 남쪽에서는 블레셋과 에돔의 공격이 그치지 않았다.

▶ 아람과 이스라엘 연합군은 첫번 째에(대하 28:5)이어 재공격을 시도한다(대하 28:5, 6, B.C 733). 이 공격의 주목표는 아예 아하스 왕을 폐위시키고 다른 인물을 세우려 함이었다(사 7:6). 이 때 유다는 친앗수르 정책을 취하고 있었다. 따라서 반앗수르 정책을 쓰고 있던 **북쪽 이스라엘과 아람(다메섹)이 연합하여 유다를 공격했다**(왕하 16:5, 대하 27:5, 6). 이미 혼이 난적이 있는(대하 28:5) 아하스는 또다시 연합군이 유다를 침공한다는 소식에 기절초풍하고 있었다.

▶ 이때에 이사야가 등장한다(7:2의 말씀). 이사야가 어떻게 권면했는가?(사 7:3-7) 그러나 아하스는 이사야를 향해 사람을 괴롭게 하는 자라고 하면서 그의 말을 듣지 아니한다(사 7.13). **아하스는 앗수르의 불**(Tiglath Pilesser 3세)**에게 은금을 보내며 도와달라고 했다**(왕하 16:8; 대하 28:16ff). 아하스는 그 자신을 '그의 종'이라고 선언하고 있었다. 이렇게 해서 다메섹과 이스라엘은 물러갔으나 앗수르는 유다에게 더욱 큰 원수가 되었다. 따라서 아하스는 계속 앗수르의 눈치를 살펴야 했다(왕하 16:8).

▶ 앗수르는 다메섹과 이스라엘을 공격해 많은 성읍을 점령하고 포로들을 사로잡아 갔다(왕하 15:29-30). 물론 다메섹 왕 르신도 그때 죽임을 당했다. 이스라엘 왕 베가는 호세아의 반란으로 피살되었다(732 B.C). 이스라엘은 앗수르 왕 사르곤 2세에 의해 수도 사마리아를 함락당함으로써 역사에서 사라졌다(722 B.C, 왕하 17장). 후에 블레셋과 에돔의 공격을 받자 **아하스는 또다시 많은 재물을 보내 앗수르의 도움을 청한다**. 그러나 오히려 앗수르는 이를 기회로 남쪽으로 에돔까지 그 힘을 뻗치게 된다.

므깃도에서 애굽의 북진(北進)을 막으려던 요시야 왕이 애굽의 느고 2세에 의해 갑자기 죽임을 당하자(주전 609년), 남유다는 엄청난 혼란속으로 떨어졌다. 요시야 왕에게는 세 아들이 있었다(엘리야김, 여호아하스, 시드기야). 물론 이 세 아들의 운명은 비참했다. 남유다는 외세에 시달렸고, 바벨론을 의지하다가 애굽을 의지하는 등 갈피를 잡지 못했다.

23:17 바벨론 사람이 —— 나아와
//(목적: to, ל) 연애하는 침상에 올라
[그들이] —— 음행으로 그[녀]를 더럽히매
그[녀]가 —— [그들에게] 더럽힘을 입은 후에(상황절, when)
그들을 싫어하는 마음이 생겼느니라
18 그[녀]가 —— 이같이 그의 음행을 나타내며
그[녀]의 하체를 드러내므로
내 마음이 —— 그[녀]를 싫어하였으나
/그[녀]의 형을 싫어한 것 같이

어떤 사건들을 언급하고 있는 것일까?

- 요아스 왕이 죽은 후 유다의 지방 귀족들은 요아스의 둘째 아들인 여호아하스(Jehoahaz)를 왕으로 삼았다(23세). 보수주의 유다 집단에서는 이 후계자가 요시야의 정책을 계속하여 주기를 바랐을 것이다. 그러나 3개월뿐이었다. 왜냐하면 요시야 왕을 죽인 바로 느고(Pharaoh Necho)가 여호아하스를 제거하고 그의 이복 형인 엘리야김(Eliakim)을 왕으로 삼았기 때문이다. 그리고 그의 이름을 여호야김으로 고쳤다.
- 여호야김은 많은 의인의 피를 흘렸다. 특히 선지자 우리야를 죽였고(렘 26:20-23), 예레미야도 죽이려 했으나 예레미야는 하나님의 보호하심으로 살았다(렘 26:24, 36:26). 특히 예레미야가 받은 계시의 두루마리를 불에 태웠다(렘 36:23).
- 여호야김은 11년간 왕위에 있으면서 많은 죄악된 일을 저질렀으며(왕 24:3, 4) 그의 정책도 애굽을 섬기다 또 바벨론을 섬기는 등 불안정했다. 그러다가 비참한 죽음을 맞게 된다(렘 22:18-19).
- 주전 601년, 느부갓네살은 잠재적으로 남아 있는 애굽의 느고를 치기 위해 애굽의 국경까지 진격했다. 그러나 양편이 많은 사상자를 내고 성공하지 못한다. 이런 상황에서 여호야김은 애굽을 섬기다가(602/1, 애굽에 조공을 바침) 바벨론을 섬기는 등 갈팡질팡할 수밖에 없었다(3년 동안 바벨론에 조공을 바침).
- 이때 예레미야는 여호야김에게 바벨론을 섬겨야 할 것을 권면했다. 그러나 듣지 않는다. 시드기야 때도 같은 권면을 했다(렘 27:1-25). 오히려 이를 기회로 여호야김은 느부갓네살을 배반한다(왕하 24:1). 이 소식을 들은 느부갓네살은 갈대아 부대와 그 예하에 있던 모압, 암몬의 부대들을 급파하여 여호야김을 쳤다(왕하 24:2, 렘 35:11). 끝내는 바벨론이 예루살렘에 주둔하게 되었다(주전 598년).

(2) 예레미야는 여호야김에게 바벨론을 섬겨야 할 것을 권면했다. 그러나 유다는 하나님의 명령을 버리고 애굽을 의지한다. 이런 불신앙을 마치 적나라한 음란 행위로 묘사했다(20절). "그러므로 오홀리바야 주 여호와께서 이같이 말씀하셨느니라 나는 네가 사랑하다가 싫어하던 자들을(=바벨론) 충동하여 그들이 사방에서 와서 너를 치게 하겠다"(22절).

오홀리바가 받은 재판(겔 23:22-35)

1. 오홀리바(남유다, 예루살렘)에게 진노의 잔이 부어질 것이다. 그녀도 언니 오홀라(북이스라엘, 사마리아)와 마찬가지로 창기 노릇을 하기 위해 자기 남편을 버렸기 때문이다.

23:22 그러므로(Therefore, 라켄, לָכֵן) 오홀리바야
주 여호와께서 — 이같이 말씀하셨느니라
/[보라!]
/나는 — 충동하여(=부추겨, מֵעִיר)
/네가 사랑하다가 싫어하던 자들을
[내가] ——— 너를 치게(=향해) 하리니(=데려왔더라)
/그들이(로) 사방에서 와서(=부터)

우르(עוּר) - '자극하다, 선동하다' 히필(사역 능동) 분사형 / 이 단어의 가장 중요한 용법은 하나님을 주어로 취하는 사역형 용법이다. 하나님께서 역사 속에 적극 개입하시는 것을 본다.

하나님은 요단 동쪽 지역의 지파들을 치도록 앗수르 왕 디글랏빌레셀을 충동시키셨다. 바벨론도 동원시키셨다.

열방의 주인은 누구인가? 물론 여호와 하나님이시다. 사 13:1-35:10에서 언급하는 핵심 내용은 열방의 주인이 하나님이시라는 것이다. 그 하나님께서 바벨론을 들어 여러 나라들을 심판하는 도구로 쓰셨다.

유다를 공격하기 위해 어떤 나라들을 동원시키셨나?

23 그들은 **바벨론 사람**과
갈대아 모든 무리 **브곳*과 소아*와 고아* 사람과**
또 그와 함께 한 모든 **앗수르 사람** 곧 준수한 청년이며
다 고관과 감독이며 귀인과 유명한 자요 다 말 타는 자들이라

- 브곳(Pekod) - 티그리스 강 동쪽 언덕에 사는 소수의 아람족(에스겔 시대에는 느부갓네살 제국에 속해 있었다).
- 소아(Shoa) - 티그리스 동쪽과 시리아 사막에 거하는 유목민
- 고아(Koa) - 바벨론의 한 지방

2. 위에서 열거한 민족들이 "무기와 병거와 수레와 크고 작은 방패를 이끌고 투구 쓴 군대를 거느리고 치러 와서 너를 에워싸리라."

(1) "내가(=여호와께서) 재판(심판하는 권한)을 그들에게 맡긴즉 그들이 그들의 법대로 너를 재판(심문)하리라." 유다 백성들은 예루살렘에 성전이 있는 한 멸망하지 않을 것이라는 망상에 빠져 있었다. 이스라엘/유다는 늘 전쟁에 대한 공포와 시달림 속에서 어려움을 겪었다. 그렇다면, 이들에게 전쟁은 우연한 일일까? 언약 백성에게 전쟁은 우연히 오는 것이 아니다.

- 겔 23:25 "**내가 너를 향하여 질투하리니** 그들이 분내어 네 코와 귀를 깎아 버리고 남은 자를 칼로 엎드러뜨리며 네 자녀를 빼앗고 그 남은 자를 불에 사르며 26 또 네 옷을 벗기며 네 장식품을 빼앗을 지라."

(2) 결코 돌아서지 않으려는 자신의 백성을 징계하기 위해 하나님은 외국 군대를 도구로 쓰신다. "내가 너를 향하여 질투하리니(괘씸하게 여겨)"(25절*). 백성들의

• 겔 23:27 "이와 같이 내가 네 음란과 애굽 땅에서부터 행음하던 것을 그치게 하여 너로 **그들을 향하여 눈을 들지도 못하게 하며** 다시는 애굽을 기억하지도 못하게 하리라."

완고함, 하나님은 비록 백성이 타락의 구렁텅이로 빠져들었지만, 이제나저제나 유다 백성의 회항(回航)을 기다리셨다. 그러나 선지자의 간절한 메시지 선포에도 불구하고 백성들은 전혀 관심이 없었다. 더욱이 거짓 선지자들은 결코 예루살렘은 파괴되지 않을 것이라고 거짓 희망을 선포했다. 그러나 설마는 현실로 바뀔 것이다. 오홀리바는 수족을 절단당할 것이요, 그녀의 자녀들도 빼앗기게 될 것이다. 공개적으로 수치를 당할 것이다(27-28절).

3. 하나님께서 이렇게까지 징계하심은 무엇 때문인가?

23:30 네가 이같이 당할 것은(이런 형벌을 당하는 것은)
네가 음란하게(간음하다 우상을 섬기다) 이방을 따르고
그(들의) 우상들로 더럽혔기 때문이다

31 네가 네 형의 길로(북이스라엘의 길로) 행하였은즉
내가 그의 잔(코스, כּוֹס)을(=네 언니가 마신 잔을) 네 손에 주리라

심판의 잔(cup)

심판의 잔은 죄를 범한 국가들에 대한 하나님의 심판을 언급할 때 언급된다(진노의 잔, 렘 25:15). "여호와의 손에서 그 분노의 잔을 마신 예루살렘이요..."(사 51:17)

35 그러므로 주 여호와께서 이같이 말씀하셨느니라
/너는 ——— 담당할지니라
/네 음란과 네 음행의 죄를
//(이유: because, יַעַן)
네가 ┬ 나를 잊었고(샤카흐, שָׁכַח - 무시하다)
└ 또 나를 네 등 뒤에 버렸은즉(쇠라크, שָׁלַךְ -내던지다)

오홀라와 오홀리바가 받은 재판(겔 23:36-49)

1. 여기서 두 자매를 다시 등장시킨다. 그러니까, 북이스라엘과 남유다의 죄악들을 다시 조명하려 하고 있다.

(1) 북이스라엘이 멸망한지(주전 722년) 벌써 많은 시간이 지나갔다. 그나마 살아남은 남유다는 북이스라엘의 전철을 밟지 않았어야 했다. 물론 그 동안 선한 왕이 등장하여 남유다가 신앙의 상승을 그리기도 했지만, 그 멸망을 지연시켰을 뿐 심판을 면할 수는 없었다.

(2) 따라서 하나님은 에스겔에게 이스라엘 민족 전체가 저지른 가증한 일들을 공개적으로 알리라고 명령하신다. "인자야 네가 오홀라와 오홀리바를 심판하려느냐 그러면 그 가증한 일을 그들에게 말하라"(36절). 구체적으로 어떤 죄악들을 열거하시는가?

23:37 그들이 행음하였으며
피를 손에 묻혔으며
또 그 **우상과 행음하며**
내게 낳아 준 자식들을 우상을 위하여 화제로 살랐으며

38 이 외에도 그들이 내게 행한 것이 있나니
당일에 내 성소를 더럽히며 내 **안식일을 범하였도다**

39 그들이 **자녀를 죽여** 그 우상에게 드린 그 날에
내 성소에 들어와서 더럽혔으되
그들이 내 성전 가운데에서 그렇게 행하였으며

40 또 **사절을 먼 곳에 보내 사람을 불러오게 하고** 그들이 오매
그들을 위하여 목욕하며 눈썹을 그리며 스스로 단장하고

41 화려한 자리에 앉아 앞에 상을 차리고
내 향과 기름을 그 위에 놓고

42 그 무리와 편히 지껄이고 즐겼으며
또 **광야에서 잡류와 술 취한 사람을 청하여 오매**
그들이 팔찌를 그 손목에 끼우고
아름다운 관을 그 머리에 씌웠도다

43 내가 음행으로 쇠한 여인을 가리켜 말하노라
그가 그래도 그들과 피차 행음하는도다

44 그들이 그에게 나오기를 기생에게 나옴 같이
음란한 여인 오홀라와 오홀리바에게 나왔은즉

- 37절 - 추악한 우상숭배의 죄를 저질렀다. 무엇보다 자기 자녀를 몰렉신에게 바치는 야만적인 행위를 저질렀다.
- 38절 - 안식일을 범했다.
- 39절 - 인신제사를 드린 바로 그날에 대담하게 성전에 들어가 성전을 더럽혔다.
- 40절 - 오직 하나님만을 신뢰해야 했는데, 이방과 동맹을 맺었다. 이는 음행죄이다. 이방사신들을 영접하며, 이를 영접하는 오홀리바는 요염한 여인내의 모습으로 스스로를 단장했다(41절).
- 42절 - 잡류와 술취한 사람을 불러들였다 - 에돔과 모압 사람들을 가리킨다.
- 43절 - "두 자매가 음행으로 시들어 빠진 다 늙은 창녀인줄 알았는데, 아직도 찾아오는 얼빠진 녀석들이 있구나"(새번역)
- 44절 - "광야에서 온 잡된 무리와 취객들은 창녀에게 드나들듯 두 자매에게 드나들었다." (새번역) 그들은 그렇게 음란한 오홀라와 오홀리바와 잠을 잤다.

2. 에스겔은 이런 자매들에게 의로운 심판을 선언한다(45절).

23:46 주 여호와께서 이같이 말씀하셨느니라
/그가 ┬ 그들에게 무리를 올려 보내
└ 그들이 공포와 약탈을 당하게 하리니

47 /무리가 ┬ 그들을 돌로 치며 칼로 죽이고
├ 그[들의] 자녀도 죽이며
└ 그 집들을 불사르리라

에스겔은 위와 같은 죄악으로 유다의 멸망이 필연적인 것임을 알게 해야 한다. 하나님께서 심판을 분명하게 전파하라고 하신다.

하나님은 한 무리를 데려다가 철저하게 파멸을 당하게 하실 것이다. 음행에 대한 철저한 대가를 치를 것이다(신 22:22-24).

이렇게 철저한 심판이 있어야만 모든 여인에게 경고가 되어 다시는 음행을 본받지 않게 될 것이다(48-49절). 물론 이 예언은 그대로 성취된다.

끓는 가마의 비유(겔 24:1-14)

유다에 반역과 심판(20-24장)

1. 역사를 통한 이스라엘의 반역(20:1-44)
2. 여호와의 복수의 칼(20:45-21:32)
3. 피의 성에 대한 저주(22:1-31)
4. 오홀라와 오홀리바(23:1-49)
5. **끓는 가마(24:1-14)**
6. 에스겔 아내의 죽음(24:15-27)

"아홉째 해 열째 달 열째 날에 여호와의 말씀이 내게(에스겔에게) 임하여 이르시되 인자야 너는 날짜 곧 오늘의 이름을 기록하라 바벨론 왕이 오늘 예루살렘에 가까이 왔느니라."(24:1-2). 예루살렘이 바벨론 군대에게 포위되던 날은 시드기야 9년째(주전 588년) 10월이라고 했다. 포위는 1년반 동안이나 계속되었다.

1. 예루살렘이 포위되던 상황을 살펴보자. 렘 39:1-18의 내용을 읽어보자.

(1) 예루살렘이 함락된 후 2주 동안, 예루살렘은 공포의 도시가 되었다. 느부갓네살 2세의 근위대장 느부사라단이 예루살렘을 짓이기고, 닥치는대로 약탈했기 때문이다(왕하 25:8-12). (동교재, 예레미야, 39장)

- 느부갓네살 19년 5월 10일에 (주전 586년)
  바벨론 왕의 어전 시위대 장관 느부사라단이 예루살렘에 이르러
- 여호와의 전과 왕궁을 불사르고
  예루살렘의 모든 집을 귀인의 집까지 불사르고(13절)
- 온 군대가 예루살렘 사면 성벽을 헐었으며(14절)

예루살렘 포위

시드기야 9년째
주전 588년, 10월

렘 39:1 유다의 시드기야 왕의 제구년 열째 달에
바벨론의 느부갓네살 왕과 그의 모든 군대가 **와서**
예루살렘을 **에워싸고 치더니**
2 시드기야의 제십일년 넷째 달 아홉째 날에
성이 함락되니라(성벽이 뚫렸다)

예루살렘 함락

시드기야 11년째
주전 586년,
4월 9일

주전 587년

2월 - 예레미야는 아직 잡히지 않음 - 자유롭게 다님(렘 37:4).
3 - 시드기야 왕은 귀족들의 노예들을 풀어주기로 예루살렘에 살던 모든 백성과 언약을 맺음(렘 34:8).
4 - 이집트 파라오의 군대가 유다 쪽으로 온다는 소식에 바벨론의 포위망이 해제됨(렘 37:5).
7 - 예레미야가 잡힘 - 서기관 요나단의 집 지하감옥에 여러 날 동안 갇혀 있었다(렘 37:15, 16).
8 - 시드기야에게 호소하여 좀 더 나은 감옥으로 옮김(37:17-21).
10 - 예레미야는 감옥에서 밭을 샀다(렘 32:6-15).
11 - 예레미야가 감옥에서 설교 - 이로 인해 우물에 갇혔다(렘 38:6).
12 - 우물에서 시위대의 뜰로 옮겨졌다(렘 38:28).

주전 586년

4. 도성이 4월 9일에 무너짐.
5. 도성이 불탔고 성전이 7일 째에 파괴되었다.

2. 하나님은 에스겔에게 또 하나의 비유를 주셨다.

24:3 너는 ―― 비유를 베풀어
/이 반역하는 족속에게
[그들에게] 이르기를
/주 여호와께서 이같이 말씀하시기를
/[너는] ― 가마 하나를 걸라, 건 후에

4 /[너는] ―― 물을 붓고 양 떼에서 한 마리를 골라 각을 뜨고
그 넓적다리와 어깨 고기의 모든 좋은 덩이를
그 가운데에 모아 넣으며
고른 뼈를 가득히 담고 그 뼈를 위하여
가마 밑에 나무를 쌓아 넣고 잘 삶되
가마 속의 뼈가 무르도록 삶을지어다(בַּשְּׁלוֹ)[1]

이 부분은 겔 11:3의 내용을 살펴보면 이해가 빠르다. '가마 안에 있는 고기'의 비유에서 유다인들은 이렇게 해석했다. "이 성읍은 가마(씨르,סִיר)가 되고 우리는 고기(바싸르, בָּשָׂר)가 된다"는 속담을 '예루살렘 성 안에 있는사람들은보호를받아안전하다.'는 것으로 생각했다. 그러나 오늘 본문에서는 그와 정반대의 심판이 선포된다.

(1) '가마 솥을 걸고, 물을 부어라. 그리고 양떼 중에 가장 좋은 것을 잡아 고기를 썰어 넣어라. 넓적다리와 어깨 고기를 모두 집어 넣고 고기를 삶되 강한 불을 피워 가마 속의 뼈가 무르도록 삶아라.' 이는 장차 예루살렘이 어떤 과정을 통해 파멸해 가는가를 보여 주는 실물교육이다.

(2) 예루살렘 지도자들의 망언(妄言)에(겔 11:3을 보라) 쐐기를 박는다. 악한 지도자들은 예루살렘이 가마솥이 되고, 우리는 그 안에 있는 고기가 된다는 속담을 인용, 설혹 바벨론의 공격이 있다해도 예루살렘(가마솥)은 자신들(고기)을 그 어떤 형편에서도 지켜줄 것이라고 생각했다. 이들은 혹 바벨론 군대가 쳐들어와도 성은 함락되지 않을 것이라고 믿었다.

1) בָּשַׁל(바쌀)의 칼 동사 완료 (seethe, 끓이나, 삶다, 굽다) 유월절 양은 불로 구워야 하지만(신 16:7; 대하 35:13) 거룩한 제물은 솥에 넣어 삶아야 한다.

3. 위기에 처한 예루살렘은 어떤 상태에 있는가?

24:6 그러므로[Therefore, לָכֵן]
주 여호와께서 이같이 말씀하셨느니라
/피를 흘린 성읍[2][에게] 화 있을진저(Woe to the bloody city)
/녹슨 가마 (곧) 그 속의 녹을 없이하지 아니한 가마여[3]
/[너는] ―그 덩이를 하나하나 꺼낼지어다
/제비 뽑을 것도 없이

"그 안에 든 고기를 골라서 꺼내지 말고 고기 한 점 남기지 말고 다 꺼내라."

→ 예루살렘의 마지막은 그 이전에 제비뽑혀 끌려가던 것과 같지 않을 것이다. 무차별하게 포로가 되어 끌려 가게 될 것이다.

2) 죄 없는 사람을 죽인 살인자의 성읍아!

3) 뻘겋게 녹이 슨 솥, 녹을 한 번도 씻지 않은 녹슨 가마솥아!

화 있을진저 피를 흘린 성읍이여(겔 24:9)

1. 무죄한 피를 흘린 예루살렘을 향한 하나님의 진노를 보라(7-8절).

24:7 //(이유: כִּי, for) - 6절의 이유
그 피가 그 가운데에 있음이여 피를 땅에 쏟아
티끌이 덮이게 하지 않고 맨 바위 위에 두었도다

(1) 예루살렘의 주민들이 선별 없이 무차별적으로 끌려가게 될 것이다(6절). 그 이유를 말하고 있다. 무죄한 사람들을 죽인 피가 아직도 성읍 가운데 그대로 남아 있었다는 것이다. 그것도 피가 맨 바위(bare rock)[1] 위에 뿌려졌기 때문에 흙에 덮이지도 못하였다. 이런 악행에 대하여 하나님은 철저한 보응을 하실 것임을 선언하신다. 그 피를 흙으로 덮지 않고 맨 바위에 쏟아 놓은 것은 '분노를 나타내어 보응하려 하심'이라고 하셨다(8절).

1) 맨 바위(bare rock) - 눈부신 표면을 가진 깨끗한 돌을 가리키는 말로 예루살렘이 얼마나 불의한 행동을 했는지 피를 흘리고도 부끄러워 하지 않았다는 것이다.

(2) 얼마나 철저하게 응징하실 것인가?

24:9 가마솥을 데울 나무 무더기를 높게 쌓아 놓겠다(9절).

10 나무를 많이 쌓고 불을 피워
그 고기를 삶아 녹이고 국물을 졸이고 그 뼈를 태우고

불을 잘 지피라는 이 명령은 갈대인들에게 내려진 것이다(10절)

11 가마가 빈 후에는 숯불 위에 놓아(라)
//(목적: so that...may, לְמַעַן)
뜨겁게 하며 그 가마의 놋을 달궈서
그 속에 더러운 것을 녹게 하며
녹이 소멸되게 하라(=려고)

예루살렘이 멸망당한 후에야 주민들은 그제서야 정화시키려고 서두른다. 그러나 하나님은 그런 솥단지에 불을 지피라고 말씀하신다. 일단 고기를 다 꺼내고 나서 그 솥을 숯불 위에 놓고서 그 동안 제거하려고 애썼으나 없애지 못했던 찌꺼기(녹)를 녹여 없앨 것이다.

12 이 성읍이 — 수고하므로 스스로 피곤하나
많은 녹이 — 그 속에서 벗겨지지 아니하며
불에서도 없어지지 아니하는도다

녹을 없애려고 빈 가마솥을 달구웠으나 아무리 불로 달구어도 두껍게 낀 녹은 없어지지 않았다(12절).

(3) 예루살렘의 더러운 죄 중에는 음란이 그 하나였다. 여러 가지 방법으로 녹을 제거하기 위해 노력하였으나 예루살렘은 깨끗해지려고 노력하지 않았다. 하나님의 분노가 다 쏟아질 때까지는 깨끗해지지 않을 것이다(13절). 하나님의 무자비한 심판이 곧 일어나게 될 것이다(14절). 이들에게 정련(精鍊)하는 불이 아니고 소멸하는 심판의 불이 닥칠 것이다.

에스겔의 아내가 죽다(겔 24:15–27)

유다에 반역과 심판(20-24장)

1. 에스겔에게 주어진 실물 교육은 최정점에 달한다. "네 눈에 기뻐하는 것"을 빼앗으시겠다는 것이다.

24:15 여호와의 말씀이 **또** 내게 **임하여 이르시되**
16 /인자야 [보라!]
/내가 ———— 빼앗으리니
/네 눈에 기뻐하는 것을
/한 번 쳐서
/너는 ———— 슬퍼하거나 울거나
[너의] 눈물을 — 흘리거나 하지 말며

"네 눈에 기뻐하는 것"(마흐마드, מַחְמַד) - 즐거운 것, 귀중한 것, 바라는 것 (여기서는 에스겔의 아내를 가리킨다.)

"한 번 쳐서"(막게파, מַגֵּפָה) - 타격, 재난, 재앙, 역병 / 대체로 하나님의 심판에 대해 사용되었다(삼상 6:4; 민 14:37; 삼하 24:25).

(1) 하나님께서는 에스겔에게 어진 아내를 빼앗겠다고 통보하신다. 그녀의 죽음을 미리 알리신 것이다. "네 눈에 기뻐하는 것(사람)", 즉 에스겔이 가장 사랑하는 아내를 단번에 쳐죽여 빼앗아 가겠다고 선언하신 것이다. 사랑하는 아내가 곁을 떠난다는 것은 이 지상에서의 삶 가운데 가장 고통스러운 일이다.

(2) 그러나, 이로인해 슬퍼하거나 울거나 곡하지 말라고 하신다. 오히려 "조용히 탄식하며 '수건으로 머리를 동이고'[1] 발에 신을 신고 입술을 가리지 말고 사람이 초상집에서 먹는 음식물을 먹지 말라"(17절)고 하셨다. 일반적으로 제사장은 골육지친이 죽었을 때에만 슬퍼하는 것이 허용되었다(레 21:1-4*).

2. "내가 아침에 백성에게 말하였더니 저녁에 내 아내가 죽었으므로 아침에 내가 받은 명령대로 행하매"(18절)

(1) 에스겔은 하나님께서 말씀하신 대로 아내가 죽었는데도 울지 않았다. 에스겔은 그 다음날 아침, 사람들 앞에 아무런 기색없이 나타나 전과 같이 행동했다. 그러자 백성들은 "도대체 이 일들이 자기들과 무슨 상관이 있는지 알려달라"고 했다(19절). 자기 아내의 죽음을 겪고서도 무표정하게 행동하는 에스겔의 행동은 분명 어떤 의미가 있을 것이라고 생각했기 때문이다.

(2) 에스겔은 백성들에게 하나님께서 전달하신 내용을 설명했다. 하나님은 무엇보다 성전에 대해 말씀하셨다. 백성들에게 성전은 그들 존재의 상징이었다.

1) 머리를 동이는 것은 슬픔의 표시이기도 했다(겔 24:17, 23)

• 레 21:1 "여호와께서 모세에게 이르시되 아론의 자손 **제사장들에게** 말하여 이르라 **그의 백성 중에서 죽은 자를 만짐으로 말미암아 스스로를 더럽히지 말려니와** 2 그의 살붙이인 그의 어머니나 그의 아버지나 그의 아들이나 그의 딸이나 그의 형제나 3 출가하지 아니한 처녀인 그의 자매로 말미암아서는 몸을 더럽힐 수 있느니라 4 제사장은 그의 백성의 어른(또는 남편)인즉 자신을 더럽혀 속되게 하지 말지니라."

저녁에 내 아내가 죽었으므로(겔 24:18)

24:16 인자야
내가 네 눈에 기뻐하는 것을 한 번 쳐서 빼앗으리니
너는 슬퍼하거나 울거나 눈물을 흘리거나 하지 말며

17 죽은 자들을 위하여 슬퍼하지 말고
조용히 탄식하며 수건으로 머리를 동이고
발에 신을 신고 입술을 가리지 말고
사람이 초상집에서 먹는 음식물을 먹지 말라

• 예루살렘의 패망,
그 문제의 발단은?
예루살렘의 죄 때문에 왔다.
그것도 고의적으로
지은 죄였다
(암 1:3, 6, 9 참조).

24:21 너는 이스라엘 족속에게 이르기를
/주 여호와의(=께서) 말씀에(=하시기를)
/내가 ——— 더럽힐 것이며
/내 성소는(를)
/너희 세력의 영광이요 너희 눈의 기쁨이요
너희 마음에 아낌이 되거니와(=된)
/저녀를(=가) —— 칼에 엎드러지게 할지라
/너희의(=가) 버려 둔 자녀를

누가 성소를 더럽히시는가?

예루살렘에게 성전은 어떤 곳이었나? 예루살렘에 성전이 있는 동안 유다는 결코 망하지 않을 것이라는 환상을 갖고 있었다. 이들에게 성전은 긍지와 자랑이었다. 그들의 눈에 즐거움이며, 애정의 대상이었다.

그러나 이러한 성전을 하나님께서 친히 파멸시킬 것이라고 선언하신다. "너희가 버리고 간 너희 아들 딸들을 칼에 맞아 쓰러지게 하실 것이다."

(3) 성전은 하나님의 백성에게 '세력(=힘)의 영광(pride)[1]'(긍지와 자랑)이라고 했다. 따라서 성전이 있는 것만으로도 예루살렘은 안전하다고 생각했다. 그러나 "내가(=여호와께서) 그 성전을 더럽히실 것(Behold, I am about to profane My sanctuary, מְחַלֵּל[2])이라고 하셨다.

(4) 그때가 되면 너희는 에스겔이 그랬던 것처럼 똑같이 행하게 될 것이다. "너희는 수염을 가리지도 못하고(유다인들은 슬픔을 표시할 때 손으로 수염을 가리는 풍습이 있었다), 초상집 음식을 차려서 먹지도 못할 것이다(22절). "수건으로 머리를 동인 채, 발에 신을 신은 채로[3] 두고 슬퍼하지도 아니하며 울지도 아니하되 죄악 중에 패망하여 피차 바라보고 탄식할 것이다"(23절).

1) 가온(גָּאוֹן) - 영광, 화려, 위엄, 자만심, 탁월.

2) 할랄(חָלַל)의 피엘(강조형) 분사. - 상처를 입히다. 더럽히다, 모독하다.

3) 그 당시에는 슬픈 일을 당하면 머리에 동인 수건을 풀고, 맨발로 다니는 풍습이 있었다.

24:24 에스겔이 —— 너희에게 **표징이 되리니**
/이같이
너희가 ——— 다 **행할지라**
/그가 행한 대로
이 일이 ——— 이루어지면
너희가 ——— 알리라
/내가 주 여호와인 줄을

- 에스겔은 자기 아내가 죽었는데도 울지 못했다. 그와 같이 예루살렘이 환난을 당할 때도 그렇게 하게 될 것이라는 것이다. 그 환난날의 참상이 너무 클 것이기에 그 슬픔에 압도당하여 울지도 못할 것이다. 자신들이 당한 절망이 너무 크기에 슬픔조차 나타내지 못할 것이다.
- 누가 곤고하게 하셨는가? (여호와께서) 예루살렘의 고의적인 반역으로 하나님께서 성읍을 바벨론에게 넘기셨다. 자녀들도 포로로 잡혀갔다.

(5) 예레미야애가 1:4-5에서는 이렇게 언급하고 있다.

1:4 시온의 **도로들이** 슬퍼함이여
절기를 지키려 나아가는 사람이 없음이로다
모든 성문들이 적막하며(are desolate)
제사장들이 탄식하며(are groaning)
처녀들이 근심하며
시온도 곤고(=괴로움)를 받았도다

1:5 그의 대적들이 머리가 **되고**
그의 원수들이 형통함은
그의 죄가 많으므로(=죄가 많은 예루살렘을)
여호와께서 그를 곤고하게 하셨음이라
(누가 벌하셨는가? 여호와께서!!!)
어린 자녀들이 대적에게 사로잡혔도다

적용을 위한 **묵상**

• 바벨론에 있는 난민촌에서,
장로 두어 사람이 에스겔을 찾아왔다.
여기는 성전도 회당도 없는데, 이 나라 백성들이 하는 것처럼
목석을 숭배하는 일이 가하지 않겠느냐는 것이었다.
이런 물음에 대한 여호와 하나님의 대답은 단호하셨다.
"이런 일은 절대로 용납하지 않겠다"(20:3).
그 이유를, 이스라엘을 택하여
오늘날까지 어떻게 역사해 오셨는가를 들어 설명하신다.
애굽에서 이스라엘을 불러내신 목적은
언약 백성이 되게 하시려는 의도에서였다.
언약 백성에게 원하시는 것은 성결의 삶이다(레 11:45-46).
여호와의 이름이 이방인들의 눈 앞에서 더럽혀져서는 안 된다(20:9).

• 머나먼 이국으로 포로로 잡혀온 이스라엘 백성들, 이들은 아직도 하나님의 징계를 이해하지 못한다. 이들은 현지 사람들과 야합하려고 노력한다.

• 에스겔은 자기 아내가 죽는 실물 교육을 당한다. 그래도 이 일로 슬퍼하지 말라고 하신다(24:15-27). 하나님의 충실한 일꾼에게 아픔이 왔다. 그래야 하나님의 메시지가 생생하게 전달될 것이기 때문이었을까?

• 왜, 우리를 세상에서 불러내어 자녀로 삼으셨을까?
이 사실을 잊어버린다면,
우리는 늘 세상 사람들이 살아가는 모습에 눈을 돌리게 된다.
그곳이 너무 재미있기 때문이다.
그래서 우리는 기회가 있으면 세상과 타협하려 한다.
물론 교회의 생활에 소홀함이 없이 말이다.

• 하나님의 백성, 이스라엘은 광야에서 실패의 삶을 살아간다.
그래서 그들이 기다리던 가나안 땅에 들어가지 못한다.
그렇다면 출애굽 제2세대들은 어떠했을까?
물론 출애굽 제2세대 역시 같은 길을 걸어간다.
약속의 땅 가나안에 들어왔지만 여전히 범죄를 계속했다(20:17-31).
사사시대는 말할 것도 없고,
왕정시대에도 반역은 계속되었다.
결국 북이스라엘은 범죄로 인하여 공중분해되어 없어져버렸다.
역사적인 교훈이 주어진 것이다.
그래도 남유다는 그 역사적 교훈을 소화하지 못한다.
예루살렘은 망하지 않는다는 헛된 희망이
하나님의 경고의 음성을 공중으로 날려보내고 있을 뿐이었다.

• 지금 에스겔이 사역할 때 쯤 남유다는 이미 참화를 맛보고 있었고,

아내가 죽었는데도 울지 못하는 에스겔, 예루살렘에 임할 극한 파멸

이제 마지막 숨을 몰아쉬고 있는 중증환자이다.
여러 가지 충격 요법으로 남유다의 패망을 언급하지만,
시드기야 내각은 하나님의 경고에 귀를 닫아버렸다.
멸망을 눈 앞에 둔 관리들과 백성들,
이들은 자신들의 죄악에 대한 자각 증상이 없다.
그래도, 하나님은 한 가닥 희망을 거신다.
지금이라도 돌아서라. 제발 내가 보낸 선지자의 말을 들어라.

• 남유다 역시 하나님의 심판을 비켜가지 못한다.
심판은 반드시 받아야 한다.
그러나 그 심판은 멸절을 의미하는 것이 아니다.
징계의 기간이 끝나면
반드시 여러 나라에서 나오게 할 것이다(20:33).
이제, 너희를 광야로 끌어내어 심판을 받게 하겠다.
왜? 이들을 정결케 하기 위해서는 심판이 필수적인 과정이기 때문이다.
심판을 통해 정결케 하신 후에
맹세한 땅으로 인도하실 것이다(20:1-37).

• 끓는 가마가 예루살렘으로 기울어졌다(24:1-14).
예루살렘이 바벨론 군대에 의해 포위된 것이다.
에스겔의 사역이 시작된지 6-7년 후에 말이다.
예루살렘의 멸망 예언이 결코 성취되지 않을 것이라는 희망은
물거품이 되어버렸다.
에스겔의 예언이 성취된 것이다.
피를 흘린 성읍, 예루살렘은 가마 속에 뼈가 무루도록 삶음을 당했다.
얼마나 무섭고 두려운 일인가?!

• 우리는 설마 하나님께서 우리를 징계하시겠어 하고
스스로를 안위한다.
이렇게 교회도 많고, 선교도 많이 하는데...
한국 기독교인들의 열심을 보라는 것이다.
각 지역마다 밤을 밝히는 십자가의 붉은 빛들을 바라보라.
정말, 우리 하나님께서 한국교회를 바라보면서 흡족해 하실까?

• 에스겔 선지자의 피맺힌 절규, 그러나 멸망의 대상 이스라엘은 반응이 없다.

• 예루살렘의 패망의 원인은?

• 예루살렘의 가증한 행위들은 무엇이었을까? 하나님은 우상숭배와 잔인한 살육, 그리고 근친상간, 게다가 비인간적인 행위를 지적하셨다(20:3 이하). 이스라엘의 모든 고관들은 자신의 권력을 믿고 살인을 서슴치 않았다(22:6). 그 죄악들을 22:7-16에서 자세히 고발하고 있다. 하나님은 이렇게 말씀하신다.

"나, 여호와가 말하였으니, 내가 [선언한 심판을] 반드시 이루리라"(22:14).

유다 주변 나라에 임할 재앙(겔 25-32장)

이스라엘을 둘러싸고 있는 민족들(애굽, 팔레스타인, 메대, 페르샤, 에디오피아, 리디아)

하나님은 자신의 백성뿐만 아니라 하나님을 대적한 이방민족까지도 심판하실 것이다(겔 25-32장).

에스겔서는 크게 3부으로 나눌 수 있다.

- 1-24장 임박한 예루살렘의 파괴(죄와 심판)
- **25-32장 일부 주변 나라들에 대한 심판** →
- 33-48장 이스라엘과 하나님의 화해 및 포로민들의 귀환

열방에 관한 심판(25-32장)

1. 암몬에 관한 심판(25:1-7)
2. 모압에 관한 심판(25:8-11)
3. 에돔에 관한 심판(25:12-14)
4. 블레셋에 관한 심판(25:15-17)
5. 두로에 관한 심판(26:1-28:19)
   (1) 두로의 붕괴(26:1-21)
   (2) 두로를 위한 애곡(27:1-36)
   (3) 두로의 왕을 조롱함(28:1-19)
6. 시돈에 관한 심판(28:20-26)
7. **애굽**에 관한 심판(29:1-32:32)
   (1) 여호와께서 바로를 대적하심(29:1-16)
   (2) 느부갓네살의 약탈(29:17-21)
   (3) 이집트를 위한 애곡(30:1-19)
   (4) 바로의 팔을 부러뜨림(30:20-26)
   (5) 백향목이 무너짐(31:1-18)
   (6) 바로를 위하여 애곡함(32:1-16)
   (7) 애굽 군대의 붕괴(32:17-32)

이웃 나라 멸망 예언은

- 사 13-23장
- 렘 46-51장
- 암 1:3-2:16
- 겔 25-32장에서 언급되었다

→ 겔 25-32장은 이 부분을 참조하여 정리하였습니다.

하나님은 에스겔을 통하여 (유다 백성의 끊임없는 죄악 때문에) 예루살렘의 멸망을 전하셨다. 그런데 언약 백성을 벌하기 위한 도구가 이방 나라였다. 예레미야의 예언은 유다에 국한되지 않는다. 그는 열방의 선지자로 부름을 받았기 때문이다. 그래서 유다 주변국들에 대한 심판이 예언되었다. 유다를 벌주기 위한 도구 바벨론이 유다의 주변국들을 벌할 것이다. 그렇다면, 바벨론 제국은 하나님의 온전한 도구인가? 바벨론이 그 악랄함으로 다른 나라를 멸망시켰기 때문에 그 바벨론도 멸망 당할 것이다.

왜, 세상나라들을 심판하시는가?

열방의 주인은 누구인가?
물론 여호와 하나님이시다.
이사야 13:1-35:10에서 언급하는 핵심 내용은
열방의 주인이 하나님이시라는 것이다. 이사야 13-23장에서는
한때 유다를 핍박했던 이방 나라의 멸망을 경고하면서
여호와 하나님께서 우주적인 주권자이심을 보여준다.
이사야, 예레미야 말고도 다른 성경에서도
이웃 나라의 멸망을 예언하고 있다
(사 13-23장, 렘 46-51장, 암 1:3-2:16, 겔 25-32장).

이스라엘 · 유다는
늘 전쟁에 대한 공포와 시달림 속에서 어려움을 겪었다.
그렇다면, 이들에게 전쟁은 우연한 일인가?

언약 백성에게 전쟁은 우연히 오는 것이 아니라
하나님의 섭리로 오는 것이라고 말한다.
그러므로 하나님의 백성만이 늘 징계를 받는다는 생각이 없어질 것이다.
이제 원수의 나라가 징계를 받는 것은
하나님의 백성이 위로를 받는 것이기도 하다.

선지자들은 왜 주변에 있는 세상나라들에 대해 심판을 선언하는가?
또한 하나님이 이방 나라들을 심판하는 기준은 무엇인가?

1) 교만, 우상 숭배, 강포 때문이다.
2) 하나님의 백성들을 학대하기 때문이다.

- 어느 나라든지 언약의 백성을 학대하면 저주를 받을 것이다(창 12:3, 27:29). 여기서 언약 백성이란 누구를 가리키는가? 표면적 유대인이 아니다. 참 "하나님의 이스라엘"은 온 세상에 흩어진 유대인들과 이방인 중에서 믿는 사람들이다.

- 백성이 범죄했을 때 하나님은 자기 백성을 바벨론에 넘기기까지 하셨다. 그러나 이방나라는 하나님의 백성을 무자비하게 취급했다(사 47:6). 하나님은 바벨론에게 진노하시는데 그 이유가 이스라엘의 뼈들을 꺾었기 때문이라고 말씀하신다(렘 15:17-18). 하나님은 그들이 행한 모든 악함대로 바벨론과 갈대아 사람들에게 갚으라고 선언하신다(렘 51:25). <동교재, 예레미야에서 설명을 가져옴>.

열방에 대한 심판(25–32장)

에스겔은
바벨론에서 포로생활을 하는 가운데
하나님의 부름을 받는다.
주전 593~586년, 7년 동안
그는 동족 이스라엘을 향하여
전율하는 듯한 멸망의 소식을 예언하게 된다
예루살렘은 결국 멸망한다는 것이었다(1-24장).
백성들은
예루살렘에 성전이 있는 동안
결코 망하지 않을 것이라고 확신했다.
그러나,
하나님께서는 그 진노를 결코
거두시지 않으실 것이다.

그렇다면
이스라엘을 둘러싼 이방 나라들은
어떻게 하실 것인가?
암몬, 모압, 블레셋, 두로, 시돈 애굽 등
일곱 나라도 심판을 받게 될 것임을
선언하신다.
이방의 심판은
하나님의 백성의 회복을 의미하기 때문이다.

암몬이 받을 심판(겔 25:1-7)

(1) 25장에는 유다를 둘러싸고 있는 네 나라에 대한 심판을 언급하고 있다. 암몬, 모압, 에돔 그리고 블레셋에 대한 심판 예언이다.

(2) 암몬은 이스라엘이 곤경에 처했을 때, 이스라엘에게 적대적이었다. 이웃 나라 유다가 곤경에 처했을 때 손뼉을 치며 기뻐했다. 결국 암몬은 예루살렘이 멸망된 지 5년만에 바벨론의 묵인하에 동방 유목민인 아랍인들에 의해 사라지게 된다.

모압에 대한 심판(겔 25:8-11)

(1) 렘 48:1-10에서는 모압의 교만을 지적하며 그 나라의 파멸을 예고한다. 블레셋을 비롯하여, 모압과 암몬, 그리고 에돔을 심판하실 것이다. 이들은 한결 같이 교만하고, 자고하며, 유다가 하나님의 징계를 받을 때 그들을 조롱하고 약탈하는 악행을 저질렀다.

(2) 모압은 심히 교만했는데, 왜 그렇게 교만했을까? 천혜의 방어 조건 때문에 모압은 또한 외부 세력이 접근할 수 없었다. 모압은 거짓 신들을 섬겼다. 이제 하나님께서 그들이 믿는 신들을 모두 제거하실 것이다.

에돔이 받을 심판(겔 25:12-14)

(1) 에돔의 멸망에 대해서는 오바댜서에서 자세히 언급된다. 에돔은 자기네 형제 유다가 바벨론에 의해 파괴되고 포로로 잡혀가는 것을 보고 기뻐했을 만큼 그들의 "야곱"에 대한 적의(敵意)는 극심했다(시 137: 7). 그들은 싸움에 즐겨 가담하여(암 1:6, 9, 11) 유다에 폭력을 가했다.

(2) 당시 또 다른 선지자들의 에돔에 대한 강도 높은 비판

- 시편 137:7 • 애가 4:21-22
- 외경 제1에스드라 4:45 - 에돔인들이 성전을 불태웠다고 비난하고 있다.
- 이사야 34장; 예레미야 49:7-22; 에스겔 35장; 말라기 1:2-4 등을 읽어보면 에돔과 이스라엘이 얼마나 적대 관계에 있었는가

를 알 수 있다.

• 오바댜 1:11-14 (예루살렘 파괴시 그들이 행한 내용)

블레셋이 받을 심판(겔 25:15-17)

(1) 블레셋 사람이 옛날부터 미워하여 멸시하는 마음으로 이스라엘을 멸망시키려 했다는 것이다(15절).

(2) 블레셋의 유다 공격은 옛날부터 계속되었다. 그것도 증오가 가득차서 복수를 꾀했으며 멸시(경멸, 모욕, 치욕, contempt)하는 마음으로 유다를 멸망시키려 했다.

두로에 대한 심판(겔 26:1-28:19)

(1) 두로는 이스라엘의 멸망을 보고 크게 기뻐했다. 그 이유가 무엇인가? 페니키아 제일의 도시가 두로였다. 두로는 이스라엘의 정치적 · 경제적 몰락을 보고 기뻐했다. 이스라엘의 멸망이, 곧 자신들과 해상교역의 경쟁자가 사라진 것으로 보았기 때문이다.

(2) 두로는 여러 민족들이 성난 파도처럼 쳐들어와 멸망을 당하게 당하게 될 것이라는 선언을 받는다(3절). 2절은 그 이유를 설명한다. 이들은 예루살렘을 해상 교역의 경쟁자로 보았다. 두로는 예루살렘을 원수로 보기보다는 해상무역의 경쟁자로 보았다. 그래서 바벨론의 예루살렘의 함락을 '아하 좋다'(헤아흐, הֶאָח)라고 하면서 매우 기뻐했다. 예루살렘의 멸망이 자신들의 번영과 직결된다고 보았기 때문이었다. 하나님은 이런 두로를 미워하셨다. 타인(예루살렘)의 멸망을 기뻐하기 보다는 동정해야만 했다.

(3) 그런데 두로 왕은 자기를 신이라고까지 으쓱해 했다(겔 28:2, 9). 그는 무역을 하면서 부정과 난폭한 행위를 저질렀다. 국력이 강해지자 더욱 교만했다. 그리고 이제 예루살렘의 패망을 보고 아주 기뻐했다.

(4) 두로는 자신들이 생각하기에 난공불락의 도시였다. 그러나 두로가 어떻게 무너질 것인가?

두로의 멸망에 대한 탄식의 노래(겔 27:1-36)

"인자야 너는 두로를 위하여 슬픈 노래를 지으라." 하나님은 에스겔에게 두로를 위하여 애가를 지어 부르라는 명령을 내리신다.

두로와 거래지역 목록(겔 27:10-25)

(1) 룻과 붓 / 아르왓 사람 / 다시스 / 야완과 두발과 메섹 / 도갈마 /드단 / 아람 /다메섹 /헬본 /워단과 야완 / 아라비아와 게달 /스바와 라아마 / 하란과 간네와 에덴과 스바와 앗수르와 길맛 / 다시스 등

(2) 36절 - 많은 민족의 상인들이 다 너를 비웃음이여
네가 공포의 대상이 되고
네가 영원히 다시 있지 못하리라

신과 같은 두로의 왕(겔 28:1-10)

(1) 28장에서는 특별히 두로 왕에게 대한 심판이 선포된다. 두로 왕에게 왜 심판이 선포되었을까? 그는 교만하기가 하늘을 찔렀다. 그는 교만한 마음을 가지고 "나는 신이다. 나는 바다 한 가운데 있는 신의 보좌에 앉아 있다"라고 하면서 마치 자신이 초자연적 지혜를 가진 신이라도 된 듯 우쭐댔다.

(2) 두로 왕의 교만은 하나님의 진노를 불러들인다. 그의 교만함 때문에 하나님께서는 그를 죽이실 것이라고 선언하신다(6-7절).

시돈이 받을 심판(겔 28:20-24)

두로와 함께 번영했고, 몰락도 함께 했다. 시돈 사람들은 두로 사람보다 우상 숭배에서 더 몰두했던 것 같다(아스다롯 숭배). 특히 이스라엘에 바알을 끌어들였던 이세벨 또한 시돈 왕의 딸이었다(왕상 16:31). 하나님은 시돈 사람들 때문에 치욕을 당하셨다.

이스라엘이 복을 받으리라(겔 28:25-26)

심판의 고난이 지난간 후, 하나님의 백성 이스라엘에게 희망의 메시지가 선포된다. 이들은 포로에서 귀환하게 될 것이다.

암몬이 받을 심판(겔 25:1-7)

암몬
Ammon
עַמּוֹן

25장에는 유다를 둘러싸고 있는 네 나라에 대한 심판을 언급하고 있다. 암몬, 모압, 에돔 그리고 블레셋에 대한 심판 예언이다. 먼저 암몬을 언급한다. 암몬은 철기시대(주전 1,200년경)에 형성된 몇몇 아람 족속 중 하나였다. 롯의 작은 딸은 그녀의 아들에게 '암몬'이라는 이름을 지어주면서 근친상간으로 임신한 것을 설명한다(창 19:30-38, "내 아버지로 말미암은"). 모압도 그러했다. 이스라엘이 가나안을 정복할 때 하나님은 암몬 자손을 괴롭게 하거나 공격하지 말라고 하셨다. 하나님께서 아브라함의 조카 롯에게 한 약속 때문이었다(민 21:24; 신 2:19). 그래서 이스라엘은 암몬을 그들의 친족으로 생각했다.

1. 그러나 암몬은 이스라엘이 곤경에 처했을 때, 이스라엘에게 적대적이었다.

25:3 내 성소가 더럽힘을 받을 때에(when) 네가 ─ 그것에 관하여 아하 좋다 [말하였고] 이스라엘 땅이 황폐할 때에(when) 네가 ─ 그것에 관하여 (잘되었다고) [말하였으며] 유다 족속이 (포로로) 사로잡힐 때에도(when) 네가 ─ 그들에 대하여 (잘되었다고) 하였도다	이런 이유들 때문에(יַעַן) 그러므로(therefore) 동방 백성으로 하여금 너희 나라를 점령하게 할 것이다(4절).

(1) 암몬은 다윗에 의해 정복당했다. 그러나 왕국 분열 후, 주전 8세기에 독립했다(암 1:13-15 참조). 이들은 유다 여호야김 시대에 바벨론의 후원을 받아 유다 영토를 친공했다(왕하 24:2).[1)]

(2) 바벨론 왕은 유다의 백성들을 포로로 끌고가고, 그 남은 자들을 위하여 **그다랴(Gedaliah)를 세워 총독으로 삼았다.** 그다랴는 한때 예레미야를 숨겨주기도 했던 인물이다. 그해 칠월(주전 586년, 지금의 10-11월 즈음에) 이스마엘이 자신의 부하 "열 명을 거느리고 와서 **그다랴를 쳐서 죽이고** 또 그와 함께 미스바에 있는 유다 사람과 갈대아 사람과 군인까지도 죽이는" 일이 벌어졌다. 이 과정에서 **암몬 왕이 이를 부추겼다**(렘 41:1-18)는 것이다.

(3) 그러므로 하나님께 "암몬을 동방 사람의 소유로 넘겨 주실 것"이라고 선포하셨다. 여기 동방 사람은 요단 저편 유목 민족이거나 바벨론일 것이다. 그들이 쳐들어와 진을 치며 정착할 것이며, 초목의 열매와 양 떼를 취하게 될 것이다(4절). 암몬의 수도 랍바를 양 떼가 눕는 곳으로 만들어버리실 것이다(5절).

1) 예레미야는 여호야김에게 바벨론을 섬겨야 한다고 권면했으나 듣지 않는다. 시드기야 때도 이같이 권면했다(렘 27:1-25). 그러나 이를 기회로 여호야김은 느부갓네살을 배반한다(왕하 24:1). 이 소식을 들은 **느부갓네살은 갈대아 부대와 그 예하에 있던 모압, 암몬의 부대들을 급파하여 여호야김을 쳤다**(왕하 24:2). 끝내는 바벨론이 예루살렘에 주둔하게 되었다(598 B.C.).

이웃 나라를 향한 심판(25-32장)

• 어느 나라든지 언약의 백성을 학대하면 저주를 받을 것이다(창 12:3, 27:29). 언약 백성이 범죄했을 때 하나님은 자기 백성을 바벨론에 넘기기까지 하셨다. 그러나 이방나라는 하나님의 백성을 무자비하게 취급했다(사 47:6). 하나님은 바벨론에게 진노하시는데 그 이유가 이스라엘의 뼈들을 꺾었기 때문이라고 말한다(렘 15:17-18).

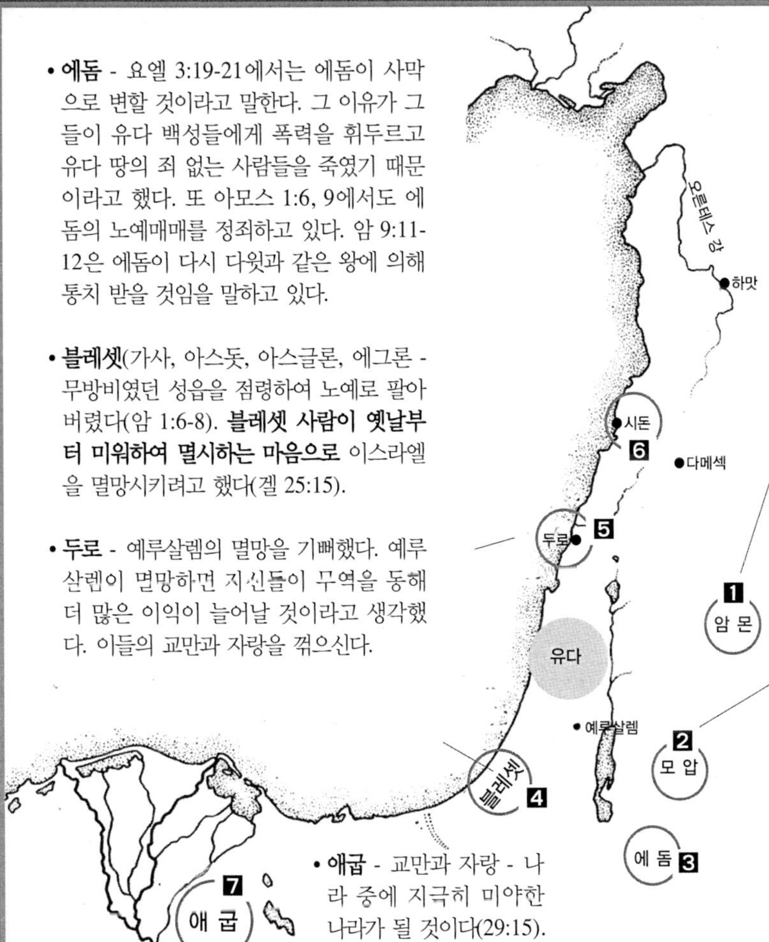

• **에돔** - 요엘 3:19-21에서는 에돔이 사막으로 변할 것이라고 말한다. 그 이유가 그들이 유다 백성들에게 폭력을 휘두르고 유다 땅의 죄 없는 사람들을 죽였기 때문이라고 했다. 또 아모스 1:6, 9에서도 에돔의 노예매매를 정죄하고 있다. 암 9:11-12은 에돔이 다시 다윗과 같은 왕에 의해 통치 받을 것임을 말하고 있다.

• **블레셋**(가사, 아스돗, 아스글론, 에그론 - 무방비였던 성읍을 점령하여 노예로 팔아 버렸다(암 1:6-8). **블레셋 사람이 옛날부터 미워하여 멸시하는 마음으로** 이스라엘을 멸망시키려고 했다(겔 25:15).

• **두로** - 예루살렘의 멸망을 기뻐했다. 예루살렘이 멸망하면 자신들이 무역을 동해 더 많은 이익이 늘어날 것이라고 생각했다. 이들의 교만과 자랑을 꺾으신다.

• **애굽** - 교만과 자랑 - 나라 중에 지극히 미약한 나라가 될 것이다(29:15).

겔 25:4-5
그러므로
내가 너를 동방 사람에게
기업으로 넘겨 주리니
그들이 네 가운데에 진을 치며
네 가운데에 그 거처를 베풀며
네 열매를 먹으며
네 젖을 마실 것이다

내가 랍바를
낙타의 우리로 만들며
암몬 족속의 땅을
양 떼가 눕는 곳으로 삼겠다.

겔 25:9-10
모압의 국경지역에 있는 성읍들(벧여시못과 바알므온과 기랴다임)이 적의 공격을 받도록 허용할 것이다.

암몬 족속과 더불어 동방 사람에게 넘겨 줄 것이다.

세계 모든 나라들에 대한 여호와 하나님의 심판(옵 1:15)

(1) 하나님은 에돔이 행한 대로 당하게 될 것이라고 말씀하셨다(15절). 하나님은 언약 백성들에게만 주권자가 아니시다. 여호와는 만국을 통치하는 전능자 하나님이시다. 그러므로 온 세상은 여호와의 통치 영역이다. 열국이 저지른 악한 행위에 당연한 심판이 따라온다는 것을 꼭 기억해야 한다(암 1:3-2:3 참조). 특히 여호와의 백성을 조롱한 나라들은 두려워하여 구멍에서 나온 벌레들처럼 기어다니게 될 것이라고 했다(미 7:16-17).

(2) 그러므로 고삐 풀린 권력을 자행하는 자들은 여호와의 공의로운 최종적 심판을 받는다는 것을 잊지 말아야 한다. 우리는 하나님께서 교만(죄)을 얼마나 미워하시는가를 깨달아야 한다. 겸손하고, 깨끗한 삶이 우리 모두에게 필요하다. (동교재, 오바댜)

아모스 선지자가 예언한 암몬에 대한 심판

암몬(암 1:13-15) - 전투시 아이 밴 여인들의 배를 가르는 행위를 서슴치 않는 잔악함을 보였다.

○ "여호와께서 이와 같이 말씀하시되"(암 1:13a)

● 죄의 목록 : 한 가지 죄

"이는 그들이 자기 지경을 넓히고자 하여 길르앗의 아이 밴 여인의 배를 갈랐음이니라"

▶ 심판 선고(암 1:14-15)

① 랍바 성에 불을 놓아 그 궁궐들을 사르겠다.
② 그들의 왕은 그 지도자들과 함께 사로잡혀 갈 것이다.

2. 암몬이 이렇게 파멸되는 이유는 무엇인가?

• 느부갓네살이 갈림길에서 방향을 틀어 예루살렘을 공격 대상으로 삼았다. 따라서 예루살렘은 초토화되었다. 이때 암몬은 속으로 고소하게 여겨 좋아했다는 것이다.

25:6 //(이유: כִּי, for)
주 여호와께서 이같이 말씀하셨느니라
/네가 ── 손뼉을 치며 발을 구르며
/이스라엘 땅에 대하여
└ 멸시하며 즐거워하였나니(=기 때문에)
/마음을 다하여 (=경멸에 찬 마음으로)

암몬은 모압과 더불어 이스라엘에게 호의적이지 않았다. 모압과 함께 이스라엘을 저주했던 자들이다(신 23:4-6). 에스겔은 이미 암몬의 멸망을 예언했었다(겔 21:28). 따라서 암몬은 깨어 경성해야 했다. 그러나 이웃 나라 유다가 곤경에 처할 때 손벽을 치며 기뻐했다. 결국 암몬은 예루살렘이 멸망된 지 5년만에 바벨론의 묵인 하에 동방 유목민인 아랍인들에 의해 사라지게 된다. 수도인 랍바(지금의 '암만')도 파괴되었다. 선지자들은 이 도성의 파멸을 예언했다(렘 49:2, 3; 겔 25:3).

25:7 그런즉 [보라!](therefore, behold)
내가 ┬─ 손을 네 위에 펴서
├─ 너를 다른 민족에게 넘겨 주어 노략을 당하게 하며
├─ 너를 만민 중에서 끊어 버리며
└─ 너를 여러 나라 가운데에서 패망하게 하여 [너를] 멸하리니
내가 ── 주 여호와인 줄을 너희가 알리라

모압에 대한 심판(겔 25:8-11)

모압
Moab
מוֹאָב

1. 모압(Moab)은 어떤 족속인가?

(1) 모아브(מוֹאָב)는 '그의 아버지로부터'를 의미하며, '모압 Moab'을 가리킨다. 그들의 신은 그모스였다. 모압은 롯이 큰 딸에게서 낳은 아들(창 19:30-38), 롯의 아들의 후손이 형성한 백성, 롯의 아들의 후손들이 거주한 땅(영토)을 가리키는데 사용되었다. 모압은 이전의 주민들(에밈 Emim)이 불의하였기 때문에 하나님께서 그들을 쫓아내신 후에, 사해 동편에 정착했던 민족의 조상이 되었다(신 2:10-11).

(2) 이들은 일찍부터 비옥한 농경지와 목초지를 갖고 있었고, 잘 조직된 왕국이었다. 모압은 발람을 고용하여 이스라엘을 저주하고자 하였으며(민 22-24장), 바알브올 사건으로 이스라엘을 범죄하게도 했다(민 25장, 호 9:10). 사울 왕 때에도 이스라엘을 괴롭혔다(삼상 14:47). 다윗 때에 가서야 모압을 완전히 제압했다(삼하 8:2; 대상 18:2, 11). 그러나 솔로몬이 죽은 후 독립했던 것 같다. 그리고 오므리 왕 때 다시 이스라엘에게 점령당했다.[1)]

1) 그러나 아합 왕이 죽은 후 다시 독립했다. 여호람 왕 때는 남북이 연합하여 모압을 물리쳤다. 엘리사가 죽은 후 모압은 예후의 아들 여호아하스 때에 유다를 침략했다. 여호야김 때도 침략했다(왕하 24:2). 유다가 바벨론에 망한 후에도 이 나라는 존속해서 유다의 피난민들이 그리로 도망했다(렘40:11이하). 그러나 결국은 바벨론의 느부갓네살에게 망했다.

25:8 주 여호와께서 이같이 말씀하셨느니라
/모압과 세일이 – 이르기를
/[보라!]
/유다 족속은 모든 이방과 다름이 없다 하도다

• 유다 민족도 별 것 아니다. 다른 민족보다 나은 것이 없다라고 빈정거렸다.

(3) 그러므로 보라! (therefore, behold, לָכֵן הִנְנִי)
여호와께서 모압의 국경지역에 있는 성읍들(벧여시못과 바알므온과 기랴다임)이 적의 공격을 받도록 허용할 것이다. 암몬 족속과 더불어 동방 사람에게 넘겨 주어 암몬 족속이 다시는 이방 가운데에서 기억되지 아니하게 하시겠다고 선언하신다.

2. 모압을 향한 심판은 예레미야 48:1-47에서 자세히 언급되었다.

(1) 렘 48:1에서는 아래와 같은 성읍들이 언급되었다. 하나님은 이들 성읍에 임할 파멸을 알리신다(동교재, 예레미야 48장).

• 느보(네보, נְבוֹ)[1)] - 그가 유린(파멸) 당하였도다
• 기랴다임(키르야타임, קִרְיָתָיִם)[2)] - 수치를 당하여 점령되었고
• 미스갑(미스카브, מִשְׂגָּב)- 수치를 당하여 파괴되었으니

(2) 모압의 피난민들이 허둥대며 우는 모습을 예레미야 48:5-6에서는 이렇게 표현했다.

그들이 루힛(요단강 동편의 한 장소) 언덕으로 올라가면서 울고
호로나임 내리막 길에서 파멸의 고통스런 울부짖음을 듣는도다
도망하여 네 생명을 구원하여(=목숨이나 건져라, 목숨이 아깝거든 도망쳐라)
광야의 노간주나무(juniper, the heath) 같이 될지어다

1) 느보산 가까이에 있었다(민 32:3, 33:47). 르우벤 지파와 갓 지파가 목초지로 요구했었다(민 32:3). 모압 왕 메사가 그 성읍을 점령하여 모압 성읍이 되었다.

2) 요단 동쪽에 위치한 고대 성읍이다. 이 성읍은 르우벤 지파에 속해 있었다. 포로기 동안에 다시 모압이 차지했다(렘 48:1; 겔 25:9).

3) '안전한, 높은곳'이란 뜻이 있다. 그러나 이 도시도 파괴당했다.

렘 48:46 모압이여 네게 화가 있도다 그모스의 백성이 망하였도다 네 아들들은 사로잡혀 갔고 네 딸들은 포로가 되었도다

(3) 성읍 또한 파괴될 것이다(렘 48:8-9). "쳐들어오는 적군 앞에서 남아날 성이 없고, 골짜기도 고원도 폐허가 되리라"(8절, 공동). "모압에 날개를 주어 날아 피하게 하라 그 성읍들이 황폐하여 거기에 사는 자가 없으리로다"(9절). 여호와께서 모압의 파멸을 주도하시는데, 이를 방관만 하며 게으름을 피는 병사에게는 저주를 선포한다(10절).

(4) 이렇게 렘 48:1-10에서는 모압의 교만을 지적하며 그 나라의 파멸을 예고한다. 블레셋을 비롯하여, 모압과 암몬, 그리고 에돔을 심판하실 것이다. 이들은 한결같이 교만하고, 자고하며, 유다가 하나님의 징계를 받을 때 그들을 조롱하고 약탈하는 악행을 저질렀다. 이제 이들 나라는 하나님의 심판의 도구라고 불리는 바벨론에 의해 침략을 당할 것이다. 이들은 처절한 패배를 맛보게 될 것이다.[1)]

1) 모압 파멸에 대한 자세한 내용은 동교재, 예레미야 48장을 참고해 보자.

2. 모압은 심히 교만했는데, 왜 그렇게 교만했을까?

(1) 철기 시대에 모압 주민은 변경(邊境)에 강력한 요새를 건축해 방어했다. 고원지대 와디 엘헤사로 내려가는 바로 그 지점에 요새 성읍을 건축해서 남부 모압으로 내려가는 왕의 대로를 차단했다. 이들 중요한 요새들은 난공불락의 산지 위에 위치해 있다. 고원의 꼭대기에 꼬불꼬불하게 누비면서 그 요새들이 둘러

싸여 있다. 이 **천혜의 방어 조건**은 남부에도 마찬가지였다. 따라서 외부 세력이 모압을 침공하는 것은 너무 힘든 조건을 갖고 있었다. 모압 대부분의 중요한 중심지는 강력하게 요새화되었다.

(2) 이런 천혜의 방어 조건 때문에 모압은 외부 세력이 접근할 수 없었다. "우리가 모압의 교만을 들었나니"

렘 48:29 심한 교만 곧
그의 자고와 오만과 자랑과 그 마음의 거만이로다

(3) 이들의 교만함도, 또 그의 자랑도 하나님 앞에서는 허풍일 뿐이다.

"그가 자랑하여도 아무 것도 성취하지 못하였도다"(렘 48:30).

"그러므로(Therefore עַל־כֵּן) 내가 모압을 위하여 울며(모압 때문에 통곡하리라) 온 모압을 위하여 부르짖으리니 무리가 길헤레스 사람을 위하여 신음하리로다(=슬퍼하리로다)"(31절). 한 때 풍요를 자랑했던 과수원들도 텅비게 될 것이다(32절, "십마(요단 동편, 모압 지방의 성읍 / 포도 산지)의 포도나무여 너의 가지가 바다를 넘어 야셀(길르앗 근처에 위치한 성읍 - 풍성한 과일과 포도 산지로 유명) 바다까지 뻗었더니 너의 여름 과일과 포도 수확을 탈취하는 자가 나타났으니 내가 너를 위하여 울기를 야셀(모압의 중요 도시)이 우는 것보다 더하리로다."

3. 모압은 거짓 신들을 섬겼다. 이제 하나님께서 그들이 믿는 신들을 모두 제거하실 것이다.

렘 48:36 그러므로
나의 마음이 모압을 위하여 피리 같이 소리 내며
나의 마음이 길헤레스 사람들을 위하여 피리 같이 소리 내나니
//이는(for) 그가 모은 재물이 없어졌음이라

모압 사람들의 절망스러운 소리가 울려퍼진다. 렘 48:37-38을 보라. "모압의 모든 지붕과 거리 각처에서 슬피 우는 소리가 들리니"(38절) 모압이 산산조각났으므로 그들이 통곡한다. "모압이 부끄러워서 등을 돌렸도다 그런즉 모압이 그 사방 모든 사람의 조롱 거리와 공포의 대상이 되리로다"(39절).[1)]

1) 왜 공포로 인하여 떠는가? "보라 그가 독수리 같이 날아와서 모압 위에 그의 날개를 펴리라"(렘 48:40). 출산하는 여인이 산고를 참을 수 없는 것처럼 고통을 멈출 수 없을 것이다(41절). 모압은 여호와를 거슬렀기 때문에 하나님의 피할 수 없는 심판을 받을 것이다. "모 압이 여호와를 거슬러 자만하였으므로 멸망하고 다시 나라를 이루지 못하리로다"(42절).

에돔
Edom
אֱדוֹם

에돔이 받을 심판(겔 25:12-14)

1. 에돔의 멸망에 대해서는 오바댜서에서 자세히 언급된다. 오바댜 선지자가 언제 활동했는지 서로 다른 견해가 있으나 에돔은 그 교만이 하늘을 찌를 듯했고 끝없이 이스라엘을 괴롭혔다. 오바댜는 그 교만한 에돔의 파멸을 선포하고 있다. "네가 네 형제 야곱에게 행한 포학으로 말미암아 부끄러움을 당하고 영원히 멸절되리라"(옵 1:10). (동교재, 오바댜에서)

(1) 에돔은 에서의 후손들로서 사해 남쪽에 정착해서 번창하는 나라가 되었다. 이스라엘의 조상 야곱과 에돔의 조상 '에서'는 한 형제로서 어머니 리브가의 태 안에서부터 싸움을 벌여왔다(창 25:19-24).[1]

(2) 이스라엘이 에돔을 지나 언약의 땅으로 북진할 때 길을 지나가게 해달라고 했으나 이들은 거절했다(민 20:14). 하나님께서 에돔인들에게 주신 이 지역에 대한 권리를 보호해 주셨기 때문이다. 그러나 에돔인들은 이스라엘을 격퇴하기 위해 모이는 등 매우 '비형제적인' 방식으로 행동했다. 선지자 발람이 발락의 부름을 받았을 때, 발람은 에돔이 장차 그들에게 정복되어 그들의 소유가 될 것을 언급하면서 "야곱의" 주권을 거듭 언급했다(민 24:18).

(3) 에돔인들이 자기네 형제가 바벨론인들에 의해 파괴되고 포로로 잡혀가는 것을 보고 기뻐했을 만큼 그들의 "야곱"에 대한 적의(敵意)는 극심한 것이었다(시 137:7). 그들은 즐겨 싸움에 가담하여(암 1:6, 9, 11) 이스라엘에 폭력을 가했다.

2. 에돔이 얼마나 이스라엘에게 적대적이었는가 간단하게 살펴보자.

(1) 사울 왕 때 에돔 정복(삼상 14:47) - "사울이 이스라엘 왕위에 나아간 후에 사방에 있는 모든 대적 곧 모압과 암몬 자손과 **에돔**과 소바의 왕들과 블레셋 사람을 쳤는데 향하는 곳마다 이기었고"

(2) 다윗 때에 에돔을 정복했다(삼하 8:12-14). - '소금 골짜기'에서 만 팔천 명을 물리치고 돌아왔다. 이 일로 다윗은 유명해졌다. 그리고 에돔 땅에 군대를 주둔시켰다. 에돔은 모두 다윗의 종이 되었다.[2]

1) '에돔'은 아돔(אֱדֹם)에서 유래했으며, '붉은'을 의미한다. 에돔은 에서의 별명인데 에돔 족속이나 영토를 가리키기도 했다. 이 이름은 장자권보다 붉은 죽을 더 원했던 에서에게 붙여졌음을 우리는 이미 잘 알고 있다(창 25:30, 창 36:1). 창 27: 39-40에서 이삭은 예언적으로 야곱과 에서를 축복하였다. 에서는 황폐한 곳에서 살고, 칼을 믿고 생활하며 그의 형제를 섬겨야 한다고 했다. 그의 후손들은 그의 이름들 중에서 어떤 것으로 지칭되었거나 (창 36:9, 에돔, 혹은 렘 49:8, 렘 49:10 - 에서) 혹은 그가 정착했던 산 세일로 지칭되었다(참조: 대하 20: 22-23).

2) 이때 다윗의 군대장관이었던 요압이 죽은 사람을 묻어 주려고 갔다가 에돔의 남자들을 다 죽인 일이 있었다. 6개월 동안 머물러 있으면서 에돔의 남자들을 다 죽였다. 그때 어린아이였던 하닷이 그의 아버지의 신하들과 애굽으로 도망갔고, 하나님은 이 하닷을 일으켜 솔로몬의 적이 되게 하셨다(왕상 11:14 이하를 읽어보라).

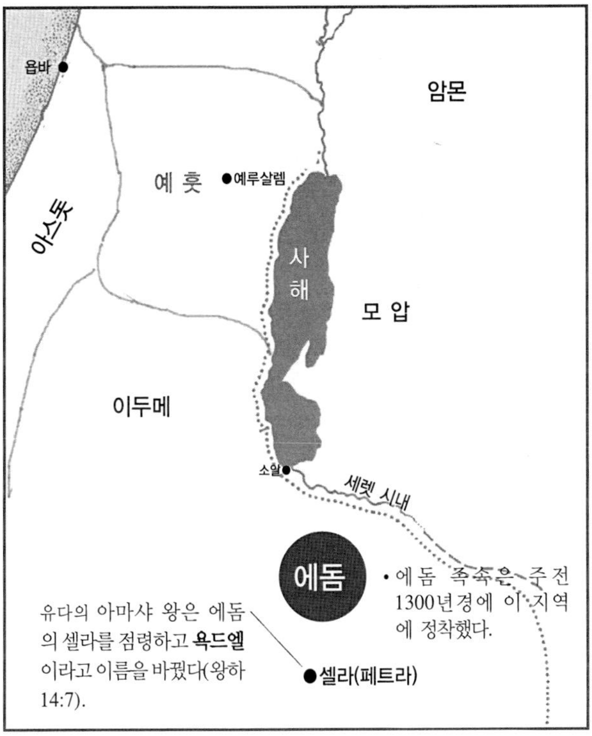

바벨론 포로 귀환 당시의 유대 땅(예훗)

- **에돔의 교만(옵 1:3-4)** : 이들은 천연적인 요새를 자랑하며 교만했다. 그러나 하나님은 그런 교만을 꺾어버리신다. 또 에돔은 예루살렘의 멸망을 멀리서 바라보고 기뻐했다(옵 1:10-14). 에돔은 그들이 행한 대로 보응을 받게 될 것이다. 이제 하나님은 그들의 교만을 제거하실 것이다. 에돔은 지혜가 매우 뛰어난 민족이었다(렘 49:7 참조).

- '셀라'는 에돔의 수도였다. 히브리어로 '반석'이라는 뜻이다(옵 3). 나바다가 이곳을 점령한 후 '페트라'라고 했다. '페트라'도 헬라어로 '반석'이라는 뜻이다. '셀라'는 반석 위에 세워진 천연의 요새지였다. 현재 요르단의 고대 유적지로 유명한 관광지이다. 바위를 깎아 만든 암벽 위에 도시를 건설했다. 인디아나 존스(3편)라는 영화의 배경이 되기도 했다. 나바테아 왕국의 수도로 번영하다가 106년 로마 제국에 의해 멸망했다. 에돔을 가리켜 "바위 틈에 거주하며 높은 곳에 사는 자여"라고 했다(옵 3). 천연요새였기에 이를 믿고 교만했다는 말이다.

(3) 남유다의 네 번째 왕 여호사밧 때 모압, 암몬, **에돔** 연합군이 유다를 공격했으나(대하 20:1) 하나님의 도우심으로 유다가 대승했다. 그후 에돔 연합군은 깨어졌다(대하 20:22, 23). 여호사밧은 국방을 튼튼히 할 목적으로 북이스라엘과 동맹을 맺고, 아들을 아합의 딸과 결혼시킨다.

(4) 유다의 여호람 왕 때 **에돔**이 유다에 반기를 들었다(주전 850년경, 왕하 8:20-22). 여호람의 악정(惡政)으로 국력이 약해졌기에 에돔이 유다를 반역하게 된다. 그리고 자기들의 왕을 따로 세웠고(왕하 8:20) 약 40년간 독립했던 것 같다.

(5) 유다의 아홉 번째 왕 아마샤(주전 796-767)는 약해진 왕국을 정리하여 굳게 한 후 30만의 군대로 에돔을 공격했다. '소금 골짜기'에서 에돔 군사 10,000명을 죽이고 수도 셀라(페트라)[2]를 탈취한다(대하 25:11, 12). 그런데 돌아오는 길에 에돔의 우상을 가져다가 경배하며, 분향하는 죄를 저질렀다(대하 25:14). 아마샤의 아들 웃시야(=아사랴)는 에돔을 계속 주관했으며 엘랏(에시온게벨 바로 옆) 항구를 회복했다(왕하 14:22). 그러나 주전 735년 에돔은 이스라엘과 아람과 함께 동맹함으로 다시 자유를 얻은 것 같다.

2) 요르단의 수도 암만 서남쪽 150km 지점에 페트라(셀라)가 있다. 유다의 아마샤 왕은 에돔의 셀라를 점령하고 **욕드엘**이라고 이름을 바꾸었다(왕하 14:7).

(6) 그후 유다는 에돔을 통치하지 못했으며, 앗수르 비문에 의하면 디글랏빌레셀 3

세가 에돔 왕을 굴복시켜 자기의 속국으로 삼았다고 기록하고 있다(주전 732년). 물론 애돔은 과중한 공물로 인해 국력이 약화되었다.

(7) 바벨론 왕 느부갓네살이 예루살렘을 침공할 때(주전 587년, 왕하 25장), 에돔 사람들은 이들과 동맹하였으며, 대대로 내려 온 자기들의 대적이 멸망하게 되자 미칠 듯이 기뻐했다(시 137:7* 참고). 이때 에돔 족속들은 바벨론의 용병(傭兵)으로 고용되어 바벨론 군대에 앞장 서서 예루살렘을 공격했다고 한다. 이 과정에서 에돔인들이 매우 잔인하게 대했던 것 같다. 오바댜의 에돔에 대한 멸망 선포는 에돔인들의 그 잔인함 때문이었다.

- 시 137:7 "여호와여 예루살렘이 멸망하던 날을 기억하시고 에돔 자손을 치소서 그들의 말이 헐어 버리라 헐어버리라 그 기초까지 헐어버리라 하였나이다."

3. 당시 또 다른 선지자들의 에돔에 대한 강도 높은 비판을 살펴보자.[1)]

- 시편 137:7 • 애가 4:21-22
- 외경 제1에스드라 4:45 - 에돔인들이 성전을 불태웠다고 비난하고 있다.
- 이사야 34장; 예레미야 49:7-22; 에스겔 35장; 말라기 1:2-4 등을 읽어보면 에돔과 이스라엘이 얼마나 적대 관계에 있었는가를 알 수 있다.
- 오바댜 1:11-14 (예루살렘 파괴시 그들이 행한 내용)

1) 오바댜에서는 그 내용을 상세히 기록하고 있다. 즉,
- 에돔은 유대인들과 친족 관계에 있으면서도 원수처럼 행동했고(11절),
- 예루살렘의 멸망을 기뻐했고(12절),
- 성문으로 들어가 노략질했다(13절).
- 게다가 은신처를 찾는 피난민들을 원수에게 넘겨주었다(14절).

4. 다시 오늘 본문으로 돌아가보자(겔 25:12).

25:12 주 여호와께서 이같이 말씀하셨느니라
//(이유: יַעַן, because) - 13절의 이유
에돔이 ── 유다 족속을 쳐서
/원수를 갚았고(=으면서)
└ 원수를 갚음으로 심히 범죄하였도다(=하였기 때문에)

| 하나님께서 에돔을 철저히 파멸하실 것이다.

13 그러므로(therefore, לָכֵן)
주 여호와께서 이같이 말씀하셨느니라
/내가 ── 내 손을 에돔 위에 펴서
├ 사람과 짐승을 그 가운데에서 끊어
└ 황폐하게 하리니
/[그들이] — 칼에 엎드러지리라
/데만에서부터 드단까지

- 데만 - 에돔의 북쪽의 대표적 도시(철학과 학문의 도시)
- 드단 - 남쪽의 대표적인 도시

에돔의 전 국토를 가리킨다.

에돔을 어떻게 파멸시키실 것인가? 자기 백성 이스라엘을 복수의 도구로 삼으실 것이다(14절). 에돔의 파멸에 대해서는 동교재, 오바댜서를 살펴보자.

에돔 사람들의 이웃에 대한 잔인함

특히 에돔인의 잔인함을 크게 책망하고 있다. 물론 이스라엘은 자신들의 죄 때문에 하나님의 형벌을 받는다. 그렇다고 형제 나라인 유다의 멸망을 그렇게 기뻐해서는 안된다. 이런 에돔의 악한 마음과 행동은 그들이 행한대로 심판을 받을 것이라고 했다. 성경에서 강조하고 있는 중요한 명령들 중 하나는 이웃 사랑에 관한 것이다(출 20:12-17)

블레셋이 받을 심판(겔 25:15-17)

블레셋
Philistine
פְּלִשְׁתִּי

블레셋 사람 : 히브리어, 펠레쉐트에서 '팔레스타인'(Philistine)이라는 말에서 유래되었다. 블레셋 사람은 싸움을 좋아했다. 이스라엘은 초기 정착 과정에서 가나안 사람들을 추방하지 않고, 대신 그들의 문화를 많이 도입한 후, 가나안 족들의 통치자가 되었다. 블레셋 사람들은 벌써 철병거를 가지고 있었다. 사사기 시대에는 그 철병거의 위용 앞에 이스라엘은 주눅이 들어버린다. 이 "블레셋 오대 도시 연합"(가사, 아스돗, 아스글론, 에글론, 가드)은 이스라엘에게 늘 조직적인 위협을 가해왔다. 이들은 사사시대와 사무엘 때에 계속 이스라엘을 괴롭혔고, 다윗 때에 가서야 평정되었다.[1)]

1. 그래서 블레셋 사람이 옛날부터 미워하여 멸시하는 마음으로 이스라엘을 멸망시키려 했다는 것이다(15절).

> 25:15 주 여호와께서 이같이 말씀하셨느니라
> /블레셋 사람이 — (이스라엘을) 진멸하고자 하였도다
> /옛날부터 미워하여(with everlasting enmity)
> /멸시하는 마음으로 원수를 갚아

미워하여
에바(אֵיבָה) - 증오, 적의, 적대 / 적대적인 행동을 행하게 하는 '증오'(hatred)를 의미한다.

(1) 블레셋의 유다 공격은 옛날부터 계속되었다. 그것도 증오가 가득차서 복수를 꾀했으며 멸시(경멸, 모욕, 치욕, contempt)하는 마음으로 유다를 멸망시키려 했다. 그러므로(לָכֵן) 여호와께서 블레셋을 치고, 그렛 사람(Cherethites)[2)]을 없애 버리시겠다고 선언하신다. "분노의 책벌로(노하여 무섭게 벌하다) 내 원수를 그들에게 크게 갚으리라 내가 그들에게 원수를 갚은즉 내가 여호와인 줄을 그들이 알리라 하시니라"(17절).

(2) 아모스 1:6-8에서는 가사의 죄가 언급되었다. 아모스가 지적한 블레셋(5대 도시 중 하나안 '가사')의 죄는 "모든 사로잡은 자를 끌어 에돔에 (팔아)넘겼기 때문이라고 했다(인신매매). 이런 인신매매 과정에서 엄청나게 잔인한 행동들이 있었을 것이다.[3)] 유다의 웃시야와 히스기야가 블레셋을 침공한 사실과 앗수르의 디글랏빌레셀 3세(주전 745-727)가 아스글론과 가사를 자신의 수중에 넣고 이 지역을 앗수르의 한 지방으로 만들어버림으로써 이 예언이 성취되었다. 또 하나님은 블레셋을 폐허로 만드실 것이요, 북쪽 해안가에 살고 있는 두로와 시돈도 동맹국의 도움을 받지 못하게 하실 것이라고 하셨다(렘 47:3-7). "여호와께서 갑돌(=크레타) 섬에 살아 남아 있는 블레셋 사람도 파멸시키실 것"이라고 하셨다.

1) 다윗에 의해 패배당하긴 했지만 계속해서 인접한 유다 왕국에게 가시 역할을 했다(시 14:28-32; 렘 47장; 암 1:6-8; 욜 3:4-8; 습 2:5-7).

2) 블레셋 지역 해변에 살던 정착민들이다(삼상 30:14; 습 2:5). 이들은 다윗 왕으이 용병들이 되기도 했다(삼하 8:18, 20:7, 23).

3) 그래서 심판 선고가 내려졌다(암 1:7-8) "그러므로 가사 성에 불을 보내리니 그 궁궐들을 사르리라." 선지자들은 여러 세대에 걸쳐서 계속 '가사'에 대한 하나님의 심판을 선고했다. 왜냐하면 가사가 국제 노예 무역에 관여했으며, 주위의 성읍들과 정치적 연합도 꾀하였기 때문이다(습 2:4; 슥 9:5). 멸망 대상에 아스돗과 아스글론도 언급되었다(암 1:7-81).

두로
Tyrus
צֹר 초르

11년 ?월 1일
587-6년 3/4월

두로에 대한 심판(겔 26:1–28:19)

여호와김이 사로잡힌 지 11년째 어느 달 초하루에 여호와의 말씀이 에스겔에게 다시 임했다. 이때가 주전 587-586년이다. 그렇다면 예루살렘이 함락된 해이기도 하다(왕하 25:2-7). 두로(Tyrus)는 지중해 연안에 위치한 베니게(페니키아)의 주요 도시 국가 중 하나였다.[1] 두로는 좁은 해안을 따라 바위가 많은 섬 위에 위치해 있었기에 훌륭한 항구들을 갖췄다. 페니키아인들은 일찍부터 바다로 진출하여 탐험과 교역과 식민지 개척을 놓고 헬라인들과 경쟁했다.

1) 수 19:29; 삼하 24:7; 왕상 5:1; 대상 14:1; 시 45:13; 렘 25:22 등).

1. 두로는 이스라엘의 멸망을 보고 크게 기뻐했다. 그 이유가 무엇인가?

(1) 페니키아 제일의 도시가 두로였다. 두로는 이스라엘의 정치적 · 경제적 몰락을 보고 기뻐했다. 이스라엘의 멸망이, 곧 자신들과 해상교역의 경쟁자가 사라진 것으로 보았기 때문이다. 하나님은 이에 대해 어떤 말씀을 하시는가?

2) עַל־יְרוּשָׁלִַם
concerning Jerusalem - NASB
against Jerusalem - KJV

26:2 //(이유: because, יַעַן אֲשֶׁר)
두로가 – 예루살렘에 관하여(עַל־יְרוּשָׁלִַם[2]) 이르기를
/아하 좋다! (헤아흐, הֶאָח)
/만민의 문이 — 깨져서 내게로 돌아왔도다
/그가 —— 황폐하였으니
/내가 —— 충만함을 얻으리라 하였도다

예루살렘을 대적하여 (*against* Jerusalem)

뭇백성의 관문(gateway)이 부서졌구나! 해상교역의 경쟁상대가 무너졌다고 기뻐 노래한다.

뭇민족들의 관문이라 할 수 있는 예루살렘이 폐허가 되었으니 이제는 우리가 번성하게 되겠구나!

(2) 두로는 여러 민족들이 성난 파도처럼 쳐들어와 멸망을 당하게 될 것이라는 선언을 받는다(3절). 2절은 그 이유를 설명한다. 두로는 예루살렘을 원수로 보기보다는 해상무역의 경쟁자로 보았다. 그래서 바벨론의 예루살렘의 함락을 '아하 좋다'(헤아흐, הֶאָח)라고 하면서 매우 기뻐했다. 예루살렘의 멸망이 자신들의 번영과 직결된다고 보았기 때문이었다. 하나님은 이런 두로를 미워하셨다. 타인(예루살렘)의 멸망을 기뻐하기 보다는 동정해야만 했다. 그래서 하나님은 두로에게 크게 진노하셨다.

• 유다가 사라지는 것은 두로로서는 좋은 기회가 된다고 생각했다. 서쪽 팔레스타인 국가들의 지도자로서 보다 두드러진 역할을 수행할 수 있었을 것이기 때문이다. 그러나 하나님은 다른 계획을 갖고 계셨다. 두로는 철저하게 무너뜨림을 당하게 될 것이다. 그 심판의 내용이 3-21절까지 계속된다.

26:3 그러므로 (나) 주 여호와께서(אֲדֹנָי יְהוִה) 이같이 **말씀하셨느니라**
/두로야 보라!
/내가 —— 너를 대적하여(I am *against* you)
—— 너를 (와서) 치게 하리니(הַעֲלֵיתִי 히필 동사)
/여러 민족들이
/바다가 그 파도를 굽이치게 함 같이

2. 현재, 레바논이 있는 지중해 연안, 당시 두로를 포함한 페니키아인들은 교역 면에서 여러 나라에 많은 영향을 주고 받았다.

(1) 특별히 이스라엘과는 상업적인 면과 종교적인 면에서 서로 많은 영향을 주고 받았다. 간단하게 살펴보자.

- 다윗은 두로왕 히람과 언약을 맺은 적이 있다. 히람은 다윗 궁전의 건축을 위해 유명한 레바논의 백향목들을 보내었다. 이스라엘은 수출품과 교환하여 베니게에서 백향목을 수입해서(왕상5:10-11) 성전을 짓는데 사용했다(왕상5:10, 대하 14:1). 다윗이 예루살렘을 점령하고 가나안 지역의 맹주로 부상하면서 두로(Tyre) 왕 히람(Hiram)은 다윗에게 백향목과 석수와 목수를 보내어 다윗 궁을 짓는 데 도움을 주었다(삼하 5:11).
- 성전이 완공되자 솔로몬이 자기가 살 왕궁을 짓는다. 공사 기간이 13년이나 걸렸다. 성전을 짓는데는 7년 반 정도가 걸렸음에 비해 거의 두 배나 걸렸다. 이때 레바논에서 나는 값비싼 백향목 나무로 궁을 지었다. 귀중한 수입 품목들과 상아와 금으로 만든 거대한 보좌도 있었다(왕싱 10.18-25).[1]
- 페니키아인들의 종교가 이스라엘에 뿌리를 내리게 되었다. 아합과 결혼한 두로왕 엣바알의 딸 이세벨은 이스라엘에 바알의 종교를 심게 된다(왕상 16:29; 왕하 10:35 -엘리야와 엘리사의 사역). 그리고 그녀의 딸 아달랴와 유다의 왕 여호람이 결혼함으로써 이세벨의 영향력은 유다에까지 확장되었다(왕하 8:16이하, 왕하 11:1-20).
- 후에 두로와 시돈은 식량, 음료수, 기름과의 교환 조건으로 제 2성전의 건축을 위한 백향목을 다시 한번 공급하였다(스 3:7).
- 페니키아인들은 값진 상품들을 취급하는 위대한 해양 상인들이었다. 부유했던 이들은 매우 교만했다. 이로 인해 선지자들은 두로의 멸망에 대한 여러 예언과 애가를 기록하였다(사 23장; 렘 25:22, 47:4; 겔 26-28장). 그들은 자신들의 뛰어난 지혜를 통해 막대한 부를 축적했다(욜 3:1-8; 슥 9:3이하; 겔 28:3이하).

(2) 그런데 두로 왕은 자기를 신이라고까지 높이면서 교만했다(겔 28:2, 9). 그는 무역을 하면서 부정과 난폭한 행위를 저질렀다. 국력이 강해지자 교만했다. 그리고 이제 예루살렘의 패망을 보고 아주 기뻐했다. 언약 백성의 멸망을 기뻐하는 두로에 대하여 하나님께서는 멸망을 선포하신다. 3-6절은 심판의 전반적인 모습을, 7-14절은 두로가 어떻게 심판받게 될 것인가를 보여주고 있다. 이 심판을 성취하시기 위해 하나님께서는 바벨론 왕 느부갓네살을 동원하신다. "그들이 두로의 성벽을 무너뜨리며 그 망대를 헐 것이요 나도 티끌을 그 위에서 쓸어 버려 맨 바위(말간 바위, a bare rock)[2]가 되게 하실 것"이다(4절).

각국의 주요 무역상품

- 다시스로부터 은, 철, 납 등
- 두로에서 의복, 상수리나무
- 이집트에서 가는 베
- 스닐 : 가는 베, 산호, 홍보석
- 이스라엘 : 밀, 꿀, 기름, 유황

1) 솔로몬은 성전 비품들을 만들기 위해 두로에서 또 다른 히람이 있는데(대하 2:13, 4:11). 그는당시 놋을 다루는 데 거장이었다. 솔로몬은 성전을 짓기 위해 두로 왕에게 부탁하여 후람을 초청했다. 이 사람을 보내어 건축의 여러 부분에서 히브리 장인들을 가르치고 돕게 했다(왕상 7:13 이하). 답례로서 솔로몬도 히람왕에게 막대한 양의 양식을 제공하였다(왕상 9:11-14).

2) 말간 반석(쩨히아흐 쎄라)
צְחִיחַ סֶלַע - 맨바위
like the top of a rock.
바위의 꼭대기(KJ)
a bare rock(NASB)

3. 두로는 자신들이 생각하기에 난공불락의 도시였다. 그러나 두로가 어떻게 무너질 것인가?

• 두로는 페르시아 함대의 근거지였다. 두로는 섬 위에 세워진 도시였기에 거대한 성벽과 페르시아 해군에 의해 철통같이 수비되고 있었다. 그러나 알렉산더 군대는 7개월이나 걸리는 공성끝에 성을 함락시켰다(주전 332년 7월). (이때 무려 2,000명이나 되는 남자들을 십자가형에 처했다.)

26:5 [그것이] —— 그물 치는 곳이 되게 하리니
/바다 가운데에
//(이유: כִּי, for)
내가 —— 말하였음이라(=기 때문에)
주 여호와의 말씀이니라
그가 ——— 이방의 노략 거리가 될 것이요
6 들에 있는 그의 딸들은 — 칼에 죽으리니
그들이 ————— 나를 여호와인 줄을 알리라

• 두로는 섬 위에 세워진 도시였다. 천혜의 조건으로 난공불락의 도시였다. 알렉산더 대왕도 두로는 힘든 상대였다. 그러나 그런 두로도 그물이나 말리는 곳이 되게 하시겠다는 것이다.

심판의 구체성

7 주 여호와께서 이같이 말씀하셨느니라

- 내가 왕들 중의 왕 곧 **바벨론의 느부갓네살 왕으로 하여금**
  북쪽에서 말과 병거와 기병과 군대와
  백성의 큰 무리를 거느리고 와서 두로를 치게 할 때에
- 그가 들에 있는 너의 딸들을 칼로 죽이고
  너를 치려고 사다리를 세우며 토성을 쌓으며
  방패를 갖출 것이며(8절)
- 공성퇴를 가지고 네 성을 치며 도끼로 망대를 찍을 것이며(9절)
- 말이 많으므로 그 티끌이 너를 가릴 것이며
  사람이 무너진 성 구멍으로 들어가는 것 같이
  그가 네 성문으로 들어갈 때에
  그 기병과 수레와 병거의 소리로 말미암아
  네 성곽이 진동할 것이며(10절)
- 그가 그 말굽으로 네 모든 거리를 밟을 것이며
  칼로 네 백성을 죽일 것이며
  네 견고한 석상을 땅에 엎드러뜨릴 것이며(11절)
- 네 재물을 빼앗을 것이며 **네가 무역한 것을 노략할 것이며**
  네 성을 헐 것이며 네가 기뻐하는 집을 무너뜨릴 것이며
  또 네 돌들과 네 재목과 네 흙을
  다 물 가운데에 던질 것이라(12절)
- 내가 네 노래 소리를 그치게 하며 네 수금 소리를
  다시 들리지 않게 하고(13절)
- **너를 맨 바위가 되게** 한즉 네가 **그물 말리는 곳**이 되고
  다시는 건축되지 못하리니
  나 여호와가 말하였음이니라 주 여호와의 말씀이니라(14절)

- 겔 29:17 "스물일곱째 해 첫째 달 초하루에 여호와의 말씀이 내게 임하여 이르시되 18 인자야 **바벨론의 느부갓네살 왕이 그의 군대로 두로를 치게 할 때에 크게 수고하여 모든 머리털이 무지러졌고 모든 어깨가 벗어졌으나 그와 군대가 그 수고한 대가를 두로에서 얻지 못하였느니라.**"

4. 앞에서 예언된 말씀이 주전 585년에 성취되었다. 그러나 두로는 완전히 파멸을 가져오지 않았다(겔 29:17-18*). 두로는 언제 완전 파멸을 가져왔을까?

알렉산더의 정복전쟁

그래서 학자들은 그 실제적인 성취는 알렉산더 대왕 때까지 250년 동안 지연시키셨다고 주장하기도 한다.

▶ **알렉산더**, 그는 아버지가 죽은 후, 주전 336년, 그의 나이 20세에 '마케도니아 왕'이라는 칭호를 얻게 된다. 주전 334년, 알렉산더는 35,000명의 부대를 이끌고 도시 국가의 도움을 받지 않고 단독으로 에게 해를 건넌다. 그리고 소아시아를 통치하던 바사 총독들과 전투를 벌여 그라니쿠스 강둑에서 그들을 궤멸시켰다.

- 알렉산더는 이후 사데를 점령하고, 밀레도 등 해안 도시를 점령했다. 그리고 밤빌리아 측면으로부터 내륙으로 침공, 부르기아의 옛 수도인 골디움으로 진격했고, 다시 안퀴라를 점령했다.
- 알렉산더는 여기 저기의 저항 세력들을 잠재우고, 다리오 3세와 그의 군대가 잇수스에 도착한다는 사실을 접하고, 그 후방을 공격, 대승했다(주전 333년, 그의 나이 23세 때였다). 이때 다리오는 간신히 목숨을 건지고 달아났다. 그러나 그의 가족과 국고(國庫)를 잃었다.
- 알렉산더는 다리오를 쫓지 않고, 페니키아 도시들을 점령하기 위해 남하했다. 아라두스, 시돈, 비블로스는 저항해보지도 않고 항복했다. 강력하게 저항했던 도시는 두로였다. 두로는 페르시아 함대의 근거지였다. **두로는 섬 위에 세워진 도시였기에 거대한 성벽과 페르시아 해군에 의해 철통같이 수비되고 있었기 때문이었다.** 그러나 알렉산더 군대는 7개월이나 걸리는 공성끝에 성을 함락시켰다(주전 332년 7월).

(이때 무려 2,000명이나 되는 남자들을 십자가에 처형했다.)

5. 이사야서에서도 두로와 시돈의 파멸을 예언하고 있다(사 28:1-18)

(1) 두로(쪼르, צֹר)는 막강한 함대를 자랑했다. 세계 상업의 도시(최고의 해상력) 두로는 열국의 시장으로 세계의 곡창인 나일강의 곡물을 운수하기도 했다(사 23:23). 바다의 보장(요새)이었다. 이태리 서쪽 지중해 쪽에 있는 다시스와 구브로를 식민지로 두고 있었다(깃딤: 구브로의 중심 도시, 사 23:1, 2). 이에 비해 바벨론은 세계황제권의 도시요, 최고의 지상력을 자랑했다. 어쨌든 두로는 '불임여성'(사 23:4)이 될 것이다. 또 "처녀딸 같은 상태에 있었으나, 갈대아인들에

의해 짓밟힐 것이라고 했다(사 23:13).

(2) 언제 주어진 예언일까? 사 23:13절을 보자. (동교재, 이사야서)

23:13 [너희는] —— 보라(הֵן)
/갈대아 사람의 땅을
[이들은] —— 그 백성이[라]
/없어졌나니(=없어진)
앗수르 사람이 —(곧) [그것을] 들짐승의 거하는 곳이 되게 하였으되
그들이 —— 망대를 세우고 궁전을 헐어 황무케 '하였느니라'

13절을 보면 앗수르가 바벨론 침공을 이미 이루어진 사실로 보고 있다. 그렇다면 이사야는 그의 예언 활동이 끝나갈 무렵에 받았을 것이다. 그 침공 연대는? (주전 689년?)

• 사 23:15 "그 날부터 두로가 한 왕의 연한같이 칠십년을 잊어버린 바 되었다가 칠십 년이 찬 후에 두로는 기생 노래의 뜻같이 될 것이라."

• 사 23:17 "칠십 년이 찬 후에 여호와께서 두로를 돌보시리니 그가 다시 값을 받고 지면에 있는 열방과 음란을 행할 것이며"

(3) **그렇다면 앗수르의 바벨론 침공은 언제 일어났을까?** 13절이 주전 689년 바벨론 침공 사건을 가리킨다고 보는 사람도 있다. 확실한 연대를 알 수 없다. 선지자는 다시스의 배들을 불러 두로의 파멸을 슬퍼하라고 말한다(1, 14절).

23:1 두로에 관한 경고라
다시스의 선척들아 너희는 **슬피 부르짖을지어다**
두로가 황무하여 집이 없고 들어 갈 곳도 없음이요
이 소식이 깃딤 땅에서부터 그들에게 **전파되었음이니라**

(4) 두로는 갈대아인들에게 70년간 통치를 받을 것이며, 70년이 지난 후에야 다시 번영을 찾을 것이라고 했다(사 23:15, 17). 그 이유는 두로를 이용하여 하나님의 백성을 풍요롭게 하시기 위해서였다(18절).

• 여기서 70년이란 하나님의 심판이 요구하는 것들을 완전히 충족시키는 오랜 기간을 상징하는 것 같다.

(5) 그러나 **두로가 유다에 종속되었다는 증거는 어디에도 없다. 앗수르의 사르곤과 산헤립, 에살핫돈, 아슈르바니팔 등이 계속해서 두로를 위협했지만**(두로는 많은 외부의 공격을 받았으나 함락되지 않았다. 이 성읍은 사실상 알렉산더 대왕에 의해 정복당했다.) **주전 332년, 알렉산더 대왕에게 멸망당하기까지는 그 존속을 계속했다**. 따라서 두로의 미래에 대한 이 예언은 원형적으로 보는 것이 가장 옳다고 학자들은 주장한다. 자신의 부(富)로써 하나님에게 영광을 돌릴 지상의 거대한 상권을 대표한다는 것이다.[1)]

1) 로버트 치즈홀름, 예언서 개론, 크리스챤다이제스트, 93.

6. 다시 오늘 본문을 살펴보자(겔 26:15-21).

(1) 열국의 시장이요 바다의 보장(요새)이었던[1] 두로가 멸망한다는 것은 해안 지역의 국가들에게 당혹감을 가져왔을 것이다. "네가 엎드러지는 소리에 모든 섬이 진동하지 아니하겠느냐(=두려움에 떨지 아니하겠느냐?) 곧 너희 가운데에 상한 자가 부르짖으며 죽임을 당할 때에라(=네 종말을 지켜보며 놀라고 있다)"(15절).

1) 세계의 곡창인 나일강의 곡물을 운수하기도 했다(사 23:23). 교역을 통해 부를 축적한 두로는 바다를 통해 사방으로부터 온 자들로부터 부러움과 두려움의 대상이었다.

(2) 그러니까 주변 나라들이 두로의 멸망에 크게 놀란다. ("섬의 주민들이 너로 말미암아 놀라고 **왕들이 심히 두려워하여** 얼굴에 근심이 가득하도다." 겔 27:35)

바다의 모든 왕이,
그 보좌에서 내려 조복(귀족이 웃옷 위에 입던 옷)을 벗으며
수 놓은 옷을 버리고 떨림을 입듯 하고
땅에 앉아서 너로 말미암아 무시로 떨며 놀랄 것이며(16절)

(3) **예루살렘이 멸망할 때는**, 주변 국가들이 놀라지도, 안타까와 하지도 않았다(애 1:2-3*). 그러나 두로가 멸망했을 때는 주변 국가들이 슬퍼했다는 것이다. 주변의 모든 왕들이 그들의 왕복을 벗고 수놓은 옷도 벗어버리고 때도 없이 떨며 수시로 놀라게 될 것이다(16절).

(4) 그때가 되면 교역 대상국들은 슬픈 노래(탄식의 노래)를 부르게 될 것이다(17절).

애 1:2 (예루살렘이) 밤에는 **슬피 우니** (=목놓아 우니)
눈물이 뺨에 흐름이여
사랑하던 자들 중에 그에게 위로하는 자가 없고
친구들도 다 배반하여 원수들이 되었도다

1:3 유다는 환난과 많은 고난 가운데에 **사로잡혀 갔도다**
그가 열국 가운데에 거주하면서
쉴 곳을 얻지 못함이여
그를 핍박하는 모든 자들이 궁지에서
그를 뒤따라 잡았도다

17 항해자가 살았던 유명한 성읍이여
너와 너의 주민이 바다 가운데에 있어 견고하였도다
해변의 모든 주민을 두렵게 하였더니
어찌 그리 멸망하였는고

18 **네가 무너지는 그날에** 섬들이 진동할 것임이여
바다 가운데의 섬들이 네 결국을 보고 놀라리로다

(5) 두로의 멸망이 확실하여 다시는 사람이 거주하는 곳이 되지 못할 것이다. 그리고 살아 있는 자의 땅에서 영광을 얻지 못할 것이다(20절). "내가 너를 패망하게 하여 다시 있지 못하게 하리니 사람이 비록 너를 찾으나 다시는 영원히 만나지 못하리라"(21절).

두로
Tyrus
צֹר 초르

두로의 멸망에 대한 탄식의 노래(겔 27:1-36)

"인자야 너는 두로를 위하여 슬픈 노래를 지으라." 하나님은 에스겔에게 두로를 위하여 애가(키나, 슬픈 노래)를 지어 부르라는 명령을 받는다. 슬픈 노래(키나, קִינָה)는 '애도'(lamentation) 또는 '애가'(dirge)를 의미한다. 애가는 예언적 측면에서 임박한 죽음이나 멸망과 관련하여 부르기도 했다(렘 7:19; 겔 2:10). 특히 중요한 장례식에는 이 애가가 대부분을 차지한다(미 1:8; 왕상 13:30).

1. 에스겔이 지어 부른 애가는 조롱조의 심판 신탁과도 같이 들린다. 이 애가는 두로의 탁월함과 부를 회상하는 것으로 시작한다(겔 27:1-4).

▶두로는 마치 무엇과 같다고 설명하는가?

• 두로는 마치 육지를 바로 앞에 두고 짐 때문에 허덕이다가 모든 선원들과 함께 침몰하는 대형 범선(帆船)에 비유되었다. (32절- "두로와 같이 바다 가운데에서 적막한 자")

• 두로는 페니키아의 그 어떤 도시보다 우월하다는 점을 강조하고 있다(5-9절).

優越
우월

27:3 너는 두로를 향하여 이르기를 바다 어귀에 거주하면서 여러 섬 백성과 거래하는 자여 주 여호와께서 이같이 말씀하시되

두로야 네가 말하기를
나는 온전히 아름답다 하였도다

4 네 땅이 바다 가운데에 있음이여
너를 지은 자가
네 아름다움을 온전하게 하였도다

5 스닐의 잣나무로
네 판자를 만들었음이여
너를 위하여 레바논의 백향목을 가져다
돛대를 만들었도다

6 바산의 상수리나무로
네 노를 만들었음이여
깃딤 섬 황양목에 상아로 꾸며 갑판을 만들었도다

7 애굽의 수 놓은 가는 베로 돛을 만들어
깃발을 삼았음이여
엘리사 섬의 청색 자색 베로 차일을 만들었도다

8 시돈과 아르왓 주민들이
네 사공이 되었음이여 두로야
네 가운데에 있는 지혜자들이 네 선장이 되었도다

9 그발의 노인들과 지혜자들이
네 가운데에서 배의 틈을 막는 자가 되었음이여
바다의 모든 배와 그 사공들은
네 가운데에서 무역하였도다

3절. 두로는 스스로 말하기를 "나는 세상에 흠없이 아름다운 배다"라고 했다.

4절. 너(두로)를 만든 조선공들이 너를 흠없이 아름답게 하였다(도달할 수 없는 최고의 상태로 만들었다).

5-9절. **두로라는 배(船)는 아주 화려했는데,**

• 배의 몸통 - 스닐(헤르몬)산 잣나무로
• 돛대 - 레바논의 백향목으로
• (배젓는) 노(oars) - 바산의 상수리나무로
• 갑판 - 깃딤(사이프로스) 섬 황양목 상아로

• 돛(sail, 미프라쓰, מִפְרָשׂ) - 애굽
가져온 모시에다 수넣은 것으로 깃
만들었다.
• (해를 가리는) 차일 - 엘리사섬에서
는 베로 만들었다. (엘리사섬 - 야
아들 엘리사의 후손들이 살던 지역

• 사공(선원) - 시돈과 아르왓(=페니키
최북단 성읍, 두로의 북쪽) 주민들
• 선장 - 선원들 중에 노련한 사람
• 배의 틈을 막는 자 - 그발의 노인
지혜자들.

고대 배(상선)의 모형 : 그 외양이 실로 당당하고 훌륭했다

두로는
많은 상품과
보화를 실은 아름답고
화려한 '대형 범선'으로
묘사되고 있다.

그러나 방파제를
지나자마자
배는 동풍을 만나 뒤집히고
선원들은 죽는다.

두로의 모습이다.
과도한 탐닉과 자만심으로
침몰하고 있는 것이다.

거래지역 목록(10–25절)

10 바사(페르시아)와 **룻**과 **붓**이
네 군대 가운데에서 병정이 되었음이여
네 가운데에서 방패와 투구를 달아
네 영광을 나타냈도다

11 **아르왓 사람**과 네 군대는
네 사방 성 위에 있었고 용사들은
네 여러 망대에 있었음이여
네 사방 성 위에 방패를 달아
네 아름다움을 온전하게 하였도다

12 **다시스**는 각종 보화가 풍부하므로
너와 거래하였음이여
은과 철과 주석과 납을 네 물품과 바꾸어 갔도다

13 **야완**과 **두발**과 **메섹**은 네 상인이 되었음이여
사람과 놋그릇을 가지고
네 상품을 바꾸어 갔도다

14 **도갈마** 족속은 말과 군마와 노새를
네 물품과 바꾸었으며

15 **드단** 사람은 네 상인이 되었음이여
여러 섬이 너와 거래하여 상아와 박달나무를
네 물품과 바꾸어 갔도다

貿易

무역

10절 • 페르시아인과 리디아 그리고 붓의 용병들이 두로의 전사가 되었다. 이들은 배 안에다 방패와 투구를 걸어두었다.

11절 • 아르왓(페니키아의 최북단 성읍) - 싸이프로스 바로 맞은 편의 시리아 해안 근처 / 이들이 성벽 주위를 지켰다. 이들은 네 성벽을 빙 둘러 방패를 걸어놓아 화려하게 하였다.

12절 • 다시스 - 스페인 남부 해안 지역인지 확실치 않으나(욘 1:3) 두로와는 거리가 먼 곳이다(왕상 10:22). / 각종 보화가 풍부했다.

13절 • 야완(이오니아의 헬라인) / 두발 - 놋그릇으로 두로와 무역하였다.
• 메섹 - 놋그릇 장사로 유명 / 곡(Gog)이 메섹과 두발의 왕이었다(겔 32:26, 38:2, 3, 39:1).

14절 • 고멜의 후손 - 말과 군마와 노새로 두로와 무역했다. - 안티타우로스 산맥과 유브라데 강 사이에 있는 지방이다.

15절 • 드단(데단, דְּדָן) - 상아와 박달나무를 기져와 물건 값을 지불했다. 드단과 여러 섬은 아마도 상아와 노예의 원산지인 아프리카를 가리키는 것 같다.

16 너의 제품이 풍부하므로
아람은 너와 거래하였음이여
남보석과 자색 베와 수 놓은 것과 가는 베와 산호와 홍보석을
네 물품과 바꾸어 갔도다

17 **유다와 이스라엘** 땅 사람이 네 상인이 되었음이여
민닛 밀과 과자와 꿀과 기름과 유향을 네 물품과 바꾸어 갔도다

18 너의 제품이 많고 각종 보화가 풍부하므로
다메섹이 너와 거래하였음이여
헬본 포도주와 흰 양털을 너와 거래하였도다

財物
재물

19 **워단**과 **야완**은 길쌈하는 실로
네 물품을 거래하였음이여
가공한 쇠와 계피와 대나무 제품이 네 상품 중에 있었도다

20 **드단**은 네 상인이 되었음이여 말을 탈 때
까는 천을 너와 거래하였도다

21 **아라비아와 게달**의 모든 고관은
네 손아래 상인이 되어 어린 양과 숫양과 염소들,
그것으로 너와 거래하였도다

22 **스바와 라아마**의 상인들도
너의 상인들이 됨이여
각종 극상품 향 재료와 각종 보석과 황금으로
네 물품을 바꾸어 갔도다

驕慢
교만

23 **하란과 간네와 에덴과 스바와 앗수르와 길맛**의 장사꾼들도
너의 상인들이라

24 이들이 아름다운 물품 곧 청색 옷과 수 놓은 물품과
빛난 옷을 백향목 상자에 담고 노끈으로 묶어 가지고
너와 거래하여 네 물품을 바꾸어 갔도다

25 **다시스**의 배는 떼를 지어 네 화물을 나르니
네가 바다 중심에서 풍부하여 **영화가 매우 크도다**

榮華
영화

16절 • 아람(Aram, 시리아, '에돔'으로도 번역) - 이들은 많은 보석을 가져와 물건들로 바꾸어 갔다.

17절 • 유다와 이스라엘도 두로와 무역을 했다. 민닛(Minnith)은 암몬 족속의 성읍으로 사사 입다가 쳐서 점령했었다(사 11:33). 토지가 비옥해 밀 생산지로 유명했다. 밀의 품질이 우수했다.

18절 • 다메섹도 헬본(수리아의 도시)의 술과 양털을 가지고 와서 두로와 거래했다.

19절 • 워단과 야완(Vedan and Javan) - 워단은 아라비아에 있는 장소로 그 위치가 정확치 않다. 철과 계피와 사탕수수를 가지고 와서 무역했다.

20절 • 드단은 말 안장에 까는 천을 가지고 와서 장사했다.

21절 • 아라비아와 게달(이스마엘의 자손) - 양과 숫양과 염소를 가지고 와서 두로와 장사했다.

22절 • 스바와 라아마 - 스바(에디오피아 지명)
라아마(노아의 후손으로 구스의 아들) - 최고의 향료와 값진 보석들을 가지고 와서 장사했다.

23절 • 하란 - 데라와 아브라함이 거하던 메소포타미아의 한 시넉(현재는 터키 지역)
간네, 스바 - 메소포타미아의 한 지역
길맛 - 앗수르의 한 장소

▶ 이렇게 12-25절은 두로와 교역한 나라들과 민족들, 그리고 교역품들의 목록이다. 두로의 가장 유명한 특산물은 (고대 염료<染料> 중 가장 값비싼 염료인) 자주 물감이었다.

26 네 사공이 너를 인도하여 큰 물에 이르게 함이여
동풍이 바다 한가운데에서 너를 무찔렀도다

27 네 재물과 상품과 바꾼 물건과
네 사공과 선장과 네 배의 틈을 막는 자와
네 상인과 네 가운데에 있는 모든 용사와
네 가운데에 있는 모든 무리가 **네가 패망하는 날에**

▶ 주전 612-606경, 두로는 위에서 볼 수 있는 것처럼 막강한 군사력과 경제력을 갖고 있었다. 이런 힘으로 당시 대국인 앗수르에 대항했다.

▶ 여기 26-28절에서는 영광스러운 배로 묘사됐던 두로가 침몰하는 상황을 그리고 있다.

다 바다 한가운데에 빠질 것임이여

28 네 선장이 부르짖는 소리에
물결(또는 들)이 흔들리리로다

沈沒
침몰

▶ 두로라는 화려한 배가 파선(破船)하고 있다. 그래서 배의 선장들이 울부짖는다. 노를 젓는 사람들이 배를 바다 깊은 곳으로 나아가지만 동풍이 불어와 너를(=두로를) 산산조각낼 것이다(26절).

---

29 노를 잡은 모든 자와 사공과 바다의 선장들이
다 배에서 내려 언덕에 서서

30 너를 위하여 크게 소리 질러 통곡하고
티끌을 머리에 덮어쓰며 재 가운데에 뒹굴며

31 그들이 다 너를 위하여 머리털을 밀고
굵은 베로 띠를 띠고
마음이 아프게 슬피 통곡하리로다

痛哭
통곡

▶ 두로의 패망은 그와 교역하던 모든 나라에게 엄청난 충격을 주었다. 모든 선원들이 배에서 내려 바닷가에 서서 파선된 배를 보면서 비통하게 울부짖게 될 것이다. 한때 두로와 교역하면서 부를 축적했던 많은 나라들이 이제는 머리털을 밀며 굵은 베옷을 입고 슬피 울며 통곡하게 될 것이다.

---

32 그들이 통곡할 때에 너를 위하여
슬픈 노래를 불러 애도하여 말하기를
두로와 같이 바다 가운데에서 적막한 자 누구인고

33 네 물품을 바다로 실어 낼 때에
네가 여러 백성을 풍족하게 하였음이여
네 재물과 무역품이 많으므로
세상 왕들을 풍부하게 하였었도다

34 **네가 바다 깊은 데에서 파선한 때에**
네 무역품과 네 승객이 다 빠졌음이여

35 섬의 주민들이 너로 말미암아 놀라고
왕들이 심히 두려워하여 얼굴에 근심이 가득하도다

36 **많은 민족의 상인들이 다 너를 비웃음이여**
네가 공포의 대상이 되고
네가 영원히 다시 있지 못하리라 하셨느니라

▶ 지금까지 두로는 번영을 구가했다. 열방이 그의 부와 명예와 영광을 부러워했다. 따라서 두로는 교만해졌다. 그의 명성과 부가 영원할 것이라고 생각했을 것이다. 전에는 유명했지만 이제는 바다 가운데 적막한 자가 될 것이다. 왕들이 그를 바라보고 얼굴에 근심이 가득했다(35절).

모든 민족의 상인들이 다 너를 '비웃을 것이다' (샤라크. שָׁרַק - '충격 또는 놀라다'라는 뜻도 있다) - 휘파람을 불다라는 뜻으로 해석하기도 했다(공동번역)

破船
파선

▶ 두로는 해상 무역으로 큰 영화를 누렸다(25절). 모두 그 영화가 영원할 것이라고 생각했을 것이다. 그러나 두로의 번영은 하나님께서 복을 허락하셨기 때문에 가능했다. 따라서 두로는 하나님의 도우심을 깨닫고 겸손하게 하나님을 의지했어야 했다.

에스겔의 예언대로 두로는 여러 나라들의 공격의 대상이 되었다. 애굽, 바벨론, 페르시아의 지배를 받았고, 결국 알렉산더 대왕에게 최후를 맞았다. 알렉산더 군대는 7개월이나 걸리는 공성끝에 성을 함락시켰다(주전 332년 7월).

228

신과 같은 두로의 왕(겔 28:1-10)

나는 신이다
I am a god
אֵל אָנִי

너는 사람이요 신(אֵל)이 아니다

여호와의 말씀이 또 에스겔에게 임했다. 28장에서는 특별히 두로 왕에게 대한 심판이 선포된다. 두로 왕에게 왜 심판이 선포되었을까? 그는 교만하기가 하늘을 찔렀다. 그는 교만한 마음을 가지고 "나는 신이다. 나는 바다 한 가운데 있는 신의 보좌에 앉아 있다"라고 하면서 마치 자신이 초자연적 지혜를 가진 신이라도 된 듯 우쭐댔다. 그는 도대체 어떤 인물이었을까?

1. 하나님은 두로 왕에게 어떤 말씀을 전하라고 하셨는가?

28:2 인자야
너는 — 두로 왕에게 **이르기를**
/주 여호와께서 이같이 **말씀하시되**
/[네가] — 네 마음이 하나님의 마음 같은 체할지라도
너는 — 사람이요 신(אֵל)이 아니다
//(이유: יַעַן, because)
네 마음이 — 교만하여 말하기를(...하도다)
/나는 신이라(I am a god, אֵל אָנִי)
내가 하나님(אֱלֹהִים)의 자리
곧 바다 가운데에 앉아 있다

네가 마음 속으로 신처럼 지혜롭다고 생각하지만(although)

Yet you are a man and not God
וְאַתָּה אָדָם וְלֹא־אֵל

가나안 최고의 신의 이름이 '엘'(אֵל)이다. 바다 가운데에 앉아 있는 신(in the seat of gods, In the heart of the seas - NASB)이라는 표현을 볼 때 굉장한 지혜를 가진 자였던 것 같다.

(1) 당시 두로의 왕은 이타바알 2세(Ittabaal II)였다. 그의 자만심은 크게 비난받았다. 에스겔을 통해 전달된 메시지는 왕의 마음이 아주 교만하다는 것이었다. 그는 스스로 '나는 신이다'라고 떠벌였다. "내가 하나님(God, 엘로힘, אֱלֹהִים)의 자리(모솨브 מוֹשַׁב)"에 앉아 있다고 했다. 그는 신(하나님)과 동등한 지위를 주장했다. 그는 "하나님의 자리, 곧 '바다 가운데 앉아 있는 것처럼 안전하며, 하늘 높이 계신 하나님께 그러하듯' 위험이 결코 내게 이르지 못한다"고 주장했다.[1)]

1) 우가릿 문헌에서 '엘'(אֵל)은 강들의 근원에, 두 대양의 원천 한 가운데에 거주하며, 지혜로운 자로 묘사된다.

(2) 그는 다니엘보다 지혜로와서 아무리 비밀스러운 것도 드러나지 않는 것은 없다고 했다(3절). 여기서 언급된 다니엘(Daniel,דָּנִאֵל)은 구약 다니엘서에 나오는 인물이라기보다는 족장 시대에서 유래한 어떤 현인(賢人)이었을 것이다. 어쨌든 두로 왕은 "지혜와 총명으로 재물을 얻었으며, 금과 은을 곳간에 저축하였으며, 큰 지혜와 무역으로 재물을 더했다. 그리고 그 재물로 말미암아 마음

이 교만했다"(4-5절)고 했다. 그 교만은 자신을 신격화하는 데까지 나아갔다. 그러나 하나님은 그는 단순한 한 인간에 지나지 않는다고 잘라 말씀하신다(2절). "너는 신이 아니요 사람(아담, אָדָם)이다."

2. 두로 왕의 교만은 하나님의 진노를 불러들인다. 그의 교만함 때문에 하나님께서는 그를 죽일 것이라고 선언하신다(6-7절)

28:6 그러므로(Therefore, לָכֵן)
주 여호와께서 이같이(thus, כֹּה) 말씀하셨느니라

• 강포한 자(사나운 자, 가장 잔인한 자) - 아리쯔(עָרִיץ)

7/그런즉, [보라!]

누가? 내가 (I *will*~) 곧 여호와께서 — 내가 — 이방인 곧 여러 나라의 강포한 자를 거느리고 와서
— 너를 치리니

/그들이 — 칼을 빼어
— 네 지혜의 아름다운 것을 치며
— 네 영화를 더럽히며

• 가장 잔인한 외국인들을 불러들여 너의 찬란한 영광을 짓밟을 것이다.

이렇게 쑥대밭을 만드시려는 이유는? — 6//(이유: Because, יַעַן야안)
[네가] — 네 마음이 하나님의 마음 같은 체하였으니(=때문에)

— 두로가 말로만 '하나님'이라고 말한 것이 아니라, 마음으로도 '하나님의 마음 같은 체' 했다.

<따라서> → 8 너를 구덩이에 빠뜨려서
너를 바다 가운데에서 죽임을 당한 자의 죽음 같이
바다 가운데에서 죽게 할지라

두로가 이렇게까지 된 이유는 무엇이었을까?

그것은 '지혜'와 '재물'이었다. 무역을 통해 엄청난 부를 축적했고 그 재물로 인해 더욱 교만해졌다. 우리가 어렵고 힘들 때는 모두가 겸손하다. 두로도 처음부터 교만하지 않았다.

이런 형벌을 받고도 "네가 너를 죽이는 자 앞에서도 내가 하나님(אֱלֹהִים)이라고 말하겠느냐?"(9절) "너는 그들 앞에서 '신이 아니라'(לֹא אֵל) 사람(אָדָם)일 뿐이다." 여기 강포한 자들은 바벨론 군대를 가리킨다. 두로 왕은 이방인의 손에 죽기를 할례 받지 못한 사람과 같이 죽게 될 것이다. 즉 처형하는 자 앞에서 수치를 당하면서 죽을 것이라는 말이다.

3. 여호와의 말씀이 또 에스겔에게 임했다(11절). 이번에도 애가(슬픈 노래)를 지어부르라는 것이다.

28:12 인자야(Son of man, בֶּן־אָדָם)
[너는] — 두로 왕을 위하여 슬픈 노래를 지어 그에게 이르기를
/주 여호와의(께서) — 말씀에(=말씀하시기를)
/너는 — 완전한 도장[1]이었고
— 지혜가 충족하며
— 온전히 아름다웠도다

두로 왕은 지혜와 총명이 뛰어났다. 그는 한때는 완전함과 지혜와 아름다움의 전형(典型)이었다. 그 지혜로 나라를 부강하게 만들었다. 그는 하나님의 산에 거주하고 있었다고 말한다(14절).

1) 도장 - 하탐(חֹתָם) - 인(印)을 찍다, 봉인하다

4. (에스겔 28:1이하에 등장하는 애가에서) 두로 왕의 죄와 그에게 임할 심판은 에덴에서 일어났던 일의 반복으로 묘사되어 있다.

1) 여기 비유에서 아담의 타락을 암시하는 것인가, 사탄의 타락을 암시하는 것인가, 아니면 두로 왕의 비유로 볼 것인가? 여러 견해가 있다.

(1) 두로 왕은 정말로 탁월한 지혜를 가진 자로서, 그 지혜로 이 세상의 누구보다도 부해졌고 가장 행복한 자였다고 말한다. 여기서 두로 왕은 타락 이전의 에덴 동산에 있던 천사(그룹)로 은유된다(14절 - "너는 기름 부음을 받고 지키는 그룹임이여").

28:13 네가 ─ 옛적에 하나님의 동산 에덴에 있어서[1]
└ 단장하였음이여
/각종 보석 곧 홍보석과 황보석과 금강석과 황옥과 홍마노와 창옥과 청보석과 남보석과 홍옥과 황금으로[2]
네가 ─ 소고와 비파가 준비되었도다
/지음을 받던 날에 너를 위하여
14 너는 ─ 기름 부음을 받고 지키는 그룹임이여
내가 ─ 너를 세우매
네가 ─ 하나님의 성산에 있어서
└ 불타는 돌들 사이에 왕래하였도다
15 네가 ─ 네 모든 길에 완전하더니
/지음을 받던 날로부터
불의가 ─ 드러났도다
/마침내 네게서

2) 이 왕은 하나님의 거룩한 곳을 지키기 위해 임명된 옷을 갖추어 입은 대제사장에 비유했다. 영광과 아름다움이 대제사장만큼이나 찬란했다는 것이다.

두로 왕은 마치 타락 이전의 아담처럼 부족함없는 풍족하고 행복한 삶을 살았다는 것이다. 아담이 하나님의 동산에서 거했던 것처럼, 빛나는 그룹을 붙여주어 보호자로 삼았고 빛나는 보석들 사이로 왕래했다. 그는 흠잡을 데가 없는 인물이었다(15절).

그는 창조되던 날부터 완전했었다고 했다. 그런 지혜를 가지고 백성을 잘 치리해야 했으나 결국 죄악으로 떨어졌다. 부와 교만이 문제였다.

3) 그는 방들을 각종 보석으로 꾸며놓았으며, 그를 위해서 소고와 비파까지 연주되었다. 불꽃으로 비유되는 천사들에 둘러싸여 있었다. 그는 대제사장이 입는 옷과 같은 영광과 아름다움을 나타내는 의상을 입었다. 그래서 "네가 모든 길에 완전했다"(15절)고 했다.

(2) 이 부분을 해석함에 많은 논쟁이 있다. 어쨌든 두로 왕은 정교하게 만든 도장(옥쇄, the seal)이었다고 표현한다(12절). 그는 지혜가 충만했고 흠 잡을 데가 없어서(the model of perfection) 그는 스스로 신과 동등한 지위를 주장했다. 그 지혜와 부족함이 없음은 마치 타락 이전의 에덴 동산에 거했던 아담처럼 은유되었다(창세기 2-3장에 나오는 최초의 인간은 그에게서 죄가 발견되기 전까지는 행실에 흠이 없었다). "네가 옛적에 하나님의 동산 에덴에 있어서"(13절), 즉 그는 천국에서 지낸 것처럼 살았다는 것이다.[3]

(3) "너는 기름 부음을 받고 지키는 그룹임이여"(אַתְּ־כְּרוּב[cherub] מִמְשַׁח הַסּוֹכֵךְ)(You were the anointed cherub who covers). 여기서 אַתְּ를 70인역에서는 '함께(μετά)로 번역했다. 그렇다면, 이 구절은 "내가 기름 부음을 받아 지키는 그

룹과 함께 너를 거기에 두었다", 즉 이렇게 보면 두로의 왕은 그룹이 아니라 첫 인간에 비유된다. 그렇다면 15-16절은 첫 인간의 타락으로 인한 에덴 동산 추방과 관련된다. "내가 너를 쫓아내었다"(28:16, וָאַבֶּדְךָ 피엘 미완료)[1]

(4) 위의 구절만 보아서는 하나님께서 쫓아내신 것이 한 인물, 즉 '그룹'인가, 아니면 '아담'인가 알 수 없다. M.G. Kline은 하나님께서 쫓아내신 것이 그룹(사탄)이라고 주장한다. 그는 이 구절을 아담이 타락한 것이라고 보는 주장에는 문제가 있다고 본다. 왜냐하면 아담에게 그러한 영광은 창조와 함께 주어진 것이 아니라 그가 검증의 과정을 통과하면서 얻어야 했기 때문이다.[2]

(5) **여러 주장이 있지만,** 어쨌든 겔 28:12-17은 창세기 2-3장과 유사하지만(몇몇 세부적인 내용은 성경의 기사와 차이가 있다 - 메소포타미아와 가나안 신화적인 요소가 포함된듯) 인간/그룹은 하나님(아마도 가나안의 '엘')의 산에 위치한 에덴 동산에 거주하였으며, 하나님께서는 그를 아름다움과 명성으로 빛나게 해주셨다. 그러나 이 인간/그룹은 범죄하여 산으로부터 쫓겨나고 밀있다. 이런 신화론적인 자료의 사용은 사 14:12-15에서도 선례가 있다(치츠 홀롬, 예언서개론).

5. 두로 왕의 교만은 멸망을 자초했다. 그러므로 하나님은 세상에서 가장 무시무시한 바벨론의 군대를 동원해(겔 30:10-11) 두로를 심판하실 것이다.

28:16 네 가운데에 **강포가 가득하여** 네가 범죄하였도다
너 지키는 그룹아
그러므로 내가 너를 더럽게 여겨 하나님의 산에서 쫓아냈고
불타는 돌들 사이에서 멸하였도다

17 네가 아름다우므로 **마음이 교만하였으며**
네가 영화로우므로 **네 지혜를 더럽혔음이여**
내가 너를 땅에 던져 왕들 앞에 두어
그들의 구경 거리가 되게 하였도다

18 네가 죄악이 많고 무역이 불의하므로
네 모든 성소를 더럽혔음이여
내가 네 가운데에서 불을 내어 너를 사르게 하고
너를 보고 있는 모든 자 앞에서 너를 땅 위에 재가 되게 하였도다

19 만민 중에 너를 아는 자가 너로 말미암아 다 놀랄 것임이여
네가 공포의 대상이 되고
네가 영원히 다시 있지 못하리로다

네가
영원히
다시 있지 못하리로다
And you will be no more.

1) And I have destroyed you - NASB
and I will destroy thee - KJV

2) M.G. 클라인, 하나님 나라의 도래, P&R, 101-102.

에스겔 28장의 이미지가 성경 다른 곳에서도 등장한다. 그곳에서는 마귀에 대한 예수님의 구속적 승리를 묘사해 주고 있다(눅 10:18). 십자가 부활을 통해여 이제 곧 존귀하게 될 예수님께서는 이 세상의 왕이 곧 쫓겨나갈 때가 되었다고 선언하셨다(요 12:31; 계 12:8-10; 슥 3:2 참조).

사탄이 교만으로 (창조주께서 허락하신 것보다 더 높은 존귀함을 탐했다.) 창조주의 보좌의 자리까지 취하려 했다(사14:13,14). 원래 사탄은 그 보좌의 거룩한 영광을 지켜야 할 임무를 띤 기름부음 받은 일개 그룹에 불과했다(위의 책).

232

시돈
Zidon
צִידוֹן 찌돈

시돈이 받을 심판(겔 28:20-24)

1. 페니키아(베니게)의 옛 도시인 시돈도 심판이 선고된다. 무엇이 심판의 이유가 되었나?

(1) 시돈은 두로 가까이에 위치했기 때문에 두로에 의존했다. 그래서 두로와 함께 번영했고, 몰락도 함께 했다. 시돈 사람들은 두로 사람보다 우상 숭배에서 더 몰두했던 것 같다(아스다롯 숭배). 특히 이스라엘에 바알을 끌어들였던 이세벨 또한 시돈 왕의 딸이었다(왕상 16:31). 하나님은 시돈 사람들 때문에 치욕을 당하셨다. 요엘서에서는 시돈이 예루살렘을 노략했다고 기록하고 있다(욜 3:4-6).

❖ 두로는 주전 2,000경에 가장 번영을 누렸다. 사 23:2; 겔 27:8에서 언급되었다. "상고로 인해 부요하게 되었다"고 했다. 시돈 사람들의 바알과 아스다롯 숭배는 아주 유명했다. 이세벨이 아합 왕과 결혼함으로써 북이스라엘은 바알의 나라로 떨어졌다.

(2) 이런 시돈에게 하나님은 심판을 선언하신다. "시돈아, 내가 너를 대적하리니"(22절). "그에게 전염병을 보내며 그의 거리에 피가 흐르게 하리니 사방에서 오는 칼에 상한 자가 그 가운데에 엎드러질 것"이라고 하셨다(23절). 예레미야 선지자는 시돈 땅이 바벨론의 느부갓네살에게 예속될 것이라고 했다(사 27:3-6).

28:24 찌르는 가시와 아프게 하는 가시가 — 다시는 없으리니
/그 사방에서 /이스라엘 족속에게는
그들을 멸시하는 자 중에

찌르는(מַמְאִיר 히필형 분사) 가시 - '마아르'(מָאַר)는 사역동사로 쓰일 때 '쓰라리게 하다'라는 뜻이다. 심한 고통을 준다는 말이다. 하나님의 백성 이스라엘은 시돈 때문에 우상숭배의 나라로 곤두박질쳤다. "느밧의 아들 여로보암의 죄를 따라 행하는 것을 오히려 가볍게 여기며 **시돈 사람의 왕 엣바알의 딸 이세벨을 아내로 삼고 가서 바알을 섬겨 예배하고 사마리아에 건축한 바알의 신전 안에 바알을 위하여 제단을 쌓으며 또 아세라 상을 만들었으니** 그는 그 이전의 이스라엘의 모든 왕보다 심히 이스라엘 하나님 여호와를 노하시게 하였더라"(왕상 16:31-33).

2. 이제 찌르게 하는 가시와 아프게 하는 가시는 다시는 없을 것이다(24절).

시돈은 살만에셀에게 점령당한 적이 있으며(주전 725), 산헤립, 에살핫돈의 침략을 받아 많은 포로가 끌려갔다. 그후 바벨론의 침략도 받았다.

이스라엘이 복을 받으리라(겔 28:25-26)

1. 이스라엘 주위의 나라들은 이스라엘의 융성을 달가와하지 않는다. 그들은 여러 가지 방법으로 이스라엘게 가시[1] 노릇을 했다.

1) 탈굼역(아람어 역본)에서는 가시를 악한 왕들과 폭군들로 해석했다.

(1) 그러나, 하나님은 이스라엘을 괴롭히는 나라들에게 심판을 선언하신다. 이스라엘을 찌르는 가시는 다시는 없으리라고 하셨다(24절). 물론 하나님의 백성은 자신들이 지은 악행으로 인해 반드시 심판의 과정을 겪어야 한다.

28:25 주 여호와께서 이같이 **말씀하셨느니라**
/내가 ─ 이스라엘 족속을 <u>모으고</u>
/여러 민족 가운데에 흩어져 있는
└ 내 거룩함을 나타낼 때에(when)
/그들로 말미암아
/여러 나라의 눈 앞에서
/그들이 ─ **거주할지라**(=다시 정착하게 될 것이다)
/고국 땅
/곧 내 종 야곱에게 준 땅에

이스라엘을 흩으신 분도 여호와 하나님이지만, 심판이 끝난 후, 다시 회복시키시는 분도 여호와이시다. 이들이 다시 고국으로 돌아와 정착하게 될 터인데 그때가서야 열방들은 과연 여호와 하나님은 사람과 다르다는 것을 깨닫게 될 것이다.

(2) 하나님의 백성 이스라엘에게 희망의 메시지가 선포된다. 심판의 고난이 지나간 후, 이들은 포로에서 귀환하게 될 것이며 "평안히 살면서 집을 건축하며 포도원을 만들게"(25절) 될 것이다. 왜냐하면, 하나님께서 이스라엘을 멸시하던 열방들을 심판하실 것이기 때문이다.

(3) 이스라엘의 회복(흩어진 포로들의 귀환과 이 땅에서의 안전한 정착)에 대한 구체적인 예언은 에스겔서 후반부에 계속 언급된다.

- 여호와의 땅의 회복에 대한 예언(겔 35:1-36:38) - 귀환이 확실히 이루어질 것과(36:24), 용서와 정화의 확실성을 선포한다(겔 36:25).
- **마른 뼈 환상**(겔 37:1-14)
- **두 막대기로서의 이스라엘의 회복**(겔 37:15-28)
- **곡과 마곡의 심판**(겔 38:1-39:29)
- 새 예루살렘과 새 성전에 대한 환상(겔 40-48장). 유다는 포로가 되었고 예루살렘에서는 여호와의 영광이 떠났으나(겔 1-24장), 이제 포로에서 귀환될 것이고 그의 백성 가운데 하나님이 영광스러운 임재가 다시 시작될 것이다(겔 33-48장).

에스겔 40장 - 회복에 대한 환상

1 "우리가 사로잡힌 지 스물다섯째 해, 성이 함락된 후 열넷째 해 첫째 달 열째 날에 곧 그 날에 여호와의 권능이 내게 임하여 나를 데리고 이스라엘 땅으로 가시되
2 **하나님의 이상 중에 나를 데리고 이스라엘 땅에 이르러 나를 매우 높은 산 위에 내려놓으시는데** 거기에서 남으로 향하여 **성읍 형상 같은 것이 있더라."**

Outline

234

Ezekiel 29–32장

애굽이 받을 심판(29–32장)

이스라엘의 하나님은
이스라엘만 통치하시는 것이 아니다.
그는 이스라엘의 하나님도 되시지만
열방도 통치하시는
천지의 주재자이시다.

지정학적 관계로 이스라엘 정부는
북쪽의 강대국 앗수르와 바벨론
남쪽의 애굽 사이에서
어느쪽을 의지할 것인가
늘 전전긍긍했다.

하나님을 전적으로 의지해야만 하는
선민 이스라엘은
지금 어느쪽이 더 강대국인가를
저울질 하고 있다.

시드기야 정부는 바벨론의 통치를 거부하고
남쪽의 강대국 애굽을 전적으로 의지하려 했다.
그 강대국 애굽은 교만으로 인해
하나님의 심판을 받게 될 것이다
주전 587~571 사이에
일곱 개의 신탁이 전달된다.

애굽에 임한 심판(겔 29:1-16)

주전 587년(포로로 잡혀간지 열째 해 열째 달 열두째 날), 여호와의 말씀이 에스겔에게 임했다. 하나님은 "애굽의 바로 왕과 온 애굽으로 얼굴을 향하고 예언하라"고 하셨다. 여기 나오는 바로 왕은 제26왕조의 호프라였다.

(1) 하나님은 애굽의 바로를 치실 것이라고 선언하신다. "내가 너를 들짐승과 공중의 새의 먹이로 줄 것이다"(4-5절).

(2) 이제 애굽의 모든 사람들이 '내가 여호와인 줄을 알게 될 것이다. 왜냐하면 애굽은 본래 이스라엘에게 갈대 지팡이일뿐이기 때문이다(6절). "이스라엘 백성이 너를 손으로 잡기만해도 너는 부러질 것이다"(7절).

애굽에 칼이 임할 것이라(겔 30:1-19)

30장에서는 애굽의 멸망에 대하여 상세하게 다루고 있다. 이제 애굽뿐만 아니라 애굽과 동맹한 나라들도 함께 멸망당할 것이다(4-5절). "애굽을 붙들어 주는 자도 엎드러질 것이요 애굽의 교만한 권세도 낮아질 것이라"(5절)고 했다. 어느 나라 군대가 애굽을 무너뜨리게 될까? 바벨론이다(10절). 아주 멀리 있는 구스인까지도 고통을 당하게 될 것이다.

백향목이 쓰러지다(겔 31:1-18)

모든 나라들이 부러워했던 백향목(애굽)이 쓰러짐은 열국에게 많은 경고가 되었을 것이다. "그러나 그들도 그와 함께 스올에 내려 칼에 죽임을 당한 자에게 이르렀나니 그들은 옛적에 그의 팔이 된 자요 나라들 가운데에서 그 그늘 아래에 거주하던 자니라."(17절). '그 그늘 아래에 거주하던 자' 즉 애굽의 동맹국들과 속국들도 같은 운명을 맞게될 것이다.

애굽 왕 바로에 대한 애가(겔 32:1-16)

2-8절에서는 애굽의 멸망을, 9, 10절은 열국의 반응을, 11-16절은 멸망시키는 도구(느부갓네살)에 대해 설명하고 있다.

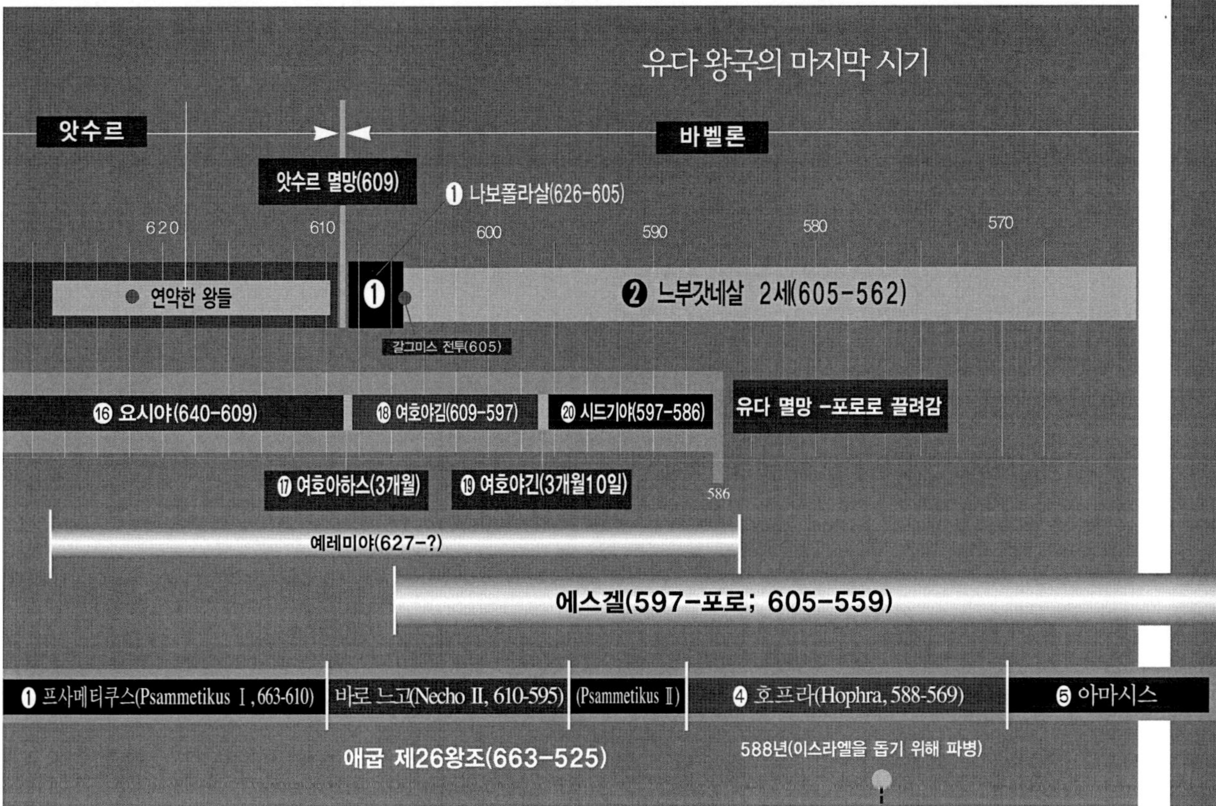

호프라 왕에 대해서는 겔 17장을 참고해 보자.

- 하나님은 자신의 백성들뿐만 아니라 하나님을 대적한 이방민족까지도 심판하실 것이다(겔 25-32장).

- 애굽의 제26왕조 4대 왕, **호프라가 이스라엘을 돕기 위하여 군대를 파견했다.** 이 소식을 듣고 예루살렘을 포위했던 느부갓네살의 군대가 일시적으로 포위망을 풀었다(렘 37:3-10, 34:1). 물론 다시 예루살렘을 포위했지만 그 막간에 예레미야는 예루살렘을 떠나 아나돗에 사 놓았던 땅에 대한 소유권을 주장하게 되었고, 이 때문에 탈주자로 체포되어 투옥된다(렘 37:11-15).

- 호프라는 바로 느고의 손자(제26왕조 4대왕, 580-570 B.C.)로 아프리에스(Apries)로도 불린다. 호프라는 유다 왕 시드기야에게 바벨론에 대항하라고 권했던 왕이었다. 시드기야는 호프라가 도움을 줄 것이라고 믿고 바벨론을 배반한다(겔 17:15을 읽어보자).

애굽에 임한 심판(겔 29:1-16)

애굽
Egypt
מִצְרַיִם
미츠라임

주전 587년(포로로 잡혀간지 열째 해 열째 달 열두째 날), 여호와의 말씀이 에스겔에게 임했다. 하나님은 "애굽의 바로 왕과 온 애굽으로 얼굴을 향하고 예언하라"고 하셨다. 주전 605년 갈그미스 전투에서 바로 느고(Neco Ⅱ)는 바벨론의 느부갓네살에 의해 붕괴되었다. 예루살렘 함락은 주전 586년에 일어났는데, 바벨론이 예루살렘 성을 포위했을 때, 애굽의 바로 군대가 유다쪽으로 온다는 소식에 바벨론 포위망이 잠시 해제되기도 했다. 겔 29:2의 바로는 '느고'의 증손 호프라(Hophra)였다(주전 588-569).

1. 그 애굽의 바로 호프라에게 어떤 메시지가 선포되었을까?

29:3 너는 말하여 이르기를
/주 여호와께서 — 이같이 **말씀하시되**
/애굽의 바로 왕이여 — 제 26왕조 호프라 왕을 가리킨다.
/내가 — 너를 대적하노라
/너는 — 큰 악어라
/자기의 **강**들 가운데에 누운

스스로 이르기를(...하는도다)
/나의 이 강은 — 내 것이라
/내가 — 나를 위하여 만들었다

악어- 탄닌(תַּנִּין) - 뱀, 용, 바다괴물, 고래 등을 의미한다.
• great dragon - KJV
• great monster - NASB

(1) 당시 애굽을 지배하던 왕은 바로 느고의 증손 호프라(Hophra)였다. 하나님은 그를 나일 강 가운데 엎드려 있는 큰 악어라고 하셨다. 특히 나일 강에는 악어가 많이 살고 있었다. '악어'(dragon, monster)로 번역된 '탄닌'이라는 말은 용, 바다괴물, 뱀 등으로도 번역되었는데 바다에 사는 '거대한 생물'(창 1:21; 시 148:7)을 가리킨다.[1] 영어성경은 great dragon(KJV), great monster(NASB)로 번역했다. 이 괴물은 '나일 강은 내것이다. 내가 만들었다'고 했다.

1) 이 말은 비유 및 상징적인 의미로 하나님의 가장 강력한 대적자 - 자연(욥 7:12)이나 국가(바벨론: 렘 51:34, 애굽: 사 51:9, 겔 29:3, 32:2)를 가리키기도 했다.

(2) 하나님은 애굽의 바로를 치실 것이라(Behold, I am *against* you, הִנְנִי עָלֶיךָ)고 선언하신다. "내가 갈고리로 네 아가미를 꿰고 너의 강의 고기가 네 비늘에 붙게 하고...너를 너의 강들 가운데에서 끌어내고, ...내가 너를 들짐승과 공중의 새의 먹이로 줄 것이다"(4-5절).

(3) 이제 애굽의 모든 사람들이 '내가 여호와인 줄을 알게 될 것'이다. 왜냐하면

(יַעַן, because), 애굽은 본래 이스라엘 족속에게 갈대 지팡이일뿐이기 때문이다(6절). 이스라엘 백성이 손으로 잡기만해도 부러질 것이다(7절). 히스기야 왕 때도 예루살렘을 공격해온 앗수르 왕 산헤립도 이스라엘이 의지하는 애굽은 상한 갈대 지팡이라고 했다(왕하 18:21; 사 36:6). 이사야 선지자도 애굽을 의지하지 말라는 경고를 했다(사 28:9, 10).

애굽의 제26왕조

- 프사메티쿠스(Psammetikus Ⅰ, 663-610)
- 바로 느고(Necho II, 610-595)
- 프사메티쿠스(Psamtiks Ⅱ)
- 호프라(Hophra, 588-569) 호프라는 그의 후계자 아마시스에 의해 살해 당하였다.

(4) 따라서 애굽은 사람이 살지 않는 버려진 땅이 될 것이다(9절). 어디까지 황폐화 될 것인가? "그러므로 내가 너와 네 강들을 쳐서 애굽 땅 믹돌에서부터 수에네 곧 구스 지경까지 황폐한 황무지 곧 사막이 되게 하리니"(10절).

- 믹돌(Migdol) - 애굽 국경 있는 요새, 이스라엘 자손이 출애굽시 홍해를 건너기 전에 진을 쳤던 곳 / 예루살렘 함락 이후 유대인의 일단이 이주한 애굽의 북동 성읍과 동일할 것이다(겔 44:1, 46:14).
- 수에네(Syene) - 에디오피아의 남쪽 국경에 있는 애굽의 성읍. 오늘날의 아스완 땜 근처)

2. 얼마 동안 황폐하게 될 것인가?

29:12 내가 애굽 땅을 황폐한 나라들 같이 황폐하게 하며
애굽 성읍도 사막이 된 나라들의 성읍 같이
사십 년 동안 황폐하게 하고
애굽 사람들은 각국 가운데로 흩으며
여러 민족 가운데로 헤치리라

이 예언은 물론 성취되었다. 느부갓네살은 그의 즉위 37년째 되던 해에 애굽을 침공한다(주전 568/7년에).

앞에서도 언급되었지만 느부갓네살 37년(567-566 B.C.)에 애굽 왕 Amasis를 제패했다는 기록이 있다(영국박물관 소장; *ANET*, 308). 아마시스(570-526 B.C.)는 느부갓네살에게 패배한 호프라(Hophra)를 계승한 왕이다(572 B.C.). 느부갓네살은 아마시스를 권좌에 그대로 두고 바벨론의 통치에 협력하도록 허락했다고 한다.

(1) "거주하는 사람이 없이 사십 년이 지날지라." 여기서 40년의 기간이란 언제부터 언제까지의 기간일까? 학자들은 바벨론의 느부갓네살의 애굽 정복부터(주전 568-567년) 페르시아(바사) 왕 고레스의 바벨론 정복까지의 기간이라고 주장하지만, 그 기간에 애굽이 파괴적인 공격을 당했다는 기록은 없다. 물론 주전 525년에 페르시아는 애굽을 정복하여 한 지방으로 축소시킨다(그래서 애굽의 제 26왕조는 끝나고 27왕조가 들어선다).[1] 그래서 이 40년이라는 기간을 상징적인 연수로 고난의 기간을 가리킨다고 보는 견해도 있다.

(2) "사십 년 끝에 내가(=여호와께서) 만민 중에 흩은 애굽 사람을 다시 모아 내되 애굽의 사로잡힌 자들을 돌이켜 바드로스 땅 곧 그 고국 땅으로 돌아가게 할 것이라 그들이 거기에서 미약한 나라가 되게"(13-15절) 하실 것이다.

1) 치즈홀름, 예언서개론, 크리스찬다이제스트, 410)

예레미야46

느부갓네살의 애굽 침공(렘 46:13–24)

1. 렘 46:13-24은 바벨론의 애굽 침공에 대한 예언이다. 바벨론 왕 느부갓네살이 애굽을 침공할 것이다. (동교재, 예레미야에서)

(1) 바벨론의 애굽 침공은 주전 568-567년에 가서 이루어진다. 예루살렘 멸망 후, 요하난과 모든 군 지휘관과 백성이 여호와를 순종하지 아니하고 결국 애굽행을 택한다(렘 43장). 이들은 애굽 땅에 들어가 다바네스(Tahpanhes)에 정착하게 된다.[1)]

1) 렘44:1을 보라. "애굽 땅에 사는 모든 유다 사람 곧 믹돌과 다바네스와 놉과 바드로스 지방에 사는 자에 대하여" - 애굽에 피난 온 유다인들은 점차 애굽 전역에 퍼져 살게 되었다.

렘 46:13 바벨론의 **느부갓네살 왕이 와서 애굽 땅을 칠 일**에 대하여
선지자 예레미야에게 이르신 여호와의 말씀이라

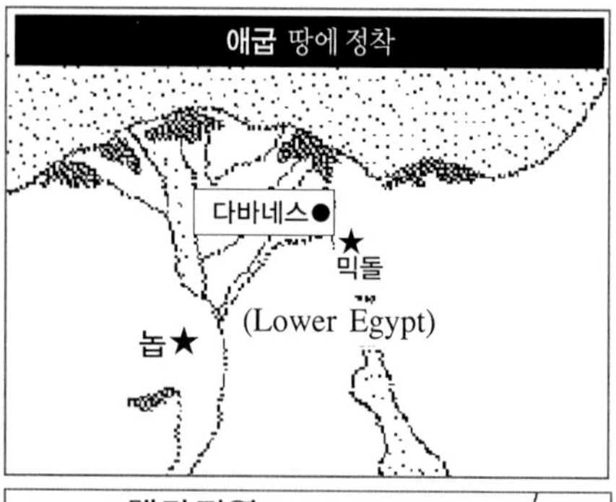

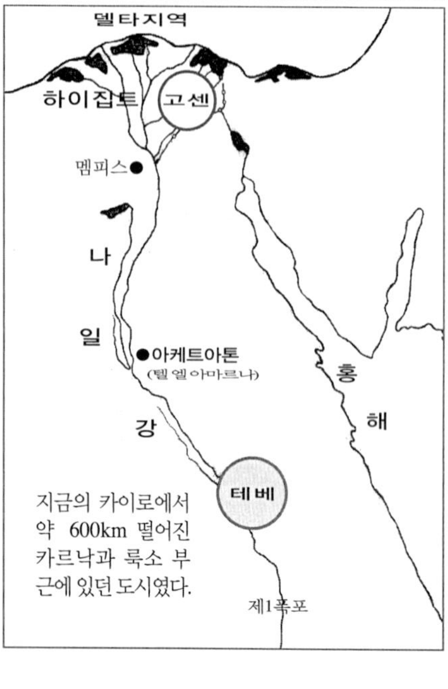

(2) "너희는 애굽에 선포하며 **믹돌과 놉과 다바네스**에 선포하여 말하기를"(14절)

렘 46:15 너희 장사들(mighty ones)이 쓰러짐은 어찌함이냐
그들이 서지 못함은 여호와께서 그들을 몰아내신 까닭이니라

2. 애굽을 조롱하신 하나님은 "산들 중의 다볼 같이, 해변의 갈멜 같은 이가 이 애굽 땅을 침공할 것"이라고 말씀하신다. 애굽에 사는 백성이여 짐을 꾸려 포로가 될 준비나 해라. 왜냐하면 "**놉이 황무하며** 불에 타서 주민이 없을 것이기" 때문이다. "애굽은 심히 아름다운 암송아지 같지만 북으로부터 쇠파리 떼에 시달리는 신세가 될 것이다"(20절).

애굽의 운명을 아름다운 암송아지가 쇠파리 떼에 시달리는 신세로 묘사한다. 쇠파리 떼는 바벨론 군대를 가리킨다. 또 애굽군에게 고용된 용병(傭兵)은 어떤가? "그 중의 고용꾼은 살진 수송아지 같아서(외양간의 송아지 꼴이다) 돌이켜 함께 도망하고 서지 못하였나니 재난의 날이 이르렀고 벌 받는 때가 왔음이라." 애굽인은 침략군들 앞에서 소리를 치며 도망가는 뱀처럼 달아날 것이다. 왜냐하면 적들의 군대가 벌목하는 자처럼 도끼를 가지고 애굽을 쳐들어 올 것이기 때문이다(렘 46:22). 적군의 수가 얼마나 많은지 "그들이 황충보다 많아서 셀 수 없을 것"이다(23절). 결국 딸 애굽의 백성이 수치를 당하여 북쪽 백성의 손에 붙임을 당할 것이다(24절).

2. 내가 테베의 신 아몬에게 벌을 내릴 것이다. 애굽은 그 신들과 왕들과 함께 벌을 당할 것이다(렘 46:25).

렘 46:25 만군의 여호와 이스라엘의 하나님께서 **말씀하시니라**
보라
내가 ── **벌할 것이라**
/노의 아몬(Amon of Thebes, אָמוֹן מִנֹּא)과
/바로와 애굽과 애굽 신들과 왕들
곧 바로와 및 그를 의지하는 자들을

애굽(렘 46:2-28)에 대한 심판: 여호와께서 이스라엘을 구원하시고 열방을 심판하실 것이다. **애굽은 예루살렘 함락 전이나(렘 2:18, 36) 함락 후에도(42:14) 유다가 의지했던 나라였다.** 그러나 그러한 애굽에도 심판이 임할 것이다. 누구를 사용하실 것인가? **바벨론의 느부갓네살과 그 군대를 도구로 사용하시어** 애굽의 권세와 영광을 꺾으실 것이다(렘 43:10, 44:30, 46:13, 26). 애굽의 신도 징벌을 받을 것이다(렘 46:25). 이런 애굽을 의지하는 유다 백성은 지극히 어리석은 일이다. 애굽의 멸망과(렘 46:13-26) 대비하여 유다/이스라엘은 구원이 약속된다(렘 46:27-28).

3. 다시 본문을 보자. "(포로로 잡혀간지) 스물일곱째 해 첫째 달 초하루에 여호와의 말씀이 내게 임하여 이르시되"(겔 29:17)

(1) 앞에서 언급된 두로의 공격은(겔 26장 참조) 주전 585-572년에 일어났다. 그 당시 느부갓네살의 군대가 13년 동안이나 포위공격했으나 그 성읍을 완전히 폐허로 만들지는 못했다. "인자야 바벨론의 느부갓네살 왕이 그의 군대로 두로를 치게 할 때에 **크게 수고하여** 모든 머리털이 무지러졌고 모든 어깨가 벗어졌으나 그와 군대가 그 수고한 대가를 두로에서 얻지 못하였느니라"(18절).

- 당시 두로를 공격하기 위해 본토와 섬 사이의 바다를 메워 지름길을 만들었다고 한다. 바벨론 군대가 이 작업을 오랫동안 했는데("크게 수고하여") 그때 머리에 돌을 이고 나른 군인들은 머리털이 빠졌고, 어깨에 메고 나른 군인들은 어깨의 피부가 다 벗겨졌다고 한다.

- 두로 공격 때 수고한 대가를 얻지 못했다. 그래서 하나님은 그 대가로 애굽 땅을 주었다는 것이다.

- 겔 29:20 "그들의 수고는 나를 위하여 함인즉 **그 대가로 내가 애굽 땅을 그에게 주었느니라** 주 여호와의 말씀이니라."

29:19 그러므로 주 여호와께서 이같이 말씀하셨느니라
내가 애굽 땅을 바벨론의 느부갓네살 왕에게 넘기리니
그가 그 무리를 잡아가며 물건을 노략하며 빼앗아 갈 것이라
이것이 그 군대의 보상이 되리라

(2) 느부갓네살은 주전 568-567에 애굽을 공격한다. 그러나 이 전쟁에 대해서는 상세하게 알려진 바가 없다. 어쨌든 당시 호프라(Hophra, 588-569) 왕은 그의 사위(?)에게 죽임을 당하고 그 뒤에 들어선 아마시스(Amasis, 570~)의 시대의 애굽은 평화와 번영을 누렸다. 어쨌든 이방 왕들은 선민 이스라엘을 위하여 하나님께서 사용하신 도구일 뿐이다. 이제 이스라엘 족속에게서 한 뿔이 돋아날 것이다(21절). 뿔은 힘의 상징으로(겔 48:25), 이 예언은 이스라엘의 힘의 회복을 의미한다.

애굽에 칼이 임할 것이다(겔 30:1-19)

30장에서는 애굽에 멸망에 대하여 상세하게 다루고 있다. 애굽에 대한 7개의 예언 중에서 유일하게 여호와의 말씀이 임한 날자가 없다. 앞 단락에서 언급된 날자일 것이다. 이제 애굽뿐만 아니라 애굽과 동맹한 나라들도 함께 멸망당할 것이다(4-5절). "애굽을 붙들어 주는 자도 엎드러질 것이요 애굽의 교만한 권세도 낮아질 것이라"(5절)고 했다. 어느 나라 군대가 애굽을 무너뜨리게 될까? 바벨론이다(10절). 아주 멀리 있는 구스인까지도 고통을 당하게 될 것이다.

1. 애굽이 침공을 당하게 되는 그 날은 슬픔의 날이요, 구름의 날이 될 것이다.

30:4 칼이 ———— 임할 것이라
/애굽에
애굽에서 죽임 당한 자들이 엎드러질 때에(When)
심한 근심이 ——— 있을 것이며
/구스에
애굽의 무리가 —— 잡혀 가며
그 터가 ———— 헐릴 것이요

5 구스와 - 에디오피아
붓(Phut)과 - 특히 리비아 지역(구레네)
룻(Lud)과 - 남부 아프리카(아스완 근처)
모든 섞인 백성과
굽(Chub)과 - 애굽과 이디오피아와 연결되어 있는 곳의 나라
및 동맹한 땅의 백성들이
그들과 함께 칼에 엎드러지리라

(1) 애굽이 멸망당할 때, 애굽을 지지하던 나라들도 쓰러질 것이며(6절), 애굽의 기고만장하던 권세도 꺽일 것이다. 믹돌(애굽 북쪽 국경 있는 요새)에서 수에네(에디오피아의 남쪽 국경 근처)까지 사람들이 모두 칼에 맞아 쓰러질 것이다.

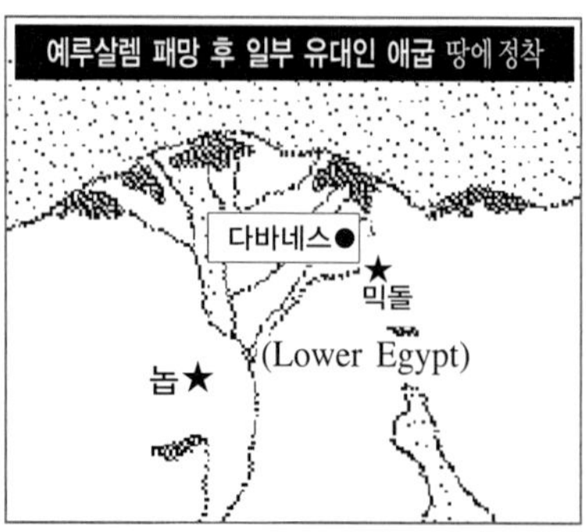

1) 놉(Noph) - 멤피스(Memphis) - 카이로에서 12마일 남쪽 (고대 애굽의 수도) / 믹돌, 다바네스는 북애굽(Lower Egypt)

(2) 누가 이들을 공격할 것인가? "주 여호와께서 이같이 말씀하셨느니라 내가 또 바벨론의 **느부갓네살 왕의 손으로** 애굽의 무리들을 끊으리니"(10절) "강포한 자기 군대가 와서 그 땅을 멸망시킬 때에 칼을 빼어 애굽을 쳐서 죽임 당한 자로 땅에 가득하게 하리라"(11절). "내가 그 모든 강을 마르게 하고 그 땅을 악인의 손에 팔겠으며"(12절). 물론 여기서 느부갓네살은 하나님의 대리자 역할을 할 뿐 애굽의 생명줄인 나일 강을 말리우시는 분은 하나님 자신이시다.

2. 특별히 하나님이 제일 싫어하시는 우상들을 없애실 것이다.

(1) "내가 그 우상들을 없애며 신상들을 **놉** 가운데에서 부수며 애굽 땅에서 왕이 다시 나지 못하게 하고 그 땅에 두려움이 있게 하리라."(13절) 여기 놉(Noph)[1]은 애굽의 옛날 수도이다(렘 2:16).

- 바드로스(Pathros) - 상부 애굽(Upper Egypt)에 있다.
- 소안(Zoan) - 나일강 삼각주의 동북부에 위치, 한 때 애굽의 수도였을 가능성이 있다.
- 노(No, נֹא) 나라 - 상부 이집트의 고대 도시. 나훔서에서는 '노아몬'[1]으로 언급되었다(나훔서 3:8). '아몬'은 애굽의 한 신(神)이다.
- 신(Sin, סִין) 나라가 심히 근심할 것이며
  신(Sin)은 나일 강 삼각주의 북동쪽에 위치한 성읍으로 애굽의 견고한 성이라고 했다.
- 놉 - 옆면 지도 참조
- 아웬 - 유명한 애굽의 숭배지로서 헬리오폴리스(Helliopolis)라고도 한다. 태양신 라(Ra)의 숭배지로 유명하다.
- 비베셋(피베세트, Pi-beseth, פִּי־בֶסֶת) - '여신 바스트의 집'을 의미한다. 멤피스 북쪽 40마일 지점에 위치한다.

1) 노아몬(נֹא אָמוֹן) - '노'(נֹא)는 '아몬 신(=아몬신은 태양신을 말한다)의 성(城)'을 의미한다(겔 30:14-16에서는 '노'나라로 언급됨). 애굽 제18왕조의 수도였다. 그리스 명칭으로 '테베'(Thebes), 히브리 명칭으로 '노'이다. 테베는 나일 강의 물 줄기가 도시를 두르게 했기에 천혜의 방어진지를 구축한 셈이었다. 그런 이런 천혜의 조건을 갖춘 도시도 파괴되었다.

30:15 [내가] ┬ 내 분노를 애굽의 견고한 성읍 신(Sin)에 **쏟고**
└ 또 노 나라의 무리를 **끊을** 것이라

(2) 위에 언급된 성읍의 장정들은 "칼에 엎드러질 것이며 그 성읍 주민들은 포로가 될 것이라"(17절)고 했다.

30:18 내가 ┬ 애굽의 멍에를 꺾으며
└ 그 교만한 권세를 그 가운데에서 그치게 할 때에
날이 — 어둡겠고
/드합느헤스에서는
그 성읍에는(=은) — 구름이 덮일 것이며
그 딸들은 — 포로가 될 것이라

Tehaphnehes - '다바네스'라고도 부른다) - 애굽의 한 성읍으로(렘 2:16), 유대의 남은 자들과 예레미야가 도피한 곳이다(옆면 지도 참조).

이렇게 애굽은 모든 무신론적 국가의 하나님의 심판의 대표적인 대상이었다.

물론 언약을 어긴 이스라엘도 심판의 대상이었다.

(3) 예레미야에게는 애굽으로 도피한 유대인에게 대해 다음과 메시지가 선포되었다.

렘 44:2 만군의 여호와 이스라엘의 하나님께서 이와 같이 **말씀하시니라**
/너희가 — **보았느니라**
/모든 재난을
/나의(내가) — 내린 (재앙은 어디에?)
/예루살렘과 유다 모든 성읍에
/오늘 그것들이 **황무지가 되었고 사는 사람이 없나니**

누가 재앙을 내렸나?
"내가 내렸다"(הֵבֵאתִי)[2]

- 렘 44:1 "애굽 땅에 사는 모든 유다 사람 곧 **믹돌과 다바네스와 놉과 바드로스 지방에 사는 자에 대하여** 예레미야에게 임하니라 이르시되."

2) 보(בּוֹא) - 가다, 오다, 가져오다, 생기게 하다 / 히필 동사 완료 1인칭 단수

바로의 팔을 부러뜨림(겔 30:20-26)

1. 주전 586년, 포로로 잡혀간지 열한째 해 첫째 달 일곱째 날에 여호와의 말씀이 에스겔에게 임하였다.

(1) 주전 586년(587년으로 보는 주장도 있다), 예루살렘이 함락되기 3개월 전이다. 하나님께서 애굽의 바로 왕의 팔을 꺾었다고 하셨다(21절). '꺾었다'(부러뜨렸다)는 말 '솨바르'(שָׁבַר)가 칼형으로 쓰일 때는 하나님이 동사의 주어인 경우가 많다(33회, 렘 28:2,11, 49:35; 겔 30:21; 암 1:5), 여기서 동사는 심판적, 형벌적 행위를 묘사한다. "내가 ~꺾었다"(I have broken, שָׁבַרְתִּי 칼 완료 1인칭 단수)고 하셨다. 이때의 애굽의 바로는 제26왕조의 호프라(제4대왕 Hophra, 588-569)였다.[1] 팔(군사력을 상징)을 부러뜨려 칼을 잡을 힘도 없도록 하셨다는 것이다(21절). 호프라는 군사령관이었던 아마시스에 의해 살해 당하였다.

30:23 내가 ┬ 애굽의 바로 왕을 (대적하여)
├ 그 두 팔 곧 성한 팔과 이미 꺾인 팔을 꺾어서
└ 칼이(=을) 그 손에서 떨어지게 하고

23 [내가] ┬ 애굽 사람을 뭇 나라 가운데로 흩으며
└ 뭇 백성 가운데로 헤칠지라

(2) 이미 팔을 꺾으셨는데, 나머지 한쪽 팔도 꺾으셔서, 그가 통치하는 애굽을 뭇 나라로 흩으시겠다는 것이다(23절). 누구를 시켜서 이 일을 진행하실까?

30:24 내가 ┬ 바벨론 왕의 팔을 견고하게 하고
└ 내 칼을 그 손에 넘겨 주려니와

내가 ┬ 바로의 팔을 꺾으리니
└ 그가 바벨론 왕 앞에서 고통하기를 (...하리라)
/죽게 상한 자의 고통하듯 (칼에 찔린 사람처럼)

(3) 하나님께서 바벨론 왕을 부추겨서 애굽을 정복하고, 애굽 사람들을 잡아가게 하실 것이다(25-26절).

1) 아프리에스(Apries) - 성경에는 **호프라**로 언급되었다. 그런데 이때 군대 사령관 아마시스(=아모세, Ahmose)는 병사들의 의해 애굽 왕으로 선포되었다. 호프라는 이 싸움에서 패배하여 억지로 아마시스를 왕으로 인정했고, 2년 후 통치자들 사이에 분쟁이 일어났고, 결국 아마시스는 죽었다(26왕조).

백향목이 쓰러지다(겔 31:1-18)

1. 포로로 잡혀간지 열한째 해 셋째 달 초하루에 여호와의 말씀이 에스겔에게 임하였다. 예루살렘이 멸망되기 한 달 전이다.

애굽을 이미 역사에서 사라진 레바논의 백향목과 같았던 앗수르에 비교하고 있다.

31:3 볼지어다!
앗수르 사람은 —— 레바논 백향목이었느니라
/가지가 아름답고
/(그늘은) 숲의 그늘 같으며
/키가 크고
꼭대기가 ——— 구름에 닿은(=더라)

אֶרֶז 에레즈, 백향목

앗수르는 한때 레바논의 백향목이었다

'에레즈'(백향목)는 '견고하다, 단단하다'는 뜻에서 유래했다. 그래서 애굽인과 바벨론 사람들이 레바논의 백향목을 가져다가 신전을 지었다. 다윗도 솔로몬도 성전 및 궁전을 짓기 위해 백향목을 사용했다(삼하 5:11, 7:2; 대상 14:1. 22:4). 앗수르는 한 때 레바논의 백향목처럼 번영했고, 강력한 힘을 가진 제국이었다. 그런데 이 제국이 교만해지기 시작했다. 그래서 하나님께서 제거하셨다. 그런데 지금 애굽도 그와 같은 상황이라는 것이다.

백향목을 큰 나라(앗수르), 그 통치자에 대한 은유로 비유하고 있다

4절 - 물이 풍부했다. 그래서 나무가 잘 자랐다. 샘도 깊어 나무가 높이 자랐다.
5절 - 들판의 모든 나무들보다 키가 더 커졌다. 가지도 길게 잘 뻗었다.
6절 - 공중의 모든 새가 그 큰 가지에 깃들이며 가지 밑에서 짐승들이 새끼를 낳으며 모든 큰 나라가 그 그늘 아래에 살았다
8절 - 어떤 백향목도 그 나무와 비교가 되지 못했다.
9절 - 그러면 **누가 이 나무를 키웠는가?** "내가, 곧 **여호와께서** 그 나무를 아름답게 만들어서 **하나님의 동산 에덴에 있는 모든 나무들이 그 나무를 부러워했다.**

그런데, 나무가 높이 자라 끝이 구름에 닿자 교만해지기 시작했다

앗수르의 교만함 - 이사야 36:4-5을 보라

11절 - 앗수르가 교만해지자 하나님은 그 나무(=앗수르)가 저지른 악행에 따라 그 나무를 심판하셨다("내가 그의 악으로 말미암아 쫓아내었음이라"[I have driven it away]

그래서 하나님께서 이 나라를 제거하셨다는 것이다. 앗수르는 바벨론의 느부갓네살에게 무너졌다(주전 609년에).

12절 - 누가 앗수르를 쫓아냈는가? 열국의 가장 강포한 다른 민족이, 즉 바벨론이 앗수르라는 나무를 찍어 산과 골짜기에 던져버렸다. 그래서 세계 모든 나라들이 더 이상 그 나무 그늘에 있지 않게 되었다.

- 여기서 '열국의 능한 자'는 주전 612년에 앗수르의 수도 니느웨를 점령한 바벨론의 창시자 나보폴라살을 가리킬 것이다. 앗수르는 하란에서 끝까지 항거했으나 나보폴라살의 아들 느부갓네살에 의해 최후를 맞이했다(갈그미스 전투, 609, 605년).

애굽의 바로의 교만함이 앗수르 왕과 똑같다는 것이다(10절, 겔 29:3을 보라), 따라서 애굽 역시 이렇게 쓰러지게 될 것이다.

31:13 공중의 모든 새가 — 그 넘어진 나무에 거주하며
들의 모든 짐승이 — 그 가지에 있으리니

이렇게 역사를 이끄시는 목적은?

14 //이는(목적: in order that...may, לְמַעַן אֲשֶׁר)
물 가에 있는 모든 나무는 키가 크다고 – 교만하지 못하게 하며
그 꼭대기가 – 구름에 닿지 못하게 하며
또 물을 마시는 모든 나무가 – 스스로 높아 서지 못하게 함이니

//(이유, for, כִּי)
그들을 다 죽음에 **넘겨 주어** 사람들 가운데에서 구덩이로
내려가는 자와 함께 지하로 **내려가게 하였음이라**

앗수르는 바벨론의 느부갓네살에 의해 무너졌지만, 앗수르의 멸망을 명하신 분은 하나님이셨다. 앗수르가 무너지자 그에 속해 있던 나라들은 앗수르의 지배를 벗어나 각기 독자적으로 나라를 세우게 된다. 세상 모든 나라들이(공중의 모든 새가) 그 넘어진 나무에 살게 된다. 즉 동맹관계가 깨어졌다는 것이다. 에스겔은 애굽이 멸망한 상태를 들짐승과 온갖 새들이 죽은 시체에 모여들어서 그 위에 머물러 있는 비유로 언급하고 있다.

이렇게 하심은 모든 나라들로 국력 때문에 교만하지 못하게 하며, 스스로 높아 뽐내지 못하게 하시려는 목적이다. 애굽도 마치 옛날 앗수르와 같은 패턴을 따르고 있다. 천하무적이었던 앗수르가 얼마나 처참하게 무너졌나를 비유하심으로써 애굽도 교만했기에 이렇게 멸망을 당하게 될 것이라는 것이다.

물가에 있는 나무가 아무리 물을 잘 빨아들여도 결국은 모두 넘어지게 될 것이다. 이는(for, כִּי) 그 모든 것들도 사람이 죽어 지하에 내려가는 것 같이 땅속에 묻힐 것이기 때문이다. 애굽의 바로라는 나무는 그 아름다움이 에덴의 나무들이 다 부러워했을 정도지만(9절), 결국은 그의 교만함으로 멸망케 되어 (앗수르처럼) 어쨌든 모두 다 **지하세계**로 떨어질 것이라는 것이다.

뿌리를 지하세계에 뿌리를 내린 거대한 나무라는 상징은 애굽이 그 힘을 죽은 자(死者) 숭배를 포함한 종교적 지식과 제의(祭儀)의 세계, 신적 세계에 그 뿌리를 내리고서 끌어온다는 것을 말해 주고 있다(7절 참조).

2. 본문 31:15-18절을 읽어보자. 앞에서 언급된(두로의 멸망의 노래, 겔 26:20) **지하세계로 내려간다는 동일한 주제를 가지고 애굽의 멸망을 비유한다.**

(1) 주 여호와께서 이같이 말씀하셨느니라 "**그가 스올**[1]**에 내려가던 날에** 내가 그를 위하여 슬프게 울게 하며 깊은 바다를 덮으며....들의 모든 나무를 그로 말미암아 쇠잔하게 하였느니라"(15절). "내가 그를 구덩이(보르, בּוֹר)에 내려가는 자와 함께 스올(음부, שְׁאוֹל)에 떨어뜨리던 때에 백성들이 그 떨어지는 소리로 말미암아 **진동하게**(=두로가 멸망할 때와 그 상황이 같다. 겔 27:35, 28:19 참조) 하였고"(16절상) - 애굽이 멸망 받을 때의 상황이 마치 이와 같을 것이라는 말이다.

(2) "물을 마시는 '에덴의 모든 나무'(=남방에 남아 있는 나무들)[2] 곧 레바논의 뛰어나고 아름다운 나무들이 지하에서 위로를 받게 하였느니라"(16절하). 애굽이 멸

1) 스올(שְׁאוֹל) - 음부(陰府), 죽은 자의 세계, 무덤, 지옥, 구덩이.

2) 백향목들이 심겨진 곳 주변을 나일강의 물이 윤택하게 해주는 것처럼(이는 마치 에덴 동산에서 발원한 강들을 연상시킨다) 애굽의 세력하에 있던 나라들을 가리킨다.

망할 때 다른 열국들은 '위로'를 받았다고 했다. 즉 이 교만한 백향목(=애굽)이 자기들처럼 낮아지는 것을 볼 때 지하(죽음의 세계)에서 위로가 되었다는 것이다. 그들은 누구인가? (17절)

(3) 모든 나라들이 부러워했던 백향목(애굽)이 쓰러짐은
열국에게 많은 경고가 되었을 것이다.
"그러나 그들도 그와 함께 스올에 내려 칼에 죽임을 당한 자에게 이르렀나니 그들은 **옛적에 그의 팔이 된 자요 나라들 가운데에서 그 그늘 아래에 거주하던 자니라**."(17절).

'그 그늘 아래에 거주하던 자'
즉 애굽의 동맹국들과 속국들도 같은 운명을 맞게될 것이다.

• 겔 31:18 "너의 영광과 위대함이 **에덴**의 나무들 중에서 어떤 것과 같은고 그러나 네가 **에덴의 나무들과 함께 지하에 내려갈 것이요** 거기에서 할례를 받지 못하고 칼에 죽임을 당한 자 가운데에 누우리라 이들은 바로와 그의 모든 군대니라 주 여호와의 말씀이니라 하라."

(4) 결국 자만했던 애굽의 운명도 두로와 같이,
앗수르와 같이 비참하게 될 것이다.
이들과 같은 방식으로 애굽 왕의 몰락이 예언되었다(18절*).
음부에서조차도 애굽은 "할례를 받지 못하고
칼에 죽임을 당한 자 가운데에" 눕게 되는 수치를 맛보게 될 것이다.

이 일은 바로와 그의 모든 백성에 대한 것이다.
이런 역사를 주관하시는 분은 누구인가?

애굽 왕 바로에 대한 애가(겔 32:1-16)

포로로 잡혀간지 "열두째 해 열두째 달 초하루에" 여호와의 말씀이 에스겔에게 임하였다. 그렇다면 예루살렘이 멸망한 후 1년 7개월이 된 때이다(주전 585년 2~3월 경이다). 2-8절에서는 애굽의 멸망을, 9, 10절은 열국의 반응을, 11-16절은 멸망시키는 도구(느부갓네살)에 대해 설명하고 있다.

1. 하나님은 애굽의 실체를 드러내신다.

32:2 인자야(Son of man, בֶּן־אָדָם)
너는 ─ 애굽의 바로 왕에 대하여 '슬픈 노래'(קִינָה 키나)를 불러
　　└ 그에게 이르라
　　/너를(=네가) – 여러 나라에서 **사자(כְּפִיר 케피르)**로 생각하였더니
　　/[네가] ─ 실상은 바다 가운데의 **큰 악어(תַּנִּים 타닌)**라
　　　　├ 강에서 튀어 일어나 발로 물을 휘저어
　　　　└ 그 강을 더럽혔도다

(1) 애굽은 스스로 열국의 젊은 사자(כְּפִיר 케피르)[1]라고 생각했다. 그러나 실상은 바다 가운데 있는 큰 괴물(악어, 탄닌 또는 타닌)이라고 했다. 애굽은 악어처럼 광포(狂暴)해서 처지하기 곤란한 존재였다. 애굽은 필요하면 자신의 군대로 주변국들을 괴롭혔다. 많은 주변국들이 애굽의 세력 앞에 숨을 죽여야 했다. 그래서 에스겔은 애굽을 나일 강 삼각주에 웅크리고 있는 악어에 비유한다. 그 악랄함을 "강에서 튀어 일어나 발로 물을 휘저어 강물을 더렵혔다"라고 했다.

1) 케피르 - 사자들 중에 젊거나 어린 사자를 가리킨다. 보통 성숙한 사자를 가리킨다(삿 14:5; 암 3:4; 사 17:12; 겔 2:2-3; 렘 25:38; 사 11:6).

(2) 이런 악어, 애굽을 어떻게 처리하실 것인가? 3-8절에서 그 악어를 사냥하는 모습이 그려진다. 이제는 타국민을 괴롭혔던 그대로 애굽이 괴롭힘을 당할 것이다.

審判
심판

32:4 내가 ─── 내 그물을 네 위에 **치고**
　　　/많은 백성의 무리를 거느리고
[그들이] ─── 너를 **끌어오리로다**
　　　/그 그물로

바로가 큰 악어라면, 이를 잡을 그물 또한 커야 하리라. 하나님은 그를 잡기에 충분히 크고 힘센 그물을 준비하신다. 그래서 많은 백성의 무리를 동원하신다. 곧 갈대아 군대를 말한다.

→ 내가 너를 마른 땅에 내동이쳐 땅의 짐승의 먹이밥이 되게 하겠다.
• 내가 너를 뭍에 버리며 들에 던져
　공중의 새들이 네 위에 앉게 할 것임이여
　온 땅의 짐승이 너를 먹어 배부르게 하리로다

- 5절 - 내가 네 살점을 여러 산에 두며
  네 시체를 여러 골짜기에 채울 것임이여
- 6절 - 네 피로 네 헤엄치는 땅에 물 대듯 하여 산에 미치게 하며
  그 모든 개천을 채우리로다
- 7절 - 내가 너를 불 끄듯 할 때에 하늘을 가리어 별을 어둡게 하며
  해를 구름으로 가리며 달이 빛을 내지 못하게 할 것임이여
- 8절 - 하늘의 모든 밝은 빛을 내가 네 위에서 어둡게 하여
  어둠을 네 땅에 베풀리로다

누구의 말씀인가?
여호와 하나님께서 선포하신 말씀이다. 따라서 이 심판은 그대로 이루어진다

애굽은 더이상 활활 타오르는 횃불이 아니다. 하나님께서 그 불을 꺼서 어둡게 하실 것이다.

하나님께서 애굽을 심판하신다는 소식에 애굽의 동맹국들은 어떤 반응을 내놓는가?

恐怖

공포

9절 - 애굽의 패망 소식에 전 세계(애굽의 동맹국)는 놀란다. 자신의 안전이 문제가 되기 때문이다. "많은 백성의 마음을 번뇌하게 할 것임이여"

10절 - 내가 —— 그 많은 백성을 너로 말미암아 놀라게 할 것이며
그 왕이 — 너로 말미암아 심히 두려워할 것이며
내가 —— 내 칼이 그들의 왕 앞에서 춤추게 할 때에
그들이 —— 각각 자기 생명을 위하여 무시로 떨리로다.
/네가 엎드러지는 날에

2. 하나님께서 애굽을 심판하시기 위해 누구를 부르실 것인가?

32:11 주 여호와께서 이같이 **말씀하셨느니라**
/바벨론 왕의 칼이 — 네게 오리로다

(1) 심판의 대리자는 바벨론의 느부갓네살 군대이다.

- 그들이 애굽의 교만을 폐하며 그 모든 무리를 멸하리로다(12절). 대다수의 애굽인들이 멸망당하고 애굽의 교만은 폐하여질 것이다.
- 모든 짐승을 큰 물 가에서 멸하리니(13절) - 애굽 나일 강에서 사육되던 애굽의 짐승들이 칼로 도살되거나 약탈될 것이다.
- 힘차게 흐르던 강물도 그 물이 올리브 기름처럼[1] 흐르게 될 것이다(14절).

1) 애굽 나일 강에 서식하던 생명체들이 죽었기에 강물조차도 슬퍼하는 사람처럼 느리고 고요하게 흐르게 될 것이라는 표현이다.

(2) 이런 환난을 당한 후에 비로소 그들은 "내가 여호와라는 것을 알게 될" 것이다(15절). 앞의 단락에서 언급된 내용들이 애곡하는 사람들이 부를 곧 애가(슬피 부를 노래)라는 것이다.

애굽 군대의 붕괴(겔 32:17-32)

1. 제12년 그 달 십오 일에(그러니까 2주일 후에)[1] 다시 여호와의 말씀이 에스겔에게 임했다.

1) 히브리 본문에서는 달에 대한 언급이 없다. 제12년 "어느달"(of the month לַחֹדֶשׁ)이라고 했다. 중세 유대교 주석자들이 제12월(아달월)로 제안한다. 그렇다면 앞에 예언보다 대략 2주 후에 선포된 셈이다.

(1) 이제 애굽 멸망에 대한 예언이 마무리된다. 에스겔은 다시 애곡하라는 말씀을 듣는다.

32:18 인자야(Son of man, בֶּן־אָדָם)
[너는] ─ 애굽의 무리를 위하여 슬피 울고
　　　└ 지하에 던지며 — 지하(nether world, אֶרֶץ תַּחְתִּי) תַּחְתִּי(타흐티) - 가장 낮은
/그와 유명한 나라의 여자들을
/구덩이(보르, בּוֹר)에 내려가는 자와 함께

(2) "도대체 네가 누구보다 더 아름답다는 거냐? 너는 아래로 내려가서 할례받지 못한 자들과 함께 누워라"(표준새번역, 19절). "용사 가운데에 강한 자가 그를 돕는 자와 함께 **스올**(음부, שְׁאוֹל) **가운데에서** 그에게 말함이여 할례를 받지 아니한 자 곧 칼에 죽임을 당한 자들이 내려와서 가만히 누웠다 하리로다."(21절). 이후에도 스올에 관한 말씀이 계속 나온다(18, 24, 25, 29, 30절).

2. 바로와 그의 군대가 지하(무덤)로 내려간 것처럼, 패배한 전사들 역시 그곳으로 내려가 그들을 만날 것이다.

(1) 애굽의 바로들의 피라미드 무덤들이 자신의 고위 관리들의 무덤들에 의해 둘러싸여 있듯이 애굽은 자신이 속국들에 의해 둘러싸인 채 음부의 가장 낮은 곳에 있다. 음부(陰府) 가장 낮은 곳은 매장 되지 못하고 죽은 자들이 가는 곳이라고 생각했다. 애굽과 그 속국들은 음부에서 과거에 죽은 영웅들로부터 환영을 받고 있다고 표현한다(21절).

(2) 애굽 사람들은 음부(스올, שְׁאוֹל)에서 화려하고 장엄한 환영을 받는다. 누구를 만날 것인가?

• 앗수르 사람(22절) - 앗수르는 주전 612년 니느웨를 멸망시켰다. 앗수르와 함께 그의 군대가 함께 묻혀 있다. 이들은 모두 칼에 찔려죽은 전사자들이다.[2]

2) "그 무덤이 구덩이 깊은 곳에 만들어졌고 그 무리가 그 무덤 사방에 있음이여 그들은 다 죽임을 당하여 칼에 엎드러진 자 곧 **생존하는 사람들의 세상에서 사람을 두렵게 하던 자로다.**"

애굽인들이 생각했던 사후 세계(지하 무덤)

- 엘람[1] 나라와 그 군대들도 죽어 있다. 이들은 여러 나라 사람들을 공포에 떨게했던 사람들이다(24절). 군대들의 무덤이 있는데 이들은 할례 받지 않은 부정한 사람들이다(25절).
- 메섹[2]과 두발[3] - 소아시아(아나톨리아, 오늘날 터키)에 있던 나라(겔 38:2).
- 에돔(에서를 조상으로 하는 종족, 사해 남쪽)과 시돈 사람들도 다 무덤에 있었다(29, 30절).

(3) 애굽은 "할례를 받지 못한 자와 함께 패망할 것임이여 칼에 죽임을 당한 자와 함께 누울 것"이라고 했다(28절). 바로가 음부에 내려가 "그들을 보고 그 모든 무리로 말미암아 위로를 받을 것"이다. "칼에 죽임을 당한 바로와 그 온 군대가 그러하리로다."

(4) 고대 역사에서 용맹을 떨쳤던 왕들과 군대가 애굽과 함께 무덤에서 떨고 있다. 이들은 모두 많은 사람을 공포에 떨게 했던 자들이다. 이렇게 하나님은 언약을 어긴 하나님의 백성뿐만 아니라 하나님을 대적한 이방민족까지도 심판을 받을 것이라고 선언하신다(겔 25-32장).

1) 티그리스 강 동편에 있던 나라 - 이 나라는 페르시아에 흡수되었다.

2) 메섹 - 노예와 놋그릇 장사로 유명했다(겔 27:13). 두발과 동맹관계이며, 곡이 메섹과 두발의 왕이었다(겔 32:26, 38:2, 39:1).

3) 두발 - 두로와 무역하였다(겔 27:13).

적용을 위한 묵상

- 이스라엘에 만연했던 우상 숭 배는 모두 이웃나라의 종교의 풍습을 받아들였기 때문이다. 요시야 왕은 우상숭배를 주관했던 제사장들을 그 자리에서 다 쫓아냈다(왕하 23:5).
- 그러나 유다 말기에는 또다시 우상 숭배의 나라가 되었다. 특히 애굽 종교의 영향력은 여호와의 신앙을 질식하게 만 들었다.

• 이스라엘(유다)을 둘러싸고 있는 여러 나라들
암몬, 모압, 에돔, 블레셋,
이들 나라는 유다를 둘러싸고 있는 나라들이다.
이들은 이스라엘이 곤경에 처할 때 고소해 했다.
이웃 나라가 어려움에 처했을 때,
그 상황을 아파하며 도와주려는 나라는 없다.

• 암몬 족속의 오만함
유다의 멸망을 크게 기뻐했다.
다른 사람의 불행을 보고 기뻐하는 것은 악한 일이다.
그것이 국가이든 개인이든.
암몬은 예루살렘이 멸망한 지 5년만에
바벨론의 느부갓네살에 의해 멸망했다.
에스겔은 암몬 나라의 멸망을 예언했다(겔 21:28).
물론 회개했다면 멸망을 면했을 것이다.

• 모압, 에돔, 블레셋은 유다가 영원히 사라질 것으로 보았다.
비록 유다가 우상숭배로 인해
일시적으로 멸망당할 것 같이 보이지만 반드시 회복될 것이다.
하나님의 백성이기 때문이다.

• 누구보다 블레셋 족속은 가장 가까운 곳에서 유다를 못살게 굴었다.
지금도 열강들 속에서 허우적거리는 민족들이
얼마나 많은가!
블레셋 역시 에돔과같은 징벌을 받았다.
그리 오래지 않아 갈대아 군대에 의해 황무해졌기 때문이다.
특히 우리나라는 외세의 침략으로
나라가 수없이 질식할 환경에 처하곤 했다.
그러나 역사를 주관하시는 하나님은
이 모든 악랄함을 반드시 기억하신다

• 두로는 다른 어떤 나라보다 긴 예언을 받았다.
페니키안이들의 항구 도시 두로는 당시 최고의 부를 누렸다.
무역을 통해 엄청난 번영을 가져왔고,
그래서 주변국들의 맹주 역할을 했다.

주변 모든 나라들이 이들의 영향 아래 있었다.
물론 그들의 부는 곧 사치로 이어지고,
결국 타락의 근원지가 된다.
아름다운 도시, 번영의 도시, 그러나 곧 무너져내릴 것이다.
최고의 번영은 곧 패망의 시작이기도 하기 때문이다.
이들이 재난에 처한 예루살렘을 도왔더라면,
역사는 다르게 흘러갔을 것이다.
이런 그들에게 하나님의 메시지가 선포된다.
"너희가 늘 그렇게 번영할 것 같으냐. 열국으로 와서 너를 치게 하리니..."
결국 그들은 바벨론 군대에 의해 짓밟힌다.
물론 바벨론도 힘든 전쟁을 치루었지만,
두로는 흙으로 덮힌 땅,
어부들이 그물을 펴서 말리는 곳으로 되어버릴 것이다.
물론 군인들만 아니라 그속에서 사는 백성들도 엄청난 환난을 당한다.

• 특히 애굽은 일곱 가지 계시의 말씀이 임한다.
애굽의 대한 계시는 년월일이 명시되었다(29-32장).
애굽은 큰 괴물, 나일 강에 누어 있는 악어의 모습으로 소개된다.
이런 강대국 애굽도 물론 무너져내릴 것이다.
이들은 유다 정도는 얼마든지 도울 수 있다고 큰 소리 치지만,
하나님의 눈 앞에서는 갈대지팡이에 지나지 않는다.
그래서 유다를 도울 힘이 없다고 하셨다(겔 29:7).
애굽은 강대국이었지만,
이제 다시는 과거처럼 강성하지 못할 것이나.
아무리 강대국이라도, 만약 하나님이 의도하신 길을 가지 않는다면,
반드시 약소국으로 전락될 것이다.

• 우리 나라는 하나님 앞에서
어떤 민족으로 평가받고 있을까?
부패도, 성적 타락도, 기독교의 타락과 변질도, 오만함도...
어느 면에서 지유롭지 못하다.

• 여호와를 온 세상에 증거해야 할 책임이 막중하다면,
우리는 어떤 모습으로 회복되어야 할까?
열매는 없고 잎만 무성한 무화과나무처럼 변질되었다는 말은
매우 오래 전부터 듣고 있는데...

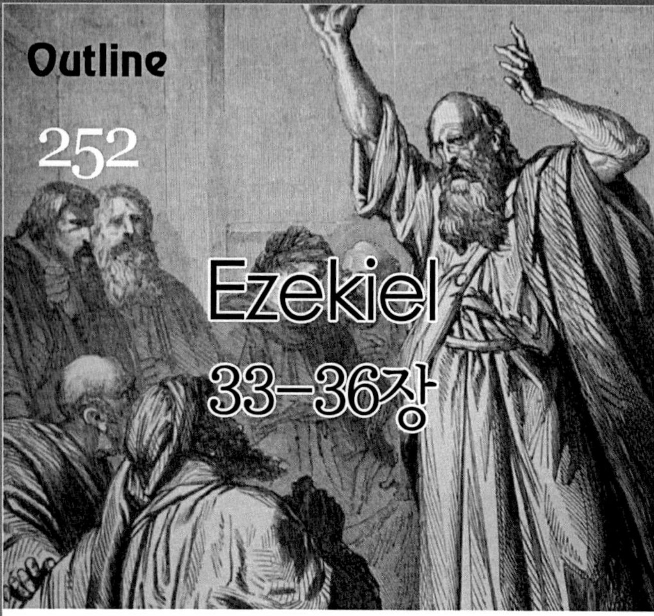

이스라엘의 회복 예언들(33-39장)

에스겔서는 심판이 먼저 선포된다.
예루살렘 성전을 심판하기 위해
언약궤에 위에 좌정하신 여호와의 모습(1-3장)

예루살렘을 공격하는 자들에게도
심판이 선고된다(24장, 33:21).
그렇다고, 자신의 백성을 영원히 멸절시키지
않으실 것이다.
그의 백성을 다시 회복시켜서 약속의 땅으로
다시 인도하실 것이다.

33장부터는 회복의 말씀으로 시작한다.
이 과정에서 에스겔 선지자의 파수꾼으로서의
사명을 다시 언급하신다.
이번에는 이스라엘을 향한
희망의 메시지를 전하라는 것이다.
거짓 목자들 때문에
이스라엘은 멸망을 가져왔다.
그래서 한 목자를 세우실 것이다.
그리고 그들과 화평의 언약을 세우실 것이다.
다윗의 통치하에서 이스라엘은
새로운 시대를 열어갈 것이다.
이런 회복은 예수 그리스도의 구속과
성령님을 통한 심령의 변환을 통해서만
가능하게 된다.

파수꾼으로 임명된 에스겔(33:1-33)

(1) 포로로 잡혀간지 제12년(주전 585년)에 에스겔에게 임한 하나님의 메시지는 **애굽을 죽은 자로 묘사**한다. **큰 악어**(**바다 괴물**)를 뭍으로 끌어올려 짐승들의 먹이가 되게 하겠다고 선언하신다.

(2) 파수꾼의 사명은 무엇인가? 파수꾼의 임무를 제대로 지키지 못했을 때에는 사형에 처해졌다. 에스겔에게도 이 사명이 주어졌다(겔 3:17, 33:7). 파수꾼의 역할은 얼마나 중요한가! (렘 6:17; 합 2:1)

의인의 범죄와 악인의 회개(33:10-12)

(1) 하나님은 에스겔에게 백성에게 선포할 메시지를 전달하라고 하셨다. 백성들은 그들의 선조도(겔 18:2), 심지어 하나님까지도(겔 18:25) 비난했었다. 하나님은 너무 편파적이며 죄와 죄인들에게 필요 이상으로 가혹하시다는 것이었다(겔 33:20). 이런 백성들의 불평에 대해 하나님은 어떻게 응답하시는가? (11-20절)

(2) 하나님은 백성을 징계하시지만 그들이 바로 살기를 원하지, 이들의 멸절을 원하지 않음을 분명히 밝히신다. '그런데 어찌하여 죽고자 하느냐'

(3) 그렇다면 죽지 않고 사는 방법이 있을까? 물론 있다고 말씀하신다. 결국 하나님께서는 각 개인으로 하여금 자신의 행동에 대해 책임을 져야 한다는 것이다. 따라서 여전히 죄를 향하고 있으면서 구원에 대한 확신이나 과거의 공로를 들먹여도 소용이 없다. 중요한 것은 자신의 삶이 향하고 있는 방향이다.

예루살렘이 함락되었다는 소식(겔 33:21-22)

(1) 예루살렘이 함락되고 불살라졌다는 소식이 예루살렘에서부터 도망하여 온 목격자에 의해 에스겔에게 전해졌다.

(2) 지금까지 에스겔은 벙어리로 있었으나(겔 24:27) 도망한 자가 오기 전에 입을 열어주

셨다. 이렇게 입이 열린 뒤에는 에스겔은 다시는 벙어리가 되지 않았다

남아 있는 거주자에게 주는 메시지(겔 33:23-29)

(1) 예루살렘은 함락되었고, 폐허가 되었다. 유다 땅 황무한 땅에 여전히 남이 있는 사람들이 있었다. "가난한 백성은 남겨 두어 포도원을 관리하는 자와 농부가 되게 하였더라"(렘 52:16).

(2) 유다의 중부 고지(高地)에는 점차 에돔 사람들이 장악했다. 어쨌든 이런 와중에도 천민들은 유다의 자산과 부의 재분배 과정에서 유익을 얻기도 했다(겔 11:15 참조). 나라가 패망하는 환난을 겪었지만 이들은 변화되지 않았다. 이런 자들에게 하나님은 엄한 심판을 선언하신다(33:27-28).

거짓 목자들과 참 목자(34:1-31)

(1) 34장은 타락한 지도자로 말미암아 약속의 땅이 몰수되고 백성들이 포로가 되었다고 비평한다. 왜 목자를 세우셨는가?

(2) 거짓 지도자들 때문에 하나님의 양인 백성들은 들짐승의 밥이 되는 지경에 이르렀다. 이스라엘의 멸망은 결국 이런 지도자들 때문에 일어난 일이었다. 이 문제를 해결할 수 있는 방법으로, 즉 양 떼를 구원하는 분으로(22절) 한 목자로 세우시겠다고 선언하신다(겔 34:17-24).

(3) 그렇다면, 에스겔 34장에 언급된 '한 목자'는 누구를 가리킬까? 여기 '내 종 다윗'은 죽은 왕 다윗이 부활한다는 말이 아니라 다윗의 가장 위대한 후손이신 메시야, 즉 예수 그리스도를 가리킨다(사 53:3에서 그를 여호와의 종이라고 언급한다).

그들과 화평의 언약을 세우리라(34:25-31)

화평의 언약(covenant of peace) - 다윗 통치하에서 질서와 공의가 회복될 것이다. 그때는 맹수도 없고, 광야에서도 평안히 살고, 숲 속에서도 안심하고 잠들 수 있게 될 것이다(25절).

에돔에 대한 예언(겔 35:1-9)

하나님은 지금 에돔에 대해 노하고 계신다. 이들은 하나님의 백성 이스라엘에 대해 늘 적개심을 가지고 대항했기 때문이다. 이스라엘을 공격하는 것은 곧 하나님께 대항하는 것과 같다. 35-36장은 세일 산에 대한 심판을 언급한다(겔 35:1-36:15). 그러고나서 이스라엘의 회복을 언급한다(겔 36:16-38).

이스라엘의 회복에 대한 약속(36:1-15)

(1) 이제 하나님께서는 이스라엘에게 위로의 말씀을 전하신다. 먼저 열방에 대한 심판을 언급하신다. 주로 유다의 남방의 고지(高地)들에 대한 에돔의 거짓된 주장에 대해 대항하시고(5절), 결국은 이방인들로 하여금 수치를 당하게 하신다.

(2) 회복된 이스라엘의 땅은 다시 열매를 맺게 되고(겔 36:8-9), 고국으로 돌아와 번성하게 될 것이다(10-11절). 다시는 이방 나라들이 이스라엘을 비웃지 못하게 하실 것이다(15절).

'새로운 언약'

(1) 다윗은 이스라엘 위에 왕이 될 것이며 그 나라는 모세언약의 법에 따라 통치할 것이다(겔 37:24-25). 하나님께서 이스라엘(이스라엘 집과 유다 집)과 **새롭게 언약을 체결할 것이**다. 언젠가는 반드시 한 하나님 아래서 하나의 통일된 민족을 이루게 될 이스라엘의 출현을 약속하고 있다. 그리고 하나님은 그들과 '새로운 언약'을 체결하실 것이라고 선언하신다.

(2) 완전히 회복되어 돌아올 때는 하나님께 전적으로 순종할 새로운 공동체가 형성되어 있어야 한다. 따라서 정결되고 변화되어야만 한다. 구속받은 공동체는 실제로 황폐한 성읍을 다시 세우고 황무한 땅을 다시 기경할 것이다(겔 36:33-34). 또한 죄도 싫어하게 될 것이다(31절). 이스라엘은 마치 새롭게 창조된 에덴 동산과 같을 것이다(35절). 이런 회복은 예수 그리스도의 구속과 성령님을 통한 심령의 변환을 통해서만 가능하게 된다.

파수꾼으로 임명된 에스겔(겔 33:1–33)

회복의 예언(33-39장)

1. 파수꾼과 예루살렘 멸망 (33:1-33)

2. 거짓 목자들과 참 목자 (34:1-31)

3. 여호와의 땅의 회복(35:1-36:38)

4. 마른 뼈 환상(37:1-14)

5. 두 막대기의 회복(37:15-28)

6. 곡과 마곡의 심판(38:1-39:29

포로로 잡혀간지 제12년(주전 585년)에 에스겔에게 임한 하나님의 메시지는 애굽을 죽은 자로 묘사한다. 큰 악어(바다 괴물)를 뭍으로 끌어올려 짐승들의 먹이가 되게 하겠다고 선언하신다. 열국의 백성들은 이런 소식에 놀랄 것이다. 그들을 패망케 할 군대는 하나님의 도구로 사용된 바벨론이다. 33장부터는 이스라엘의 회복의 메시지가 선포된다. 이스라엘을 심판하시는 것만이 하나님의 궁극적 목적이 아니기 때문이다. 이제 이스라엘에게 영광스러운 소망이 선포된다.

1. 하나님께서는 에스겔에게 이스라엘의 파수꾼이 되어야 할 필요성을 상기시키신다. 그러므로 그는 여호와를 대신하여 백성에게 경고해야 한다.

(1) 파수꾼의 사명은 무엇인가? 파수꾼은 성벽 위에 배치되었으며 국가의 지도자에게 어떤 위험이 있을 때마다 알릴 책임이 있었다(삼상 14:16; 삼하 18:24). 물론 이 임무를 제대로 지키지 못했을 때에는 사형에 처해졌다. 에스겔에게도 이 사명이 주어졌다(겔 3:17, 33:7). **파수꾼**의 역할은 얼마나 중요한가! (렘 6:17; 합 2:1)

• 하나님은 이스라엘에게 많은 파수꾼을 보냈지만 눈먼 자들이 많았다(사 56:9-10).

• 선지자는 임박한 재난을 경고하여 나팔을 부는 파수꾼에 비유되었다(겔 33:3-6; 사 58:1; 렘 6:17).

(2) 파수꾼의 사명이 얼마나 중요한 지를 다음과 같은 예문을 들어 설명하신다.

33:2 가령(If, כִּי)
내가 칼을 한 땅에 임하게 한다 하자... ("내가 어떤 나라에 적군이 쳐들어가게 한다면 그 나라 백성은 저희 가운데서 한 사람을 뽑아 보초로 세울 것이 아니냐" 3절 "그는 적군이 쳐들어오는 것을 보고 백성에게 비상나팔을 요란하게 불어줄 것이다" - 공동번역)

4 그들이 ——— 나팔 소리를 듣고도 정신차리지 아니하므로
그 임하는 칼에 제거함을 당하면(if)
그[의] 피가 — 자기의 머리로 돌아갈 것이라(=자신의 책임이다)

(3) 경고의 나팔을 분명히 듣고도 그 경고를 무시해서(정신을 차리지 아니해서) 적군의 칼에 맞아 죽었다면, 그가 죽은 것은 자기 탓이라는 것이다. 그가 경고를 받아들였다면 자기 생명을 보존할 수 있었을 것이다. 그가 경고를 받아들이지 않았기 때문에 죽어도 자기 탓인 것이다. (그 피가 자기에게로 돌아가리라) (5절)

(4) 만약 반대의 경우는 어떻게 될까? 파수꾼이 임박한 파멸을 경고하지 않았다면, 그래서 "그 중에 한 사람이 그 임하는 칼에 제거당한다면"

33:6 그는 —— 자기 죄악으로 말미암아 **제거되려니와**
내가 —— 파수꾼의 손에서 **찾으리라**
/그[의] 죄는(를)

적군이 쳐들어오는 것을 보고도 파수꾼(보초)이 비상 나팔을 불지 않아서 목숨을 잃는 사람이 생긴다면, 그 사람이 죽은 책임을 보초에게서 물을 것이다. (공동)

(5) 파수꾼이 임박한 파멸을 경고하지 않았다면, 그 파수꾼은 죄인의 죽음에 대한 책임을 져야 한다는 말이다. 비록 죽은 자가 자신의 죄 때문에 마땅히 받아야 할 벌을 받는다 할지라도 말이다(6절). 지금 에스겔이 이와 마찬가지 방식으로 다가올 심판을 경고해야 한다(7-9절). 파수꾼이 그 의무를 다하지 않는다면, 즉 나팔을 불어 경고하지 않아 그들이 죄악 중에 죽임을 당한다면, 파수꾼은 경고하지 않은 이유 때문에 책임 추궁을 당하게 된다. "내가 그 죄를 파수꾼에서 찾으리라"(6절). 파수꾼의 사명에 대해서는 이미 앞에서(3장) 살펴보았다. 그곳을 참고해 보기로 하자.

의인의 범죄와 악인의 회개(33:10-12)

1. 하나님은 에스겔이 이스라엘 백성에게 선포할 메시지를 전달하라고 하셨다. 백성들은 다음과 같은 불평을 갖고 있었다.

33:10 우리의 허물과 죄가 — 이미 우리에게 있어
우리로(=가) —— 그 가운데에서 쇠퇴하게 하니
└ 어찌 능히 살리요

우리의 온갖 허물과 죄악이 우리를 짓누르고 있어 우리가 그속에서 죽어가고 있는데, 우리가 어떻게 살 수 있단 말인가요?

(1) 백성들은 애타게 부르짖는다. 계속되는 재난으로 자신들의 죄를 자각하게 되었고, 그래서 날마다 쇠퇴하게 되었다는 것이다. 즉 자신들이 지은 죄 때문에 기진하여 죽게 되었는데, 어찌 살아갈 수 있겠는가 하는 것이었다. 이런 참담함 속에서는 생존 가능성도 없지 않겠는가! 백성들은 그들의 선조도(겔 18:2), 심지어 하나님까지도(겔 18:25*) 비난했었다. 하나님은 너무 편파적이며 죄와 죄인들에게 필요 이상으로 가혹하시다는 것이었다(겔 33:20). 그래서 하나님 앞에 불평섞인 트집조로 이야기 하는 것이다.

• 겔 18:25 "그런데 너희는 이르기를 **주의 길이 공평하지 아니하다 하는도다** 이스라엘 족속아 들을지어다 내 길이 어찌 공평하지 아니하냐 **너희 길이 공평하지 아니한 것이 아니냐.**"

(2) 이런 백성들의 불평에 대해 하나님은 어떻게 응답하시는가? (11-20절)

하나님께서는 악인이 죽는 것을 기뻐하지 않으시고, 그 악인이 회개하고 돌아서서 사는 것을 기뻐하신다.

33:11 너는 그들에게 말하라 주 여호와의 말씀이니라(...하라)
/나의 삶을 두고 맹세하노니
/나는 ┬ 악인이 죽는 것을 기뻐하지 아니하고
└ 악인이 그의 길에서 돌이켜 떠나 사는 것을 기뻐하노라

/이스라엘 족속아
/[너희는] ┬ 돌이키고 돌이키라(שׁוּבוּ 명령형)
├ 너희 악한 길에서 떠나라(שׁוּבוּ 명령형)
└ 어찌 죽고자 하느냐

(3) 하나님은 백성을 징계하시어 그들이 바로 살기를 원하지 이들의 멸절을 원하지 않음을 분명히 밝히신다. '그런데 어찌하여 죽고자 하느냐'(Why then will you die, לָמָּה תָמוּתוּ)

2. 그렇다면 죽지 않고 사는 방법이 있을까? 물론 있다고 말씀하신다.

악(惡)이나 선(善)을 선택하는 원리

12 인자야
너는 — 네 민족에게 이르기를
/그 공의가 – 구원하지 못할 것이요
/의인이 범죄하는 날에는
/그 악이 — 그를 엎드러뜨리지 못할 것인즉
/악인이 돌이켜 그 악에서 떠나는 날에는
/의인이 — 그 의로 말미암아 살지 못하리라
/범죄하는 날에는

- 의인이 범죄할 때는?
- 악인이 돌이켜 악에서 떠난 자들은?
- 악인이 범죄할 때는?
[겔 18:19-20을 참고할 것]

주께로 돌아온다는 것은 구체적으로 어떻게 사는 것인가?

- 의인이 죽음에 이르는 길은? (13절)
- 반대로 악인이 죽지 않고 생명에 이를 수 있는 길은? (14-16절) - 그가 죄에서 돌이켜 정의와 공의를 행하면...

(1) 결국 하나님께서는 **각 개인으로 하여금 자신의 행동에 대해 책임을 져야 한다는 것이다.** 13절부터 12절의 내용을 다시 확대하여 설명한다. 즉 의인과 악인들의 실제 상황을 들어 설명한다. 우리는 여기서 회개의 기본 개념을 알 수 있다. 인간은 얼마든지 회개할 수 있고, 또 죄를 지을 수도 있다. 하나님의 경고 메시지를 늘 경청하고 올바르게 살아가려고 노력하면 누구나 심판을 피하여 살아남을 수 있다는 것이다. 앞에서 이미 살펴본 겔 18:21-32을 다시 읽어보자.

(2) 그러함에도 불구하고 포로민들은 "주의 길이 바르지 아니하다"고 불평한다. 그러나 하나님은 "실상은 백성의 길이 바르지 않다"고 말씀하신다. 하나님은 공의로우신 분이시다. 만일 그들이 계속 죄를 범한다면 죽을 것이나 하나님께로 돌아선다면 누구나 살아남게 될 것이라는 말이다.

(3) 따라서 "여전히 죄를 향하고 있으면 구원에 대한 확신이나 과거의 공로를 들먹여도 소용이 없다. 중요한 것은 언제나 자신의 삶이 향하고 있는 방향이다. 이것은 의인이나 패역한 자 모두에게 해당된다. 그러니까 **행위는 돌이키려고 열렬히 바라는 것이 아니라 구체적으로 돌이키는 행위가 필요하다.**"는 말이다.[1)]

1) 조셉 블랜킨솝, 에스겔, 한국장로교출판사, 211.

33:19 만일(But)
악인이 ── 그 악에서 떠나 돌이켜 (슈브, שׁוּב) - turns *from*
└ 정의와 공의대로 행하면(행할 때, when) he *will live* by them
그가 ── 그[것들]로 말미암아 살리라

20 그러나
너희가 ── 이르기를(...하는도다)
/주의 길이 바르지 아니하다
이스라엘 족속아!
나는 ── 심판하리라(I will judge, אֶשְׁפּוֹט) - שָׁפַט의 칼 미완료
/너희가 각기 행한 대로

바르지 아니하다 (לֹא־יִתָּכֵן)
(The way of the Lord **is not right**)
יִתָּכֵן - 타칸(תָּכַן)의 니팔 미완료
공평하다, 평등하게 하다, 평가하다
백성은 하나님께서 하시는 일이 공평하지 못하다고 불평한다.

I will judge each of you ***according to*** his ways.

悔改(회개)

회개는 방향 전환이다(turns *from*).

입술로 고백하는 것으로 끝나지 않는다. **악행으로 걸어가던 발걸음을 돌려 실제적인 삶의 변화가 나타나야 한다.** 회개의 행위는 열렬히 바라는 것에서 끝나는 것이 아니라 **구체적으로 돌이키는 행위가 있어야 한다.**

의인이라도 범죄하면 살 수 없다. 아무리 위대한 신앙고백을 했다해도 그가 신앙을 저버리고 악행을 계속한다면, 그 고백이 그를 보호해 주지 못한다(12, 13, 18절). 인간은 비록 의인이라고 불리운다해도 언제든지 추락할 수 있는 환경 속에 있다. 만일 그가 계속해서 죄를 짓는다면, 과거의 화려한 공로가 있다해도, 그것이 그를 구원으로 인도하지 못한다.

반대로 비록 과거에는 어둠 속에서 살아왔지만 회개하고 주께 돌아와 악을 그칠뿐 아니라 선행을 배우며, 다시는 죄를 짓지 않는다면, 즉 그 악에서 떠나 공의와 정의대로 행하면(19절), 그는 정녕 살고 죽지 않을 것이다(15, 19절). 물론 여전히 악함이 남아 있을지라도 그는 더이상 죄의 지배를 받지 않는 것이다(롬 8:1-3). 지금 이스라엘은 언약을 어긴 대가로 모두 고난의 삶을 살아가고 있으나, 영적인 면에서는 개개인의 구별이 있을 것이라는 말씀이다. 그러므로 하나님께서는 "너희가 각기 행한대로 심판하실 것"이라고 선언하신다(20절).

3. 지금 이스라엘이 고난을 당하는 것은 결코 그들의 선조가 지은 대가가 아니다(겔 18장에서는 이 사실을 강조했다).

현재, 고난의 삶을 살아가는 중에서도 여전히 이전의 생활에서 벗어나지 못한다면, 그 고난은 아무 의미가 없다. 악을 행하는 자는 더이상 그속에서 허덕이지 말고 주께로 돌아서야 한다. 의인의 삶을 살아가는 자 역시도 언제든 추락할 수 있다. 우리 모두는 자신의 행동에 책임을 져야 하는 존재이다.

예루살렘이 함락되었다는 소식을 들음(겔 33:21-22)

1. 예루살렘이 함락되고 불살라졌다는 소식이 예루살렘에서부터 도망하여 온 목격자에 의해 에스겔에게 전해졌다. "우리가 사로잡힌 지 열두째 해 열째 달 다섯째 날"이라고 했다. 이는 성이 함락되고 약 6개월 뒤인 주전 585년 1월이다.[1]

1) 예**루살렘이 멸망할 것이라는 예언은 이미 에스겔이 선포된 말씀이었다**(겔 24:25-27).

- 겔 24:2 "인자야 너는 날짜 곧 오늘의 이름을 기록하라 바벨론 왕이 오늘 예루살렘에 가까이 왔느니라."

- 겔 24:25 "인자야 내가 그 힘과 그 즐거워하는 영광과 그 눈이 기뻐하는 것과 그 마음이 간절하게 생각하는 자녀를 데려가는 날 26곧 **그 날에 도피한 자가 네게 나와서 네 귀에 그 일을 들려 주지 아니하겠느냐** 27 그 날에 네 입이 열려서 도피한 자에게 말하고 다시는 잠잠하지 아니하리라 이같이 너는 그들에게 표징이 되고 그들은 내가 여호와인 줄 알리라."

(1) 렘 52장을 읽어보자. 예루살렘 성이 함락된 후의 상황을 보여주고 있다.

- 렘 52:12 "바벨론의 느부갓네살 왕의 열아홉째 해 다섯째 달 열째 날에 **바벨론 왕의 어전 사령관 느부사라단이 예루살렘에 이르러 [13]여호와의 성전과 왕궁을 불사르고** 예루살렘의 모든 집과 고관들의 집까지 불살랐으며 [14]사령관을 따르는 갈대아 사람의 모든 군대가 예루살렘 사면 성벽을 헐었더라 [15]사령관 느부사라단이 백성 중 가난한 자와 성중에 남아 있는 백성과 바벨론 왕에게 항복한 자와 무리의 남은 자를 사로잡아 갔고 [16]가난한 백성은 남겨 두어 포도원을 관리하는 자와 농부가 되게 하였더라."

(2) 역대하 36:17이하에서는 당시의 상황을 이렇게 기록하고 있다.

- 하나님이 갈대아 왕의 손에 그들을 다 넘기시매
그가 와서 그들의 성전에서 **칼로 청년들을 죽이며**
청년 남녀와 **노인과 병약한 사람을 긍휼히 여기지 아니하였으며**(17절)

- 또 하나님의 전의 대소 그릇들과
여호와의 전의 보물과 왕과 방백들의 보물을 다 바벨론으로 가져가고(18절)

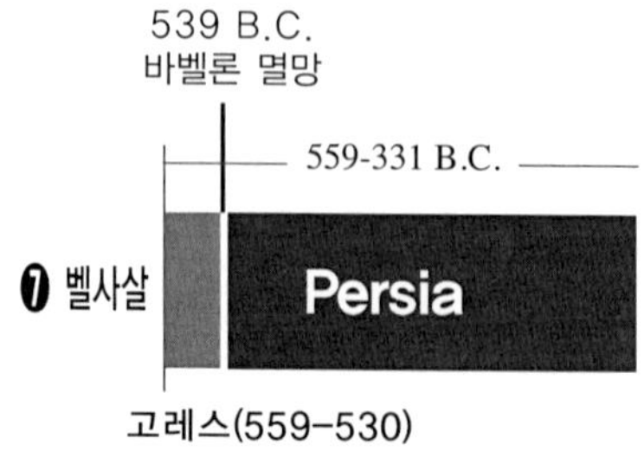

- 또 **하나님의 전을 불사르며**
예루살렘 성벽을 헐며
그들의 **모든 궁실을 불사르며**
그들의 모든 귀한 그릇들을 부수고(19절)

- **칼에서 살아 남은 자를 그가 바벨론으로 사로잡아가매**
무리가 거기서 갈대아 왕과 그의 자손의 노예가 되어
바사국(페르시아)이 통치할 때까지 이르니라(20절)

2. **"그 도망한 자[2]가 내게 나아오기 전날 저녁에"**

2) 도망한 자가 누구일까? 한 전승에 의하면 그가 바룩이었다고 한다(렘 45:5; 바룩서 1:2).

지금까지 에스겔은 벙어리로 있었으나(겔 24:27) 도망한 자가 오기 전에 입을 열어주셨다. 이렇게 입이 열린 뒤에는 에스겔은 다시는 벙어리가 되지 않았다.

남아 있는 거주자에게 주는 메시지(겔 33:23–29)

• 겔 33:24 "인자야 이 이스라엘 황무한 땅에 거한 자들이 말하여 이르기를…"

• 예훗이라고 표시된 부분이 유다의 남은 땅이다.

• 이두매 - 이 지역은 점차 에돔 사람들이 장악했다. 이들은 아랍 족속의 압력 때문에 모여서 살았다. 남부 유다 산지로부터 오늘의 벧술(Beth-zur)까지는 '이두매'가 되었다. 헤롯 대왕은 이곳 출신이다.

1. 예루살렘은 함락되었고 폐허가 되었다. 그렇다고 거류민 전체가 끌려간 것은 아니다. 유다 땅 황무한 땅에 여전히 남아 있는 사람들이 있었다. "가난한 백성은 남겨 두어 포도원을 관리하는 자와 농부가 되게 하였더라"(렘 52:16).

(1) 예레미야애가 5장에 예루살렘이 함락된 이후의 삶을 적나라하게 표현하고 있다. 시인은 마지막 기도를 드린다. 그는 현재 상황을 설명하면서 자신들에게 닥친 일을 기억해 달라고 탄원한다(동교재, 예레미야애가에서).

(2) 시인(예레미야?)은 이 수치스러운 상황을 기억해 달라고 말한다. 그리고 "우리의 수욕을 감찰하옵소서"라고 간구한다(애 5:1). 수욕(헤르파, חֶרְפָּה)이란 '비난, 조롱, 멸시'를 말할 때 쓰였다(삼상 17:25; 욥 16:10; 시 29:9). 그는 수욕의 구체적인 사실을 나열한다. "우리 땅이 남의 손에 넘어갔고, 우리 집이 다른 사람에게 넘어갔습니다. 그래서 우리는 고아처럼, 과부처럼 되었습니다"(애가 5:2-3).

(3) 더욱 비참한 것은 마실 물과 불을 피울 나무와 같은 가장 기본적인 생활 필수품을 얻기 위해 많은 돈을 지불해야 했다는 것이다(애가 5:4). 그들이 계속 추격하기에 기진해서 쉴 수도 없었다고 했다(5절). 백성들은 하나님을 의뢰하기보다는 경제적 안정을 위하여 애굽이나 앗수르와 같은 강대국을 더 의지했다(6절). 물론 하나님은 이런 강대국들과 조약을 체결하지 말 것을 계속 말씀하셨다(사 30:1이하 참조). 이제 유다는 조상들의 죄로 인해 그 결과를 맛보지 않을 수 없었다(7절). 물론 자신들 역시 죄를 지었다고 고백한다(16절).

Jerusalem is destroyed

(4) 지금 나라를 잃은 유대인들은 생존을 위해 사투를 벌이고 있다.

"종들이(아마도 바벨론의 하급 관리들이) 우리들의 통치자가 되었기 때문에 그들 손에서 우리를 건져낼 자가 없나이다"(애 5:8). 이들은 식량을 구하기 위해 목숨을 걸어야 했다(9절). 영양실조로 인해 살갗이 아궁이처럼 까맣게 타버렸다(10절). 예루살렘 성중에 있는 여인들은 잔혹하게 유린당하였다(11절).[1] 시인은 혼신을 다하여 마지막 간구를 드린다(애 5:19-22).

1) 공동체의 지도자들은 다 어디로 간 것인가? 이들은 다 매달려 죽고, 장로들은 천대를 받는다(애 5:12). 소년들이 맷돌로 곡식을 갈고 아이들이 나뭇짐을 지고 비틀거린다(13절). 노인들은 다시 성문에 앉지 못하며 소년은 다시 노래하지 못한다(14절). 축제를 즐기던 소리도 이제는 듣지 못한다(애 5:15). 옛날의 '영광과 명성'도 사라졌다. 이런 일들은 모두 하나님의 언약을 어긴 대가였다. "오호라 우리의 범죄함을 인함이니이다"(16절). 폐허가 된 시온에는 거친 들짐승이 울고 있을 뿐이었다(애 5:18).

(5) 앞에 예레미야애가에서 이미 살펴본 것처럼 유다가 망하고나서 유다의 중요 성읍들은 가혹하고 잔인하게 파괴되었다. 일부 파괴된 정착 지역에는 누가 살게 되었을까? 물론 나라가 망하고 그 땅에는 "남아 있는 백성들"이 있었다(렘 40:6). 바벨론 왕은 아히감의 아들 그다랴를 이 땅 총독으로 세우고 남녀와 유아와 바벨론으로 옮기지 아니한 빈민을 그에게 위임하였다"(렘 40:7)고 했다.

(6) 유다의 중부 고지(高地)에는 주민들이 사라졌으나 바벨론 사람들이 새로운 주민으로 그 공백을 메우지는 아니했다. 이 지역은 점차 에돔 사람들이 장악했다. 이들은 아랍 족속의 압력 때문에 모여서 살았다. 남부 유다 산지로부터 오늘의 벧술(Beth-zur)까지는 '이두매'가 되었다.

2. 오늘 본문을 다시 보자(겔 33:23-29). 유다의 남은 자들이 무엇을 요구하고 있는가?

(1) "이스라엘의 이 황폐한 땅에 거주하는 자들이" 이렇게 말하고 말하고 있었다.

핵심 인사들은 물론 많은 사람들이 포로로 끌려갔다. 본토에 남은 사람들은 가난한 사람, 포도원을 관리하는 자와 농부들만 남게 되었다(렘 52:6). 이들은 **우리와 함께 하던 사람들이 가버렸으니 이제 이 땅은 모두 우리 것이라고 주장했다.**

33:24 아브라함은 ─┬─ 오직 한 사람이라도
　　　　　　　　 └─ 이 땅을 기업으로 얻었나니
우리가 ──── (수가) 많은즉
이 땅을(=이) ── 주신 것이 되느니라
/(더욱) 우리에게 기업으로

유다에 남아 있는 사람들은 포로로 끌려간 사람을 예배 공동체에서 축출된 것으로 보았기에 부동산 권리를 상실했다고 보았다.

(2) 포로로 끌려 가지 않고 남아 있는 사람들은 이렇게 주장했다: "아브라함이 이 땅을 차지할 때 혼자였다는 것이다. 그런데 지금은 우리가 이렇게 수도 많고, 또 하나님께서 우리에게 주셨는데, 왜, 우리가 이 땅을 차지하지 못하겠느냐?"는 것이었다. 이런 행위는 재산 탈취행위나 마찬가지였다. 나중에는 바벨론이 이 지역의 농업경제를 살린다는 명목하에 땅없는 소작인들에게 주인 없는 땅을 넘겨주는 정책을 씀으로써 상황이 더 악화되었다(렘 39:10, "사령관 느부사라단이 아무 **소유가 없는 빈민을 유다 땅에 남겨 두고** 그 날에 포도원과 밭을 그들에게 주었더라.")

(3) 어쨌든 이런 와중에도 천민들은 유다의 자산과 부의 재분배 과정에서 유익을 얻기도 했다(겔 11:15 참조).[1]

3. 하나님은 이런 주장에 대해 어떻게 말씀하시는가?

33:25 그러므로(Therefore,לָכֵן) 너는 그들에게 이르기를
/주 여호와께서— 이같이 말씀하시되
/너희가 —— 고기를 피째 먹으며
—너희 우상들에게 눈을 들며
—피를 흘리니
/그 땅이 —— 너희의 기업이 될까보냐

可憎

가증

(1) "고기를 피째 먹는다"는 말은 율법에서 금하고 있는 행동이다(창 9:4; 레 7:26, 27, 17:10; 신 12:16, 23). 이들은 게다가 온갖 우상에게 눈을 돌리고 죄 없는 사람의 피를 흘리는 일을 그치지 않았다. 그들이 저지르는 죄악을 계속 폭로한다. 그들은 칼을 믿어 **가증한(역겨운) 일을 행하며**, 각기 이웃의 아내를 더럽혔다(26절). 그러고도 그 땅이 자신들의 기업이 될꺼라고 생각했다.

(2) 나라가 패망하는 환난을 겪었지만 이들은 변화되지 않았다. 이런 자들에게 하나님은 엄한 심판을 선언하신다.

내가 나의 삶을 두고 맹세하노니(As I live, חַי־אָנִי)

- 황무지에 있는 자는 칼에 엎드러뜨리고
- 들에 있는 자는 들짐승에게 넘겨 먹히게 하고
- 산성과 굴에 있는 자는 전염병에 죽게 하리라(27절)

- 내가 그 땅이 황무지와 공포의 대상이 되게 하고
- 그 권능의 교만을 그치게 하리니
- 이스라엘의 산들이 황폐하여 지나갈 사람이 없으리라(28절)

- 내가 그들이 행한 모든 가증한 일로 말미암아
- 그 땅을 황무지와 공포의 대상이 되게 하면
- 그 때에 내가 여호와인 줄을 그들이 알리라(29절)

判決 판결

우상을 숭배하고
살인을 저지르고
간음을 행함으로써 언약을
파기하는 삶을 사는 사람들,
이들이 사는 땅은
칼과 들짐승, 전염병에 의해
그 땅이 황무지가 될 것이다.

▶ 폐허가 된 땅에서 남아 있던 사람들은 약속의 땅이 자기 소유라고 생각했다. 물론 이들에게는 삶의 변화도 없었다. 그렇다면, 이들에게는 땅의 황폐함만이 따라올 것이다. 하나님께서 그렇게 하실 것이기 때문이다.

1) "[9]사령관 느부사라단이 성중에 남아 있는 백성과 자기에게 항복한 자와 그 외의 남은 백성을 잡아 바벨론으로 옮겼으며 [10]사령관 느부사라단이 아무 소유가 없는 빈민을 유다 땅에 남겨 두고 그 날에 포도원과 밭을 그들에게 주었더라"(렘 39:9-10).

선지자의 말을 조롱하는 백성(겔 33:30-33)

그발 강가 난민촌

1. 앞의 사건과는 반대로 포로로 끌려간 사람들은 에스겔의 선지자의 말씀에 따른 삶을 살아가고 있었을까?

(1) 포로지에서 살아가는 사람들은 당연히 에스겔 선지자의 말을 듣고 반응을 보인다. 그런데, 이들은 선지자의 말을 사람들을 즐겁해 해주는 연예인 취급을 했다는 것이다. 백성들이 담 곁에서, 혹은 집 문 앞에서 에스겔에 대해 말하며 '여호와께서 이번에는 무슨 말씀을 내리셨는지 가서 들어나 보세!'라고 했다(30절). 마치 호기심 많은 사람들이 무슨 구경거리를 보러 오듯이.

33:31 [그들이]
- 백성이 모이는 것 같이 네게 나아오며
- 내 백성처럼(as My people) 네 앞에 앉아서
- 네 말을 들으나
- 그대로 행하지 아니하니

//이는(이유, for, כִּי)

[그들이]
- 그 입으로는 사랑을 나타내어도
- 마음으로는 이익을 따름이라

이들은 에스겔의 메시지에 관심이 있는 것 같았지만 그 관심은 너무 피상적인 것이었다. 따라서 이들의 삶에서는 변화가 나타나지 않았다. 그 이유가 무엇일까? 그들은 입으로는 헌신을 표시하지만 그들의 마음은 자신들의 욕심만을 따르기 때문이라고 했다.

왜 그럴까? 이들은 세상에 더 관심이 많았기 때문이다.

(1) 백성들은 선지자를 통해 말씀을 선포히시려는 하나님의 진정한 마음을 헤아리지 못했다. 관심이 오직 자신의 평안과 물질에 대한 욕심만을 바랐기 때문이다. 아무리 아멘을 크게 외쳐도 삶의 변화가 나타나지 않는다면, 선포되는 말씀은 공허한 메아리가 되어 흩어질 뿐이다.

(2) "그들은 에스겔이 고운 음성으로 사랑의 노래를 하며 음악을 잘하는 자 같이" 여겼다(32절). 말씀이 우리 속에서 내면화되지 않으면 말씀의 능력이 역사하지 못한다. 우리는 모두 부지런히 그리고 끊임없이 은혜를 받으려고 주 앞에 나온다. 그래서 아멘 소리를 높이며 반응하지만, 그래서 기쁨도 느끼지만 근본적인 가치관에 변화가 없다면, 그는 메신저를 노래 잘 부르며, 음악을 잘 하는 자처럼 대한 것이다. "네 말을 듣고도 행하지 아니하거니와..."

(3) 에스겔이 선포한 말씀은 반드시 성취될 것이다. 그 말씀이 성취될 때에야 비로소 그들 가운데에 참 선지자가 있었음을 알게 될 것이다.

거짓 목자들과 참 목자(겔 34:1-31)

34장은 타락한 지도자로 말미암아 약속의 땅이 몰수되고 백성들이 포로가 되었다고 비평한다. 왜 목자를 세우셨는가? 그것은 하나님의 양떼를 기르시기 위해서이다. 그러나 이들 지도자들은 양 떼를 몰아내고 돌보지 않았다. 이들 목자들은 그 태만함 때문에 여호와께서 벌을 받게될 것이다(1-11절). 하나님께서는 비록 하나님의 양 떼를 이 나라 저 나라로 흩어지게 하셨지만, 그들을 다시 살던 목장으로 데려오시겠다고 약속하신다(11-16절). 하나님은 다윗을 한 목자로 세우실 것이다(23, 24절).

회복의 예언(33-39장)

1. 파수꾼과 예루살렘 멸망(33:1-33)
2. **거짓 목자들과 참 목자(34:1-31)**
3. 여호와의 땅의 회복(35:1-36:38)
4. 마른 뼈 환상(37:1-14)
5. 두 막대기의 회복(37:15-28)
6. 곡과 마곡의 심판(38:1-39:29

1. 목자들은 누구인가? 목자들은 선지자들과 제사장들이 포함된다(호 4:4, 6; 암 7:12-17; 사 24:2, 28:7). 여기서는 특별히 유다 말기에 통치하였던 왕들을 가리킨다.

(1) 하나님은 에스겔에게 목자들에게 가서 예언하라고 말씀하신다.

34:2 인자야
너는 ── 이스라엘 목자들에게 예언하라
[너는] ─ 그들 곧 목자들에게 예언하여 이르기를
/주 여호와께서 이같이 말씀하시되
/화 있을진저
/자기만 먹는 이스라엘 목자들은(=에게)
/목자들이 ─ 먹이는 것이 마땅하지 아니하냐
/양 떼를

職務遺棄

직무유기

양떼의 행복보다는 자신들의 이익만을 추구하는 직무유기의 공동체의 지도자들, 이스라엘은 이런 목자들 때문에 멸망한다.

에스겔은 이들을 직무유기로 고발한다.

• 3절 살진 양을 잡아 그 기름을 먹으며
그 털을 입되 **양 떼는 먹이지 아니하는도다**

• 4절 연약한 자를 강하게 아니하며
병든 자를 고치지 아니하며
상한 자를 싸매 주지 아니하며
쫓기는 자를 돌아오게 하지 아니하며
잃어버린 자를 찾지 아니하고
다만 포악으로 그것들을 다스렸도다

• 5절 목자가 없으므로
그것들이 **흩어지고 흩어져서**
모든 **들짐승의 밥이 되었도다**

• 우유와 양털은 취하고, 양들은 굶겼다. 일부 양들은 잡아먹기까지 했다.

• 약한 자들, 병들고 불구된 자들, 길을 잃고 헤매는 양들을 돌보지 않았다. 이들은 목회적 책임을 버리고 자신들의 사사로운 이익과 영화를 누리는데 온 정신을 쏟았다. 길 잃은 양을 찾아나서지도 않았다.

• 6 "내 양 떼가 모든 산과 높은 멧부리에마다 **유리되었고 내 양 떼가 온 지면에 흩어졌으되** 찾고 찾는 자가 없었도다."

▶ 이런 직무유기자들을 벌하실 것이다. 그리고 여호와께서 직접 찾아나서실 것이다.

(2) 지금 유다는 양들이 뿔뿔이 흩어져서 들짐승의 밥이 된 것같은 상황이다. "내 양을 그들의 입에서 건져내실 것"이라고 선언하신다. "내 양 떼가 노략 거리가 되고 모든 들짐승의 밥이[1] 된 것은 목자가 없기 때문이라 내 목자들이 내 양을 찾지 아니하고 자기만 먹이고(자신들만 돌 볼 뿐) 내 양 떼를 먹이지 아니하였도다"(8절).

1) 양떼가 유리 방황하는 것은 목자가 없어서가 아니라 진정한 목자가 없기 때문이다. 이들은 거짓 목자이다. 이들은 양을 흩는다(렘 23:1-3, 50:6; 사 56:11). 양들에는 관심이 없고 자신의 배만 채운다(겔 34:2). 양은 마치 도살장으로 끌려가는 양으로 묘사된다(시 44:11, 22). 물론 이런 목자들은 반드시 심판을 받게 될 것이다.

내 양 - 양은 종종 하나님의 백성을 상징한다(민 27:17). 양은 반드시 목자가 필요하다(시 100:3). 지도자도 목자로 불린다. 지도자가 없으면 양들은 언덕으로 흩어진다. 이스라엘은 하나님의 양 떼이다. 그 양 떼들이 유리 방황한다. 지도자가 타락했기 때문이다.

다시는 그 먹이가 되지 아니하게 하리라(34:10-15)

2. 그들의 죄악을 다시 한번 언급하신다(8절). 하나님은 직무유기를 한 이런 목자들에게 크게 노하셨음을 보여준다.

34:10 주 여호와께서 이같이 말씀하시되
/내가 ── 목자들을 대적하여(אֶל־)
└ 내 양 떼를 그들의 손에서 찾으리니
목자들이 ── 양을 먹이지 못할 뿐 아니라
그들이 ── 다시는 자기도 먹이지 못할지라
내가 ── 내 양을 그들의 입에서 건져내어서
[그것들이] ── 다시는 그 먹이가 되지 아니하게 하리라

대적하여(I am *against*)

이스라엘의 지도자들이 백성들을 육적으로나 영적으로 양육하지 못하면 중대한 범죄로 간주되었다(겔 24:2이하).

하나님은 거짓 목자들 때문에 흩어진 양 떼들을 찾아 열방에서 다시 모으실 것이다(11-12절).

- 11절 - 나 곧 내가 내 양을 찾고 찾되
- 12절 - 내가 내 양을 찾아서 흐리고 캄캄한 날에
  그 흩어진 모든 곳에서 그것들을 건져낼 것이다.
- 13절 - 내가 그것들을 **만민 가운데에서 끌어내며**
  여러 백성 가운데에서 모아 그 **본토로 데리고 가서**
  이스라엘 산 위에와 시냇가에와 그 땅 모든 거주지에서 먹이되
- 14절 - 좋은 꼴을 먹이고 ... 이스라엘 산에서 살진 꼴을 먹게 될 것이다
- 15절 - 내가 친히 내 양의 목자가 되어 그것들을 누워 있게 할지라

이 예언의 말씀은 스룹바벨과 에스라의 지휘 아래 바벨론으로부터 돌아올 때 성취되었다.

진정한 목자란?
예수님은 "나는 선한 목자라고 하셨다. 선한 목자는 양들을 위하여 목숨을 버린다(요 10:11).

- 16절 ┆ 그 잃어버린 자를 **내가** 찾으며
  쫓기는 자를 **내가** 돌아오게 하며
  상한 자를 **내가** 싸매 주며
  병든 자를 **내가** 강하게 하려니와
  살진 자와 강한 자는 내가 없애고
  정의대로 그것들을 먹이리라

진정한 목회란?

그 어떤 지도자들이라도 정의(judgment)는 꼭 필요하다.

3. '선한 목자로서의 하나님' 이라는 은유는 예수님의 가르침에서 드러난다.

(1) 길 잃은 양의 비유(마 18:12-14; 눅 15:3-7) - 예수님은 제자들을 이스라엘의 집의 잃은 양들에게 보내신다(마 10:6, 15:24). 예수님은 목자 없는 양 같은 무리들을 불쌍히 여기셨다(마 9:36).

(2) 예수님은 구약의 용례를 들어 자기 백성을 목자 없는 양떼로 비유하셨다(막 6:34*). (아래 설명은 동교재, 요한복음에서)

> 구약에서 '프로바톤'(πρόβατον)은 떼지어 사는 동물인 양(sheep)을 의미한다(창 30:38; 사 7:21; 암 7:15). 이 단어는 은유적으로 '백성'(삼하 24:17), 특히 '하나님의 백성'(시 74:1), '회중'(시 77:20, 78:52)에 대해 사용되었다. 여기서 중요한 점은 양에게는 반드시 보호가 필요하다는 것이다.[1)]

(3) 양들은 목자에 의해 올바른 초장으로 인도되어야 한다(시 23편). 광야에서 지도자가 없던 이스라엘은 "목자 없는 양"과 같다고 표현했다(민 27:17 "그로 그들 앞에 출입하며 그들을 인도하여 출입하게 하사 여호와의 회중이 **목자 없는 양과 같이** 되지 않게 하옵소서"). 물론 개인도 하나님의 인도하심이 없다면 "잃은 양 같이 유리"한다(시 119:76). 예수님도 비유에서 양을 들어 교훈하셨다(눅 15:4). 목자가 없는 양은 고생하며, 유리하며(마 9:36), 길을 잃고 잃어버린 바 된다(마 10:6, 15:24).

(4) 요한복음에서 '양'은 그리스도께서 택하신, 즉 그의 백성을 뜻한다(요 10:14). 양들은 그들의 목자의 음성을 알고, 그 부르는 소리를 듣고 그를 따른다. 마태복음에서는 목자와 양떼의 관계가 하나님의 백성에 대한 왕의 관계인 반면, 요한복음에서는 하나님을 계시하려고 하나님께로부터 오신 아들이요, 양떼는 그의 음성에 귀를 기울이는 교회이다.

(5) 앞의 설명에서와 같이 이스라엘 백성은 자신들을 하나님의 양(쩨온, צֹאן, 시 74:1*)이라고 부름으로써 자신들의 힘만으로는 보호할 수 없음을 인정하였다. 따라서 선한 목자이신 여호와의 인도하심을 신뢰하고 있었다는 것을 인정하였다(시 23편, 95:7*, 100:3).

(6) 예수님은 새로운 양무리들을 형성시켰고, 자신을 그 양의 문이라고 하셨다(요 10:9). "**내가 문이니**(ἐγώ εἰμι ἡ θύρα·) 누구든지 나로 말미암아 들어가면 구원을 받고 또는 들어가며 나오며 꼴을 얻으리라." 또한 예수님은 선한 목자(포이멘, ὁ ποιμήν)이시다(요 10:14).

• 막 6:34, "예수께서 나오사 큰 무리를 보시고 그 목자 없는 양 같음으로 인하여 불쌍히 여기사 이에 여러 가지로 가르치시더라."

1) 양떼는 목자의 인도가 없으면 흩어지며(겔 34:5, 6), 각기 제길로 간다(사 53:6). 양들은 결국 짐승의 밥이 되기도 한다(겔 34:5).

• 시 74:1 "하나님이여 주께서 어찌하여 우리를 영원히 버리시나이까 어찌하여 **주께서 기르시는 양을 향하여** 진노의 연기를 뿜으시나이까"

• 시 95:7 "그는 우리의 하나님이시요 우리는 그가 기르시는 백성이며 **그의 손이 돌보시는 양이기 때문이라**"

(3) 예수님 당시에는 순박한 양들을 속여 자신들의 부를 쌓는 양의 탈을 쓴 이리들이 많이 있었다(마 7:15, 24:23). 예수님은 자신이 양을 위해 목숨을 버리는 '선한 목자'라고 말씀하신다(11절 "나는 선한 목자라 선한 목자는 양들을 위하여 목숨을 버리거니와"). 그러나 종교지도자들은 하나님의 백성을 오히려 사지(死地)로 몰아 넣었다.

4. 거짓 목자들 때문에 이스라엘은 지금 곤경에 빠졌는데, 살진 자와 강한 자, 즉 가난한 백성을 등쳐먹는 자들도 있었다. 이들도 심판하실 것이다.

(1) 하나님의 심판에는 정확한 구별이 있다. 가난하고 병든 자들을 매정하게 몰아부치는 자들도 심판의 대상이다. "내가 살진 양과 파리한 양 사이에서 심판하리라"(17절).

34:17 나의 양 떼 너희여(And as for you, My flock, וְאַתֵּנָה צֹאנִי) 주 여호와께서 이같이 **말씀하셨느니라** /내가 — 심판하노라(심판하겠다) /양과 양 사이와 숫양과 숫염소 사이에서(~의 시비를)[1]

1) 양과 양 사이
(between one sheep and another, בֵּין־שֶׂה לָשֶׂה)

שֶׂה(세) - 어린양

숫양(아일, אַיִל)
숫염소(앗투드, עַתּוּד)

(2) 하나님께서는 유다 공동체를 심판하시되, 특히 **부한 자들**을 약한 자들과 구별하여 심판하시겠다는 것이다. 그들은 목자들이나 위정자처럼 권력을 가지고 있지는 않지만 가난하고 힘없는 자들을 멸시했다. 그들은 마치 좋은 풀밭에서 좋은 꼴을 먹는 자와 같다고 하셨다. 그런데 좋은 꼴을 자기들만 먹었을뿐 아니라 남은 꼴마져 먹지 못하게 발로 밟았버렸다는 것이다. "너희가 맑은 물을 마시는 것을 작은 일로 여기느냐 어찌하여 남은 물을 발로 더럽혔느냐?"(18절).

(3) 예루살렘이 무너지고 불타버린 후에 **극도로 혼란한 와중에** 실제로 이와 같은 일들이 벌어졌다. 가난한 자들이 더욱 가난해지도록 약탈했고, 병들고 약한 자들을 못살게 굴었다(21절 "너희가 **옆구리와 어깨로 밀어뜨리고 모든 병든 자를 뿔로 받아** 무리를 밖으로 흩어지게 하는도다.").

[렘 41장] 그달리야가 살해당한 후의 혼란함(41:1-18) - 예루살렘 성 함락 후 3개월 후인 7월에 특히 이스마엘의 악행은 더욱 사회를 혼란케 했다. 예루살렘 성전 파괴에 대한 애도를 표시하기 위한 조문객 60명을 그달리야에게 초대하는 것으로 가장하여 죽였다. 이스마엘은 인질들을 데리고 미스바에서 암몬으로 달아났다. 이를 안 요하난 일행은 그를 추격했으나 실패했다. 바벨론 군인들의 보복을 두려워한 요하난과 그를 추종하는 백성들이 애굽행을 선택한다(렘 41:16-18).

그러므로
내가 내 양 떼를 구원하여
그들로 다시는 노략 거리가 되지 아니하게 하고
양과 양 사이에 심판하리라(34:22)

5. 거짓 지도자들 때문에 하나님의 양인 백성들은 들짐승의 밥이 되는 지경에 이르렀다. 이스라엘의 멸망은 결국 이런 지도자들 때문에 일어난 일이었다.

(1) 이 문제를 해결할 수 있는 방법으로, 즉 양 떼를 구원하는 분으로(22절) 한 목자로 세우시겠다고 선언하신다(겔 34:17-24). 여기서 '내 종'은 하나님의 종을 가리킨다. 이 목자는 하나님인 동시에 인간이어야 한다. 이 한 목자를 통해서만 하나님과의 언약관계가 회복될 것이기 때문이다.

(2) 그렇다면, 에스겔 34장에 언급된 '한 목자'는 누구를 가리킬까?

34:23 내가 ── 그들의 위에 세워
/**한 목자**(one shepherd, רֹעֶה אֶחָד로에 에하드)를
그는 내 종 다윗이라(עַבְדִּי דָוִיד הוּא My servant David)
그가 ┬ 그들을 먹이고
└ 그들의 목자가 될지라
목자 **牧者**

이 문제를 해결할 수 있는 방법으로 **다윗을 목자로 세우시겠다고** 선언하신다(겔 34:17-24).

양 떼를 구원하는 분으로(22절), 한 목자를 세우실 것이다. 여기서 '내 종 다윗'은 하나님의 종을 가리킨다. **이 목자는 하나님인 동시에 인간인 그리스도를 지칭한다.**

(3) 여기 '**내 종 다윗**'은 죽은 왕 다윗이 부활한다는 말이 아니라 **다윗의 가장 위대한 후손이신 메시야**, 즉 **예수 그리스도**를 가리킨다(사 53:3에서 그를 여호와의 종[1]이라고 언급한다). 왕이 된 다윗은 하나님의 백성을 이끄는 이상적인 목자였다(시 78:70-72; 삼하 7:7-8). 그의 몸에서 날 약속된 메시야는 흠이 없는 목자로서, 흩어진 양떼를 다시 모으고 먹이신다. 이 메시야가 바로 예수 그리스도이시다.

1) '종'이라는 용어는 메시야를 지칭하는 것인데, 메시야에 대하여 중심적인 가르침을 주는 구절들은 이사야의 마지막 장들(즉 사 39-66장)에서 발견된다. 거기에서 이 단어는 단수로 20회(사 39-53장), 복수로 11회(사 54-66장) 나타난다. 이 종은 폭력과 자의적인 권력행사를 자행하지 않고 공의를 행할 성령 받은 인물로 소개된다.

그들과 화평의 언약을 세우고(겔 34:25-31)

화평의 언약
בְּרִית שָׁלוֹם
• 겔 37:26
• 사 54:10

1. 화평의 언약(covenant of peace, בְּרִית שָׁלוֹם) - 다윗 통치 하에서 질서와 공의가 회복될 것이다. 그때는 맹수도 없고, 광야에서도 평안히 살고, 숲 속에서도 안심하고 잠들 수 있게 될 것이다(25절).

34:25 나 여호와는 ─ 그들의 하나님이 되고
내 종 다윗은 ─ 그들 중에 왕이 되리라
나 여호와의 말이니라
내가 ┬ 또 그들과 **화평의 언약을 세우고**
└ 악한 짐승을 그 땅에서 그치게 하리니
그들이 ┬ 빈 들에 평안히 거하며
└ 수풀 가운데서 잘지라

사 11:6 그 때에(וְ, And, In that day - NLT) - "이리가 어린 양과 함께 살며 표범이 어린 염소와 함께 누우며 송아지와 어린 사자와 살진 짐승이 함께 있어 어린 아이에게 끌리며 7 암소와 곰이 함께 먹으며 그것들의 새끼가 함께 엎드리며 사자가 소처럼 풀을 먹을 것이며 8 젖 먹는 아이가 독사의 구멍에서 장난하며 젖 뗀 어린 아이가 독사의 굴에 손을 넣을 것이라."

• 사 11:6 그 때에(וְ, And, In that day - NLT) 언제? 완전한 성취는 그리스도의 재림 후에.

[이새의 줄기에서 한 싹이 나며(사 11:1)]

이사야 11

(1) 이사야 11장에서는 메시아와 같은 왕에 대해서 많은 예언을 제공한다. 사 11:1에서는 다윗의 계보를 '이새'로부터 시작함으로써 단지 다윗 계보의 연속성보다는 다시 회복될 새 계보를 전제하고 있는 것 같다.[1] 낙원에서의 아담처럼 예수님은 광야에서 40일간을 들짐승과 함께 지내셨다(막 1:13).

(2) 이사야의 이야기를 더 들어보자. 지금, 유다는 쓰러진 나무와 같다. 그렇다면 그의 위(位)가 영원하리라는 다윗과의 언약(삼하 7장)은 폐기되는가?[2]

사 11:1 이새(이솨이, יִשַׁי)[3]의 줄기에서 한 싹(호테르, חֹטֶר)[4]이 **나며**
그 뿌리에서 한 가지(네쩨르, נֵצֶר)가 **나서 결실할 것이요**(יִפְרֶה)[5]

(3) 주요 가지와 줄기는 잘리고 그 밑둥(그루터기)만 남은 한 그루 큰 나무의 모습이 그려진다. 여기서 '줄기'[게자, גֶּזַע - 줄기, (베어넘긴 나무) 그루터기, 통나무]는 부러지고 잘린, 즉 아하스가 통치하고 있는 불안한 유다를 상징한다. 그런데, 그 베어넘겨진 나무 밑둥에서 한 싹(호테르, חֹטֶר rod, shoot)이 날 것이라는 것이다. 한 가지(네쩨르, נֵצֶר - 새로 나온 가지, a Branch)가 그 뿌리(셰레쉬, שֹׁרֶשׁ - root)에서 날 것이다.

(4) 잘려진 그 그루터기(밑둥)로부터 새로 나온 한 싹과 가지가 무성한 한 그루 나무로 성장하게 될 것이다. 그래서 열매를 맺히게 될 것이다. 그러니까 싹, 또는 가지가 새로운 왕조에서 솟아나는 것이 아니라 오래된 줄기, 또는 뿌리에서 솟아난다는 것이다. 그 뿌리들과 그루터기는 죽지 않았다. 토양은 여전히 비옥하고 여호와께서 심으신 나무는 버리지 않으실 것이다. 여호와의 언약은 계속될 것이고, 아브라함과 다윗의 후손들이 완전히 끊어지지는 않을 것이라는 것이다. 사 9:6에서 언급된 한 '아기'는 겉으로 보기에는 죽은 것 같은 그루터기로부터 자라는 싹이 난 가지로서 올 것이다.[6]

2. 이렇게 하나님은 화평의 언약을 맺으심으로써 그들의 안전을 보장하실 것이다(겔 34:26-31).

이제 그들은 하나님의 보호 아래 안전을 누릴 것이다. "다시는 그 땅에서 기근으로 멸망하지 아니할지며 다시는 여러 나라의 수치를 받지 아니할" 것이다(29절). 온갖 좋은 것들로 인해 물질적 축복뿐만 아니라 영적인 풍요함도 누리게 될 것이다. 그들은 선하신 목자의 양 떼로서 그의 백성이 되고 그는 그들의 하나님이 될 것이다(31절).

1) 윌리엄 J. 덤브렐, 장세훈 역, 언약신학과 종말론, 기독교문서선교회, 118.

2) 동교재, 이사야서 11장에서 설명을 가져옴.

3) 다른 예언자들은 이상적인 왕을 다윗으로 칭하거나 그를 다시 올 다윗으로 묘사한다. (렘 30:9; 겔 34:23-24, 37:24-25; 호3:5, 미5:2)

• 이새 - 미천한 자였다(삼상 16:1; 삼하 7:8). 미천한 데서 한 싹이 나왔다(그 연약성을 보여줌)

4) 4:2에서 나오는 (여호와의) '싹'이라는 단어는 체마흐(צמח)라는 단어를 썼다. '호테르'는 '가지, 잔 가지, 막대기, 회초리'라는 뜻이 있다. / rod, shoot

5) 파라(פרה)의 칼 동사 미완료. / 열매를 맺다, 갈라지다.

6) 게라르드 반 그로닝겐, 유재원 · 류호준 역, 구약의 메시아 사상, CLC., 644-645.

에돔에 대한 예언(겔 35:1-9)

회복의 예언(33-39장)

1. 파수꾼과 예루살렘 멸망 (33:1-33)
2. 거짓 목자들과 참 목자 (34:1-31)
3. **여호와의 땅의 회복(35:1-36:38)**
4. 마른 뼈 환상(37:1-14)
5. 두 막대기의 회복(37:15-28)
6. 곡과 마곡의 심판(38:1-39:29

하나님은 지금 에돔에 대해 노하고 계신다. 이들은 하나님의 백성 이스라엘에 대해 늘 적개심을 가지고 대항했기 때문이다. 이스라엘을 공격하는 것은 곧 하나님께 대항하는 것과 같다. 35-36장은 세일 산에 대한 심판을 언급한다(겔 35:1-36:15). 그러고나서 이스라엘의 회복을 언급한다(겔 36:16-38).

1. 하나님의 백성들을 대적하는 세력, 에돔은 유다의 붕괴에서 이득을 보려는 적대국들을 상징한다.

에돔이 받을 심판에 대해서는 이미 앞에서 자세히 다루었기 때문에(겔 25:12-14) 긴 설명은 생략하기로 하자. 특히 오바댜 선지자는 에돔이 멸망 당하는 이유를 아주 자세하게 설명하고 있다(옵 1:10-14).

35:2 인자야
[너는] ┬ 네 얼굴을 세일 산으로 향하고
└ 그에게 예언하여
3 [너는] — 이르기를
/주 여호와께서 이같이 말씀하시되
/[보라!] 세일 산아!
/내가 ┬ 너를 대적하여
├ 내 손을 네 위에 펴서
└ 네가 황무지와 공포의 대상이 되게 할지라

• 누가? = 여호와께서 직접 대적하실 것이다.

• 세일 산(Mount Seir, שֵׂעִיר) - 어원은 '머리털'이다. 이 지역의 원주민은 '호리'족이었다(창 14:6). 그 족속 중의 한 사람이 세일이었다. 에서가 세일 산으로 이동하였는데(창 32:3), 그의 후손이 호리족을 쫓아냈다(신 2:12, 22). 이스라엘 왕정 시대에 세일의 주민들이 이스라엘을 미워했다. 직접 공격하지는 아니했으나 이스라엘을 침략하는 자의 편에 섰다(겔 25:8, 35:1-15).

• 4절 내가 — 네 성읍들을 무너뜨리며 네가 황폐하게 되리니
네가 — 나를 여호와인 줄을 알리라

• 5 //이유(Because, יַעַן)
네가 ┬ 옛날부터 한을 품고
└ 칼의 위력에 그들을 넘겼도다(~때문이다)
/이스라엘 족속의 환난 때
곧 죄악의 마지막 때에

• 언제부터?

• 언제? - 유다 멸망시에 (주전 586년)

에돔의 죄는? (오바댜서에서 언급됨)

• 자기 형제국인 유다 백성을 다룬 방식 때문이다(포학함, 옵 1:10). 이들은 유다에 너무 잔인했다(10절).
• 또한 약탈을 일삼았고(11, 13절),
• 형제의 멸망을 기뻐했다(12절).

• 더욱이 피난민들을 적국에게 넘기는 극악한 행위를 저질렀다(14절).

• 그러므로 (Therefore, לָכֵן)

• 6 주 여호와의 말씀이니라 내가 나의 삶을 두고 맹세하노니
내가 — 너에게 피를 만나게 한즉 피가 너를 따르리라
네가 — 피를 미워하지 아니하였은즉 피가 너를 따르리라

• 너희가 남의 피를 흘렸으니 너희도 반드시 피의 보복을 받을 것이다.

2. 이렇게 하나님은 에돔에게 파멸을 선언하신다.

[에돔이 유다를 이런 식으로 대한 것은 결국 여호와를 멸시한 것이다.]

- 12 **이스라엘 산악이 다 쑥대밭이 되었으니 우리가 가서 집어삼키자 한 말을** 내가 다 들었다.
- 13 너희가 나를 거슬러 허풍을 떠는 것은 내가 다 들었다.
- 14 내가 너를 황폐하게 할 것인데 온 땅이 기뻐할 것이다.
- 15 이스라엘이 망한 것을 너희가 고소해했지만 내가 너희도 똑같은 모양으로 만들어 줄 것이다. 그제야 비로소 내가 누구인줄 알게 될 것이다.

(1) "네가(=에돔이) 피 흘리는 죄를 범했으니 반드시 너희도 사로잡혀 피의 보복을 받을 것이다. 피 비린네 나는 일이 너를 뒤좇아 다닐 것이다"(6절).[1]

- 7절 - 세일 산은 황무지와 폐허가 될 것이고
- 8절 - 온 산에는 죽은 군인들의 시체가 가득하게 될 것이다.
- 9절 - 너를 영원히 황폐하게 하여 네 성읍들에 다시는 거주하는 자가 없게 하리라.

(2) 그 이유가 무엇인가? (10절)

//이유(יַעַן) Because
주 여호와께서 유다와 이스라엘을 다스리시는데도 저 두 나라는 우리 것이니 우리가 가서 차지하자고 말했기 때문이다.

(3) 그러므로 네가 그들을 미워하여 노하며 질투한 것과 똑같이
내가 네게 그대로 보복하겠다. 너를 심판할 때에
그때에야 비로소 내가 누구인지 알게 될 것이다(11절)

3. 오바댜 선지자의 메시지를 들어보자. (동교재, 오바댜서)

1) 나탄(נָתַן)의 칼동사 완료, 대명사어미 2인칭 남성 단수.

2) 앞으로 되어질 미래의 사건이 너무 확실하기 때문에 과거형으로 사용된다.

옵 1:2 보라(Behold, הִנֵּה) - 주의를 환기를 환기시키는 말이다.
내가 — '매우 작게'(미약하게, 카톤, קָטֹן) 하였으므로
/너를
/나라들(=열방) 가운데에
네가 —멸시를 받느니라(בָּזוּי - 수동분사)
/크게

3) 에돔은 난공불락의 바위 산지에 거하고 있었기에 결코 무너지지 않을 것이라는 확신을 갖고 있었다. 이런 자신감이 스스로를 교만으로 이끌었다. 하나님은 이렇게 거들먹거리는 에돔을 끌어내려 열방 가운데서 수치를 당하게 하실 것이라고 선언하신다.

(1) 하나님은 에돔을 열방 가운데서 아주 미약하게 만드셨다는 것이다. 왜냐하면 너무 교만했기 때문이다. '내가 너를 (미약)하게 하였다'(נְתַתִּיךָ)[1]라고 예언적 과거형[2]으로 되어있지만(I have made thee small among the heathen -KJV), NIV나 NASB 등은 미래형으로 번역했다.

(2) '매우 작게'(카탄, קָטֹן) : '미약한, 작은, 어린, 하찮은, 중요치 않는, 무가치한'이라는 의미이다. '보라, 에돔은 곧 미약하게 될 것이다.' 여호와께서 하찮은 국가로 만들 것이기 때문이다.[3] 그 일이 너무 확실하므로 과거형으로 표현했다.

이스라엘의 회복에 대한 약속(겔 36:1-15)

回復

회복

이제 하나님께서는 이스라엘에게 위로의 말씀을 전하신다. 먼저 열방에 대한 심판을 언급하신다(1, 4절). 하나님은 이스라엘 땅이 비참한 처지에 놓인 것을 보시고 불쌍히 여기신다. 사면에 남아 있는 땅은 이미 이방인들의 노략거리가 되어 있었기 때문이다(4절). 3-7절까지는 '그러므로'(라켄, לָכֵן)라는 말로 시작하고 있다. 이방인들이 결국 하나님의 땅을 노략한 것이나 마찬가지였다. 주로 유다의 남방의 고지(高地)들에 대한 에돔의 거짓된 주장에 대해 대항하시고(5절), 결국은 이방인들로 하여금 수치를 당하게 하신다.

1. 에스겔에게 먼저 이스라엘 산악지대에 대해 여호와의 말씀을 전하라고 하셨다.

36:2 원수들이 — 네게 대하여 말하기를(...하였느니라)
/아하!(헤아흐, הֶאָח)
/옛적 높은 곳이 — 우리의 기업이 되었도다

높은 곳: 이스라엘의 서쪽 지역과 남쪽 지역(요단 계곡과 지중해 연안 사이)은 블레셋과 에돔족에 의해 유린당하고 있었다. "옛적부터 저 높은 지역은 우리의 것이다"라고 좋아했다.

이런 주장에 대해 "너는 이스라엘에게 이렇게 예언하여 일러라"

- 3절 - '그러므로'(라켄, לָכֵן) - 이방인들이 와서 너희를 황폐하게 하고, 사방에서 너희를 삼켜 다른 민족의 소유가 되어 백성의 비방거리가 되게 하였도다
- 4절 - '그러므로'(라켄, לָכֵן) - 이방인의 노략 거리와 조롱 거리가 된 성읍들에게 주 여호와께서 이같이 말씀하셨느니라
- 5절 - '그러므로'(라켄, לָכֵן) - 모든 나라들에게, 그리고 에돔에게 이렇게 말하라. "너희들은 악의를 품고 나의 땅을 너희들의 소유로 만들어 목초지를 약탈했다."
- 6절 - '그러므로'(라켄, לָכֵן) "내가 내 질투와 내 분노로 말하였나니 이는 너희가 이방의 수치를 당하였음이라."

- **7절** - '그러므로'(라켄, לָכֵן) 하나님이 이렇게 말씀하신다.

내가 맹세하였은즉
너희 사방에 있는 이방인이
자신들의 수치를
반드시 당하리라

2. 이런 에돔에게 어떤 심판을 행하실 것인가? 그 심판은 이미 앞에서(겔 25:12-17에서 언급되었다.

(1) 하나님은 포로기간을 거치는 동안 자기 백성 이스라엘을 지켜주시고, 고향 땅으로 돌아오게 하셨지만, 에서의 후손인 에돔 족속은 호되게 심판하셨다. 에돔은 폐허가 된 성읍을 재건하려고 노력하지만 하나님은 그들의 노력을 방해할 것이요, 다시 건축한 모든 것을 무너뜨리실 것이라는 말이다. 말라기

시대에는(주전 460년) 아랍 족속의 침략으로 이미 황폐해지고 말았음을 알 수 있다. 오바댜서는 아주 짧은 예언서이지만 에돔의 교만과 그들의 형제국인 유다를 학대한 일에 대한 통렬한 비판을 담고 있다. 유대인의 멸망을 그렇게 기뻐했던 에돔은 얼마 후에 오바댜 선지자의 예언대로 아랍 족속의 침공을 받았다. (동교재, 오바댜서)

(2) '나바다' 족속은 주전 500년경부터 사해 남쪽 지역에 들어와 살았었는데 주전 312년경에는 에돔 지역을 완전히 장악하고 페트라를 중심으로 발전했던 것으로 보인다. 그 세력은 점점 북쪽으로 확장되어 길르앗(트랜스요르단) 땅을 넘어 다메섹까지 이르게 되었다. 세일에서 밀려난 에돔 사람들의 일부는 유다 남방(네게브 지역)으로 옮겨왔고(제1에스드라서 4:50) 그 외 사람들은 나바티아인의 아랍에 흡수되었던 것 같다.

- 네게브 지역은 '**이두메**' ('**에돔**'이란 말의 헬라어 명칭)라고 불렸다. 마카비 시대에 들어와서 요한 힐카누스는 주전 120년경 이두메를 점령하고 강제로 유대교로 개종시켰다. 로마인들이 팔레스틴을 점령했을 때, 에돔 사람들은 자연적으로 멸망당했다. 헤롯 대왕의 아버지 안티파터가 주전 63년에 이두메 지방의 총독이 되었다. 그래서 유대인들은 헤롯을 극렬하게 싫어했다.
- **예홋**이라고 표시된 부분이 유다의 남은 땅이다

3. 회복된 이스라엘의 땅은 다시 열매를 맺게 되고(겔 36:8-9), 고국으로 돌아와 번성하게 될 것이다(10-11절).

폐허가 되었던 성읍이 다시 재건될 것이다(겔 36:10). 성읍들에는 다시 불어난 사람들로 북적거릴 것이다. 전처럼 사람들이 많아져 그전보다 더 살기 좋은 곳이 될 것이다. 그때 가서야 "내가 여호와인 줄을 너희가 알리라"(11절). 땅은 다시 열매를 맺게 되고 너희 산들 위에도 다시 사람들이 다닐 것이고, 또다시 자식들을 빼앗기는 수치는 없을 것이다(12절). 다시는 이방 나라들이 너희를 비웃지 못하게 하실 것이다(15절).

4. 이스라엘의 회복은 하나님의 이름, 곧 하나님의 명예를 회복하는 일이다(30절). 이제 이스라엘은 고국으로 귀환하게 될 것이고 생계 또한 보장될 것이다.

(1) 하나님은 이스라엘이 왜 파국을 가져왔는가를 회고시키신다. 포로로 끌려가기 전에 백성의 상태를 무엇에 비유하고 있나? (겔 36:17)

> 그들의 행위로 그 땅을 더럽혔나니
> 나 보기에 그 행위가 **월경 중에 있는 여인의** 부정함과 같았느니라

(2) 또한 하나님이 자기 백성에게 분노하신 이유는 "그들이 땅 위에 피를 쏟았으며 그 우상들로 말미암아 자신들을 더럽혔기" 때문이다. 그래서 그 행위대로 심판하신 것이다(19절). 사람들이 그들을 가리켜 이르기를 "이들은 여호와의

백성이라도 여호와의 땅에서 떠난 자라 하였다"(20절). 이들이 자기 땅에서 쫓겨난 것은 결국 하나님에게는 불명예스러운 일이었다. 그러나 하나님은 실추된 그의 명예를 회복하실 것이다(21절 "그러나 이스라엘 족속이 들어간 그 여러 나라에서 **더럽힌 내 거룩한 이름을 내가 아꼈노라.**[1]").

> "여러 민족 가운데에서 모아 데리고 고국 땅에 들어가서 맑은 물을 너희에게 뿌려서 너희로 **정결하게 하되** 곧 너희 모든 더러운 것에서와 **모든 우상 숭배에서** 너희를 정결하게 할 것이며"(겔 36:24-25).

1) **아꼈노라**(하말, חָמַל) 아끼다, 불쌍히 여기다.

하나님은 세상 사람들이 혹시 이스라엘의 신이 그의 백성을 구출하기에 너무 무력한 것이 아닌가 비쳐지는 것을 허용하지 않으신다. 그래서 자기 백성을 꼭 회복하실 것이라고 말씀하신다.

새 영(new spirit)을 너희 속에 두리라(겔 36:16-38)

1. **회복의 특성**: 회복된 백성들은 다시는 제거되지 않을 것이다(14-15절). 그 땅은 더욱 번성할 것이다(10-11절). 새로 구속받은 공동체는 어떤 모습이 될까? 이스라엘이 귀환된다는 것은 틀림없는 사실이지만 옛날 그대로의 모습이어서는 안 된다. 이는 내적 갱신을 통해서만 가능하다. 이는 하나님께서 새로운 영을 주실 때만이 가능하다는 말이다. 물론 포로생활에서 돌아오는 것은 절대적으로 하나님의 은혜로서만 가능하다.

36:26 [내가] ── 또 새 영을 너희 속에 두고
├ 새 마음을 너희에게 주되
├ 너희 육신에서 굳은 마음을 제거하고
└ 부드러운 마음을 줄 것이며

27 [내가] ── 또 내 영을 너희 속에 두어
├ 너희로 내 율례를 행하게 하리니
└ 너희가 내 규례를 지켜 행할지라

28 내가 ── 너희 조상들에게 준 땅에서 너희가 거주하면서
└ 내 백성이 되고

나는 ── 너희 하나님이 되리라

• 새 마음(new heart, לֵב חָדָשׁ) - 인간의 마음은 심히 부패해서 그들 스스로는 죄악에서 벗어날 수가 없다. 하나님은 그들이 포로에서 돌아올 때는 그들에게 새로운 마음과 새로운 영을 주시겠다고 약속하신다. 새로운 마음과 새로운 영을 주실 때만이 하나님이 주신 규례를 지킬 수 있다.

예레미야는 인간의 부패한 마음을 이렇게 비유한다. 검은 피부를 가진 구스인(에티오피아 사람)이 자신의 피부 색깔을 바꿀 수 있을까? 없다. 표범도 그의 반점(얼룩)을 변하게 할 수 있을까? 없다. 완전히 죄에 빠져 있는 유다인의 모습이 마치 이와 같다는 것이다(렘 13:23). 만약 변하게 할 수만 있다면 죄악에 익숙해진 백성들도 선을 행할 수 있을 것이다. 예루살렘이 너무나 오랫동안 불충성과 무감각으로 인해 그들의 내적 성향을 도저히 바꿀 수 없기에 심판은 불가피하다는 것이다. 그런 후에 그들에게 새 영을 주시겠다는 것이다.

내 영을 너희속에 두어
I will put My Spirit within you

2. 진정한 회복은 옛날의 모습 그대로는 안 된다. 단순히 범죄한 백성을 고국으로 돌아오게 하는 것이 전부가 아니다. 무엇을 통해서 역사하실 것인가?

(1) 완전히 회복되어 돌아올 때는 하나님께 전적으로 순종할 새로운 공동체가 형성되어 있어야 한다. 따라서 정결되고 변화되어야만 한다. 구속 받은 공동체는 실제로 황폐한 성읍을 다시 세우고 황무한 땅을 다시 기경(起耕) 할 것이다(겔 36:33-34). 그래서 풍성하게 될 것이며(29-30절), 또한 죄도 싫어하게 될 것이다(31절). 이스라엘은 마치 새롭게 창조된 에덴 동산과 같을 것이다(35절). 그래서 이방사람들이 여호와께서 모든 것을 회복시키셨음을 알게 될 것이다(36절).

- 겔 36:33 "주 여호와께서 이같이 말씀하셨느니라 **내가 너희를 모든 죄악에서 정결하게 하는 날에** 성읍들에 사람이 거주하게 하며 황폐한 것이 건축되게 할 것인즉 34전에는 지나가는 자의 눈에 황폐하게 보이던 그 황폐한 땅이 장차 경작이 될지라."

(3) 그러기 위해서는 먼저 무엇이 필요한가? 이런 회복은 예수 그리스도의 구속과 성령님을 통한 심령의 변환을 통해서만 가능하게 된다.

36:27 "[내가] ―내 영(My Spirit, רוּחִי)을 너희 속에 두어"

And **I will put** My Spirit within you
בְּקִרְבְּכֶם within you אֶתֵּן I will put וְאֶת־רוּחִי

(4) 누구의 영은? '나의 영'(רוּחִי) - '주의 신' 또는 '주의 영'으로 번역되는데, 성령님을 가리킨다.[1] 성령님께서는 완전히 새로운 중생의 방식을 통해 택자들을 회복하실 것이다. 물론 옛 언약의 약속들은 여전히 유효할 것이나 차이점은 언약을 지킬 수 있는 새로운 마음과 능력을 주신다는 것이다. 에스겔이 전하는 회복은 바로 성령님의 임하심이다. 에스겔은 백성들에게 진정한 변화는 성령님의 내주하심으로 일어난다고 강조한다. 이것은 '새 영'이신(26-27절) 성령님이 백성들의 마음속에 임하실 때만이 진정한 변화가 일어난다.

(5) 고레스를 통한 회복은(사 48:12-16) 외형적, 물질적 의미에서 매우 중요하지만 이것은 어디까지나 성령님의 구속 사역에 의한 완전한 회복의 전형일 뿐이다(Roy B. Zuck 외, 구약성경신학, 크리스챤출판사).

1) 하나님의 영은 선지자, 에스겔을 들어올려 환상 가운데 데려가기도 했으며(겔 3:15; 8:3; 11:1) 움직이게도 하셨다. 즉 성령님은 하나님의 말씀을 에스겔에게 보여주시고, 계시를 주신 것이다.

새 언약과 새 영

[예레미야의 새 언약과 에스겔의 새로운 영]

1. 예레미야는 새 언약(31:31-34)을 통하여 말씀을 통한 회복을 강조하였지만, 에스겔은 철저하게 성령님을 통한 회복을 강조한다. 차이점이 무엇일까?

• 렘 31:31-34
• 겔 33:26-27

(1) 에스겔과 동시대의 사역자인 예레미야 선지자도 같은 관점에서 메시지를 전한다. 예레미야가 전한 새 언약에 대하여 잠깐 살펴보자.[1] 이 부분은 이스라엘의 미래에 대한 소망을 담았기에 '위로의 책'(Book of Comfort)이라고도 불린다. 그는 새 언약을 선포한다(렘 31:31). **새 언약**이란 무엇이며, 무엇을 말하고 있는가? 렘 30-33장이 말하는 핵심적인 내용은 포로생활이 끝난 후 유다와 이스라엘의 운명과 회복에 대한 관심이다.

- 주전 587-586년, 예루살렘은 느부갓네살 2세가 이끄는 바벨론 군대에 의해서 함락된다. 성벽은 무너지고, 도시는 불타버린나.
- 이사야, 미가, 예레미야, 그리고 에스겔의 예언은 현실이 되었다. 마침내 포로생활이 시작된 것이다. 유대인의 신앙을 받혀 주고 있던 외형적 틀-성전, 법궤, 제사장, 제사제도-은 모두 깨어져버렸다. 성전 파괴와 함께 왕을 비롯한 귀족, 고위급 관료들이 바벨론으로 끌려갔다. 나라가 분해되어버렸다.
- 이런 일련의 사태는 이스라엘의 정체성을 흔들어버리기에 충분했다. 백성 모두가 당황했다. 예레미야가 사역하던 시대의 상황은 참으로 암담했다. 유다가 바벨론의 무력에 굴복, 모든 희망이 사라져 버렸다. 하나님은 언약을 어긴 백성들을 내버려두셨다고 말씀하신다(렘 2:1-3:5).

1) 아래의 설명은 동교재, 예레미야에서 그대로 가져와 정리한 것이다.

• 위로의 책: 회복에 대한 약속(렘 30-31장) - 흩어진 이스라엘과 유다 백성의 귀환을 다루고 있다.
• 회복에 대한 결론(렘 33장)
• 근거: 언약(covenant)
• 새 언약 : (렘 31:31-34) 이스라엘의 회복. 새 언약을 마음에 기록할 것이다.

(2) 예레미야는 이렇게 불안한 사람들에게 희망을 가져다 줄 예언을 환상으로 보고 있다(렘 31:31-34). 상당수가 바벨론 포로로 끌려가고 다윗 왕조는 무너지지만 다시 회복시키실 것이라는 내용이다. 예루살렘 함락은 어찌하여 일어나야만 했는가? 하나님의 언약(아브라함, 다윗 언약)은 영원히 백지화된 것이 아닌가? 그러나 예레미야는 아직도 그 약속은 유효하며, 하나님은 여전히 이스라엘을 사랑하신다는 확신을 전한다. 그래서 이 부분(30-33장)을 '위로의 책'(Book of Comfort)이라고 부른다.

2. 그는 새 언약을 선포한다(렘 31:31). 바벨론 포로에서 이들은 다시 돌아올 것이다. 왜? 단순히 무너진 성전을 재건하려고?

(1) 그 근본 목적은 "다윗에게 의로운 가지가 나게" 하기 위해서이다(렘 31:15). '가지'라고 부르는 자손, 곧 메시야가 언급되고 있다.

보라 날이 이르리니(Behold, days are coming)
내가 　 새 언약을 **맺으리라**[1)]
　 — 　 /이스라엘 집과 유다 집에

1) '내가~세우리라'(כָּרַתִּי, 칼 동사 완료) 1인칭으로 시작되는 여호와의 메시지는 새 언약이 이스라엘과 여호와 간의 협상에 의해서 이루어지는 것이 아니라 일방적으로 수여될 것임을 선언한다.

(2) 그런데 이 언약은 '새로운 언약'(בְּרִית חֲדָשָׁה, new covenant)이라고 표현한다. '새로운'(חֲדָשָׁה - 여성 단수)이라는 단어는 '새로운'(new), '신선한'(fresh)이라는 뜻으로 시간적인 뉘앙스뿐만 아니라 질적인 뉘앙스 모두를 반영한다. 즉 이 새 언약은 과거의 언약과 연속성을 지니고 있는 반면, 이 언약은 시내산 언약과 다윗 언약의 질적인 변화와 발전 그리고 구원 역사 속에 드러날 새 시대의 변화와 발전을 보여줄 것이다.

3. 시내산 언약과 새 언약, 그 질적(質的)인 차이점은?

(1) 렘 31:32 "이 언약은 내가 그들의 조상들의 손을 잡고 애굽 땅에서 인도하여 내던 날에 맺은 것과 같지 아니할 것은" / 새 언약은 시내산 언약과 같지 않다. 즉 질적인 차이가 있다는 것이다. 시내산 언약은 이스라엘 백성들로 말미암아 반복해서 깨뜨려졌다. 요시야 왕은 개혁을 위해 몸부림쳤지만, 결국은 실패하고 말았다. 이는 시내산 언약의 불완전함을 드러내는 증거가 된다.

- 렘 31:32하 - "내가 그들의 남편이 되었어도 그들이 내 언약**을 깨뜨렸음이라** 여호와의 말씀이니라."

(2) 그러나, 새 언약은 결코 깨뜨려지지 아니할 것이다. 그렇다면, 시내산 언약 자체가 문제가 있었단 말인가? 물론 아니다. 이와 같은 실패는 언약 자체에 문제가 있는 것이 아니다. 오히려 백성으로 말미암은 실패임을 명백하게 밝히고 있다.[2)]

2) 이스라엘과 유다는 이제 완전히 사라질 것인가? 물론 아니다. 비록 이스라엘이 하나님을 노엽게 했지만, 언약에 신실하신 하나님은 이스라엘을 다시 회복시키실 것임을 선언하신다(렘 30:7). 이스라엘은 다시 한 번 다윗과 같은 한 왕의 공의로운 통치 아래서 자유롭고 번영을 누리며, 영예로운 나라가 될 것임을 확실히 하신다(렘 33:19-26).

4. 회복은 반드시 있을 것이지만…

(1) 이런 회복이 있으려면 백성에게 꼭 필요한 의무사항이 있어야 한다. 그것은 전적으로 하나님을 신뢰하여야 한다는 것과 다시 한 번 자신들의 죄를 돌아보아야 한다는 점이다(사 56, 57장). 따라서 죄의 고백이 따라야 한다(사 59:9-15,

63:15-64:12).[1]

(2) 다윗 왕조의 붕괴, 그것은 아브라함 선택의 종말을 의미하는가? 북왕조 이스라엘은 이미 앗수르에 의해 역사에서 사라져 버렸다(주전 722년). 한 세기가 좀 지나서 남 유다 역시 바벨론에 의해 나라가 공중분해 되었다. 하나님 나라를 더 이상 존속시킬 수 없게 되었다. 그러므로 아브라함–모세–다윗 언약의 내용을 담고 있는 외형적 틀은 완전히 깨어져 버린 결과를 가져왔다.

1) 이스라엘은 어떤 민족인가? 하나님께서는 아브라함 언약의 성취로 그의 후손들에게 가나안 땅을 얻게 하셨다. 그리고 이들을 불러 제사장 나라로 만드셨다(출 19장). 그러나, 이스라엘은 계속적인 반역, 고질적인 패역으로 인하여 언약의 의무들을 이행할 수 없었다. 따라서 신명기 28장의 말씀대로 이들에게 저주가 임할 수밖에 없었다. 그 저주가 "바벨론 포로"로 나타났다.

5. 그러므로 새로운 그릇이 필요했다. (깨어지지 않는) 새 언약의 약속이 주어진다.

(1) 새 언약의 골자는 다윗 왕조는 붕괴되지만 참 다윗 왕이 나타나 자기 백성을 영원히 다스리게 될 것이라는 것이다. 그렇다면, **새 언약**(new covenant)은 이전 언약과 어떻게 다른가? '새 언약'이란 표현은 구약성경에서 여기뿐이다. 그러나 다음의 표현들은 새 언약과 동등하다고 할 수 있다. 그 개념은 훨씬 광범위하다.

- 영원한 언약(사 24:5, 55:3, 61:8; **렘 32:40, 50:5**)
- 새 마음, 새 영(렘 32:39; **겔 11:19, 18:31, 36:26**)
- 평화의 언약(사 54:10; **겔 34:25, 37:26**)
- '그 날에'라는 말 속에 있는 "**언약, 나의 언약**"(사 42:6, 49:8, 59:21; 호 2:18-20)

(2) 시내산 언약은 이스라엘 백성들로 말미암아 반복해서 깨뜨려졌다. 이제는 깨어지지 않는 언약, 즉 '새로운'(חֲדָשָׁה) 언약이 필요하다.[2]

2) 시간적으로도, 질적으로도 새로운 언약, 언약의 파기를 방지하기 위해 하나님은 그의 법을 **새 이스라엘의 마음속에 두실 것이다.**

(렘 31:33 "그러나 그 날 후에 내가 이스라엘 집과 맺을 언약은 이러하니 곧 **내가 나의 법을 그들의 속에 두며 그들의 마음에 기록하여** 나는 그들의 하나님이 되고 그들은 내 백성이 될 것이라 여호와의 말씀이니라.")

(3) 위의 33절의 내용과 같이 새로운 언약도 시내산 언약의 범주 안에 있음을 본다. 시내산 언약과 유사한 법을 소개하면서, 즉 시내산 언약으로부터 유추할 수 있는 법을 소개하면서 끝맺고 있다("나는 그들의 하나님이 되고 그들은 내 백성이 될 것이라 여호와의 말씀이니라). **이 새로운 언약을 통해 여호와의 법이 인간의 마음속에 있게 될 것이다.**

(4) 새 언약은 시내산 언약 아래 이루어진 실재보다 더 진전된 개념이라 할지라도 이 언약은 시내산 언약에 나타나는 이상적인 상태와 완전히 구별될 수는 없다. 그러니까 새 언약은 시내산 언약의 이상을 포기하지 않으면서도 오래된 진리와 질적으로 다른, 이전의 언약에 드러냈던 것과는 근본적으로 다른 순종의 차원을 그리고 있다. 따라서 시내산 언약이 지니고 있는 문제는 분명히 인간의

유약(柔弱)함으로 말미암은 것이다. 옛 언약과는 다른 새 언약이 체결될 것이며, 그 때에 사람들은 **자발적으로 하나님께 순종할 마음을 갖게 될 것이다**(31-34절).[1]

(5) 그러므로 새 언약은 **새로히 갱신되고 확대된** 옛 아브라함-다윗 언약이라고 할 수 있다. 그러면서도 새 언약의 새로운 면모를 볼 수 있다.

- 하나님에 관한 보편적 지식(렘 31:34)
- 자연의 세계적인 평화와 군사 무기의 부재(사 2:4; 호 2:18; **겔 34:25, 37:26**)
- 세계적인 물질 번영(사 61:8; 호 2:22; 렘 32:41)
- 이스라엘 가운데 지성소의 연속(**겔 37:26, 28**)
- 하나님의 성령을 세계적으로 소유(욜 2:32이하)

6. 이제 이스라엘의 회복은 확실할 것이다.

예레미야는 이렇게 불안한 사람들에게 희망을 가져다 줄 예언을 환상으로 보고 있다(렘 31:31-14). 상당수가 바벨론 포로로 끌려가고 다윗 왕조는 무너지지만 다시 회복시키실 것이라는 내용이다. 여호와께서는 이제 절대로 이스라엘을 저버리지 아니하실 것이다(렘 31:35-37). 이스라엘을 향한 하나님의 지속적인 임재와 신실하심이 우주가 흔들리지 않고 견고한 것처럼 견고할 것이다.[2]

새 언약은 마음을 새롭게 할 것이다.

새 영을 너희 속에 두고 새 마음을 너희에게 주되
너희 육신에서 굳은 마음을 제거하고 부드러운 마음을 줄 것이며
또 내 영을 너희 속에 두어 너희로 내 율례를 행하게 하리니
너희가 내 규례를 지켜 행할지라(**겔 36:26-27**).

이 동일한 약속은 새 언약에 관한 예레미야의 예언을 뒷받침해주고 있다.
새 마음을 주신다는 것과
하나님의 영을 소유하게 된다는 것은
주님께서
이 새 언약의 시대에
지금 성취하고 계시는 영광스러운 약속이다.[3]

1) 앞에서 살핀대로 예레미야는 (히브리서 기자도 마찬가지로, 히 8:8-12, 10:16-17) **시내산 언약을 비판하지 않는다. 문제는 백성들에게 있음을 지적한다**(렘 31:32). 그런 의미에서 **'새로운'(new)라는 말은 '갱신된' 또는 복구된 언약을 의미한다.** (W. 카아저, 구약성경신학).

2) 왜 왕조가 망하고, 예루살렘의 함락은 어찌하여 일어나야하는가? 하나님의 언약은 영원히 백지화된 것이 아닌가?! 그러나 예레미야는 아직도 그 약속은 유효하며, 하나님은 여전히 이스라엘을 사랑하신다는 확신을 전한다. 그는 새 언약을 선포한다(렘 31:31). 바벨론 포로에서 이들은 다시 돌아올 것이다.

3) 새 언약은 하나님과 우리들 사이에 성립된 것이 아니다. 또한 하나님과 이스라엘 백성들 사이에 성립된 것도 아니다. 그렇다면? **이 새 언약은 전적으로 하나님과 아들(예수님) 사이에 성립된 것이다.** 그러나, 누구든지 그리스도 안에 있는 사람은 이 새언약 안에 있는 모든 사항을 누릴 수 있다. 유대인이든 이방인이든 "그리스도 안에" 있기를 원하고 그리스도께서 내 안에 살도록 하면 이 언약은 효력을 발휘하는 것이다(고전 11:25).

신약시대

1. 새 언약은 옛 언약과 뗄래야 뗄 수 없는 관계에 있다. 새 언약은 지금 새로운 것이면서 동시에 과거와 연속성을 갖는다.

(1) 그 약속들이 과연 우리에게 주신 약속들인가? 그 약속들이 이 시대에 성취되고 있는가?

- "이 잔은 내 피로 세우는 새 언약이니 곧 너희를 위하여 붓는 것이라"(눅 22:20). (예레미야의 새 언약에 관한 예언을 인용하면서)

(2) 이 구절들은 우리가 새 언약의 약속에 참여하고 있다고 선언하는 구절들이다. 신약의 각기 다른 세 저자들이 **새 언약의 핵심적인 면들**을 현 시대에 적용하고 있다. 우리가 주의 만찬에 참여할 때마다 새 언약의 중요한 복 가운데 하나에 참여하고 있는 것이다. 사도 요한은 즉각적인 영적 통찰을 주는 **하나님의 성령의 기름 부으심**은 지금 우리가 경험하는 것이라고 이해했다.

- "또한 성령이 우리에게 증언하시되, 주께서 이르시되 그 날 후로는 그들과 세울 언약이 이것이라 하시고 내 법을 그들의 마음에 두고,… 그들의 죄와 그들의 불법을 내가 다시 기억하지 아니하리라"(히 10:15-17).

(3) 충만한 사죄가 새 언약과 더불어 임한다. 이러한 **용서는 새 언약의 기초이다**(렘 31:34). 모든 죄가 용서함을 받기 때문에 언약의 복을 경험할 수 있다. 예수 그리스도께서는 다양한 기원을 가진 이스라엘의 믿는 자들을 하나로 만드실 뿐만 아니라 이방인들 가운데서 믿는 자들을 그들과 연합시키기도 하신다.

- "너희는 주께 받은 바 기름 부음이 너희 안에 거하나니 아무도 너희를 가르칠 필요가 없고, 오직 그의 기름 부음이 모든 것을 너희에게 가르치며"(요일 2:27).

(4) 사도 바울은 이와 동일한 새 언약의 복을 직접 언급했다. 바울은 이것을 전에는 감추어졌으나 이제는 계시된 비밀이라고 묘사한다(엡 3:2-5). 그 비밀이란 이방인들이 복음으로 말미암아 이스라엘과 함께 상속자가 되고, 한 몸에 속한 지체들이요 그리스도 예수의 약속 안에 함께 참여한 자가 되었다는 사실이다(엡 3:6). 함께 참여자가 된 이방인들은 유대의 믿는 자들과 더불어 정확히 동일한 약속을 상속받는다.

2. 나의 법을 '그들의 속에'라는 말의 의미

겔 36:27 "[내가] 내 영(My Spirit, רוּחִי)을 너희 속에 두어"
(새 언약과 새 영)[1)]

(1) 인간 내부의 영(과 인간의 내적 존재를 구성하는 모든 것)은 하나님에 의해 창조되었다(슥 12:1). 시편 기자는 자기 속에 바른 영(정한 마음)을 창조해 달라고 기도한다(시 51:10). 하나님은 그렇게 해주시기를 약속하신다(겔 36:26). 더 나아가서는 자기 자신의 영을 인간 내부에 두심으로써 그렇게 행할 것을 약속하

1) (within them, בְּקִרְבָּם - 전치사 + 일반명사 - 연계형 / '케레브, bRrRq' - 내부, 중앙)

신다(겔 36:27).

1) 전치사 + 관사, 일반 명사 (베리트)

(2) 새 언약은 '그 언약'과 같지 않다(כַּבְּרִית[1] לֹא)고 말한다(32절a). '그 언약'은 물론 시내산 언약을 말한다. **새 언약**은 이전의 백성과 세운 언약들의 모든 약속의 성취이다. 모세 언약 밑에서 실현되지 못했던 하나님의 율법 순종은 새 언약의 규정 밑에서 완전한 성취를 보게될 것이다(렘 31:33).

에스겔서에서는 이렇게 말하고 있다. 다윗은 이스라엘 위에 왕이 될 것이며 그 나라는 모세언약의 법에 따라 준행할 것이다(겔 37:24-25). 하나님께서 이스라엘(이스라엘 집과 유다 집)과 새롭게 언약을 체결할 것이다. *언젠가는 반드시 한 하나님 아래서 하나의 통일된 민족을 이루게 될 이스라엘의 출현을 약속하고 있다.* 그리고 하나님은 그들과 '새로운 언약'을 체결하실 것이라고 선언하신다.

2) 마음(레브, לֵב) - 내부 인간, 정신, 의지

3) 카타브(כָּתַב) - 쓰다, 기록하다 / 칼 동사 미완료 / 대명사 어미 - 3인칭 여성 단수 I will write

(3) 렘 31:33 그들의 마음에(on their heart, עַל־לִבָּם)[2] 기록하여(אֶכְתֲּבֶנָּה)[3]

이제 하나님께서는 자신의 율법 – 시내산 밑에서 주어진 동일한 율법들과 계명들 – 을 이스라엘의 '속'에, 다시 말해서 '인간의 마음'에 기록하시겠다는 것이다(33b). '마음'(לֵב)은 인간의 사고와 생각과 의지의 중심부이다. 이제 돌비(石碑)에 기록된 율법이 아니라 사람의 심비(心碑)에 기록하여(I will write) 그 율법을 지울 수 없게 만들겠다는 약속이다. 사람들의 심비(心碑)에 새겨진 율법은 그들로 하여금 하나님의 율법에 스스로 복종하도록 이끌 것이다.

4) R. E. 클로멘츠, 현대성서주석, (한국장로교출판사, 2002), 289.

(4) 이제 하나님의 율법에 대한 복종은 하나님이 공급하시는 내적인 힘과 동기에 의하여 이루어질 것이다. 하나님의 성령은 인간의 마음에서 역사하시게 된다(렘 31:33, 32:40, 겔 37:23). **비록 '영'이라는 말이 사용되지 않았지만 '마음에 새겨진 율법'이라는 표현 속에 함의(含意)되어 있다. 하나님의 영이 사람들의 심장을 움직여 하나님의 율법에 복종하도록 할 것이다.**[4]

(5) "내가 나의 법을 그들의 속에 두며 그들의 마음에 기록하여"라는 개념은 신명기 6:4-6에서 이미 언급된 것이다. "[5]너는 마음을 다하고 뜻을 다하고 힘을 다하여 네 하나님 여호와를 사랑하라 [6]오늘 내가 네게 명하는 **이 말씀을 너는 마음에 새기고**(וְהָיוּ הַדְּבָרִים...עַל־לְבָבֶךָ)" 이렇게 구약에서 '마음의 법'은 개인의 경건한 체험을 위해 필수적인 요소였다(시51:10, 17, 73:1; 잠22:11, 사57:15). **그러므로 새 언약이 단지 하나님께서 율법을 마음에 두었다는 것만을 의미하지는 않음을 암시해 준다.**

적용을 위한 묵상

이스라엘의 회복 약속과 이에 주어진 새로운 영의 시대

- 오늘날 누가 진정한 하나님의 파수꾼인가?
  파수꾼의 사명이 얼마나 중요한 지는 더이상 설명이 필요없다.
  파수꾼이 임무를 소홀히 하면
  수많은 영혼들을 멸망에 빠드리게 한다.
  그는 그에 대한 책임을 져야 한다.
  반대로 그 임무에 충실하면
  얼마나 많은 영혼을 주께로 돌아오게 할 것인가?
  얼마나 큰 책임이며, 얼마나 큰 축복인가!

- 인간은 누구나, 언제든지 죄를 지을 수 있다.
  반면에 얼마든지 회개할 수 있다.
  하나님의 경고를 무시하지 않는다면 누구나 심판을 피할 수 있다.
  하나님은 각 개인에게 자신의 행동에 대한 책임을 지게 하셨다.
  그들이 구원 얻지 못하는 것은 바로 자신에게 있다.
  수많은 경고에도 여전히 죄를 향하고 있다면
  그는 멸망에 이를 수밖에 없다.
  단순히 '옳게 살아야 하는데'라는 마음만 갖고 있고,
  구체적으로 돌이키는 행동이 없다면,
  그는 분명히 멸망으로 떨어질 것이다.
  따라서 회개는 지금까지의 잘못된 길에서의 방향 전환이다.
  입술의 고백만으로는 실효가 없다.
  구체적인 삶의 변화가 반드시 필요하다.
  구원은 열심만으로는 해결되지 않는다.

- 과거에 어둠속을 헤맸다고 해서 구원에서 제외되는 것은 아니다.
  회개하고 주께로 방향 전환을 한다면,
  그래서 그 악에서 떠나 공의와 정의를 실천한다면
  이보다 더 아름더운 일이 어디 있겠는가?!
  대부분의 신자들은 자신들이 걸어가는 길이 올바른 길이라고 생각한다.
  그러나 추락의 길로 걸어가는 길일 수도 있다.
  늘 말씀에 자신을 비추어보지 않는다면
  우리는 쓸데 없는 일에 목숨을 거는 일을 할 수도 있다.

- 거짓 목자들과 참 목자
  에스겔이 말씀을 선포하던 당시에도 있었고,
  우리가 살아가고 있는 오늘날에도 있다.
  에스겔은 당시 목자들의 직무유기를 고발하고 있다.
  하나님은 이런 직무유기자들에게 크게 노하셨다.
  오늘날의 목자란 누구를 가리키는가?
  그리고 진정한 목회란 어떻게 하는 것인가? (겔 34:16 참조)

- 하나님은 타락한 목자들을 대신하여 참 목자를 세우시겠다고 선언하신다. "그는 내 종 다윗이라" (겔 34:23)
- '내 종 다윗'은 물론 다윗의 가장 위대하신 후손이신 메시야, 곧 예수 그리스도를 가리킨다. 이사야 53장에서 그는 여호와의 종이다.
- 예레미야의 새 언약과 에스겔의 새로운 영에 대해서 교재를 보고 비교 정리해 보라.

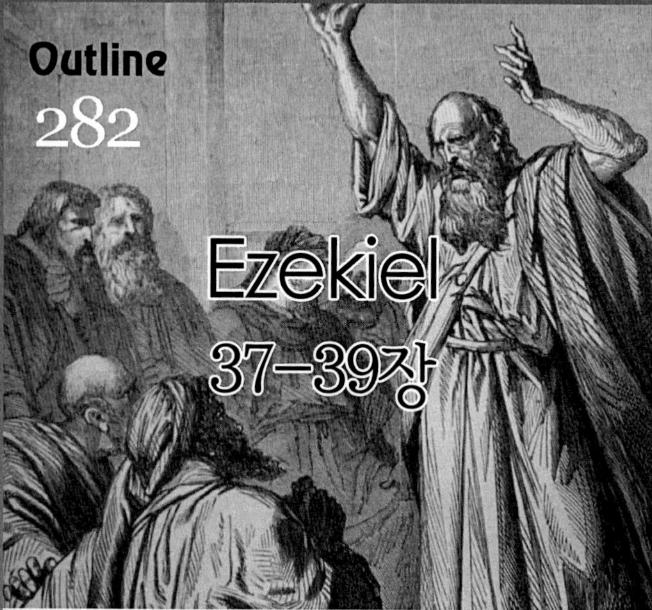

Outline 282

Ezekiel 37–39장

이스라엘의 회복 예언들(37–39장)

포로민들은 모든 희망을 버렸다.
바벨론 그발 강가의 난민촌
어느 사이에 이곳이 고향이 되어버렸다.

마치 완전히 마른 뼈와 같은
하나님의 백성
하나님은 에스겔에게 이렇게 물으신다.
"인자야 이 뼈들이 능히 살 수 있겠느냐?"
머뭇거리는 에스겔...
하나님은 이 환상의 의미를 자세히 설명해 주신다.

이스라엘이 포로로 끌려온 것은
여호와께서 능력이 없어서가 아님을
분명히 보여주려 하신다.
하나님은 자신의 영광을 위해서
역사를 진행하신다.

곡과 마곡, 이스라엘의 대적
그러나 그들은 이스라엘을 징계하시기 위한
하나님의 도구일뿐이다.
이스라엘은 다시 고국으로 돌아갈 것이고
구원 역사는 여전히 진행되어 갈 것이다.

마른 뼈들이 살아나는 환상(겔 37:1-14)

37장에서는 죄로 죽어 포로가 되었던 이스라엘 족속이 다시 돌아온다는 사실을 <오래 전에 죽은 마른 뼈들에게 하나님의 생기가 들어가자 다시 살아나는 환상>을 통해 보여주신다.

(1) 첫 번째 환상의 내용을 다시 읽어보자(겔 3:22-27). 바벨론에 끌려가 있는 유대인들이 마치 완전히 마른 뼈와 같다는 것이다. 하나님은 에스겔에게 물으신다. "인자야 이 뼈들이 능히 살 수 있겠느냐?"

(2) 하나님은 이 마른 뼈들에게 대언(代言)하라고 명령하신다. 여호와께서 이 마른 뼈들에게 힘줄을 붙히고, 살을 입히며, 살갗으로 덮으실 것이다. 그리고 생기를 불어 넣으면 마른 뼈들이 살아날 것이다(6절).

(3) 하나님께서는 에스겔에게 이 환상의 의미를 직접 설명해 주신다(11-14절). 포로민들은 고국으로 돌아갈 수 있다는 소망이 이미 없어져버린지 오래다. 그래서 "우리는 다 멸절되었다"라고 절망하고 있었다. 정말 마른 뼈와 같은 상태에 있었다.

유다와 이스라엘의 통일(겔 37:15-28)

(1) 이 예언을 확실히 하기 위해 이번에는 실물 교육을 시키신다. 에스겔은 두 막대기를 자기 손에서 합쳐서 하나가 되게 해야 한다. 이 실물 교육은 여호와께서 포로된 자기 백성을 고국으로 돌아오게 하실 일을 상징한다. 이들을 다시금 한 나라로 통합시켜 한 왕 다윗의 통치를 받게 하실 것이다.

(2) 포로에서 귀환한다는 앞에서의 예언은 이스라엘뿐만 아니라 영적 이스라엘에 대한 약속이기도 하다.

곡과 마곡의 심판(겔 38:1-39:29)

(1) 앞 장에서 살펴본 대로 재통합된 이스라엘은 포로로부터 회복되어 고국으로 돌아올 것이다(겔 38:8). 그래서 하나님의 돌보심으로 평안히 살것이다(38:11). 그러나 적대국

들의 연합군은 이제 막 일어서려는 이스라엘을 침공하여 하나님의 백성을 멸하려고 한다.

(3) 그러나 곡의 침공은 여호와께서 계획하신 일임을 알게 될 것이다. 이 전쟁의 궁극적인 목적이 여호와의 거룩함을 나타내어 그를 알게 하려는 데 있다고 말씀하신다(16, 23절).

곡의 심판(겔 38:18-23)

(1) 그 날에, 즉 곡이 이스라엘 땅을 치러 오면, 그 때에 여호와의 뜨거운 분노가 일어날 것이다(18절). 곡에 대한 하나님의 심판은 초자연적인 방법으로 임할 것이다.

(2) 이같이 하여 여러 나라에 하나님의 위대하심과 거룩함을 나타나게 될 것이다. 따라서 하나님은 창조주이시며, 택한 백성의 구원을 위해 역사를 움직여 가시는 분임을 보여주실 것이다.

침략군 곡(Gog)의 패배(39:1-16)

(1) 39장은 이스라엘을 침공한 곡(Gog)이 이끄는 연합군의 패배를 기술하고 있다. 곡의 군대가 연합군을 데리고 공격했으나 여호와 하나님의 개입으로 상황은 역전된다. 이들이 사용했던 병기들은 7년간 땔감으로 사용될 것이다.

(2) 에스겔은 북방에서 오는 폭풍에 압도당하였고 구름 속으로부터 여호와의 영광에 대해 한 이상을 보았다(겔 1:4 이하). 하나님은 자기 백성을 북쪽으로부터 다시 데려 오겠다고 약속하셨다(사 43:6, 사 49:12, 렘 16:15).

(3) "활을 쳐서 떨어뜨리고" - 먼저, 연합군의 전력을 무력하게 만드신다(39:3). 이들은 전쟁터에서 대부분 죽을 것이다(4절). 그리고 그들의 사체는 새들과 맹수들에게 먹히게 될 것이다(5절). 또 이들에게 심판의 불을 보내되 섬에 평안히 거주하는 자(=이방 나라들)에게도 내리실 것이다(6절). 따라서 두번 다시 여호와의 이름이 더렵혀지지 않을 것이다.

(4) 새들과 맹수에게 먹히지 않은 시체들은 매장을

하게 될 것이다. 그런데 그 소요 기간이 7개월이나 계속될 것이라는 것이다. 매장지는 이스라엘 땅 곧 바다 동쪽 사람이 통행하는 골짜기가 될 것인데, 이제 그곳은 '하몬곡'(Hamon-gog)의 골짜기라 명명될 것이다(11절).

(5) 각종 새와 들의 각종 짐승들을 위한 잔치가 벌어진다. "잔치 곧 이스라엘 산 위에 예비한 큰 잔치로 너희는 사방에서 모여 살을 먹으며 피를 마실지어다." 새들이 시신을 쪼아먹는 잔인한 표현으로 곡의 군대의 비참한 결과를 생생하게 보여준다. 요한계시록에서도 이와 유사한 표현이 나온다(계 19:17-18).

에스겔의 소망의 메시지,
이스라엘의 회복을 언급하고 있다.

(1) 이스라엘의 포로생활과 귀환, 그리고 회복에 대한 메시지이다.

- 이방 사람이 그동안 이스라엘 백성이 왜 고난을 받았는가를 알게 될 것이다(23절)
- 이스라엘이 포로로 끌려간 것은 여호와께서 능력이 없어서가 아니라 비록 자기 백성이라도 언약을 어기면 벌하신다는 것을 깨닫게 하기 위해서이다.
- 이스라엘이 자신들의 죄 때문에 징계를 받았지만 그 후에는 반드시 회복을 약속하신다.

(2) 이스라엘이 회복됨으로써 다시 영광스러운 백성이 되고, 이로써 하나님도 영광을 받으실 것이다(27절).

마른 뼈들이 살아나는 환상(겔 37:1-14)

포로로 잡혀간 이스라엘은 고국으로 돌아올 것이다. 그들이 돌아올 때는 하나님의 영과 새로운 마음을 받아 온전히 언약을 지킬 수 있게 될 것이다(겔 36:24-27). "또 새 영을 너희 속에 두고 새 마음을 너희에게 주되 너희 육신에서 굳은 마음을 제거하고 부드러운 마음을 줄 것이며"(26절). 새로운 마음은 백성들로 하여금 다시는 우상 숭배에 빠지지 않게 할 것이다(겔 11:18-20). 에스겔서 37장에서는 죄로 죽어 포로가 되었던 이스라엘 족속이 돌아온다는 사실을 (오래 전에 죽은 마른 뼈들에게) 하나님의 생기가 들어가자 다시 살아나는 환상으로 보여주신다.

1. 에스겔 선지자는 환상 가운데서 오래 전에 죽은 자들의 마른 뼈로 기득찬 골짜기를 본다.

(1) **첫 번째 환상**의 내용을 다시 읽어보자(겔 3:22-27).

① **첫 뻔째 환상**에서 하나님은 에스겔의 혀를 입천장에 붙게 하여 **말 못하는 자가 되게 하여** 그들을 꾸짖는 자가 되지 못하게 하시겠다고 하신다. 왜냐하면 그들은 패역한 족속이기 때문이다(겔 3:26).

3:24 너는 —— 가서 문을 닫으라(הִסָּגֵר 니팔 명령법)
/네 집에 들어가

25 너 인자야 [보라!, 힌네, הִנֵּה]
무리가 —— 네 위에 줄을 [놓아] 너를 동여매리니
//(so that, וְ)
네가 ——그들 가운데에서 나오지 못할 것이라

포로민이 정착한 근방에서 보여주신 환상으로 에스겔로 하여금 운둔생활을 하라는 것이다.

② **두 번째 환상**은(겔 8-11장) 성전파괴를 예고하는 환상이다.

③ 세 번째 환상

세 번째는 (죽음을 의미하는 첫 번째 환상에서) 생명을 의미하는 것으로 죽은 뼈들이 다시 살아나는 환상을 통해 **이스라엘이 다시 회복될 것임**을 보여주신다.

④ **네 번째 환상**은 새로운 성전을 생생하게 보여주신다(40-48장).

37:1 여호와께서 권능으로 내게 임재하시고
그의 영으로(by the Spirit of the LORD, בְּרוּחַ יְהוָה) 나를 데리고
가서 골짜기 가운데 두셨는데
거기 뼈가 가득하더라

• 포로생활을 하던 많은 무리들을 말한다.

2 나를 그 뼈 사방으로 지나가게 하시기로 본즉
그 골짜기 지면에 뼈가 심히 많고 **아주 말랐더라**

• 죽은 지 오래되어 희생이 불가능한 상태를 말한다.

3 그가 내게 **이르시되**
/인자야 이 뼈들이 능히 살 수 있겠느냐 하시기로
(Son of man, can these bones live?)
/내가 대답하되 주 여호와여 주께서 아시나이다

(2) 바벨론에 끌려가 있는 유대인들이 마치 완전히 마른 뼈와 같다는 것이다. 하나님은 에스겔에게 물으신다. "인자야 이 뼈들이 능히 살 수 있겠느냐?" 에스겔은 잠깐 주저한다. "내가 대답하되 주 여호와여 주께서 아시나이다." 이 뼈들이 살아날 수 있는 것은 오직 전능하신 하나님의 주권에 달려 있다는 대답이다.

2. 하나님은 이 마른 뼈들에게 대언하라고 하신다.

• 뼈에게 대언했다.
• 대언(예언)하라(명령법, הִנָּבֵא) - Prophesy!

37:4 [그가] 또 내게 **이르시되**
/너는 ―이 모든 뼈에게 **대언하여 이르기를**
/너희 마른 뼈들아
/[너희는] ― 여호와의 말씀을 들을지어다
5 주 여호와께서 이 뼈들에게 이같이 말씀하시기를 [보라!]
/내가 ― 너희에게 들어가게 하리니(מֵבִיא בָכֶם to enter אֲנִי)
/생기(루아흐, רוּחַ)를 (I will cause breath)
//(목적: וְ, that...may)
너희가 ― 살아나리라(=기 위하여)

• 마른 뼈 - 포로생활을 하던 많은 무리들, 그 상태를 상징한다.
• 들어가게 하겠다. מֵבִיא - בּוֹא의 히필(사역) 분사형 / 누가? 여호와께서.
• 생기('루아흐'는 숨, 바람, 호흡, 영으로 번역됨) - 생명의 표시와 상징.

(1) 여호와께서 이 마른 뼈들에게 힘줄을 붙히고, 살을 입히며, 살갗으로 덮으실 것이다. 그리고 생기를 불어 넣으면 마른 뼈들이 살아날 것이다(6절). 에스겔이 여호와의 명령을 따라 대언(=예언)했다. 놀랍게도 "소리가 나고 움직이며 이 뼈, 저 뼈가 들어 맞아 뼈들이 서로 연결되었다"(7절). 뼈에 힘줄도 생기고 살이 오르고 그 위에 살갗이 덮였지만 그러나 그 속에는 **'생기'는 없었다**(8절).

• 이스라엘의 부흥은 하나님의 생명을 불어넣기 전까지는 영적으로 죽은 것이다. "내가" 즉 여호와께서 살리는 것 외에는 다른 방법이 없다.

(2) 이번에는 이스겔에게 "너는 생기를 향하여 대언하라"고 명하셨다.

37:9 [너는] ― 생기에게 대언하여 이르기를
/주 여호와께서 이같이 말씀하시기를(...하셨다 하라)
/생기야! (루아흐, רוּחַ)
/[너는] ┬ 사방에서부터 와서
└ 불어서 살아나게 하라
/이 죽음을 당한 자에게

• 불어서(פְּחִי) - 나파흐(נָפַח)의 칼 명령법 - '숨을 내쉬다, 훅 불다, 호흡하다'
• 죽음을 당한 자(הֲרוּגִים) - 하라그(הרג)의 칼 수동분사(slain) / 에스겔이 보았던 환상은 죽은 자들의 뼈가 가득한 전쟁터였다.

(3) 에스겔이 하나님의 명령대로 대언하였더니 생기가 그들에게 들어갔고 그들이 곧 살아나서 일어나 서는데 극히[1] 큰 군대(חַיִל גָּדוֹל)[2]가 되었다(10절).

1) an exceedingly (מְאֹד־מְאֹד)
2) 하일(חַיִל) - army (힘, 능력, 군대)

3. 하나님께서는 에스겔에게 이 환상의 의미를 직접 설명해 주신다(11-14절).

37:11 [그가] 또 내게 **이르시되**
/인자야! (Son of man, בֶּן־אָדָם)
이 뼈들은 ― 이스라엘 온 족속이라
/[보라!](힌네, הִנֵּה)
그들이 ―― 이르기를(... 하느니라)
/우리의 뼈들이 ―― 말랐고
/우리의 소망이 ―― 없어졌으니
/우리는 ―――― 다 멸절되었다

• 이스라엘의 온 집(the whole house of Israel) - 이들은 국가적으로 회복될 것이다.

• 이들은 포로로 잡혀가 이국 땅에 묻혀진 존재였다. 그런데 하나님께서 그들의 무덤을 여시고 고국으로 돌아오게 하실 것이라고 선언하신다.

• 다 멸절되었다(נִגְזַרְנוּ) 가자르(גָּזַר)의 니팔(수동)완료형 - '자르다, 분리하다, 가르다' / '끊어지다'라는 의미, 즉 멸망(멸절)되다.

(1) 포로민들은 고국으로 돌아갈 수 있다는 소망이 이미 없어져버렸다. 그래서 "우리는 다 멸절되었다"(We are completely cut off.)라고 절망스럽게 말하고 있었다. 정말 마른 뼈와 같은 상태에 있었다. 그러나 여호와께서는;

37:12 내 백성들아! (암미, עַמִּי)
내가(אֲנִי) ┬ 너희 무덤을 열고(I will open your graves)
└ 너희로 거기에서(=너희 무덤에서) 나오게 하고
[내가] ―― 이스라엘 땅으로 '들어가게 하리라'(הֵבֵאתִי 히필 완료형>)
[누가? 여호와께서]

• 누가 이 일을 진행하실 것인가? '내가' 곧 여호와께서 역사를 집행하실 것이다. 주어가 강조되어 있다. 그렇게 한즉 "너희는 내가 여호와인 줄을 알리라."(13절)

(2) 주의 영이 그 뼈들에게 숨을 불어넣어 한 민족을 만드실 것이요 이들로 고국으로 돌아오게 하실 것이다(I *will* bring you). 그제서야 "나 여호와가 이 일을 말하고 이룬 줄을 너희가 알게 될 것이다"(14절).

유다와 이스라엘의 통일(겔 37:15-28)

1. 이 예언을 확실히 하기 위해 이번에는 실물교육을 시키신다.

37:16 인자야!
너는 ┬ 막대기 하나를 **가져다가**
└ 그 위에 유다와 그 짝 이스라엘 자손이라 **쓰고**
[너는] ┬ 또 다른 막대기 하나를 **가지고**
└ 그 위에 **쓰고**
/요셉과
/에브라임의 막대기[인]
/온 족속이라
/(곧) 그 짝 이스라엘

• 유다 - 남 왕조의 중심이 된 지파. 그 지파와 함께 한 지파는 베냐민 지파, 시므온 지파, 레위지파이다.

• 남북이 분열된 후 북이스라엘과 남유다는 끊임없는 반목과 적대감이 있어왔다. 그러나 이들이 돌아올 때는 하나로 연합해야 한다는 것이다.

• 요셉 - 중부 고지에서 정착해 나중에 북왕국의 중심 세력이 된 에브라임과 므낫세 지파를 말한다. 요셉이라는 명칭이 사용되기도 하지만(암 5:6,15, 6:6), 여기서는 '에브라임의 막대기'라고 해석을 달았다.

에스겔은 환상 가운데 오래 전에 죽은 자들의 마른 뼈로 가득한 골짜기를 본다. 에스겔은 하나님의 생기가 이 뼈들 속에 들어가 다시 살 것이라고 대언한다.

17 [너는] ┬ 그 막대기들을 서로 합하여(אֶחָד אֶל־אֶחָד) 하나가 되게 하라
└ 네 손에서 둘이 하나가 되리라

에스겔은 두 막대기를 자기 손에서 합쳐서 하나가 되게 해야 한다. 이 실물 교육은 여호와께서 포로된 자기 백성을 고국으로 돌아오게 하실 일을 상징한다. 이들을 다시금 한 나라로 통합시켜 한 왕 다윗의 통치를 받게 하실 것이다.

2. 백성들은 에스겔에게 이것이 무슨 뜻인지 설명하라고 물을 것이다(12:9, 21:7, 24:19 참조).

(1) 하나님은 열국에 흩어져 있는 열 두 지파를 다시 통일시켜, 그들을 고국으로 돌아오게 하실 것이라고 대답하라는 것이다. 그리고 한 통치자(=다윗) 아래서 정화된 백성을 되게 하려 하신다. 이 일을 "내가...유다의 막대기에 붙여서 한 막대기가 되게 한즉 내 손에서 하나가 되리라"고 하셨다(19절). 너는 "네 손으로 그 나무 막대기들을 무리의 눈 앞에서 손에 잡고"(20절) 이렇게 말해라.

(2) "그들에게 이르기를...내가 이스라엘 자손을 잡혀 간 여러 나라에서 인도하며 그

歸還 귀환

- 이 뼈들은 이스라엘의 온 족속이다(겔 37:11). 이들은 절망에 빠져 있다. 포로로 끌려온지 너무 오래 되어서 모든 희망을 버렸다. 끝없는 고난은 소망을 무너뜨린다. 여기까지는 인간의 생각이다.
- 이런 극한 상황에 있는 백성에게 소망의 메시지가 전달된다. 오래 전에 죽어 마른 뼈와 같은 포로민들에게 하나님의 생기가 불어넣어질 것이다. "에스겔아 너는 대언하라." "그러므로 너는 대언하여 그들에게 이르기를 주 여호와께서 이같이 말씀하시기를 **내 백성들아 내가 너희 무덤을 열고 너희로 거기에서 나오게 하고 이스라엘 땅으로 들어가게 하리라**"(12절).

사방에서 모아서 그 고국 땅으로 돌아가게 하고"(21절) "그들이 한 나라를 이루어서 한 임금(멜렉, מֶלֶךְ)이 모두 다스리게" 하시겠다는 것이다(22절). 다시는 두 '민족'(kingdom, nation, people, 고이, גּוֹי)으로 갈리지 않을 것이다.

• 한 목자
one shepherd
(אֶחָד one רוֹעֶה shepherd)
라아(רָעָה)의 칼 분사
가축을 '돌보다, 지키다, 기르다'

(3) 이제 이들은 우상을 버릴 것이요, 여호와께 순종할 것이다. 또한 여호와께서는 그들을 과거의 죄로부터 정결케 하실 것이다. "그 범죄한 모든 처소에서 구원하여 정결하게 한즉 그들은 **내 백성이 되고 나는 그들의 하나님이 되리라**"(23절).

37:24 내 종 다윗이 — 그들의 왕(멜렉, מֶלֶךְ)이 되리니
한 목자가 — 있을 것이라
/그들 모두에게
그들이 — 내 규례를 준수하고
— 내 율례를 지켜 행하며

• 그들은 하나님의 백성이 되며 왕이요 목자장이신 그리스도의 백성과 양떼가 될 것이다. 여기서 다윗은 그리스도를 의미한다.

(4) 하나님은 그들과 화평의 언약을 세워서(겔 34:25 참조) 영원한 언약이 되게 하고 그들을 견고하게 하고 번성하게 하실 것이다. 그리고 "내 종 다윗이 영원히 그들의 왕(나시, נָשִׂיא)[1]이 되리라"(25절). "그리고 성소를 그 가운데에 세워서 영원히 이르게 하실" 것이다. 에스겔이 예언한 '화평의 언약'(בְּרִית עוֹלָם, an everlasting covenant)은 예레미야가 예언한 '새 언약'과 같은 것이다(렘 31:31-37).

1) 왕(나시, נָשִׂיא) - '우두머리, 군주, 지도자'라는 의미이나 여기서는 '왕'과 동일한 의미로 쓰이고 있다. 미래 다윗 혈통의 왕인 메시야를 언급한다(겔 34:24, 37:25).

37:27 내 처소가 — 그들 가운데에 있을 것이며
나는 — 그들의 하나님이 되고
그들은 — 내 백성이 되리라

이 **새로운 평화의 언약**은 이전의 (모세의) 언약과는 다르다. 이전의 언약은 순종을 요구했지만 순종할 힘을 주지 않았으나(렘 31:32), 이 평화의 언약은 율법의 요구에 순종할 힘을 주신다(렘 31:33-34). 왜냐하면 내주하시는 성령의 선물을 주실 것이기 때문이다(겔 36:27, "또 **내 영을 너희 속에 두어 너희로 내 율례를 행하게 하리니** 너희가 내 규례를 지켜 행할지라").

▶ 예루살렘은 새로운 광채를 받으며 열방들의 예배의 중심점이 될 것이다. 이제 북쪽 이스라엘 왕국과 유다 왕국의 재통일에 대한 약속을 말한다(18절;호 3:5; 미 2:12). **그러나 그 재통일은 양자 모두 국외 추방이라는 고난을 겪고난 이후에 이루어지라라고 설명한다**(겔 37:15-28; 사 11:10-16 참조).

(5) "내 성소가 영원토록 그들 가운데에 있으리니" - 그 성소에 대한 마지막 환상이 겔 40-48장에 자세히 설명되고 있다. 이 약속들의 궁극적 성취는 예수님께서 흘리신 피에 의해 확립된다(눅 22:20; 고전 11:25).

3. 이 예언은 언제 성취되었을까? 이사야서에서 그 설명을 들어보자.

(1) 과연 하나님은 자기 백성을 구원하실 능력을 가지셨을까? 백성들은 현재의 상황 때문에 하나님은 자신들에게 무관심하신다고 생각했다. 그러나 하나님의 사랑은 끝난 것은 아니다. 하나님은 지금 백성의 회복을 약속하신다. 하나님의 약속은 신실하시다(사 40:6-8*).

(2) 하나님은 자기 백성에게 끊임없는 관심을 가지신다. 하나님은 그들을 구원할 수 있는 능력이 있으시기에 또한 회복에 대한 약속을 믿을 수 있다. 하나님은 그의 말씀의 신실성에 대한 증거로서 "이전 일"을 언급하신다. 어떤 일? 즉 그가 이미 예언하여 성취된 과거사에 호소하신다(사 41:22, 42:9, 43:9, 44:7, 46:9, 48:3을 읽어보자). 모세 시대의 출애굽 사건(사 43:18) - 제 1 출애굽 사건(사 43:11, 17)처럼 **고레스 왕**을 세울 것이다. 이전 일의 성취는 앞으로 올 새 일에 대한 성취를 보장한다(사 43:18, 과거의 그 어떤 구원 사건보다 뛰어난 일이다).

(3) '새 일'은 제2의 출애굽으로 묘사된다(사 43:16-21, 44:26, 48:20-21, 49:9-12, 51:9-11, 52:10-12을 읽어 보라). **제2의 출애굽**을 약속하신 하나님은 바다를 가르고 애굽의 병거를 벌하신 바로 그 하나님이시다(사 43:16-17).

4. 어떤 의미에서 마른 뼈에 대한 은유는 유다 백성들이 포로에서 돌아옴으로 성취되었다.

(1) 유다의 포로민들을 본토로 돌아오도록 허락한 것은 주전 539-538년이었다(스 1:1, "바사 왕 **고레스 원년**에 여호와께서 예레미야의 입을 통하여 하신 말씀을 이루게 하시려고 바사 왕 고레스의 마음을 감동시키시매...").[1]

(2) 당시 유다의 두 지도자는 '세스바살'과 '스룹바벨'이었다(스 2:2, 3:2). 돌아온 그들의 지파별 명단은 에스라 2장에 기록되어 있다. 고레스 왕은 귀환을 허락하면서 그 옛날 느부갓네살 왕이 가져갔던 성전의 기명(器皿, 성전 그릇)들을 유다의 지도자였던 세스바살에게 주었다(스 1:7, 8).

(3) 포로에서 귀환한다는 앞에서의 예언은 이스라엘뿐만 아니라 영적 이스라엘에 대한 약속이기도 하다. 겔 38장과 39장을 보면 역사상 어떤 시대에도 이 예언이 충족하게 성취된 때는 없었다. 이 회복은 하나님 자신의 우주적, 종말론적 개입으로 성취될 것이기 때문이다. 38장과 39장의 설명을 더 들어봐야 한다.

• 사 40:6-8 "말하는 자의 소리여 이르되 외치라 대답하되 내가 무엇이라 외치리이까 하니 이르되 모든 육체는 풀이요 그의 모든 아름다움은 들의 꽃과 같으니 [7]풀은 마르고 꽃이 시듦은 여호와의 기운이 그 위에 붊이라 이 백성은 실로 풀이로다 [8]풀은 마르고 꽃은 시드나 우리 하나님의 말씀은 영원히 서리라 하라."

1) **새롭게 된 시온** - 여호와께서 이 성읍과 "화평케 하는 언약"을 영원히 세우실 것이다(사 54:9-10). 시온의 고통을 기쁨으로 바꾸실 것이다(사 51:2). 에덴과 같은 동산이 될 것이다(사 51:3).

하나님께서 자기 백성을 구원하시기 위해 사용하실 도구는 무엇인가? **고레스를 막강한 군사력을 가진 강력한 정복자로 세우셨다**(사 41:2-3, 25장, 45:1-2). 그를 세우신 궁극적 목적은 바벨론 포로로부터 자기 백성을 구원시켜 예루살렘을 재건키 위해서였다(사 44:28, 45:13, 46:9).

회복의 예언(33-39장)

1. 파수꾼과 예루살렘 멸망(33:1-33)
2. 거짓 목자들과 참 목자(34:1-31)
3. 여호와의 땅의 회복(35:1-36:38)
4. 마른 뼈 환상(37:1-14)
5. 두 막대기의 회복(37:15-28)
6. **곽과 마곡의 심판(38:1-39:29**

곡과 마곡의 심판(겔 38:1–39:29)

앞 장에서 살펴본 대로 재통합된 이스라엘은 포로로부터 회복되어 고국으로 돌아올 것이다(겔 38:8). 그래서 하나님의 돌보심으로 평안히 살 것이다(겔 38:11). 그러나 적대국들의 연합은 이제 막 일어서려는 이스라엘을 침공하여 하나님의 백성을 멸하려고 한다. 그 군대는 북방의 버려진 땅에서부터(겔 38:15) 팔레스타인 땅으로 침입해 온다. 그러나 이들은 초자연적인 방해로 인해 파멸될 것이다(겔 39:3). 그러나 사실 이 침공은 여호와께서 자신의 목적을 위해, 무엇보다 자신의 영광과 거룩함을 나타날 목적으로 지휘하고 계신 것이다.

1. 하나님은 에스겔에게 곡에게로 얼굴을 향하고 그에게 예언하라고 명하셨다. 하나님께서는 이스라엘의 적대 세력에게 큰 혼란을 내리실 것이다.

• 학자들은 곡(Gog, גּוֹג)이란 이름의 기원을 찾아내고자 많은 노력을 하고 있으나 확실한 결론은 내리지 못한다.

38:2 인자야
너는 ── [너의] 얼굴을 **향하라**(명령법)
/마곡 땅에 있는 곡(Gog, גּוֹג)[에게]
/(곧) 로스와 메섹과 두발 왕에게로
└그에게(against) 예언하라(니팔 명령법)

• 에스겔은 하나님으로부터 곡(Gog)에 대해 쳐서 예언하라는 명령을 받는다.

• 에스겔은 곡(Gog)을 이스라엘을 공격할 많은 나라들의 군사지도자로 생각한다.

3 [너는] **이르기를**
/주 여호와께서 – 이같이 **말씀하시기를**
/로스와 메섹과 두발 왕 곡(Gog)아!
/내가 — 너를 (대적하여)
4 /[내가] – 너를 돌이켜

[내가] ── 너를 **돌이켜**(=돌려세우고)
갈고리로 네 아가리를 **꿰고**(=찍어)
너와 말과 기마병 곧 네 온 군대를 **끌어내되**
/완전한 갑옷을 입고
큰 방패와 작은 방패를 가지며
칼을 잡은 큰 무리와(=를)
└ **끌어내리라**(=끌어내겠다)

• 여호와께서

5 /그들과 함께 한 방패와 투구를 갖춘 **바사**와 **구스**와 **붓**과
6 /**고멜**과 그 모든 떼와 북쪽 끝의 **도갈마 족속**과
/그 모든 떼 곧 많은 백성의 무리를

• 로스(רֹאשׁ) - '머리, 두령'이라는 뜻
• 메섹(מֶשֶׁךְ) - 노아의 손자이며 야벳의 아들(창 10:1,2) / 메섹의 후손(겔 27:13) / 셈의 아들(대상 1:17) - 중앙 아나톨리아(지금의 터키)에 위치했었음
• 두발(תֻּבַל) - 노아의 셋째 아들인 야벳의 다섯번째 아들(창 10:2) - 동부 아나톨리아 지역에 있던 민족 / 이들 나라는 앗수르와 대적하다가 멸망했다.

곡이 거룩한 땅으로 쳐들어오면서 5개 족속 즉, 바사와 구스와 붓, 고멜, 도갈마 등의 나라와 합류한다.

세계적 전쟁

곡(Gog)이 이끄는 연합군이 (흩어져 있던 이스라엘이 고국에 들어와 평화롭게 살고 있는, 즉 무방비 상태에 있는) **이스라엘을 침공한다.**

- 바사(파라스, פָּרַס, Persia)
- 구스(쿠쉬, כּוּשׁ, Ethiopia) • 붓(푸트, פּוּט, Libya)

남쪽 끝에서

◀ 이들 나라는 바사를 제외하고는 창세기 10:2-3에 나오는 족속들이다.

- 고멜(Gomer) - 야벳의 아들과 그의 자손의 이름. 지금의 소아시아 지역에 있다가 앗수르에 의해 멸망
- 도갈마 족속(the house of Togarmah) - 고멜의 후손인 도갈마 족속이 거주한 북방 지역 / 안티 타우로스 산맥과 유프라테스 강 사이에 있는 지방.

북쪽 끝에서

이 무서운 사령관 곡은 큰 군대를 이끌고 남방과 북방에서 연합군으로 쳐들어 올 것이다(겔 39:2). – 세계적 전쟁

그러나 이 전쟁을 주도한 분은 여호와 하나님이시다.

🡇 공격하자!

이스라엘

곡(Gog)은 연합군 사령관으로 평화롭게 살고 있는 이스라엘을 무기력하다고 판단(겔 38:11) 총공격을 개시한다. 그래서 하나님의 백성을 멸하고자 한다.

이들 지역은 지금의 어디를 가리킬까?

곡(Gog)이라는 인물은 역사상 누구라고 보았을까?

▶ 그렇다면, 연합군의 총사령관 곡(Gog)은 누구일까?

(1) 물론 정확한 답을 얻을 수 없다. 많은 사람이 이 인물에 대해 설명을 시도했지만 역시 가정에 불과할 뿐이다. 그래서 곡(Gog)을 북쪽 지역에서 오는 정체를 알 수 없는 대적을 의인화한 것이라고 보는 본다(렘 1:15 참조). 따라서 겔 38:5-6에 열거된 적군들의 이름은 실제적인 이름이라기 보다는 이상화된 인물로 본다. 그 이유는 북쪽의 범위가 너무 넓어 이들이 북쪽으로 다함께 모인다는 것이 불가능하다고 보기 때문이다. 또 이스라엘은 죽은 자를 위해 일곱 달 동안 장사할 것이라는 것(겔 39:12-15)과 탈취한 무기들을 7년 동안 연료로 사용한다는 것(겔 39:9)도 그 범위가 너무 확대되어 있다(툼부렐, 언약신학과 종말론).

(2) 그러함에도 불구하고 많은 사람들이 곡(Gog)이 어떤 인물인가를 밝히려는 시도를 했다.

- 주전 7세기의 앗수르 문헌들에 언급된 인물인 구구(Gugu)로 본다. 이 인물은 서부 아나톨리아(지금의 터키)의 리디아 왕 구게스(Gyges, 주전 680-650)로 알려져 있다.
- 주전 2세기의 셀류키드 왕 안티오쿠스 유파토르(Antiochus Eupator)라고 주장하기도 했다.
- 주전 4세기의 알렉산더 대왕(알렉산더가 겔 38:5에 언급된 동맹군의 우두머리라고 보았다)
- 탈굼 역은 마곡을 로마, 곡을 로마 황제라고 보았다.
- 어거스틴은 곡을 야민인들의 최후공격을 준비하면서 북방으로부터 오는 고트 족이라고 보았다.
- 이 외에도 유럽을 침공한 회교도들, 몽고족, 스탈린, 히틀러 등이라는 여러 주장들이 제기되어 왔다.

(3) 어쨌든 에스겔은 당시에 알려져 있던 가장 먼 곳이라고 생각했던 야만적인 나라들을 언급하고 있다. 더욱이 이스라엘이 고국에 돌아와서 얼마 되지 않을 때 일어날 일임을 보여준다. 침략국가들의 의도는 무방비 상태 있는 이스라엘을 약탈하고 재물을 탈취하는 것이었다. 여호와께서는 이미 오래 전에 이런 일들이 일어날 것이라고 예언하셨다(겔 38:17; 비교 사 5:26-30; 34:1-7, 63:1-6, 66:15-16; 욜 3:9-14). 그러나 곡의 침략은 실패할 것이다.

로스(Rosh)는 '러시아'를 가리키는가?

(1) 마곡 땅에 있는 '로스'(Rosh, רֹאשׁ)를 '러시아'로 보는 주장이 있다. 앞에서 살펴본 대로 지금까지 역사상 곡(Gog)이 어떤 인물이라고 신빙성 있게 밝혀진 적이 없다. 마곡(Magog, מָגוֹג)은 야벳의 둘째 아들이며 마곡족의 시조이다(창 10:2, 대상 1:5). '마'(ma)라는 접두어는 히브리어로 '~지역'이라는 뜻이 있다. NIV성경은 Gog, of the land of Magog이라고 표현했다. 메섹과 두발은 소아시아 동부에 살고 있던 민족들이다. 이 땅들은 약속의 땅에서 볼 때 북쪽에 있다. 오늘날 이란과 이락, 그리고 옛 소련에 속했던 몇몇 공화국들이 차지하고 있던 메소포타미아 계곡에 자리잡고 있다(겔 38:6, 15).

*일부 예언학자들은 곡(Gog)과 마곡에 대한 예언을 유대인을 대항하여 싸울 오늘날의 국가들에 대한 예고로 해석한다.

(2) 대다수 예언 학자들은 이 장들이 미래의 그리스도의 재림에 앞서 발생할 성지에 대한 대대적인 침공을 묘사한다고 본다.

*새롭게 이스라엘을 대항하여 싸우는 이러한 나라들의 상징(곡과 마곡)을 수단으로 하여 에스겔은 음부의 권세가 하나님의 교회를 대항하여 이기지 못할 것이라는 진리를 제시한다(마 16:18 참조)

(3) 예언 학자들은 역사적으로 에스겔서에 묘사된 침공의 역사가 아직 없었던 점을 들어, 마지막 때에 중동전쟁이 일어나게 되는데, 그때에는 러시아라는 나라가 이란과 리비아라든지 이디오피아라든지, 아제르바이젠 등 여러 나라를 대동하면서 이스라엘을 침공하는 역사가 있을 것이라고 본다. 이스라엘 북쪽으로 올라가 터키를 넘어서 '로스'라는 나라가 있었는데, 이 나라를 러시아로 부른지는 얼마 되지 않았다는 것이다. 에스겔이 약 2,500년 전에 역사의 종말이 다가올 때에 마지막 전쟁을 예언했다는 것이다. 언젠가 예루살렘 황금 성전에 폭탄이 떨어졌다 하는 날에는 정말 큰 사건이 될 것이며, 그러면 이 세상에 3차 대전과 비슷한 대 전쟁이 일어나게 될 것이라고 주장한다.

2. 어쨌든 성경 본문을 다시 살펴보자. 7절을 보자.

(1) "너는 스스로 예비하되(Be prepared, הִכֹּן)[1] ...너는 그들의 우두머리가 될지어다"(7절). 하나님은 곡(Gog)을 '너'라고 부르신다. 그리고 한곳에 집결한 군대를 잘 지휘하라고 명령하신다.

1) 쿤(כּוּן)의 니팔(수동) 명령법 남성 단수 - '세우다, 안정되다, 확립하다' / 여기서 '너'는 '곡'을 가리킨다. 너는 지도자가 되어 침략군을 인도하라는 명령이다.

(2) 지금 이스라엘은 고국으로 돌아와서 평안히 거주하는 중이다(38:8). 그러면 언제 전쟁이 벌어질 것인가? "여러 날 후 곧 말년에"(After many days)라고 언급하고 있다. 정확한 시간 언급이 없다. 그리고 전쟁이 일어날 장소는 "오래 황폐하였던 이스라엘 산"이다. 이스라엘 침공에 동원된 연합군이 얼마나 많은지 광풍처럼, 구름처럼 그 땅을 덮을 것이라고 했다(9절).

(3) 그리고 여호와 하나님은 곡(Gog)에게 여러 가지 악한 생각이 나서 악한 꾀를 내게 될 것이라고 말씀하신다(10절). 그래서 무방비 상태로 있는[2] 백성, 즉 "성벽도 없고 문이나 빗장이 없어도 염려 없이 다 평안히 거주하는 백성에게" 나아가서 은과 금, 짐승과 재물, 물건을 약탈하라는 것이다(11-13절).

2) 무방비 상태에 있는 백성 - 주전 5세기 느헤미야가 와서 사역하기 전까지는 고국에 들어온 이스라엘은 전적으로 무방비 상태에 있었다.

3. 그러나 곡의 침공은 여호와께서 계획하신 일임을 알게 될 것이다.

38:16 [너는] — 치러 오리라
/내 백성 이스라엘을
/구름이 땅을 덮음 같이
곡아!
내가 —— 너를 이끌어다가
/내 땅(=이스라엘)을 치게 하리니
/끝 날에
//이는(목적: לְמַעַן, so that...may)
내가 너로 말미암아 이방 사람의 눈 앞에서
내 거룩함을 나타내어 그들이 다 나를 알게 하려 함이라

• 여호와께서 곡을 불러 이스라엘에게로 처들어 가게 할 것이다. 언제? 끝 날에 - 오랜 세월이 지난 후 때가 되면.

• 곡을 불러들이는 것은 여호와 하나님이시다.

• 여호와께서 곡을 불러들이시는 목적은 무엇인가? '내 거룩함을 나타내게 하시려고...'

이 전쟁의 궁극적인 목적이 여호와의 거룩함을 나타내어 그를 알게 하려는 데 있다고 말씀하신다(16, 23절). "옛적에 하나님께서 이스라엘 선지자들을 통하여 말한 사람이 있는데, 그것이 너를 두고 한 말이라"고 말씀하신다(17절). "너를 끌어들여서 이스라엘을 치게 할 것이라고 말씀하셨다"는 것이다.

곡의 심판(겔 38:18–23)

1. 그 날에, 즉 곡(Gog)이 이스라엘 땅을 치러 오면, 그때에 여호와의 뜨거운 분노가 일어날 것이다(18절).

(1) 곡에 대한 하나님의 심판은 초자연적인 방법으로 임힐 것이다.

- 우주적 격변 - 큰 지진이 이스라엘 땅에 일어나고(19절), 바다의 고기들과 공중의 새들과 들의 짐승들과 땅에 기는 모든 벌레와 지면에 있는 모든 사람이 내 앞에서 떨 것이며 모든 산이 무너지며 절벽이 떨어지며 모든 성벽이 땅에 무너지리라(20절).
- 전염병, 폭우, 큰 우박덩이, 불과 유황불 - 이런 공포로 인해 적들은 서로를 향해 무기를 겨눌 것이다(21절)

(2) 이같이 하여 여러 나라에 하나님의 위대하심과 거룩함을 나타나게 될 것이다. 따라서 하나님은 창조주이시며, 택한 백성을 구원을 위해 역사를 움직여 가시는 분임을 보여주실 것이다.

이 예언에 대한 후대의 언급(계 20:7-10)

에스겔서와 계시록

• 계 20:9 "그들이 지면에 널리 퍼져 성도들의 진과 사랑하시는 성을 두르매 **하늘에서 불이 내려와 그들을 태워버리고** 10 또 그들을 미혹하는 마귀가 불과 유황 못에 던져지니 거기는 그 짐승과 거짓 선지자도 있어 세세토록 밤낮 괴로움을 받으리라."

• 겔 39:6 "내가 **또 불을 마곡과 및 섬에 평안히 거주하는 자에게 내리리니** 내가 여호와인 줄을 그들이 알리라."

1. 이 예언에 대한 후대의 언급은 요한계시록 20:7-10에 기록되어 있다.

계 20:7 천 년이 차매(when)
사단이 ─── **놓여**
/그[의] 옥에서
└8 **나와서**
//(목적: 부정사)
미혹하고(=미혹하기 위해)
/땅의 사방 백성 곧 곡과 마곡을
//(목적: 부정사)
모아(=모으기 위해)
/싸움을 붙이리니(=싸움을 위해)
그 수가 ─── 바다 **모래 같으리라**

• 사탄은 하나님의 군대와 일전을 벌이기 위해 곡과 마곡을 미혹하여 사방 모든 악의 세력을 규합하여 마지막 전쟁을 벌인다. (겔 38:2-6, 8, 11, 14의 내용과 일치한다.)

• 예언 학자들은 겔 38-39장에 예언된 사건들을 천년왕국에 앞서는 7년 대환난 직전, 도중, 마지막 기간에 일어날 것이라고 보고 있다. 에스겔은 이 전쟁을 당시 상황에 맞게끔 서술했다는 것이다.

아마겟돈, Har-Magedon

세계적 전쟁(마지막 전쟁)

(1) **곡과 마곡** - ***최후로 하나님과 대적하기 위해 뭉친 나라들을 상징한다***. 그 배경을 에스겔서 38-39장에서 찾는다. 계 20:8-9에서는 마지막 때에 적그리스도가 땅의 네 구석으로부터 열방을 불러 모으는 이야기를 기록하고 있다. 이 사단의 세력들이 하나님의 백성들을 공격한다. 하나님이 사랑하시는 백성들은 예루살렘을 가리킨다. 계 20장에서 예루살렘 · 시온 · 총회의 산은 계 16:16에 나오는 '하르 마겟돈'에 상응하는 이름들이다.

(2) 계 16:16 "세 영이 히브리어로 **아마겟돈**[1]이라 하는 곳으로 왕들을 모으더라." (And they gathered them together to the place which in Hebrew is called **Har-Magedon**. - NASB)

(3) '집회의 산'(하르 모에드)에 대한 개념은 이사야 14장 13절에서 잘 나타나 있다 (...And I will sit on the **mount of assembly** (하르 모에드, הַר־מוֹעֵד) In the recesses of the north). 바벨론 왕은 '총회의 산'(하르 모에드)이라고 불리는 장소에 좌정하려고 한다. 그러나 사실은 하나님이 보좌 앞에서 열리는 재판을 위해 하는 의회 모임이 이 '집회의 산'(하르 모에드, the mount of assembly)에서 열리는 것이다.[2]

(4) 계시록 16:16의 '하르 마게돈'과 이사야 14장에 나오는 '하르 모에드'는 같다. 하르 마게돈에서 중심적인 주제는 바로 '대집결'이라는 주제이다. 적그리스도의 무리가 여호와와 그의 백성을 대적하여 **하르 마게돈**에 모여드는 것이다.

1) 아마겟돈은 갈멜산 아래에 있는 므깃도(삿 5:19)를 말한다고 주장되어 왔으나 M. G. Kline은 전통적인 '므깃도' 견해는 잘못이라고 했다. 그는 '하르 마게돈'(Har-Magedon - '하나님의 산'이 바른 견해라고 주장한다. '하르 마게돈'은 이사야 14장에 언급된 '집회의 산'을 의미한다.

2) 명사 '모에드'는 동사 '야아드'(지정하다, 정하다/ 니팔형태로는 '지정하여 사람을 모으다')에서 파생되었다. '정한 때, 장소, 모임'이라는 뜻이다.

침략군 곡(Gog)의 패배(겔 39:1-16)

겔 39장은 이스라엘을 침공한 곡(Gog)이 이끄는 연합군의 패배를 기술하고 있다. 이미 앞장 38:3, 4에 곡에 대한 패배를 언급하고 있다. 이들은 무기를 다 빼앗기고, 빼앗긴 무기들은 불태워 버린다(9-11절). 군대는 대부분 전장터에서 살육을 당한다(4절). 패배한 군사들의 시체를 8개월 동안 매장해 그 땅을 정결케 한다. 그리고 잔치를 베푼다(17-20절). 그리고 이스라엘 위한 하나님의 은혜가 선포된다(23-29절).

1. 곡의 군대가 연합군을 데리고 이스라엘을 공격했으나 여호와 하나님의 개입으로 상황은 역전된다. 이들이 사용했던 병기들은 7년간 땔감으로 사용될 것이다.

39:1 로스와 메섹과 두발 왕 곡(Gog)아!
내가 ——— 너를 (대적하여)
2 [내가] ——— 너를 돌이켜서 이끌고
— 북쪽 끝에서부터 나와서
— 이스라엘 산 위에 이르러

• **북쪽 끝에서** - 가나안 족속의 신화에서 북쪽은 신들의 회합이 이루어지는 장소로 생각되었다. 신들이 이 산에서 모였다는 것이다. 본문에서 바벨론의 교만한 왕이 "**내가 북극 집회의 산 위에 앉으리라**"고 묘사한다(사 14:13). 그 왕은 자신에게 우주적 통치권과 신적 통치권이 모두 있음을 단언한다(민 34:7, 민 34:9 참조).

(1) 사 14:13 "내가 **북극 집회의 산** 위에 앉으리라." 이 말은 바벨론 왕이 '총회의 산'(하르 모에드)이라고 불리는 장소에 좌정하려고 한다는 것이다. **바벨론 왕이 하나님의 심판을 받게된 이유 중의 하나가 교만하여 감히 하나님 보다 높아지려 한데 있었다.** 이런 교만은 곧 하나님께 도전을 의미한다.[1] 우리는 특히 벨사살 왕의 몰락에서 그 증거를 읽어볼 수 있다(단 4:22-26, 5:22-28; 계 18:2, "힘찬 음성으로 외쳐 이르되 무너졌도다 무너졌도다 큰 성 바벨론이여 귀신의 처소와 각종 더러운 영이 모이는 곳과 각종 더럽고 가증한 새들이 모이는 곳이 되었도다.")

(2) 에스겔은 **북방에서** 오는 폭풍에 압도당하였고 구름 속으로부터 여호와의 영광에 대해 한 이상을 보았다(겔 1:4 이하). 하나님은 자기 백성을 **북쪽으로부터** 다시 데려 오겠다고 약속하셨다(사 43:6, 사 49:12, 렘 16:15).

(3) "활을 쳐서 떨어뜨리고" – 먼저, 연합군의 전력을 무력하게 만드신다(3절). 이들은 전쟁터에서 대부분 죽을 것이다(4절). 그리고 그들의 사체는 새들과 맹수들에게 먹히게 될 것이다(5절). 또 이들에게 불을 보내되 섬에 평안히 거주하는 자(=이방 나라들)에게도 내리실 것이다(6절). 따라서 두번 다시 여호와의 이

1) 말세에 적그리스도가 하나님께 어떻게 도전하는가 보라(살후 2:4*, 단 11:36).

• 살후 2:4 "그는 대적하는 자라 신이라고 불리는 모든 것과 숭배함을 받는 것에 대항하여 그 위에 자기를 높이고 **하나님의 성전에 앉아 자기를 하나님이라고** 내세우느니라."

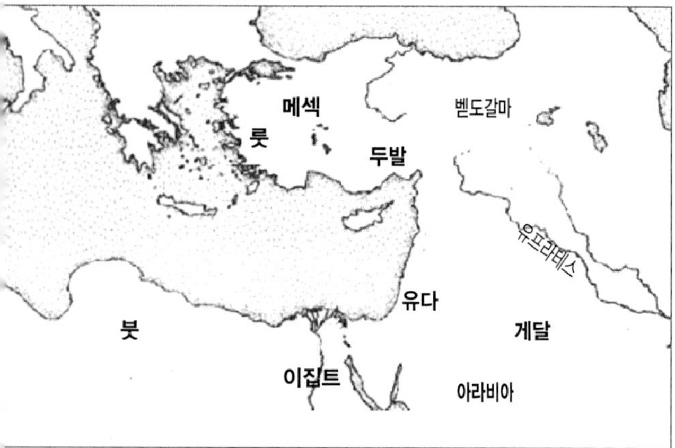

름이 더럽혀지지 않을 것이다.

2. 새들과 맹수에게 먹히지 않은 시체들은 매장을 하게 될 것이다. 그런데 그 소요 기간이 7개월이나 계속될 것이라는 것이다.

(1) 매장지는 이스라엘 땅 곧 바다 동쪽 사람이 통행하는 골짜기가 될 것인데, 이제 그곳을 '하몬곡'(Hamon-gog)[1]의 골짜기라 명명될 것이다(11절). 그런데 "이스라엘 족속이 일곱 달 동안에 그들을 매장하여 그 땅을 정결하게 할 것이라"(12절)고 했다. "지나가는 사람들이 그 땅으로 지나가다가 사람의 뼈를 보면 그 곁에 푯말을 세워 매장하는 사람에게 가서 하몬곡 골짜기에 매장하게 할 것이요"(15절) "성읍의 이름도 하모나(Hamonah, 무리, 군중이라는 뜻)라 하리라"(16절).

(2) 각종 새와 들의 각종 짐승들을 위한 잔치가 벌어진다. "잔치 곧 이스라엘 산 위에 예비한 큰 잔치로 너희는 사방에서 모여 살을 먹으며 피를 마실지어다." 새들이 시신을 쪼아먹는 잔인한 표현으로 곡의 군대의 비참한 결과를 생생하게 보여준다. 요한계시록에서도 이와 유사한 표현이 나온다(계 19:17-18*)

3. 에스겔의 소망의 메시지, 이스라엘의 회복을 언급하고 있다.

(1) 이스라엘의 포로생활과 귀환, 그리고 회복에 대한 메시지이다.

- 이방 사람이 그동안 이스라엘 백성이 왜 고난을 받았는가를 알게 될 것이다(23절).
- 이스라엘이 포로로 끌려간 것은 여호와께서 능력이 없어서가 아니라 비록 자기 백성이라도 언약을 어기면 벌하신다는 것임을 깨닫게 하기 위해서이다.
- 이스라엘이 자신들의 죄 때문에 징계를 받았지만 그 후에는 반드시 회복시켜 주신다.

(2) 이스라엘이 회복됨으로써 다시 영광스러운 백성이 되고, 이로써 하나님도 영광을 받으실 것이다(27절). 이제 이들 백성에게 새로운 영을 부어주실 것이고, 백성들도 이전의 생활 방식을 포기할 것이다. 이에 대한 성취는 일차적으로 ① 고레스 왕의 정책을 통해 이루어질 것이나 ② 성령님의 사역을 통한 성취는 예수님의 오심으로써 시작될 것이다.

1) 하몬곡(הֲמוֹן גּוֹג) - 무리의 골짜기(곡의 골짜기) / 디베랴 호수의 서안에서 2km의 Wadi-Fejjas(와디-페자-스)와 동일시 된다. 또는 지중해이거나 사해, 갈릴리 호수라고 주장하기도 한다.

사해 동쪽이자 반대편에 있는 모압 땅의 아바림을 생각할 수도 있다(민 27:12, 33:47-48).

- 계 19:17 "또 내가 보니 한 천사가 태양 안에 서서 공중에 나는 모든 새를 향하여 큰 음성으로 외쳐 이르되 와서 하나님의 큰 잔치에 모여 [18]왕들의 살과 장군들의 살과 장사들의 살과 말들과 그것을 탄 자들의 살과 자유인들이나 종들이나 작은 자나 큰 자나 모든 자의 살을 먹으라 하더라."

이스라엘의 회복 예언

하몬곡 - 곡의 골짜기

回復

회복

• 바벨론 포로로 끌려간 백성들은 고국으로 돌아갈 수 있다는 모든 희망을 땅속에 묻어버렸다. 하나님은 에스겔을 불러 환상을 통해 현재 포로민의 상태를 보여주신다. 그들은 영적으로 모두 죽어 있어서 마치 마른 뼈들과 같았다. 하나님은 에스겔에게 어떻게 질문하시는가?

37:11 [그가] 또 내게 **이르시되**
/인자야! (Son of man, בֶּן־אָדָם)
이 뼈들은 — 이스라엘 온 족속이라
/[보라!](힌네, הִנֵּה)
그들이 — 이르기를(... 하느니라)
/우리의 뼈들이 — 말랐고
/우리의 소망이 — 없어졌으니
/우리는 — 다 멸절되었다

• 오늘, 우리는 이 마른뼈들과 크게 다를까?

• 오늘, 내가, 아니 우리가, 아니 한국교회가 마른 뼈와 같다면 어떻게 하지? 우리 스스로의 힘으로는 소생이 불가능하다.

• 영적 소생은 인간의 노력으로 되는 것이 아니다. 그런데 우리는 부지런히 내 힘으로 할 수 있다고 소란을 떤다. 그래서 한국교회가 시끄럽다. 하나님만이 '죽은'자에게 생명을 불어넣을 수 있으시다. 진정한 부흥은 개인이든, 공동체이든, 하나님의 손길이 역사해야만 일어난다.

37:24 내 종 다윗이 — 그들의 왕(멜렉, מֶלֶךְ)이 되리니
한 목자가 — 있을 것이라
/그들 모두에게
그들이 — 내 규례를 준수하고
내 율례를 지켜 행하며

• 우리의 진정한 왕은 누구인가? 그런데 자신이 왕이라고 착각하는 사람들이 많아졌다.

• 많은 사람들이 참 목자이신 예수님의 통치 방법을 무시한다. 우리도 모르는 사이에 인간의 통치술이 판을 친다.

• 많은 사람이 모이면 그것이 곧 예수님의 통치 방법을 따른 것일까?

• 우리 안에 내주하시는 성령님의 역사가 없다면 하나님의 율례를 지킨다는 것은 얼마나 어려운 일인가.

• 하나님은 **화평의 언약**을 세우실 것이라고 하셨다(겔 34:25). 그것은 영원한 언약이라고 했다. 화평의 언약은 예레미야가 예언한 새 언약과 다른 것인가?

• 새 언약의 진정한 의미가 무엇인가? 새 언약의 중보자는 누구인가? 이단에서는 새 언약의 중보자가 자신이라고 주장한다. 히브리서를 다시 공부해 보자.

• 곡과 마곡의 심판 : 곡(Gog)은 누구를 가리킬까? 해답은 명확치 않다. 너무 많은 주장들이 있다. 이미 실현된 것일까? 앞으로 이루어질 것인가? 분명한 것은 이들 또한 하나님의 도구일 뿐이다. 영적 이스라엘의 대적은 결국 파멸당할 것이다.

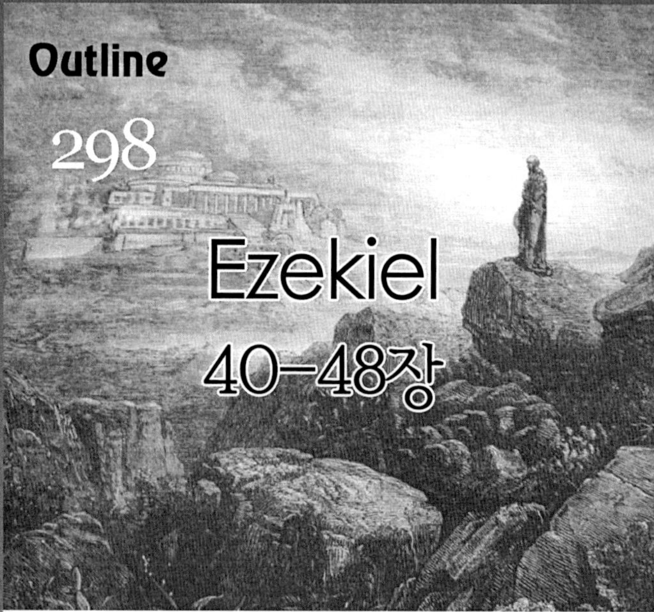

영원한 성전(40-48장)

하나님의 백성에게 심판이 임할 것이다(4-7장).
왜 이들에게 심판이 임하게 되었을까?
그들의 죄악 때문이었다(8-11장).
따라서 이들에게는 하나님의 심판의 메시지가
거듭해서 언급되어진다(12-19장; 20-24장).

물론 심판은
하나님의 백성들에게만 있는 것이 아니다.
오히려, 그들을 괴롭힌 자들에게도
반드시 임하게 된다(25-32장).
이방 백성들에 대한 심판은
오히려 하나님의 회복의 주제와 연관된다.

아담에게 주어진 명령의 성공적인 성취는
마지막 아담 안에서 성취된다.
구약 시대의 성전 구조물에 있던
하나님의 독특한 임재는
참 성전인 그리스도에게로 나아가는 것으로 설명된다.
새로운 성전 속에서
새로운 규칙의 법으로 하나님을 섬기며,
백성들은 기업을 누리게 될 것이며,
하나님의 영은
그곳에 영원히 거하게 될 것이다(40-48장).

여호와의 권능이 나를 데리고...(겔 40:1-4)

(1) 사로잡힌지 25년, 에스겔의 영은 이스라엘 땅으로 옮겨진다. 그리고 매우 높은 곳에서 하나님과 그 백성 사이의 화해에 관해 묘사하는 일련의 환상들을 본다(40:1-2).

(2) 이제 미래에는 새로운 성전(겔 40-48장) 속에서 하나님의 임재를 통하여 백성들이 완전히 회복될 것임을 보여주는 것이다.

(3) 이 천사는 에스겔에게 이 성전을 이스라엘 족속에게 보여주라고 했다. 성전 구조물이 아주 상세해서 오늘날도 청사진과 밑그림을 그릴 수 있는 정도였다.

(4) 수년 전에 에스겔은 여호와께서 성전을 떠나는 모습을 보여주셨다(겔 10:19, 11:23을 보라). 그런데 이제 여호와의 영광이 앞서 그가 떠났던 동쪽으로부터 돌아오는 모습을 보여주고 있다(겔 43:1-3).

새 성전에 대한 상세한 설명(40:1-43:12)

(1) 바깥 담(40:5-6) ⇨ 바깥 뜰(17-27절) ⇨ 안뜰(40:28-41:26) ⇨ 그리고 돌아서서 다시 바깥 뜰(42:5-16)

(2) [새 성전의 구조 40:48-41:26)]

(3) 동문(東門)으로 인도함을 받음(43:1-5; 10:19)

다시 성전 순회(43:6-44:3, 44:4-46:24)

(1) 성전을 영원한 거처로 선언(43:7) - 성전 구조의 중심부는 제단이다.

(2) 성전의 용도(44:4-46:24) : 새 시대가 도래하면 레위인들이 성전 사역으로 섬길 것이며, 사독의 후손인 성전의 제사장들이 제단 사역을 할 것이다.

(3) 새 성전은 제사장의 영역이 되고 여호와께서 유일한 통치자가 되신다(20:33). 새 성전이 에덴동산처럼 세계의 영적인 중심이 될 것이다(47:1-2).

동문 밑으로부터 흘러나오는 물(47:1-12)

(1) 물이 땅을 비옥하게 하고 광야를 낙원으로 변

화시킨다 ⇨ 강 좌우에 생명의 나무들(47:12); 잎사귀는 치료제로 쓰인다.

(2) 갱신된 땅은 열두 지파에게 나누어질 것이다 (47:13-23).

- 북쪽 일곱 지파에게 분배(48:1-7)
- 거룩한 터(사독의 후손들, 거룩한 제사장들에게, 8-12절)
- 레위인들과 왕에게 분배(13-22절)
- 성전으로 멀리 떨어진 지파들(단, 아셀, 납달리, 23-29절)
- 나머지 다섯 지파에게 분배

(3) 부정함을 방지하기 위해 레위 지파가 성소를 둘러싸고 있다. (유다 지파 - 성전의 북쪽에 / 베냐민 지파 - 남쪽 방향에)

새 성전은 포로기 이후 회복을 위한 청사진인가?

(1) 다윗 왕권의 모티브가 에스겔의 예언에 나타나지 않는다. 에스겔의 예언은 신정체제를 강조하고 있다.

(2) 메시아에 대한 이슈가 40-48장에는 나타나지 않는다(새 시대의 국정의 통치자인 익명의 '왕'을 만난다. 겔 44:3, 45:7-8, 16-17, 46:2, 48:21-22). 하나님의 백성의 미래는 다윗 왕권이나 메시아에게 달려 있는 것이 아니라 전적으로 하나님께 달려 있다.

(3) 에스겔도 예레미야처럼 이스라엘의 심판과 회복을 강조한다. 그러나 에스겔은 (성전과 성읍은 정교한 환상을 통해) 어떻게 하나님이 회복된 백성들이 새 시대에 살아갈 것인가를 보여준다.

겔 40-48장(성전 환상)과 관련해서 학자들의 의견

(1) 여기 예언된 말씀은 글자 그대로 실현될 것인가? (40:2). 이 성전 환상이 지상의 신실한 성도들 한 가운데로 내려온 순전히 천상적인 성전의 차원만을 가리키는지(겔 1장과 11장처럼), 아니면 8-9장에서처럼 유형물을 가진 또다른(새로운) 지상 성전의 천상적인 차원을 가리키는지 확실치 않다. 바벨론 포로에서 귀환해 성전을 다시 건축하게 할 목적으로 솔로몬의 성전을 서술하지만 건축의 크기와 관련된 자세한 사항은 솔로몬의 성전과는 다르기 때문이다. 에스겔은 '매우 높은 산에' 그리고 '성읍 형상 같은 것'을 보았다고 했다. 이는 종말론적인 상황에 속한 하늘이나 땅의 상징적인 지리 영역에 있음을 보여준다.

(2) 학개와 스가랴의 도움으로 스룹바벨과 여호수아에 의해 건축된 성전은 에스겔서의 성전 묘사와 일치하지 않는다. 특히 유대인 해석가는 그 성전을 구세주가 그의 평화의 왕국 시대에 완성할 작품으로 간주한다.

(3) 많은 학자들은 겔 40-48장에서 보고된 모든 것이 천년왕국에서 글자 그대로 성취될 것으로 보기도 했다. 종교개혁자들은 그 전체를 교회와 공동체 시대에 대한 전형으로 이해한다. 만약 그렇게만 본다면 에스겔과 그의 청중들에게 이 말씀은 전혀 중요하지 않게 된다.

▶ 그러므로 겔 40-48장의 성전 환상은 마지막 날에 지상에 내려와 구조를 갖지 않은 형태로 지어질 진정한 하늘 성전에 관한 비유적인 환상이라고 볼 수 있다.

▶ 40-48장의 성전환상은 한편으로 예견할 수 있는 미래에 발생할 것들이며, 중간에 이미 발생되기도한다. 다른 한편으로 그것을 뛰어 넘는 먼 미래의 것들이다. 그 경우에 무엇이 근래에 속하고 무엇이 먼 장래에 속하는지 그 양자가 정확하게 구별되지 않기도 한다. 그리고 그 선지자도 그에 관해 완전히 알지는 못한다.

▶ 상징으로 다음과 같은 내용이 선포된다. 그것은 사람들이 맑고 좋은 날씨에 산 위에 서서 근처와 멀리 떨어진 곳에 있는 산 봉오리를 동시에 보는 것과 같다. **구약의 선지자들은 예수님의 첫 번째 초림 및 두 번째 재림의 차이점과 그 양자 사이의 시간적인 격차를 완전히 알지 못하고 초림과 재림을 함께 보았다.** 어쨌든 에스겔서는 다른 선지서들보다 성령님의 사역을 통한 회복을 강조하고 있다.

300

새 성전과 새 공동체에 대한 비전(40-48장)

여호와의 권능이 나를 데리고...(겔 40:1-4)

영원한 성전(40-48장)

1. 새로운 성전(40:1-43:11)
   - **환상 속에서 예루살렘으로 옮겨진 에스겔(40:1-4)**
   - 밖의 뜰과 세 문들(40:5-27)
   - 안뜰과 세 문들(40:28-47)
   - 성전 건물(40:48-41:26)
   - 안뜰 내의 방들(42:1-20)
   - 하나님의 영광의 재현(43:1-12)
   - 번제단(43:13-27)
2. 새로운 법(43:12-46:24)
3. 새로운 땅(47:1-48:35)

사로잡힌지 25년, 그러니까 주전 573년, 그리고 에스겔이 부르심을 받은 지 20년이 되는 해, 예루살렘 성전이 함락된지는 14년이 되던 해, 에스겔의 영은 이스라엘 땅으로 옮겨진다. 그리고 매우 높은 곳에서 하나님과 그 백성 사이의 화해에 관해 묘사하는 일련의 환상들을 본다(40:1-2). 에스겔은 그 환상 속의 내용들을 기록하도록 지시하는 한 측량인을 본다(3-4절). 이 환상은 미래에 새로운 성전(겔 40-48장) 속에서 하나님의 임재를 통하여 백성들이 완전히 회복될 것임을 보여주는 것이다.

1. 에스겔은 '측량하는 사람'으로부터 네가 본 환상의 내용을 이스라엘 백성에게 전하라는 명령을 받는다.

(1) 그발 강가 난민촌에 있는 이스라엘 백성에게 가장 충격적인 사건은 나라가 공중분해 되고 자신들이 바벨론 포로로 끌려왔다는 것이었다(겔 1:1-2). 그리고 예루살렘 성이 무너졌다는 소식은 포로민으로 하여금 모든 희망을 거둬들여야만 했다. 그러나 사로잡힌지 25년에(희년의 절반쯤 되던 해에) 하나님의 임재를 통하여 백성들이 완전히 회복될 것이라는 환상을 보게 된다.

40:2 [그가] ── 하나님의 이상 중에 나를 **데리고**
├ 이스라엘 땅에 **이르러**
└ 나를 매우 높은 산 위에 **내려놓으시는데**
성읍 형상 같은 것이 ― **있더라**
/거기에서 남으로 향하여

• 높은 산 - 아마도 감람산이었을 것이라고 주장하지만 예루살렘에는 매우 높은 산이 없다.

• 이 성전의 모형은 요한계시록 21:10에서 그 유형을 볼 수 있다. (10 "성령으로 나를 데리고 **크고 높은 산으로 올라가 하나님께로부터 하늘에서 내려오는 거룩한 성 예루살렘**을 보이니")

• 이 환상은 장차 종말론적인 하나님의 백성과 관련된 하늘 성전을 묘사한다고 볼 수 있다. 겔 37:27-28에서 언급된 하나님의 영적인 임재를 가리킨다. 즉 '사람이 만든 성전'(행 7:44-47) 환상이 아님을 암시한다.

• 하나님의 사자이다.

모양이 놋쇠 같이 빛난 사람이

보라[behold, הִנֵּה]
손에 삼줄(=노끈)과
측량하는 장대(=막대기)를 가지고
대문에 서 있었다(3절).

인자야! (Son of man!)
[너는] ── 내가 네게 보이는 그것을
├ 눈으로 **보고** 귀로 **들으며**
└ 네 마음으로 **생각할지어다**
//(이유: for)
내가 이것을 네게 보이려고 이리로 데리고 왔나니(=때문에)

• 왜 너를 이리로 데려왔느냐하면 잘 보았다가 그대로 백성에게 보여주라고...

너는 ── 본 것을 다 이스라엘 족속에게 전할지어다

이 환상은 지상에서 글자 그대로 실현될 것인가? (40:2).

2. 이 천사는 에스겔에게 이 성전을 이스라엘 족속에게 보여주라고 했다. 성전 구조물이 아주 상세해서 오늘날도 청사진과 밑그림을 그릴 수 있는 정도였다.

수년 전에 에스겔은 여호와께서 성전을 떠나는 모습을 보았다(겔 10:19, 11:23을 보라). 그런데 이제 그 여호와의 영광이 앞서 그가 떠났던 동쪽으로부터 돌아오는 모습을 보여주고 있다(겔 43:1-3).

❶ 동쪽을 향한 문(40:5-16)

5 내가 **본즉**
집 바깥 사방으로 담(wall, 호마, חוֹמָה)이 있더라
그 사람의 손에 '측량하는 장대'(measuring rod)를 잡았는데
그 길이가 팔꿈치에서 손가락에 이르고
한 손바닥 너비가 더한 자로 여섯 척이라(약 3.2m)

(1) 그 담을 측량하니 두께와 높이가 척량 막대기 하나 정도였다(약 3.2m). 그 문간에 문지기 방들이 있는데 왼쪽에 셋이 있고 오른쪽에 셋이 있으니 그 셋이 각각 같은 크기요 그 좌우편 벽도 다 같은 크기였다(10절).

(2) 지상의 성소는 오직 동쪽으로 문이 하나 있다. 이 지상의 성소가 하늘의 성소의 모형과 그림자라면(히 8:5) 그 천국에 들어가는 길도 오직 하나뿐이다. 그렇

• 겔 43:10 "인자야 너는 **이 성전을 이스라엘 족속에게 보여서** 그들이 자기의 죄악을 부끄러워하고 그 형상을 측량하게 하라. [11]만일 그들이 자기들이 행한 모든 일을 부끄러워하거든 **너는 이 성전의 제도와 구조와 그 출입하는 곳과 그 모든 형상을 보이며** 또 그 모든 규례와 그 모든 법도와 그 모든 율례를 알게 하고 그 목전에 그것을 써서 그들로 그 모든 법도와 그 모든 규례를 지켜 행하게 하라."

다시 건축된 성전: 40–42장

에스겔 선지자는 여기서 성전이 어떻게 건축되는지를 바라본다. 이 성전의 궁극적인 성취는 계 21:3이 약속한 바 있는 하늘의 성전(거처)이다. "하나님의 장막이 사람들과 함께 있으매"

방(Rooms - 30개, 40:17)
마당에는 사방에 돌아가며 행랑방들이 있고 길에는 돌(박석)을 깔았다. 그 돌이 깔린 길을 따라 서른 채의 행랑이 있다(대하 7:3 참조). 동편, 북편, 남편에 각가 10개씩 방들이 있다. 예배자들과 레위인들을 위한 방들이다.

성전 부엌(46장)
19...**제사장의 거룩한 방**에 들어가시니...23그 작은 **네 뜰 사방으로 돌아가며 부엌이 있고**... 24 그가 내게 이르시되 이는 삶는 **부엌이니 성전에서 수종드는 자가 백성의 제물을 여기서 삶을 것이니라**

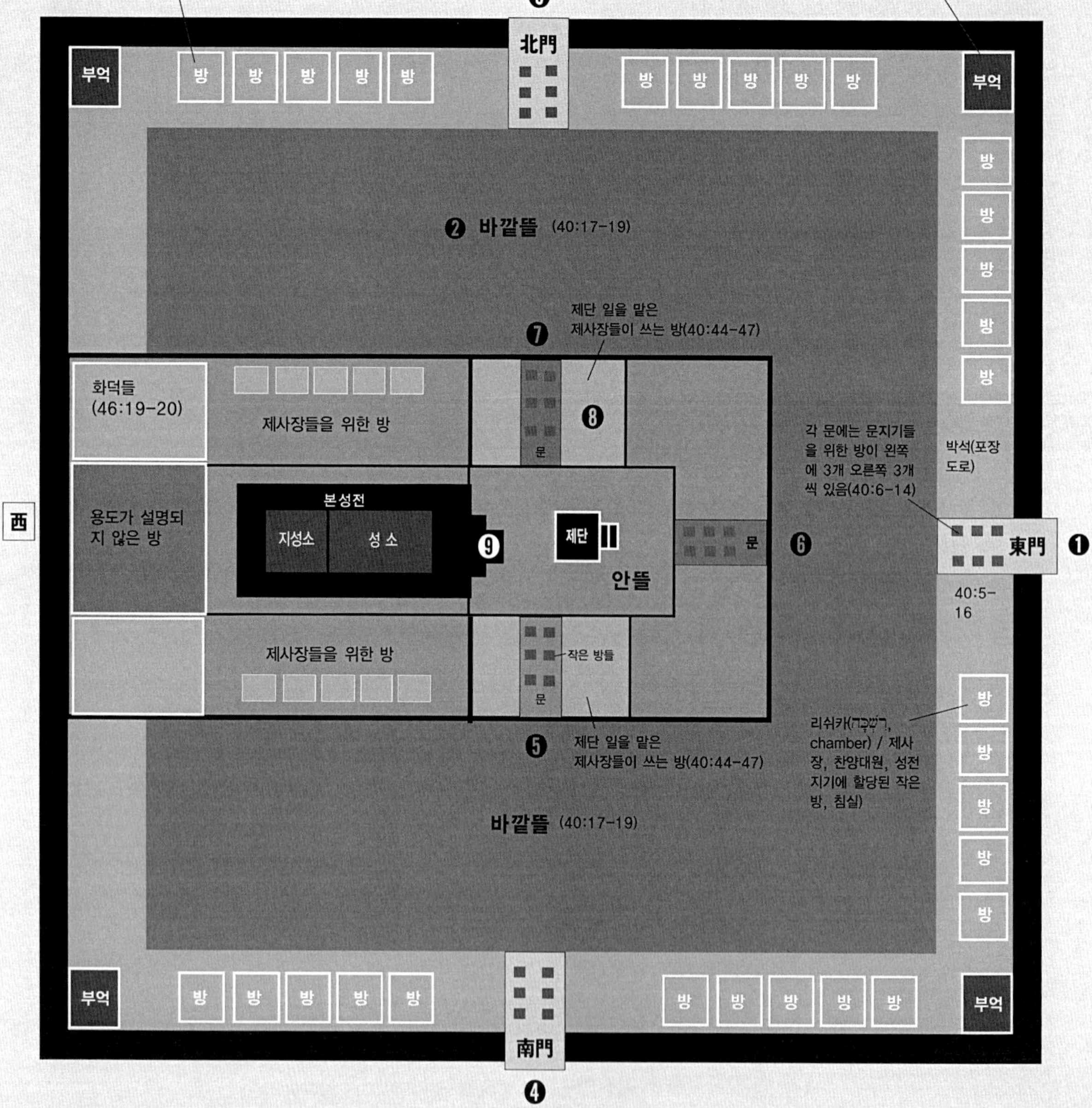

에스겔에게 보여주신 성전 환상에 대한 평면도이다. 아주 세밀하게 주어졌기에 다시 세울 수 있을 정도이다. 이 환상은 마지막 날에 (유형적인 구조물을 전혀 가지지 않은 채) 내려와서 지상에 세워질 진정한 하늘성전을 묘사한다. 요한계시록 21장은 에스겔 40-48장에 예언된 환상에 크게 의존한다. 이 성전의 환상은 땅으로 내려오기 직전 또는 땅으로 내려오기 시작한 마지막 날의 하늘성전을 가리킨다고 볼 수 있다. 이 성전 환상에 대한 해석이 분분하나 이 환상은 참된 성전인 하나님의 임재와 그리스도의 임재를 예표하는 것으로서의 유형적 성전이다.

다면 이는 장차 나타날 그리스도를 가리키는 계시일 것이다. 예수님은 우리가 하나님께로 가는 유일한 문이요(요 10:1), 유일한 길이시다(요 14:6, 요 10:9, 행 4:12을 찾아보자).[1)]

1) 동쪽은 태양이 떠오르는 곳이다. 말라기 4:2의 '의의 태양'은 누구를 가리키는가? "내 이름을 경외하는 너희에게는 의로운 해가 떠올라서 치료하는 광선을 발하리니 너희가 나가서 외양간에서 나온 송아지같이 뛰리라."

❷ 바깥뜰(40:17-19)

40:17 그가 ——— 나를 **데리고** 바깥뜰에 (**들어가니**)
[보라!, behold, הִנֵּה]
박석 깔린 땅이 －(**있고**)
/뜰 삼면에
여러 방이 —— (**있는데**)
/그 박석 깔린 땅 위에
모두 서른이며

• 박석(리쯔파, רִצְפָה) - 포장한 바닥, 또는 도로 / 바깥뜰 가운데서 빛이 나는 돌로 된 석판을 깔았다. 모자이크 식으로 포장되어 있었다(대하 7:3; 에 1:6; 겔 42:3).

• 동쪽, 북쪽, 남쪽 각각 10개씩 합해서 30개의 방이 있었다.

리쉬카(לִשְׁכָּה, chamber) / 제사장, 찬양대원, 성전지기에 할당된 작은 방, 침실) - 에스라, 느헤미야 시대에는 창고(스 8:29)와 개인의 침실로 쓰였다(스 10:6; 느 13:4 5).

❸ 북쪽을 향한 문(40:20-23)

바깥뜰 북향한 문에 대한 묘사이다. 7-16절에 묘사된 동향한 문과 같았다(21절). 이 북문에서 안뜰 북문과의 거리도 100척이다.

❹ 남쪽을 향한 문(40:24-27)

북쪽과 마찬가지로 남쪽에도 문이 있었다. 동쪽 문은 부와 지혜로 유명한 동방 자손들을 받아들이기 위한 문인 반면 북쪽과 남쪽 문은 가난하고 덜 진보한 민족들을 받아들이기 위한 문이었다. 새 예루살렘에는 열두 문이 있어 동서남북 각 방향으로 세 개씩 향하고 있다(계 21:13*).

• 계 21.12-13 "그고 높은 성곽이 있고 열두 문이 있는데 문에 열두 천사가 있고 그 문들 위에 이름을 썼으니 이스라엘 자손 열두 지파의 이름들이라 13 동쪽에 세 문, 북쪽에 세 문, 남쪽에 세 문, 서쪽에 세 문이니."

❺ 안뜰 남쪽 문(40:28-31)
❻ 안뜰 동쪽 문(40:32-34)
❼ 안뜰 북쪽 문(40:35-37)
❽ 안뜰 북쪽 문의 부속 건물들(40:38-47)
❾ 성전 문 현관(40:48-49)

• 안 뜰에 대해서 기술하고 있다. 남쪽 문부터 시작(27절) 동쪽 문(32절), 북쪽 문으로 진행한다(37절).

• 안 뜰로 들어서는 각 문에는 여덟 층계가 있었다.
• 현관이 바깥뜰로 향하였고 그 문 벽 위에도 종려나무를 새겼으며 그 문간으로 올라가는 **여덟 층계**가 있었다(40:31, 34, 37).

• 레 1:9 "그 내장과 정강이를 물로 씻을 것이요 **제사장은 그 전부를 제단 위에서 불살라 번제**를 드릴지니 이는 화제라 여호와께 향기로운 냄새니라... 13**그 내장과 그 정강이를 물로 씻을 것이요** 제사장은 그 전부를 가져다가 제단 위에서 불살라 번제를 드릴지니 이는 화제라 여호와께 향기로운 냄새니라."

❽ 안뜰 북쪽 문의 부속 건물들에 대한 설명(40:38-47)

(1) 짐승의 내장과 다리를 씻어내야 하는데(레 1:9, 13*), 어디에서 처리해야 할까? 번제물을 씻는 방이 있고(38-43절), 제사장들이 있는 방이 있다(44-49절). 안뜰 북쪽 중문 곁에는 문이 달린 방이 하나 있었는데, 이 방이 번제물을 씻는 방이다(38절). 번제와 속죄제와 속건제의 희생제물을 잡을 상(床, table)이 이쪽에 둘, 저쪽에 둘이 있었다(39절).

(2) "그 북문 바깥 곧 입구로 올라가는 곳 이쪽에 상 둘이 있고 문의 현관 저쪽에 상 둘이 있었다"(40절). 그러니까 "문 곁 이쪽에 상이 넷이 있고 저쪽에 상이 넷이 있어 상이 모두 여덟 개"였다. 그 위에서 희생제물을 잡았다(41절).

(3) 이렇게 작은 방들의 용도에 대해 설명한다. 그 중 몇개는 노래하는 자들을 위한방이었다(44절). 나머지는 성전을 지키는 제사장들이 쓸 것이었다(45절). 북쪽을 향한 방은 **제단을 지키는 제사장들**이 썼다(46절). 이들은 레위의 후손 중 사독[1]의 자손이었다.

1) 사독(Zadok)은 다윗 때의 제사장이었다(대상 24:3, 6; 삼하 19:11, 20:25). 솔로몬이 아비아달을 면직시키고, 사독을 제사장으로 임명했다. 사독의 자손은 제사제물의 취급을 맡았다(겔 43:19, 44:15, 48:11).

세 개의 방으로 된 성전(겔 40:48-41:4)

⑨ 성전 문 현관(40:48-49)

(1) 이번에는 그가 에스겔을 데리고 성전 현관으로 데려갔다. 현관은 열 계단을 밟아 그리로 올라가게 되어 있었다. 기본적으로는 솔로몬 성전과 일치하고 또 스룹바벨 성전과 헤롯의 성전에서 재현되었다. 49절의 두 기둥은 솔로몬 성전에 있는 야긴과 보아스를 말한다.[2]

2) 바벨론이 예루살렘을 함락시킨 후 야긴과 보아스를 전리품으로 해체하여 바벨론으로 가져갔다(왕하 25:13; 렘 52:20-23).

야긴과 보아스

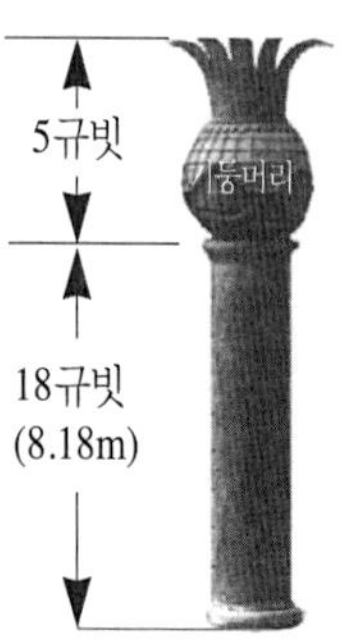

(2) 성소(헤칼, הֵיכָל)는 평소에 제사장들이 들어와 백성과 자신을 위하여 제사 업무를 수행하는 곳이다. 헤칼은 성전 자체의 주요한 방을 가리킨다. 사무엘이 어렸을 때 잠을 잔 곳도 이곳이었다(삼상 3:3). 그렇다면 사무엘은 당시 그렇게 어리지는 아니했을 것이다(민 4:3). 웃시야가 모독하였던 거룩한 곳도 바로 이 곳이었다(대하 26:16).

(3) 지성소 - 이곳은 대속죄일에 그 해의 제사장만이 일 년에 단 한번 들어가는 곳에다가 속죄소에 위에 피를 뿌린다. 성전 둘레에는 30여 개나 되는 방들이 있었다.

기타 건축물들(겔 41:5-26)

▶ 41장은 장차 회복될 성소와 지성소, 성전 외부와 내부의 벽화에 대해 말씀하고 있다. 하나님은 에스겔에게 성전의 가장 중요한 장소인 성소와 지성소의 정확한 크기와 모습을 보여주신다.

(1) "골방은 삼 층인데 골방 위에 골방이 있어 모두 서른이라"(41:6) 삼층을 전부 합하면 골방은 90개나 된다. 아마 제사들을 위한 방들과 백성들이 바친 십일조를 모아 둔 창고로 쓰였던 것 같다(말 3:10). 성전 골방의 바깥 부분 삼면에 너비가 스무 척 되는 뜰이 둘려 있었다(10절).

(2) 서쪽 건물(41:12-16)과 나무 제단과 성전의 문들의 설명 - 서편 뜰 뒤에(성전 뒤쪽에 있는) 건물의 장식에 관한 설명이 나온다. 다른 건물의 장식은 안쪽 벽은 천장부터 바닥까지 '그룹들과 종료나무'로 장식되어 있다. 각 그룹들은 두 개의 얼굴을 가졌다. 하나는 사람의 얼굴, 다른 하나는 '사자의 얼굴'이었다(19절).

(3) 외전(外殿)과 내전(內殿)의 문설주에 대한 설명 - 성전의 문설주는 모두 네모졌다(21절). 분향단의 설명 - 본문에는 나무 제단이라고 기록되어 있다(22절).[1)]

1) 나무제단(22절) - 큰 제단은 성전 밖에 세워져 있었고(43:13-17, 번제를 드리는 곳), 작은 제단은 지성소 바깥에 세워져 있었다. 이 제단은 탁자의 일종으로 진설병을 담고 있었다(출 25:20; 렘 24:5-9).

안 뜰 내의 방들(겔 42:1-20)

(1) 성전의 환상(42:1-14) – 에스겔은 성소에 관한 정확한 것을 본 후에 바깥 뜰로 인도되었다. 안뜰에 있는 성전 북편에는 3층 건물이 두 채 있었다. 한 채는 다른 한 채의 두배가 되는데, 제사장이 제물을 먹을 때 사용되었고(42:13*, 46:20), 한 채는 그들의 성의(聖衣)를 보관하는데 사용되었다(42:14*, 44:19). 포로에서 돌아온 후 제사장들이 제사를 마친 후에 의복을 준비했던 것을 볼 수 있다(느 7:70, 72).

(2) 성전 밖 성전 주변 뜰(15-20절) – 성전을 중심으로 동서남북으로 길이가 똑 같다(500척, 약 250m). 뜰의 규모가 매우 큰 데, 이것은 일반적인 것과 거룩한 것들 사이에는 구별이 있어야 함을 보여준다. 하나님의 이름과 다른 이름들, 하나님의 날과 다른 날들, 하나님의 책과 다른 책들 사이에는 구별이 있어야 한다.

• 겔 42:13 그가 내게 이르되 좌우 골방 뜰 앞 곧 북쪽과 남쪽에 있는 방들은 **거룩한 방**이라 여호와를 가까이 하는 **제사장들이 지성물을 거기에서 먹을 것이**며 지성물 곧 소제와 속죄제와 속건제의 제물을 거기 둘 것이니 이는 거룩한 곳이라 14 **제사장의 의복은 거룩하므로** 제사장이 성소에 들어갔다가 나올 때에 바로 바깥뜰로 가지 못하고 수종드는 그 의복을 그 방에 두고 다른 옷을 입고 백성의 뜰로 나갈 것이니라 하더라

306

영광이 떠나셨던 장면

다음 구절을 다시 읽어 보자. 겔 9:3, 10:18-22, 11:22-24)

1) 그의 활동 말년에(기원전 573년) 에스겔은 8-10장과 비슷하게 다시 한번 성령에 의해 이상 중에 예루살렘으로 이동한다(40:1 이하).

에스겔은 첫 번째 예루살렘의 이상에서 그 성에 닥친 심각한 고통과 성전을 떠나는 하나님의 이주를 보았다(10:18이하). 그러나 이 경우에서 선지자는 하나님의 이주가 아닌 하나님의 재 입성을 본다. "**여호와의 영광이 동문으로 말미암아 전으로 들어가고**"(겔 43:4).

되돌아온 하나님의 영광(겔 43:1–12)

이스라엘이 우상숭배에서 좀체로 벗어나지 못하자 하나님의 영광이 예루살렘 성전을 떠나셨었다. 비록 하나님이 지시하여 만든 성전이라고 할지라도 그 성전이 더러워질 때는 그곳을 떠나신다. **그런데 성전을 떠나셨던 하나님의 영광이 다시 돌아오신다.** 에스겔은 동문으로 떠나셨던 하나님께서 다시 동문(東門)으로 다시 오시는 것을 보았다.

1. 이번에는 하나님의 영이 에스겔을 데리고 동쪽을 향하셨다(1절).

43:2 [보라!](behold, הִנֵּה)
이스라엘 하나님의 영광이 — 동쪽에서부터 **오는데**
하나님의 음성이 — 많은 **물 소리 같고**
땅은 — **빛나니**
/그[의] 영광으로 말미암아

이번에 보는 환상이 이전에 보던 환상과 같다고 했다. "그 모양이 내가 본 환상 곧 전에 성읍을 멸하러 올 때에 보던 환상 같고 그발 강 가에서 보던 환상과도 같기로"(3절)

내가 — 곧 얼굴을 땅에 대고 **엎드렸더니**

כְּבוֹד יְהוָה
the glory of the LORD

카보드(כָּבוֹד) - 영광, 영예, 풍부

43:4 여호와의 영광이 — 동문을 통하여 성전으로 **들어가고**[1)]
• by the way of the gate whose prospect is toward the east.
5 영이 — 나를 **들어 데리고**
— 안뜰에 **들어가시기로**
• the spirit רוּחַ
내가 보니(보라!, הִנֵּה)
여호와의 영광이 — 성전에 **가득하더라**(מָלֵא, filled)

• 왕상 8:10 "제사장이 성소에서 나올 때에 구름이 여호와의 성전에 가득하매 11제사장이 그 구름으로 말미암아 능히 서서 섬기지 못하였으니 이는 여**호와의 영광이 여호와의 성전에 가득함이었더라**."

(1) 에스겔은 바깥 동문과 안쪽 동문 사이에 있었는데, 성령에 의해 안뜰로 들어가게 되었고, 거기서 여호와의 영광이 성전을 가득 채우고 있음을 본다. 솔로몬 성전이 봉헌될 때에도 이와 같은 모습을 보였다(왕상 8:10-11*; 대하 5:13-6:2).

(2) 성소는 "내 보좌의 처소, 내 발을 두는 처소, 내가 이스라엘 족속 가운데에 영원히 있을 곳이라"(7절)고 하셨다(렘 3:17, 17:12 참조). 또한 성소는 여호와의 발등상이다(시 99:5). 그러므로 이제는 "다시는 내 거룩한 이름을 더럽히지 아

니하리라"고 하셨다. 성전 자체는 중요하다. 하나님은 그 안에서 스스로 영화롭게 하실 것이다. 모세 시대와 솔로몬 시대처럼 하나님은 성전을 그 백성 중에 거하신다는 확실한 증거로 사용하실 것임을 보여준다.

(3) 포로 생활이 끝나고 다시 재건된 성전은 비록 이전(以前) 성전보다 화려하지는 못했지만 이스라엘 공동체는 출애굽의 하나님께서 여전히 함께 하실 것이라는 격려를 받게 된다(학 2:5). 물론 성전 자체가 중심 요소는 아니다. 중심 요소는 메시야가 나올 다윗의 집이다. 성전 재건을 통해 예루살렘이 종교와 계시의 중심이 될 것임을 천명하고 있다(슥 8:20-23). 스가랴 8장에서는 하나님 백성의 이상적인 미래를 서술하고 있다. 따라서 이들 백성들에게도 역시 성별된 삶을 요구하신다.[1)] 하나님과의 진정한 회복을 위해서는 죄의 문제가 해결되어야 함을 강조하고 있다(6-12절).

• 43:8 그들이 **그 문지방을 내 문지방 곁에 두며**
그 문설주를 내 문설주 곁에 두어서
그들과 나 사이에 겨우 한 담이 막히게 하였고
또 그 행하는 가증한 일로 **내 거룩한 이름을 더럽혔으므로**
내가 노하여 멸망시켰거니와
9 이제는 그들이 **그 음란과 그 왕들의 시체를**
내게서 멀리 제거하여 버려야 할 것이라
그리하면 내가 그들 가운데에 영원히 살리라

2. 이제 에스겔에게 성전의 모형을 그려서 이스라엘 족속에게 보여주라고 말씀하신다. 성전 기록을 남기라고 하신 이유는?

43:10 인자야
너는 —— 이 성전을 이스라엘 족속에게 **보여서**
//(목적: ו, that...may)
그들이 ┬ 자기의 죄악을 부끄러워하고
└ 그 형상을 측량하게 하(라)(=려고)

• 백성들에게 성전의 중요성을 설명해 주고 그들이 자기들의 온갖 죄악을 부끄럽게 여기거든 성전의 모형을 설명해 주라고 말씀하신다(11절). 재건할 때 큰 도움이 되도록.

12 "성전의 법은 이러하니라 산 꼭대기 지점의 주위는 지극히 거룩하리라."
이전(以前)에는 상단 혹은 성소만 '지극히 거룩하였지만' 이제는 그 전이 있는 온 산이 거룩하다는 것이다. 복음시대에는 교회 전체가 하나님께로 나아가는 지성소의 특권을 누릴 것이다.

1) 하나님께서 요구하시는 성결의 삶을 살아가게 될 때 약속하신 지속적인 복을 받게 될 것이다. "이스라엘 족속 곧 그들과 그들의 **왕들이 음행하며 그 죽은 왕들의 시체로** 다시는 내 거룩한 이름을 더럽히지 아니하리라." - 아마도 옛성전 이 왕들의 무덤 가까이에 있었던 것 같다.

하나님의 영광이 돌아옴: 43:1-12

에스겔은 1-8장처럼 하나님의 영광을 다시 보았다. 그것은 동쪽에서 왔고 "그 집을 채웠다"(성전). 말하자면 하나님의 영광은 성전과 성을 떠났던 방향과 아주 똑같은 방향에서 되돌아오셨다.

번제단(겔 43:13-27)

מִזְבֵּחַ
(미즈베아흐)
제단(祭壇)

1. 에스겔에게 성전 규칙들과 직무에 대해서 상세한 설명이 계속된다. 그 제단의 모양에 대해서 묘사한다.

(1) 이 번제단(레 4:7, 10)을 놋단(출 38:30)이라고도 했다. 번제단이 놋으로 되어 있기 때문이었다. 이 단에서는 언제든지 제물을 태울 수 있도록 불이 항시 붙어 있었다(레 6:13, "불은 끊임이 없이 제단 위에 피워 꺼지지 않게 할지니라").

(2) 놋제단은 어떻게 만들어졌나? (출 27:1-8에서 설명된 것)[1] 바벨론 포로에서 돌아와 성전을 재건하기 전에 맨 처음 한 일은 제단을 세우고 매일 드리는 상번제를 재개하는 일이었다(스 3:1-3).

(3) 훗날 포로 귀환자들은 솔로몬 성전이 있던 바로 '그 터에다' 제단을 세웠다고 했다. 즉 새 성전의 기초는 옛 성전의 남아 있는 기초를 찾아(대상 21:18-22:1 참조) 그 위에 건축하였다는 말이다. 그래서 처음 성전과 지금 두 번째 성전 간에 연속성이 있다는 것을 보여주고 있다. 포로 귀환자들은 소규모의 사람들이었다. 이들이 성전 재건 공사를 시작한다는 것은 아주 두려운 일이기도 했다. 이들 주위에 모든 나라 백성들의 시기와 방해가 있었기 때문이었다. 스룹바벨 시대와 성전 재건기에 유다 내의 여러 집단들 간에는 적지 않은 알력과 긴장 관계가 있었을 것이다.

1) 크기 : 가로, 세로 각각 5규빗, 높이 3규빗(225×225×135cm) : 정방형 사각 제단으로 조각목으로 했고 놋으로 쌌다. 그리고 부속물로 재통, 부삽, 대야, 고기 갈고리, 불 옮기는 그릇, 그물, 놋고리, 채 등이 있었다.

광야의 성막

번제단에서 제사하는 모습

[출애굽기 27장의 번제단 설명]

1 너는 조각목으로 길이가 다섯 규빗, 너비가 다섯 규빗의 제단을 만들되 네모 반듯하게 하며 높이는 삼 규빗으로 하고
2 그 네 모퉁이 위에 **뿔을 만들되** 그 뿔이 그것에 이어지게 하고 그 제단을 놋으로 싸고
3 **재를 담는 통**과 부삽과 대야와 고기 갈고리와 불 옮기는 그릇을 만들되 제단의 그릇을 **다 놋으로 만들지며**
4 제단을 위하여 놋으로 그물을 만들고 그 위 네 모퉁이에 놋 고리 넷을 만들고
5 그물은 제단 주위 가장자리 아래 곧 제단 절반에 오르게 할지며
6 또 그 제단을 위하여 채를 만들되 조각목으로 만들고 놋으로 쌀지며
7 제단 양쪽 고리에 그 채를 꿰어 제단을 메게 할지며
8 제단은 널판으로 속이 비게 만들되 산에서 네게 보인 대로 그들이 만들게 하라

2. 제단의 크기를 자세히 말해 주고 있다(13절).

(1) 제단은 땅에 놓인 밑받침 위에 3층으로 지어졌다. 각 층은 그 아랫 층보다 2규빗(여기서 1규빗은 성전 규빗으로 보통 규빗에 손바닥 너비 하나를 더한 길이로 약 52cm가 된다)이 적었다. 제단 뿔들을 제외한 전체 높이는 10규빗(약 5.2m)이었고 밑받침은 18평방 규빗, 제단 바닥은 12규빗(6.2m)이었다. 밑받침을 둘러싸고 있는 '가장자리'에는 피가 땅으로 흘러갈 수 있도록 턱이 설치되어 있었다.

(2) 제단 아래 '밑받침'이라고 불리우는 선반같은 것 위에 제사장 몇 명이 올라가 수종들게 되어 있었고 그보다 약 2야드(1야드 = 91.44cm) 위쪽에 또 선반같은 것이 있어서 그 위에 또 다른 제사장 몇 명이 올라서게 되어 있었다. 제단에서 태워야 할 희생들은, 처음에 낮은 곳에 있는 제사장들에게 전해져서 그들이 위에 있는 제사장들에게 건네주고 위에 있는 제사장들이 마지막으로 희생물을 제단 위에 올려 놓았다.

• 겔 43:13 "제단의 크기는 이러하니라 한 자는 팔꿈치에서부터 손가락에 이르고 한 손바닥 넓이가 더한 것이라 [14]이 땅에 닿은 밑받침 면에서 아래층의 높이는 두 척(1척 = 약 30.3cm)이요 그 가장자리의 너비는 한 척이며 이 아래층 면에서 이 층의 높이는 네 척이요 그 가장자리의 너비는 한 척이며...[17]그 아래층의 길이는 열네 척이요 너비는 열네 척이니 네모 반듯하고 그 밑받침에 둘린 턱의 너비는 반 척이며 그 가장자리의 너비는 한 척이니라 그 층계는 동쪽을 향하게 할지니라."

3. 제단을 만들고 제일 먼저 해야 할 일은 제단을 정결케 하는 일이었다.

(1) 에스겔에게 계속해서 피를 뿌리는 규례를 전하고 있다. 이 성별 예식은 솔로몬 때와 같이(왕상 8장), 또 제2성전의 봉헌식 때와 같이(스 6:16-18) 7일간 계속되었다(26절 "이같이 칠 일 동안 제단을 위하여 속죄제를 드려 정결하게 하며 드릴 것이요").

• 겔 43:19-27절 "사독의 자손 레위 사람 제사장에게 너는 어린 수송아지 한 마리를 주어 속죄제물을 삼되 [20]네가 그 피를 가져다가 세난의 네 뿔과 아래층 네 모퉁이와 사방 가장자리에 발라 속죄하여 제단을 정결하게 하고 ....[25]칠 일 동안은 매일 염소 한 마리를 갖추어 속죄제물을 삼고 또 어린 수송아지 한 마리와 떼 가운데에서 숫양 한 마리를 흠 없는 것으로 갖출 것이며 [26]이같이 칠 일 동안 제단을 위하여 속죄제를 드려 정결하게 하며 드릴 것이요."

(2) 먼저 제단을 정결케 해야 한다(20-22절). 왜냐하면 제단은 죄를 대속하는 제물을 드리는 곳이기 때문에 무엇보다도 정결하게 되어야 하고, 깨끗하게 되어야 한다(23, 24절). 정결하게 된 후에는 번제를 드려야 한다는 말이다(23, 24절). 번제 마지막으로는 감사제를 드려야 한다(27절).

영원한 성전(40-48장)

1. 새로운 성전(40:1-43:11)
- 환상 속에서 예루살렘으로 옮겨진 에스겔(40:1-4)
- 밖의 뜰과 세 문들(40:5-27)
- 안뜰과 세 문들(40:28-47)
- 성전 건물(40:48-41:26)
- 안뜰 내의 방들(42:1-20)
- 하나님의 영광의 재현(43:1-12)
- 번제단(43:13-27)

2. 새로운 법(43:12-46:24)

3. 새로운 땅(47:1-48:35)

여호와의 영광이 성전에 가득하다(겔 44:1-14)

[겔 44:1-3] 안뜰에서 하나님에 관한 환상을 본 후 천사는 에스겔을 데리고 동문 바깥쪽으로 돌아왔다. 그런데 그 문이 닫혀 있는 것을 보았다(44:1). 성전 바깥뜰의 동문(東門)은 여호와께서 그리로 귀환하신 후 영원히 닫혀질 것이다(2절). 이는 여호와께서 다시는 영원히 예루살렘과 성전을 떠나지 않으시겠다는 의미이다. "**왕**은 왕인 까닭에 안 길로 이 문 현관으로 들어와서 거기에 앉아서 나 여호와 앞에서 음식을 먹고 그 길로 나갈 것이니라"(3절). 이스라엘 왕에게도 영예를 부여하신다. 40-48장에서 처음으로 **왕**에 대한 언급이 나온다.

1. 이번에는 안내자가 에스겔을 데리고 북문을 통해 성전 앞으로 간다. 에스겔은 그곳에서 여호와의 영광이 가득한 것을 본다(44:4).

- 하나님은 이스라엘이 지은 죄를 지적하신다(겔 2장 참조). 이스라엘을 '반역하는 자'라고 부르신다(6절). 이들은 가증한 일을 하는 백성임을 다시 일깨운다.

44:5 여호와께서 내게 **이르시되**
/인자야
/너는 ——— 전심으로 **주목하여** 귀로 **듣고**
/여호와의 성전의 모든 규례와
모든 율례를
/내가 네게 말하는 바
/[너는] ——— 또 전심으로 **주목하고**
/성전의 입구와 성소의 출구를

(1) 하나님께서는 선지자를 패역한 백성에게 보내신다(6절). 다시 한번 이들의 죄악을 예를 들어 지적하신다. 무엇보다 "마음과 몸에 할례 받지 아니한 이방인을 데려오고, 제사드릴 때에 성전 안에 있게 함으로써" 하나님의 성전을 더럽혔다고 지적하신다. 이는 가증한 일이요 하나님의 언약을 위반하는 일이었다(7절).

(2) 하나님의 거룩한 성전에서 자신들이 몸소 섬기지 않고 "마음과 몸에 할례 받지 아니한 이방인"을 성전 의식에 끌어들였다. 하나님은 "이스라엘 족속 중에 있는 이방인 중에 마음과 몸에 할례를 받지 아니한 이방인은 내 성소에 들어오지 못하리라"고 하셨다(9절).

- 신 10:8 "그 때에 여호와께서 **레위 지파를 구별하여 여호와의 언약 궤를 메게 하며 여호와 앞에 서서 그를 섬기며 또 여호와의 이름으로 축복하게 하셨으니** 그 일은 오늘까지 이르느니라 9 그러므로 레위는 그의 형제 중에 분깃이 없으며 기업이 없고 네 하나님 여호와께서 그에게 말씀하심 같이 여호와가 그의 기업이시니라."

2. 따라서 레위 사람들의 제사장 직분을 박탈하셨다.

(1) 레위 지파의 사람들은 일찍부터 제사장의 임무를 감당해 왔다(신 10:8-9*; 삿 17:13 참조). 그런데 "이스라엘 족속이 그릇 행하여 나(여호와)를 떠날 때에 레

위 사람도 그릇 행하여 그 우상을 따라 나(여호와)를 멀리 떠났으니 그 죄악을 담당하리라"(10절).

(2) 원래 레위 사람에게 어떤 임무가 주어졌는가?

레위인의 의무 중에는 언약궤를 옮기고(삼상 6:15; 삼하 15:24), 성막에서 다양한 봉사를 행하며(출 38:21; 민 1:50-53), 그리고 아론과 그 아들들을 수종하는 것(민 3:9, 8:19)을 포함하고 있다. 다윗은 레위인들에게 예배 의식 시의 노래(대상 15:16, 17, 22)와 성전 경비(대상 9:26, 26:17)를 담당시켰다(바이블렉스).[1]

(3) 이제 레위인들은 제사장이 아니라 "내 성소에서 성전 문지기가 되고, 성전에서 시중드는 일을 하게 될 것이다." 또한 "그들은 백성의 번제의 희생물과 다른 희생물을 잡아 백성 앞에 서서 수종들게 될" 것이다(11절).

1) 에스라 시대에 레위인들은 백성들에게 율법을 가르쳤다(느 8:7-8, 참조: 신 31:25). 그러나 무엇보다도 레위 지파는 모든 이스라엘 남자들의 장자의 대리자로 봉사하게 되었다(민 3:11-13).

제사장들에 대한 규례(겔 44:15-31)

1. 제사장들은 이스라엘 백성과 하나님 사이에서 중보적 역할을 수행해야 하는 중요한 책임을 가졌다.

(1) 그러나 이런 지도자들이 타락함으로써 이스라엘 백성 전체가 타락하는 결과를 초래하게 되었다. 레위기의 설명을 들어보자.

- 레 4:3 만일 **기름 부음을 받은 제사장이 범죄하여**
  백성의 허물이 되었으면
  그가 범한 죄로 말미암아
  흠 없는 수송아지로 속죄제물을 삼아 여호와께 드릴지니

• 옆의 구절에서 보는 바와 같이 제사장의 범죄는 백성을 범죄케 하는 일이 된다. 물론 이들의 회개는 곧 백성의 회개가 된다. 신약 시대는 우리를 가리켜 '왕같은 제사장'이라고 했다(벧전 2:9). 만일 그리스도인들이 위와 같은 영광스러운 특권과 그 의무를 저버린다면 그 받을 바 징계가 가볍지 않을 것이다.

(2) 구약의 제사장(코헨, כֹּהֵן)의 기능:
구약의 제사장의 기능은 거룩하신 하나님과 죄인인 인간 사이의 중개자 역할이었다. '코헨'이라는 말은 '최고 통치자' 또는 '제사장'이라는 말이다. 이 단어의 어근 동사가 구약에 나오지 않아 어원은 알려져 있지 않다. 처음에는 인간이 스스로 제사장이 되어 제사를 드렸으며(창 4:3) 노아시대에 이미 제사장의 직무는 족장의 우두머리가 담당했다(창 8:20, 12:8; 욥 1:5; 출 19:22, 24 / 노아, 아브라함, 이삭, 야곱 등). 그러나 이스라엘이 시내산에 도착할 때 확인되지 않은 제사장들이 있었음을 본다(출 19:24).

• 민 18:7 "너와 네 아들들은 제단과 휘장 안의 모든 일에 대하여 제사장의 직분을 지켜 섬기라 **내가 제사장의 직분을 너희에게 선물로 주었은즉** 거기 가까이 하는 외인은 죽임을 당할지니라."

(3) 레위 지파의 제사장 : 이스라엘은 어떤 면에서 모두 여호와의 제사장들이었다(출 19:6 - 제사장 나라). 그러나 하나님은 시내산에서 합법적인 제사장직을 모세의 형 아론 가족과 레위 지파에 국한시켰다. 제사장직은 여호와께서 세우실 때만 존재할 수 있다(민 18:7*을 읽어보자). 아론은 금송아지 사건의 실수에도 불구하고(출 32:4, 21) 대제사장으로 위임받았다. 제사법의 계시가 있은 후(레 1-7장) 성막이 완성된 직후에 아론은 대제사장으로, 그의 아들들은 제사장으로 임명받았다. 그러나 사사기 17-18장을 보면 베들레헴 출신 레위 소년을 개인 가정의 제사장으로 세운 것을 볼 수 있는데 예루살렘에 성전이 이어지기까지 혼란했던 것 같다.

1) 제사장의 봉사는 그들의 반차(班次)에 따라 규정되었다. 대상 24:7-18을 보면 다윗이 다스리는 기간 동안 이 반차대로 되었는지 의문시되어 왔지만 24반차를 열거하고 있다. 각 반차들이 매년 2주간 동안 성전을 위해 봉사할 수 있는 특권을 누렸다(눅 1:5,8 참조).

제사장들이 백성들에게 바른 판단을 내리기 위해서는 하나님의 율법으로 무장되어 있어야 했다. 제사장들이 열심으로 백성들을 가르칠 때에는 백성들이 타락하지 않았음을 본다(대상 17:9 참조).

(4) 제사장의 역할 : 무엇보다 하나님과 백성들 사이의 중개자 역할이었다. 그 외에도 ① 성소에서 봉사하면서 거룩성을 유지해야 했다(신 18:5). ② 백성을 대신하여 기도했으며(욜 2:17) ③ 개인적으로 삶의 본을 보이고(신 33:9) ④ 율법을 가르쳤다(레 10:11; 미 3:11). ⑤ 재판장으로도 봉사하고(신 17:9) ⑥ 하나님의 축복을 백성들에게 선언할 권한(민 6:22-27)과 ⑦ 육체의 정결 여부를 판결할 권한 등.[1)]

(5) 제사장은 모든 백성의 모델로 성결(聖潔)의 모형이 되어야 한다. 하나님을 가장 가까이 모시는 특권을 가진 자로서 누구보다 성결해야 한다. 엘리의 아들들은 이런 일을 파괴했기에 버림을 당한다(삼상 2:12이하). 레 10장에서도 하나님의 명하신 규례를 업신여겼던 아론의 두 아들이 즉사한 사건이 일어난다. 이렇게 제사장의 성결된 삶을 통해 하나님께서 영광을 받으신다. 이스라엘은 제사장 왕국이었다(출 19:6). 따라서 이스라엘 전체의 성결이 요구되었다. 물론 이스라엘 역사 속에서 이 일이 잘 지켜지지 않았다. 신약에서 그리스도의 대제사장 되심을 어떻게 설명하고 있는가?

2. 오늘 본문에 나오는 사독 계통의 제사장에 대해서 알아 보자(겔 44:15).

(1) 이스라엘 족속이 그릇 행하여 나를 떠날 때에도 레위 지파 가운데서 사독의 자손 제사장들은 내게(여호와께) 가까이 나아서 성소에서 맡은 직분을 잘 지켰다는 것이었다. 그러니 여호와 앞에 가까이 나아와서 섬기라는 것이다. "그들은 수종을 들되 내 앞에 서서 기름과 피를 내게 드리라."고 말씀하신다.

(2) 다윗 때까지는 아비아달이 제사장으로 있었다. 그런데 어떤 계통이 제사장으로

있게 되었을까? 먼저, 열왕기상 2장의 내용을 읽어보자. 다윗은 죽어 다윗 성에 묻혔고 솔로몬이 실권을 쥐고 나라를 통치해야 했다. 그러나 정국은 아직 불안했다. 그들의 대적들이 언제 다시 반란을 일으킬지 모르기 때문이었다. 그 최초의 징후(徵候)가 나타났다. 먼저, 아도니야의 도전이었다.[1] 그러나 아도니야의 도전은 실패했다. 다음이 아비아달 제사장의 문제였다. 아비아달은 아도니야의 반란 책동의 주동 세력이었다. 그러나 아비아달 제사장을 처형할 수는 없는 형편이었다. 그에게 어떤 형벌(?)을 내렸는가? (왕상 2:26-27*)

1) 아도니야는 밧세바를 찾아가서 다윗의 후궁인 아비삭을 자기에게 달라고 청원했다.

• 왕상 2:26 "왕이 제사장 **아비아달에게 이르되 네 고향 아나돗으로 가라 너는 마땅히 죽을 자이로되** 네가 내 아버지 다윗 앞에서 주 여호와의 궤를 메었고 또 내 아버지가 모든 환난을 받을 때에 너도 환난을 받았은즉 내가 오늘 너를 죽이지 아니하노라 하고 27 **아비아달을 쫓아내어 여호와의 제사장 직분을 파면하니** 여호와께서 실로에서 엘리의 집에 대하여 하신 말씀을 응하게 함이더라."

(3) **아비아달**은 대단한 인물이었다. 그는 사울 왕의 광란 속에서도 살아남은 유일한 자였다. **그는 사독과 함께 다윗 시대에 제사장으로 있었다.** 다윗과 함께 할 때에 여호와의 궤를 메기도 했고(26절), 압살롬의 난 때에도 다윗을 크게 도왔다(삼하 15:24-26). 따라서 솔로몬은 그의 제사장직을 박탈하고 고향 아나돗(베냐민 지파의 영토 속에 있는 레위인의 성읍, 예루살렘 북동쪽)으로 돌려보낸다. 아비아달은 엘리의 후손이다. 아비아달이 제사장직을 박탈당한 사건을 성경은 어떻게 해석하고 있나? (왕상 2:27하) 열왕기 기자는 아비아달의 제사장직 박탈을 엘리* 가문에 대한 여호와 하나님의 심판의 성취라고 말하고 있다. 우리는 엘리 가문이 여호와의 저주를 받게 된 사건을 잘 알고 있다. 사무엘상 2:12-36을 읽어보자.

(4) 엘리 가문에 내린 심판의 내용은 무엇인가?

• 삼상 2:31 : 치욕적인 날이 엘리 가문에 임할 것이다. 어떤 날?[2]
"네 팔과 네 조상의 집 팔을 끊어 네 집에 (노인)이 하나도 없게 하는 날"

2) 그 일차적 성취는 사무엘상 4:11에서 일어났다. 그러나 이 형벌은 엘리 가문에 내려질 저주의 전주곡이었을 뿐이다. '어떤 저주였을까?' 삼상 4:11을 읽어보자.

아비아달 제사장

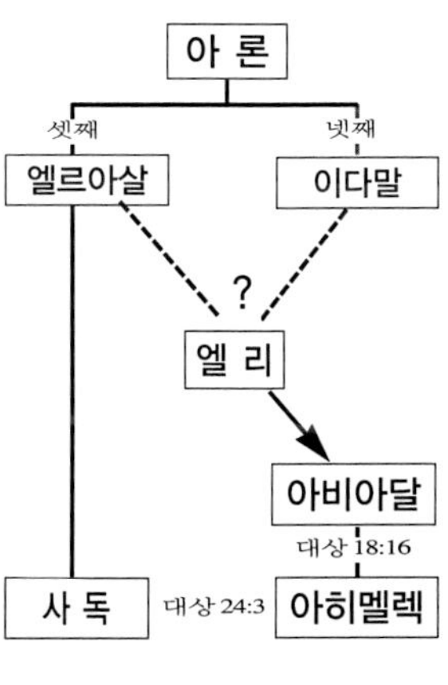

(5) 그 다음 저주는 사무엘상 22:18-19*에서 성취되었다. 그 뒤에도 기록은 없지만 엘리 가문의 저주의 성취는 있었을 것이다. 그리고 그 마지막 저주의 성취가 일어난다. 사무엘상 22:18-19의 기록된 사건이다. 이 사건에서 살아남은 사람이 **아비아달**이었다. 그러나 **엘리 가문의 제사장이었던 아비아달은 솔로몬 휘하에서 실각하게 한다.**[3] 이로써 '여호와를 멸시했던' 엘리 가문에게 내려진 저주는 막을 내리게 된다. 엘리 가문에 대한 저주가 시작된 지 80여년 후의 일이었다. **이후 사독 계통에서 제사장이 된다.**

3) 아비아달 제사장이 쫓겨난 후로는(왕상 2:26-27) 대제사장으로서의 그의 지위에 도전하는 사람이 없었다.

신구약중간 시대의 대제사장직 쟁탈전

사독 계통의 제사장은 언제까지 이어져왔나?

(1) 프톨레마이오스의 제국 내에서 유다는 반독립적인 소국가로 남아 있었다(주전 302-198년). 프톨레마이오스 통치하에서 **오니아드(Oniad) 가문의 후손들**은 성경 속 사독의 후손임을 주장하면서 프톨레마이오스에게 조공을 바치는 조건으로 엄청난 재산과 권력을 누렸다.

(2) 안티오쿠스 4세는 당시의 보수적 대제사장이었던 **Onias II세**를 파면하고(기원전 174년) 그의 동생 요수아('**야손**',헬라이름으로 개명)를 대제사장직에 임명했다.

- 후에 Onias II세는 살해당했고,
- 그의 아들 Onias III세가 복수를 하고 대제사장직을 되찾기 위해 예루살렘을 기습했으나 성공하지 못한다. 잠시 이집트로 피난했는데(기원전 169년), 이집트에서 이집트 왕의 지원을 받아 Leontopolis에 성전을 건축한다.
- 야손의 심복 **메넬라오스**(Menelaus)가 성전의 돈을 훔쳐 야손보다 더 많은 돈을 내고 대제사장직을 사버렸다. 물론 그는 사독 혈통도 아니었다. 그래서 출애굽시대로부터 이어져온 **제사장 전통이 파괴되었다.** 메넬라오스는 162년까지 대제사장직을 수행한다.

사독 가문은 주전 171년에 대제사장 야손이 축출될 때까지 계속되었다.

- 주전 162년, 셀류오쿠스의 왕이 합법적인 대제사장 가문은 아니지만 그래도 사독 가문에 속하는 Joachim Alchimus를 대제사장에 임명했다(기원전 159년까지 봉직함).
- 한동안 공석기간이 있었고,
- 마카비 가문의 요나단이 주전 152년, 셀류오쿠스 왕에게 대제사장으로 임명해 달라고 요구했다. (여기까지만) [동교재, 마태복음에서]

대제사장
- Onias 2세(~175년까지)
- 야손(Jason) (주전 174-171)

- 메넬라오스(Menelaus) (171-161)
- 알키무스(Alcimus) (161-159)
  〈공석기간〉 159-152
- 요나단(152-142)
- 시몬(142-140) (140-135)
- 요한 힐카누스(135-104)
- 아리스토불루스 1세(104-103)
  ----

2. 이제 오늘 본문을 다시 읽어보자(겔 44:15-31). 사독 가문의 계열의 제사장들의 특권이 언급된다. 그런데 대부분 레위기의 제의법에 대해 더 자세하게 기술된다.

44:16 그들[만]이 내 성소에 들어오며
또 내 상에 가까이 나아와 내게 수종들어
내가 맡긴 직분을 지키되(=수행할 수 있다)

• 오직 여호와를 향한 신실함을 지키는 **사독 자손들**만이 성소 안으로 들어갈 수 있다는 것이다.

(1) 사독 자손의 제사장들이 새 성전에서도 계속해서 제사장의 직분을 담당하라는 예언이다. 사독 계통의 제사장은 대제사장 야손(Jason, 주전 174-171) 축출되기까지 이어져내려 왔다. 그 이후는 제사장직을 사고 파는 일이 벌어졌다.

(2) "그들이 안뜰 문에 들어올 때에나 안뜰 문과 성전 안에서 수종들 때에는 양털 옷을 입지 말고 가는 베 옷을 입을 것이니"(17절, 레 6:10*, 16:4*; 출 39:27-29 참조). 또 가는 베 관(머리에 두르는 수건)을 머리에 쓰며 가는 베 바지를 입어야 한다. 땀이 나서 제의를 더럽힐 수 있기 때문이다(18절). 제단에서 직무를 수행한 후에 제사장은 바깥뜰에 있는 회중이 거룩에 접할 수 없도록 하기 위해 성의(聖衣)를 성물 보관소에 두어야 한다(19절).

(3) 이렇게 사독 계열의 제사장들이 직무 중에 지켜야 할 세세한 규례들이 주어졌다(17-31절까지 읽어보자).

• 레 6:10 "제사장은 **세마포 긴 옷을 입고 세마포 속바지로 하체를 가리고** 제단 위에서 불태운 번제의 재를 가져다가 제단 곁에 두고"

• 레 16:4 "**거룩한 세마포 속옷을 입으며** 세마포 속바지를 몸에 입고 세마포 띠를 띠며 세마포 관을 쓸지니 이것들은 거룩한 옷이라 물로 그의 몸을 씻고 입을 것이며."

3. 상당한 세월이 흐른 후, 그러니까 말라기 시대에는 제사장들이 어떠했는가?

(1) 이렇게 사독 집안은 바벨론 포로 이후 공동체에서 중요한 역할을 했다.[1] 그래서 이스라엘에서 이들은 매우 존경을 받아왔다. 그러나 포로에서 귀환해서 오랜 세월이 흐른 후에, 말라기 시대에는 제사장들이 심히 부패했다.

(2) 말라기 시대에는 병든 짐승들을 제물로 바치고 제사장들의 율법의 가르침으로부터 등을 돌려 레위의 언약을 위반했다. "너희는 옳은 길에서 떠나 많은 사람을 율법에 거스리게 하도다 나 만군의 여호와가 이르노니 너희가 레위의 언약을 깨뜨렸느니라"(말 2:8). 말라기는 "하나님께서 백성을 끔찍히 사랑했지만, 백성들은 모욕과 불순종으로 하나님의 언약을 어겼다"(말 1:6-14)고 책망했다.

(3) 제사장들은 그들의 숭고한 사명을 떠나 타락했다. 그들은 반드시 길어야 할 정도(正道, 그 길, 옳은 길)에서 떠나 있었다. 그들이 가르치는 율법이 많은 사람의 길을 인도하는 빛이 아니라(시 119:165) 오히려 율법으로 많은 사람들을 거쳐 넘어지게 하는 도구로 삼는 지경에 까지 이르게 되었다. 그래서 하나님은 "너희가 레위의 언약<율법>을 파하였다"고 말씀하셨다. 여기서 '파하였다' 라는 말은 '부패케 했다' (창 6:12, 출 32:7), 또는 '파괴했다' (출 21:26, 말 3:11)는 뜻이다.

(4) 이와같이 하나님의 언약은 변함이 없으나 이들은 레위의 언약, 곧 "생명과 평강의 언약"을 파하였다(말 2:5). 말라기 당시 제사장들은 율법 교사로서의 불충성뿐만 아니라, 이방 여인들과도 결혼함으로 언약을 파기했다. 따라서 이들에게는 하나님의 심판이 필연적이었다.

1) 제사장직에 대한 전통적 견해는 성직 제도에 세 계급 즉 대제사장, 제사장, 레위인이 있었다. 이 제도는 포로 시대 후에도 계속 이어져 내려 갔으며 이스라엘의 전체 역사에 걸쳐 있었다.

포로기 이후의 재건으로 사독 후손에 대제사장직이, 아론의 후손에 일반 제사장직이, 레위 후손에 성전 지키는 일이 요구되었다(대상 24장).

포로에서 돌아온 후에 에스라는 토라에 기초하여 공동체의 확고한 재건을 이룬다. 제사장직의 임무는 여호와의 법령을 지키는 것이다. 그러나 이 임무는 또한 서기관들에게도 요구되는 것이다. 서기관은 제사장과 나란한 지위를 가진다. 서기관은 제사장을 율법의 지배 아래 둔다. 율법은 기록으로 고정되어 있으나 학자들의 해석도 역시 필요로 하는 것이었다.

거룩한 날들과 절기들(겔 45-46장)

이스라엘 백성이 거하게 될 귀환 후에 땅 분배에 대해 언급한다. 하나님은 어떻게 성전 건물 주변을 분배할 것인가를 상세하게 규정해 주신다(45:1-7). 특별히 사독 계열의 제사장들은 성전 부근의 땅을 분배받으며, 레위인들과 지도자는 인접한 땅을 분배받을 것이다. 새로운 이스라엘을 건설하는데 이스라엘 각 지파들이 거할 곳을 정하는 것으로 시작한다. 백성들에게 땅을 나누어주면서 그 중심이 성소임을 강조하고 있다.

1. 새로운 이스라엘이 거할 땅의 구획을 설정하신다. 무엇보다 성소를 위한 땅을 먼저 구별하셨다(45:1-8).

제사장 나라, 거룩한 백성'

이렇게 '제사장 나라, 거룩한 백성'(출 19:6)이라는 이상적인 신정체제를 규율하는 원리들을 상징적으로 서술하고 있다(조셉 블랜킨솝. 「에스겔」, 한국장로회출판사, 2002).

왕궁이 중앙에 있는 것이 아니라 성소가 중앙에 있다는 점이 특이하다. 이스라엘이 무엇을 중심으로 살아가야 하는지를 보여준다.

(1) "너희는 제비 뽑아 땅을 나누어 기업으로 삼을 때에 한 구역을 **거룩한 땅**으로 삼아 여호와께 예물로 드릴지니" (길이 11km / 너비 10km 가량) 그 중에서 길이가 250미터 - 너비 250미터 정사각형 땅이 성전이 들어설 자리이며, 그 둘레 25미터의 땅은 그대로 남겨 두어라(45:1-2). 이 거룩한 구역에서 길이 약 11킬로미터 - 너비 5킬로미터 되는 땅이 지극히 거룩한 성소가 들어설 자리이다(3절).

(2) **이 거룩한 부분이** 직무를 수행할 제사장들이 살아갈 구역과 레위인들이 살아갈 구역으로 따로 구분해 두라고 말씀하신다(4-5절). 또 거룩히 구별하여 예물로 바친 구역 옆은 이스라엘의 공동 소유로 남겨두어야 한다(6절). 또 중요한 것은 왕에게도 땅을 주어 왕가의 기업으로 삼게 하라고 명하신다(7절). 그래야 왕들이 다시는 백성을 압제하지 않게 될 것이다(8절, 겔 46:18 참고). 나머지 땅은 이스라엘 족속에게 그 지파대로 나누어져야 한다.

2. 이번에는 치리자들이 어떻게 백성을 통치해야 할 것인가를 보여주고 있다(45:9-17).

(1) 이스라엘의 통치자들에게 이렇게 설명하신다: 포악과 겁탈을 제거하여 버리고 정의와 공의를 행하라(9절). 통치자들은 더 이상 백성들을 억울하게 하지 말고 상거래에서 공정한 거래를 하라(10절). 특히 도량형을 정확하게 해야 한다.

(2) 군주(왕)는 번제와 소제와 전제를 명절과 초하루와 안식일과 이스라엘 족속의 모든 정한 명절마다 하나님께 제대로 제사를 드릴 수 있도록 여건을 마련해 주어야 한다(17절).

3. 절기들을 제대로 지켜라(유월절과 일곱째 달 열다섯째 날, 출 12:1-20; 레 23:33-43)

(1) 겔 45:18~46:24까지의 기록이 모세오경의 내용과 많이 다르다. 정월 초하루에는 연례적으로 성소를 정결케하는 의식이 있다(18절). 성소가 백성의 죄로 인해 오염되었기에 속죄제를 드림으로써 성소를 정결하게 해야 한다.

(2) 그 달 칠일에도(칠십인 역본에는, 칠월 초하루) (모든 과실범과 모르고 범죄한 자를 위하여) 역시 그렇게 하여 성전을 속죄해야 한다(20절). 유월절은 정해진 때에 경건하게 지켜져야 한다(21절). 그리스도는 우리를 위하여 희생하신 '유월절 어린 양'이시다.

(3) 초막절에 대해 기록하고 있다(25절). "일곱째 달 열다섯째 날에 칠 일 동안 명절을 지켜 **속죄제와 번제며** 그 밀가루와 기름을 드릴지니라."

예배에 대한 규례(겔 46:1-15)

1. 여기서는 주별(안식일), 월별(월삭), 그리고 날마다 드리는 제물에 대하여 자세히 설명하고 있다.

(1) **안식일과 초하루** - 안뜰 동쪽을 향한 문은 일하는 엿새 동안에는 닫아야 한다. 군수가 올 때에는 이 문 현관을 통하여 들어오고 나가기 때문이다(8절). 그러나 안식일과 초하루에(1절), 그리고 왕이 자원하여 드리려 할 때에만(12절) 열라는 것이다. '안뜰 동쪽을 향한 문'은 번제단이 놓여 있는 안뜰과 바깥뜰 사이에 있는 동문(東門)을 말한다. 바깥뜰의 동문은 언제나 열려있으나(44:2) 안뜰의 동문은 절기 때에만 열렸다. 백성들이 여호와 앞에 나아올 때에는 북문으로 들어와서 경배하는 자는 남문으로 나가고 남문으로 들어오는 자는 북문으로 나가야 한다. 들어온 문으로 도로 나가지 말라는 것이다(9절).

(3) **매일 드리는 제사** - 아침마다 일년 되고 흠 없는 어린 양 한 마리를 번제로 드려야 한다(13절).[1] 제물로는 흠 없는 수양 둘씩(흠 없는 것으로 일년된 것) – 이를 아침과 해질 저녁에 드렸다. 양은 온유 겸손뿐만 아니라 순결과 인내와 순종을 나타내는 동물로 그리스도의 성품을 제물로서는 가장 완전하게 나타낼 수 있기 때문이다.

1) 모세율법에서 상번제(常燔祭)의 규례 (민 28:1-8, 출 29:38-42 참조) : 매일 아침 저녁으로 드리는 제사 (제물 : 흠 없는 수양 둘씩 (흠 없는 것으로 일년된 것) - 이를 아침과 해질 저녁에 드렸다.

상번제란? : 매일 아침 저녁으로 드리는 제사로 이 일은 제사장들이 행해야 할 일 중에 가장 중요한 직무 중의 하나였다. 이것의 중지는 이스라엘과 맺은 언약의 폐기를 의미하는 것이었다. 이는 우리의 예배와 기도도 이와 같이 계속적이어야 함을 의미한다.

통치자의 권한(겔 46:16-18)

1. 여기서는 왕(군주)이 백성의 기업을 강탈하지 못하도록 규정을 말씀하신다.[1)]

(1) 만일 한 아들에게 선물을 준즉, 즉 왕에게 상을 받을 만한 아들이 있다면 자기 땅의 일부를 그 아들에게 줄 수 있다(16절). 그런데 왕이 그 기업을 한 종에게 선물로 준다면 그 종에게 속하여 희년까지만 땅을 빌려 줄 수 있다. 그러나 **희년이 오면**[2)] 그 땅은 다시 왕에게로 돌아갈 것이다(17절).

(2) 그러니까 왕이 아들에게 주는 땅은 왕의 땅이어야 한다는 말이다. 왕이라고 해서 원래 받은 것 이상으로 기업을 늘려서는 안 된다. 백성의 기업을 빼앗아 그 산업에서 쫓아내서는 안 된다(18절). 왕이나 백성이나 하나님 앞에서는 모두 동등하다는 것이다.

1) 토지 처분에 대한 규정을 말하고 있다. 이스라엘에서 토지는 부동산 시장에 맡겨지는 것이 아니다. 원래 땅은 하나님의 것이다. 그래서 통치자가 신하에게 땅을 하사했다해도 희년이 되면 원래 소유자에게 돌아가야 한다. 따라서 왕이라고해서 백성이 소유한 조상 전래의 토지를 절대로 취할 수 없다.

성전 부엌(겔 46:19-24)

▶ 제사장들과(19, 20절), 백성들을 위해(21-24) 제물을 요리하는 부엌에 대한 설명이다.

(1) 이 부엌들은 백성들이 희생제사 제물들을 준비할 책임을 맡고 있던 레위인들이 사용하는 곳이다(20절). 그 장소들 중 일부는 안뜰로 들어가는 입구에 있었고(19절), 나머지 다른 곳은 바깥뜰의 네 구석에 있었다(21-23절). 이곳에서 제사장이 속건제와 속죄제 희생제물을 삶으며 소제 제물을 삶는다. 이 제물들은 제사장들에게 돌아갈 몫이다.

(2) 성전의 정결에 대해서 계속 강조되고 있는데, 이곳 희생제물을 준비하는 과정에서도 지켜지고 있다는 점을 강조하고 있다. "그들이 이 성물을 가지고 바깥뜰에 나가면 백성을 거룩하게 할까 함이니라 하시고 그가 내게 이르시되 이는 삶는 부엌이니 성전에서 수종드는 자가 백성의 제물을 여기서 삶을 것이니라 하시더라"(23-24절). 희생제사용 제물을 백성들이 접촉하게 될 위험성을 막고자 했다. 이렇게 성전의 모든 곳, 모든 과정에서 정결이 유지되어야만 했음을 보여주고 있다.

(3) 지금까지 보여준 것은 실재하는 것이 아니다. 왜냐하면 미래의 일어날 일들을 말씀하시기 때문이다. 이제 하나님은 새로운 이스라엘을 세우실 것이다.

2) 예수님의 오심으로 더불어 시작된 전 구원은 '주의 은혜의 해'로 요약될 수 있다. 이 말은 원래 가난하게 된 사람들의 빚이 탕감되고, 종이 노임을 받으며 이러한 자들이 그들의 굴레로부터 구원함을 받아 자기들의 소유를 되찾게 되는 '희년' 혹은 '양의 뿔의 해'를 의미하였다(레 25:39이하; 겔 46:17). 이 모든 것들은 선지자들에 의해 선포되고 그리스도의 오심으로써 시작되는 메시야적 구원의 대한 표상이다\(H. 리델보스, 하나님의 나라, 6장).

안뜰 동쪽을 향한 문, 군주(왕)가 올 때에는
이 문 현관을 통하여 들어오고 나간다(겔 46:8).

46:2 군주는 바깥 문 현관을 통하여 들어와서
문 벽 곁에 서고
제사장은 그를 위하여 번제와 감사제를 드릴 것이요
군주는 문 통로에서 예배한 후에 밖으로 나가고
그 문은 저녁까지 닫지 말 것이며

▲ 고대 이교도의 문 입구에서의 제사 모습 (폼페이 벽화에서)

성전에서 흘러나오는 물(겔 47:1-12)

거룩한 땅
(47-48장)

성소에 대한 측량(45:1-12)에 이어, 성전에 대한 규례(45:13-46:24)가 언급되었다. 에스겔은 또 하나의 환상을 본다, 이번에는 성전 문지방 밑에서 물이 나와 동쪽 사해로 흘러들어간다는 것이다(47:1-12). 그 강이 시작되는 부분에서는 겨우 발목에 찰 정도였는데, 마침내는 깊은 강으로 변한다. 물의 시작은 미미했지만 기적적으로 건너지 못할 정도의 강이 된다. 그리고 그 물이 지나가는 강과 강 주변의 땅은 생명과 풍요를 얻게 된다. 미래에는 새로운 성전(에스겔 40-48장) 속에서 하나님의 임재를 통하여 백성이 완전히 회복될 것이다. 예수님은 요한복음 7:38에서 "나를 믿는 자는 성경에 이름같이 그 배에서 생수의 강이 흘러나리라"고 말씀하셨다.

1. 에스겔은 또 하나의 환상을 본다. 성전에서 물이 흘러나와 동편으로 흐르는 강을 보았다.

• 동쪽으로 향한 성전 문지방 아래에서부터 물이 흐르고 있다. 그 물은 성전 오른 쪽 제단 남쪽으로 흘러내리고 있었다.

• "그가 또 나를 데리고 **북문으로 나가서** 바깥 길로 꺾여 동쪽을 향한 바깥 문에 이르시기로 본즉 물이 그 오른쪽에서 **스며 나오더라**"(2절) - 동쪽 문은 닫혀있기에 북문으로 나아갔다(44:2 참조).

47:1 그가 — 나를 **데리고** 성전 문에 (**이르시니**)
[보라!, 힌네(הִנֵּה)] — • 보라! '물'에 시선을 집중하라
물이 — **나와** 동쪽으로 **흐르다가**
/그 문지방 밑에서[부터]
//(for) 성전의 앞면이 동쪽을 향하였는데(=기 때문에)
[물이] — **흘러 내리더라**
/성전 오른쪽 제단 남쪽으로

(1) 에스겔은 인도자를 따라 성전에 들어가게 되었고 이제 그 성전에서 물이 흘러나오는 것을 보았다.[1] 에스겔은 계속 신비의 인도자의 안내를 받는다("그가 나를 데리고", brought he me, יּוֹצִאֵנִי[2], 2-8절 '그가' 나를...). 그는 겔 40:3에서 언급된 "놋 같이 빛난 사람"(40:3)이다. 그는 겔 1:5의 하나님의 형상과 유사하다. 그는 계속 에스겔을 이끌고 있으며, 직접 측량을 하고, 그리고 환상 속에서 환상내용을 설명해주신다.

(2) 그 사람이(הָאִישׁ) 손에 줄을 잡고 동쪽으로 나아가며
천 척(약 450미터)을 측량한 후에
내게 그 물을 건너게 하시니(=나보고 물을 건너 보라 하기에)
물이 **발목에(까지)** 오르더니(3절)

발목까지 ↓

1) 하나님은 창조자로 물을 통치하신다. 이는 에덴에 강을 흘러 동산을 적시고 네 강의 근원에 근원이 되게 하시는 장면에서 나타난다(창 2:10-14).

2) 야짜(יָצָא)의 히필 동사 / 사역 동사로 '이끌고 나가다'

47:1 그가 나를 데리고 성전 문에 이르시니 성전의 앞면이 동쪽을 향하였는데
그 문지방 밑에서 물이 나와 동쪽으로 흐르다가
성전 오른쪽 제단 남쪽으로 흘러 내리더라

47:3 그 사람이 손에 줄을 잡고 동쪽으로 나아가며 천 척을 측량한 후에 내게 그 물을 건너게 하시니 물이 발목에 오르더니

하나님의 영광이 많은 물소리와 같다는 표현을 통하여 하나님의 영광이라는 물이 성전에서 나오는 것을 알 수 있다. 에스겔 47:1-12에는 성전의 문지방 밑에서 물이 솟아 나와서 깊은 강이 되고, 바다로 흘러 들어가서, 죽은 것을 살려낸다. 에스겔 43:1-5절에서는 성전에서 흐르는 물은 "음성이 많은 물소리 같은" 하나님의 영광의 나타나심이었다. 그 영광의 물은 가나안 땅을 치유하는 것이다. 결국 본문은 하나님이 이스라엘을 회복할 것임을 선포하는 내용이다. 물론 단순히 이스라엘 민족만이 아닌 영적으로 죽은 사람과 다름없는 온 세상 사람들을 대상으로 삼고 있음을 알 수 있다.

그 물의 깊이를 천천(대략 450m)마다 측량했는데, 단계별로 그 물의 양이 많아졌다. 그리고 그 측량한 물은 그때마다 놀라운 기적적인 결과를 가져온다.

(3) [그가] 다시 천 척을 측량하고
내게 물을 건너게 하시니 **물이 무릎에 오르고**
다시 천 척을 측량하고
내게 물을 건너게 하시니 **물이 허리에 오르고**
5 다시 천 척을 측량하시니
물이 내가 건너지 못할 강이 된지라
그 물이 가득하여 헤엄칠 만한 물이요
사람이 **능히 건너지 못할 강**이더라

무릎까지 → **허리**까지 → **강**이 되다

1) '파하즈'(פָּכָה)의 피엘분사이다. '똑똑 떨어지다, 졸졸 흐르다'라는 뜻이다. 이 단어는 구약성경에서는 이곳에만 나온다.

(1) 성전에서 시작된 물은 처음에는 "스며 나오더라"(מְפַכִּים)[1]라고 했다(2절). 마치 옹달샘에서 조금씩 솟아 나오는 것처럼 흘러내렸다는 것이다. 성전은 "매우 높은 산에서" 있었다고 했다. 그렇다면 이 높은 곳에 있는 성전에서 흘러 나온 물은 어디로 갈까? 물은 안뜰에서 동편으로 그리고 바깥뜰에서 동편 문을 지나 밖으로 흐르고 있음을 알 수 있다.

2) 만약 물이 없다면 강가에 있는 나무라해도 살 수가 없다. 잎이 시들지 않는다는 것은 과실을 맺을 수 있음을 의미한다(시 1:1).

(2) 물의 양은 처음에는 발목 ⇨ 무릎 ⇨ 허리에서 ⇨ 머리를 넘어가는 강(נַחַל 나할)으로 발전을 한다. 에스겔은 '성전에서 흘러나온 물이 강까지' 흘러가는 모든 과정을 지켜보았다. 이에 인도자는 에스겔에게 묻는다. "인자야 네가 이것을 보았느냐"(בֶּן־אָדָם 벤아담 הֲרָאִיתָ 하라이타 47:6a). 그리고 에스겔을 인도하여 강 가로 다시 올라오게 하셨다(6절). 강가에 올라와 보니 "강 좌우편에 나무가 심히 많았다"(7절).[2]

3) 여기서 '바다'는 사해(死海)를 가리킨다. 사해는 다른 바다보다 염분이 6배 이상 된다. 따라서 생명체가 살 수 없다. 그러나 이 강물이 이곳에 이르자 사해의 물이 되살아난다. 새 생명의 역사가 시작된 것이다.

'아라바'는 요단계곡을 가리킨다.

47:8 그가 — 내게 **이르시되**
/이 물이 — 동쪽으로 향하여 흘러
— **아라바**로 내려가서 바다에 이르리니
이 물(로)(=이) — 흘러 내리는(=느니라)
그 바다[3]의 물이 — 되살아나리라

(3) "이 강물이 이르는 곳마다 번성하는 모든 생물이 살고 또 고기가 심히 많으리니 이 물이 흘러 들어가므로 바닷물이 되살아나겠고 이 강이 이르는 각처에 모든 것이 살 것이며"(9절). 그런데 이 생명의 물이 바로 성전에서부터 시작된다는 것이다. 물고기가 많으니 자연히 "이 강 가에 고기를 잡으려고 어부가 늘어설 것이다"(10절). "엔게디(=사해 서쪽 해변에 있는 성읍)에서 에네글라임(=두 송아지의 샘, 사해에 있는 불확실한 장소)까지 그물 치는 곳이 될 것이라."

(4) "그 진펄과 개펄은 되살아나지 못하고 소금 땅이 될 것이며"(11절) - 성전에서 나온 물이 바다에 이르러 그동안 썩은 형상을 보이던 진펄(늪)과 개펄(습지)이 "제사와 생활에 필수적인" 소금의 산지로 탈바꿈하게 만드는 것이다. 희생제물에 사용했던 소금을 이곳에서 채취했던 것 같다(겔 43:24).

(5) "강 좌우 가에는 각종 먹을 과실나무가 자라서 그 잎이 시들지 아니하며"(12절) - 물이 풍성하니 강 좌우에 있는 나무가 과실의 열매가 끊어지지 않고 더욱이 그 잎사귀는 약재료가 될 것이다. 이 모든 것이, 즉 그 물이 성소를 통하여 나오기 때문이다. 다음 페이지의 특강을 자세히 살펴보자.

이 환상이 신약 시대에 어떻게 성취되었을까?

예수님은 새로운 성전의 기초석, 생수의 근원이시다. 생수가 신자에게로 흘러들어간다.

땅의 경계선과 분배(겔 47:13-23)

1. 에스겔은 그 땅의 경계들과 지파별로 분배된 몫에 대해서 묘사한다(47:13-48:29). "너희는 공평하게 나누어 기업을 삼으라."

(1) "너희는 이 경계선대로 이스라엘 열두 지파에게 이 땅을 나누어 기업이 되게 하되 요셉에게는 두 몫이니라"(13절). 왜 요셉에게는 두 분깃을 주는가? 레위 지파는 분깃이 없었으므로 요셉의 두 아들인 에브라임과 므낫세는 각각 한 몫을 받았다(겔 48:4, 5).

(2) 회복된 이스라엘의 영토는 "북쪽은 대해에서 헤들론(=팔레스타인 북쪽 경계) 길을 거쳐 스닷 어귀까지니 곧 하맛과 브로다며 다메섹 경계선과 하맛 경계선 사이에 있는 시브라임과 하우란 경계선 곁에 있는 하셀핫디곤이라"(16절). 남쪽의 끝은 가데스에까지 이른다.

• 겔 47:17 "그 경계선이 바닷가에서부터 다메섹 경계선에 있는 하살에논까지요 그 경계선이 또 북쪽 끝에 있는 **하맛 경계선**에 이르렀나니 이는 그 북쪽이요 18 동쪽은 하우란과 다메섹과 및 길르앗과 이스라엘 땅 사이에 있는 **요단 강**이니 북쪽 경계선에서부터 **동쪽 바다까지** 측량하라 이는 그 동쪽이요 19 남쪽은 다말에서부터 므리봇 **가데스** 물에 이르고 애굽 시내를 따라 대해에 이르나니 이는 그 남쪽이요 20서쪽은 **대해**라 남쪽 경계선에서부터 맞은쪽 **하맛 어귀까지** 이르나니 이는 그 서쪽이니라."

2. 그렇다면 (새로운 성전과 회복된 국가에 관한) 에스겔의 환상은 포로기 이후 시대에 성취되었을까?

물론 완전 성취되지 않았다. 그렇다면 이 예언은 언제 성취되었을까? 물론 이에 대한 다양한 해석이 있어왔다. 첫째, 이 환상은 순전히 상징적이라는 것이다. 둘째로, 이 예언은 신약시대의 교회에서 성취되었다는 견해이다. 또다른 견해는 천년왕국 시대에 이루어질 것으로 보기도 한다. 어쨌든 에스겔은 당대를 살아가는 백성들이 이해할 수 있는 언어로 묘사하고 있다. 뒤에서 요한계시록의 예언과 비교하면서 더 설명해 보자.

이 부분은 동교재, 요한복음에서 그대로 가져온 것입니다. 에스겔의 예언이 그리스도 안에서 어떻게 성취되었나 살펴봅시다.

特講

그 배에서 생수의 강이 흘러나오리라(요 7:37-53)

1. "명절 끝날 곧 큰 날에" - 초막절(스케노페기아, σκηνοπηγία)의 끝날은 7일째의 날을 가리킨다. 이날은 오프닝 데이(opening day)와 함께 이 명절의 절정이었으며, 특별히 성대한 행사로 기념되었다.[1] 8일째는 하나의 특별한 명절로 간주되었다. 절기의 7일 동안에는 실로암 못으로 가서 금주전자에 물을 떠다가 술과 섞어 제단 앞에 부으며 나팔을 불었다. 제8일은 처음에는 하루를 추가했던 것이나 후대에는 그 날도 제7일과 마찬가지로 중요하게 여겼다.

7:37 명절 끝날 곧 큰 날에
예수께서 **서서 외쳐 이르시되** (...하시니)
/[만일, ἐὰν]
누구든지 ── 목마르거든(조건절, if)
└ 내게로 와서 마시라
38 //(결과: 명령문 + 직설법)
나를 믿는 자는 ― 〈되리라〉
/성경에 이름과 같이
(생수의 강이) ― 흘러나오리라
(/그 배에서)

인간은 늘 목마르다. 세상의 헛된 것을 구하기 위해 삶을 소진하기 때문이다. 이사야 55:1-3을 읽어보라. 하나님은 이런 인생들에게 어떻게 말씀하시는가?

생수가 신자에게로 흘러들어간다. 예수님은 새로운 성전의 기초석, 생수의 근원이시다. 여기서 배는 누구(어디)를 가리키는가?

(1) 유대인들은 모세의 율법에서 명한 대로 절기를 지키지만 이 절기가 가리키고자 하는 신령한 의미는 알지 못했다. 예수님은 명절 끝날 곧 성회로 모이는 큰 날에 무리들을 향하여 이 절기가 가리키는 중요한 의미를 설명하신다.

(2) 누구든지 목마르거든(조건절, if) - 명절 끝날에 무리들은 지금 영적으로 목마르다. 영적 기갈 상태에 있다는 말씀이다. 인생들은 영적인 부유함을 값없이 얻을 수 있는데도, 세상의 헛된 것을 구하기 위하여 온 삶을 소진한다. 그러나 영생은 이렇게 값없이 얻는 것이다. 선물이기 때문이다.

(3) 예수 그리스도를 통한 구원, 그것은 값없이 우리에게 주어진 선물이다. 우리가 구원을 위해서 돈을 지불해야 하는 것이 아니다. 그러나 인생들은 배부르게 하지 못할 것을 위하여 수고한다. 영생은 하나님께로부터 오는 선물이지, 돈으로 살 수 있는 것이 아니다(사 55:1-3을 읽어보자).[2]

1) 명절의 끝 날은 신명기에는 7일째 되는 날(신 16:13, 15; 겔 45:25; 왕상 8:66), 레위기에서는 8일째 되는 날(안식일)로 나온다(레 23:34-36; 민 29:12-39, 대하7:8-10에서는 레위기 법을 따랐다). 스가랴는 해마다 예루살렘에 올라와 초막절을 지키라고 하였다(슥 14:16).

레 23:34 "이스라엘 자손에게 말하여 이르라 일곱째 달 열닷샛날은 초막절이니 여호와를 위하여 이레 동안 지킬 것이라 35첫 날에는 성회로 모일지니 너희는 아무 노동도 하지 말지며 36 이레 동안에 너희는 여호와께 화제를 드릴 것이요 **여덟째 날에도 너희는 성회로 모여서** 여호와께 화제를 드릴지니 이는 거룩한 대회라 너희는 어떤 노동도 하지 말지니라."

2) 만약 이들이 여호와의 음성에 귀 기울이고 순종한다면, 그들의 영혼은 살 것이다(3절상). 이들이 사는 길은 오직 하나님의 음성에 귀를 기울이고, 하나님께로 가까이 나오는 길뿐이다. 그리하면, 즉 하나님께로 돌아온다면, 하나님께서는 이들과 새로운 언약을 맺겠다고 약속하신다. 이 언약은 영원한 언약이 될 것이다. 영원한 언약은 "곧 다윗에게 허락한 확실한 은혜이니라"라는 보충 설명으로 더 확실시 된다.

(4) "성경에 이름과 같이(as the Scripture said)" - 여기서 구약 성경 구절을 정확히 인용한 것이 아니다. 그러나 가능한 구절을 다음 구절에서 찾아볼 수 있다(슥 14:8; 겔 47:1-9; 사 44:3, 4, 58:11).

• "그 날에 **생수**가 예루살렘에서 솟아나서 절반은 동해로, 절반은 서해로 흐를 것이라 여름에도 겨울에도 그러하리라"(8절). 스가랴 14:8의 말씀이다.

여기서 '생수'(מַיִם־חַיִּים, living waters)는 무엇을 상징하는가? 요엘서 3:18에서도 이와 같은 내용의 말씀이 언급되었다. 전에는 시냇물이 다 말랐으나(욜 1:20) 그 날에는 유다의 개울마다 물이 흐를 것이며(욜 3:18), 전에는 성전이 제물도 없고 기쁨의 소리도 없는 슬픔의 장소였지만(욜 1:13, 16), 그 날에는 여호와의 성전에서(유대인의 가르침에서는 지구의 한가운데인 **성전의 기초석**에서부터) 샘이 흘러나와 싯딤 골짜기를 적실 것(욜 3:18)이라고 했다.[1] 예수님은 새로운 성전의 기초석, 생수의 근원이시다(계 22:1, 또 그가 수정같이 맑은 **생명수의 강**을 내게 보이니 하나님과 및 **어린 양의 보좌로부터** 나와서).

• 이사야 44:1-3을 살펴보자.

하나님은 이스라엘에게 두려워하지 말라고 격려하신다(사 44:2). 여수룬은 하나님이 선택한 백성이기 때문이다(사 44:1-3 "목마른 자에게 물을 주며 마른 땅에 시내가 흐르게 하며 **나의 영을 네 자손에게**, 나의 복을 네 후손에게 부어 주리니"). 하나님은 이스라엘을 회복시켜 번성시키실 것이다. 어떻게 번성시키실 것인가? 시냇가의 버들 같이(3, 4절) 되게 하실 것이다. 그때에는 '나는 여호와의 것이다', '나는 야곱의 자손이다'라고 말하는 사람이 있을 것이라고 했다.

(5) **생수의 강은 어디에서 흘러나오는가?** (배에서, from his innermost being -NASB) 그러니까, 여기서 '배'(코일리아, κοιλία)는 예수 믿는 사람이 아니라 **새로운 지성소**[2]인 예수님 자신을 가리킨다. 물론 반대의 의견을 말하는 사람도 있다.[3]

2. 그렇다면, 여기서 생수의 강은 무엇을 가리키는가?

요 7:39 (But, δὲ) 이는(=이것은, τοῦτο, 즉 '생수'는)
그를 믿는 자들이 받을 **성령**(πνεῦμα)을 가리켜 말씀하신 것이라

1) 에스겔 선지자도 동일한 내용을 언급했다(겔 47:1 참조). 이들 선지자(요엘, 에스겔)는 생수가 성전에서 흘러 내리리라고 했으나, 스가랴는 예루살렘에서 흘러 내리리라고 했다. 또한 예루살렘의 물줄기가 계절과 상관없이 흘러 넘칠 것이라고 했다. 이는 이스라엘의 번영과 복의 영속성을 상징한다(동교재, 스가랴서).

2) 그레고리 K. 비일, 『성전신학』, 새물결플러스, 263-264.
구약의 예언에서 생수의 원천은 성전의 가장 깊숙한 곳(innermost being =지성소)으로부터 나온다고 했다.
물이 성전으로부터 흘러나온다는 예언은 에스겔서, 요엘서, 스가랴서 등에서 언급되었다(슥 14:8; 겔 47:1-9; 사 44:3, 4, 58:11).

3) 여기서 배(코일리아)가 예수님을 가리키는지, 아니면 신자를 가리키는지 큰 문제가 되지 않는다. 왜냐하면 37절이 분명하게 예수님을 생수의 근원으로 말하고 있기 때문이다. 39절에서 '생수'는 그를 믿게 될 모든 사람에게 오순절 때 예수 자신에 의해서 부어질 성령을 가리킨다고 해석하고 있다.

(1) 여기서 주님께서 말씀하신 것은 '성령'에 관한 것임을 알 수 있다. 이제 '그를 믿는 자들'(οἱ πιστεύσαντες εἰς αὐτόν)은 성령을 받을 것이다. 새로운 삶에 대한 풍요로운 약속은 성령에 있다는 것이다. 요한은 '생수'가 예수님을 믿게 될 모든 사람들에게, 예수님에 의해서 부어질 **성령**을 가리킨다고 해석한다(행 2:32-38 참조).[1]

(2) 요한은 여기에서 추가 설명을 덧붙인다. "(예수께서 아직 영광을 받지 않으셨으므로 성령이 아직 그들에게 계시지 아니하시더라)" 예수님이 아직 영광(=예수님의 부활과 승천을 의미)을 받지 못하셨기 때문에 성령이 아직 사람들에게 주어지지 않은 상황이다.

(3) 요엘서 2:28을 읽어보자.

이 예언은 마지막 날에 하나님께서 그의 영을 만민(모든 육체)에게 부어주실 것이라는 내용인데, 베드로는 오순절이 바로 요엘이 예언한 그 마지막 날의 시작임을 명백히 했다(행 2장). 성령의 강림은 "누구든지 주의 이름을 부르는 자는 구원을 받는"(행 2:21) 새시대의 도래를 의미한다.

이는 곧 하나님께서 예수를 주님이자 그리스도로 만든 그 시대였다. 이는 종말의 시작이 오순절부터임을 증명할 뿐 아니라(행 2:17-18은 오순절 사건임이 분명하다) 그 종말이 주님과 재림을 잇는 시대를 가리키고 있음을(19-20절은 오순절 사건을 초월한 내용이다) 명백히 하고 있다.[2]

(4) 예수님께서 "내가 너희와 함께 조금 더 있다가 나를 보내신 이에게로 돌아가겠노라"(요 7:33)라고 말씀하신 대로 예수님은 아버지에게로 돌아가고 사람들은 더 이상 그의 말씀을 들을 수 없을 것이다. 이제 그의 제자들이 그의 사역을 계속할 것이고, 그들에게 성령님을 부어주어, 결국 그들의 말을 듣고 그것을 믿는 자들에게 생명의 근원이 되게 하실 것이다.

(5) 그러나 이 새로운 사역은 성령이 사람들에게 강림할 때까지 시작될 수 없다. 이제 성령님께서 예수님의 자리를 대신하여 제자들로 하여금 그들이 스스로 할 수 없었던 일, 즉 사람들에게 믿음과 영생을 주는 일을 할 수 있게 하기 위해서 오신 것이다(G.E. 래드, 『신약신학』, 22.).[3]

1) 그레고리 K. 비일, 『성전 신학』, 새물결플러스, 263-264.

2) 베드로는(행 2장) 요엘과 스바냐 및 당시 선지자들이 전파한 메시야의 시대가 도래했음을 알았다. 베드로는 오순절에 제자들의 성령 충만함을 보고 새 술에 취했다고 조롱하는 사람들에게(행 2:13) "때가 제 삼 시니 너희 생각과 같이 이 사람들이 취한 것이 아니라 이는 곧 선지자 요엘을 통하여 말씀하신 것"(행 2:15, 16)이 성취되었다고 하면서 요엘서 2:28-32을 인용한다. (동 교재, 요엘서 2장)

3) 제자들이 주님과 함께 있는 동안은 진리의 성령은 주 안에서 그들과 더불어 거하였지만 주께서 떠나심에 따라 **그들 속에** 계실 것이다. 물론 성령은 구약의 성도들과 함께 있었으며 실제로 그들 속에 계셨다(시 51:10-111). 특별한 사람들에게 제한적으로 임하셨다. 그러나 구약은 성령이 그들 속에 계신다고 말하기보다 **그들 위에** 임하였다고 자주 말한다. 구약은 새로운 차원의 성령이 하나님의 백성에게 주어질 메시야적 시대를 기대했다(욜 2:28; 겔 36:26-27).

땅의 구획(겔 48장)

하나님의 영광의 모습이 백성들의 죄악을 인하여(겔 8-11장) 성전을 떠나셨다. 처음에는 지성소 안 언약궤에 여호와의 영광이 있었지만(9:3), 성전 문지방을 떠나 동문을 떠나셨다(10:18-20). 마침내 하나님의 영광은 성읍을 떠나 성읍 동편 산에 머무신다(11:23). 그런데 이 하나님의 영광이 성전에 다시 돌아와 백성들 중에 거하실 것이다(겔 48:35). "그 성읍의 이름을 여호와삼마(여호와께서 거기에 계시다)라 하리라."

1. 여기에 땅 분배는 여호수아 시대에 분배했던 방법과는 다르다.

(1) **일곱 지파의 땅 분배(48:1-7)** : 처음 가나안 땅을 분배 받을 때에는 단 지파가 마지막으로 분배받았다. 그러나 여기서는 단 지파가 제일 먼저 언급된다(1절). 회복되는 가나안 땅은 이들 열 두 지파에게 분배된다. 단, 납달리, 르우벤, 아셀, 므낫세, 에브라임 및 유다 등 일곱 지파의 땅의 경계가 언급되고 난 후에(1-7절) 나머지 다섯 지파의 땅의 경계가 언급되고 있다(23-35절). 르우벤 지파는 전에는 요단 건너 멀리 있었으나 이제는 (유다 다음으로) 성소로부터 두 번째에 위치한 지파가 되었다(6-7절). 르우벤 지파는 탁월치 못할 것이라는 예언을 받았었다(창 49:4).

(2) 성소는 그들 한가운데 있다. 성소는 왕국의 심장부에 있어야 한다.[1] 그 북쪽으로 일곱 지파가 있고, 그 주위에 레위인과 왕과 도성의 분깃이 있으며 남쪽으로 다섯 지파가 있다. '바벨론 포로 후에는 하나님의 언약과 관련하여 재배치되었다. 어떤 지파가 성전 가까이에 배치되었을까? 거룩한 땅의 중앙에 성전이 있고 그 좌우에는 왕의 땅이 있으며 북쪽에는 레위인의 토지가 있고 남쪽에는 성읍들이 위치해 있다. 이것은 하나님 중심의 삶을 보여주고 있다.[2]

(3) 성소가 있는 곳에 제사장들도 있다(10절). 제사장들에게 할당된 땅은 양도나 매각을 할 수 없었다(14절). 15절의 '속된 땅'이라는 표현은 일상적인 땅이라는 의미이다. 그 성읍에서 일하는 자는 그 땅을 기경할 수 있었다(19절). 왕은 자신의 높은 지위에 맞추어 스스로의 분깃을 가졌다(21절).

2. 이스라엘 일곱 지파에 이어(1-7절) 이곳에는 베냐민, 시므온, 잇사갈, 스불론 및 갓 등 나머지 다섯 지파에 대한 땅의 경계와 몫이 언급되고 있다.

1) 즉 그동안 하나님의 구원역사에 직간접적으로 긍정적인 영향을 끼쳤거나 하나님을 위해 열심을 드러냈던 지파들은 일반적으로 성전과 가까운 쪽에 배치되기도 했으며 반대로 하나님의 뜻에 거역했거나 부정적인 영향을 끼친 지파들은 성전의 위치에서 먼 쪽으로 배치되고 있음을 엿볼 수 있다. 그러나 땅의 크기에 대해서는 거의 비슷했거나 인구 비례에 따라 그 크기가 정해졌음을 알 수 있다. 모든 것이 하나님의 정하신 기준과 계획에 따라 분명하고 정확하게 이루어졌다.'(김두석, 에스겔서 강해 (도서출판 그리심, 2003).

2) 이 성소는 여호와의 임재를 상징한다. 여호와께서 항상 그리고 영원히 자신의 백성과 함께 하신다는 것을 확실하게 보여준다(겔 48:35). 하나님의 영광의 떠나심이 43:5에는 "여호와의 영광이 전에 가득하였다"라는 언급과 에스겔의 결론부분에 "여호와가 거기 거하심"(야웨 샴마, 48:35)으로 끝을 맺기 때문이다.

새 예루살렘(겔 48:30-35)

1. 예루살렘 성읍에 대한 자세한 설명이 나온다. 이 성읍은 거룩한 땅 안에 있는 것으로서(겔 48:15), 정사각형이다(계 21:16 참조).

• 계 21:12 "크고 높은 성곽이 있고 열두 문이 있는데 문에 열두 천사가 있고 그 문들 위에 이름을 썼으니 이스라엘 자손 열두 지파의 이름들이라 13 동쪽에 세 문, 북쪽에 세 문, 남쪽에 세 문, 서쪽에 세 문이니"

(1) 여기 언급된 성읍을 예루살렘이라거나 가나안 땅이라고도 말하지 않는다. 성읍의 크기를 말하고 있으나 이것이 무엇을 의미하지는 확실치 않다. 성읍에는 모두 열 두개의 문이 있는데 각 방향으로 세 개씩 있고, 12지파의 이름을 따서 명명되었다. 계시록에서도 새 예루살렘에는 열두 문이 있는데, 열 지파의 이름들이 쓰여져 있다(계 21:12, 13*).

(2) 하나님의 영광은 성읍에서 떠났으나(11:23). 이제 이 하나님의 영광이 전에 다시 돌아와 가득하며(겔 43:5) 백성들 중에 거하신다(겔 48:35). "그 날 후로는 그 성읍의 이름을 여호와삼마라 하리라."

여호와삼마(יְהוָה שָׁמָּה)[1]
(The LORD is there.)

1) 삼마(שָׁמָּה) : 솸(שָׁם) + 방향 표시 어미(הָ) - '거기에' '그때에' '그곳으로, 그것으로부터'

회복된 거룩한 성읍의 이름을 '여호와삼마'라 했다. 그 뜻은 '여호와께서 거기 계신다'를 의미한다. 예루살렘을 '거룩한 성', 여호와께서 계시는 곳이라고 했다. 회복된 예루살렘은 '여호와 삼마'라는 새로운 이름을 부여 받는다. 에스겔서는 심판과 회복이라는 이중적 주제로 구성되어 있다. 그런데 유다 백성은 이미 심판을 받았다. 에스겔은 지금 바벨론 포로로 끌려와서 그발 강 가 난민촌에 거하고 있기 때문이다. 선지자들은 줄기차게 유다의 패망을 언급했다. 계속 언약을 어기면 추방당할 것이라고 예언했었다. 그 예언이 성취되었다.

1. 그러나 선지자들은 심판과 동시에 그의 회복에 대한 말씀도 함께 예언되었다는 점이다.

(1) 선지자들의 예언 중에 포로 및 회복에 관한 것들은 얼마나 될까? 장차 오실 메시야의 예언은 선지서 전체의 글에서 약 25개가 된다. 이에 비해 이스라엘이 장차 겪을 포로 및 회복에 관한 것은 거의 200여개나 된다.

(2) 여호와의 징계가 지나간 후, 불순물이 제거된 후에, 여호와를 두려움으로 대

하게 될 것이다. 그때에야 이스라엘 자손이 돌아오게 될 것이라고 말씀하신다. "그후"가 언제일까? 가깝게는 다윗 왕통(왕상 12:16)의 스룹바벨의 지도로 통일 회복되는 때를 가리킬 것이다(호 1:11). 많은 학자들은 그 궁극적 성취는 나타날 메시야 때를 가리킨다고 본다(렘 30:9; 겔 34:23, 24*; 37:24, 25).

- 겔 34:23 "내가 한 목자를 그들 위에 세워 먹이게 하리니 그는 **내 종 다윗**이라 그가 그들을 먹이고 그들의 목자가 될지라 24 나 여호와는 그들의 하나님이 되고 **내 종 다윗은 그들 중에 왕이 되리라** 나 여호와의 말이니라."

(3) 예언자들은 **이상적인 다윗계의 미래 통치자를 언급하고 있다**(사 11:1-10; 미 5:2-3). 때로는 그를 '다윗'으로 칭하기도 했다(렘 30:9; 겔 34:23-24, 37:24-25).

(4) 얼마간 왕국을 폐할 것이나 다시 세우실 것이다(겔 17:22-24).
역사를 주관하시는 하나님이 얼마간 왕국을 폐하실 것이지만 다시 심으실 것이다(겔 17:24). 여기 나오는 나무들(겔 17:22-24절) 곧 온 민족들은 여호와의 행사를 알게 될 것이다(24절). 이 비유가 모호하긴 하지만 그 중심 메시지는 분명하다. 왕들이 포로로 잡혀간 후에 여호와 자신이 이스라엘을 다스릴 왕을 세우실 것이다. 더 나아가서 하나님이 선택한 자가 유다의 타락한 왕 자리에 대신 앉을 것임을 선언한다(겔 21:25-27).

2. 에스겔에서 미래의 메시야에 대한 기대는 포로와 회복에 관한 예언과 밀접한 관계가 있다. 다윗의 자손인 메시야적 인물이 하나님의 백성을 통치한다는 개념은 새 언약의 구절에서 중요한 요소이다.

(1) 여호와의 땅의 회복에 대한 예언(겔 35:1-36:38) - 귀환이 확실히 이루어질 것과(겔 36:24*), 용서와 정화의 확실성을 선포한다(겔 36:25).

- 겔 36:24 "내가 너희를 여러 나라 가운데에서 인도하여 내고 **여러 민족 가운데에서 모아 데리고 고국 땅에 들어가서**"

- 마른 뼈 환상(겔 37:1-14)
- 두 막대기로서의 이스라엘의 회복(겔 37:15-28)
- 곡과 마곡의 심판(겔 38:1-39:29)

(2) 에스겔은 새 예루살렘과 새 성전에 대한 환상을 본다(겔 40-48장). 유다는 포로가 되었고 예루살렘에서는 여호와의 영광이 떠났으나(겔 1-24장), 이제 포로에서 귀환될 것이고 그의 백성 가운데 하나님이 영광스러운 임재가 다시 시작될 것이다(겔 33-48장).

▶ 이 모든 환상들은 포로 유배에 관련된 심판과 그리고 회복에 관련된 희망의 메시지를 확실하게 전달하는 기능을 한다. 이런 예언적 행동, 비유적 표현, 생생한 이상, 그 외에도 말로 선포하는 **다양한 메시지들의 중심 사상은 무엇인가?** 그것은 **모두 포로 및 회복과 관련된 예언들**이다.

성전(聖殿)에 대해서 좀더 정리해 보자.

성막

성소의 외모는 초라한 장막으로 되어 있다. 그러나 내부는 그렇지 않다. 성소의 외부는 검은 해달(海獺)의 장막이지만, 그 내부는 금빛 찬란한 곳이다. 이 성소는 장차 나타날 "그리스도의 몸"의 상징이다(히 8:5). 그가 이 세상에 오셨을 때의 모습을 말해 보라(사 53장 참조). 그 속에는 독생자의 영광이 빛나고 있다(요 1:14).

성전 재건이
여호수아와 스룹바벨의 손에 의해
완공을 보게 될 것이다(슥 4:6, 9).

그러나 이 성전의 궁극적인 완성자는
'싹'이라 이름하는 한 사람,
곧 그리스도 안에서 성취가 될 것이다.

이 위엄 있는 메시아적 인물은
더 영광스럽고 더 겸손한 형태를
취하실 것이다(슥 9:9).

이 부분은 '새 언약' 시대가
어떻게 도래할 것인가를 보여주고 있다.

에스겔이 환상 중에 바라본 새 성전

성전(聖殿)

히브리인의 사상에 있어서 성전에 대한 기본 개념은
'하나님의 집'이란 뜻이다.
'여호와의 집'이란 사람의 손으로 만든 어떤 물건이 아니라는 말이다.
그렇다면 성전은 하나님의 자기 계획 속에 무엇을 의미하는가?

그 성전은 그의 백성과 함께 하시는
하나님의 임재의 "실체"(實體)를 상징한다.
하나님은 그의 영광의 얼굴을 보여주시기 위해
그의 백성 가운데 임재하신다.

광야 생활 속에서 하나님은 친히 그들을 인도하셨고,
백성들은 그들과 함께 거하시는 하나님께 예배를 드렸다.
광야에서의 장막,
솔로몬 성전,
그리고 솔로몬 성전이 파괴된 후
에스겔 선지자는 회복된 성전의 내부 장식에 대한
환상을 본다(겔 40-44장).

성전의 역사를 간단하게 살펴보기로 하자.

성전(聖殿)이야기

동산 형태의 최초의 성전

1. 에스겔 28장은 에덴을 최초의 성소로 부르고 있다(겔 28:12-17). 에덴이 동산-성전이기는 하지만 또한 최초의 성전이라고 불린다.[1]

(1) 구약 성경의 성전은 하늘과 땅 전체의 축소판이라고 소개한다. - 이런 견해를 잘 보여준 시편 기자의 설명을 들어보자.

• 영원히 흔들리지 않은 터전 위에 세우셨다.

시 78:69 [주님은] ― 영원히 두신 땅 같이 지으셨도다
/그의 성소(sanctuary, מִקְדָּשׁ 미크다쉬)를
/산의 높음 같이(=높은 하늘처럼),

• 렘 17:12-13 "영화로우신 보좌여 시작부터 높이 계시며 우리의 **성소 (our sanctuary)**이시며 이스라엘의 소망이신 여호와여"

(2) 여기서 시편 기자는 이스라엘의 지상 성전을 하늘과 땅에 비견될 만하게 만드셨다고 말한다. 그래서 출애굽기에서는 "무릇 내가 네게 보이는 모양대로 장막을 짓고 기구들도 그 모양을 따라 지을지니라"(출 25:9), "이 산에서 네게 보인 양식대로"(출 29:40) 따랐다고 했다.[2] 성막의 설계도와 성전의 설계도는 똑같이 하나님께로부터 비롯되었다. 하늘은 거룩한 공간, 거룩한 건축구조를 포함한다. 실제로 하늘은 거룩한 건축양식으로 이루어져 있다.

1) 겔 28:12-17은 창세기 2-3장과 유사하지만(몇몇 세부적인 내용은 성경의 기사와 차이가 있다) 인간/그룹은 하나님의 산에 위치한 에덴 동산에 거주하였으며, 하나님께서는 그를 아름다움과 명성으로 빛나게 해 주셨다. 그러나 이 인간은 범죄하여 산으로부터 쫓겨나고 말았다.

2) 출 26:30, 27:8; 민 8:4; 히 8:5, 9:23-24 참조.

(3) 하나님은 사랑하는 자들을 위해 예비하신 더 좋은 나라가 있다고 하셨다(고전 2:9, 사 64:4; 히 11:10). 그리스도가 오시기 전에 하나님이 백성들에게 장막과 성전이라는 건축물을 허락하셨다. 이는 거룩한 하늘을 축소한 모델이었다. 우리에게는 하늘의 실재 그 자체를 이해할 수 있는 능력이 없기 때문에 땅 위의 모형들의 형태를 취한다.[1)]

(4) 하나님은 초월하신 분이시기에 우리가 볼 수 없다. 그러나 창조 가운데 자신의 임재하심을 드러내신다. 왕의 성전을 뒤덮는 빛을 내는 연기 구름과 불구름으로, 곧 수호 그룹들 사이에 지성소 내에 있는 보좌를 덮고 있는 신의 출현이 화려한 구름으로 그려지고 있다(사 6:1, 2 참조). 이사야는 "내 눈이 '만군의 여호와이신 왕'을 뵈었다"고 했다(사 6:5).[2)]

(5) 단 7:9, 10; 계 20:11을 보라. "또 내가 크고 흰 보좌와 그 위에 앉으신 이를 보니 땅과 하늘이 그 앞에서 피하여 간 데 없더라." 흰 보좌 심판의 큰 장면들이 나타난다. 그러므로, 하늘은 건축구조적으로 궁정, 왕궁이라고 할 수 있다(거룩한 집, 성전).[3)] 이사야는 자신이 보좌 위에 좌정하신 왕을 보았던 하늘 장소를 '성전'(사 6:1)이라고 칭하고 있다(시 11:4b 참조). 여호와의 거룩한 보좌(시 47:9)가 그 성전에 있다(시 11:4a)는 주장과 병행적이다(여기서는 성전은 하늘의 동의어가 된다).[4)]

2. 하늘의 모사품으로서의 에덴

(1) 이렇게 에덴 동산은 하늘의 성소를 모방한 것이다. 그러므로 에덴 동산은;

- 하나님의 동산(겔 28:13, 14, 31:8, 9)
- 여호와의 동산(창 13:10; 사 51:3)
- 하늘 성전을 본 딴 땅 위의 성전이었다.[5)]

(2) 후에 모세의 장막과 솔로몬 성전도 모두 건축자이신 하나님께서 보여주시는 모양에 따라 그대로 만들어진 것이다(출 25:9; 왕상 6:38; 대상 28:12, 19; 히 8:5; 9:23). 이렇게 지상의 성전은 역사가 완성될 때 새 하늘과 새 땅에 나타날 하나님의 종말론적 성전을 예시해 준다.

(3) 이와 동일하게 새 하늘과 새 땅에서 새 예루살렘은 마치 에덴이 마지막으로 완성적으로 회복되는 것으로 그려지고 있다. 생명의 강, 생명 나무를 포함하고 있는 동산으로 하나님의 보좌가 있는 거룩한 장소로 묘사했다(계 22:1

1) 이하 설명은 메리데스 클라인, 이수영 역, 하나님 나라의 도래(개혁주의신학사, 2007) 참조.

2) 겔 1:1 - 하늘이 열리고 "하나님의 이상"이 보여졌을 때, 그룹들이 이끄는 화려한 병거가 나타났다(4, 26절이하, 28절 참조). 사도 요한이 본 하늘의 모습은 어떠했나? (계 4:1, 2)

3) 하늘의 왕은 매우 거룩한 분이시다(사 6:3, 계 4:8). 그러므로 그 분이 거하시는 장소는 거룩하게 한다. '거룩'(코데쉬)이라는 단어는 구약에서 하늘을 가리키는 명칭이다(신 26:15; 렘 25:30 참조). 이를 반영하는 땅 위의 모사물은 '성전'(מִקְדָּשׁ,미크다쉬)으로 불린다(대상 22:19; 시 74:7; 사 63:18).

4) 하늘을 성전으로 표현된 곳 - 시 18:6, 9, 13; 미 1:2, 3. 계 11:19, 14:15, 17, 21:11, 23.

5) 기름이 풍부한 땅, 나무들이 가득한 땅으로 알려짐(창 13:10; 사 51:3; 겔 31:9, 36:35; 욜 2:3). 풍성한 삶, 풍성한 기쁨의 땅이 가리키는 원형인 하늘의 실체가 성경에서는 '에덴-모양'으로 그려진다. 이러한 '에덴-모양'은 천상의 원형을 비유하기 위해 지상에 나타난 또 하나의 모형이다(사 35:6, 41:18, 19; 겔 47:12; 욜 3:18; 계 22:1, 2).

이하*). 새 예루살렘의 장소로서 하늘로부터 내려오는 크고 높은 산은 최초의 하나님 동산에 그와 같은 거룩한 산이 존재했음을 나타낸다(계 21:10*; 사 2:2, 3; 4:1-5; 25:6; 미 4:1, 2; 겔 40:2*).

- 겔 40:2 "하나님의 이상 중에 나를 데리고 이스라엘 땅에 이르러 나를 매우 높은 산 위에 내려놓으시는데 거기에서 남으로 향하여 **성읍 형상 같은 것**이 있더라."
- 계 21:10 "성령으로 나를 데리고 크고 높은 산으로 올라가 **하나님께로부터 하늘에서 내려오는 거룩한 성 예루살렘**을 보이니"

- 계 22:1-3 "또 그가 수정 같이 맑은 생명수의 강을 내게 보이니 하나님과 및 어린 양의 보좌로부터 나와서 2 길 가운데로 흐르더라 강 좌우에 생명나무가 있어 열두 가지 열매를 맺되 달마다 그 열매를 맺고 그 나무 잎사귀들은 만국을 치료하기 위하여 있더라 3 다시 저주가 없으며 하나님과 그 어린 양의 보좌가 그 가운데에 있으리니 그의 종들이 그를 섬기며"

3. 아담은 타락함으로써 제사장-왕으로서의 사명을 저버리게 되었다.

(1) 이 인간은 제사장의 사역을 감담해야 했다. 하나님을 예배하는 것, 이제, 잘 되고 못되는 것이 아담 손에 달려 있었다. 얼마나 큰 축복이고, 또한 의무인가? 제사장-왕으로서의 아담의 역할은 무엇이었을까?[1)]

1) 그레고리. K. 비일, 강성렬 옮김, 성전신학 (새물결플러스), 109면 이하.

(2) 아담은 에덴 성소의 초기 단계에서 제사장-왕으로 섬겼을 뿐 아니라 땅 전체를 복종시켜야 했다(창 1:28은 하나님의 명령이다. 물론 이 명령을 수행할 능력도 주셨다). 아담과 하와가 이 명령을 지킬 수 있음은 그가 하나님의 형상으로 창조되었기 때문이다(창 1:27). 이들은 땅 위에서 하나님의 부섭정 역할을 행함으로써 그분의 왕권을 반영해야 했다(온 땅을 정복하고 다스려야 한다).

- 사 45:18 "대저 여호와께서 이같이 말씀하시되 하늘을 창조하신 이 그는 하나님이시니 그가 땅을 지으시고 그것을 만드셨으며 그것을 견고하게 하시되 혼돈하게 창조하지 아니하시고 사람이 거주하게 그것을 지으셨으니 나는 여호와라 나 외에 다른 이가 없느니라 하시니라"

(3) 이들은 하나님이 창조하신 세계를 사람이 살만한 공간을 만듦으로써 하나님을 영화롭게 해야 할 책임이 있었다(사 45:18*과 시 115:16을 읽어보자). 아담은 에덴 동산의 경계선을 바깥세상으로 넓힘으로써 하나님의 빛의 임재를 널리 전하도록 창조되었다. 물론 처음에는 에덴의 동산 성전에 한정되었지만(경작하고 지켜야 할 사명, 창 2:15), 나중에는 그분의 형상을 가진 자들에 의해 온 땅에 퍼지게 되었다.[2)]

2) 하나님께서 사람에게 하신 명령 : (창 1:28)
① 생육하라!
② 번성하라!
③ 충만하라!
④ 정복하라!
⑤ 다스리라!
/바다의 고기와
/공중의 새와
/땅에 움직이는 모든 생물

(4) 그러나 아담은 하나님께서 명령하신 책임을 게을리 했다. 무엇보다 사탄이 에덴 성소를 오염시키도록 허용했다. 하나님께서 금하신 선악과를 따서 먹음으로써 성전을 지키는데 실패했다. 선하신 하나님의 언약을 등한시했기에 자신의 제사장 역할을 상실하고 말았다. 그래서 아담과 하와는 창세기 1:28의 하나님의 명령에 불순한 셈이 되었다. 하나님의 언약을 배반하고 마귀와 언약을 체결한 것이다. 따라서 그들은 안식일의 샬롬의 문을 연 것이 아니라 죄와 죽음을 이 세상에 가져왔다(롬 5:12-19).

(5) 따라서, 이 하나님의 명령은 아담과 같은 다른 인물들을 세워서 그 사명을 넘기신다. 물론 아담의 후손 역시 그와 마찬가지로 실패할 것이다. 이 실패는 '마지막 아담'(=예수님)이 인류를 위해 궁극적 사명을 이루실 때까지 계속될 것이다. 일부 주석가들은 아담의 사명이 노아에게 넘어가고, 다음으로 아브라함과 그의 후손들에게 옮겨갔다고 주장한다(창 1:28 ⇨ 9:1, 7 ⇨ 12:2, 3 ⇨ 17:2, 6, 8 ⇨ 22:17-18 ⇨ 26:3, 4, 24 ⇨ 28:3-4 ⇨ 35:11-12 ⇨ 47:12).

이 사명은 아브라함에게 되풀이 된다(창 12:1–3)

하나님의 약속
① 내가 너로 큰 민족을 이루리라.
② 내가 복을 주리라.
③ 내가 네 이름을 창대케 하리라.
④ 내가 --- 복을 내리리라
⑤ 내가 --- 저주하리라

4. 노아와 그의 자녀들도 사명을 수행하는데 실패했다. 그래서 창 1:28에 기록된 사명은 아브라함과 이삭과 야곱과 이스라엘에게 주어졌다.[1)]

(1) 노아가 여호와께 제단을 쌓았다(창 8:20). 이것 역시 초기의 불완전한 성전 건축 사건일 수 있음을 암시한다. 노아가 제단에서 번제를 드렸다. 이 제물은 여호와 앞에서 '향기로운 냄새'(레위기, 레위기, 민수기 등에서 13회나 언급됨)였다. 노아는 아라랏 산 위에서 희생제사를 드린다.

(1) **아브라함**: 벧엘 동쪽 산으로 옮겨 장막을 쳤다(창 12:8; 13:3-4). 모리아 산은 아브라함이 이삭을 제물로 바쳐려 했던 장소이다. 이곳은 솔로몬 성전의 자리이기도 하다(대하 3:1*).

(2) **야곱**: 벧엘로 올라가다라는 표현(창 35:1, 3). ⇔ 창 28:12-13(벧엘에서의 사닥다리와 그 위로 오르락내리락하는 천사들, 창 28:17). 야곱은 여기서 '기둥'을 세우고 '그 위에 기름을 부으며' 그곳을 '벧엘'로 칭한다(창 28:18-19)· ⇨ 요 1:51에서 성취. 야곱은 나중에 '벧엘'로 돌아온다(창 35:1-15).

1)
• 아브라함: 창 12:2, 17:2, 6, 8 16, 22:18
• 이삭: 창 26:3-4, 24
• 야곱: 창 28:3-4, 14, 35:11-12, 48:3, 15-16
• 이스라엘: 신 7:13; 창 47:27; 출 1:7; 시 107:38; 사 51:2.

• 대하 3:1 "**솔로몬이 예루살렘 모리아 산에 여호와의 전 건축하기를 시작하니** 그 곳은 전에 여호와께서 그의 아버지 다윗에게 나타나신 곳이요 여부스 사람 오르난의 타작 마당에 다윗이 정한 곳이라."

야곱은 세 번에 걸쳐 '제단'을 건축했다고 말한다(창 35:1, 3, 7, 14). 제단 건축을 '성전' 개념과 연결시킨다. 아론의 손자인 비느하스가 벧엘에서 제사장으로 섬겼다(번제와 화목제를 드렸다; 삿 20:18-28; 삼상 7:16, 10:3 참조). 그리고 그는 이곳을 "벧엘"(하나님의 집)이라고 했다. 하나님의 임재(臨在)가 벧엘을 하나님의 집이요 하늘의 문으로 만든 것이다.

"여호와께서 과연 여기 계시거늘 내가 알지 못하였도다"(창28:16).

광야에서 성막

(1) 광야에서 장막은 "회막"(會幕)으로 불려졌는데, 그것은 이스라엘의 총회 장소도 아니고, 하늘에 있는 여호와의 군대의 지상 집회소도 아니다. 단지 하나님께서 그의 성도들과 그 곳에서 만나셨기 때문이다(출 29:42,43, 25:22, 30:36). 결국, 여호와의 궁전에 대한 사랑은 그의 백성과 함께 거하시려고 선택하신 하나님에 대한 사랑인 것이다.

(2) **시내 산 성소**: 이스라엘이 시내 산에서 하나님을 만나는 사건도 성전 터와 유사한 장소에서의 또 다른 예배 경험을 암시하는 것 같다. 시내산은 '하나님의 산'으로도 불린다(출 3:1, 18:5, 24:13). 이 이름은 시온 산의 이스라엘 성전과 관련된다(사 2:2; 미 4:2에서 '여호와의 산'이 '하나님의 집'과 실제적으로 동의어이다). 성막이나 성전의 경우와 마찬가지로 시내 산도 거룩함의 증가에 따라 세 영역으로 나누어져 있다.[1]

(3) 시내산 꼭대기는 지성소와 유사했다(이스라엘의 대제사장 모세만이 이곳으로 들어설 수 있었다). 또 이곳은 하나님의 현현을 나타내는 '구름'과 그분의 임재가 '거하는 곳'이기도 했다(출 24:15-17). 십계명과 법궤는 시내 산 꼭대기에서 만들어진다(신 10:1-5).[2] 나중에 이것들은 하나님의 임재의 장소인 성전 지성소에 다시 비치된다.

(4) 하나님은 이스라엘 백성을 자신의 소유로 삼으셨다. 이스라엘은 거룩한 나라 곧 제사장 왕국이 되어야 했다. 거룩함을 유지하기 위한 법뿐만 아니라 죄인된 백성들이 성막을 통해서 하나님께 나아갈 수 있는 길도 열어 놓으신다. 성막은 하나님께서 이스라엘을 위하여 정하신 예배 처소였다. 신정국(神政國)에서는 하나님께 대한 예배가 삶의 중심이 되어야 한다. 성막은 하나님께서 자기 백성과 거하시는 곳이다. 하나님은 통치뿐만 아니라 자기 백성들과 교제하기 위하여 임재하신다.

(5) 물론 신약에서는 예수 그리스도가 바로 성전 자체라고 하셨다(요 2:19-22 참조). "말씀이 육신이 되어 우리 가운데 거하시매"(요 1:14) '우리 가운데 거하신다'는 말은 우리 가운데 장막을 치셨다는 말이다(was tabernacling). 그런데 이 장막은 마음대로 지은 것이 아니다. 하나님이 모세에게 보여주신 견본대로 짓게 하셨다.[3)]

1) 백성들과 제사장과 모세가 하나님께 접근할 수 있는 장소가 달랐다. 산꼭대기는 오직 모세만이 올라 하나님의 임재를 직접 경험할 수 있었다(출 24:2).

2) 요한계시록 11:19과 시내 산 성전 관련성 : "이에 하늘에 있는 하나님의 성전이 열리니 성전 안에 하나님의 언약궤가 보이며 또 번개와 음성들과 우레와 지진과 큰 우박이 있더라."

3) 히브리서에서는 이 성막은 '하늘에 있는 것의 모형과 그림자'라고 했다(히 8:5). 죄인인 인간이 제사제도를 통해 하나님께로 나아갈 수 있는 길을 열어놓으셨다. 성막은 바로 이 제사를 드리는 장소요 하나님이 임재하시는 하나님의 집이었다.

① **문** : 성막의 문은 항상 동쪽에 있으며(27:13), 오직 한 개의 문밖에 없다.

② **번제단(놋제단)** : 짐승이 희생되는 곳. 이 제단이 있는 곳을 성막의 안뜰이라고 했다. 할례받은 이스라엘 사람은 누구나 들어올 수 있다.

③ **물두멍**(laver of bronze) : 놋으로 만든 물대야를 말한다. 번제를 드리고 회막에 들어가기 전에 손과 발을 씻는 곳이다.

④ **성소** : 이 성소의 크기는 폭 4.5m, 길이 13.5m, 높이 4.5m 정도로 약 18평이 된다. 그 내부는 휘장을 사이에 두고 2개의 방으로 나뉘어져 있다. 첫번 째 방을 성소, 두번 째 방을 지성소라고 한다.

⑤ **기둥** : 모두 60개로 되어 있다.

성소의 직능 : 성소는 무엇을 하는 곳인가?

① 성소는 하나님 앞에 제사를 드리며 기도하는 곳이다. 즉 왕이신 하나님과 그의 백성이 만나는 곳이다. 그 만남은 경배와 예배였고 제사의 형식을 띠고 있다.

② 성소(聖所)는 하나님의 언약궤가 보존된 곳이다. 언약궤란 곧 하나님의 언약, 즉 계명이 담겨진 궤(櫃)를 말한다. 이스라엘 백성들은 하나님의 계명을 앞에 놓고 회개하며 기도했고 제사를 드렸다. 하나님은 이곳에서 이들의 죄를 용서하시고 만나주셨다.

③ 성소는 제사장들이 제물을 먹는 장소이다(레 6:26이하, 레 24:9).

성소(Holy place, 첫 장막)

히브리 기자는 성소를 첫 장막이라 했고, 지성소를 둘째 장막이라 했다. 이 성소는 지성소와는 달리 매일 제사장들이 출입하면서 그 안에 불이 꺼지지 않도록(저녁부터 아침까지) 했다(출 27:21).

솔로몬 성전

1) 아브라함에게 약속된 땅의 영역까지 확장시키는 과업을 완수하고, 다윗의 메시아적 계보가 보장된 연후에야 비로소 여호와의 이름을 위하여 성전이 다윗의 후손에 의해 건축될 것이다. 더욱이 이 약속은 비록 그의 후손 왕들이 불순종했을 때 그에 대한 징계는 면치 못할 것이나, 사울에게서 은총(헤세드, חֶסֶד)을 빼앗은 것같이 그의 언약적 맹세를 철회하지는 않으실 것이라는 약속이었다. 이 언약은 다윗의 혈통에서 나온 통치자가 '영원히 그의 나라 위(位)에 세워질 때'인 역사의 종말에 초점을 두고 있다.

1. 이 성막과 성전은 아주 밀접한 관계가 있다. 연속적인 면이 많음에도 불구하고 불연속적인 면도 있다.

(1) 다윗은 법궤를 예루살렘으로 가지고 와서 장막 안에 두었다(삼하 6장). 그러나 그는 성전을 직접 건축하지 못하고 성전 건축에 필요한 모든 준비를 완료했다(삼하 7장, 대상 22장). 성전 건축은 그의 아들 솔로몬 재위 4년 때에(약 주전 958년) 착공, 7년만에 완성한다.[1]

(2) 이 성막과 성전은 아주 밀접한 관계가 있다. 연속적인 면이 많음에도 불구하고 불연속적인 면도 있다. 성막은 언제나 이동할 수 있도록 임시로 만든 것이라면, 성전은 한곳에 고정되어 있다는 것이다. 성막에는 하나님의 영광이 임했다가 떠났다가 한다(민수기). 그러나 성전에는 여호와의 이름이 항상 계실 것이라고 약속하신다. 하나님께서 백성 가운데 계신다는 면이 한층 강화된 것을 볼 수 있다(왕상 8:10-11).

(3) 지상의 장막이 하늘의 참장막의 그림자임과 같이 솔로몬의 성전도 하늘의 것의 모형이다. 따라서 솔로몬의 성전도 완전한 것이 아니고 앞으로 파괴될 가능성이 있으며, 또 사실 파괴되었다. 물론 이 솔로몬 성전도 하나님이 떠나실 수 있다는 것을 보게 된다. 이 성전도 참된 것이 아니기에 참된 것을 지향한다. 결국 이 성전 역시 제한적이며, 참되고 보다 완전한 것을 바라는 면이 있다.

(4) 그렇다면 성전은 하나님의 자기 계획 속에 무엇을 의미하는가? 그 성전은 그의 백성과 함께 하시는 하나님의 임재의 '실체'(實體)를 상징한다. 하나님은 그의 영광의 얼굴을 보여주시기 위해 그의 백성 가운데 임재하신다. 광야 생활 속에서 하나님은 친히 그들을 인도하셨고, 백성들은 그들과 함께 거하시는 하나님께 예배를 드렸다.

2) 히8:5 "들이 섬기는 것은 **하늘에 있는 것의 모형과 그림자라** 모세가 장막을 지으려 할 때에 지시하심을 얻음과 같으니 이르시되 삼가 모든 것을 산에서 네게 보이던 본을 따라 지으라 하셨느니라(출 25:40)."

."

2. 성전은 하늘의 실체에 대한 지상의 모형

(1) 히 8:5의 말씀과 같이 이 지상의 성막(성전)은 "하늘의 있는 것의 모형과 그림자"라고 했다.[2] '하늘의 성소' 야말로 참되고 영원한 성소이며 "더 크고 온전한 참장막"(히 9:11이하)이다. 실체인 예수 그리스도의 오심으로 하늘의 성소의 모형(copy)과 그림자(shadow)였던 '지상의 성전'은 소멸되었다. 물론 '참 장막'이

라는 말은 거짓 장막의 반대되는 말이 아니라 지상의 장막이 모형적인 데 비하여 하늘의 성소가 원형(原型)임을 말하는 것이다. 그렇다면 그 원형적 성막이란 무엇인가?

(2) 성경은 우리가 살고 있는 이 우주를 우주적 궁정(宮廷) 혹은 성전으로 묘사하고 있다. 즉 하늘과 땅은 창조주요 왕 되신 하나님의 거룩한 궁전이다. 따라서 구속사 가운데 재창조의 상징으로 나타나는 지상의 성막과 성전은 그 건축상의 여러 특징들이 보여주듯 천지를 축소한 소우주의 표현으로 설계되었다. 성막을 짓는 일은 바로 에덴의 상징적 회복을 의미한다. 이는 창조의 구속사적 재연(re-enactment)이라고 볼 수 있다. 그래서 성소를 다음과 같이 표현했다.

- 시 78:68-69 "오직 유다 지파와 그 사랑하시는 시온 산을 택하시고 그 **성소**를 산의 높음같이, 영원히 두신 땅같이 지으셨으며."
- 사 6:1-3 "웃시야 왕의 죽던 해에 내가 본즉 주께서 높이 들린 보좌에 앉으셨는데 그 옷자락은 **성전**에 가득하였고…거룩하다 거룩하다 거룩하다 만군의 여호와여 그 영광이 온 땅에 충만하도다."

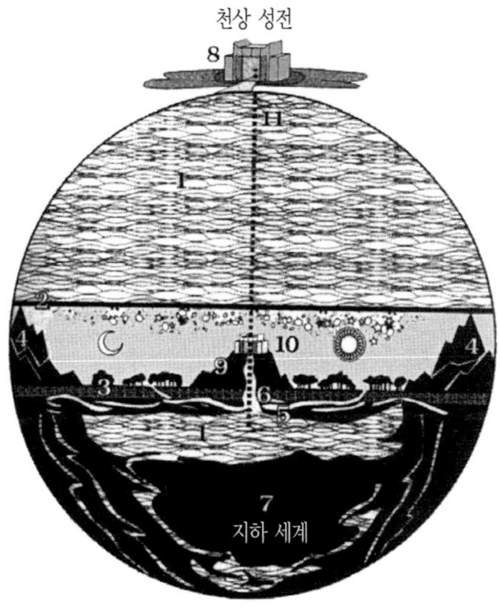

유대인의 우주 개념

2. 궁창
6. 땅의 배꼽(중심)
7. 지하세계
8. 천상 성전
9. 이 땅의 시온산
10. 이 땅의 성전(우주 성전의 축소 복제판)

그래서 성소는 하늘, 땅 그리고 지하 세계가 만나는 장소인 이 땅의 중심(배꼽)에 위치한 것으로 상상되었다(시 48:1-3, 그림 참조). 에스겔은 이 성전을 "열방의 중심"으로, "땅의 중심"으로 표현했다(겔 5:5, 38:12).

(3) 성전과 성막 모두 창조의 신학과 그 안에 계신 하나님의 임재의 신학을 통합한다. 그러므로 창세기의 창조 이야기와 성막과 성전의 건축에 대한 설명 사이에 유사성이 있다는 말이다. 모세의 성막도 원 창조 시의 우주적(우주 그 자체)이고, 또 소우주적인(에덴 동산은 하나님이 인간과 함께 거하시는 최초의 성전이었다) 특징을 드러냈다고 보아야 한다. 즉 모세의 성막은 천국 성전의 그림자이다(히 9:23, 24). 크고 온전한 원형적 장막의 한 모형이다(히 9:11). 따라서 모형인 이 지상의 장막은 원형인 하늘의 것과 비교할 수 없다. 모형으로서의 성막은 그 자체가 참된 것이 아니고, 참된 것을 지향한다.

- 히 9:11 "그리스도께서 장래 좋은 일의 대제사장으로 오사 **손으로 짓지 아니한, 곧 이 창조에 속하지 아니한 더 크고 온전한 장막**으로 말미암아"

3. 성막(성전)은 하나님과의 교제의 장소

(1) 에덴은 하나님과 인간이 교제하는 장소였고 그곳에서 인간은 축복을 누릴 수 있었다. 따라서 인간이 죄를 짓기 이전에는 성막이 필요 없었다. 죄를 지은 이후 교제가 끊어졌다.

(2) 성막(성전)은 제한적이기는 하지만 하나님의 함께 하심의 상징이요 하나님이

자기 백성과 만나는 장소였다. 하나님은 이스라엘을 애굽에서 구원해 내신 후에 그들과 함께 하신다는 상징으로 성막을 주셨다. '성막'은 '미쉬칸'이라는 말로서 거주지, 거처, 가옥, 장막의 뜻이 있다. 그러나 '장막' 이란 주로 거처(dwelling place)를 의미한다. 하나님은 백성 중에 함께 거할 성소를 지으라고 지시하셨는데(출 25:8), 이는 '앉아서 함께 머물다' 라는 의미보다는 '함께 산다' 는 활동적인 의미를 담고 있다.[1)]

1) 전은 만민의 기도하는 장소요(사 56:7, 렘 7:11, 막 11:17), 맹세를 선언하는 곳이며 서약을 이루는 곳이다.

4. 성전은 우주의 중심

시편 78편에서 기자는 여호와가 그의 성소로 "시온산을 택하시고", "그의 종으로 다윗을 택했다"고 결론내린다. 열왕기 기자는 땅의 성전은 하나님(혹은 하나님의 이름)이 거하시는 하나님의 궁정이며 처소(왕상 9:3)라고 했다. 이 땅의 성전은 대우주와 소우주, 천상과 지상 간의 일치를 전제로 하늘 성전의 모델로 간주된다. 그러므로 예루살렘 성전(성막)은 산 정상에서 모세에게 보여준 양식(식양, 패턴)을 따라 건축되었다.

• 레 11:44 "나는 여호와 너희의 하나님이라 내가 거룩하니 너희도 몸을 구별하여 거룩하게 하고 땅에 기는 길짐승으로 말미암아 스스로 더럽히지 말라 45나는 너희의 하나님이 되려고 너희를 애굽 땅에서 인도하여 낸 여호와라 내가 거룩하니 너희도 거룩할지어다."

5. 성전은 거룩한 곳

(1) 이스라엘 백성은 성막(성전)에서 하나님을 만날 수 있었다. 그러나 누구나 직접적으로 만날 수 없었다. 왜냐하면 하나님은 거룩하신 분이기에(레 11:44-45*) 죄인 된 인간이 바로 나아갈 수 없었기 때문이다.

(2) 따라서 대제사장도 자기 자신을 위하여 번제와 속죄제를 드리고 난 후에, 즉 속죄의 피를 뿌린 후에 지성소에 들어갈 수 있었다. 하나님은 제사제도를 설정하심으로써 백성들이 하나님께로 나아오는 길을 열어놓으셨다. 물론 희생 제사는 훗날 그리스도의 십자가의 희생을 상징하는 모형이었다. 성전(성막) 내부는 오늘날의 회당이나 교회처럼 공예배의 장소는 아니었다. 특히 지성소의 거룩함은 언약궤 위에 펼쳐진 그룹을 보아 알 수 있다(왕상 8:6-7, 사 6:2-3, 창 3:24 참조).

• 렘 7:4 "너희는 이것이 여호와의 전이라, 여호와의 전이라, 여호와의 전이라 하는 거짓말을 믿지 말라."

• 애 2:7 "여호와께서 또 자기 제단을 버리시며 자기 성소를 미워하시며 궁장을 원수의 손에 붙이셨으매 저희가 여호와의 전에서 훤화하기를 절기 날과 같이 하였도다."

6. 성전파괴 : 솔로몬의 성전 봉헌으로 끝나는가?

(1) 훗날 선지자들은 이스라엘 백성들의 우상 숭배(언약의 배반)로 그들이 그렇게 자랑스럽고 중요하게 여겼던 성전이 파괴된 사실에 대해 언급한다(렘 7:4*, 애 2:7*). 예루살렘이 멸망당했을 때(주전 586년), 물론 성전도 불타 없어져 버렸다. 성전이 예루살렘에 있는 한 망하지 않을 것이라는 유대인의 환상은 여지없이 깨져 버렸다. 바벨론 왕 느부갓네살은 성전에 남아 있는 물품들을 자기 나라로 옮기고 성전을 불태워 버렸다. 솔로몬 성전도 영원한 것이 되지 못했다.

(2) 삼하 7:10-16에서 다윗과 세워진 왕적 요소들이 영원할(forever) 것이다. 다윗과 맺은 이 언약을 '영원한 언약'(בְּרִית עוֹלָם, 베리트 올람, everlasting covenant)이라고 했다(삼하 23:5). 특히 시편 89편에서는 다윗의 혈통이 '왕조의 날'이 아닌 '하늘의 날과 같이'(28, 29절) 지속될 것과 그의 보좌는 해와 달과 같이 계속될 것을(36-38절) 확언하고 있다. 그러나 솔로몬과 그의 후손들은 그렇지 못했다).

• 시 89:28-29 "그를 위하여 나의 인자함을 영원히 지키고 그와 맺은 나의 언약을 굳게 세우며 29또 그의 후손을 영구하게 하여 그의 왕위를 하늘의 날과 같게 하리로다."

(3) 하나님께서는 언약을 어기고 제멋대로 살아가려는 백성을 끌어 안으려고 많은 선지자들을 보내 경고하셨다. 북이스라엘은 아홉 번의 정변이 일어났고 결국은 주전 722년 앗수르에 의해 망해버렸다. 남유다에서는 언약 갱신의 시도가 여러 번 있었지만 타락한 백성을 되돌리기에는 이미 너무 늦어버렸다. 유다 역시 주전 586년 바벨론에게 점령당했고 종말을 고했다.

(4) 유대인들에게 성전과 시온은 신성불가침의 영역으로 생각되었다. 이들에게는 성전 파괴가 이해하기 힘든 사건이었다. 어떻게 성전이 있는 예루살렘이 망할 수 있는가! 이스라엘 백성들은 성전을 하나님의 임재를 보증해 주고 파멸을 막아주는 부적과 같은 신비한 힘을 가지고 있다고 오해했다. 그러나 성전은 무너졌고 불타버렸다.[1)]

1) 성전의 거룩성에 관한 사상은 이사야 전반부와 시편 46편, 48편에 나타나 있다. 예레미야 7장 및 26장과 같은 성전 설교들이 왕조 마지막 시기에 유대인들에게 대단한 호소력을 주었을 것이다.

(5) 그러나, 에스겔(8-11장)에서는 '여호와께서 성전에 계신다는 생각'이 성전 몰락 이전에 이미 철회된 것임을 분명히 했다. 그러니까 성전 파괴는 여호와에 의하여 진행되었다는 것이다. 그러나, 예루살렘 성지에 대한 관심은 계속되었음을 본다(렘 41:5*).

• 렘 41:5 "때에 사람 팔십 명이 그 수염을 깎고 옷을 찢고 몸을 상하고 손에 소제물과 유향을 가지고 세겜과 실로와 사마리아에서부터 와서 여호와의 집으로 나아가려 한지라."

7. 그렇다면 성전의 파괴는 아브라함 선택의 종말을 의미하는 것인가?

(1) 물론 아니다. 성전 파괴와 함께 잃어버린 것들이, 이스라엘로 하여금 이스라엘이 되도록 만드는 것은 아니었다. 오히려 포로로 잡혀감으로써 이스라엘을 덮고 있던 장식품들이 떨어져 나가고 참된 이스라엘이 어떤 것인지 들여다 볼 수 있게 되었다. 그들은 많은 시련을 통과한 후에 하나님의 주권적인 통치의 영광과 위대함을 알게 된다.

(2) 에스겔은 성전 파괴는 하나님 자신에 의해서 수행되었다고 말한다(겔 1-24장). **하나님을 반역한 이스라엘**은 심판을 통하여 하나님을 알게 된다(겔 25-32장). 에스겔서에서는 "그러면 그들이 내가 여호와인 줄 알리라"라는 말씀이 65회 이상이나 언급된다.

에스겔서의 회복 약속

- 성전이 다시 건립될 것이다(사 2:2-4, 겔 40-42장).
- 희생제물이 다시 드려질 것이다(사 56:7, 렘 33:18, 17:26, 3:14, 겔 43장).
- 무엇보다 그와 같은 회복이 너무나도 완전하기에 갱신이 되는 것이다. 회복된 옛 언약은 영원한 평화의 새 언약으로 되는 것이다(사 54:8, 61:8, 겔 16:60, 36:24-28, 렘 31:31-37).
- 버림받은 열방이 이스라엘 포로와 함께 모여진다(사 56:6-8, 렘48:47, 12:15-16).
- 이방인들이 제사장들과 레위인들이 될 것이다(사 66:21).
- 예루살렘의 모든 솥들이 거룩하게 될 것이다(슥 14:20). 언약궤가 그리워지지 않을 것이다(렘 3:16-17). 왜냐하면 도시 전체가 하나님의 보좌가 될 것이기 때문이다.
- '여호와 삼마'(=여호와께서 거기 계시다)가 에스겔이 본 도성의 이름이요(겔 48:35), 또 생명의 강이 하나님의 집으로부터 흘러나올 것이다(겔 47:1-12).
- 새 하늘과 새 땅을 창조하실 것이요(사 65:17, 66:22), 평화가 짐승들에게까지 미치고(사 11:6-9, 35:9), 낮과 밤이 더 이상 존재하지 않을 것이며(사 60:20), 오로지 하나님의 영광만이 있을 것이다.

에스겔 성전

1. 예루살렘이 멸망한지 14년 되던 해에(B.C. 572) 에스겔은 환상 중에 예루살렘에 돌아갔으며 그가 보는 앞에서 한 천사가 그 성전을 척량하였다.

(1) 솔로몬 성전이 파괴된 후 **에스겔 선지자는 회복된 성전의 내부 장식에 대한 환상을 본다(겔 40-44장)**. 비록 이들이 자신들의 범죄로 바벨론에 포로로 끌려갔지만, 그래서 예루살렘 성전에서 예배드릴 수 없게 되었지만, 하나님께서는 에스겔 11:16*처럼 약속하신다. 이 말씀이 의미하는 바가 무엇일까?

- 겔 11:16 "그런즉 너는 말하기를 주 여호와의 말씀에 내가 비록 그들을 멀리 이방인 가운데로 쫓아내어 여러 나라에 흩었으나 그들이 도달한 나라들에서 **내가 잠깐 그들에게 성소가 되리라** 하셨다 하고"

(2) 그가 강조하는 것은 유일하고도 파괴될 수 없는 그 성전은 바로 하나님 자신의 영광이요, 이제 그의 백성 가운데 임재하고 있다는 것이다. 선지자들의 메시지의 핵심이 여기에 있다. 징계당한 백성의 유일한 회복자요, 구주요, 치유자는 하나님 자신뿐이시라는 것이다(겔 34:11; 사 40:10, 51:12; 호 6:1-2). 오직 그 분 자신만이 자기의 약속을 성취시킬 수 있으신데, 그의 성취는 완벽하다(total). 그는 그들을 포로 상태에서, 심지어 죄와 죽음의 포로 상태에서 회복시키실 것이다. 또한 새 마음을 그들에게 주실 것이다(겔 37:11-14; 신 30:1-6).

2. 결국 솔로몬 성전이 파괴된 것은 이스라엘의 범죄에 대한 하나님의 심판의 상징이었다.

(1) 하나님은 이들이 다시 회개하면 다시 회복시켜 주실 것을 약속하셨다(신 30:1 이하 참조). 하나님의 영광이 떠난 것(겔 11:22, 23)은 예루살렘의 멸망을 상징하였다. 따라서 이 영광이 돌아오는 것(겔 43:1이하)은 하나님의 은총과 축복에 대한 이스라엘의 회복을 의미하였다.

(2) 우상 숭배와 여호와의 언약에 대한 배반으로 추방을 당하지만(신 4:27, 28; 28:64-68), 고난 중에 전심으로 여호와를 찾으면 다시 고국으로 돌려보내신다고 약속하신다. 그 목적은 완고하고 패역한 백성을 새롭게 변화시켜 거룩한 나라로 만들어(겔 37:21-28) 고국으로 돌아가게 하려 하심이었다.

(3) 특히 에스겔 40-48장에서는 새 성전의 모습이 소개되고 있다. 다윗 가계의

관심이 점점 줄어드는 것같이 느껴지나 이는 점점 영적인 면으로 바뀌어져 계시되기 때문이다. 즉, 유다의 장래는 다윗 왕조의 계승자에게 달려 있지 않고 오직 여호와의 주권적 결단에 달려 있음을 선지자를 통해 상기시킨다.

(3) 에스겔의 환상도 하나님과 그의 백성 간의 언약을 담고 있다(겔 16:60-63, 34:25-31, 37:26-28). 에스겔도 이 언약을 '영원한 언약'이라고 불렀다. 자손의 집합적 개념은 예레미야 34:22-24에 나온다. 이는 사무엘하 7장의 다윗 언약을 상기시키고 있다. 또한 죄의 용서를 약속하고 있다. 새 마음과 새 영이 약속되었다(겔 36:27).

▶ 에스겔과 예레미야가 사역하던 시대의 상황은 참으로 암담했다. 유다가 바벨론의 무력에 굴복, 모든 희망이 사라져 버렸다. 하나님은 언약을 어긴 백성들을 내버려두셨다고 말씀하신다(렘 2:1-3:5). 예레미야는 이렇게 불안한 사람들에게 희망을 가져다 줄 예언을 환상으로 보고 있었다(렘 31:31-14). 상당수가 바벨론 포로로 끌려가고 다윗 왕조는 무너지지만 다시 회복시키실 것이라는 내용이다.

▶ 왜 왕조가 망하고, 예루살렘의 함락은 어찌하여 일어나야 하는가? 하나님의 언약은 영원히 백지화된 것이 아닌가? 그러나 예레미야는 아직도 그 약속은 유효하며, 하나님은 여전히 이스라엘을 사랑하신다는 확신을 전한다. 그는 새 언약을 선포한다(렘 31:31).

▶ **바벨론 포로에서 이들은 다시 돌아올 것이다. 왜? 단순히 무너진 성전을 재건하려고? 그 근본 목적은 "다윗에게 의로운 가지가 나게" 하기 위해서이다(렘 33:15).** '가지'라고 부르는 자손, 곧 메시야가 언급되고 있다.

(4) 이스라엘에게 주어진 가장 큰 사명은 아담이 수행하도록 명령받은 것을 그대로 행하는 데 있었다. 그러나 이스라엘은 이 일에 실패했다. 이스라엘은 이방 나라를 하나님께로 불러내는 역할을 해야했지만 그 사명에 실패했다.

결국 아담이 동산에서 쫓겨났던 것처럼
이스라엘에도 본토에서 추방되어 포로가 되었다.
그러나 하나님은 에스겔의 환상을 통해
성전의 회복을 말씀하셨다.
회복될 그 성소와 지성소는 솔로몬 성전과 동일하며
그 밖에 여러 유사성이 있다.

• 스 1:1-4 "바사 왕 고레스 원년에 여호와께서 예레미야의 입으로 하신 말씀을 응하게 하시려고 바사 왕 고레스의 마음을 감동시키시매 저가 온 나라에 공포도 하고 조서(詔書)도 내려 가로되 바사 왕 고레스는 말하노니 하늘의 신 여호와께서 세상 만국으로 내게 주셨고 나를 명하사 유다 예루살렘에 전을 건축하라 하셨나니 이스라엘의 하나님은 참 신이시라

너희 중에 무릇 그 백성 된 자는 다 유다 **예루살렘으로 올라가서 거기 있는 여호와의 전을 건축하라** 너희 하나님이 함께 하시기를 원하노라 무릇 그 남아 있는 백성이 어느 곳에 우거하였든지 그곳 사람들이 마땅히 은과 금과 기타 물건과 짐승으로 도와주고 그 외에도 예루살렘 하나님의 전을 위하여 예물을 즐거이 드릴지니라 하였더라."

최초의 성소, 에덴동산에 대한 에스겔의 견해

[자세히 읽어보자]

- 겔 28:13 "네가 옛적에 하나님의 동산 에덴에 있어서 각종 보석....단장하였음이여 네가 지음을 받던 날에 너를 위하여 소고와 비파가 준비되었도다 14 너는 기름 부음을 받고 지키는 그룹임이여 내가 너를 세우매 **네가 하나님의 성산에 있어서 불타는 돌들 사이에 왕래하였도다** 15 네가 지음을 받던 날로부터 네 모든 길에 완전하더니 마침내 네게서 불의가 드러났도다 16 네 무역이 많으므로 네 가운데에 강포가 가득하여 **네가 범죄하였도다 너 지키는 그룹아 그러므로 내가 너를 더럽게 여겨 하나님의 산에서 쫓아냈고 불타는 돌들 사이에서 멸하였도다** 17 네가 아름다우므로 마음이 교만하였으며 네가 영화로우므로 네 지혜를 더럽혔음이여 내가 너를 땅에 던져 왕들 앞에 두어 그들의 구경 거리가 되게 하였도다 18 네가 죄악이 많고 무역이 불의하므로 네 모든 성소를 더럽혔음이여 내가 네 가운데에서 불을 내어 너를 사르게 하고 너를 보고 있는 모든 자 앞에서 너를 땅 위에 재가 되게 하였도다."

1. 에스겔 28:13-14, 16, 18 등에서 '하나님의 동산, 하나님의 성산인 에덴'을 언급하고 있다. 이 부분은 두로 왕에 대한 심판이 예언되었다.

(1) 두로 왕은 마치 타락 이전의 아담처럼 부족함없는 풍족하고 행복한 삶을 살았다는 것이다. 아담이 하나님의 동산에서 거했던 것처럼, 빛나는 그룹을 붙여주어 보호자로 삼았고 빛나는 보석들 사이로 왕래했다는 것이었다. 그는 흠잡을 데가 없는 인물이었다고 했다(15절).[1)]

(2) "창세기 2장의 에덴 동산과 이스라엘의 성막 및 성전 사이에 있는 수많은 평행관계는 에덴이 최초의 원형적인 성전(이스라엘의 모든 성전의 기초가 된)이었음을 암시하고 있다. 특별히 에스겔 28장은 명시적으로 에덴을 최초의 성전으로 부르고 있다."[2)]

2. 그 약속된 축복의 성취가 회복된 완성이란 의미로 표현되기도 하였다.

- 성전이 다시 건립될 것이다(사 2:2-4; 겔 40-42장).
- 희생제물이 다시 드려질 것이다(사 56:7; 렘 33:18, 17:26, 3:14; 겔 43장).
- 무엇보다 그와 같은 회복이 너무나도 완전하기에 갱신이 되어지는 것이다. 회복된 옛 언약은 영원한 평화의 새 언약으로 되어지는 것이다(사 54:8, 61:8; 겔 16:60, 36:24-28; 렘 31:31-37). 즉 모든 영광의 중심은 주님 그 자신이다. 그는 그가 다스릴 피조물 가운데 오신다(시 46:5-6, 10, 98:7-9).

1) 에스겔서 28장의 이 구절이 하나님께서 쫓아내신 것이 한 인물, 즉 그룹인가, 아니면 아담인가 에 대한 여러 논쟁이 있다.

앞에서(28장에서) 이미 다루웠으므로 그곳을 참고해 보기로 하자. 여러 주장이 있지만, 어쨌든 겔 28:12-17은 창세기 2-3장과 유사하다. 인간/그룹은 하나님의 산에 위치한 에덴 동산에 거주하였으며, 하나님께서는 그를 아름다움과 명성으로 빛나게 해주셨다. 그러나 이 인간/그룹은 범죄하여 산으로부터 쫓겨나고 말았다.

2) 그레고리. K 비일, 앞의 책)

BACK TO THE BIBLE

제2의 성전(스룹바벨 성전)

(1) B.C. 539년에 고레스가 바벨론을 정복하기 전까지는 이스라엘 백성이 고국에 돌아가서 그들의 성전을 재건할 수 있다는 소망이 보이지 않았다(참고, 사 44:28; 45:1, 대하 36:22, 23). 그러나 고레스는 유대 백성의 귀환 정책을 채택한다(스 1:1-4). 바벨론 포로가 끝난 후 불타 버린 성전이 재건된다(주전 520년경). 이때 학개와 스가랴의 역할을 보라. 성전 기구들은 일부 되돌려 받기는 하였지만 성전으로 대표되는 권위는 더 이상 왕의 것이 될 수 없었고, 전적으로 제사장의 몫으로 되었다.

(2) 물론 솔로몬의 성전에 비해서 훨씬 못하였다(스 3:12, 학 2:3). 많은 노인들은 옛날의 솔로몬 성전의 웅장함을 생각하고 울었다고 했다. 사마리아인의 방해로 한때(약 15년간) 성전 재건이 중단되기도 했으나 성전 재건 역사는 다리오 왕 제6년인 B.C. 515년에 끝났고 큰 기쁨으로 봉헌되었다(스 6:15). 제사장 반열이 정해지고(18절), 새 성전에서 백성들은 유월절을 지켰다. 재건된 성전의 규모는 솔로몬 성전에 비해 덜 중요하게 보일지 모르지만 하나님은 이렇게 말씀하신다.

"너희 눈에 '보잘것없지' 아니하냐"

학개의 예언

1. 포로 귀환 후, 여러 우여곡절이 있었지만 성전 재건이 완공되었다. 그렇지만 새로 재건되는 성전에는 법궤도 없었을 것이고, 아무런 성구(聖具)도 없었을 것이다. 더욱이 어린 시절의 추억은 과거를 더욱 아름답게 만들기 때문에 옛 성전을 보았던 노인들의 눈에는 그 초라함이 더욱 크게 느껴졌을 것이다.

(1) 새로운 성전은 솔로몬 성전에 비해 그 화려함에서 초라하였다. 공사 과정을 지켜본 백성들의 반응은 어떠했을까?

2:3 너희 가운데에 '남아 있는 자'(נִשְׁאָר)[1] 중에서
이 성전(house, temple, הַבַּיִת)[2]의
이전(הָרִאשׁוֹן)[3] 영광을 본 자가 누구냐
이제 이것이 너희에게 어떻게 보이느냐
이것이 너희 눈에 '보잘것없지'(כְּאַיִן)[4] 아니하냐

1) 솨아르(שָׁאַר) - '남아 있다, 남겨지다, 남은 것, 나머지' / 니팔(수동형) 동사 분사.

2) 관사 + 바이트(집, בַּיִת)

3) 관사 + 리숀(רִאשׁוֹן) - '첫 번째의, 최초의, 이전의'

4) 아인(אַיִן) : 아무 것도 없다, 아니다, 무(無), nothing

1) "이전(以前, in its former)" - '리숀'(רִאשׁוֹן)이라는말은 시간적으로 둘 중의 '전의'(former), '맨 처음의'(first, 먼저, 창 25:25), '이전의'(previous, 민 21:26) 등의 뜻으로 쓰였다. 또 시간상 '이전에'(before)라는 의미이기도 하다. 그 화려함에서 '이전의' 솔로몬 성전에 비해 초라해 보였을 것이다. 솔로몬 성전의 화려함에 대해서는 열왕기상 6:20-22을 읽어보자. 성전의 크기 면에서는 전과 같았을 것이다. 옛 성전 터 위에 세웠을 것이기 때문이다(스 3:3).

(2) '남아 있는 자'(נִשְׁאָר - 니팔, 분사) 중에서 - 공사가 재건되기 시작하고 있는 때가 다리오 왕 2년이라면 주전 520년이다. 그렇다면 솔로몬 성전이 무너지던 때가 주전 586년이니까 직접 본 사람들도 있었을 것이다. 물론 소수만 생존해 있었을 것이다. 성전이 파괴되기 전에 솔로몬 성전을 보았던 사람들의 눈에는 지금 재건되기 시작하는 성전을 보고는 낙담했을 것이다. 그 규모보다는 화려함에서 더욱 그러했을 것이기 때문이다.

(3) "이 성전(הַבַּיִת)[1]의 이전(以前, in her first, הָרִאשׁוֹן)[1] 영광을 본 자가 누구냐" / 여기 '성전'이란 말 '바이트'는 '집, 건물, 가정'이란 뜻이다. 이 단어가 '하나님'이란 말과 결합하여 쓰일 때에는 예배의 장소, 혹은 성소를 나타낸다(출 23:19, 너희 하나님 여호와의 전에). 오늘 본문에서와 같이 이 말은 예루살렘에 있는 하나님의 성전을 가리킨다(왕상 6:5; 겔 4:17).

(4) 그러나 예레미야는 법궤에 대해서 이렇게 말했음을 본다. "여호와의 말씀이니라 너희가 이 땅에서 번성하여 많아질 때에는 사람들이 여호와의 언약궤를 다시는 말하지 아니할 것이요 생각하지 아니할 것이요 기억하지 아니할 것이요 찾지 아니할 것이요 다시는 만들지 아니할 것이며"(렘 3:16). 이렇게 법궤는 다시 기억하지 말아야 할 허상(虛像)에 지나지 않았다. 법궤가 없음은 오히려 그 실체(實體)가 되는 그리스도(히 9:4-9)를 맞기에 적합한 것이기 때문이다.

2. 두 번째 성전의 영광은 솔로몬이 지은 원래 성전의 영광과 비교해서 어떤 차이점이 있다고 말씀하시는가? 학개서 2:9을 보라.

2) 처음 (솔로몬의) 성전과 지금 짓고 있는 두 번째 성전을 비교하고 있다. 화려함과 아름다움의 비교가 아니라 '영광'(카보드, כָּבוֹד)을 비교하고 있다. 솔로몬 성전에는 법궤가 있었고 영광의 빛과 구름이 가득했었다.

2:9 영광이 ——— 크리라[2]
/이 성전의 /이전(of the former) 영광보다
/나중(of this latter)
만군의 여호와의 말이니라
내가 ——— 주리라(אֶתֵּן) - 나탄(נָתַן)의 칼 동사 미완료
/이 곳에 평강(샬롬)을
만군의 여호와의 말이니라

(1) 유대인들에게 성전과 시온은 신성불가침의 영역으로 생각되었다. 백성들은 성전을 하나님의 임재를 보증해 주고 파멸을 막아주는 부적과 같은 신비한

힘을 가졌다고 오해했다. 그러나 그 화려했던 솔로몬 성전은 불타버렸다. 성전 파괴는 하나님께서 그렇게 하신 것이다(겔 1-24장).[1)]

(2) 에스겔 선지자 역시 지리적 한계를 뛰어 넘는, 장차 임할 성전을 보여주고 있다(겔 40-48장). 그는 여호와께서 성전에 계신다는 생각은 성전 몰락 이전에 이미 철회된 것임을 분명히 보여주고 있다(겔 8-11장). 바벨론 포로에서 귀환한 남은 자들이 돌아오는 근본 목적이 오직 성전 건축에 있는 것이 아니다. 다윗 가계(家系)의 관심이 점점 줄어드는 것처럼 보이지만 이는 점점 영적인 면으로 바뀌어져 계시되기 때문이다. 즉 **유다의 장래는 다윗 왕조의 계승자에게 달려 있지 않고 오직 여호와의 주권적 결단에 달려 있음을 바벨론 포로 후기 선지자들을 통해 보여주고 있다.**

(3) 그러므로 포로 귀환과 성전 재건보다 더 근본적인 이유는 무엇일까? 그것은 계속 진전되는 여호와의 구속 목적을 내다보게 하기 위한 조건이요 과정이다. 비록 지금 학개와 스가랴 선지자가 제한적으로 필요한 성전 건축을 부르짖고 있지만 보다 근본적인 목적은 솔로몬이 지은 원래 성전의 영광(카보드, כָּבוֹד)보다 두 번째 성전의 영광이 더 크게 될 때를 내다보는 데 있다.

(4) 그러나 이전(of the former) 성전의 영광보다 더 큰 영광의 임재는 아무리 생각해 보아도 두 번째 성전에서는 실현되지 않았다. 스가랴 선지자는 종말의 이상을 통하여 재건된 예루살렘 성을 묘사하고 있다. 그 성은 너무도 광대하여 사람이 측량할 수 없고 벽으로 제한되지 않는다. 오히려 불의 벽이 그 성을 둘러싸고 그 영광이 한가운데 거한다고 언급한다(슥 2:4-5).

2) 그렇다면 성전 파괴는 아브라함 선택의 종말을 의미하는가? 물론 아니다. 오히려 성전 파괴와 함께 포로로 잡혀감으로써 이스라엘을 덮고 있던 장식품들이 떨어져 나가고 참된 이스라엘이 어떤 것인지 들여다 볼 수 있게 되었다. 이스라엘은 하나님의 심판을 통해서 하나님을 바로 알게 된다(겔 25-32장).

3. 결국 주님께서 그 성전의 주인이요, 성전보다 더 큰 이시다(마 12:6).

(1) 예수님 시대의 헤롯의 성전은 그 크기와 화려함에서 장엄했다. 그러나 이 성전 역시 선지자들의 기대에 거의 미치지 못했다. 결국 학개서 2:9의 말씀은 말라기 3장 1절과 잘 연결된다. **언약의 사자인 그리스도가 그 성전에 임하게 될 때 비로소 여호와의 영광이 그 독생자를 통해서 충만하게 될 것이었다(요 1:14)**. 예수님이 성전의 실체가 되신다(요 2:19). 그리스도로 말미암아 그 성전은 평강의 근원이 될 것이다. 모든 축복이 그곳에서부터 흘러 나와 온 세계에 미치게 될 것이었다(겔 47:1).

예수님이 성전의 실체가 되신다 (요 2:19)

(2) 학개 선지자는 솔로몬이 지은 원래 성전의 영광보다 이 두 번째 성전의 영광이 더 크게 될 때를 내다보고 있다(9절). 궁극적으로는 모든 열방의 부

일어나(נָקוּם)
건축하자(בָּנִינוּ)
하고 모두 힘을 내어
이 선한 일을 하려 하매
(느 2:18)

성전 재건 현장

• 사 2:2-4 말일에 '여호와의 전의 산'이, 즉 여호와의 전이 서 있는 산이 모든 산 꼭대기 위에 굳게(우뚝) 서게 될 것이다. 그리고 모든 작은 산(언덕) 위에 높아질 것이다. 그러니까 세계의 산들 중에서 가장 높은 곳으로 높임을 받게 될 것이라는 말이다. 그리고 모든 민족들이 그리로, 즉 예루살렘으로 모여들 것이다.

(wealth)는 이 크고 영광스러운 마지막 성전의 재건을 위해 예루살렘으로 몰려들 것이라고 했다. 그래서 하나님은 열방을 진동시키실 것이다. 그 진동으로 인해 여러 나라의 가장 귀한 것들, 즉 은과 금이 예루살렘으로 몰려들 것이라는 말이다. 이사야 선지자도 이런 사실에 대해 언급하고 있다(사 2:2-4*, 60:1-22).

진정한 성전은? (요 2:19)

19 예수께서 —— **대답하여 이르시되**
/[그들에게]
/너희가 —— 이 성전을(τὸν ναὸν) 헐라
//(결과)
내가 —— 일으키리라(I will raise it up.)
/[그것을]
/사흘 동안에(in three days)

하나님의 나라가 예수 그리스도라는 인물을 통해 우리 가운데 오시기 시작했을 때(막 1:14, 15) 다윗의 가문과 혈통에서 나신 바로 그분은 스룹바벨의 후손으로 오셨고(마 1:12; 눅 3:27), 이제 그분에 의해 세워지는 나라는 진동하거나 사라지지 않을 것이다(히 12:28).

"이 성전을 헐라 내가 사흘 동안에 일으키리라"라는 주님의 말씀을 이해한 사람은 한 사람도 없었다. 요한은 이 사실에 대하여 어떻게 언급하고 있는가? "그러나 예수는 성전된 '자기 육체'(σώματος αὐτοῦ)를 가리켜 말씀하신 것이라"(21절). 사흘 동안에 일으키겠다고 하신 선언은 "죽은 자 가운데서 살아나신 후에야"(22절) 알게 되었다고 언급하고 있다. 즉 제자들은 이 말씀이 예수님의 부활을 의미하는 것임을 예수님께서 삼 일 만에 부활하신 사건을 통해 알게 되었다는 것이다(눅 24:7-8; 마 26:61, 27:40; 막 14:58, 15:29).

스가랴의 예언

BACK TO THE BIBLE

• 슥 4:6 "그가 내게 대답하여 이르되 여호와께서 **스룹바벨에게 하신 말씀이 이러하니라** 만군의 여호와께서 말씀하시되 이는 힘으로 되지 아니하며 능력으로 되지 아니하고 오직 나의 영으로 되느니라…[9] **스룹바벨의 손이 이 성전의 기초를 놓았은즉 그의 손이 또한 그 일을 마치리라 하셨나니** 만군의 여호와께서 나를 너희에게 보내신 줄을 네가 알리라 하셨느니라…"

1. **스가랴도 학개처럼 성전 재건에 힘들어 하는 백성들을 격려하고 있다.** 그는 백성들의 죄를 지적하면서 회개하라고 외친다. 그러면서도 메시야의 미래의 영광들을 보여줌으로써 당시의 백성들에게 용기를 줄 뿐 아니라 또한 하나님의 복이 만대(萬代)의 하나님의 백성에게 어떻게 베풀어질 것인지를 보여주고 있다.

(1) 종말적인 하나님의 나라, 그 날은 빛이 사라지고 우주 전체가 혼란에 빠질 것이지만(슥 14:6), 그러나 이러한 낮과 밤의 정상적인 순환은 크게 변형을 가져올 것이다(7절).

슥 14:7 여호와께서 아시는 한 날이 **있으리니**
[그것은] **낮도 아니요 밤도 아니라**
어두워 갈 때에 빛이 **있으리로다**

하나님은 학개, 스가랴를 통해 실의에 빠진 백성들을 다독거리시며 성전 재개의 필요성을 역설하신다. 성전은 구속의 완성을 위해 거룩한 토대가 되기 때문이다.

(2) 종말적인 하나님의 나라는 옛 창조의 낮과 밤의 주기와는 완전히 다른 새로운 창조 개념이 소개된다. 즉 '여호와께서 (홀로) 아시는 한 날'(one day which shall be known to the LORD)이 있을 것이라는 말이다. 그 날은 아무도 모른다(막 13:32; 행 1:6-7 참조). 여기서 '한 날'(יוֹם־אֶחָד)은 '지정된 어떤 (날)', 또는 '하나밖에 없는 (날)', 혹은 '특별한 (날)'로 '독특한, 유례 없는'이라는 의미로 쓰였다.

대제사장 '여호수아'와 스룹바벨의 지휘하에 제2성전의 기초석이 놓여지고 있다.

(3) 우리가 보는 해와 달과 같은 세상의 빛들은 사라지고 여호와 하나님의 빛이 영원히 빛나는 세계가 올 것이라는 말이다(사 30: 26, 60:19-20; 계 21:25, 22:5 참조). 물론 그 날이 언제인가는 오직 여호와 하나님만이 아신다고 했다(벧후 3:8-13; 마 24:36).

느헤미야에서 마카비 시대까지 :

(1) 마카비서의 기록에 의하면 안티오쿠스 에피파네스가 주전 170년에 성전을 약탈한 사실이 기록되어 있다. 이들은 성전에서 제사를 금하였고, 주전 168년 12월에 안티오쿠스 에피파네스 4세가 예루살렘으로 쳐들어와 성전 경내를 침입하였으며 암퇘지를 제물로 드려 하나님의 제단을 모독했다. 희생 제단 위에 '멸망케 하는 미운 물건' (단 11:31)을 세웠다.

(2) 3년 후(주전 165년) 제사장 맛다디아와 그의 아들들은 안티오쿠스 에피파네스에 대항하여 **마카비 혁명**을 일으킨다. 3년간에 걸친 마카비 혁명으로 다시 성전을 정결케 했다. 이들은 황폐되고 더렵혀진 제단을 수리하고 큰 기쁨 중에 다시 제사를 드렸다. 이 의식이 유대인의 **하누카 명절의 기원**이 된다. 이후 헤롯 때까지의 역사는 생략하자. 신구약 중간사에서 자세히 다룰 문제이다.

하누카(Hanukhkah) 절기 - 봉헌절

(1) 기원전 164년에 아버지 맛다디아가 죽고 그의 셋째 아들 유다 마카비가 지휘권을 넘겨받았다(기원전 160년까지). 마카비(Makkaby)란 아람어로 '망치'(라틴어로, 마카베오)라는 뜻이다. 유다 마카비가 이끄는 반란군이 기원전 164년에 엠마오 전투에서, 그리고 벧술 전투에서 승리, 셀류오쿠스 왕조의 진압군을 격파하고 예루살렘으로 진격한다.

(2) 그는 성전에 신상이 세워진지 꼭 3년만인 12월 25일에 성전을 회복하고(=성전청결) 하나님께 드리는 희생 제사를 드린다. 이 날을 기념하는 축제인 수전절(Chanoeka: 요 10:22)이 이때 시작되어 오늘날까지 12월 25일부터 8일간 거행된다.

- 요 10:22 "예루살렘에 **수전절이 이르니** 때는 겨울이라 23예수께서 성전 안 솔로몬 행각에서 거니시니"

헤롯 성전

(1) 주전 20-19년 헤롯 대왕(그의 재위 18년)은 정치적 목적을 가지고 헬레니즘 양식으로 성전을 세우기 위해 성전을 분해했다. 10년에 걸쳐 기초 골격을 완성했지만 성전 공사는 주후 64년에 마무리되었다. 그러나 이 성전은 주후 70년에 로마의 디도 장군에 의해 완전 파괴되었다.

(2) 주님이 초림하셨을 때에도 이 성전은 아직 완공되지 않았다. 주님의 사역의 첫 해인 A.D. 27년에도 아직 건축 중이었는데 건축을 시작한 지 46년이 지난 때였다(요 2:20*). 매일 성전 뜰에서 가르치는 것이 주님의 습관이었다(마 26:55, 막 12:35, 눅 20:1).

(3) **헤롯이 성전을 다시 지으려했던 이유**: 헤롯은 유대인들이 자기를 이방인 취급한다는 것을 잘 알고 있었다. 백성들이 정통 마카비 가문의 하스모니아 자손을 잘 따른다는 것을 알았다. 헤롯의 아버지 안티파터는 에돔인(이두매)이었다. 어머니 Cypros는 Nabatean 여자였다(아랍 왕국 출신). 유대인에게 헤롯은 미움의 대상인 이방인이었다. 헤롯은 여기서 벗어나려고 몸부림친다.

(4) 그는 B.C 19년경 기존에 있던 제2성전을 부수고 새로 건축을 하기 시작했다(마 4:5, 21:12, 13, 23). 부분적으로 완성되기는 했지만 이 공사는 주후 63년까지 계속된다. 유대인들은 헤롯이 옛 성전을 부수고 새 성전을 완공하지 못할까

봐 우려했다. 헤롯은 예루살렘 총회를 소집한다. 그리고 유대인들을 설득했다. 1,000명의 사제들이 건축가 훈련을 받았다고 한다. 레바논의 백향목 숲이 벌목되었고, 예루살렘 채석장 주변은 하얀색을 띠는 석회암이 재단되고 절단되었다. 헤롯은 솔로몬 때처럼 모든 것을 야외에서 준비한 다음 조용히 성으로 들여왔다. 지성소는 2년 만에 완공되었다. 그러나 전체 성전은 80년이 걸려서도 완공하지 못했다.

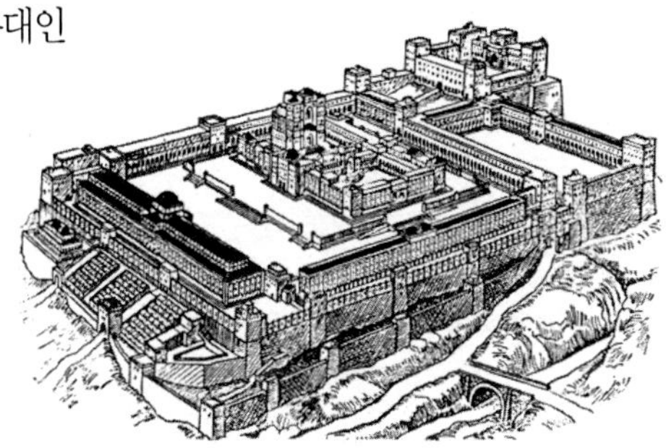

헤롯 성전 모형도

헤롯은 대규모 건축가로 유명했다. 헤롯은 예루살렘에 극장과 경기장, 궁전 등을 건설했다. 그의 은인인 아우구스투스 황제를 기념키 위해 매 5년마다 경기대회를 열었다. 옛 사마리아 성읍을 거대한 규모로 재건하고 이 성을 Sebaste라 불렀다. 그리고 이 성 꼭대기에는 아우구스투스의 거대한 상을 세웠다. 또 맛사다를 건축했다. 또 가이사랴 항구 건설 등 수많은 도시를 건설했다. 가이사랴는 로마령 팔레스타인의 수도가 되었다.

(5) 이 과정에서 많은 유적들이 파괴되었지만 지반을 넓히기 위해, 88개의 기둥과 12개의 궁륭형 아치를 만들어 건물을 지었다. 헤롯 때에 예루살렘에는 약 7만명이 살았다고 한다. 헤롯의 성전은 놀랍고 경이롭게도 '전체가 금으로 덮여 있었고, 해가 떠오를 때 눈부신 빛을 반사"했다고 한다. 그러나 이 성전은 주후 70년 로마 장군 티투스에 의해 파괴된다.

예수 그리스도 안에서의 성전의 완성

1. 누가복음은 성전 안에서 그의 이야기를 시작하고 있다.

(1) 마지막 선지자 말라기는 말라기 3:1에서 "또 너희의 구하는 바 주(אָדוֹן)가 홀연히 '그 전에'(אֶל־הֵיכָלוֹ) 임하리니"라고 약속했다.

(2) 시므온은 오랫동안 약속하신 메시야를 죽기 전에 보게 될 것이라는 성령님의 계시대로 마침내 주의 탄생을 보게 된다. 그가 하나님께 어떻게 찬송하고 있는가 보라(눅 2:32). 예수님은 어떤 사명을 갖고 오신 것인가? (눅 2:34-35) 이사야 선지자는 이미 그의 오심을 예언했다. 사 8:14-15*을 보라.

(3) 이와같이 누가가 제시하는 주제들은 다른 복음서와 같이 예수가 주님이요, 그리고 종된 아들이라는 것과, 고난과 영광, 죽음과 부활 등이다. 이 모든 것들이 그리스도의 사역 속에 함축되어 있다. 주님은 고난을 당하시고, 죽으시고, 부활하시기 위해 예루살렘으로 가셔야만 한다(눅 9:31, 51). 그가 하나님을 영화롭게 하는 것은 무엇인가? 그것은 십자가의 들림이다(요 12:27-33). 그는 십자가를 지시기 위해서 예루살렘으로 가신다.

(4) 그리고 완성의 길, 메시야적 실현의 길은 성전으로 이어진다. 그는 성전 경내에서 절름발이와 소경을 고치신다(마 21:14). 그리고 마침내 성전 정화를 위하

헤롯 성전 파괴(A.D 70)

여 채찍을 드신다. **"이 성전을 헐라 그러면 사흘 만에 내가 그것을 일으키리라"**(요 2:19)고 선언하신다. 이 최후의 정화(淨化)는 그리스도의 몸에서 이루어져야 한다.

유대인에게 성전 파괴의 의미

1. 성전은 유대인들에게 하나님이 임재하시는 곳이었다. 그런데 그 **성전이 파괴되었다. 이는 희생제사 시스템의 종말을 의미한다.**
   - 이제 산헤드린, 즉 로마의 정치적인 세력과 동맹을 강화함으로 자신들의 종교적인 권위를 유지하고자 했던 엘리트 집단은 더 이상 존속할 수 없었다.
   - 로마는 봉기에 대해 심각한 형벌의 조치를 계속하지는 않았다. 이 전쟁을 본질적으로 민족적인 것이 아닌 지역적인 봉기로 여겼기 때문이다.
   - 바리새인들의 주장처럼 예루살렘에 닥친 재앙은 도덕적으로 다시 범죄한 이스라엘에 대한 하나님의 심판이었다. 그러나 때가 되면, 회개와 개혁을 통해서 성전은 신앙의 심장부로서의 합법적인 장(場)으로 회복될 것이라는 소망이 이들 중에 확산되어 있었다.

- 성전이 파괴된 후에는 그의 백성들 가운데 부활하신 예수님의 현존에 대한 질문들을 새로운 수준에서 설명할 필요가 생겼다. 하나님의 임재가 물리적인 건물을 통하여 더 이상 현현되지 않는다고 한다면, 성전의 파괴가 의미하는 것은 성전과 하나님은 무관하다는 확증이 아니고 무엇이겠는가? 예수님께서는 직접 성전이 무너질 것이라고 예언을 하셨다. 그리고 이제 그 사건이 일어났다.

2. 성전 없는 유대교

- 성전 파괴는 모든 유대인들로 하여금 자신들의 정체성에 엄청난 충격을 가져왔다. 그 종교적 혼란은 상상을 초월했다.
- 이때 유대인의 지도적 역할을 한 사람은 랍비 요하난 벤 자카이(Johanan ben Zacchai)였다. 아직 유대인과 기독교인들 사이에 명확한 분리가 일어나지 아니했다. 유대교 지도자들은 기독교에 대해 관심을 가질 여력이 없었다.

새 성전의 건립

(1) **메시아에 의한 새 성전의 건립은 시온산 위의 건축학적인 기적이 아니라 빈 무덤으로부터의 최종적인 기적이다.** 왜냐하면 그리스도가 손으로 지어진 성전을 섬길 수 없는 것은 그가 더 나은 성소에서의 탁월한 제사장이기 때문이다. **그는 "성전보다 더 큰 이"이시기 때문이다**(마 12:6). 그의 죽음과 부활에 의해, 예수님은 하나님의 진정한 성전의 머릿돌(Top Stone)로 놓인다. 그는 비록 건

축자들에게는 버림받았으나, 그의 아버지에게는 선택된 보배로운 돌이기 때문이다. **상징적인 성전은 현존하신 주의 인격 속에 복속된다**.

(2) 그는 머릿돌이고, **그의 몸은 성전이며**, 그는 영광을 지니셨다. 그리스도께서 자기 몸 안에 성전을 지으시기 때문에 그는 그것을 그의 제자들 안에서도 지으실 수 있다. "여호와의 임재" - 그는 바벨론 포로에서도 자신이 성전이셨다.

(3) 요한은 그 사실을 이렇게 표현했다.

"말씀이 육신이 되어 우리 가운데 거하시매(=장막을 치시매, 임마누엘) 우리가 그의 영광을 보니 아버지의 독생자의 영광이요 은혜와 진리가 충만하더라"(요 1:14).

하나님의 아들의 영광이 나타나지 않았을 때에는 인간들이 하나님을 볼 수 없었다. 옛 성막은 그 분을 현시하기 보다는 가리웠던 것이다. 계속해서 요한복음 1:18, 14:9, 14:16, 20을 읽어보라. 하나님의 영광은 예수 그리스도의 얼굴에서 볼 수 있었다.

(4) 세상 죄를 지고 가는 하나님의 어린 양(요 3:16) : 동물들이 제사에서 희생 제물로 바쳐졌을 때, 또 아브라함이 치켜든 칼의 고뇌 너머에는 갈보리의 현실이 우뚝 솟아 있는 것이다. 하나님의 아들은 바로 희생제사의 제물이었다. 그리스도가 희생제물로 바쳐졌을 때, 비로소 하나님과 인간 사이를 가로막고 있는 성전 휘장이 둘로 갈라졌다. 그 장벽이 무너졌다. 하나님의 아들이 육체의 고통 속에서 그 휘장을 파기하셨기 때문이다.

▶ 우리가 예배드릴 곳은 어디입니까?

(1) 야곱의 우물가에서 예수님께 묻던 사마리아 여인의 질문이었다. 그때 예수님의 답변은 이러했다 : 요 4:21을 보라.

요 4:21 예수께서 이르시되 여자여 내 말을 믿으라 이 산에서도 말고 예루살렘에서도 말고 너희가 아버지께 예배할 때가 이르리라

어떤 때가 이를 것인가?

이 산에서도 말고,
예루살렘에서도 말고
영과 진리로(=성령과 진리 안에서) 예배 드릴 때

그때가 그리스도의 죽음과 부활의 때임을 보여준다 (요 5:25-29, 12:23, 13:1, 16:2, 32, 17:1 참조).

(1) 참 예배란 무성전(無聖殿)을 의미하는 것이 아니다. 그것은 손으로 짓지 아니한 참 성전을 중심으로 이루어지는 것이다.

"영으로"(ἐν πνεύματι) 예배드리는 것은 그리스도에 의해 주어진 성령 안에서의 예배를 말한다. 또한 "진리"(ἀληθεία)로 드리는 예배, 즉 실현된(in realization) 예배이다. 그러므로 모세 율법에 선포된 은혜와 진리는 예수 그리스도 안에서 실현되었다. 구약 제사의 모든 의미가 그리스도 안에서 그 성취를 보게 되었다는 말이다. 지금까지 드리는 예배는 실체가 오기 전까지 모형이었다. 이제 그 실체가 오셨으니 성령에 의한 실체의 예배를 드려야 한다. 그리스도 안에서 계시된 하나님의 진리(ἀληθεία)를 따라 예배하여야 한다. "참으로(ἀληθεία) 예배 드리는 사람들이 영과 진리로 아버지께 예배를 드릴 때가 오는데, 지금이 바로 그 때이다"(요 4:23).

(2) 이것은 단순히 그리스도께서 성전이 의미하는 바를 성취시켰다는 것이 아니라, 오히려 **그리스도는 성전이 존재해 왔던 그 의미 자체라는 것이다.** 이제 그가 주시는 물은 목마르지 아니하다. 결코 또 다른 성전의 샘을 찾지 않을 것이다. 예수님이 주시는 물은 물리적 물이 아니다. 이는 신적 생명을 얻게 하는 성령을 가리켜 말한 것이다(요 7:39). **부활하신 예수님 자신이 참 성전이시기에 그는 지상 성전의 파괴를 예언하지만 그것의 재건을 말씀하시지 않는다.** 이제 그리스도의 재림의 날까지 다시 그를 보지 못할 것이다(빌 2:10; 마 24: 39; 계 1:7).

(7) 그러나 이 슬픈 경고는 회개로의 부르심인 것이다(행 3:21). 자, 이제 우리는 누구에게 가면 되는가? 성전의 완성으로 예루살렘으로나 그리심산으로 가지 않아도 된다. 오직 그리스도께로 가면 되는 것이다.

▲ 예수님의 부활은 분명히 육체적 부활이었다. 그가 죽기 전에 가졌던 육신보다도 더 새롭고 차원 높은 능력을 소유한 몸이었다. 복음서들은 예수님의 부활이 육신의 부활이었음을 길게 논증한다. 따라서 그가 묻혔던 무덤은 빈무덤이 되었다. 지금 요한이 강조하고 있는 부활의 성격이다. 그것은 바로 예수님의 몸(σῶμα)의 부활이었다. 예수님의 몸이 실제적인 몸이었음을 강조한다(마 28:9; 요 20:17, 27).

성령이 거하는 전(殿)

1. 신약의 기독교인들 : 성령이 거하는 전(殿)

(1) 이제, 예수 그리스도께서 실현하셨기 때문에 그 성전은 돌로 되지 않고, 살아 있는 사람들로 되었음을 본다. 그리스도와 함께 죽고 함께 부활한 성도들 역시 성전들이며, 그리스도 안에서 한 성전으로 연결되어 있다. 왜냐하면 그리스도의 영이 우리 가운데 거하시기 때문에 우리가 성전들인 것이다(고전 3:16*, 6:19). 유대인과 이방인은 한 몸, 곧 십자가 상의 그리스도의 몸 안에서 화해되었다. 두 사이의 장벽이 무너지고 주 안에서 거룩한 성전으로 서로 함께 자라는 것이다(엡 2:13*).

• 고전 3:16 "너희가 하나님의 성전인 것과 하나님의 성령이 너희 안에 거하시는 것을 알지 못하느뇨."

• 엡 2:12-13 "그 때에 너희는 그리스도 밖에 있었고 이스라엘 나라 밖의 사람이라 약속의 언약들에 대하여 외인이요 세상에서 소망이 없고 하나님도 없는 자이더니 이제는 전에 멀리 있던 너희가 그리스도 예수 안에서 그리스도의 피로 가까워졌느니라."

(2) 그러므로 성령이 거하는 전인 우리가 우상을 섬기리요? 고린도후서 6:16을 읽어보라. 하나님이 계신 곳이 성전이기에 성령께서 우리 성도들과 함께 거하신다(롬 8:9). 구약의 지성소에 감히 누가 함부로 나아갈 수 있었는가? 그러나 이제는 성도 자신이 성령이 거하는 전이라니! 우리가 어찌 기뻐해야 하지 않을 이유가 있겠는가! (고전 3:17)

2. 교회가 성전이다.

(1) 구약의 물리적 성전은 신약에서는 영적인 성전, 곧 교회로 대체되었다. 진정한 성전으로 예수 그리스도께서 구약 성전의 폐기를 선언하셨기 때문이다.

(2) 유대인들은 계속해서 예수님에게 표적을 보이라고 요구했다. "무슨 표적을 우리에게 보이겠느냐"(요 2:18)[1]

> 19 예수께서 —— **대답하여 이르시되**
> /[그들에게]
> /너희가 —— 이 성전을(τὸν ναὸν) 헐라
> //(결과 : 명령법 + 직설법)
> 내가 —— 일으키리라(I will raise it up.)
> /[그것을]
> /사흘 동안에(in three days)

1) 동교재, 요한복음 2장에서 설명을 가져옴.

(1) 생각지도 못했던 이 놀라운 행위를 보고 유대인들의 의문은 대단했다. "이에

• 고전 3:16-17 "너희가 하나님의 성전인 것과 하나님의 성령이 너희 안에 거하시는 것을 알지 못하느뇨 누구든지 하나님의 성전을 더럽히면 하나님이 그 사람을 멸하시리라 하나님의 성전은 거룩하니 너희도 그러하니라."

• 고후 6:16 "하나님의 성전과 우상이 어찌 일치가 되리요 **우리는 살아 계신 하나님의 성전이라** 이와 같이 하나님께서 이르시되 내가 그들 가운데 거하며 두루 행하여 나는 그들의 하나님이 되고 그들은 나의 백성이 되리라."

(레 26:12; 출 29:45; 겔 37:27 렘 31:1)

유대인들이 대답하여 예수께 말하기를 네가 이런 일을 행하니 무슨 표적을 우리에게 보이겠느냐"고 질문했다. 이에 대해 예수님은 "이 성전을(τὸν ναὸν) 허물어라 내가 사흘 만에 세우겠다."라고 하셨다.

(2) 요 2:19에서는 성전이란 말을 나오스(ναός)라는 단어로 썼다. 이 단어가 요 2:21에서는 성전된 자기 '육체'(σῶμα)를 가리켰고, 고전 3:16, 17*, 6:19; 고후 6:16(...우리는 살아 계신 하나님의 성전이라...) 등에서는 구원 받은 공동체를 성령이 거하시는 하나님의 성전이라고 했다. 그러나 요 2:14에서는 히에론(ἱερόν)이라는 단어를 썼다. 신약성경에서 히에론(ἱερόν)은 거의 모두 헤롯 성전을 가리키는 전문용어로 사용되었다(고전 9:13과 행 19:27은 예외). 즉 이 단어는 언제나 담과 문과 현관과 뜰과 건물로 이루어진 구조물을 의미한다는 것이다.

20 유대인들이 **이르되** (...하더라)
/이 성전(ὁ ναός οὗτος)은 사십육 년 동안에 지었거늘
/네가 삼 일 동안에 일으키겠느냐
21 그러나
예수는 —— **말씀하신 것이라**
/성전(ναός)된 자기 육체(σῶμα)를 가리켜

"예수께서 성전(ναός)이라 하신 것은 자기 몸을 두고 하신 말씀이었다."(새번역)

• 엡 2:20-22 "너희는 사도들과 선지자들의 터 위에 세우심을 입은 자라 그리스도 **예수께서 친히 모퉁잇돌**이 되셨느니라 21 그의 안에서 건물마다 서로 연결하여 주 안에서 성전이 되어 가고 22 **너희도 성령 안에서 하나님이 거하실 처소가 되기 위하여 그리스도 예수 안에서 함께 지어져 가느니라.**"

(3) **바울은 성전을 기독교 신자들의 공동체로 언급하고 있다**(고전 3:16-17, 엡 2:19-22). 고린도후서 6:16-7:1에서는 이 개념이 특이한 구약의 예언들과 연결되어 있다. 깨끗함의 강조는 새 성전을 본 에스겔의 환상과 일치하고 있다(겔 43:7-12, 고전 6:19). 교회는 그리스도의 몸이라고 했다(엡 1:23, 골 1:24). 그리고 그리스도는 그 교회의 머리이시다(엡 1:22). 그리스도 안에서(롬 12:5) 그리스도와 한 몸을 이룬(롬 12:4) 성도가 바로 교회요 성전이다.

(4) 또한 예수님은 '임마누엘'(하나님께서 우리와 함께 계시다) 하나님이시다. 따라서 '우리'가 곧 하나님께서 거주하는 장소다. 바울은 우리가 성전이라고 선포한다. 그러면서도 동시에 아직 지어지고 있는 성전이라고 말한다(엡 2:20-22*). 즉 교회가 성전인 것이다. 그래서 이제 우리에게는 성령께서 내주하신다. 따라서 성전인 우리에게 요구하시는 것이 바로 '거룩'이다(고전 3:16-17).

하늘의 성전 : 최후의 성전

(1) 하나님이 인간들과 함께 거하신다는 의미에서는 최초의 성전은 **에덴 동산**이라고 할 수 있다. 인간의 죄로 인한 최초의 성전 파괴는 **광야 성막**에서 다시 나타난다. 앞에서 성전의 역사에서 볼 수 있었던 것같이 **이러한 성전은 하나의 모형과 그림자였다. 그 실체는 예수 그리스도 안에서 이루어졌다.** 그리고 이제 마지막 성전으로 하늘의 성전을 언급하고 있다.

새 하늘과
새 땅에는 성전이
없다고 말씀한다
(계 21:22).
왜냐하면
새 하늘과 새 땅
그 자체가 성전이기
때문이다(계 21:3-5).

계 21:22 성 안에서 내가 성전(ναός)을 보지 못하였으니
이는(이유, for, γάρ)
주 하나님 곧 전능하신 이와 및 어린 양이 그 성전(ναός)이심이라

And I saw *no temple* in it, for the Lord God, the Almighty, and the Lamb, are its ***temple***. - NASB

(2) 구속이 완성된 우주를 '새 하늘과 새 땅'이라고 했다(사 65:17; 66:22; 벧후 3:13; 계 21:1-2*). 우주가 완성될 때, 우주의 비가시적 상위구조와 가시적 하위 구조 간의 간격이 소멸된다. 하늘은 변화될 것이다. 하늘은 새롭고 완성된 단계, 베일이 벗겨진 영광의 단계로 진입될 것이다. 완성된 우주의 놀랄만한 변화들이 나타날 것이다. 어느 날 눈 깜짝할 사이에 우리는 하늘 백성으로 태어날 것이다. 많은 수의 영화롭게 된 사람들이 그 하늘에 거주하게 될 것이다. 셀 수 없이 많은 수의 천사들로 가득 채워진 세상, 장엄한 세상이 올 것이다(M.G. 클라인, 하나님 나라의 도래, 개혁주의신학사, 2007).

• 계 21:1 또 내가 **새 하늘과 새 땅을 보니** 처음 하늘과 처음 땅이 없어졌고 바다도 다시 있지 않더라 2 또 내가 보매 거룩한 성 새 예루살렘이 하나님께로부터 하늘에서 내려오니 그 준비한 것이 신부가 남편을 위하여 단장한 것 같더라."

(3) 그러면 보이는 세계는 어떻게 될 것인가? 우주는 완성하고도 통일된 통합체로 인간을 향해 새로운 모습을 취하게 될 것이다. 영화된 인간에게 땅은 '하늘화'(heavenized) 될 것이다. 모든 것이 영광으로 빛날 것이다. 제2의 아담이신 예수님의 부활 후의 변화된 모습을 보라. 그런 능력을 인간도 향유할 것이다. 주님은 공간체를 초월하셨다(닫힌 문을 통과하시고 하늘로 올라가심). 인간에게도 동일한 역사가 일어날 것이다.

(4) 인간은 불멸성을 덧입고 하늘나라의 기쁨의 삶이라는 무한에 이르는 영겁(永劫)의 삶을 부여받는다. 시간의 차원도 아주 새로운 특징을 갖게 될 것이다. 새 하늘과 새 땅의 도래의 전조로서 현재 보이는 세계는 연기 같이 소멸하며 사라진다(사 51:6*). 더이상 존재하지 않는다(계 20:11, 21:1b; 막 13:31). 이에 대한 자세한 논의는 종말론에서 다루어야 한다.

• 사 51:6 "너희는 하늘로 눈을 들며 그 아래의 땅을 살피라 하늘이 연기 같이 사라지고 땅이 옷 같이 해어지며 거기에 사는자들이 하루살이 같이 죽으려니와 나의 구원은 영원히 있고 나의 공의는 폐하여지지 아니하리라."

히브리서 8장에서 말하는 성전

1. 히 8:1-6절까지 읽어보라.

(1) 우리의 제사장은 "하늘에서 지극히 크신 이의 보좌 우편"에 앉으셨다"고 하셨다(히 8:1). 그는 무력한 분이 아니시고 만유의 주요, 참장막에서 제사장 직무를 하고 계신다. 우리의 대제사장은 지상의 장막 안에 있는 성소가 아니라 하늘에 있는 성소에서 섬기기 위해 성소(ἅγιος)와 참 장막(τῆς σκηνῆς τῆς ἀληθινῆς)[1]에 "부리는 자; 섬기는 자"(레이툴고스, λειτουργός)로서 하늘에서 위엄의 보좌 우편에 앉으셨다고 말한다.

1) '참 장막'은 거짓 장막의 반대되는 말이 아니라 지상의 장막이 모형적(模型的)인데 비하여 원형(原型)임을말하고있다. 이 지상의 것은 하나의 모형(copy) 일뿐이고 그림자일 뿐이다.

(2) 히브리서 8장이 말하는 성소는 '참 장막'으로 불린다. 왜냐하면 이 지상의 성소는 하나의 모형(copy)일 뿐이고 그림자일 뿐이기 때문이다(8:5a). 이 장막은 주께서 세우신 것이요 사람이 세운 것이 아니다(2절). 민수기 24:5-6에서 야곱의 장막이 어찌나 아름다운지를 예언한 것을 볼 수 있다.

(3) 히 8:3-6을 보라. 여기서는 두 가지 직분의 비교가 나온다. 유대의 대제사장 직분과 예수님의 직분이 어떻게 다른가 비교하여 보자. 하나님께 제사 드릴 때는 예수님을 포함한 어떤 제사장도 하나님께 드릴 제물이 필요하다. 그러므로,

- 이 땅 위에 대제사장이 제물이 필요했던 것처럼,
- 유다 지파를 따라 난 예수님도 무엇인가 드릴 것이 있어야 했다(8:3하). 예수님은 무엇을 드리셨는가? (7:27하* ; 9:25 참조)

- 이 드림은 ① 아론계 대제사장이 해마다 드린 것에 비해 ② 반복해서 드릴 필요가 없는 '단번에 영원한'(once for all) 제사를 드리셨다.

• 히 7:27 그는 저 대제사장들이 먼저 자기 죄를 위하고 다음에 백성의 죄를 위하여 날마다 제사 드리는 것과 같이 할 필요가 없으니 이는 **그가 단번에 자기를 드려** 이루셨음이라."

2. 대제사장이 제사를 드리기 위해서는 성소가 필요함을 알 수 있다(히 8:4). 그러나, 예수님은 지상의 성소에서 그의 제사를 드릴 수 없다(2절). 왜?

(1) "이는 율법을 따라 예물을 드리는 제사장이 있음이라." 레위 계통이 아닌(히 7:13, 14) 예수께서는 땅에서 제사장직을 맡을 수도, 필요도 없다. 만일 예수님이 이 지상의 성소에서, 또 유대 제사장들에게 속한다면, 2절에서 설명한 것처럼, 참장막에 부리는 자로 일하지도 못하고, 또 온전함을(7:11 참조) 이룰 수도 없게 되었을 것이다. 땅에 있는 장막은 하늘의 장막을 본따 지은 것이요(출 25:40) 그 그림자에 지나지 않는다(5절).

(2) 예수님이 하늘에서 가지신 직분은 이 세상에서의 제사직에 비할 때 말할 수 없이 더 좋은(아름다운) 것임을 말한다(6절). 그 이유를 말하고 있다. 7:22을 다시 한번 보라. "이와같이 예수는 '더 좋은'[1] 언약의 (보증, the guarantee)이 되셨느니라."

> 히 9:15 이로 말미암아 그는 새 언약의 **중보자**(the mediater)시니
> 이는 첫 언약 때에 범한 죄에서 속량하려고 죽으사
> 부르심을 입은 자로 하여금 영원한 기업의 약속을 얻게 하려 하심이라

(3) 여기서 말하는 '중보 ; the mediater'는 어떤 의미에서의 중보일까? 여기서 말하는 중보자는 이스라엘의 대표라는 의미에서 중보(the agency of mediator, 갈 3:19, "율법은 중보의 손을 빌어")라는 뜻에서의 중보가 아니다. 여기에서 말하는 <더 좋은 언약의 '중보'>는 모세와 같은 의미의 중보가 아니다. 즉, 율법은 중보의 손을 빌어(갈 3:19, 이스라엘의 대표자) 이스라엘에게 전해졌지만 예수님은 모든 사람을 위하여 속전(贖錢)으로 주신 한 분이신 '중보'이시다. 그의 피로써 더 좋은 언약의 중보가 되셨다(딤전 2:5, 6*; 히 7:27, "그는 저 대제사장들이 먼저 자기 죄를 위하고 다음에 백성의 죄를 위하여 날마다 제사 드리는 것과 같이 할 필요가 없으니 이는 그가 단번에 자기를 드려 이루셨음이라").

(4) 해마다 드려지는 제사제도로는 하나님께 나아오는 자들을 온전케 할 수 없다. 다만 그것은 그리스도의 완전하고도 영원한 제사를 예표할 뿐이었다. 만일 구약의 제사제도가 온전하였다면, 단번에 제사 드리는 자를 깨끗하게 하고, 계속해서(반복해서) 제사를 드릴 필요가 없었을 것이다. 히 9:9절에 무엇이라고 말하고 있는가? "예물과 제사가 섬기는 자로 그 양심상으로 (온전케 할 수 없나니)." 해마다 제사가 반복되었다는 것은 구약의 제사제도가 온전치 못함을 말하는 것이다.

(5) 그러므로 참 장막은 구약의 성막과 성전들이 예견한 모든 것의 성취이다. 구약의 성막과 성전들은 모두 다가올 참되고 영원한 성전의 불완전한 모데이료 한시적인 '모형과 그림자'였다(히 8:5). 마지막 때의 성전은 옛 것보다 "더 크고 온전한 장막"(the greater and more perfect tabernacle, ἧς μείζονος καὶ τελειοτέρας σκηνῆς)이다(히 9:11). 왜냐하면 이 성전은 사람의 손으로 만든 것이 아니다. 즉 창조된 이 세상에 속하여 있지 않기 때문이다(행 17:24, 48; 사 66:1을 보라).[2]

1) '더 좋은'이라는 말은 아브라함에게 주어진 약속들과 비교해서 좋다는 말이 아니라 아브라함이 중보를 기다렸던 것처럼 우리는 더이상 '중보'를 기다릴 필요가 없다는 의미에서 그렇다는 말이다.

• 딤전 2:5 "하나님은 한 분이시요 또 **하나님과 사람 사이에 중보자**도 한 분이시니 **곧 사람이신 그리스도 예수라** 6 그가 모든 사람을 위하여 자기를 대속물로 주셨으니 기약이 이르러 주신 증거니라."

2) 그래서 요한계시록 21:22에서는 요한은 새로운 우주 안에서는 '성전(구조물)'을 보지 못했다고 했다. 왜냐하면 "주 하나님 곧 전능하신 이와 및 어린 양이 그 성전"이시기 때문이다. 이렇게 하나님은 이 우주를 자신의 거대한 성전이 되도록 창조하셨다고 말할 수 있다.

에스겔 40-48장과 요한계시록 21:10

1) 이르(עִיר) - 성읍, 도시
미브네(מִבְנֶה) - 구조물, 건물

1. 에스겔 40:2을 자세히 읽어보자.

40:2 하나님의 이상 중에 나를 데리고
이스라엘 땅에 이르러 나를 **매우 높은 산 위에** 내려놓으시는데
거기에서 남으로 향하여 **성읍 형상 같은 것**(כְּמִבְנֵה־עִיר)[1]이 있더라

(1) **성읍 형상 같은 것** - 이곳이 어디를 가리키는가? 예루살렘을 말하는가? 예루살렘(해발 760m)에는 매우 높은 산이 없다. 특정한 구체적인 지시 대상이 없다는 것은 종말론적인 상황에 속한 하늘이나 땅의 상징적인 장소를 가리킬 것이다. 겔 17:22-23, 20:40의 '높은 산'은 마지막 때에 이스라엘이 회복될 장소를 가리킨다(단 2:35을 참조해 보라). 이 점은 계 21:10에 의해 확증된다.

2) 에스겔이 산 위에서 본 '성읍 형상 같은 것'이라는 표현을 볼 때 산이 높을 뿐만 아니라 예루살렘 성읍 전체를 포함할 만큼 대단히 컸음을 보여준다.

계 21:10 성령으로 나를 데리고
크고 높은 산으로 올라가
하나님께로부터 **하늘에서 내려오는 거룩한 성 예루살렘**[2]을 보이니

- 계 21:22 "성 안에서 내가 성전을 보지 못하였으니 이는 주 하나님 곧 전능하신 이와 및 어린 양이 그 성전이심이라."

(2) 계 7:15, 11:19, 14-16장을 보라. 하나님 자신과 어린 양이 그 성읍의 성전이 되실 것이라고 말씀한다(계 21:22*). 하나님은 그의 백성들과 그의 백성들 사이에 영원히 거하실 것이다(계 21:2-3*). 이에 대한 이사야의 언급을 보라(사 65:17-19*, 65:25).

- 사 65:17 "보라 내가 새 하늘과 새 땅을 창조하나니 이전 것은 기억되거나 마음에 생각나지 아니할 것이라 너희는 나의 창조하는 것을 인하여 영원히 기뻐하며 즐거워할지니라 보라 내가 예루살렘으로 즐거움을 창조하며 그 백성으로 기쁨을 삼고"

- 계 21:1-3 "또 내가 새 하늘과 새 땅을 보니 처음 하늘과 처음 땅이 없어졌고 바다도 다시 있지 않더라 또 내가 보매 **거룩한 성 새 예루살렘이 하나님께로부터 하늘에서 내려오니** 그 예비한 것이 신부가 남편을 위하여 단장한 것 같더라내가 들으니 보좌에서 큰 음성이 나서 가로되 **보라 하나님의 장막이 사람들과 함께 있으매** 하나님이 저희와 함께 거하시리니 저희는 하나님의 백성이 되고 하나님은 친히 저희와 함께 계셔서."

(3) 위의 구절에서 볼 수 있는 것처럼 겔 40-48장의 하늘 성전에 상응하는 지상의 실체는 무엇일까? 그것은 유형의 성전이 아니라 그의 백성 가운데 거하시는 하나님의 임재라고 보는 것이 적절하다. 겔 40:2은 지상의 영역이 아니라 하늘의 영역을 배경으로 하는 환상에 초점을 맞춘다. 겔 40-48장은 장차 있을 하늘

성전의 계속적인 존재를 말하고 있다. 이는 사람의 손으로 만든 구조물을 통하지 않고 지상으로 내려올 성전을 말한다.

- 겔 11:19 내가 그들에게 **한 마음을 주고**
  그 속에 **새 영을 주며**
  그 몸에서 돌 같은 마음을 제거하고
  살처럼 부드러운 마음을 주어
  20 내 율례를 따르며 내 규례를 지켜 행하게 하리니
  그들은 내 백성이 되고 나는 그들의 하나님이 되리라

- 겔 36:26 "또 **새 영을 너희 속에 두고 새 마음을 너희에게 주되** 너희 육신에서 굳은 마음을 제거하고 부드러운 마음을 줄 것이며"

- 겔 39:26 "내가 그들과 화평의 언약을 세워서 영원한 언약이 되게 하고 또 그들을 견고하고 번성하게 하며 **내 성소를 그 가운데에 세워서** 영원히 이르게 하리니 27 내 처소가 그들 가운데에 있을 것이며 나는 그들의 하나님이 되고 그들은 내 백성이 되리라 28 **내 성소가 영원토록 그들 가운데에 있으리니** 내가 이스라엘을 거룩하게 하는 여호와인 줄을 열국이 알리라 하셨다 하라."

- **여기 성소는** 작은 규모의 제의적 건축물을 염두에 두지 않는다.

- 여기서 말하는 성소는 유형적인 건축물이 아니라 하나님의 성막 임재를 가리킨다. (레 26.11-12 참조) / 구조물보다 더 깊은 인격적임을 암시한다.

(4) 그러므로 에스겔 40-48장은 하늘 성전(겔 37장의 발전 형태로서 건축물 없는 지상의 실재와 연결되는)을 가리킨다고 본다. 겔 40:2에서 에스겔이 본 것은 '성읍 같은 것'이었다. 즉 성읍 형상의 성전 구조물 또는 성전 형상의 성읍 구조물을 보았다는 것이다. 그 성읍 이름은 '여호와 삼마'(여호와께서 거기 계시다)라고 했다. 과거에는 지성소에 해당하던 곳이 어느 날엔가는 예루살렘 성읍 전체를 해당하는 곳으로 바뀌리라는 의미이다

(5) 에스겔서의 성전에 대한 통합되어 있는 그림은 계 21:1-22:5에서 성취된다고 볼 수 있다. 새 하늘과 새 땅은 새 예루살렘이나 새 에덴과 마찬가지로 지성소에 해당한다.

에스겔이 환상 중에 바라본 성전

◀ 에스겔 40-48장은 성전에 관한 예언이요, 사도 요한의 성전은 종말론적인 성전에 관해 묘사이다.

계 21:1-22:5에서 말하는 성전-성읍은 에스겔서에서 언급된 성전의 모습과 동일함을 볼 수 있다.[1]

요한계시록	에스겔
(1) **하나님의 성막 임재**(계 21:3 "하나님의 장막이 사람들과 함께 있으매 하나님이 그들과 함께 계시리니 그들은 하나님의 백성이 되고 하나님은 친히 그들과 함께 계셔서")	겔 43:7(겔 37:27과 레 26:11-12) "그가 내게 이르시되 인자야 이는 내 보좌의 처소, 내 발을 두는 처소, 내가 이스라엘 족속 가운데에 영원히 있을 곳이라..."
(2) **하나님의 위임 양식**(계 21:10, "성령으로 나를 데리고 크고 높은 산으로 올라가 하나님께로부터 하늘에서 내려오는 거룩한 성 예루살렘을 보이니")	겔 40:1-2; 43:5(2:3, 3:12, 14, 24, 11:1) "우리가 사로잡힌 지 스물다섯째 해,....2하나님의 이상 중에 나를 데리고 이스라엘 땅에 이르러 나를 매우 높은 산 위에 내려놓으시는데 거기에서 남으로 향하여 성읍 형상 같은 것이 있더라."
(3) **하나님의 영광**(계 21:11, "하나님의 영광이 있어 그 성의 빛이 지극히 귀한 보석 같고 벽옥과 수정 같이 맑더라")	겔 43:2이하 "이스라엘 하나님의 영광이 동쪽에서부터 오는데 하나님의 음성이 많은 물 소리 같고 땅은 그 영광으로 말미암아 빛나니"
(4) **나침반의 네 방위(方位)에 있는 12개의 성문**(계 21:12-13, "크고 높은 성곽이 있고 열두 문이 있는데 문에 열두 천사가 있고 그 문들 위에 이름을 썼으니 이스라엘 자손 열두 지파의 이름들이라 13 동쪽에 세 문, 북쪽에 세 문, 남쪽에 세 문, 서쪽에 세 문이니")	겔 48:31-34(42:15-19) "31그 성읍의 문들은 이스라엘 지파들의 이름을 따를 것인데 북쪽으로 문이 셋이라 하나는 르우벤 문이요 하나는 유다 문이요 하나는 레위 문이며 32동쪽의 너비는 사천오백 척이니 또한 문이 셋이라 ... .33남쪽의 너비는 사천오백 척이니 또한 문이 셋이라..."
(5) **성전-성읍의 각 부분에 대한 측량**(계 21:15, "내게 말하는 자가 그 성과 그 문들과 성곽을 측량하려고 금 갈대 자를 가졌더라.")	겔 40:3-5(기타 여러 곳) 3 나를 데리시고 거기에 이르시니 모양이 놋 같이 빛난 사람 하나가 손에 삼줄과 측량하는 장대를 가지고 문에 서 있더니 ... 5 내가 본즉 집 바깥 사방으로 담이 있더라 그 사람의 손에 측량하는 장대를 잡았는데...
(6) **성읍의 네모난 모습**(계 21:16 "그 성은 네모가 반듯하여 길이와 너비가 같은지라 그 갈대 자로 그 성을 측량하니 만 이천 스다디온이요 길이와 너비와 높이가 같더라.")	겔 45:1-5(참조 40:5, 41:21, 48:8-13; 슥 2:6) ...한 구역을 거룩한 땅으로 삼아 여호와께 예물로 드릴지니 그 길이는 이만 오천 척이요 너비는 만 척이라 그 구역 안 전부가 거룩하리라 2그 중에서 성소에 속할 땅은 길이가 오백 척이요...네모가 반듯하며....
(7) **빛나는 하나님의 영광**(계 21:23, "그 성은 해나 달의 비침이 쓸 데 없으니 이는 하나님의 영광이 비치고 어린 양이 그 등불이 되심이라.")	겔 43:2, 5(사 60:19) 2 이스라엘 하나님의 영광이 동쪽에서부터 오는데 하나님의 음성이 많은 물 소리 같고 땅은 그 영광으로 말미암아 빛나니... 5 영이 나를 들어 데리고 ....내가 보니 여호와의 영광이 성전에 가득하더라
(8) **성전으로부터 흘러나오는 생수**(계 22:1-2a "또 그가 수정 같이 맑은 생명수의 강을 내게 보이니 하나님과 및 어린 양의 보좌로부터 나와서 2 길 가운데로 흐르더라")	겔 47:1-9 "그가 나를 데리고 성전 문에 이르시니 성전의 앞면이 동쪽을 향하였는데 그 문지방 밑에서 물이 나와 동쪽으로 흐르다가 성전 오른쪽 제단 남쪽으로 흘러 내리더라...."
(9) **열매, 치료용 잎사귀를 가진 강 좌우의 생명나무**(계 22:2b "그 열매를 맺고 그 나무 잎사귀들은 만국을 치료하기 위하여 있더라.")	겔 47:12 "강 좌우 가에는 각종 먹을 과실나무가 자라서 그 잎이 시들지 아니하며 열매가 끊이지 아니하고 달마다 새 열매를 맺으리니 그 물이 성소를 통하여 나옴이라.... 약 재료가 되리라"

1) G.K. Beale, 강성열 옮김, 성전신학 (새물결플러스, 2014) 481이하 참조.

3. 그러므로 계 21-22장이 에스겔서의 성취라면, 에스겔서의 성전은 한시적인 '천년왕국' 기간이 아니라 영원한 새 하늘과 새 땅을 가리킨다고 보아야 한다.

BACK TO THE BIBLE

(1) 에스겔서의 환상은 미래의 성전이 아니라 하늘 성전에 관한 것이다. 신약에서 하늘 성전 환상은 요한계시록에 그려져 있다(계 4~21장). 계 4~5장의 환상은 에스겔서 1장과 다니엘서 7장 및 이사야서 6장에 크게 의존한다. 그리고 계 21장의 환상은 겔 40-48장에 크게 의존한다. 에스겔서의 성전은 땅으로 내려오기 직전 또는 내려오기 시작한 마지막 날의 하늘 성전을 가리킬 가능성이 더 높다.

(2) 이렇게 하나님은 우주를 자신의 거대한 성전이 되도록 창조하셨다. 창조 사역을 마치신 후에는 그곳에서 안식하셨다. 그럼에도 아직은 하나님의 특별한 계시적 임재는 온 땅을 가득채울 단계는 아니었다. 인간 대리인이 바로 이 목적을 성취해야 했기 때문이다. 그러나 아담은 이 명령에 불순종했고, 이로 인해 인류는 더이상 동산에 있는 하나님의 임재를 누리지 못하게 되었다.

(3) 따라서 아담에게 주어진 명령의 성공적인 성취는 마지막 아담인 예수 그리스도의 강림과 순종을 기다려야 했다. 그리스도의 부활 이후로는 성령님이 마지막 때에 성전을 건축하는 일을 계속하셨다. 이 성전을 건축하는 자재는 하나님의 백성이다. 이로써 새 성전은 새 시대의 새 창조로 확대되기에 이른다. 그 완성은 새 하늘과 새 땅에서 이루어질 것이다.

▶ 근본적으로 에스겔의 신학은 심판과 회복이라는 이중적인 주제로 구성된다. 당시 이스라엘에게 심판은 이미 시작되었고, 이제 남은 것은 하나님께서 그의 영원하신 언약을 기억하시고 회개하는 남은 자들을 고국으로 돌아오게 하실 것이다. 하나님은 에스겔에게 환상을 통해 구원을 선포하신다.

(4) 앞에서 살펴본 **에스겔의 성전의 환상은 주전 6세기 청중들이 속한 상황에 맞게끔 서술되어 있다는 점을 인식하지 않으면 안 된다.** 에스겔의 환상이 아주 세밀하게 묘사되었다는 것은 미래의 예루살렘에서 문자 그대로 이루어질 것임을 암시하는 것으로 보이기도 한다(사 2:2-4; 학 2:9).

4. 그러나 예수 그리스도의 최종 희생제사는 레위계열의 제사 제도를 쓸모 없는 것으로 만들어 버린다(히 9:1-10:18을 보라).

(1) 만약 다시 속죄제 같은 것들을 포함하는 그 제도로 돌아간다면 현저한 퇴보가 될 것이다. 그러나 당시 에스겔의 청중은 희생제사 제도 없이 회복된 언약 공동체에 대해서 생각한다는 것은 있을 수 없는 일이었을 것이다(치즈홀름, 예언서 개론).

(2) 에스겔의 환상을 성취하신 예수님은 그러한 제사를 드릴 필요가 없을 것이요, 왕조를 건설할 필요도 없을 것이다(겔 45:8, 46:16-18). 그 반대로 그는 자기 나라를 영원토록 다스리실 것이다.

예루살렘은 멸망할 것이다 (겔 1-24장)

이스라엘을 괴롭힌 열국들도 심판을 받을 것이다(겔 25-32장)

그러나 예루살렘이 함락되었다는 소식을 들은 후에, 에스겔의 메시지는 그의 백성을 향한 소망의 말로 전환한다.

그는 궁극적으로 성취될 새 하늘과 새 땅까지 내다본다.

에스겔서 여기서 끝

이런 구문 분석을 처음 대하시는 분들을 위하여

例

살리신 이가 **살리시리라**
/그리스도 예수를 /몸도
/죽은 자 가운데서 /너희
/죽을
/영으로 말미암아
/그의
/거하시는
/너희 안에
/영이 ——— 거하시면(조건절, if)
/살리신 이의 /너희 안에
/예수를
/죽은 자 가운데서

수식부임을 나타내는 기호

◀ 로마서 8장 11절의 경우 주문장을 제외한 모든 의미단위들은 주어인 '살리신 이'와 동사인 '살리시리라'를 각각 수식합니다.

샘플

例

28 우리가 **알거니와**
/모든 것이——합력하여 이루느니라
/선을
/사랑하는 자[에게는]
/하나님을
/곧(동격)
부르심을 입은 자들에게는
/그 뜻대로

▶ 로마서 8장 28-30절은 병렬관계의 종속문장 및 하위 종속관계의 종속문장 예문입니다.

종속문장

29 //(이유: ὅτι, for)
하나님이(=그가) —— 또한 미리 정하셨으니
/미리 아신 자들로(=에게)
/본받게 하기 위하여(=본받도록)
/형상을
/그 아들의

종속문장의 종속문장: 하나님이 미리 정하신 목적

//이는(목적: εἰς + 부정사, so that)
그로——맏아들이 되게 하려 하심이니라
/많은 형제 중에서

30 //또(이유: 계속)
[그가] ——— 또한 부르시고
/미리 정하신 그들을
또한 의롭다 하시고
/부르신 그들을
또한 영화롭게 하셨느니라
/의롭다 하신 그들을

구문성경의 장점

1. 본문의 내용을 쉽게 이해할 수 있습니다.
2. 전체적인 본문의 흐름과 각 부분의 상세한 내용을 구조적으로 한 눈에 볼 수 있습니다.
3. 짧은 시간만으로도 본문을 깊이 이해할 수 있습니다.
4. 한글 성경만으로는 오해하거나 잘 알 수 없는 원문의 정확한 의미와 논리의 구조를 확실하게 파악할 수 있습니다.
5. 그러므로 저자의 의도와 감정을 접하는 경험이 가능합니다.
6. 본문 연구시 관찰이 쉽고, 해석시에 세밀한 부분까지 본문을 놓치지 않을 수 있습니다.
7. 간단한 원칙과 원리만 이해하면, 연구자가 자신의 목적에 맞게 자유롭게 활용, 응용할 수 있습니다.
8. 설교를 위한 본문의 주해 개요(대지 및 소지)를 쉽게 작성할 수 있습니다.
9. 성경공부 교재를 만들 때, 본문의 내용을 함축적으로 포함하는 질문과 내용들을 만들 수 있습니다.

본서에 사용된 구문분석은 서울성경연구원(www.sbi66.org)에서 발행된 『문맥성경』(도서출판 그리심)임을 밝힙니다.

(1) 옆 면의 설명과 같이 본 교재는 필요에 따라 구문을 인용해 설명했습니다. 그러나 모든 본문을 처음부터 끝까지 다 해설한다면, 교재 내용이 너무 복잡하여 책 부피도 그렇거니와 이 책이 이끌어가고자 하는 목적과도 맞지 않기 때문에 꼭 필요한 부분만 인용 설명했습니다.

(2) 또한 너무 자세한 분석을 피하고자 『문맥성경』을 조금 단순화, 변용시켜 적용하기도 했습니다. 때로는 헬라어 원문도 소개했지만, 꼭 필요한 분이 아니라면 무시하고 그냥 지나치셔도 됩니다.

(3) 앞에서 언급되었지만, 이 교재는 일반 성도들이 성경을 좀더 깊이 있게 보게 하려는 의도에서 집필되었기에 많은 신학자들의 논쟁(?)은 제외되었습니다. 그래도 어떤 분들에게는 너무 어려울 수도 있습니다. 어쨌든 그냥 스쳐지나가는 본문들의 역사적 배경, 신학적 정리, 원어의 의미 등을 적정한 수순에서 소개하려고 했습니다. 그러다보니 반복적인 내용도 자주 등장했습니다. 물론 교역자님들도 일반 성도들의 지도를 위해 참고하실 수 있을 것입니다.

• 아래 두 곳은 구문성경을 통해 말씀을 더 깊이 배울 수 있는 곳입니다.

- 마태복음~사도행전
- 로마서~요한계시록
- 모세오경
- 여호수아~열왕기하

• 현재(2019. 10) 출간된 『문맥성경』

백투더바이블 출간 계획(구약 · 신약)

1-1 창세기(상)
1-2 창세기(하)
2 출애굽기
3 레위기
4 민수기
5 신명기

6 여호수아
7 사사기
8 룻기
9 사무엘상
10 사무엘하
11 열왕기상
12 열왕기하
13 역대상 · 하
14 에스라 · 느헤미야
15 욥기
16-1 시편(상)
16-2 시편(중)
16-3 시편(하)
17 잠언
18 전도서
19 아가서 · 에스더

20 이사야
21 예레미야 · 애가
22 에스겔
23 다니엘

24 호세아
25 요엘 · 아모스
26 오바댜 · 요나 · 미가
27 나훔 · 하박국 · 스바냐
28 학개 · 스가랴
29 말라기

(신약)
1 마태복음
2 마가복음
3 누가복음
4 요한복음
5 사도행전
6 로마서
7 고린도전서
8 고린도후서
9 갈라디아서
10 에베소서
......

▶ 2021. 9월 현재 고딕은 출간 완료

▶ 출간 순서와 번호가 바뀔 수 있습니다.

백투더바이블(에스겔서)

2021년 9월 10일 초판 인쇄
2021년 9월 15일 초판 발행

저 자 • 장 종 길
발행인 • 조 경 혜
발행처 • 도서출판 그리심
07030 서울시 동작구 사당로 2길 72 인정 B동(B01호)
등록번호 • 제 7-258호(1998. 4. 23)
출 판 사 • 전화 523-7589 팩스 523-7590
전자우편 • grisimcho@hanmail.net
홈페이지 • grisim.net
• http://smartstore.naver.com/grisimgrisim

ISBN 978-89-5779-461-0 94230
ISBN 978-89-88291-07-7 94230(세트)

값 : 책 뒷면에